讀史方輿紀要

（七）

〔清〕顧祖禹 撰

團結出版社

目 录

读史方舆纪要卷八十二

湖广八 郴州 靖州 施州等羁縻卫司附

○郴州，东北至江西吉安府七百五十里，东南至江西南安府三百里，南至广东韶州府四百里，西南至广东连州三百五十里，北至衡州府三百里。自府治至布政司一千八百八十里，至江南江宁府三千七百里，至京师七千三百里。

《禹贡》荆州地。春秋、战国时楚地。秦属长沙郡。项羽徙义帝于长沙，都郴，即此。汉初，置桂阳郡。后汉因之。治郴。刘昫曰：后汉尝移郡理耒阳，寻还郴。三国吴亦曰桂阳郡。后汉建安中，吴、蜀分荆州，以湘水为界，桂阳以东属吴，是也。晋、宋、齐仍旧。梁、陈亦为桂阳郡。隋平陈，改置郴州。大业初，复为桂阳郡。唐武德四年，复置郴州。天宝初，亦曰桂阳郡。乾元初，复为郴州。五代晋天福初，马氏改曰敦州。汉乾祐初，复曰郴州。周广顺初，南唐取其地，仍曰郴州。宋仍为郴州。亦曰桂阳郡。元曰郴州路。明初，改为府。洪武九年，降为州，以州治郴阳县省入，编户十二里。领县五。今仍曰郴州。

州北瞻衡岳之秀，南当五岭之冲，控引交、广，屏蔽湖、湘。项羽谓怀王曰: 古之帝者必居上游。乃徙义帝于郴。《形胜记》曰: 州在五岭以北, 万山之内, 湘楚上游也。汉建初八年, 郑弘为大司农, 旧交趾七郡贡献转运, 皆从东冶泛海而至, 风波艰阻。弘奏开零陵桂阳峤道, 至今为常路。此桂阳于楚、粤之交, 有咽喉之重也。唐末, 黄巢乱广南, 高骈建议, 请遣兵于郴州守险, 时不能用。刘氏之据广南也, 亦知守岭北, 始足以固岭南, 乃规取郴、连二州, 以重兵屯戍。宋将潘美南伐, 自湖南进兵, 先拔郴州, 而岭南胆落矣。昔人云: 韶、连二州, 为粤东北门, 而郴州又韶、连之北门也。

郴阳废县, 今州治。秦置郴县。汉为桂阳郡治。后汉以后因之。隋、唐皆为郴州治。五代晋天福初, 马氏改曰敦化县, 寻复旧。宋仍为郴州治。元至元十三年, 改为郴阳县。明初废。《城邑考》: 州城, 汉初所筑, 历代因之。明初, 因故址修筑。景泰、正德间, 相继修筑, 有门四, 城周五里有奇。

黄岑山, 州南三十六里。即五岭之一, 从东第二骑田岭也。岭高千余丈, 绝顶一望, 郴、桂皆在目中。宋庆历七年, 桂阳蛮遁入郴州黄岑山, 由赵洞转寇英、韶, 依山自保。赵洞, 盖在宜章南也。山中涌泉深广, 溉田甚多。其支曰摺岭, 为楚粤之关, 与诸岭连属, 横截南北, 寒燠气侯顿殊。《寰宇记》: 黄岑山, 一名黄箱山, 其东为仰天湖, 其北郴江之水出焉。其同出者为桂水, 为寒溪水。史载高祖置桂阳郡于上岭山。又《后汉书》郴有客岭山, 皆黄岑也。今亦见宜章县。

鱼绛山, 州东三十里。自山而东南, 有七十一峰, 亦谓之东岭, 相传与南岳止增一峰云。又马岭山, 在州东南二十余里, 岩洞幽胜, 一名苏子岭, 以有汉苏耽升仙遗迹也。又五盖山, 在州东南六十里, 五峰如盖。〇灵寿山，在州南二十里，旧名万岁山，出灵寿木，可为杖。唐天宝间改今名。千秋水出焉，流注城南，东合于郴水。又文明山，在州城南一里，上有塔。又南四里曰香山，城东一里曰东山。张舜民曰：州在百重山内。练亨甫曰：郴环山而为州。是也。

云秋山，州东北二百余里，云气凝结，黯淡如秋，与衡州府酃县接界。或云山有黑风洞。宋嘉定四年，黑风洞民罗世传倡乱，官军讨平之，即此。○曹王寨山，在州北二十里郴江口，山势壁立，可以避兵。又坦山，在州西三十里，有万花岩，洞水自岩而出，下流入郴水。

郴水，州东一里。一名郴江，源发黄岑山，北流经此，水清驶，下流会耒水及白豹水，入湘江。韩文公谓郴山奇变，其水清泻，是也。○栖凤水，在州北五十里。源出桂阳州南之龙渡山，东北流入州境，至州北五十里之栖凤渡，因名。栖凤水入永兴县界，合白豹水。又桂水，在州东南六十里。源出鱼绛山，东流入桂阳县界，会于耒水。《志》云：桂水亦出黄岑山，在州西南五十里。似误。

牙江水，州东四十里。源出五盖山，北流经此，灌田八十顷，又西北流入于郴水。又州西二十里有寒溪水，源亦出黄岑山，灌田三十顷，北流入郴。○三川水，在州南一里，源出坦山，流经州西三里通陂堰，分为三派，绕城内外，其下流皆入于郴。《志》云：州西三十里有骡溪水，下流入郴。州东百里有黄袍水，下流会于耒水。俱有溉田之利。

北湖，州北一里。湖面渺阔。唐韩愈所云北湖之空明，即此。其水流七里入郴水，灌田甚广。○温泉，在州北二十里。平地涌出如汤，东流合郴水。《荆州记》：郴县西北有温泉，其下流有十数亩田，常十二月下种，明年二三月谷登，一岁三熟。又铜坑泉，亦在县北二十里，两旁岩壁如束，迅流斗折，合于温泉。相传泉旁产铜，因名。《宋志》：郴县有新塘、浦溪二银坑，今皆废。

石陂镇。州西八十里。一名两路口。山径险阻，有巡司戍守，与桂阳州临武县接界。正德十二年，讨乌春贼，副使恽巍等驻兵两路口，为诸军策应，是也。亦见前临武县。○蚝豪石镇，在州境。五代周广顺二年，湖南王逵攻郴州，与南汉兵战于蚝豪石，为南汉将潘崇澈所败，即此。

○永兴县，州西北八十五里。西北至衡州府耒阳县百九十里，北至衡州府安仁县百八十里。汉置便县，属桂阳郡。后汉因之。晋仍为便县。刘宋初，省入郴县。陈复置。隋又废。唐开元十三年，析郴县北界置安陵县，属郴州。天宝初，改曰高亭。宋仍属郴州。熙宁六年，改为永兴县。今城周二里有奇，编户二十里。

安陵城，县西南五十里。今县治，即汉便县城也。唐析郴县置安陵县，寻曰高亭，皆治此。宋熙宁中，太守李士燮以古便县基据郴江上，舟楫往来，贸易相通，可建邑居而设场市，乃更徙治焉，名曰永兴。今安陵城址尚存，周一里有奇，亦谓之高亭城，置高亭镇，有巡司戍守。

白豹山，县西九十里。山险峻，高数百丈，周百余里。接衡州府耒阳县界。又高亭山，在县西三十里，周回百十里，亦接耒阳县界，顶有仙亭，高数丈，唐以此山名县。又天竺山，在县西二十里，山亦高耸。○龙耳山，在县西十五里，周亘五十余里，南接郴州界。又土富山，在县西南二十里。《志》云：山旧有银井，凿之益深，因名。《一统志》云：山在县东南三十里。

四十八峰山，县北九十里。有四十八山，拱峙攒簇。又县北八十里有八仙山，以八峰并峙也。○连珠山，在县东五十里，以圆峰层叠而名。《志》云：县东北有天株山，颇称要害。县东四十里有九折洞，路径逶迤，凡八十一盘。又观音岩，在县西北十五里，下瞰郴江。又有五峰岭，在县西北二十里。

郴水，在县城东。自郴州北流至此，又西北白豹水合焉，会于耒水，谓之郴口，又西入耒阳县界。○白豹水，在县西二十里，源出白豹山，流合郴水。《志》云：县有长安水，出西南六十里郁凤山，西流七里，灌田三十顷，又北入于郴水，水旁旧有长安馆。

潦溪水，在县北。源出县东北之黄沙泉，北流经衡州府安仁县界，为永乐水之上源。又潮水，在县西八十里，旧有日夜两潮，后凿渠引水，潮遂绝。又四十二渡水，源出县西之乾溪，流四十里，灌田八十顷。俱西入耒阳县界，注于耒水。○紫泉，在县北，泉紫色，重于他水，铜壶漏取此以定时刻，亦曰紫井。

安福镇。县西北八十里。与县西南高亭镇并为戍守处，俱有巡司。

○宜章县，州南九十里。西南至广东连州二百三十里。汉郴县地。隋末，萧铣置义章县。唐武德七年，省入郴县。明年，复置，仍属郴州。五代周广顺初，南汉攻郴州，败南唐兵于义章，是也。宋太平兴国初，改曰宜章县。今城周不及三里，编户七里。

义章城，县北四十里。今城本高平废县也。刘昫曰：唐长寿元年，分义章南界置高平县，开元二十三年，废高平，仍移义章治高平废县。是也。

黄岑山，县北六里，北连郴州界。又摺岭，在县北三十五里。《志》云：岭西南连黄岑山，北入永兴县，东入桂阳县，岭高百丈，其路盘叠。又县北十里有野石岩，岩壁峭立，正临官道。又北二十里曰仙人掌山，亦以岩壁峭峙而名。皆黄岑之支山也。

莽山，县西南百里，接广东韶州府及连州界。延袤六十里，有九十九峰，山形如寒芦在宿莽，因名。宋乾道元年，宜章盗李金作乱，刘珙帅湖南，遣兵讨之，追破之于莽山，其党执金以降，是也。《志》云：县西六十里则近莽山诸猺，又四十里则近长塘诸贼云。又漏天山，在县西九十里，万山环合，多雨少晴。○桄榔山，在县东一里。山旧多桄榔木，因名。其旁有蒙岩，又县南二里有艮岩，皆有泉壑之胜。

章水，在县北。有大章、小章二水俱出黄岑山西麓，东至县北二十五里合流，又东合县境大小诸溪水，经流入江西崇义县界，为赣江西源，支流入广东乐昌县界，为三泷水。

武水，县东三十里。源出桂阳州临武县之西山，东流入县，会于大小章水。又平禾水，在县北三十里，亦流合章水。《志》云：平禾水出县西北戴家源，经十二渡，至石门，出为瀑布，下流经冷水湾，至县东合章水。又宝云水，在县西七里，出县南宝云山。长乐水，出县西莽山，下流皆入于章水。

仰天湖，县北十里黄岑山东，平旷无山阜，涌泉蓄水，周回三十里。又玉溪水，在县城南，其源一自黄岑山西北，一自宝云山东，至城西一里，两源合流，名曰两河口，至县南绕流东出。旧《志》所云玉溪三曲水也。溪滨多白石，故名。下流亦达于章水。

白沙镇，县西南八十里。又赤石镇，在县东六十里，皆设巡司戍守。《志》云：县南八十里有苞篱堡，洪武中置。县东八十里又有里田堡，正德中置。又县北为召募堡，本宋之永戍寨，明成化八年，设守御千户所，调茶陵卫官兵守御，堡寻废，所移置于县城东；又县西南九十里为黄沙堡，俱洪武二十七年置。又县西南六十里为凤头营，东二百二十里为糍粑营，东三十里为紫溪营，俱有官兵戍守。又有瞿塘、荆州二哨，正德中，调官军轮戍，设守备一人，治县城内。《志》云：县南有栗源一堡，西北有香口堡，皆戍守处，而香口尤为险要。

桃油坪寨。在县西。宋庆历中，官军讨桂阳蛮唐和等，覆其桃油坪、熊家原等寨，寻又败贼于银江源，降贼甚众。卢氏曰：其地皆在县境，与广东诸山相连。

○**兴宁县**，州东北百里。东南至桂东县百五十里。汉郴县地。后汉永和初，析置汉宁县，属桂阳郡。三国吴改县曰阳安。晋太康初，又改曰晋宁县，仍属桂阳郡。宋以后因之。隋废。大业末，萧铣复置晋兴县。唐武德四年，平铣，县仍属郴州。贞观八年，县废。咸亨三年，复置，改曰资兴。五代时废入郴县，为资兴寨。宋嘉定二年，复置资兴县。绍定二年，又改曰兴宁，仍属郴州。今城周二里有奇，编户一十四里。

汉宁城，县西二十五里。汉县治此。孙吴以后，县名屡易，而县治不改。宋复置资兴县，初亦治此。绍定初，徙治管子壕，改曰兴宁，而故城遂废。

浦溪山，县南六十里。一名瑶冈岭，高万丈，周二百里，顶有雁池，俗名天鹅池。又秋溪山，在县东南三十里，周百里，山势层叠，接桂东、桂阳二县界。《志》云山在县西三十里，似误。○石城山，在县西三十里。《志》云：山在资兴旧治西，高耸如城，亦名西城山。又县西四十里有九鼎山，以九峰如列鼎而名。

八面山，县东五十里。山接桂东县境，峭险壁立，延袤二百余里，登之可见郴、衡、吉、赣诸郡。又山中有上洞、中洞及雷家洞，皆深险，素为贼窟。嘉靖末，猺贼黄积珠等据险肆掠，寻就擒。隆庆二年，猺贼谢福通复猖獗于此，官军讨平之，因置堡戍守于此。

资兴水，县东南二十里。发源州东百余里之古锸泉，其泉方广十余里，四旁石壁峭立，西北流五十余里，至旧县前，横流十里，合泸渡江。○泸渡江，在县西南三十五里，源出桂东县万王山，西流入桂阳县界，而北入县境，合资兴水。《舆程记》云：泸渡水自桂阳县东北唐延里北流至丰乐，又二十里至沿潭接县界，六十里至高活，水势险恶，其旁凿山通道，行者必舍舟从陆以避险。自高活五里至结鱼，又六里至泸渡，又十五里至耒江口泷头，凡十二滩，巨石堆叠，舟师非荡舟不能渡。又十五里至东津渡，又七十里合郴江口，即耒江正流也。

程水江，县西四十里。有四源合流于此，地名潭州江口，亦西流会于郴江口。○醽醁泉，在县东北四十里。其水清冽甘美，酿酒极佳，即程水正源也。昔置官酿于此，名曰酒官水。其酒亦曰程酒，献同酃酒。刘杳云，程乡有千里酒，饮之，至家犹醉，谓此也。又龙泉，在县西二十里，有二窍，东流出县西二十五里之双溪，西流出程水，溉田甚广。又玉泉，在县西四十里，上有玉泉馆。洪武十二年建。

乾坑关，在县西北，通宜章县，为溪峒出没之处，防守最切。《志》云：县西南程水、双溪等处，皆戍守要地。

滁口镇。县南五十里。又县北三十里有州门镇，皆设巡司戍守。《志》云：县南有竹篁岭，路近猿坑，又与上、下连峒相接，设滁口巡司以巡缉之。又八面山，通桃源塘、金垒等峒，设州门巡司巡缉之，俱称要害。○玛瑙堡，在县东八面山上。隆庆二年平猺乱，因置堡于此。其旁又有永安堡，亦设官军守御。又新沟隘，在县东南八十里。正德中，猺、僮为患，官军讨之，屯于新沟，以扼其要路，遂歼贼于此。

○桂阳县，州东南二百四十里。东至江西上犹县二百四十里，西至宜章县百六十里，南至广东仁化县百五十里。汉郴县地。后汉汉宁县地。东晋置汝城县，属桂阳郡。宋、齐因之。陈天嘉初，改曰卢阳县，并置卢阳郡。隋废郡，县属郴州。唐因之。天宝初，改为义昌县。五代唐同光初，马氏改曰郴义县。宋太平兴国初，又改曰桂阳，仍属郴州。今城周二里有奇，编户十五里。

耒山，县南五里，四面孤绝，耒水所出。又南十里为乌龙白骑山。《湘中记》：山黑石如龙，白石如马，因名。○白云山，在县南四十里，高耸磅礴，周二三百里，顶有石岩，旁有九曲池，四时云气尝暗，晴霁登望，广、韶、郴、桂，咸在目中。其并峙者曰屋岭山，岭最高，水分南北，其北汇流为耒水，南为屋岭水。

筋竹山，县东北七里。峰峦耸峙，竹木蓊郁，重冈复水，回抱左右。又文笔山，在县东北十五里，一名黄冈尖，高出众山。〇洞灵山，在县东十七里，有岩洞池泉之胜。又东三里曰君子岭，相近者曰龙顶坳，一名东冈尖，巅有清泉，东流入江西，南流入广西，流合于耒水。又义通山，在县北九十里，一名百丈岭。

耒水，县西十里。发源耒山，西北流经兴宁县界，合资兴水，又西北会郴水，经衡州府耒阳县界，下流注于湘水。〇淇江水，在县北二十里，自桂东县南流经此，合河桥水，北入兴宁县界，或曰即泸渡江之上源也。《志》云：县南十里有寿江水，北流入城，其下流西入耒水。宋时，县有延寿银坑，盖以此水名。

屋岭水，县南六十里。源出屋岭山，南流百余里，入广东仁化县界，下流会于郴水。〇孤山水，在县东南二十里，源出县南十七里独秀峰，俗谓之孤山岭，其水屈曲北流，凡百五十里，入江西上犹县界，即犹水上源也。又东坑水，在县东七十里，亦流入上犹县界，合于犹水。《志》云：县南五里有周塘泉，分上、中、下三塘，溉田百余顷。

益将镇。县东四十里。道出江西，以银岭为汛地。又山口镇，在县南四十里，道出广东，亦曰长乐山口，以老虎峒为汛地。又濠村镇，在县东北四十里，以金豆、永丰为汛地。镇安镇，在县西北六十里，以百丈岭为汛地。俱有巡司戍守。〇马山砦，在县东南二百余里万山中。正德十二年，官军讨乌春山贼，贼首龚福全遁保马山禾仓石寨，官军进克之。《志》云：县境如上庄、姜阳、延寿峒，邻广东乐昌县；龙虎峒、三江口，近广东仁化县；热水、鱼王、石峰寺，接江西崇义县，与猿坑、虎住等峒，皆峻险处也。

〇桂东县，州东百八十里。东北至江西龙泉县百九十里，西北至衡州府酃县百七十里。宋桂阳县地。嘉定四年，析置桂东县，治上犹砦。元因之。今城周不及二里，编户四里。

三峰山，县南六十里。三峰耸秀，蜿蜒十余里。一名石峰山。又万王山，在县东五十里，山高峻，有万王废城，未详所自。○凤凰山，在县西十里，《志》以为县之主山。又县西南五里，有鹅公山，山高直，县境水口山也。

乌春山，在县南境，接江西、广东境内诸山。峰峦攒聚，道径险僻。正德中，土人龚福全等倡乱，据乌春山、腊栗寨等处。十二年，官军分道自桂东、桂阳、郴州、临武等路合击，遂平之。○清石洞，在县南七十里，有石桥长百余丈，非人力所创，名曰仙女桥。

淇江水，县南八十里。出三峰山，流入桂阳县界。又严溪水，在县南三十里。经县南鹅公山，下流入兴宁县境，西注资兴水。

烟竹堡。县北五十里，又北接酃县梅花、万王等山峒。又有寒口堡，在县东南三十里。又新坑堡，在县南四十里，南接江西上犹、崇义县疋袍、猴子岭，向有官军戍守。又分置守镇百户所屯于此。○高分堡，在县东八十里，接江西龙泉县燕塘、长河，向有巡司。旧《志》：县西接兴宁县界，当八面大山之冲，又有九磴诸隘，俱称峻险。

附见：

郴州守御千户所，在州治西。洪武初置。又宜章后千户所，在县城东，成化二年置。俱隶茶陵卫。

广安守御千户所。在桂阳县治东北。洪武末，置于城东八里。成化三年，徙入县城，亦隶茶陵卫。今仍置广安所。

○靖州，东至宝庆府武冈州三百十里，西南至贵州黎平府二百三十里，南至广西融县二百八十里，西北至辰州府沅州三百里。自州治至布政司一千八百五十里，至江南江宁府三千五百七十里，至京师六千一十里。

《禹贡》荆州之域。秦为黔中地。汉属武陵、牂牁二郡。后代皆为蛮地。唐为溪洞诚州。州境在唐时为叙州之境。五代时，马氏有其地。初，马希范击破诸蛮，蛮皆降附。后周时，杨正岩以十洞称徽、诚二州。宋初，为羁縻州。熙宁九年，收取其地。时章惇平南江州洞，进兵城徽州，蛮酋杨氏以二十三州洞归附，因置靖州。元丰四年，仍为诚州。移治渠阳。元祐二年，改为渠阳军。三年，废为寨，属沅州。五年，又为诚州。继而辰溪蛮叛，复据有之。崇宁中，遣将收复，改诚州为靖州。崇宁二年，蔡京使舒亶知荆南，开拓境土，亶奏诚徽州杨晟臻等纳土，因改置靖州。元升为靖州路，后降为州，属辰州路。见《一统志》。《元史》不载。明洪武元年，改为靖州军民安抚司。三年，改为靖州府。九年，降为州，以州治永平县省入，编户二十三里。领县四。今仍为靖州，直隶布政司。

州南连粤右，西接黔峒，障蔽湖南，隔碍蛮服，山川险阻，南服要区也。

永平废县，今州治。本蛮地，宋时，蛮名古诚州贯保新寨。熙宁中，收复。元丰三年，置贯保寨，属沅州。八年，改属诚州。七年，改置渠阳县，寻移县为州治。元祐二年，州废为渠阳军。三年，废军为寨。五年，复置县为州治。崇宁二年，改县曰永平，旧治郭外。绍兴八年，移入州城。元因之，明初省。《城邑考》：州旧有土城，宋淳熙中，增修。明初，因旧址展筑，为门五，城周五里有奇。

诚州城，在州东。五代时蛮酋杨氏所置，亦曰杨氏城。宋熙宁中，亦为诚州治。元丰中，始移治渠阳。《志》云：故城址今名渠水滩头。又故渠阳城，在渠江东岸，与今城对，遗址犹存。今州城，宋崇宁初，舒亶选纯福坡地所建新城。是也。

飞山，州西北十五里。俗呼胜山，比诸山特高，突出双峰，四面陡绝,十有余仞。其上平广,蛮人保险于此,曰飞山蛮。唐乾宁二年,蒋勋谋据邵州拒刘建锋,起兵连飞山、梅山蛮,寇湘潭。五代梁开平五年,飞山洞酋潘全盛遣其党杨承磊略武冈,马殷使吕师周讨之,攀藤悬崖,直抵飞山,分军布栅,全盛大骇,承磊来战,师周破其军,缚降者为乡导,袭斩全盛,尽平巢穴。今环山壕堑遗址尚存,俗呼为马王城。宋大观初,亦于此置飞山堡。《志》云:马王城,在州西十里。又香炉山,在州北十五里。《志》云:亦诸苗负固之所。

宝溪山,州东北五十里。林木繁郁,下有溪,中产金,故名。《志》云:城东二里有五老山,五峰连峙。又城南五里有侍郎山。《一统志》:侍郎山在州南百八十里,与广西分界,以宋绍兴中侍郎程敦厚以言事窜谪,尝游此而名。○九叠山,在州南二十里,山势盘纡,九峰相次。州西南二十里又有青萝山,烟罗苍翠,一名大青山。又古城岩,在州西北三十里,洞穴深广,可六七里。又有中洞岩,在州西北百里来威寨中。

渠河,在州城东。源出通道县之佛子岭,下合众流,环州城而东北出,会于会同县之郎江入沅水。

溪,在州西南。源出古城岩,流达于渠河。又有六王溪,在州南五十里,亦流合于渠水。○龙井涧,在县北十里。源出飞山,绕流经城西,达于渠河。又洗马池,在飞山上,味咸,可煮为盐。

零溪镇,州西百二十里。宋政和三年置零溪堡于此,今有巡司。又州北四十里有金滩堡,一百五十里有矛营堡,俱为戍守处。《志》云:州西有废纠坡堡,道出铜鼓卫。○贯保寨,在州北三十里。宋元丰中置寨于此,寻改为渠阳县,移入郭下,复置寨于此。今有贯保渡。

石家堡,州南三十里。宋元丰四年置堡于此,今为石家驿。《志》云:州境有石家、泸村、多星、大田、天村五堡,皆宋元丰中置,元祐三年俱废。崇宁三年复置,又增羊镇、木寨二堡。大观以后,又置飞山、零溪等堡云。○西楼驿，在州南六十里。宋淳熙三年，中峒贼姚民敖作乱，州兵守州西南之密崖及西楼驿，以断寇路，既而郡守邢迁益兵守西楼，进捣中峒，覆其巢，略大、小汶川，还取桃溪堡，徭僮慑服。其地皆在州南境，今置驿于此。又铜鼓驿，在州南百八十里。《志》云：州南三里为永平驿，九十里为三里坪驿，百二十里为江团驿，百五十里为铁炉驿，诸驿皆有百户一人，领兵哨守，属于五开卫。

楚湘台。在州城南。洪武三十年，楚王、湘王奉诏讨苗，尝驻军于此。○诸葛营，在州西。《志》云：诸葛武侯抚溪峒诸蛮驻军处也。

○会同县，州东北百里。西北至沅州黔阳县九十里，西至贵州思州府二百五十里。宋渠阳县狼江寨地。崇宁初，置三江县。二年，改曰会同县，属靖州。今城周二里，编户二十七里。

金龙山，县东五十里。峰峦峻绝，状若飞龙。又金凤山，在县北百里，山势昂耸，若飞凤然。又云盘山，在县东百二十里，峰峦层叠。县南百十里又有云环山，以高耸回环而名也。○尖崖山，在县西十五里，尖峰如削。又旺溪山，在县西百六十里，四山相联二十余里，溪内尝产金，宋时淘采，元废。又崖屋山，在县西北二里，有石岩如屋。

沅江，县西五十里。自沅州黔阳县流入境，又北入辰州府辰溪县界。《志》云：沅水入境过长潭、云潭、文溪、金溪，至托口，与郎江合。

郎江，县西南百里。源出贵州湖耳长官司山中。流入县境，经县北合于沅江。《志》云：郎江入县界，过郎坡，横流入狼洞，会于三江口，上受渠河、潭溪之水，至托口入沅江。或作朗江。《隋志》作郎溪。又作狼江，宋以此名寨。

洪江，县东百里。《志》云：原出宝庆府界，即九溪中之雄溪也。九溪曰朗、曰㵲、曰雄、曰龙、曰辰、曰叙、曰桂、曰武、曰酉，而雄居其一，与渠河、潭溪、郎江诸水汇流而注于沅江。又若水，在县东八十里。

《志》云：水有两源，一出州北贯保寨旁楠木山下，一出绥宁县界，会为若水，入于洪江。○文溪江，在县西北二十里。《志》云：源亦出胡耳长官司，流为潭溪，又北至云潭，又北至文溪寨，其下流亦会郎水入沅江。

清陂湖，县南十里。周十余里。又南有玉山潭，其水皆会于渠河，入于郎江。○三江渡，在县南五里。又县西北四十里有朗江渡，西北百里滨沅江，有江东渡，今置江东巡司于此。

丰山堡，在县西南。宋时，蛮置丰山新堡。熙宁中收复。元丰三年，改为丰山寨，属沅州，寻属渠阳县。八年废。崇宁初，复置丰山堡。今仍为戍守处。○若水寨，在县东九十里。宋崇宁初置，今因之。又县西九十里有镇远寨，皆有巡司戍守。《志》云：县南三十里有连山堡，东北五十里为洪江堡，西北六十里为郎江堡，西百里为远口堡，北三十里为五招堡，六十里为相见堡，与丰山堡为九堡，俱永乐中置，皆靖州卫官军戍守。

地灵堡。县西南六十里。西七十里为黄强堡，六十里为黄檐堡，又西三十里即镇远巡司也。接贵州诸蛮，皆有官军戍守。○文溪寨，在县西南。宋置，亦名文村堡。元祐中，诚州叛酋杨晟台寇文村堡，即此。又洪江驿，在县东百二十里。

○**通道县**，州南百里。西至贵州潭溪长官司百三十里，南至广西融县百七十里。本蛮地。宋元丰八年，置罗蒙寨。元祐三年废。崇宁初复置县。二年，改为通道县，属靖州。今城周不及二里，编户五里。

福湖山，县北六十里。下临渠河，林木郁然。宋元丰中，通道广西经此，因取材以供建置。又佛子山，在县东南百里，与广西分界，亦名佛子岭，下有五虎潭，潭旁五石相对如虎。

渠水，在县东。出佛子岭，北流经此，经县东北七十三里门峡中而入州界。《志》云：县南七十里有芙蓉江，来自绥宁界，下流入广西怀远县之古州江。〇罗蒙江，在县西四十里。《志》云：江源有三：一出佛子岭，为羊镇堡江；一出县南天星里，为天星江；一出贵州洪州泊里长官司界，为洪州江。合流经此，西南流至广西怀远县，入古州江。

多星江，县西四十里。源亦出贵州界，流合罗蒙河。宋元丰六年，置多星堡，盖置于江滨。又凿字溪，在县西南二百里，接广西界。宋元丰中，于溪旁得古碑，乃唐久视中遣将王思齐率兵征蛮过此，隔碍山险，负舟而济，镌字以记岁月，蛮人因目为凿字溪。

收溪寨，县西南五十里。宋元丰八年，置收溪寨。元祐三年，废。崇宁三年，复置。《志》云：州至广西融县，古无通途，宋知诚州周仕隆，始遣人由收溪小径趣广西，观山川形势。今自寨而南三十里至佛子坡，即广西界也。向设巡司戍守。〇播阳寨，在州西北五十里，亦有巡司。《志》云：县城外有长安、流源二堡，俱嘉靖中置，调常德卫官兵戍守。

〇绥宁县，州东百十里。南至广西义宁县二百七十里，东至宝庆府城步县百三十里。本唐溪洞徽州地。宋初，为群蛮所据。太平兴国中内附，置莳竹县，属邵州，寻又没于蛮。熙宁九年，收复其地。元丰四年，仍置莳竹县，隶邵州。八年，县废。崇宁二年，复置莳竹县，寻改曰绥宁。绍兴十一年，属武冈军。元属武冈路。明洪武三年，改今属。城周不及二里，编户三十三里。

绥宁废城，县东北二十里。本武阳寨，宋熙宁六年置。绍兴十一年，移绥宁县治武阳寨。二十五年，复还旧治。今仍名武阳寨，为戍守处。〇临冈城，在县西南百二十里，宋莳竹县地，隶邵州。元丰四年，县废，置临口寨。崇宁五年，改寨为临冈县，隶武冈军。绍兴初，夫夷洞蛮杨再兴据县为乱，事平，复废县为临口寨。今有巡司戍守。

风门山，县东百二十里。比诸山特高，有大小二风门岭，山之东麓入武冈州界。其相接者曰金紫山。《志》云：金紫山，在县东百三十里。

又唐纠山，在县东南百里，濵水所出，亦接武冈州界。○斩龙坳山，在县东十里，上有土堆五，一大四小，状如龙爪。

蓝溪山，县东北八十五里。崇峦叠岭，草木荫翳，涧水萦纡，为蛮徭出没之所。其相接者曰莲荷山。○枫木岭，在县南百三十里，最高险，为群蛮出没之所。县东六十里又有菖蒲岭，县南百里有鸬鹚岭。又有天塘岭、锁子岭，俱在县东北六十里。

西门河，在县西关外。其上源汇诸山溪之水，自西南而东北出，达于会同县之洪江，一名小洪。又双溪，在县东五十里，有双溪渡。又茶溪在县南五里，大金溪在县东五里，大冻溪在县西十里，俱流合于西门河。

东关，在城东。城西又有西关。又黄石堡，在县东北四十里。《志》云：县东北有关峡堡，宋熙宁六年所置，后废。明嘉靖中，增筑黄石、关峡、蓝溪、多龙江口等五堡，调九溪荆州卫及城步所官兵戍守，皆在县东北境。

清坡寨。在县北八十里，有巡司。又有老鼠隘，在县东北百里，亦为控扼之所。

○天柱县，州西北二百里。本蛮地。洪武二十五年，置守御天柱千户所于此。万历二十五年，改置县，又割绥宁、会同两县地益之。县未有城，编户八里。

小坪寨，在县西。洪武三十年，古州蛮作乱，杨文讨之，至沅州，伐山开道二百里，抵天柱，遂涉苗境，营小坪，而以偏师别由渠阳零溪西山径，衔枚夜发，犄角以进，分道夹攻，直抵洪州泊里、福禄、永从诸洞，大破之。贵州帅顾成亦剿平臻剖、六洞、螃蟹、天柱、天堂、大坪、小坪诸蛮。洪州泊里诸处，俱见贵州黎平、镇远二府境，盖县与贵州接界云。

墨溪寨。在县西。苗寨也。天顺元年，湖帅方瑛等自天柱进讨苗贼，克天堂、小坪、墨溪等二百二十七寨，即此。又谷种寨，亦在县西境。天顺三年，湖督白圭议以谷种诸处山箐诸蛮杂处，为东苗羽翼，乃分军进讨，一军进青崖，一军进牛皮箐，一军进谷种，一军进鬼山，所向皆捷，克水车坝等一百四十七寨。复会兵青崖，进攻石门山，克摆伤等三十九寨。又分兵四路，进攻董农、竺盖，及甲底，一路破羡塘及金配、江瓮、摆省等四百三十七寨。贼首千把猪等退据六美山、翁受河等处，复檄各路会兵进剿，遂生擒之。其地盖皆生苗之境，与贵州接界。

附见：

靖州卫，在州治东。洪武三年建，今亦置靖州卫。又守御天柱千户所，在天柱县城内，洪武中建。万历中，增置县，所因而不改。○铜鼓卫，在州东一百里，今亦置铜鼓卫。详见贵州黎平府。

屯镇汶溪后千户所。州城西北二百五十里。洪武三十三年建，无城。

○施州卫军民指挥使司，东北至荆州府巴东县五百里，西南至四川酉阳宣抚司九百里，西至四川彭水县六百里，西北至四川石砫宣抚司七百五十里。自卫治至布政司一千七百里，至江南江宁府三千四百五十五里，至京师四千一百五十里。

《禹贡》荆梁二州之域。春秋为巴国境。战国为楚巫郡地。秦属南郡。两汉因之。三国吴属建平郡。晋以后因之。后周置清江郡，并置施州。治清江县。隋亦为清江郡。移治监水县。义宁二年，复置施州。仍治清江。唐因之。天宝初，改曰清化郡。《通典》作清江郡。乾元初，复曰施州。五代时，为前后蜀所据。宋平蜀，仍曰施州。亦曰清江郡。元因之，属夔州路。以清江县省入。至正十七年，没于伪夏。明洪武四年，仍置施州。十四年，兼置施州卫。二十三年，并州入卫，改为施州卫军民指挥使司，编户三里。属湖广都指挥使司，领军民千户所一、宣抚司三、安抚司八、长官司八、蛮夷长官司五，而容美宣抚司亦在境内。今仍置施州卫。

卫外蔽夔峡，内绕溪山，道至险阻，蛮獠错杂。自巴蜀而瞰荆楚者，恒以此为出奇之道。宋末，蒙古搭海入蜀，荆湖帅孟珙遣兵屯施州以备之。又蒙古兵渡万州湖滩，万州，今四川万县。施、夔震动。盖施、夔表里大江，而清江源出彭水，中贯卫境，至夷陵、宜都而合大江，其取径尤捷也。前朝隆庆五年，湖广抚臣言：荆州去施州，道里险阻，不便巡历，夷陵以西，有国初颖国公傅友德所辟取蜀故道，名百里荒者，抵卫仅五百余里。请移巴东之石柱巡司于野三关，在卫东北四百里。施州卫之州门驿于河水铺，在卫东北三百余里。三会驿于古夷铺。在卫东北二百余里。俾闾井联落，而于百里荒及东北陇，仍创建哨堡，各令千户一员，督夷陵、长宁二所，长宁所设于归州治东。班军各百人，更番戍守，庶无险远之虑。此亦平时效筹者所当知也。

清江废县，今卫治。汉巫县地。三国吴分置沙渠县，属建平郡。晋以后因之。后周于县置施州及清江郡。隋开皇初，郡废。五年，改沙渠县曰清江。大业初，州废，属清江郡。义宁初，为施州治。唐因之。宋亦为施州治。开庆初，郡守谢昌元徙州治于城东十五里之倚子山。元至元十三年，仍还旧治。二十二年，以清江县省入州。二十五年，复置，寻又废。《城邑考》：卫城，宋所筑，因山为基。明洪武十四年，复改筑，东北带清江，南环溪水，天然壕堑。为门四，城周九里有奇。

盐水废县，卫东百七十里。吴沙渠县地。后周置盐水县，并置资田郡及亭州治焉。隋初，郡废，县属亭州。大业初，为庸州治，寻为清江郡治。唐初，改属江州。武德四年废。亦曰亭州城，以都亭山为名。或曰在卫东四十里，误。开夷废县，在卫北六十里，后周置乌飞县，属施州。隋改曰开夷县。大业初，属清江郡。唐初，仍属施州。麟德元年废入清江县。《志》云：卫西百七十里有银山废县，卫南七十里有信陵废县。恐未足据。银山，很山之误也，见前夷陵州长阳县。信陵，见归州巴东县。

都亭山，卫东北二百里。崇冈深麓，映带左右，山之下多良田广圃。后周以此名州。○倚子山，在卫东十五里，峰峦环峙。宋开庆初，郡守谢昌元移城治此，以据险要。今亦名州基山。《志》云：卫东二里有连珠山，五峰相峙如贯珠，亦名五峰山。其相接者曰龙首山，控清江之口。又文笔山，在卫南二里，亦名双翠山。山之西南为翠涛山，峰峦如波涛层涌。又有通明山及丹凤、玉女诸山，俱与文笔山相接。卫城西北又有碧波等峰，环抱而东，曲折逶迤，如波涛之层叠。城中有回龙、象耳诸山，皆高秀，俗呼象耳山为舵楼山。

东门山，卫东南二百余里。旧有关在山之东，名东门关。相传夷夏尝以此山分界。○银山，在卫东八十里。顶有峰，高数十丈，昔人于此避兵。又银矿山，在卫南三十里。一名青山箐，相传旧出银，西有铁冶。《志》云：卫东五十六里有天楼山，山势耸拔，如危楼倚天。又有天成山，在卫南十五里，上有天生桥。又羊角山，在卫东南百四十里，尖峰高峙，卓立天半。

石乳山，卫西百七十里。周百余里。山石层叠，多生石乳而名。又红崖山，在卫西南七十里。东有寨名鼓楼，昔人避兵处。《志》云：卫西一里有宜山，俗名宜姑寨。○客星山，在卫西十里，复岭重嶂，蜿蜒盘礴，南连猿啼山。山甚奇秀，亦名雪岭，以冬常积雪也。又药山，在卫西二十里,下瞰麒麟溪,山多药物。

　　贺山,卫西三百余里。明初,诸蛮煽乱,胡海讨之,自九溪、大庸度、天火岭、六古卑洞,大败蛮兵,还次贺山,分道剿捕散毛诸洞,皆大胜之。时群蛮自慈利以西,及辰、沅、川、贵之间,群起为寇也。○七曜山,在卫西北三百里,上有梅子关。

　　大石岭,卫东北四百里。《志》云:山顶有池,又有大石,一名仙掌岭。其东即南陵山,与巫山县分界。又卫西七里有瘦驴岭,岭高路险。又卫东十五里有通天岩,亦曰通天洞。又有双城洞,在卫北四十五里。又石通洞,在卫东百三十里,接四川建始县界。○班鸠崖,在卫东百八十里,崖长五十里,望之若城郭。

　　清江,在卫城东北。亦曰黔江。自四川黔江县流入界,绕城东而北出,卫境诸水皆流合焉。又东北至夷陵州宜都县,入于大江。蜀江水浊,此水独清,因名。一名夷水。

　　麒麟溪,在卫城南。源出卫西境诸山岩洞中,奔流成溪,至夏水极冷,亦名冷水河,经客星山下,又北经城南,入清江。又卫城西有腰带溪,亦出西山中,流经宜山,曲折萦带,绕城下入麒麟溪。○九度溪,在卫北,源出四川石柱宣抚司,流入卫境,至都亭山下,又东入清江。居民多引水溉田。又有九龙溪,出红崖山下,东北流,亦合于清江,一名甘平溪。又金印溪,在卫南,源出银矿山,东流合覆盆水,又东合石板溪,北流三十里,入清江。又有盘龙溪,在卫东北,源亦出卫西诸山,流至都亭山下,入于清江。

　　黄连溪,卫南三十里。一名芭蕉溪。卫西南二十里又朱砂溪,流合焉。经天成山石桥下,又东北流二里,入于清江。又巴公溪,亦在卫南,其源一出药山,一出城南三十里鼓楼山,合于翠涛山,下至城南二里,入清江。又卫东有通潮溪,源出东南七十里之龙洞,经连珠山下,入于清江。○龙平溪，在卫东南二百余里。又有细沙溪，出东门山流合龙平溪，共注清江。又菖蒲溪，源亦出东门山，西流经歌罗寨，会黄姑溪，其下流合于酉溪，旁多菖蒲，因名。

木李溪，卫东三百里。源出长望洞，曲折数百里，沿溪万山深僻，旁地平旷，可耕作。元末土民多避难于此。又红楠溪，在县东班鸠崖，下俱流入清江。《志》云：卫东四百里有灵阳溪，出容中山，其地与容美通。○龙马溪，在卫北百里，一名沱河，俗名带河，相传牧马河滨，尝生龙驹因名龙马溪。经卫北二十五里之观音崖，入于清江。

朝贡水，在卫西。源出石乳山，一名丹阳溪，东流六十里，亦名龙溪，下流入于清江。又龟溪，在卫西北，源亦出石乳山，西北流至四川云阳县界，凡三百余里，入于岷江。○马公泉，在城东一里。宋嘉祐中，运使马公按部至州，以城跨山，不可凿井，乃相视水脉，以竹引此泉入城中，公私赖之。

五峰关，在卫城东连珠山下。有官军戍守。又东门关，在东门山上，今废。石乳关，在卫西石乳山上。梅子关，在卫西北七曜山上。卫西北三百五十里又有铜锣关。石乳以下三关，俱四川奉节县官兵防守。《志》云：卫西三百里，又有老鹰隘，亦为戍守处。

歌罗砦，卫西南百九十里。宋置，又尝置驿于此。又尖木砦，在卫西南。宋咸平六年，丁谓帅夔州，招抚叛蛮，置尖木寨于施州界，以控扼之。《宋志》：清江县有歌罗、永宁、细沙、宁边、尖木、夷平等六寨。熙宁六年，省施州永兴寨，置夷平砦。元丰三年，又废永宁砦，置行廊、安确二寨，是也。○暗利砦，在卫南二百余里。又南七十里有七女砦。《宋史》：祥符初，夔州路言：五团蛮啸聚，谋劫高州，请令施州暗利寨援之。乾兴初，顺州蛮田彦晏寇施州暗利寨，知夔州史方发兵击之，追至七女寨，降其众，是也。《志》云：忠建司西二十里有七女栅。

施王屯。卫南十五里。东晋末，桓诞自称施王，屯据于此，因名。○三会驿，在卫东百二十里。又卫东清江门外有施州马驿。又盘龙桥，在卫北盘龙溪上，有石崖，极高，昔人凿石架木为桥，行者股栗目眩，不敢俯视。

○大田军民千户所，卫西三百五十里。本蛮地。宋为羁縻柔远州。元曰散毛洞。洪武五年，定其地。二十三年，始置散毛千户所。明年，改曰大田军民千户所，隶施州卫。城周不及三里。今仍置大田所。

小关山，所东百里。古置关其上，遗垒尚存。《志》云：所城北门外有朝阳、积翠二山。又有秀屏山，在所城南，青峰高耸，若屏嶂然。○朝霞岭，在所东五十余里，巍峨高耸。又有行者峰，在小关山南五里。

西北河，所西二十里。有二溪合流，下入山洞中，其上有石如桥，高十余丈，名天生桥。又头渡河，在所东十里，源出所东十五里之龙洞口，流为河。○万顷湖，在所西南二百里，与酉阳接界。其湖深陷，行之周回动摇。

深溪关，所南百五十里，当酉阳路口。

硝场。所北百里。悬崖数千丈，下有河渡，其半崖一孔，势若城门，上产硝土。《志》云：县北百里有韩信坡，相传信尝经此，土不生草。

○施南宣抚司，卫东百里。本巴蛮地。宋为羁縻蛮地。元初，置沿边溪峒招讨司。至正二年，更为施南道宣慰使司。十七年，为明玉珍所据，改为宣抚司。洪武四年，复为施南宣慰司，寻复为蛮所据。二十三年，定其地。永乐三年，改为施南长官司。明年，复升宣抚司，领东乡五路、忠路、忠孝、金峒四安抚司，隶施州卫。

笔架山，在司治南，有五峰高耸。又南一里为马鞍山。又金龙山，在司东里许。司西里许曰来龙山，下有醴泉。○天柱峰，在司东三十里众山中，有石屹立，因名。

石壁石板溪，司西里许。其旁有九曲溪，合流入施州界，下流注于清江。〇白沙溪，在司北。又有白石、三花等溪，下流俱入于清水。

怀来峒隘。在司西。明初，蓝玉引兵至此，受夷款，因名。其相近者，又有石宝寨，一名通天洞。

〇东乡五路安抚司，本蛮地。宋置细沙寨，北去施州二百八十里。元仍为细沙寨，明玉珍改置东乡五路宣抚司。洪武六年，更为安抚司。二十三年废。永乐五年，复置安抚司。宣德三年，分领摇把峒以下长官司三，镇远、隆奉蛮夷长官司二，仍隶施南宣抚司。

杨平山，司东二里。司东十五里又有龙津山。又卧龙山，在司北六十里。又司南十五里有东坡山，司西十五里有那岔山。

细沙溪。司东二十里。自施州界东门山流经此，下流入龙平溪。

〇摇把峒长官司，《志》云：元为又巴峒，至元中，尝置又巴安抚司。

〇上爱茶洞长官司。

〇下爱茶洞长官司。《志》云：二长官司，元为怀德府。至顺中，升宣抚司。至正中，又尝升军民宣慰司。

〇镇远蛮夷长官司。

〇隆奉蛮夷长官司。

〇忠路安抚司，本蛮地。宋为羁縻龙渠县。元曰忠路寨，属施州。明玉珍时更置忠路宣抚司。洪武四年，改为安抚司。二十三年废。永乐五年，复置忠路安抚司。宣德三年，分领剑南长官司，仍隶施南宣抚司。

石旗山，司南一里。《志》云：司旁有凤凰、狮子、龙洞、金紫诸山，皆高峻。

革井溪。司东一里。又司旁有中应溪。去司五里又有两会溪。

○剑南长官司。

○忠孝安抚司，本蛮地。宋为羁縻西高州地。元置大奴管勾等峒长官司。至正十一年，改为忠孝军民府。十五年，又更为忠孝军民安抚司。明玉珍时，改为宣抚司。洪武四年，复为安抚司。二十三年废。永乐五年，复置忠孝安抚司，隶施南宣抚司。

○石门山。司南一里。《志》云：司西一里有龙泉。

○金峒安抚司，本蛮地。宋祥符初，黔州言磨嵯、洛浦蛮归顺，此即磨嵯蛮地也。元置金峒寨，属施州。明玉珍时，改为镇边五路总管府。洪武中，金峒蛮叛。二十三年，讨定其地。永乐五年，始置金峒安抚司。宣德三年，分领西萍蛮夷长官司，仍属施南宣抚司。

积玉山，司北二里。山高峻，积雪经春不消。其南一里曰十三盘，以登陟盘曲也。《志》云：积玉山旁有黑洞，俨若城门，水从中流，二里许始出山，绕司北，为青崖、塞谷等溪。其上又一小洞，伐木为阑。洪武间，凉国公征蛮尝经此。

两会溪，司北五里，即积玉山溪洞所会流也。

○西萍蛮夷长官司。

○中峒安抚司。《志》云：嘉靖初增设，隶施南宣抚司。

○散毛宣抚司。卫西三百二十里。本蛮地。五代时为羁縻感化州。宋为羁縻富州地，寻为柔远州地。元初因之，寻曰散毛洞。至元三十一年，升为散毛府。至正六年，改为散毛、誓崖等处军民宣抚司。明玉珍时，更为散毛沿边军民宣慰。前朝洪武四年，改为散毛沿边宣抚司。十四年，定散毛地，寻复叛。二十三年，发兵剿捕，寻复定。永乐九年，置散毛长官司。十三年，复升宣抚司。宣德三年，分领龙潭、大旺二安抚司，仍隶施州卫。

酉溪，在司南。自四川酉阳宣抚司流入境，下流至辰州府，合于沅水。

散毛关。在司南。亦曰散毛路口。本名师壁洞。元至元中，置师壁宣慰司，寻改宣抚司，领师壁镇抚所、师罗千户所。至正中，又立长官司四，巡简司七。明初，复废为师壁洞。今改为散毛关。

○龙潭安抚司，本蛮地。宋属施州。元置龙潭安抚司。明玉珍时，为龙潭长官司。洪武四年，更为安抚司，寻叛，发兵讨平之。二十三年，废。永乐五年，复置龙潭安抚司，属散毛宣抚司。

白凤山，司西十里。

黔水。在司治南。即清江也。《志》云：流经四川彭水县，至涪州入岷江。误。

○大旺安抚司，本蛮地。元时，以大旺地大翁迦洞属师壁洞安抚司。明玉珍时，置大旺宣抚司。洪武五年，大旺蛮叛，讨平之。六年，仍置大旺宣抚司。永乐五年，改为安抚司。宣德三年，分领东流、腊壁洞二蛮夷长官司，仍隶散毛宣抚司。

达车溪，司东一里。其相近者又有芭蕉溪。

野猫关。《志》云：在司境刺若洞路口。

○东流蛮夷长官司。

○腊壁洞蛮夷长官司。

○忠建宣抚司，卫东二百五十里。本蛮地。宋为羁縻保顺州。元置忠建军民都元帅府。明玉珍因之。洪武四年，内附。六年，改为忠建宣抚司，寻叛。十四年，讨平之，更为安抚司。永乐四年，复为宣抚司，领忠峒、高罗二安抚司，仍隶施州卫。

连珠山，司北一里。又司西十里有师壁山，司东百五十里有奴阑山。

车溪，司南二十里。《志》云：源出木册长官司，下流入酉溪。又有弄罗溪，在司南二十五里。相近者又有车弄溪，下流亦俱入西溪。

胜水关。司东南三百里。又司境有虎城关、野熊关及野牛关。《志》云：诸关各去司三百里。

〇忠峒安抚司，本蛮地。宋为羁縻顺州。元改置湖南镇遏宣慰使司。明玉珍更置沿边溪峒宣抚司。明初废。永乐四年，复置忠峒安抚司，隶施州宣抚司。

连珠山，司南二里。上有寨。又司东三里有墨达山。《志》云：土人谓天为墨，言山高接天也。又明珠山，在司西六里，其西又有三十六峰，群山环峙，亘司前后。

西溪，在司南。《志》云：自容美流入司界，名大水。下流经镇南界，亦名慢水。又有毋古溪，在司南四里，源出高罗安抚司，流入西溪。

土地关。《志》云：在忠建路口。又有覃山砦，在司北一里。

〇高罗安抚司，本蛮地。宋初，为羁縻珍州。开宝初，改曰高州，寻曰西高州。元更置石溪洞长官司，寻为高罗寨长官司，又升为宣抚司。明玉珍改为安抚司。明初废。洪武六年，复置高罗安抚司。明年叛，废，寻讨平之。永乐四年，改置安抚司，分领木册长官司，隶忠建宣抚司。

墨把山，司西十里。有七峰耸拔，亦曰墨把峰。又通积山，在司西三里。司北里许又有劳喜山。

白凤溪，在司南。源出东门山，流会西溪，名三江口。

水心寨。司南三里。有水心山砦据其巅。又司西三里有树斜洞。

〇木册长官司。本蛮地。元置木册安抚司。明玉珍改曰长官司。明初因之，隶高罗安抚司。

栖凤山，司北十五里。又司东四里有蒲载山，二十里有低罕山，司西三十里有木册山。

车溪。《志》云：源出木册山，流入忠建境内。

○思南长官司，成化以后增置，亦隶高罗安抚司。

○镇南长官司，卫南二百五十里。本酉溪蛮地。元初，置毛岭峒。至正十五年，置宣化镇南五路军民府，领提调军民镇抚所、蛮夷军民千户所，寻更为湖南镇边毛岭峒宣慰使司。明玉珍改为镇南宣抚司。洪武四年，内附。二十三年废。永乐五年，复置镇南长官司，直隶施州卫。

镇南山，司南一里。

酉溪。《志》，云：自忠峒司流经司界。又东南入辰州府境。

○唐崖长官司，本五溪西界地。元置唐崖长官司，寻更为军民千户所。明玉珍改为宣抚司。洪武六年，仍置长官司，后废。永乐四年，复置，直隶施州卫。

万峰山，在司境。亦曰杉篁峒，顶有池，流为杉篁、杉碧、垒子等溪。

黔水，在司南。即清江上源也。又乾溪，在司北一里。司东里许又有普乐溪，俱流入于黔江。

百节峒。司南里许。又司境有蛮王峒。

○容美宣抚司，卫东南二百十里。元至正十五年，立四川容美洞军民总管府。明洪武四年，置宣抚司，寻废。永乐四年，复置，领长官司四，隶施州卫。

○椒山玛瑙长官司，洪武六年置。十四年废。永乐五年，复置，隶容美宣抚司。下仿此。

○五峰石宝长官司。

○石梁下峒长官司。

○水尽源通塔平长官司。

○盘顺安抚司。成化以后，置隶容美宣抚司。

○永顺军民宣慰使司，东至澧州慈利县三百九十里，西南至保靖州宣慰司二百二十里，南至辰州府三百十里，北至永定卫二百九十里。自司治至布政司二千里，至江南江宁府三千八百里，至京师七千三百里。

《禹贡》荆州之域。秦黔中郡地。汉以后，为武陵郡地。隋为辰州地。唐天授二年，析置溪州。天宝初，曰灵溪郡，后复为溪州。五代时，马氏有其地。宋初，为羁縻永顺州，又为上、中、下溪三州。《志》云：宋时有羁縻州二十，皆置刺史，而以下溪州刺史兼都誓王，十九州皆隶焉，谓之誓下州。彭氏世为之长。熙宁中，招纳誓下等州，改隶辰州。元时，彭万潜自改为永顺等处军民安抚司，后彭天宝又改宣抚司。前朝洪武二年，内附。六年，升为永顺等处军民宣慰使司，隶湖广都司，领州三、长官司六。

司东抵荆、湘，西通巴、蜀，南近辰阳，北距归峡，四通五达之郊也。唐天授二年，析辰州置溪州，为控御群蛮之地。《五代史》：溪州西接牂牁、两林，南通桂林、象郡，马希范取其地，因立铜柱以为表。铜柱，见前沅陵县。宋仁宗嘉祐三年，下溪蛮彭仕义叛，既而乞内属，诏遣雷简夫往视之。简夫度仕义未即顺命，督诸将进兵，筑明溪上下二寨，据其险要，拓取故地五百余里。仕义计穷遂降。熙宁九年，章惇经制荆湖，誓下三州蛮悉内附，诏筑下溪州城，而五溪悉平。明初，蛮酋归顺，因而抚之。万历中，廖道南建议曰：国家肇平南土，即设永顺、保靖于湖，酉阳于川，而施、夔、贵竹各有安抚、宣抚、长官诸司，兼收并蓄，纳污包荒，治之以不治。继而经制渐疏，苗酋倡乱，谓宜设重臣以镇抚之。如南、赣之兼闽，郧、襄之兼蜀，以制永、保、酉、竹诸司，则蛮獠、猺、僮有所顾忌，而不敢肆矣。其后特简重臣镇抚偏，沅，盖自道南发之也。

大乡废县，司西南一百七十里。汉沅陵、酉阳二县地。梁分置大乡县。隋属辰州。唐初因之。天授二年，置溪州治此。五代时，马氏改置溪州于辰州境上，既而蛮复还旧治此，即下溪州城矣。宋熙宁中，溪酋归附，诏修筑下溪城，即此也。今司城，即古永顺州治。明初，仍置司于此，下溪州地并入焉。

三亭城，在司西南。汉武陵郡酉阳县地。梁为大乡县地。唐贞观九年，分置三亭县，属辰州。天授二年，改属溪州。五代时，没于蛮。又洛浦废县，在司南，本大乡县地。唐天授二年，分置洛浦县，属溪州。四年，改属锦州。五代时为蛮所据，所谓洛浦蛮也。

明溪城，在司东南。宋康定中，辰州蛮彭仕义叛，命雷简夫讨之。简夫至辰州，进筑明溪上下二寨，夺其险要，拓取石马岩故地五百余里，即此城也。

黔安戍。在司西。宋熙宁初，彭师晏以誓下州来归，诏修筑下溪城，并置寨于茶滩南岸，名曰黔安戍，是也。或云茶滩，即黔江所经。

○南渭州，本蛮地。宋为羁縻南渭州。元因之，属新添葛蛮安抚司，寻废。明洪武二年，复置州，改今属。

○施溶州，蛮地。宋为羁縻州。元为会溪施溶地，属思州军民安抚司，后废。洪武二年，置施溶州，改今属。

○上溪州，蛮地。宋为羁縻上溪、中溪、下溪三州，后废。洪武二年，置上溪州于此。又改今属。

○腊惹洞长官司，元置，属思州军民安抚司。明改今属，下仿此。

○麦著黄洞长官司。

○驴达洞长官司。

○施溶溪长官司。

○白崖洞长官司。元置，属新添葛蛮安抚司。明初，改今属。

○田家洞长官司。明初置，属永顺宣慰司。

○保靖州军民宣慰使司，东至辰州府镇溪所界一百八十里，西至施州卫大田所界三百里，西南至四川酉阳司界一百八十里，东北至永顺司界四十里。自司治至布政司一千九百七十里，至南京三千八百里，至京师七千三百里。

《禹贡》荆州之域。自汉以后，为武陵郡地。隋为辰州地。唐为溪州地。宋为羁縻保靖州。元因之，属新添葛蛮安抚司。明初，置保靖州安抚司。洪武六年，升军民宣慰使司，隶湖广都司，领长官司二。

司四山环抱，洞水中流，控御苗蛮，与川、黔之酉阳、铜仁，相为表里，山薮藏疾，功在刊除矣。

○五寨长官司，宣慰司南百八十里。唐时，为宋沱洞、乌引洞、庐荻洞、杜望洞、白岩洞五寨，命田氏世官之，以控蛮裔。宋以来仍旧。明初，五寨官田文归附，因置是司。

密峰寨。在司东。嘉靖三十四年，督臣冯岳言：五寨在麻阳、保靖之中，宜移镇篁参将驻此，以便控制。且寨东有密峰寨，西有牛拗脚，又诸田出入之冲，宜各立哨堡一座，分兵防守云。

○篁子坪长官司。宣慰司南百五十里，永乐三年置。

○茅冈隘冠带长官司。成化以后置，属保靖宣慰司。下仿此。

○两江口长官司。

〇镇远臻剖六洞横坡等处长官司。本属贵州境内镇远卫。《通志》云：新置，属保靖宣慰司。俟考。

乌牌寨，在司西。《志》云：箄子坪叛苗二十七，洞头、中略、留绞、亚保、谷耻、大略、琴图、盘菅、回砦、大塘、爆木、岩口、盘那、孟瘦、大唐、池已、乌牌、小五图、恶党、古藏、板栗、冷水、排那、瘝铁、乌巢、老菜、岩洞等寨是也。

阴隆江镇。在司境。《志》云：保靖境内有阴隆江、杜望、滑石江三巡简司，俱隶湖广都司。

江西方舆纪要序

　　江西之有九江也，险在门户间者也，此夫人而知之也。江西之有赣州也，险在堂奥间者也，此夫人而知之也。弃门户而不守者败，争门户之间而不知堂奥之乘吾后者败；弃堂奥而不事者败，争堂奥之内而不知门户之捣吾虚者败。然则重门户而固堂奥，遂可以必不至于败乎？曰：不能。何以知其然也？重门户，人知我之专事门户也。强邻压吾西，劲敌扼吾东，欲于门户之外辟方寸之地而不可得，则门户为无用矣。固堂奥，人知我之专争堂奥也。墙垣沟池，可以阻寇之来，而寇亦即限我于墉垣沟池之内，甚且或伺其旁，或乘其隙，堂奥可终恃乎？且以十万之众萃于江沱，以十万之众顿于岭下，自大庾至浔阳，南北悬绝千八百有余里。而饶、信诸州以东，袁、吉诸州以西，敌来之路凡十余处。四面拮据，必有一懈，懈则敌乘之而入矣。且夫转输则农业废，救援则兵力疲；陆行病于沮泽之多，水行苦于滩险之远。敌纵未入吾境，而我先坐困。犹谓江西之地，可以坐保一隅而无患哉？然则战乎？曰：以九江战，则踯躅于水滨；以赣州战，则崎岖于山谷。战未可以必胜也。然则何取于江西？曰：以江西守，不如以江西战。战于江西之境内，不如战于江西之境外。何以知其然也？从来善用兵者，如风如雨，如雷如霆，如猛兽之发，如鸷鸟之击，而后可以言战。敌人备武昌，我则攻皖口；敌人备皖口，我则攻武昌。我方攻武昌，皖口之防未密，我即下皖口。我方攻皖口，武昌之备必疏，我即下武昌。事在金陵，则不攻武昌，不攻皖口，而疾卷金陵，可也。不然，出淮东以震山左，出淮西以动中州，可也。或沿江而下乎？或溯江而上乎？或逾江而北乎？我之所攻者一，敌之所备者十，敌必不能以备我矣。然则江西遂弃不守乎？曰：非不守也。守易而战难。以九江、赣州城高池深，苟得其人，虽疲兵败甲，犹可守也。次则袁州、广信，各留数千人守之，与南昌互为形援，足矣。且我方提兵四出，横行中原，敌必心慑气沮，未暇为潜师入境之谋。即或有之，吾平日之节制，尚足以维持于不败。甚而败焉，吾得淮南、山左之一郡，不以易江西之全壤也。且与其以守失之，毋宁以战失之。向使举一二千里之地，数十万之人，而束戈弢刃，置之于无所用，如赵括之于长平，马谡之于街亭，求与敌一战而死，亦不可得，不亦哀哉！然则可战之势，独在九江乎？曰：然。自昔用九江者，其成其败，亦灿著矣。吾独怪刘宋之子勋，其举事于江州也，亦既有四方之全势，而卒死于江州，则子勋幼稚、邓琬庸下之过也。近时陈友谅之用江州也，吾滋惑焉。友谅以徐寿辉之欲迁隆兴为非策也，既杀寿辉，遂都江州。当其初恣睢暴横，气吞江东，似乎知用上流之势，即师徒再丧，西据武昌，亦未为失计。何以举军而东，不争江州，而争洪都？自速其亡也！使友谅疾击江州，东扼湖口，洪都必震。更或顺流直下，径袭安庆。吾意是时安庆方恃江州之蔽，备必稍怠，袭之可得也。既得安庆，江州友谅故都尔。翻城相应，事所宜有。洪都之去金陵千五百余里，道路悬隔，势不相救，不且为友谅囊中物哉？计不出此，乃以舟师悉指洪都，前有坚城之拒，后有湖口之隘，使我得从容赴救，一战而毙之。兵法：师虽深入，还道宜利。友谅固未之前闻也。或曰：洪都邻接武昌，友谅攻之，似为肘腋虑，使友谅既东，洪都举军而逾修水，越西塞以争武昌，奈何？曰：吾又知其不然也。自洪都以西，道皆僻远，势未易达，友谅虽东武昌，其根本之地，守亦必严。且友谅既长驱江上，兵力雄盛，为洪都者，亦自固不暇，何暇攻武昌哉？曰：赣州于南昌如何？曰：赣州又非九江比也。宸濠以南昌之众，夺南康、九江，疾趋而东，是也。使不攻安庆，竟掩金陵，王守仁虽举勤王之兵，自吉安而北，复南昌，向九江，而濠之势已成。天下向背，正未可知。幸天夺其魄，周章狼戾，一至此也。然则赣州于南昌，有时可以不虑；南昌于江西，有时可以不守。赣州有变，固守南昌以拒之，可也。甚则急扼湖口，力固寻阳，使不得轶出于大江，而后图所以制之，可也。昔华歆以豫章败于孙策，何无忌以豫章败于徐道覆，操师乞以豫章败于刘子翊，林士弘以豫章败于萧铣，钟匡时以洪州败于秦裴，南昌不必为险固之地也。林士弘失豫章而保余干，恃彭蠡之阻也。又弃余干而保虔州，恃赣石之险也。然赣州自守或易，攻人亦难。五代卢光稠据虔州而事中朝，支吾不过数年，及谭全播之时，卒并于淮南矣。徐道覆出南康而北，陈霸先出南康而北，萧勃之众亦出南康而北，时势各殊，成败迥异，未可同日语也。王守仁之出赣州，亦时势宜然。论者不察，谓赣州与南昌有不两存之势。呜呼！何其暗于大计哉！唯九江在江西，诚为噤吭之地。自三国迄今，从北而南，未有不得寻阳而可以图洪州者。太祖一克江州，而隆兴以南，望风款附。陈友谅越江州而攻洪都，一败而不复振矣！呜呼！知赣州之可不虑，而后可以用南昌也；知南昌之可不守，而后可以用江西也；知用江西者，不徒战守于赣州、九江之间，而后可以有事于天下。呜呼！可不鉴哉！

读史方舆纪要卷八十三

江西一 封域 山川险要

　　《禹贡》曰扬州，《周·职方》亦曰：东南淮扬州。详见南直春秋时，为吴、楚之交。战国时属楚。其在天文，斗分野也。秦并天下，属九江郡。汉武置十三州，此亦为扬州地。后汉因之。三国时为吴地。晋初，亦属扬州，后割荆、扬二州地，增置江州。《宋志》：惠帝元康元年，始置江州，领十郡，治豫章。成帝咸康六年，移治寻阳。参考王敦、温峤诸传，皆治武昌。《通释》：惠帝始置江州，傅綝为刺史，治武昌。是江州初置于武昌，其后或移豫章，又移寻阳也。宋以后因之。隋仍属扬州。大业末，为萧铣及林士弘所据。唐分十道，此属江南道。开元中，分置江南西道。治洪州，今境内州郡悉属焉。唐末，并于淮南，后属于南唐。宋属江南路。天圣中，亦分为江南西路。仍治洪州。绍兴初，尝移治江州，寻复旧。元置江西等处行中书省，至元十四年置。十五年，移省于赣州。明年，复还龙兴。十七年，并入福建行省。十九年，复故。后陈友谅窃据其地。明洪武九年，置江西等处承宣布政使司，领府十三、属州一、属县七十七，总为里九千九百五十六里有奇，夏秋二税约二百六十一万六千三百六十九石有奇。而卫所参列其间。今仍为江西布政使司。

○南昌府，属州一，县七。

南昌县，附郭。　新建县，附郭。　丰城县，　进贤县，　奉新县，　靖安县，　武宁县。

宁州。

○瑞州府，属县三。

高安县，附郭。　上高县，　新昌县。

○南康府，属县四。

星子县，附郭。　都昌县，　建昌县，　安义县。

○九江府，属县五。

德化县，附郭。　德安县，　瑞昌县，　湖口县，　彭泽县。

○饶州府，属县七。

鄱阳县，附郭。　余干县，　乐平县，　浮梁县，　德兴县，　安仁县，　万年县。

○广信府，属县七。

上饶县，附郭。　玉山县，　弋阳县，　贵溪县，　铅山县，　永丰县，　兴安县。

○建昌府，属县五。

南城县，附郭。　南丰县，　新城县，　广昌县，　泸溪县。

○抚州府，属县六。

临川县，附郭。　崇仁县，　金溪县，　宜黄县，　乐安县， 东乡县。

○吉安府，属县九。

庐陵县，附郭。 泰和县， 吉水县， 永丰县， 安福县， 龙泉县， 万安县， 永新县， 永宁县。

○临江府，属县四。

清江县，附郭。 新淦县， 新喻县， 峡江县。

○袁州府，属县四。

宜春县，附郭。 分宜县， 萍乡县， 万载县。

○赣州府，属县十二。

赣县，附郭。 雩都县， 信丰县， 兴国县， 会昌县， 安远县， 宁都县， 瑞金县， 龙南县， 石城县， 定南县， 长宁县。

○南安府，属县四。

大庾县，附郭。 南康县， 上犹县， 崇义县。

东通浙、闽，

广信府东与浙江衢州府接界，南与福建建宁府接界。而建昌、赣州，亦皆与闽之邵武、汀州为邻。

南尽大庾，

大庾岭以南，即广东境。今南安府南六十里至大庾之岭，又六十里至广东之南雄府。二郡盖分据岭之南北。

西连荆楚，

九江、南昌、袁州、吉安、南安诸郡，皆与湖广接界，北至大江。

大江横亘于九江府北，广二十里。江之北岸，西入黄、蕲，东接安庆，大江实为之限。

其名山，则有庐山、

庐山，在南康府西北二十里，九江府南二十里，高二千三百六十丈，周二百五十里，叠嶂九层，川流九派。《禹贡》：过九江，此九江谓湖广洞庭湖。至敷浅原。说者谓庐山高，而其中原田连亘，即敷浅原矣。《史记》：太史公南登庐山，观禹所疏九江。《名山记》：山南滨宫亭湖，北对小江，山去小江三十余里，其大岭凡七重，圆基周回，垂三五百里。《豫章古今志》：山本名南嶂，亦曰障山，俗又讹为天子都、天子障。殷周时，有匡俗兄弟七人结庐于此，故曰庐山。俗字君平，一作匡续，字子孝，秦汉间人。或谓之靖。庐山亦曰辅山。相传周武王时，有方辅先生于此山得道仙去，惟庐存，因名。世皆谓匡俗所居，亦曰匡山，亦曰匡庐，亦曰匡阜，亦曰康庐。《图经》云：宋开宝中，避太祖讳，更匡山为康山。道书以为第十八洞天，第三十六福地。汉庐江郡之名本此。又《汉祀典》以庐山贰于灊岳，《郡县志》：汉武封庐山神为南极大明公，俗号庐君。盖南方巨镇也。梁天监初，江州刺史陈伯之起兵寻阳，其长史程元冲失职家居，因聚众袭攻伯之，不胜，逃入庐山。《唐六典》庐山，江南道名山之一也。今峰岩洞壑，在南康界者，不可悉数，而最著者，曰五老峰、府北三十里，石山骨峙，突兀凌霄，如五老人骈肩而立，为庐山尽处。石镜峰、府西二十五里。紫霄峰、府北二十五里，一名上霄峰，下有上霄源。凌霄峰、府北四十三里。铁船峰、府西北二十五里。汉阳峰、汉阳峰者，在庐山绝顶，望数百里，极目江、汉，故名也。一名汉王峰，相传汉武曾登此。汉阳峰之水，西流为康王谷之谷帘泉，谷在府西三十五里，相传秦并六国时，有楚康王者，逃难谷中，因名。水流为谷帘泉，其水如帘，布岩而下，凡三十余派。东流为开先寺之双瀑。寺在府西十五里庐山麓，本梁昭明太子栖隐处，南唐主李璟建寺。李白云：挂流三百丈，喷壑数十里。是也。庐山之南，瀑布以十数，而开先之双瀑为最胜。五老峰下为栖贤谷。府北十五里，唐贞元中李渤隐于此，因名。其西为三峡涧，涧受大小支流九十九派，水行石间，声如雷霆，拟于三峡之险。相近曰白鹿洞，亦李渤与兄涉隐处。南唐升元中，建学馆于其下。石晋天福五年，南唐昇元四年也。时遣宦者祭庐山，学馆盖建于是时。宋时为白鹿书院。《郡志》：白鹿洞，在水帘泉山涧中，书院在五老峰下，相去十余里。又有白云洞，在府西四十里山顶上。南唐主李璟尝游此。原曰栗里原，在府西三十六里。为晋陶潜隐居处。此南康之胜也。其在九江界者，曰双剑峰、在府南五十里，形势插天，宛如双剑。莲花峰、府东南三十里。香炉峰、府西南五十里，峰形圆耸，南有巨石卓立，一名石人峰。石耳峰、府南七十里，有二峰并耸。大林峰、府西南五十里，相近为天池、铁船二峰。上霄峰。上霄峰，亦在庐山绝顶，有石室，相传大禹石刻藏其中。又有石梁瀑布，秦始皇尝登其上，谓与霄汉相接也。《志》云：峰有秦皇汉武刻。又太史公尝登此，盖即南康府之紫霄峰。又石门，在庐山西南，双阙壁立千仞，瀑布出其中。《山疏》云：石门者，山之天池、铁船二峰对峙如门也。慧远诗《序》略云：石门一名障山，双阙对峙其前，重岩映带其后，七岭之美，蕴奇于此。周景式云：石门涧水出康王谷，谷东北去府六十里。吐源深远，为众泉之宗。每夏霖秋潦，转石发树，动数十里。此九江之胜也。《广记》云：庐山三面阻水，西临大陆，为群山所奔辏。山无主峰，蜿蜒蝉连，指列调敷，各自为胜。滨湖距江，回环垂五百里，亦尝为盗贼薮。正德中，庐山左湖溢塘贼作乱，指挥臣周宪讨平之。山薮藏慝，由来旧矣。

怀玉。

怀玉山，在广信府玉山县北百四十里，高四百余丈，盘亘饶、信、衢三郡，约三百余里，当吴、楚、闽、越之交，为东南望镇。一名辉山，相传山有异光夜烛也。县旧置辉山，驿以此。唐贾耽《华夷图》：怀玉山上与云际，势联北斗，又名玉斗山。循山之麓，升降凡十有五里，至大洋坂，地宽广约数百亩，而奇峰峻岭，怪石深池，环列于前后左右，仙灵之窟宅也。《志》云：山有龙潭一十八潦，又有二十四奇，曰玉琊峰、银尖峰、狮子峰、石牛峰、云盖峰、天门峰、飞泉峰、屏风峰、蟠龙冈、金鸡墩、洗墨池、望香墩、七盘岭、九莲池、誓坡石、浴佛池、彩霞岩、过云洞、连理木、天圣松、金刚岭、石鼓山、罗汉峰、志初岩，俱称绝胜。山之水西出则入于江，东出则入于浙，盖江、浙山水之宗也。李翱《南来录》：自常山至玉山八十里，陆道谓之玉山岭。自玉山至鄱阳七百有十里，顺流谓之高溪。又有三清山，《志》云与怀玉并峙。《名胜志》：山高七百余丈，周回二百余里，江、浙之水盖源于此。盖怀玉之支峰而异名者也。

其大川，则有九江，

九江，即大江也，在九江府城北。其上流自湖广兴国州东流入瑞昌县界，又东南流，北岸为湖广黄梅县之新开口镇，东南流六十里而经府城东北之浔阳驿，又六十里为湖口县之彭蠡驿，又东北六十里为彭泽县之龙城驿，又百十里即江南望江县之雷港驿也。亦曰浔阳江，盖大江之随地易名耳。《禹贡》：九江孔殷。又曰：过九江。盖今之洞庭湖，而说者以为在浔阳。司马迁曰：余南登庐山，观禹疏九江。淮南王安曰：禹凿江而通九路。班固曰：九江在浔阳南，东合大江。应劭曰：江自庐江、浔阳分而为九。郑玄曰：江至浔阳分为九道。郭璞《江赋》：源二分于崏崃，流九派于浔阳。《浔阳地记》：禹疏九江，一乌白江，二蚌江，三乌江，四嘉靡江，五畎江，六源江，一作沙源江。七廪江，八堤江，九箘江箘，一作茵。张须元《缘江图》云：一三里江，二五州江，三嘉靡江，四乌土江，五白蚌江，六白乌江，七箘江，八沙提江，九廪江。参差随水短长，或百里，或五十里，始于鄂陵，终于江口，会于桑落洲。张僧监曰：九江，一名白马江，去州五里，是大禹所凿九江，分流三百余里，至桑落洲合流。孔颖达曰：大江分为九江，犹大河分为九河。贾耽曰：江有八洲，与江为九。宋白曰：九江在江州西北二十五里。晁公武曰：九江一水而名九者，犹太湖一湖而名五湖，昭余祁一泽而名九泽耳。又刘歆言：九江者，湖汉九水入彭蠡泽也。湖汉水，即今贡水。郦道元则云：自沔口以下，有湖口水、加湖江水、武口水、乌石水、举水、巴水、希水、蕲水、利水，皆南流注于江，皆可傅合九江之说。宋曾氏云：豫章之川如彭水、即今章水。鄱水、淦水之类凡九，合于湖汉，东至彭蠡入江，九江之名，或取诸此。盖传疑久矣。今府治后百余步有庾公楼，其矶石突出江干百许步，为岷嶓以下滔滔东流之少驻。自六朝以来，江州常为中流雄镇，得其人守之，未易越浔阳一步也。至于江中洲屿，节节有之，自昔舟行附南岸者，谓之内路；附北岸者，谓之外路。宋晋安王子勋将刘胡自鹊尾见南至宁国府败还浔阳，于江外夜趋湓口。苍梧王初以黄门郎王敛镇夏口，恐过浔阳为桂阳王休范所劫留，使自太子洑竟去。太子洑，见湖广黄梅县。盖即江外趋湓口之路。今江防之设，始自浔阳。盖大江越梁、荆而来，小水附入者益多，波流衍溢，汊港纵横，且东近金陵，风帆易达，故为备不可缓也。

赣水，

赣水，亦曰南江。其上流分二源，西出者为章水，东出者为贡水。《志》云：章水出湖广郴州南三十六里之黄岑山，自宜章县流入南安府崇义县界，经聂都山，《汉志》谓之彭水。《汉志注》：彭水出豫章南楚县，东入湖汉水。是也。又东经府城南，亦谓之横江，亦谓之横浦。东北流，经南康县城南，亦谓之芙蓉江。又东北经赣州府城西，环城而北，会于贡水。贡水出福建汀州府西六十里新路岭，流入赣州府瑞金县界，经县南，《汉志》谓之湖汉水。《汉志注》：湖汉水出雩都县东，至彭泽入江，行千九百八十里。又西经会昌县北，谓之湘洪水。又西北达雩都县西，而府东北宁都、石城二县之水，府南安远、龙南、信丰三县之水，又北兴国县之水，皆汇焉。西北流，至府城东，环城而北，会于章水，始名为赣水。汉时，亦谓之领水。淮南王安上书言：越人入中国必下领水，领水之山峻峭，漂石破舟，不可以大船载食粮下也。亦谓之大庾峤水。庾仲初云：大庾峤水，北入豫章，注于江。即此。以其自南而北，通谓之南江。梁末，陈霸先起义师讨侯景，军于南康，寻自南江出溢口，会王僧辨之师。又自南康至豫章，其地皆谓之南川。陈初，临川周迪欲自据南川，是也。从赣城北至吉安府万安县，江中有一十八滩，谓之赣石。旧《志》：虔州城至万安县凡一百八十里，一云赣石之险，凡三百里。五代梁贞明四年，杨吴遣兵击谭全播于赣州，时严可求以厚利募赣石水工，故吴兵奄至城下，虔人始觉。又东北经泰和县，至府城南，折而北，绕吉水县城西而东北流，亦谓之吉水。入临江府峡江县界，经县城南，亦谓之峡江。又东北经新淦县城西，又东北经府城南，亦谓之清江。又东历樟树镇，入南昌府丰城县界，经县城西南而至府城西，亦谓之章江。绕城而流，广十里，渡江之北，曰石头口。又东北流入于鄱湖，北出九江府湖口县西，而入于江。唐《十道志》：江南大川，一曰赣水，自南昌以南诸郡之水悉流合于赣水，而委输于鄱湖，地势南高而北下，上流之重，恒在南方。故岭峤发难，赣江上下千里之间，皆为战地，振古如兹矣。

鄱阳湖。

鄱阳湖，即彭蠡湖，在南昌府东北一百五十里，饶州府西四十里，南康府城东五里，九江府东南九十里，周回四百五十里，浸四郡之境。《禹贡》：彭蠡既猪。《史记》：吴起曰：三苗之国，左洞庭，右彭蠡。又汉武帝浮江出枞阳，过彭蠡。枞阳，见南直桐城县。后亦谓之扬澜左里。晋末，刘裕破卢循于左里，即彭蠡湖口也。今南康府都昌县有左里城。《水经注》：赣水总纳十川，同凑一渎，注于彭蠡，清潭远涨，绿波凝净，而汇注于江川。自隋以前，概谓之彭蠡。炀帝时，以鄱阳山所接，兼有鄱阳之称。大业十二年，刘子翙讨鄱阳贼林士弘，战于彭蠡湖，败死。唐《十道志》：彭蠡，江南之大川也。《六典》曰：彭蠡，一名宫亭湖。《图经》：鄱阳湖东至饶州余干县之康郎山，西至新建县之荷陂里，南至进贤县之北山，北至南康府都昌县，其南入南昌界者，则为宫亭湖。《饶州志》：鄱阳湖收江、饶、衢、徽之流，会大江入海，长三百里，阔四十里，中有雁泊小湖，每春涨则与鄱江连接，水缩则黄茅白苇，旷如平野。湖中之山，其最大者，曰康郎山，在湖西南涯。其近湖西北岸者，曰鞋山，曰大孤山。又湖之西北近南昌、南康之界，有狭处，谓之罂子口。明初，陈友谅攻洪都，太祖赴救，至湖口，友谅闻之，解围东出，与明师遇于鄱阳湖之康郎山。友谅屡败，欲退保鞋山。明师先至罂子口，横截湖面，友谅不得出。既又移泊于左蠡，截友谅于湖口。友谅旋败死。猗欤！一统之业，肇于鄱阳一战，较之垓下、昆阳，宁有忝哉？

其重险，则有大庾，

大庾岭，在南安府南二十五里，广东南雄府北六十里，磅礴高耸，为五岭之一。《水经注》云：涟溪山，即大庾岭也。秦始皇三十三年，以谪徒五十万戍五岭，大庾其第一塞之岭。又《秦纪》：秦使屠雎将兵十万守南埜之峤。谓此矣。《广记》：大庾在五岭最东，亦名东峤。《图经》云：山延袤二百里，上有横浦关，秦末赵陀欲据越，移檄告横浦诸关曰，盗兵且至，急绝道聚兵自守者也。及汉武帝时，吕嘉反，函封汉节至塞上，塞上，即谓大庾。使杨仆讨之，出豫章，下横浦。盖逾岭而南也。在秦时谓之塞上，亦名塞岭。汉伐南越时，有监军庾姓者城此，故名大庾。又名为台岭山，以岭上有石如台也。或以形如廪庾，故谓之庾岭。又谓汉庾胜者，本梅鋗将，为汉守台岭，筑城岭下，因有大庾之名。晋义熙六年，徐道覆以刘裕方北伐南燕，劝卢循乘虚袭建康，时循为广州刺史，道覆为始兴相。曰：若裕平齐之后，自将屯豫章，遣诸将帅锐师过岭，恐君不能当也。或谓之南康山。道覆谋为乱，先使人伐船材南康山中。盖岭在南康郡境也。梁太清末，陈霸先为始兴太守，起兵讨侯景，遣其主帅杜僧明顿于岭上，霸先旋发始兴，至大庾。隋开皇十年，番禺黎帅王仲宣反，围广州，遣其党据大庾，立九栅，诏裴矩巡抚岭南，矩至岭，击破之。唐《十道志》：江南名山曰大庾。《张九龄集》云：初，岭东废路，人苦峻极。《志》云：东峤古路，在今安里之游仙径，崎岖荦确，入逾六七里，两山对峙，螺转而上，周围九磴，至顶而下。又逾七里，始平。上有横浦关，此古入关之路。开元四载冬，俾使臣左拾遗内供奉张九龄缘磴道，披灌丛，相其山谷之宜，革其坂险之故，人始便之。自九龄凿新路后，两壁峭立，中途坦夷。上多植梅，因又名为梅岭。一云：本汉初梅鋗曾将兵至此，故有梅岭之名。白居易云：大庾多梅，南枝既落，北枝始开。是也。僖宗时，黄巢入广南，高骈请帅重兵由大庾击贼于广州。自五代以后，驿路又复荒远，室庐稀疏，而梅岭之名亦虚。张九成谓岭并无梅，盖蓁芜已久也。宋嘉祐八年，蔡挺详刑江西，弟抗漕广东，乃商度工用，陶土为甓，各甃其境。北路广八尺，长一百零九丈；南路广一丈二尺，长三百一十有五丈，仍复夹道种松，以休行旅，遂成车马之途。又立关于岭，上植柱揭，名梅关，以分江、广之界。章颖诗云：两州南北护梅关，尽日人行石壁间。盖实录也。

景炎元年，叛将吕师夔等导蒙古兵度梅岭，败宋军于南雄。二年，蒙古将塔出等复以步卒入大庾，追二王，既而广州复为宋有。蒙古将李恒复以步骑由梅岭袭广州，至清远，今广东广州府属县。败宋兵，遂入广州。明初，陆仲亨以赣州之师逾大庾，破韶州。岭诚噤喉要地矣。又《南安志》：大庾岭东北为白猿洞，洞北为梅关，关侧为云封寺，俗名挂角寺，今祠张曲江于其处。祠左有霹雳泉，一名卓锡泉。明张以宁云：庾岭之巅，折而东有一峰甚奇秀，稍下平，为姮娥嶂。《新修岭路记》：成化十五年，郡守张弼病岭路狭隘，复谋开道，凡巨石之扼路者，火而斧之；流泉之浸路者，沟而分之；土石之积者，剔而平之。螺转之磴，因其高下为级一百二十余，长短参差，务适于平。岭路始为宽平。《舆程志》：南安南行六十里至大庾岭，上有红梅关，《郡志》：府至岭二十五里，又五里至南雄府红梅铺。又南行六十里，为南雄府城。岭据南北之咽喉，为战守必争之地。今关有官军戍守，犹秦、汉之旧迹也。

湖口。

湖口，在九江府东六十里，今为湖口县。其地上据钟石，傍临大江。彭蠡之水，汇章、贡及群川之流，北注于江，湖口其委输之处也。刘宋时，置湖口戍。齐东昏侯末，萧衍引兵东下，前锋邓元起将至浔阳，江州刺史陈伯之退保湖口。由齐、梁至陈，皆为戍守重地。唐武德五年，安抚使李大亮以其冲要，特置湖口镇。乾符五年，王仙芝余党王重隐陷洪州，江西观察使高湘奔湖口。南唐始立县。盖湖口之缓急，江南之盛衰。江南有事，欲保固江右，则湖口不可以无备也。或曰：湖口，即古之钩圻。《水经注》：赣水历钩圻邸阁下，而后至彭泽。刘宋时，南江运米，皆积于钩圻，是也。
今江西之运凡四十余万石，悉自湖口以达于江。所谓粮运资储，
仰此气息者，非乎？且自皖口溯江西上，则越小孤，径彭泽，不待
叩浔阳之城，而直掩湖口，江西已岌岌矣！湖口于九江，又独当东
南一面之险也。元至正十二年，星吉复江州，遣别将栅小孤山，自
据鄱阳口，缀江西要冲，以图恢复，既而为贼所败。鄱阳，盖即湖
口云。

　　按江西地当吴、楚、闽、越之交，险阻既分，形势自弱，安危
轻重，常视四方。然规其大略，亦非无事之国也。是故九江雄据上
游，水陆形便，足以指顾东西，非特保有湖滨而已。南、赣为南方
藩屏，汀、漳、雄、韶诸山会焉，连州跨郡，林谷茂密，盗贼之兴，
斯为渊薮，故设重臣临之。岂徒扼闽、岭之襟喉哉？抑且临南昌之
项背矣。九江、南昌，皆与湖广连壤，而袁州逼近长沙，逋民客户，
颇难讥察。自吉安以南，益与郴、桂相比，称岩险焉。饶州东北与
新安相错，而广信东通衢、婺，为江浙之门户。其南则路入建宁，
又江、闽之津梁也。建昌与闽亦为邻境，而驿骚之患，视广信为稍
杀焉。夫庐阜为之山，彭蠡为之泽，襟江带湖，控荆引越，形胜有
由来矣！

读史方舆纪要卷八十四

江西二 南昌府 瑞州府 南康府

〇南昌府，东北至饶州府二百四十里，东南至抚州府二百四十里，南至临江府二百七十里，西南至瑞州府二百里，西至湖广平江县五百五十里，西北至湖广武昌府一千里，北至南康府二百六十里。自府治至江南江宁府一千五百二十里，至京师四千一百七十五里。

《禹贡》扬州地。春秋属吴。战国属楚。秦属九江郡。汉分置豫章郡初属淮南国。吴芮王长沙，兼得其地。文帝后七年，地入于汉。据《汉书》：景帝初，议削吴豫章、会稽郡。则豫章吴地。或曰南境属长沙也。后汉亦为豫章郡。三国吴因之。晋初仍旧。元康初，置江州治焉。后移治寻阳，详见州域形势。下仿此。宋、齐以后，并为豫章郡。隋平陈，废郡，置洪州。炀帝复为豫章郡。唐武德五年，平林士弘，复为洪州。置总管府。八年，改为都督府。天宝初，曰豫章郡。至德初，以代宗在东宫，讳豫，止称章郡。乾元初，复曰洪州。有南昌军，乾元二年置，元和六年废。又建中以后，置江南西道观察使，治此。咸通六年，升为镇南军节度。五代初，属于淮南。亦曰镇南军。周显德六年，南唐升为南昌府，建南都。时交泰二年也。宋建隆元年，李璟迁都此，子煜仍还金陵。宋复曰洪州。亦曰镇南军。天圣八年以后，江南西路治此。隆兴三年，升隆兴府。以孝宗潜邸也。元至元十四年，改府为路。二十一年，曰龙兴路。明初，曰洪都府，寻为南昌府，领州一、县七。今因之。

府包络江、湖，左右吴、楚，东南一都会也。春秋时，吴楚相攻，必有事于豫章。郦道元曰：《左传》昭七年：楚令尹子荡伐吴，师于豫章，即此地也。夫江、湖沮洳，春秋时舟楫便利未逮今日，吴楚所争，实在淮、汉之间。郦氏之言非笃论矣。自汉高建郡以来，常为控扼之地。后汉末，许劭谓刘繇曰：豫章北连豫壤，西接荆州，形胜之处也。繇不能用，坐并于江东。宋、晋之末，卢循自岭外入犯，道出豫章，江州刺史何无忌自寻阳引兵拒之。长史邓潜之谏曰：国家安危，在此一举，闻循兵船大盛，势居上流，宜决南塘，守二城以待之，二城，胡氏曰：谓豫章、寻阳也。此万全策也。无忌不听，与贼遇于豫章，败死。贼乘胜东出，建康震动。陈氏缔造之初，萧勃首发难于岭外，其徒欧阳頠、余孝顷者，连兵而争豫章，非周文育之力战，豫章必不守。豫章不守，霸先成败之数，未可知也。隋之亡也，群贼操师乞、林士弘相继据豫章，萧铣恶其逼也，急取豫章，以为东藩。唐李靖自荆楚而东，先略豫章，庾岭以北，刻期荡平矣。建中间，曹王皋帅江西，屡破贼兵于黄、蕲间。议者以南昌为百粤上游，三楚重辅，岂虚语哉？淮南袭下洪州，乃规鄂渚。及南唐之哀，以两淮既失，金陵浅露，上游完固莫若洪州，于是有南都之建。然而南唐非真能用洪州者也。宋之南也，女真突入洪州，蹂躏实甚。继而群盗李成等据江州，有江淮湖湘十余郡，又遣其党马进据筠州。诏张俊讨之。俊以豫章介江湖间，急趋之，既入城，喜曰：吾已得洪州，破贼必矣。韩世忠之平闽贼也，闽贼范汝为。闻豫章方为群贼所窥伺，乃旋师永嘉，若将休息者，忽由处、信径至豫章，连营江边数十里。群盗出不意，多引降。岂非以豫章在江右为噤喉之地乎？元末，陈友谅倾国以争洪都，太祖击灭之，而荆湖南北遂次第入版图。刘宋雷次宗曰：豫章水陆四通，山川特秀，南接五岭，北带九江，咽扼荆、淮，翼蔽吴、越。唐王勃云：襟江带湖，控荆引越。封敖曰：洪州当淮海之襟带，作吴、楚之把握。宋王应麟曰：南昌为钟陵奥区，楚泽全壤，信东南大藩矣。

○南昌县，附郭。在府治东偏。汉县，为豫章郡治。后汉以后因之。隋改县曰豫章，为洪州治。唐武德五年，分置钟陵及南昌县，又于南昌县置孙州。八年，州废，省钟陵、南昌二县。宝应初，以肃宗讳，更豫章曰钟陵。贞元中，又改曰南昌。宋因之。今编户六百四十三里。

○新建县，附郭。在府治西偏。汉南昌县地。晋太康中分置宜丰县，属豫章郡，后省。《志》云：陈又分置南昌县，隋省入豫章县。唐初亦尝置南昌县，后又并入豫章县。宋初为南昌县地，太平兴国六年，置新建县于郭内。今编户百十三里。

豫章城，今郡城也。或以为春秋之豫章。按：古豫章大抵在江汉之北。《左传》昭六年：楚伐吴师于豫章，次于乾溪。十三年：楚师还自徐，吴人败之豫章。二十四年：楚子为舟师以略吴疆，越大夫胥犴劳王于豫章之汭。三十一年，吴围弦，楚救弦及豫章，吴师还。定二年：楚人伐吴师于豫章，吴人见舟于豫章，而潜师于巢，以败楚师于豫章，遂围巢，克之。四年：吴人舍舟于淮汭，而自豫章与楚夹汉。杜预曰：豫章皆当在江北淮南，柏举之役，豫章又似在汉东江北。岂自昔由江汉之间以达于淮，豫章实为要害，而今不可考欤？又按：乾溪在今南直亳州，徐在泗州，弦在光州，则豫章当在近淮之地光州、寿州之间，与汉之豫章全不相蒙也。《古今记》：汉豫章城，颍阳侯灌婴所筑，亦曰灌婴城，即今城东之黄城寺。又有刘繇城，在今府城东北三十里，相传汉扬州刺史刘繇所筑。《水经注》：孙策略地至曲阿，扬州刺史刘繇奔豫章筑城自保处也。又有西城，在子城西。刘繇尝使豫章太守朱皓攻袁术所用太守诸葛玄，玄退保西城，即此。《城邑考》：汉城周十里八十四步，开六门，南曰南门、松阳门，西曰皋门、昌门，东北二门，各以方隅为名。晋咸安中，太守范宁更辟东北、西北二门。唐初筑城之西南隅。垂拱元年，洪州都督李景嘉又增筑之，凡八门。贞元十四年，观察使李巽复营治。元和四年，刺史韦丹更筑城东北隅，于是广倍于汉城。宋筑洪州城，又倍于旧，周三十里，门十六。绍兴六年，李纲帅洪州，以城北岁涌江沙，截城之东北隅入三里许，为十二门。元因宋旧，其城西面瞰江，不利守御。元至正十八年，伪汉陈友谅以大舰乘水涨附城而登，城遂陷。二十二年，明太祖定洪都，乃命都督朱文正改筑，移城去江三十步。后友谅至，遂不能近。建七门：东曰永和，又名澹台，以门内有澹台墓也。旧曰坛头，有黄紫庭仙坛云。东南曰顺化，旧名琉璃，以门内延庆寺有琉璃古像而名。南曰进贤，旧曰抚州，俱以道路相通而名。亦曰望仙，以汉梅福曾为县尉也。又南曰惠民，挽输惠民，仓路由此。旧名寺步，以近隆兴寺云。西南曰广润，旧名柴步，亦曰桥步。西曰章江，以近江滨，旧曰昌门，孙策遣虞翻与郡守华歆交语于此。北曰德胜，旧名望云，李纲移筑于此，又名新城。其旧城西之滨江者，有官步门，亦曰遵道；井步门，亦曰德遂；仓步门，亦曰惠济；官步门，亦曰利步，与洪乔凡五门，俱废。城之址，展东南二里许，视旧城杀五之一，周不及十二里。《郡志》：城中故有子城，一名牙城。三国吴五凤二年，太守张俊于城东南造双阙，亦曰双门。唐垂拱间，都督李景嘉增修，周二里二百四十步，为东西二门，官署营舍，皆在其内。南唐保大十六年，建南都。明年，遂迁居之。俗呼双门为东西华门，仍旧都之号也。宋淳化及熙宁间，皆尝修葺。建炎三年，兵毁。绍兴中，复营治，其南面虽有门楼，而故塞不启。元亦建行省于子城内。至正十八年，陈友谅陷隆兴，毁城门，惟东南二门楼存。明洪武二年，亦建行省于内。九年，改布政司。永乐元年，为宁王府。正德十四年，宸濠反，府废，乃辟中为道，通行旅。旧《记》：子城东门楼。旧名镇南军。宋赵鼎作帅时，立东门楼，旧名隆兴都督府。宋邓祚作帅时，立南昌门，旧名南楼，左望大江，下临圜圚，为一郡之胜。今废改不一，而滕王阁在章江门城上，唐显庆四年，滕王元婴为洪州都督时所造也。明初，驾幸南昌，宴从臣于此。寻改建西江第一楼，在章江门外迎恩馆。

　　椒丘城，府北百四十里。后汉建安四年，孙策破刘勋于浔阳，欲谋取豫章，太守华歆筑此城御之。《江吴志》：孙策自沙羡还徇豫章，屯于椒丘，表传策在椒丘，遣虞翻说华歆。即其地也。○齐城，在府东二十里，吴孙权立其第五子奋为齐王，都武昌，诸葛恪徙奋于此，因号为齐城。又昌邑城，在府西北六十里。《豫章记》：汉昌邑王贺封海昏侯就国，筑城于此。

　　蹠口城，府西南七十里。《城邑志》：陈永定元年，广州刺史萧勃遣从子孜及其将欧阳頠、傅泰等出兵南康，趋豫章。傅泰据蹠口城，与周文育相持，既而文育使其将丁法洪攻蹠口城，擒泰。一云城在吉安府北七十里，似误。蹠，亦作墌。○南昌废县，在府西北。唐武德五年，析豫章县地置南昌县，又置孙州治焉。六年，洪州总管张善安叛，陷孙州，即此。八年，州县俱废。

　　西山，在城西大江之外三十里。一名厌原山，又名南昌山。高二千丈，周三百里，跨南昌、新建、奉新、建昌四县地。宋余靖云：西山在新建县西四十里，岩岫四出，千峰北来，岚光染空，连属三百余里。《郡图经》：初济江十里为石头津，并江北行有铜山，即吴王濞铸钱之所。山有夜光，远望如火，以为铜精也。自石头西行二十余里，得梅岭山，岭峻折，羊肠而上十里，有梅仙坛，即梅子真学仙处。自岭纡徐南行六七里，得葛仙峰，山下有川曰葛仙源。自葛仙羊肠而下，高下行三十里，有洪崖，石壁陡绝，飞湍奔注，下有炼丹井，亦曰洪井。自井南绕溪五里，有鸾冈。冈西五里最高一峰，曰鹤岭。又有大萧、小萧二崖，亦曰萧史峰。又蛇行十里，得天宝洞，洞为西山最胜处。又自梅岭而北，上下行四十五里，得吴源水，高下十堰，每堰溉田千余顷。其极源至山椒，得风雨池。风雨池者，能出云气作雷雨云。度西山之势，高与庐阜等，而不与之接，余山则枝附耳。《志》云：天宝洞，在府西八十里，道书所载第八洞天也。洞门喷泉如缕，名玉帘泉，泉水注入山下金钟湖。又秦人洞，在府西五十里齐源岭侧，亦幽邃。其风雨池，则在府西北七十里。《豫章记》：风雨池是西山绝顶，四面悬绝，人迹罕至，中通洪井。《寰宇记》：梅子真种莲其中，亦名梅福池。城西三十里吴源水，乃风雨池之余波也。下注十余里，为陂十有一。明太祖驾幸南昌，放陈友谅所蓄鹿于西山云。

鸡笼山，府西十里。其山盘旋耸秀，下枕大江。晋义熙六年，何无忌与徐道覆遇于豫章。贼令强弩数百，登西岸小山邀射之，会西风暴急，飘无忌所乘小舰向东岸，贼乘风以大舰逼之，无忌败死处也。相近者又有钓矶山。○罕王山，在府西六十里，峰峦高耸。府西南八十里又有逍遥山，道家以为第四十福地。

几山，府东北百四十里，屹立鄱阳湖中，上有仙岩。《志》云：府北百八十里有吉州山，其上居民数千家，相传秦时移此。○渐山，在府东南六十八里，耸如卓笔，南接进贤县界。

梅岭，在府西。祝穆云：西山极峻处也。汉元鼎五年，楼船将军杨仆请击东越，屯豫章梅岭以待命。明年秋，东越王馀善反，发兵距汉道，入白沙、武林、梅岭，杀汉三校尉。《索隐》云：豫章西三十里有梅岭，在洪崖山，当古驿道。一云《索隐》非也。《括地志》：梅岭在虔州虔化县东北百二十八里，此岭以梅福得名。〇龙冈，在府城北带江，亦曰龙沙。《水经注》：赣水北经南昌县城西，又北经龙沙。沙甚洁白，高峻逶迤，若龙形，连四十里，旧为九日登高处。《郡志》：沙踞府城之背，面临章江，环亘五里，居人时见龙迹于沙上。沙南有豫章台，明太祖破陈友谅，驻跸南昌，筑台朝父老于此，亦名龙沙台。

章江，在府城西。一名赣江。从临江府流入丰城县界，又北流至城南之南浦，始别为支流，沿城南陬而复合，中裂三洲，民居其上，为石桥以济。自南浦西北出，下流入鄱阳湖。李琯云：章江发源于赣，绕郡城前，从西北流入西鄱湖，俗名河水，是也。抚河，发源于旴，绕郡后，从东北流入东鄱湖，湖即官亭湖也。两水为郡之经，而鄱湖为水之聚，其在郡西南者，一由抚水入，曰曹溪水，出接溪港。一由剑水入，曰殷家渡，出荆林与接溪合，径南浦入章江。其在郡东南者曰西洛水、武阳水、三阳水，皆自抚水入，至郡城北出东鄱湖，又至康山，始合樵舍、昌邑之水，会西鄱湖出口云。

鄱阳湖，府东北百五十里。即《禹贡》之彭蠡也。饶、信、徽、抚、吉、赣、南安、建昌、临江、袁、瑞、南康数郡之水，皆汇于此。详见前大川鄱阳湖。〇南湖，《志》云：在府东五十里，源出进贤县罗溪岭，东北流八十里，合三阳水入鄱阳湖。

东湖，在府城东南隅。周广五里，旧通章江。后汉永元中，太守张躬筑塘以通南路，谓之南塘。晋义熙六年，卢循自岭外入犯，邓潜之劝何无忌决南塘水拒之。《水经注》：豫章城东大湖，十里二百二十六步，北与城齐，南缘回折至南塘，本通章江，增减与江水同。张躬筑堤通路，兼遏此水，时卢循舟船大盛，若决南塘，则循舟兵无所用，可以坚守而待其敝也。刘宋少帝景平元年,太守蔡兴宗于大塘之上更筑小塘,以防昏垫,并遏湖水,令冬夏不复增减。隋义宁初,贼帅张善安归林士弘于豫章,士弘疑之,营于南塘上,寻袭士弘,焚其郛郭而去,士弘因徙南康。唐元和二年,江西观察使韦丹又于南塘筑捍江堤,长十二里,派湖入江,节以斗门,以疏暴涨。凡为陂塘五百九十八所,灌田万二千顷,俗呼为南塘塍。《郡志》:东湖今又分为西北二湖,故豫章城中有三湖、九津之说。九津者,三湖水所派泄也,与章江水仅隔一线而不相参互,乃由内水关穿广润、章江、德胜、永和四门城濠而过之,东北汇蚬子、艾溪二湖,以入于东鄱湖。又东湖沿堤植柳,名万金堤。湖之北崖曰百花洲。

武阳水,府东南三十五里。源出盱江,自南丰县流经建昌、抚州境,入府界。支流达丰城县境。东北出,经此为武阳渡,一名辟邪渡,又东北达官亭湖。明初太祖与陈友谅决战于鄱阳,先遣人调信州兵守武阳渡,防贼奔逸,即此。又西洛水,在府南七十里,即盱、汝二水下流也。流经此,又东北入武阳水。○蜀水,在府西南六十里,一名筠河。自瑞州府东流入境,至象牙潭,吴源水自西山来会焉,入于章江,或谓之黄源水。《志》云:府西六十里有瀑布水,亦出西山中,状如玉帘,曰瀑布泉,流合吴源水。

象牙潭,府南八十里。亦曰象牙江,即章江回曲处也。五代梁开平三年,危全讽以抚州兵攻洪州,屯象牙潭,不敢进,营栅临溪,亘数十里。淮南将周本隔溪布陈,全讽兵涉溪攻之,本乘其半济击之,全讽兵大溃,又分兵断其归路,遂擒之。象牙江之下有金口,亦曰金溪口。陈永定三年,周文育击余公飏、余孝励于新吴,军于金口,进屯三陂。既而王琳遣将曹庆等救孝励,分遣兵败别将周迪,文育复退据金口,是也。金口、三陂应近奉新县界。胡氏曰:自豫章西南入象牙江,至金溪口。是也。

生米潭,府西南四十里。相传西山天宝洞之南门也,亦曰生米渡,上有市曰生米市。晋义熙六年,何无忌讨卢循,与循党徐道覆相遇,握节被害于此。宋绍兴元年,贼李成将马进犯洪州,连营西山,岳飞谓张俊曰:贼贪而不虑后,若以骑兵自上流绝生米渡,出其不意,破之必矣。俊从之,贼败走筠州。《志》云:生米市旁有翻车冈。

蓼洲,在城西里许南塘湾外。两洲相并,水自中流入章江,上有民居数百家。郦道元所云,赣水又经谷鹿洲,号蓼子洲,即此。唐天祐三年,淮南将秦裴攻洪州军于蓼洲,诸将请阻水立寨,不许。洪州将刘楚据之,裴击擒之,谓诸将曰:楚若守城,则不可猝拔,吾以要害诱致之也。○百花洲,在城东东湖北。宋绍兴中,尝习水军于此。又城西章江门外江中有凤凰洲,横亘而西,北抵石头口,如凤翼然。又黄牛洲,在府西南十里。又有吴家洲,在府西南二十里。相近有滕家、郭家二洲,俱南北相去十数里。

黄家渡,府东三十里。明正德中,宸濠作乱,赣抚王守仁讨之,克南昌,伍文定击贼于黄家渡,败之。《舆程记》:自黄家渡东四十里为赵家圩,又东四十里为团鱼洲,又东达饶州府馀干县界。

石头驿,在章江门外十里。有石头渚,亦曰投书渚,即殷羡投书处。《水经注》赣水经豫章郡北,水之西岸有磐石,谓之石头津渡之处。汪藻曰:自豫章郡绝江而西,有山屹然,并江而出者,石头渚也。沮江负城,十里而近。陈永定初,萧勃起兵广州,讨陈霸先,遣欧阳頠等出南康,屯豫章之苦竹滩,别将傅泰据蹠口城。余孝顷时为南江州刺史,亦附于勃,遣其弟孝迈守郡城,自出豫章据石头,既又与萧勃从子孜同拒周文育于石头,筑二城,各据其一,多设船舰,夹水而陈。霸先遣侯安都与文育水陆进攻,孜降,孝顷走还新吴。《志》云:陈永定中,尝置南昌县于此。隋废。唐初复置,旋废县,因置石头驿。明初陈友谅围南昌急,张子明以小渔舟夜从水关潜出,越石头口,告急于建康,是也。今为石步镇。○南浦驿，在府城西南广润门外。又府南六十里有市汉驿，在章江滨，南去丰城县之剑江驿凡百里，市汉巡司亦设于此。《舆程记》：自市汉驿而西南七十里至松湖，又西六十里即瑞州府。

　　樵舍驿，府西北六十里。近昌邑王城，有巡司。明正德中，宸濠作乱，王守仁克南昌，宸濠攻安庆未下，闻之，遂移兵鄡子口。其先锋至樵舍，守仁遣伍文定等击之，败贼兵于黄家渡。贼退保八字脑，既而宸濠败保樵舍，文定等四面合攻，遂擒之。又破余党于吴城，江西遂平。鄡子口，在府东北鄱阳湖滨。八字脑，见饶州府。○吴城驿，在府北百二十里，临江有吴城巡司，即伍文定破宸濠处。《志》云：吴城山，在府东百八十里临大江，驿盖以山名。又武阳驿，在府东南六十里，道出抚州府。又府东七十里有赵家圩巡司。《会典》：新建县又有昌邑、乌山二巡司。

　　芊韶镇。府南百里。陈永定初，周文育击欧阳𬱟等，自豫章伪遁，由间道兼行据芊韶。芊韶上流则苦竹滩诸营，下流则蹠口城、石头诸营。文育据其中，筑城飨士，𬱟等大骇，退入泥溪，是也。泥溪，见临江府新淦县。姚思廉云：芊韶，在巴山界。似误。

　　○**丰城县**，府南百六十里。西南至临江府百三十里，东南至抚州府百四十里。汉豫章郡南昌县地。三国吴分置富城县。晋太康初，移治丰水西，改曰丰城县，仍属豫章郡。宋以后因之。隋平陈，县废。开皇十二年，复置，改曰广丰，属洪州。仁寿初，复曰丰城。唐因之。乾宁三年，改曰吴皋。淮南因之。南唐复曰丰城。宋因之。元至元二十三年，升曰富州。明初，复为丰城县。今编户三百七十七里。

　　富城旧，县在县南六十里富水西。后汉建安中，孙氏置县于此。一名黄金城，有黄金陂。晋初，移县于今县西南三十里丰水西剑池侧，因曰丰城。梁侯景之乱，南昌民熊昙朗聚众据丰城为栅，是也。唐永徽初，迁于章水东,始为今治。元延祐初,筑土堤以遏暴涨,周围十里,环郭六门,池濠四绕,中有子城,周不及二里。后皆圮。《志》云:旧县城在县西二十里,唐以前城也。县东南又有广丰城,梁大同二年分丰城县置,寻废。隋因改丰城县为广丰。今有广丰乡。

赤冈山,县西北十五里。濒江壁立,土石皆赤。一云富城县旧治此。又始丰山,在县南七十五里,道家以为第三十七福地。○凤凰山,在县东九十。《晋书》:穆帝升平四年,凤凰将九雏见于丰城山,因名。县东南之苦竹村又有九子池。

龙门山,县南百里。旁有龙湫,西北与道人山相接。《志》云:道人山在县西南八十里。又罗山,在县南百二十里,晋罗文通学道于此,因名。山顶有池,冬夏不竭,亦名池山,富水所出。其东为尧山,与罗山相接。○杯山,在县南百三十里,高二百丈,周回百里,形如覆杯,丰水所出。

章江,县西南三里,有斗门堤。至县东北十里为曲江,形如半月,中分三潭。岸傍居民凡数百家,薄晚波平,江浮金碧,舟航云绝。有矶头山。李梦阳云:赣江北奔,入彭蠡湖,千里犹建瓴然。至丰城触矶头冈,则俯而东,又折数里而北达,故曰曲江。矶头山之滨有金花潭,民居缭绕,榆柳成行,水波激滟,动摇金碧,渔舟上下,宛然画图。宋隆祐太后以金花投潭,祈风于此,因名。《志》云:曲江有滩,旧尝出金。

蛟湖,县西十五里。源发剑池,东北流五里许,汇为此湖,流入长乐港,灌田数百顷,下流入于章江。《志》云:县西南三十一里有剑池,晋雷焕得龙泉、太阿二剑处。池前有石函,长逾六尺,广半之,俗呼其地为石门。

丰水,县南百八十里。出自杯山,西北流,绕剑池而入赣江,一名剑水。又富水,在县东南百五十里,源出罗山,西北流,合于丰水。县东南百十三里又有云韶水,源出抚州横汊河,东北入县界,合于赣江。

苦竹滩，在县南。亦曰苦竹洲，洲多竹。陈初，广州刺史萧勃遣其将欧阳頠军苦竹滩，陈霸先遣周文育擒之。《一统志》：县东南有苦竹村。《名胜志》：苦竹洲在县上游十里许。〇杨子洲，在县西二十五里章江中，周广二十里，居民二百余家。《通志》云：洲在府北九十里。又三洲，在县北三里，滨大江。《志》云：县北堤之趾有小港，港外为三洲：上洲曰杨林，中曰牛宿，下曰金鸡。又有龙雾洲，在县东北四十里大江中，上皆橘林。宋时有渔者得金钟于此，因名金钟口。

剑江驿。在县治北。又县北有市源巡司，县西南有江浒巡司。

〇进贤县，府东百二十里。东南至抚州府九十里，东至饶州府馀干县百四十里。汉南昌县之东境。晋太康初，分置钟陵县，寻省入南昌。唐武德五年，复析置钟陵县，属洪州。八年，废为进贤镇。宋崇宁二年，升镇为县。旧无城。明正德五年创筑。十二年，复甃以石。十六年，增修。城周六里有奇，编户二百四十二里。

港南山，县南十里。其山平夷，旁即驿路，南接云桥，北通罗溪。又钟山，在县南五里临水，昔尝破裂为二，得铜钟十二于此，一名上下破山。县西南三十里又有金山，亦曰金峰，地产金，有淘金井，界于临川。〇渐山，在县西六十里，山多石壁，俗呼石仓。宋时于此置驿。更十里为武阳渡，乃渐山尽处，入南昌县界。

北山，县北百里。地滨彭蠡湖，四周皆水，与天无际。其上平夷，利耕作，居民常千余户。县东九十五里又有栖贤山，山幽胜，唐抚州刺史戴叔伦栖隐于此。〇罗岭岭，在县西二十五里，其麓有罗溪，通鄱阳湖。又十五里为玉岭，公馆在焉。又县北二十里有双乳峰，双峰如乳，因名。其下即日月湖。

三阳水，县北六十里。上源在县西，曰南阳、洞阳、武阳，合流经此，故曰三阳。又东北入鄱阳湖。李琯曰：进贤县之水，惟以鄱阳为统

会, 而水之经则曰三阳。今县西北三里有三阳渡, 亦曰师过渡。相传吴子
胥为吴伐楚师, 尝经此。〇院泽水, 在县东南五里, 源发临川县界之椭山
下, 会于藏溪, 湾旋九曲, 下流东北出, 入鄱阳湖。

日月湖, 县北二十里。水涸则分为二, 涨则合为一, 中有石人滩。又
军山湖, 在县北四十里, 亦钟水处也。《志》云: 县境之水, 二湖最大, 而
总归于鄱阳湖。鄱阳湖盖浸北山之趾。〇龙马洲, 在军山湖畔, 亦曰龙马
坪。宋德祐三年, 蒙古兵逼抚州, 州将密祐逆战于进贤坪, 进至龙马坪,
力战不屈, 为敌所执, 即此。

邬子寨。县东北七十里。有邬子巡司。又邬子驿, 亦置于此, 为滨
湖要地。〇润陂巡司, 在县东。又县北有龙山巡司。《会典》: 县又有花
园巡司。

〇奉新县, 府西百二十里。南至瑞州府九十里, 西北至靖安县五十
里。汉豫章郡海昏县地。后汉中平中, 分置新吴县。三国吴及晋、宋以后
因之。陈初, 置南江州治此, 寻废州而县如故。隋平陈, 复省县入建昌。
唐武德五年, 复置新吴县, 属南昌州。八年, 仍省入建昌县。永淳二年,
复置。南唐升元元年, 改今名。今编户一百五十里。

新吴城, 县西三十里。旧《志》: 汉高平定海内, 分徙江东大族置
之他郡, 于是迁涂山氏于此, 号曰新吴, 以旧地楚, 今新属吴也。后汉灵
帝时, 置新吴县。陈初, 豫章太守余孝顷别立城栅于新吴, 与江州刺史
侯瑱相拒。瑱遣其从弟葡守豫章, 悉众攻孝顷, 不能克, 梁因授孝顷为
南江州刺史。寻废州, 隋并废县, 唐复置新吴县。神龙初, 移县治于冯水
南, 即今治也。长庆三年, 尝筑土城, 后圮。明正德六年, 以华林盗起,
复筑土为城, 间以砖石。十六年, 以淫潦圮坏。嘉靖初修复, 自是以时营
葺。今城周五里有奇。又越王城, 在县西五十里, 相传勾践伐楚时尝屯
兵于此。

太史城，县西二十里。孙权以太史慈为建昌都尉，委以南方之事，督治海昏时，筑此城，周回三里。西南有城角山，东南有盘山，北枕江水，其地险固，基址尚存。《类要》云：隋大业十年，建昌县尝移理于此。又余城，在县西十五里。《梁书》：于庆入洪州，进攻新吴，余孝顷起兵拒之，因筑此城，周围三里一百五十步。孝顷因号新吴洞主云。

登高山，县治北。一名龙山。其巅平坦，旧为射圃，下视居民，千甍鳞次，每九日士女登高于此。山北有井，曰冯井。井上有墙，延袤数百尺，俗呼仓城，汉时冯氏仓场故址也。《志》云：汉迁江东冯氏之族于海昏西里，赐之田，曰冯田，故水曰冯水，井曰冯井。

华林山，县西南五十里。三峰秀拔，崔嵬险峻，周回百里，古浮丘君隐此，一名浮云山。其南峰又名浮丘巅，山有投龙洞，本浮丘公游息之地，号浮丘石室。又有李八百洞及剑池、丹井诸迹。《志》云：李八百洞在县南三十里，高安郡圃亦有八百洞，与此相通。明正德中，群贼陈福一等作乱，结寨山中，攻破瑞州，指挥周宪攻贼于仙女寨，拔之，又克鸡公巅，进薄华林。山谷险峻，宪深入败没。南昌守臣李承勋寻击贼，平之。

药王山，县西北五十里。其山盘险而升，至顶平阔，可二十里，有湖澄深无底。一作越王山，亦曰越王岭。明正德二年，靖安贼胡雷二等据越王岭、玛瑙寨，南昌守臣李承勋击平之。又九仙山，在县西八十里。山北有温泉池，其汤一温一沸，涌出道旁，往来者皆得浴焉。○百丈山，在县西百四十里，冯水倒出，飞下千尺，因名。又以其势出群山，名大雄山。其相接者曰驻跸山，相传唐宣宗迎回时，尝驻跸于此。

龙溪水，县西二十里。源发药王山，萦回数里，合冯水。又有华林水，发源华林山，至冯田渡，与龙溪水合注于冯水，下流入南康府安义县界，为奉新江，注修水，入于章江。

上牢水，县东北百里，接南康府建昌县境。陈初，周文育击欧阳颜等屯豫章，军少船，余孝顷有船在上牢，文育遣将焦僧度袭之，尽取以归。上牢，盖上缭之讹也。详见建昌县。

罗坊镇。在县西，有巡司。明初，置以防山寇。○藏溪桥，在县东十里，长五丈五尺。又东二十里有阳乌桥，其地连绵，五桥相续，横截川原，亦成守处也。

○靖安县，府西北百六十里。西至宁州百九十里，东北至南康府安义县八十里。隋洪州建昌县地。唐广明中，置靖安镇。杨吴乾贞二年，改为场。南唐昇元元年，割建昌、奉新、武宁三县地，升为县，仍属洪州。宋因之。旧有城，后圮。明正德六年，以寇乱，复筑土垣防御。周三里有奇，今编户三十八里。

葛仙山，县西北四十里。四面险阻，人迹罕到，中多名胜。相传葛洪尝隐此。其相近者有桃源山，幽胜如武陵桃源，上有仙姑坛及龙须、药臼、车箱等九洞。又有石门山，山有宝莲峰。○绣谷山，在县北五里，一名幽谷山，嵯峨深秀，瀑布飞悬。

双溪。在县南。源出宁州之毛竹山，东北流入县界，分二支，复合流而绕县前。又东北出安义县界，汇奉新江诸水，注于修水。《志》云：县西北四十里有名山，长溪出焉，其下流亦入于修水。

○武宁县，府北三百二十里。东至南康府建昌县百四十里，西北至湖广通山县二百八十里。汉海昏县地。后汉为建昌县地。建安中，又分置西安县，皆属豫章郡。晋太康初，改曰豫宁县。宋、齐以后因之。陈立豫宁郡。隋废郡，以豫宁县并入建昌。唐长安四年，复析置武宁县。景云初，仍改曰豫宁。宝应元年，以代宗讳，复曰武宁，隶洪州。宋因之。元至元二十三年，置宁州治此。大德八年，徙州治分宁，县还属龙兴路。明因之。旧有土城，周不及二里，相传唐天宝中筑。洪武三年，因故址修治，寻复圮。正德六年，复营土城。十五年以后，屡经营缮，周七里有奇。今编户五十九里。

西安废县，县西二十里。后汉置县于此。晋以后曰豫宁。宋王僧绰封豫宁侯，是也。陈为豫宁郡。《南史》：陈初，周迪统南川八郡。八郡者：南康、宜春、安成、庐陵、临川、巴山、豫章、豫宁，是也。隋郡县俱废。唐改置今县。《志》云：县南甘罗村有豫宁城，唐豫宁县本治此。天宝四载，迁于今治。

玉枕山，县北八里，状若枕。其北有四望山，与玉枕山高下相等。又柳山，在县西五十里，峰峦峭拔，甲于群阜，以唐柳浑尝隐此而名。○九宫山，在县西北百八十里，与湖广通山县接界。上有瀑布，下有温泉。又太平山，在县西九十里，亦与湖广兴国州接界。二山俱见湖广。

汾水。在县北。源出县东北七十里之梅崖，亦曰分水泉。西流七十里入兴国州界，下流会于长河。《志》云：分水泉西入兴国州界阳新河，下流灌田千余亩。又白石山水，在县南五十里，源出诸山涧，北流经县治南，为腰带河。经县东四十里有羊肠滩，又三十里为三洪滩，乱石横列，俗呼和尚原。下流入南康府建昌县之修水。

○宁州，府西三百六十里。东北至湖广兴国州三百里，南至袁州府四百二十里，西至湖广平江县二百五十里。

春秋时楚地。汉属豫章郡。晋以后因之。隋属洪州。大业初，属豫章郡。唐仍属洪州。宋属龙兴府。元至元二十三年，置宁州。初治武宁县，后移治此。明初，州废。弘治七年，复建为州，编户九十八里。仍属南昌府。

州武昌之南屏，豫章之右臂，控引浔阳，旁通湘、岳，民殷物阜，称为奥区。

分宁废县，今州治。本汉豫章郡艾县地。后永修县，晋、宋以后因之。隋平陈，省入建昌县。汉中平中分置唐为武宁县地。贞元十六年，析置分宁县，属洪州。宋仍旧。元属宁州。大德八年，移州治此，以县并入。明初，改州为宁县。弘治中，复升为州。旧有土城，周不及二里，今圮。

艾城，州西百里，地名龙冈坪。《左传》哀二十年，吴公子庆忌出居于艾，即此。汉置艾县，属豫章郡。后汉延熹五年，艾县贼攻长沙郡县，是也。晋仍属豫章郡。宋、齐以后因之。隋省入建昌县。

旌阳山，州东一里，隔水。山势壁立，烟云回薄，横截水口，上有旌阳观，因名。又南山，在州治南，隔溪跨桥，穿石窦而入，悬崖峭壁，下瞰修水。州治西北又有凤山，多灵草仙药，秀水出焉，出浮桥渡而会修水。○鹿源山，在州西八里，有九峰回环高耸。《志》云：州西五里有鸡鸣峰，青岚峭绝。又二里为瀑布水，从鸡鸣峰西流，出修水北岸石下，飞流直下三十余丈。又里许，即鹿源山也。

毛竹山，州南百二十里，产毛竹。《图经》云：此山路塞，宋治平间，有金奭者出家财凿山，径至烂泥坪，通奉新道。山周三百余里，高千仞。○黄龙山，在州西百八十里。山之西南有鸣水洞，水行两石间，高数十丈直下，声如雷，流十余里，始达平田。其相近者又有青龙山。

幕阜山，州西百九十里。山接湖广通城及平江二县界，周围数百里，修水出焉。后汉建安中，吴太史慈拒刘表从子刘磐，置营幕于此，因名。今详见湖广境内。又柏山，亦在州西，汩水出焉，流入湖广平江县界。○清水岩，在州东北二十里。有南北二岩，黄鲁直以为天下绝胜处。岩前平衍，可坐千人。

修水，州西六十里。源出幕阜山，分东西二流，西流入湖广通城县界，合隽水。东流屈曲六百三十八里，出建昌城，又百二十里，入于彭蠡。以其流长而远达章江，故曰修。《水经注》：修水出艾县南。《寰宇记》：修水在分宁县南二百里。似误。

鹤源水，州东北七十里。源出武宁县九宫山下，南流与修水合，冬夏不涸，田畴藉以灌溉。○双井，在州西二十里。《志》云：南溪心有二井，土人汲以造茶，绝胜他处。宋黄庭坚称为草茶第一。

杉市。在州西，有巡司。《闻见录》：州有铜鼓营，近黄龙山，其地险厄，奸豪尝保据于此。《会典》：县有八叠巡司。

附见：

南昌卫。在府治南。《志》云：明洪武八年，置南昌左卫。永乐初，改为护卫，以宁府故也。天顺初，复为左卫。又有南昌前卫，在府治东，明洪武十九年置。正德十四年，宸濠叛，二卫官军多从逆。事平，王守仁奏请并省，于是改为一卫，垂为永制。

○瑞州府，东北至南昌府二百里，南至临江府百十里，西南至袁州府万载县三百里，北至南昌府奉新县九十里。自府治至布政司见上，至江南江宁府一千七百里，至京师四千九百六十五里。

《禹贡》扬州之域。春秋属吴。战国属楚。秦属九江郡。汉属豫章郡。晋、宋以后因之。隋属洪州。唐武德五年，置靖州。七年，改为米州，又改筠州。八年，省入洪州。南唐保大十年，复置筠州。时五代周广顺二年也。宋因之。绍兴十三年，赐郡名曰高安。宝庆初，改曰瑞州。避理宗讳也。元曰瑞州路。明初洪武二年，改为瑞州府，领县三。今因之。

府山川明秀，原隰沃衍，居列郡之中，为襟要之地。

○高安县，附郭。汉置建成县，属豫章郡。武帝元光四年，封长沙定王子拾为侯邑。后汉仍为建成县。晋、宋以后因之。隋属洪州。唐武德五年，改今名，避隐太子讳也。又置靖州治焉，寻为筠州治。八年，州废，县仍属洪州。南唐以后，复为州郡治。今编户三百里。

建成废县，即今府治。汉置。唐始改曰高安。五代梁开平三年，危全讽以抚州兵攻洪州，请兵于楚，马殷遣军围高安，淮南将周本败楚兵于上高。宋亦为高安县。《志》云：郡旧有土城，唐初筑。宋元丰中修筑，建炎间又复增葺。元初毁，至正末亦尝营治。明正德六年，改营郡城，甃以砖石，又浚濠为固，有门九，城周十四里有奇。又城中旧有子城，宋时土筑，环城为濠，周三里，有门四。元毁。明正德元年增修，缘碧落山后筑墙，以卫府治。六年，经华林贼焚毁，郡守邝璠重建，甃石为墙，颇称严固，周一里有奇。

华阳废县，府西四十里。唐武德五年置，属靖州，寻属筠州。八年，与州俱废。○云棚城，在府北三十里。又府北五里有断水桥城。隋大业末，萧铣、林士弘攻掠江西，土人应智顼拒贼于华林山，筑云棚等城，召义兵保安，此土二城即其故址云。

碧落山，在府治后。下临井邑，尽在目中，一名凤凰山。山后有五龙冈，前临蜀水。又有李八百洞，久塞，亦曰迷仙洞，在郡之后圃。山之西脉曰逍遥山。又大愚山，在府治东南朝阳门外，门据山为固。又有龙化山，在府西南上蔡门外。○米山，在府北二十五里。《豫章记》：此山四面流泉，土地膏沃，生禾香茂，为米精美，唐因以名州。

败伏山，府南百里。相传梁末陈武帝起义兵，破贼伏军于此，因名。又荷山，在府南二十五里，中有池，多红莲。山之南有琴岭，其形如琴。○凤岭山，在府西七十里。《志》云：唐初，靖州刺史应智顼屯兵之地，山势峭拔，远望如凤。相近者又有飞霞山，亦耸秀。

华林山，府西北七十五里。有玄秀峰，相近有主岭、南北岭、三宝岭，皆山势危峻。正德七年，官兵分屯于此，进讨华林山贼。谚云：若要华林败，三宝去立寨。少南曰南山，皆华林之冈阜也。《志》云：华林山周百里，与奉新县接界。又白云山，亦在府西北七十余里，有涧泉瀑布诸胜。其相接者曰白鹤山，亦幽胜。○谢山，在府西北百里，奇峰怪石，甲于群山。

龙珠岭，府西北四十里。又府西南六十里有鸡笼岭，高数百仞，皆以形似名。旧《志》：高安县有石炭岭，产篁竹，唐因改州为筠州。今府治北凤凰山下有大石，色黑，碎之若炭。《永和山川记》：建成县西有羊山，山产燃石。《豫章记》：建成县有葛乡，有石炭二顷，可燃以爨。疑即石炭岭矣。

蜀江，在府治北。源出袁州府万载县境龙河渡，流至上高县凌江口，合新昌县盐溪，历郡城中而东出，汇于南昌之象牙潭而入章江。亦曰锦江，亦曰锦水，《水经注》亦谓之浊水。自府西南来，折而东注，界为两崖。汉晋旧有城池，世远圮塞。唐武德中，李大亮始筑土城，浚濠以受之。今郡城分南北，锦江中贯，市南溪设三闸，而城跨其上，以为防卫。宋乐史云：蜀江东流五百五十里而入章江也。○钟口江，在府南三十七里，源出荷山，流入蜀江。萧梁时尝获古钟于此，因名。

清湖，府东十五里。其水四时莹彻。又珠湖，在府南十八里，俗传有仙遗珠于此。又府西南二十五里有药湖，相传以吕仙弃药湖中而名。其下流皆入蜀江。

鸣水，府西北六十里。发源山谷中，流经此，北流入奉新县界，合龙溪诸水，而为奉新江。碧涧飞流，空谷振响，因名。又曲水，在府南六十里，源出上高县之蒙山，流出潦浒口，东入赣江。其势回环萦曲，因名。○华阳水，在府西南百里，源出临江府新喻县界，东北流入蜀江。又龙口水，在府西六十里，一名谈口水。《志》云：高安县西界有蛟湖，引流为龙口水，北流至花园埠，入于蜀江。又务农溪，在府东三十里，源出新建县东，至府城南流入蜀江。

阴冈岭镇。府南六十里，有巡司。《志》云：县旧有洪成巡司，革。

○仁济桥，在府治东，旧有浮桥。宋淳熙十二年，改建石桥，于两岸作石堤以摄悍流，垒八墩于深渊，以酾水势。墩之上架木为梁，甃以石版。梁之上覆以厦屋六十余间，往来者便之。后修废不一，元季毁于兵燹。明弘治九年，因旧址复建，长数十丈，屹为津要。又府东有青湖、舣口等渡，皆蜀江津口也。

○上高县，府西南百里。东南至临江府新喻县九十里，南至袁州府分宜县百四十里，西北至新昌县五十里。本建成县地。后汉中平中，汝南上蔡民分徙于此，因立上蔡县，属豫章郡。晋太康初，改曰望蔡县，以上蔡人思其故土也。宋、齐以后因之。隋复省入建成县。唐武德五年，复置望蔡县，属靖州。八年，又废。僖宗时，钟传以故县地置上高镇。南唐昇元中，改镇为场。保大十年，升为县，属筠州。今编户百七十五里。

上蔡废县，今县治西。晋曰望蔡。隋废。《五代志》：唐中和末，钟传以其地在高安上游，因置上高镇。宋白曰：以地形高上而名也。天祐四年，淮南将吕师周等戍守于此，以备湖南。既而师周奔湖南。五代梁贞明三年，楚马殷遣弟仔攻上高，大掠而去。南唐升为县，有城，周五里。宋嘉熙中增修。元废。明正德七年，凿池树栅，立四门，议循旧址修筑，未果。嘉靖末，始筑石城千一百二十二丈七尺。○米城，在县西北十五里顾城山下，或云唐末淮南所置戍守处也。

镜山，县东二里。山有三端，圆如镜，相对而峙，中有径，可通人行。县界五里又有屏山，山势连亘如屏，因名。○宝盖山，在县南二十五里，嵌岩岌嶪，霭翠玲珑。稍南曰灵峰山，峰前有铜丁岭，一名铜精岭。又南五里有宝珠岭。

蒙山，县南三十五里。周一百四十里，峭壁横险，乔木千寻，常有烟雾蒙蔽其上。山有多宝峰及上下两洞。《志》云：宋庆元间，常产银、铅，故峰名多宝，并置蒙山务于山下。○九峰山，在县西北五十里，接新昌县界。其峰有九，曰云末、飞云、香炉、翠霞、苍玉、芙蓉、清流、峨眉、天竺。县西六十里又有末山，与九峰相连，以耸峙天末而名。其相近者曰谢君岭，高数百仞，接万载县界。

天岭，县西二十里。岭最高，行者若登天然。《志》云：县北三里有敖岭，亦曰敖峰，高峻为近郊之胜。又礼架岭，在县西北六十里，高峻多石，洞深且阔，兵燹时，土人避此，寇不能近。县西北七十里又有蓬莱岭，草木蒙密，云雾杳霭。又有黄凤岭，在县西九十里，相传昔有黄凤集于此。○慈光洞，在县西四十里，悬梯而下，始有门可入。唐乾符二年，黄巢之乱，民逃避于此，壁间题字犹存。又旺贤冈，在县北二十里，一名黄田冈。

蜀江，县治西。自万载县流入，至县西北二十里凌江口，新昌县水亦流入焉。又东南流经县治南，又东流入高安县界。又斜口水，在县西十里，源发蒙山，入于蜀江。

鸬鹚洲，县治东南，当蜀江水口。又仙姑洲，在县西六十里。县境又有八叠洲，皆在蜀江中。又章树潭，在县治西，其水澄澈而渊深。

离娄桥镇。县西七十五里。有巡司。○蒙山务，在县南四十里，蒙山之南麓也。宋置为采炼银铅之所，今废。

○新昌县，府西百二十里。西北至宁州二百里，西南至袁州府万载县百里。汉建成县地。三国吴析置宜丰县，仍属豫章郡。晋因之。宋初废。唐武德五年，复置宜丰县，属靖州。八年，废入高安县。南唐以宜丰旧地为盐步镇。宋太平兴国六年，以地广势险，于宜丰故城置今县，属筠州。元元贞初，升为新昌州。明仍为县，编户百二十九里。

宜丰城，县北三十里。孙吴置县治此。唐改置于今治。宋因之，改曰新昌。有土城，元圮。明成化间，因旧址修筑，寻砌以砖石，周五里有奇。

康乐城，县东二十里。本建成县地。孙吴黄武中，析置阳乐县。晋太康初，改曰康乐，仍属豫章郡。刘宋封谢灵运为康乐侯，即此。齐亦曰康乐县。梁、陈因之。隋废。《志》云：上高县北十五里有阳乐城，盖地相接云。

三峰山，县西五里，与县治前盐岭相接。《志》云：盐岭高出群山，下瞰邑市，鳞鳞可数。县东门外又有折桂峰，奇石耸秀，俗呼火焰山，岁多火灾，后平其顶，改今名。〇吉祥山，在县北五十里，一名瑞云山。山高耸，中有聪明泉。又尉山，在县西七十里，盘亘数里，相传南昌尉梅福栖隐处。

黄冈山，县西八十里。山势磅礴耸秀，为新昌诸山之冠。又八叠山，在县西北九十里。山形盘郁，叠嶂纵横，断而复续，因名。又县西百里有黄蘗山，一名鹫峰山，泉石奇胜。唐宣宗与僧黄蘗观瀑布于此。〇五峰山，在县西北百里。山有归云、积翠、罗汉、月桂、佛岩五峰。《志》云：县西五十里有九峰山，与上高县接界。

西岭，县北六十里。望东面诸山，兀起蹲伏，若翔舞状，亦曰攀龙山。又县东北七十里曰北岭，截出云外，如屏嶂，峰峦相倚，紫翠万叠，有飞瀑三四道，颇为奇观。

盐溪，在县治西。一名若耶溪。源出南昌府宁州界，流入县境，至县南三十里，出凌江口，入上高县界，东流而入蜀江。又治西南有小斜川，亦流合于盐溪。〇濯湖，在县东二里，相传晋旌阳令许逊濯衣于此，因名。

大姑岭镇。县西三十余里。有巡司，明洪武五年置。又有黄冈洞巡司，本宁州之定江巡司，万历四年改。

〇南康府，东至饶州府三百里，南至南昌府二百六十里，西至九江府德安县百三十里，北至九江府百八十里。自府治至布政司见上，至江南江宁府一千三百二十里，至京师四千六百七十五里。

《禹贡》荆、扬二州之域。春秋时，为吴、楚之郊。战国属楚。秦属九江郡。汉属豫章郡。后汉因之。晋初，仍属豫章郡，寻又兼属寻阳郡。宋、齐以后因之。《通志》云：陈为豫宁郡地。隋属洪州。大业中，属豫章郡。唐仍属洪州，后兼隶江州。五代时，南唐亦为江州地。宋太平兴国六年，置南康军。元曰南康路。明初，改为西宁府，时为元至正二十一年。寻曰南康府，元至正二十四年改。领县四。今仍曰南康府。

府负匡庐之胜，面彭蠡之险，引湖口之舟航，屏南昌之肩背，势雄吴、楚，泽接江、湖。刘裕败卢循之众，王守仁破宸濠之军，道皆出此云。

○星子县，附郭。汉鄡阳县地，属豫章郡。宋以后因之。五代时，杨吴以境内有落星石，置星子镇，属德化县。宋太平兴国三年，升为星子县，属江州。六年，置南康军治焉。今编户二十八里。

南康城，即今郡城也。宋太平兴国中，置军，筑土城，周五里有奇，寻圮。元末徐寿辉、陈友谅等相继寇掠。郡无城郭，屡复屡陷。明正德七年复筑。明年，甃以砖石，以防寇乱，东西环濠，南临湖。嘉靖以后，屡经修治，为门五，城周六里。

庐山，府西北二十里。其峰岭岩谷洞壑之属，在境内者，奇胜以百计，北与九江府接界。详见前名山庐山。○玉京山，在府西七里。一名上京山，当湖之滨，一峰最秀。其东西云山烟水数百里，浩渺萦带，皆列几席间。又层城山，在府西五里，一名乌石山，亭然独秀。下有蒲溪湾，流入彭蠡湖。府西南十里又有凤凰山，蜿蜒特起，水涨山浮，如凤翔然，一名流星山。

鞋山，府北六十里。独立湖中，形如鞋，高数十丈。《浔阳记》：神禹尝刻石纪功于此。明初，陈友谅败于康郎山，其将张定边挟之退保鞋山，为我师所扼。本名大孤山，与九江府接界。〇龙塘山，在府北三十里。峰峦峭拔，环抱湖湾。又西北十里有屏风山，丹崖紫壁，环绕磅礴，如屏障然。《志》云：府北四十五里曰吴章山，与庐山接，岭峻峡隘，或谓之吴障山，以其为吴之障也。岭北为德化县界。

宫亭湖，府东五里，即彭蠡湖也。一云在府南一里，接南昌、饶州二府界。梁承圣二年，豫章太守萧尹将兵讨陆纳于湘州，军至宫亭湖而溃，盖道出湖中也。《志》云：湖之西北有落星湖，湖中有石山如星，相传星坠水所化也。梁王僧辩破侯景于落星湾。宋建炎三年，命李郧等自建康扈从隆祐太后如洪州，过落星湾，暴风覆舟，宫人溺死无数，惟后舟无虞。一云落星石，高五丈，在城南五里湖中。宋孟后过此，立落星寺。夏秋之交水涨，石泛于波涛之上。隆冬水涸，可以步涉。后改寺为福星院，又为法安院。

灵溪，府西三十里。又府西南五十里有龙溪，府南二十里有沙溪，六十里有渚溪。又有鸾溪在府西二十五里，又西一里有石镜溪。俱源出庐山诸峰，下流皆入于彭蠡湖。〇藋藤港，在府西南二十六里，源出府南三十里之黄龙山。又谢思港，在府东九里，源亦出庐山，俱流入鄱阳湖。又谷帘水，在府西三十五里，源出庐山康王谷，曰谷帘泉，下流入于彭蠡。陆羽《茶经》品为天下第一。桑乔山疏云：康王谷在府西六十里，泉在谷中，曰谷帘，其源出庐山绝顶之汉阳坡，悬注三百五十丈。今亦见九江府德安县。

渚矶，府南七十里，当鄱阳湖之西渚。明初，与陈友谅相持于鄱阳湖，既而明师泊左蠡，友谅亦移泊渚矶，即此。渚，或作潴。《舆程记》：府南十里为爪蠡，又六十里为渚矶，又六十里，即南昌府之吴城驿也。又黄婆矶，在府治东南二里，滨湖。宸濠为伍文定所败，尝退保于此。○芙蓉洲，在城西二里，与玉京山相连。又鼍河洲，在府南十五里蓝车山下，滨鄱水，蜿蜒若鼍。府西六十里又有火烧洲，接新建、建昌二县界。相近又有绵条洲，与大洲相连，亦接建昌县界。

石堤，府治南。江浒舟楫之冲，每风涛骤至，舣泊无所。宋元祐中，知军吴审礼始栅木为障。崇宁四年，孙乔年以石为堤，延袤百五十丈，横截洪流之冲，中开为门，以通出入，内浚二澳，可容千艘。岁久浸圮。淳熙七年，朱熹来为守，岁适歉，遂捐金，募饥民增筑之。明景泰五年，嘉靖四十三年，亦相继增筑。《志》云：城西有西湾，在石堤内。宋徐端辅、朱熹知军事，相继作石闸，以泊客舟处。当夏秋水涨，商旅牵舟，萦纤循绕，人力疲乏，故又号为西疲湾。又湖西北有神林湾，多林木，中有神庙，商贾阻风泊此，必祈祷而去。○田公堤，在府治南一里。明万历二十一年，以石堤迤东一带，湖水荡啮，渐及城址，郡守田琯因筑石堤，长数百丈，以卫之，民因谓之田公堤。

长岭镇。府东北三十里，有巡司。明洪武十一年，置于府东二十里废延庆县，寻移置于府南三十里之渚溪镇。万历中又移置于青山镇，仍曰长岭巡司。○匡庐驿，在府治南一里。《志》云：府东一里有锦冈岭，宋置锦冈驿于其上。明初改置今驿。

○都昌县，府东百二十里。北至九江府湖口县百四十里，东至饶州府百三十里。本彭泽二县地。唐武德五年，置都昌县，属浩州。八年，州废，改属江州。大历间，徙治彭蠡湖之东，属饶州。宋太平兴国中，改属南康军。旧无城。明嘉靖三十七年创筑，四十一年始就，周五里。编户五十九里。

都昌旧城，在县北九十里王家市。唐初，置县于此。《志》云：唐以彭泽县地置浩州，又分杨梅岭以南更置都昌县属焉。一云李大亮割鄱阳西雁子桥之地置此县。《纪胜》云：雁子桥，饶州之北壤也。唐始立县在狮子峰之南，其地先有古城，莫知年代，遂因之创县，以地名都村，远与建昌相望，近与南昌相接，遂号都昌。后移今治。今犹谓故城曰衙前。○彭泽故城，在县北四十里。盖梁、陈时尝徙治此。旧《志》云：古县盖治此，晋陶潜为彭泽令，即此城。误。

左里城，县西南九十五里。今县西北五十里晋义熙六年，卢循为刘裕败于大雷，走还寻阳，将趋豫章，乃悉力栅断左里。裕攻栅而进，循复败走。又陈永定三年，侯安都击余孝劢于新吴，军至左里，适王琳将曹庆等救孝劢，还与安都遇，安都击败之。杜佑曰：地在章江之左，因名。《元和志》：杨澜湖北曰左里。《郡志》：县西北八十里有左蠡山，以临彭蠡湖东而名。明初，与陈友谅相持于鄱阳湖。明师自罂子口移泊柴棚，去敌五里许，诸将以湖水浅，请移舟扼江上流，乃泊于左蠡。正德九年，河南盗由湖广至江西，掠星子，都指挥赵钺败之于左蠡，即此。今设巡司。又檀道济城，在县西北七十里，相传道济讨谢晦时经此所筑城也，今其地有城山。

松门山，县南二十里。俗呼峇崂山。明初，陈友谅围南昌，太祖帅舟师赴救，自松门入鄱阳湖，战于康郎山，是也。《一统志》：松门山在南昌府北二百十五里，上有石镜。○石壁山，在县治西，临大江，有石如壁。一云山在县西南十里。又大矶山，在县西七里，一名望仙山，顶有平石，可以眺远。其西南里许为小矶山。《志》云：县北十里有芙蓉山，其山大小相对，形若芙蓉也。

华山，县东北九十里。突然峭拔，高压众山，拟于太华。县东北百里又有黄金山，顶有龙湫，下有大石，飞泉喷落，谓之飘水岩。○元辰山，在县西四十里。相传晋苏耽居此得仙，一名苏山。道书以为第五十一福地。又土目山，在县西北八十五里，临大湖，巨浪冲激，成孔如目，因名。

鄱阳湖，县东南二十里。远近群川皆汇于此。西北入湖口县，注大江。春夏浩荡无涯，谓之东鄱阳，至冬则水束如带。又县北二十里有郭山湖，一名郭家湖。县西北二十余里有石流、吴江诸湖，八十里有左蠡湖，皆鄱阳之支委也。

新开河，县治西一里。宋绍圣中，纲运船泊湖边，以大、小矶湍急，请开此河，以避风涛，因名。又后港河，在县北六十里，自左蠡石流嘴引入县西北二十五里之吴江湖，又由县北二十里北庙湖至王家市，有九十九湾，春夏水泛，广通舟楫。《志》云：县东南三十五里有山田港，临鄱阳湖，引水溉田。〇陈令塘，在县治南一里。唐咸通元年，邑令陈可大筑塘以阻潦水，因名。《闻见录》：县南四十里又有四山塘，由馀干县康山入县境之道也。

柴棚镇，县东南七十里鄱阳湖中。有柴棚巡司。明初，与陈友谅相持于鄱阳湖，既而自罂子口移泊柴棚，是也。《舆程记》：自县至饶河口六十里，又十里为柴棚，又十五里为钓台，又五里为周溪，又十里为打石湾，又十里为棠阴巡司，饶州府鄱阳县界也。又左蠡巡司，在县西故左里城，明初置。

四望山寨，县东南六十里鄱湖中。宋、元时置巡简寨于此，以备逋盗，今废。《志》云：县西北七十里有彭蠡戍，西临彭蠡湖，陈末置戍于此。唐武德五年，以江湖阔远，遂置镇。景龙元年，复为戍，以扼要冲。又有檀山戍，在县北九十里，与马颊相对。唐武德五年，以水陆之冲，置戍。《寰宇记》：檀头山有石室，以宋檀道济尝领兵登望而名。其地盖与城山相近。

团山驿。县西南一里。洪武初置。《志》云：县西十五里旧有白石驿，县东二十五里有矶子驿，县西四十里有赤石驿，七十里有游贤驿，西北八十余里有土目驿，俱宋、元时置，明初废。〇圣驾墩，在县治西三里。

明太祖征陈友谅，驻跸于此，军士筑土为墩，一夕而成，因名。

○**建昌县**，府西南百三十里。北至九江府德安县七十里，西至南昌府武宁县百四十里。汉豫章郡海昏县地。后汉永元十六年，分置建昌县，仍属豫章郡。晋因之。刘宋元嘉二年废海昏县，移建昌治焉。齐、梁因之。隋属洪州。大业末，林士弘置南昌州于此。唐武德五年，并其地为南昌州总管府，寻曰都督府。七年，府废。八年，并废州，仍为建昌县，属洪州。五代时因之。宋太平兴国七年，改属南康军。元元贞初，升为建昌州。明初，仍降为县。今编户八十四里。

海昏城，今县治。汉初属豫章郡，宣帝废昌邑王为海昏侯，国于此。东汉亦为海昏侯国，寻又析西南境置建昌县，或云县在今奉新县界。建安初，孙策分海昏、建昌六县，以太史慈为建昌都尉，治海昏。晋亦为海昏、建昌二县，并属豫章郡。刘宋以建昌治海昏城，遂并海昏入焉。齐、梁以后，并为建昌县。一云隋置当阳府于此，误也。《类要》云：大业十年，县又移理于县西太史慈故城。太史城，亦见奉新县，盖唐初复还今治也。宋因之。旧无城。明正德十三年，营土城。嘉靖四十一年，改甃以石，周四里有奇。

昌邑城，《志》云：在县北六十里。汉昌邑王改封海昏侯时所筑城也。《豫章记》：城东十二里江边，名慨口，出豫章大江之口也。昌邑王每乘流东望，辄愤慨而还，因名。

凤栖山，县西十五里。山势旋㳂，状如栖凤。又云居山，在县西南三十里，纡回峻极，顶常出云。一名欧山，世传欧岌先生得道于此。《志》云：欧山湫泽涌泄，垂流三十余丈，形如曳布，谓之布水，在县西南四十里。○回城山，在县西五十里，中有高峰嵬峨，望之如城阙。又城门山，在县西八十里，山形双峙，远望如城门，中有飞泉，溉田甚广。

长山，县南五十里，与安义县龙安城相对。宋岳武穆屯兵于此，贼李成屯于龙安北,武穆登山望贼阵,邀击于楼子庄,大破之。楼子庄,盖在山西南。《宋书》:绍兴元年,岳飞败李成将马进于筠州,进奔南康。飞夜引兵至朱家山,斩其将赵万,又破李成于楼子庄,追斩马进,遂复筠州。朱家山,或曰即长山。

修水,在县治南。亦曰帽带水,以映带县治东西也。自宁州东流,屈曲数百里,入县界经此,又东百二十里入于彭蠡。以其遥达章江,故曰修。邑人亦谓之西河水。或云:修水,故名缭水。《水经注》:僚水导源建昌县东,径新吴县,又径海昏县,谓之上潦水,即缭水也。后汉建安三年,孙策使太史慈觇华歆于豫章,慈还言:歆为太守,海昏上缭不受发召,盖是时县民数千家相结聚于上缭,惟刘氏一人为主,谓之宗帅。四年,孙策忌庐江太守刘勋兵强,绐之攻上缭,即此。亦曰海昏江。

蛇子径水,县南二十里。旧传晋吴猛杀大蛇,蛇子穿地成穴,流水灌通。唐仪凤中,始通小舟,今水势屈曲,尚如蛇形。又潦陂水,在县南五十里,源出奉新县界,北流入境。又宝峰水,出县西九十里宝峰山下,赤石水亦出焉。县南百里又有斛源水,出靖安县界,下流皆汇于修水。《志》云:县西十里有枫林水,二十里有西江水,又五里有白沙水,县西四十里有南舍山水及醴坑水,七十里又有云门水,皆出云居山,流入修水。○向家山水,在县北三十里,流经九溪湾。又北三十里有檀陂水,源出德安县,皆南流合修水。

明月湖,县西四十里。其水泓涵澄澈,莹然如月。县境又有南湖及东白、大岸等湖,皆导流入于修水。○捍水堤,在县治南一里。唐会昌六年,县令何易于筑。西二里又有堤,咸通二年,令孙永筑,因亦谓之孙公堤。

芦潭镇,县东六十里,有巡司。明初吴元年建。又县西七十里旧有谷源巡司,百二十里有河浒巡司,今皆废。《志》云:县东四里有镇遏营,汉建安八年，孙策使太史慈筑以拒刘磐。又上缭营，在县南十七里，相传昌邑王贺所筑。今皆为民地。〇城子驿，在县北二十五里，唐置。又丰安驿，在县南二十里，《志》云隋置。今皆废。县南一里又有炭妇镇，今为妙明观，俗传许旌阳试弟子处。又太平镇，在县西北三十里，今亦废。

〇安义县。府西南二百五十里。西南至南昌府靖安县八十里，南至南昌府奉新县九十里，北至建昌县八十里。本建昌县地。明正德十三年，议者以地广民顽，境壤旁接，依山据峒，啸聚不时，奏请割五乡置今县。从之，因安义乡为名。明年，筑砖城，浚隍。十五年，功始就。嘉靖以后，屡经修筑，周四里有奇。今编户四十六里。

龙安废县，县东北三十里。唐武德五年，析建昌县地置龙安县，属南昌州。八年，县废。今为龙安镇。旧《志》：龙安城，在建昌县南六十里。〇永修废县，在县西南四十里。沈约曰：后汉中平中置，吴、晋因之，仍属豫章郡。宋、齐以后，仍曰永修县。隋平陈，并入建昌县。唐武德五年，复置，属南昌州。八年，复省入建昌。又孙虑城，在县南三十里。《吴志》：虑字子智，权第三子，黄武七年封建昌侯，筑城于此。

西山，在县西南。即南昌府城西山也。蜿蜒绵亘，北入县界，为境内之巨镇。又兆州山，在县南百里，崖巘磊落，其形如兆，下多良田，民居有如州郭，因名。〇文山，在县南十里，峰峦秀丽。又笔架山，在县东四十里，秀丽与文山相匹。《志》云：县东二十里有睡虎山，又仰天狮山在县南二十里，皆以形似名。

龙江水，县南一里。源出靖安县境流入界，北会修水，达于彭蠡。县东南四十里又有兆州水，源出兆州山，奉新江之水自奉新县流入境，合于兆州水。《志》云：县东二十里有东阳新径水，源出靖安县，与奉新江、兆州二水合，俗谓之义兴三合水，亦曰三合口。萦回九转，而成大川，径达东阳津口，注修水，以合章江。〇湖陂水，在县南三十里，源亦出靖安县，险不通舟。相近又有冯水，自奉新江分流入县界，皆北注修水。又皎源水，在县西北二十里。源出建昌县宝峰山，险不通舟，亦江流合修水。

龙安驿。即故龙安县。宋庆历中置，今废。又娉婷镇，在县东三十里。《志》云：唐大和中，女仙吴彩鸾舞鹤于此，因名。又县南二十里有龙潭镇。

读史方舆纪要卷八十五

江西三 九江府 饶州府 广信府

〇九江府，东至南直池州府五百五十里，东北至南直安庆府四百十里，东南至饶州府四百三十里，南至南康府百八十里，西至湖广兴国州二百里，至武昌府五百四十里，西北至湖广蕲州百八十里。自府治至布政司三百里，至江南江宁府一千二百六十里，至京师四千六百里。

《禹贡》荆、扬二州之境。春秋时，为吴、楚之郊。战国时属楚。秦属九江郡。汉初，属淮南国，寻分属豫章郡。文帝时，又分属庐江郡。后汉因之。建安中，其地南境入吴，属彭泽郡，后属武昌郡。晋为庐江、武昌、豫章三郡地。永兴初，置寻阳郡。治柴桑县，郡属江州。沈约《志》：晋元康初置江州，治豫章。咸康六年，移治寻阳。今详州域形势。下仿此。宋以后因之。《志》云：梁移江州治溢城。《梁纪》：太平二年，分寻阳等五郡置西江州，时州移治豫章也。盖自陈天嘉末始，复曰江州。隋平陈，废郡，仍置江州。大业初，改江州为九江郡。唐复为江州。天宝初，曰浔阳郡。乾元初，复曰江州。五代时，属吴，朱梁龙德初，杨吴于江州置奉化军节度。后属南唐。宋仍曰江州。亦曰浔阳郡。建炎元年升定江军节度。二年，以江、池、饶、信为江州路。绍兴元年复故。自是常以安抚制置等使治此。元曰江州路。明洪武初，改为九江府，领县五。今仍曰九江府。

府南面庐山，北负大江，据江、湖之口，为噤喉之地。汉伍被谓淮南王：有浔阳之船，守下雉之城，下雉，见湖广兴国州。结九江之浦，绝豫章之口，强弩临江而守，以禁南郡之兵。三国吴浔阳常为津要，置都护领之。自晋置江州，以浔阳中流襟带，倚为重镇。永昌初，王敦叛，自武昌逼建康，时甘卓镇襄阳，其从事乐道融说卓分兵入江州，断彭泽，使敦上下不得相赴。卓不能从。咸和三年，苏峻逼建康，温峤自武昌入救，军于浔阳。元兴元年，桓玄举兵江陵，过浔阳，不见官军，意甚喜，将士之气亦振。三年，刘裕等讨桓玄，玄自建康走浔阳。刘毅帅何无忌等追玄，玄留其党何澹之守湓口，无忌等攻拔之。义熙五年，徐道覆说卢循乘虚袭建康，以刘裕方北伐燕也。曰：君若不从，便当帅始兴之甲，直指浔阳。时道覆为始兴相。宋元嘉末，江州刺史武陵王骏发浔阳，东讨元凶劭。升明初，沈攸之举兵江陵讨萧道成，道成召其子赜于郢州。赜以夏口重地，使柳世隆严为之备，行至浔阳，乃曰：浔阳地居中流，密迩畿甸，若留兵湓口，内藩朝廷，外援夏首，保据形胜，控制西南，今日会此，天所置也。遂留镇湓口。道成闻之，喜曰：真吾子也。齐东昏侯末，萧衍下江州，引兵东下，留别将郑绍叔守浔阳，谓曰：卿，我之萧何、寇恂也。绍叔受命，比克建康。绍叔督江湖粮运，未尝乏绝。盖自宋之武陵王骏以江州建义，其后臧质、桂阳王休范，晋安王子勋及齐陈显达之徒，相继叠起，六朝之间，浔阳未有三十年无事者。梁大宝二年，王僧辩等讨侯景，进克浔阳。湘东王绎命僧辩顿浔阳,以待诸军之集。明年,诸军发浔阳,轴舻数百里,遂成破竹之势。隋氏平陈,亦以湓城为必争之所。自唐以来,浔阳、武昌,并为滨江重地。宋曹彬既克南唐,曹翰始平江州。建炎中,群盗李成寇浔阳,而江左震动。吕氏祉曰:江西道为州者十,而其镇则九江。盖自豫章以西,江与鄱阳之浸,浩瀚吞纳,而汇于湓口,则九江为之都会。晋桓冲谓浔阳北抚群蛮,西连荆郢,亦藩任之要。今自襄阳、江陵、武昌而东,形胜莫切于浔阳。屯浔阳而江之东西可以襟带,上游之势成,而后可以根本建康,左右淮、浙,是浔阳为东南重地也。明初,陈友谅据此,为上流患。既而太祖伐之,克安庆。刘基请竟抵江州,覆其巢穴,从之。江州既克,而江西州郡望风款附。敌虽强戾,不能为我难。正德中,宸濠作乱于南昌,袭陷九江,亦知为必争之险也。九江不保,而南昌之患在头目矣。九江为全省之喉,又为湖广、江南之腰膂也。《郡志》云:九江左挟彭蠡,右傍通川,陆通五岭,势拒三江,襟带上流,乃西江之重镇。《图经》云:郡西抱武昌,东引皖口,襟带中流,舟车冲要,亦一都会云。

　　○德化县,附郭。汉豫章郡柴桑县地。后汉及晋因之。永兴初,置寻阳郡,治柴桑,县属焉。永嘉以后,为柴桑县也。宋、齐因之。梁析置汝南县,仍属寻阳郡。隋平陈,改置寻阳县,为江州治。开皇十八年,改曰彭蠡县。大业三年,又改湓城县。唐武德四年,复曰浔阳,皆为州郡治。五代时,南唐改曰德化县。宋仍旧。今编户十六里。

　　寻阳城,府西十五里。此元朝之元朝也。汉寻阳县在县北,属庐江郡。三国吴属蕲春郡。晋太康元年,省蕲春郡,以寻阳属武昌郡。明年,还属庐江郡。永兴初,始属寻阳郡。《浔阳记》:今蕲州界古兰池城,亦谓之浔水城,即汉寻阳县也。《班志》注:《禹贡》九江在寻阳县南,皆东合大江。汉武南巡,自寻阳浮江,射蛟江中。后汉永嘉初,庐江贼攻寻阳。建安十四年,孙权以吕蒙领寻阳令。三国吴建兴二年,诸葛恪图起田于寻阳。皆此。《志》云:寻阳,后汉时为豫章、庐江二郡界。三国时,寻阳为督护要津。《庐山记》:寻阳县在大江北,寻水之阳也。晋永嘉末,琅邪王睿使周颛镇荆州,颛屯浔水城,为贼杜弢所困。武昌太守陶侃遣兵救之,颛出浔水,投王敦于豫章,是时浔阳犹在江北。咸和以后,始移于江南。杜佑曰:温峤所移也。王氏曰:惠帝永兴初,分庐江、武昌立寻阳郡,治豫章之柴桑,而寻阳之名乱。成帝咸和中,移江州治寻阳,而江南之寻阳著,江北之寻阳益晦。寻遂废汉寻阳县入柴桑县。自是以后,皆以寻阳郡治之柴桑城为寻阳城矣。义熙八年,孟怀玉筑寻阳城,亦曰怀玉城,亦即柴桑城也。宋、齐皆因之。梁又分置汝南县。隋废柴桑,始改置寻阳县于此。后因水患,又移州县于今治。或云晋义熙八年始废江北之寻阳县,又云隋寻阳县在郭外,以水患移县入郡城为附郭,非也。唐亦为浔阳县,江州治焉。郡城,盖隋唐间筑。长庆中,因故址修筑。宋、元时,皆因旧城营缮。至正十九年,陈友谅都此,增筑城垣。二十一年,明师攻克之。二十三年,复为友谅所陷,城益倾坏。明洪武二十二年,筑城于城东北隅,凿濠为固,余则列栅临江,或凭濠,或树栅而已。永乐十年,始周砌砖城。宣德中增修。成化四年、二十年,俱经修葺。弘治三年,复营治。正德六年,又增修之。十四年,为逆濠所陷,城多残毁,事平修复。嘉靖三年,圮于淫潦。旋营茸如故。七年以后,屡经修治。有门五,后增为七,城周十二里有奇。

柴桑城,府南九十里。汉县,属豫章郡。后汉因之。建安十三年,曹操自江陵将顺江东下,孔明见孙权于柴桑。孙吴以县属武昌郡。赤乌五年,诸葛恪屯于此。太元元年,陆抗屯焉。晋永兴初,为寻阳郡治。元兴二年，桓温篡位，迁帝于寻阳，即柴桑也。宋昇明初，沈攸之举兵江陵，时江州治寻阳。萧赜以寻阳城不足固，表请镇湓口，留别将戍寻阳。齐永元三年，萧衍克郢城，进向江州，命邓元起引兵先下杨公则径掩柴桑。梁仍为柴桑县。隋平陈，郡县俱废，改置寻阳县。唐武德五年，于旧城置楚城县。贞观八年，省入寻阳，置楚城驿于此。

湓口城，府西一里。自昔为戍守处。宋昇明元年，沈攸之举兵江陵，萧赜自郢州还至寻阳，欲留镇之。或以湓口城小难固，周山图曰：今据中流为四方势援，不可以城小难之，苟众心齐一，江山皆城隍也。赜遂镇湓口。齐隆昌初，萧鸾弑昭业，立昭文，江州刺史晋安王子懋谋讨鸾。鸾知其谋，密遣军主裴叔业等袭寻阳。子懋亦遣军守湓城。叔业扬言为郢府司马，溯流直上，至夜回袭湓城，遂下之。东昏侯末，萧衍命邓元起向寻阳，江州刺史陈伯之退保湖口，留其子虎牙守湓城。梁太清二年，侯景犯台城，江州刺史萧大心谋入援，移镇湓城。明年，景陷台城，萧范自合肥西诣江州，大心以湓城处之。既而大心与范相猜忌，范卒，众推其弟恬为主，仍屯湓城。大心寻使其党徐嗣徽夜袭湓城，不克。大宝初，侯景将任约略地至湓城，大心以江州降。二年，王僧辩克郢州，乘胜东下，遂克湓城。贼将范希荣守寻阳，弃城东走。绍泰二年，江州刺史侯瑱不附陈霸先，霸先遣周文育击其湓城，瑱寻降于霸先。陈永定三年，吴明彻与梁王琳相持，袭其湓城，琳败走。隋江州亦治此，既而寻阳县亦徙治焉。大业初，改曰湓城县。唐武德四年，改湓城为浔阳县，又分置湓城县于此。八年，复省入浔阳，改置湓城戍，后废。

半洲城，府西九十里，晋所筑。咸康五年，庾亮以弟怿为梁州刺史，镇魏兴，后以魏兴险远，命怿徙屯半洲。八年，褚裒为江州刺史，镇半洲，是也。○郭默城，在府东北，晋将郭默反时所筑城也。梁大宝初，侯景将于庆自鄱阳还豫章，为梁降将侯瑱所拒，走江州，据郭默城。梁将王僧辩乘胜下湓城，前军袭庆，走之，时景将范希荣亦弃寻阳走郭默城，既而败走。亦谓之陶公垒。《志》云：陶侃讨默筑垒攻之，因名。

松滋废县，在府东。沈约《志》：东晋成帝时，以江左流民寓寻阳，侨立松滋郡，遥隶扬州。安帝省为松滋县，属寻阳郡。齐废。时寻阳又有弘农县，亦晋成帝时侨立弘农郡。后改为县，属寻阳郡。宋元嘉十八年，并入松滋。又有安丰侨县，亦晋置，宋属寻阳郡，齐废。又九江废县，在府西。东晋初置县，宋元嘉初省。又有巢湖城，在府东四十二里。《志》云：楚有二巢，在庐江六县，此其一也。一名南巢，俗讹为汤放桀处。

庐山，府南二十五里。峰、岭、岩、谷、洞、石之属，其在境内者以数十计，与南康府接界。详见前名山庐山。○天花井山，在府东南。《志》云：山虽居庐阜之末，然支散为诸冈阜，东北行，为乌稍，为丫髻。丫髻之散，其支有九，大者为凤凰、栗树、长岭诸山。长岭之支，复西逾磨刀涧，委蛇盘旋，自浔东门入，而尽于溢浦。小支则自栗树岭益西，为城南石塘铺诸冈阜，而尽于孙家湖。山势踊跃轩矗，以趋于寻阳。昔尝凿断山冈，以泄其气。今东门外陇有大渠通老鹤塘者，是也。长岭，盖在府东五里，一名凤凰岭。又西二里即磨刀涧。又吴障山，在府东三十里，亦当匡山之末，一名吴章山，与南康府接界。

大孤山，在府东南四十里彭蠡湖中，与南康府分界。四面洪涛，一峰独耸。唐顾况云：大孤山尽小孤出。盖彭泽之小孤山，与此山相望也。山形似鞋，一名鞋山。明初，陈友谅败于康郎山，欲退保鞋山，即此。○龙门山，在府西南五十里，与骆驼山相对如门，溢水出于瑞昌县之清溢山，流经两山间而入大江。《志》云：骆驼山，在府西四十里，盘据一峰，形如骆驼。又有大、小石门山，亦在府西南五十里，二山对峙，两旁有石如屏障，四面相向，俗呼大、小城门。

柴桑山，府西南九十里。汉以此名县。晋陶潜家于柴桑，即此。其相近有面阳、马首、桃花尖诸山。又高良山，在府西南八十里，高耸秀拔，为诸山最。其脉为株岭山，以尖秀如木株而名。下有白鹤洞，洞门高二丈许，其深无际，四时出泉，灌田百顷。《志》云：株岭山在府西南六十里。又有义门山，在株岭、高良二山间，东去府城七十里，昔义门陈氏居其下。○七里冈，在府南五十里，横亘平旷，袤七里。又清泉洞，在府西九十里，洞深如屋，水源不竭，可灌田百余顷。

浔阳江，在府城北，即大江也。自湖广广济、黄梅县南流经此，东经湖口、彭蠡二县北，而入南直宿松、望江二县界。《舆程记》：自府北渡大江，广二十里，有太阳庙。又四十里为黄梅县，东北百余里则宿松县矣。沈约曰：浔，本水名，在江北，南流入大江，汉因以名县，而江遂得浔阳之称。余详见前大川九江。

彭蠡湖，府东南九十里。亦曰宫亭湖。彭蠡之下流也，又北接于浔阳江。《志》云：江水绕郡城而东下，四十里得彭蠡水。是也。详见大川彭蠡。

甘棠湖，在府城南。一名景星湖。唐长庆二年，刺史李渤径湖心为堤，长七百步，人不病涉；又立斗门，以蓄泄水势，因名李渤湖。又以其德方召伯，名甘棠湖。《修城志》：九江城，明初由西门至南门以东，皆边甘棠湖，无濠堑，东折而北，始引湖为濠。是也。李渤堤久废。嘉靖中增修，复圮。夏秋则苦泛滥，秋冬则病浅涸。万历四十一年，兵备副使葛寅亮筑石堤，长一里，名西城堤。又建石闸，以便蓄泄，亦曰西城闸。《志》云：府城西一里有龙开河，长百五十里，源发瑞昌县清溢乡，东流入大江。水涨则由大江逆入，溢为鹤问湖，舟楫停泊，以避江涛之险。俗传龙开此河也。鹤问湖，在府西十五里，世以陶侃葬母，异人化鹤事而名。○官湖，在府西三十里赤松乡，一名梅家湖。临大江，春夏之交，江水泛涨，茭苇丛生，不容舟楫。中产鱼，多菱芡，河泊所设其旁，因名。又有芳兰湖，在府东二十里，源出庐山涧，水东流入彭蠡湖，水涨为湖，水退为沟，岸草如兰。因名。

溢浦港，府城西半里。源出瑞昌县清溢山，亦名盆水，流入境，又东经城下，西通龙开河，北接大江，渊深不测，昔为商旅泊舟处。俗传昔人尝洗盆于此，忽水涨有龙衔盆而去，因名。其入江处谓之溢口，自昔为戍守处。晋咸和三年，祖约以寿春叛，合于苏峻，时荆、江二州军皆东下讨峻，约遣祖涣等袭溢口，以踬其后，过皖，为毛宝等所败而还。五年，郭默杀江州刺史刘胤，还屯寻阳，陶侃、庾亮讨之。亮自芜湖西上，兵至溢口，默为其下所杀。隆安二年，殷仲堪举兵荆州，前锋杨佺期、桓玄奄至溢口，江州刺史王愉惶遽奔临川，玄遣军追获之。五年，桓玄镇江陵，遣其将皇甫敷等戍溢口。元兴三年，桓玄自建康败奔寻阳，留其党何澹之等守溢口，西还江陵，刘裕遣刘毅等攻拔之，进据寻阳。宋元嘉末，武陵王骏讨元凶劭，遣柳元景统十二将军发溢口。又荆、湘、郢三州之运，俱积于溢口。孝建初，江州臧质擅用溢口钩圻米，台符屡加简诘，渐致猜惧。溢口有城，所谓溢城也。唐亦置溢口戍。乾符四年，贼帅柳彦璋陷江州，以战舰百余固溢江为水寨，江州刺史刘秉仁击平之。一云溢浦口旧在府西十五里，恐误。今其地居民丛聚，旧流壅塞，仅余一沟，不复通江矣。

女儿港，府东南三十五里。源出庐山，东北流二十五里，入彭蠡湖。水涨可容百余艘。因大孤在其侧，俗讹孤为姑，故有女儿之称，亦曰女儿浦。其东北曰金沙洲，洲本白沙水碛，初日照之，灿然作黄金色。明太祖征陈友谅，有术士啸风扬沙，既而风忽转，大歼敌军于洲上。

白水港，在府西，亦曰白水浦。梁王琳破陈侯安，都于沌口，引兵下至溢城，屯于白水浦，是也。今亦曰白水湖，水溢成湖，水落为港。又小港，在府西南七里，一名官簰夹，滨江可以泊舟，有小江市。○濂溪港，在府南十五里，自庐山莲花峰下导流而西北，合龙开河入江，以宋儒周子尝寓此而名。

桑落洲，在府东北过江五十里。昔江水泛涨，有一桑流至此，因名。旧《志》云：洲在湓城东北大江中。晋元兴三年，刘裕遣何无忌等西追桓玄，败玄将何澹之于此。义熙六年，刘裕讨卢循，战于桑落洲，败绩。宋泰始初，长史邓琬奉晋安王子勋举兵江州，令子勋建牙桑尾，即桑落洲之尾也。洲之西曰白茅湾，陈霸先讨侯景，自南江出湓口，会王僧辩于白茅湾，盖其地与江南宿松县接界。《志》云：府北二十里隔江有夹洲，袤七八里，可泊舟楫，其北为杨家穴市。〇白石矶，在府东北三十里江滨，白石巉岩。又回风矶，在府东北四十里，舟楫至此，俱转蓬避风，因名。

秋水堤，在府东。唐大和三年，刺史韦珩筑。府西有断洪堤，会昌二年，刺史张又新筑以窒水害。《志》云：府西五里有海天堤，一名海船窝，元时海运造船处也。路通瑞昌，旧为湖泽，行者必资舟楫以济。明正德初，始募筑堤，长五六里，植杨柳千株，以防崩溃，行者便之。以春夏水涨，若海之连天而名。近为水圮，乃移置于东关禅寺之侧。又李公堤，在府城北。正德十九年，郡守李从正甃石为堤，以护庾楼矶一带城址。又谢公堤，在府城西门外泥沱觜，其地界龙开河、官簿夹之间，二水冲激，崩陷无常。嘉靖间，备兵使者谢迪筑堤，长半里，以备之，因曰谢公堤。

封郭洲堤，府东北十里。明隆庆中，邑令俞汝为筑堤，自李家口起，至小池口一带，绵亘三十余里，民田三万六千亩，及南昌、九江、蕲州之屯田，皆藉此堤以捍滨江侵啮，后渐圮。万历三年增筑，三十六年又建石闸，以为蓄泄，四十一年淫潦，堤闸多崩坏。兵备副使葛寅亮修筑堤闸，高广完固。其后相继营葺。〇严家闸，在江北三十里，接黄梅县界。明万历间建，为蓄泄之利。又有赤松闸，在府西七十里，万历四十八年建,堤内淤濑,皆成沃壤。

南湖嘴镇,府东四十里,临彭蠡湖口。旁有港曰将军套。明初,师
扼陈友谅,作浮梁于此以渡兵,且树柳以遏奔冲。洪武初置巡司于此。
嘉靖四十一年,以江湖多盗,增设官兵,置南湖营。南岸起下巢湖,东至
马当山,计三百二十五里;北岸起湖广广济县龙坪镇,东至江南宿松县界
沙湾角,计二百四十里,皆为汛地。由湖嘴南二十里至女儿港,即彭蠡湖
北出之道也。○城子镇,在府西四十里大江北,有巡司,明洪武初置。又
有龙开河镇,在府城西,亦洪武初置巡司。皆为滨江戍守处。

鹤问寨,府西南十五里。《志》云:即故寻阳县。宋、元时置寨于
此,以近鹤问湖而名。今为河泊所。又小池、小江河泊所,在封郭洲,去
城十里大江北,明洪武初置,旧有沙池。高头湖、桑落洲二处河泊所正
统五年并入焉。又官湖旁有官湖河泊所,城西龙开河渡口有鱼苗厂,皆官
收鱼税处。○寻阳驿,在府城东北。宋、元以来,皆置于府城西。明初因
之。万历四十一年,改置于此,滨江,以便行旅。《志》云:城西二里有九
江抄关,景泰初置户部分司,以榷商税。嘉靖初,议者以关右矶险湍厉,
请立新厂于海天堤,商舟溯流者泊龙开河,随流者泊官簿夹,公私便之。
既而以荒远诲盗,多水患,复还旧所。

稽亭。在府城东。《寰宇记》:使客经过于此,历览江山胜概,为之
稽留时日,因名。齐江州刺史晋安王子懋以萧鸾擅政,谋举兵内向。鸾使
裴叔业等袭取溢城,子懋先已具船稽亭渚,闻之,乃据州自卫。又梁鄱
阳王范因侯景之乱,自合肥退军至溢城,江州刺史寻阳王大心,使徐嗣
徽筑垒稽亭以备范,市籴不通,范军大困。范寻卒,众推范弟恬为主,遣
其将裴之横攻稽亭,嗣徽击走之,即此。○置马亭,在府西后。《汉志》
注:寻阳有置马亭,孙策攻庐江太守刘勋,勋士众散于此。

○德安县,府西南百五十里。东至南康府百三十里,西南至南昌府

武宁县百七十里，南至南康府建昌县七十里。汉为历陵县，属豫章郡。后汉因之。晋属武昌郡。东晋初省入柴桑。宋元嘉初省。隋为湓城县地。唐为寻阳县地。贞元中置蒲塘场。五代杨吴顺义七年，升德安县，属寻阳郡。今编户十八里。

历陵城，今县治。春秋楚东鄙，曰蒲塘。汉置县。王莽改曰蒲亭。后汉复故。东晋初废。唐武德八年，置蒲塘驿。贞元中，改为场，寻废。咸通五年，复为场。五代时，杨吴升置今县，移场于县治东北，县无城。明正德六年，始筑土城。嘉靖十二年，甃石为址，寻复圮。四十年增筑。自是以时修治。城周三里有奇。

博阳山，县南十二里。孔安国《禹贡注》：敷浅原，一名博阳山。《汉书》注：历陵县有博阳山，根盘三十余里，奇峰叠秀，为一邑之重镇。杜佑云：蒲塘驿前有敷浅原，原西数十里即博阳山。〇乌石山，在县北十里，旁有狮子岩，两崖相对如门，一名乌石门。其中平畴旷野，水流环绕。相近又有孤山，以山势孤突而名。

高良山，在县东北六十里。其相连者又有秦山、闵山，绵亘共六十余里。西北接瑞昌，东邻德化，山势陡峻，径路崎岖，为往来贸易者必经之地。故人多□□于此。

布袋岭，在县西北八十里，即大山也。有铁□嘴、老鸦尖诸峰，极陡峻，小路通湖广广济龙坪诸路援，援甚艰，昔为寇盗出没之所。

百家山，县西北四十里。其山纡回旋绕，盘踞数十里。相近有大塘山，山坞有塘，约数十亩。又史君山，在县西北五十里，高二百丈。《志》云：唐江州刺史李渤置书院于此，因名。〇东佳山，在县西北八十里，上有白石岩，其下为紫岩，中有泉石潭洞，深窈奇胜，凡数十里。

博阳川，在县治南。一名敷浅水。《寰宇记》：敷浅水在长乐下乡，碧色清泠，长流不息，源接瑞昌及鄂州永兴县界，屈曲流二百余里，方至县南，三时通舟楫，惟冬水涸，仅容小舠。唐时于敷浅水南立蒲塘场，是也。○庐山河，在县东北二十里，或曰即谷帘水之下流，自南康府流入界，为东溪，西南经乌石门，又南合博阳川。又黄㛰河，在县北三十里，源出德化县界，高良诸山，流经黄㛰畈，至乌石门，合庐山河。又有西河，自县西北流至乌石门，与庐山、黄㛰二河合，谓之三港口。

金带河，在县西。旧从西南流合庐山诸河，四面旋绕如带。后以山溪瀑涨，冲决城西，入城西北之箬山河，而会东北之水，县西之水遂竭。嘉靖二十六年，开浚如旧。○硖石泉，在县东北二十里，地名硖石岭，泉水下流，灌田三百余亩。又静泉，在县西北七十里，以平地涌出，寂然无声而名，亦灌田三百余亩。

靖安堡。在县东北。旧为戍守之所。《志》云：县东北一里即故蒲塘驿，杨吴改置于此，宋仍旧，明初废。今谓之驿头。

○瑞昌县，府西九十里。北渡江至湖广广济县百四十里，西至湖广兴国州百二十里，南至德安县八十里。汉柴桑县地。三国吴曰赤乌镇，仍属柴桑。晋以后因之。隋为湓城县地。唐为寻阳县地。建中四年，以寻阳县西偏僻远，立赤乌场。南唐昇元三年，升为瑞昌县。旧无城，明正德八年始营土城，周仅二里。编户十四里。

清湓山，县西七十里。高四十丈，周三十里。湓水源于此，为县境群山之冠。《志》云：县西六十里有愁山，嵯峨陡峻，行者患焉，因名。○白龙山，在县西十里。山麓有白龙泉，出县西二十里悬崖洞中，绕流山麓，溉田甚广。

羊肠山，县西北三十五里，山险峻。又县西北五十余里有马脊山。俱以形似名。《志》云：县西北二十里有连山，九峰相接。○赤颜山，在县西北百二十里，蛇径鸟道，登陟甚艰。《志》云：县西七十里有玉华洞，泉涌如雷，洞盖与山相连。

大江，县北三十五里。对岸即湖广广济县之武家穴也。西接兴国州，东入德化县界。○溢水，在县南四十里，源出清溢山，东北流入德化县界。

赤湖，县东北二十五里。湖中有石沃山，水沃石润，因名。今有赤湖河泊所。又下巢湖，在县北四十里，通大江，上有巡司。○瀼溪，在县治南。西北诸山涧之水汇流于此，经城西南东三面，下流合于溢水，冲荡易泄，时筑堤回流，以防浅涸。

赤乌镇。在县治西。亦曰瑞昌镇。后汉建安中，孙权拒曹操于赤壁，使程普屯兵于此。时有赤乌之瑞，因名。唐曰赤乌场。五代时，南唐改置今县。○瀼溪驿，在县治东南。宋绍兴中置，后废。

○湖口县，府东六十里。东至彭泽县六十里，南至南康府都昌县百四十里。汉彭泽县之鄡阳镇。刘宋时为湖口戍。齐、梁至陈亦皆置戍于此。隋属溢城县。唐武德五年，置湖口镇，属寻阳县。南唐保大中，升为湖口县，属江州。宋元因之。县无城，编户十七里。

钩圻城，在县治西。《水经注》：赣水历南昌椒丘城下，又历钩圻邸阁下，而后至彭泽。刘宋时，南江运米皆积于钩圻，是也。今全省运道，亦皆达湖口而入大江云。

彭泽故城，县东三十里。汉彭泽县盖置于此。后汉仍属豫章郡。兴平二年，扬州刺史刘繇为孙策所败，溯江西上，驻于彭泽。建安四年，孙策给庐江太守刘勋伐海昏宗帅，遣兵屯彭泽，邀勋还道，击败之。十四年，孙权置彭泽郡，以吕范领彭泽太守，郡寻废。晋仍属豫章郡。永嘉以后，属寻阳郡。宋、齐因之。梁置太原郡，领彭泽、晋阳、和城、天水四县。隋初，郡县俱废，改置龙城县，隋县属江州。开皇十八年，复曰彭泽县。唐武德五年，改置县，并立浩州。今详彭泽县废龙城注。又上甲废县，在县南百里。《志》云：晋永嘉元年置，义熙八年，省入彭泽县。萧梁时，尝复置，萧韶封上甲侯，即此。

石钟山，有二：在县治南者曰上钟山，县治北者曰下钟山。《水经注》：石钟山西枕彭蠡，连峰叠嶂，壁立峭削，其西南北皆水，四时如一，白波撼山，响如洪钟，因名。宋苏轼尝游此，复广道元之说，为《石钟山记》。又幞头山，在县南二里，与上钟山相连，峰峦秀拔，状若幞头。近幞头一山名小岭，又东二里名大岭，盖负郭山之高大者。

石门山，在县治南。两峰对耸如门，当两石间，垂流数丈，有石可坐千人。《志》云：县东南十里有黄牛泆山，一名射蛟浦。相传晋永嘉中，许逊射蛟于此。或云：汉武帝自浔阳浮江亲射蛟处也。又云：武帝伐南越，教楼船于浦上。又城门山，在县东南二十五里，两山相对，如城门也。○柘矶山，在县北四里，峰峦高峻，沙拥其下。县东五里有老台山，与柘矶山相连。又西山，在县北二十里。其相接者曰香炉墩山，以形似名，县治关局也。

花尖山，县东四十里。形如芙蓉。县东五十里有武山，双峰如剑，因名。今亦见彭泽县。○青山，在县西南。《舆程记》：县南六十里鄱阳湖中有青山，又六十里即南康府城，由湖口出南昌，为往来必经之道。一云：青山之北，与大孤山相近。

浔阳江，在城西。自府北南流四十里，而合彭蠡湖水，又东经县北，有彭蠡驿，又东入彭泽县境。县控江、湖之冲，最为襟要。

禁江，县东北九十里。下接小孤，上通九江，值冬水涸成池，乃鱼虾所聚。或谓之泾江。明初，陈友谅围南昌，太祖率舟师赴救。至湖中，先遣兵屯于泾江口，复以一军屯南湖嘴，以遏友谅归师，乃相持于湖中。既而敌师出湖口，命常遇春等统舟师横截之，又令一军立栅于岸控湖口，又列栅江南北岸，置火舟火筏，中流戒严以俟。友谅计穷，乃绕江下流，欲由泾江遁回。诸军追击至泾江口，泾江之兵复邀击之，友谅战死。

是也。《江防考》：禁江，亦曰泾港，在江北岸。《志》云在县西北，似误。

彭蠡湖，在县治西南。湖合章、贡二水及群川之流，并注于大江。县当其委输之处，故以湖口为名，盖嗓喉之要也。自县而西，则出浔阳而达湖广，自县而南，则径南康而达会城。湖中汊港不一，捷出饶、信，径抵临川，风帆出没，唯意所之，而必以县为问涂之始。杜佑曰：彭蠡湖口，故左里也，即晋义熙中刘裕败卢循处。《舆程记》：自县入彭蠡湖，经大孤、青山，至南康府，共百二十里。又二百五十里至南昌府。自县而东南，渡湖抵饶州，凡三百七十里。

皂湖，县东四十里。聚群川之水，入彭蠡湖。旁有巨石，色黑如铁，因名。支流为土目湖，接都昌县界，商贾舟楫，道皆出此。又牛脚湖，在县北十里，一名牛桥湖，通大江。又北五里为茭石矶，水涨则弥漫浩荡，涸则浅狭。○白虎塘，在县东南十里，水涨通舟楫，出于彭蠡湖。

湖口镇。县治南一里。有巡司，明初置。口正彭蠡入江处，东西相距二十里，有湖口渡。又茭石矶镇巡司，在县北十五里，其地有茭石矶，因名，亦明初置。又有柘矶递运所，在县北五里柘矶旁，矶出半江，甚险。《志》云：县治北一里有禁江峰山逆沙夹河泊所，明洪武二年置，亦曰湖口禁江河泊所。嘉靖间废。相近有杨港，通大江。又县有凤凰岭堡，去县四十里，为戍守处。○彭蠡驿，在县治南一里，明初置。《志》云：驿前有虹桥港，港源发上石钟山，北接江流，秋冬涸为平陆，春夏舟航咸泊于此。又有湖口厂，在县治西。明嘉靖四十二年添设，榷安庆入鄱阳往来商税。隆庆初，言者谓湖口两山夹峙，岸石巉阻，江涛汛激，舟不能泊，因罢。万历二十六年，奸人夤缘复厂，大为民害。四十年，始革。又刘家市，在县南四十里，商贾居民辐辏处。

○彭泽县，府东百二十里。东至江南建德县九十里，东北至南直东流县百十里，西南至南康府都昌县百六十里。汉豫章郡彭泽县地。晋永嘉以后，属浔阳郡。梁属太原郡。陈为龙城县。开皇十八年，仍属浔阳郡。唐初，属浩州，寻还属江州。宋因之。县无城，编户十七里。

龙城废县，县西二里。本彭泽地。《志》云：陈初移彭泽县治此，改名龙城，隋还旧治仍为彭泽。唐武德五年，置浩州于浩山下，今县南三十里有浩州故城遗址。州治彭泽，盖移县于州郭内。八年，州废，县还属江州。南唐昇元二年，徙县于小孤江次，即今县治，盖故龙城县地矣。元至正中，于故县治置旧县站，盖即浩州城也。今站废。〇乐城废县，在县东五十里。《志》云：其地傍山为城，南北高险，东西平下。隋大业十三年，为张善安所据。唐武德五年，置浩州，领彭泽、都昌、乐城三县是也。八年，州废，省乐城入彭泽县。

太原城，县东北五十里。《志》云：梁侨置太原郡，领彭泽等县。隋郡废。又晋阳废县在县，东北百九十里，亦梁所置太原郡属县也。又天水废县在县东五十里，和城废县在县东北二百二十里，俱梁置，属太原郡。隋初，与郡俱废。一云县东又有西水废县，亦梁置，隋废。未知所据。

小孤山，县北十里。高三十丈，周围一里。孤峰耸峭，旧时半入大江，今屹立江中。元至正十二年，星吉复江州，命其将王惟恭栅小孤山，自据番阳口，缀江西要冲，以图恢复，为贼所败，死之。又余阙守安庆，倚小孤山为藩蔽，命义兵元帅胡伯颜统水军戍守。至正十八年，陈友谅攻安庆，自上流直捣山下，伯颜与战，不胜，奔还。贼四面急攻安庆，城遂陷。明初，太祖由安庆趋南昌，过小孤，至湖口，败友谅，侦逻者径抵江州。正德十四年，宸濠叛，遣将寇小孤，沿江焚掠，进寇望江。《江防考》：小孤山江面险恶，乃盗贼出没之所。相近有毛葫洲、花洋镇、沙湾角一带，洲渚纵横，汊港甚多。有安庆、南湖二营官军哨守，今亦见南直宿松县。〇马当山，在县东北四十里，山象马形，横枕大江，回风撼浪，舟航艰阻。山腹有洞，甚深，不可涯涘。山际有马当庙，陆龟蒙铭云：天下之险者，在山曰太行，在水曰吕梁，合二险而为一，吾又闻乎马当。今有巡司戍守。

浩山，县东九十里，接江南东流、建德二县界及饶州府鄱阳县界。高数百仞，周百余里。唐武德五年，李大亮安抚江南，张善安归降，江表既静，择彭泽山之高大者，莫若此山，因名浩山。而立浩州于山之西南麓，即今废浩州城也。又县东有彭城山，下有古城，俗传汉彭越经此而名。〇石壁山，在县南四十里，下有玉壶洞，泉流不竭，一名仙人岩。又黄浆山，在县东南四十五里，叠石如甃，上下亦有二洞，泉出其中。

武山，在县西南。与庐山夹鄱湖而峙，根盘四十余里，为西南群山之最，上有茨菇池。又石壁鸣山，在县南四十里，群峰拥翠，茂竹佳茗，极为幽胜。相近有六山，以六峰并列而名。〇晓石山，在县东一里，山势蜿蜒，一峰秀拔，日出先照，因名。又县北六里有柏山，上多柏，有洞，亦曰柏山洞。其相近者曰镜子山，南接西山，北瞰大江，石峰嶙峋，下有悬石如镜。

浔阳江，县西北二里。自湖口县东北流经此，又东北达南直望江县界。小孤、马当为江流襟要处，有事时所必争也。

大泊湖，县东北五十里。通东流县之香口镇，支流为天井、沈湾诸小湖。中有鹤山双峰耸峙，脉接浩山。湖西又有船山，以山如船形也。湖东曰白干山，山皆白石。又青山湖，在县东北大江滨，可泊舟楫。又东北有周家湖，亦滨大江。《志》云：县北三十余里磨盘洲有会口湖，接生会口，东接东流县界，周围十里，北自出水沟入江。又县南十里有母鲤湖，相传元孝子李时冬月得鲤于此，以愈母病。又有方湖，在县南三十余里。相近为横矶湖，湖侧有石横立，因名。

瀼子港，在县东。源出浩山，会于大泊湖，经东流县香口河，入大江。其水泛瀼而清深。又山林港，在县东三十里，出东流县界黎坑岭，支流入大泊湖。又胭脂湖，在县北，其水无源，遇江水涨，北注入港，可容舟楫。〇仰天池，在县东北，即大江支流也。有二支，江水涨，一支西流经县北毛葫洲，一支东流合于江，渺茫无际；水落则流注于马当江。

峨眉洲，在县北。洲有港，细曲如眉。其西北有龙船洲。又得胜洲，有县西，明初，克陈友谅，始捷于此，因名。又西有新洲，成化间，洪水涌沙而成，自得胜洲尾相接，绕于县前。《志》云：县北有雁来洲，明初安庆赵双刀夜泊，得陈友谅雁传伪书，因而误斩于此。其相近者曰毛葫洲。又杨叶洲，亦在县东北，洲半属彭泽，半属东流，上多杨林，因名。一云洲尖长如杨叶也。又有杨家诸洲，与峨眉洲相近。明正、嘉以后，江滨水沙相拥，以洲名者盖数十计矣。〇彭浪矶，在县北，耸立江滨，与小孤山相对，俗讹为彭郎，遂有小姑嫁彭郎之语。又峰山矶，在县西南三里。《志》云：小孤山相对者有小孤洑。又魏家河，在峨眉洲。

马当镇。县北三十里。元至正间建于马当山麓。明洪武六年，徙于此。又峰山矶镇巡司，在县西三里长伏岭之阳，明初置于县南三十里。正统十一年，因其地僻，改置于此。今址存而司革。又县南五十里有黄土港河泊所，北四十里有仰天池河泊所，俱明初置。《志》云：县有萧家岭堡，去县九十里，亦戍守处也。〇龙城驿，在县治北半里，旧名彭泽水驿。明洪武九年改今名。又杨梓马站，在县北四十里，元至正初置，明时与县南之旧县站俱废。

附见：

九江卫。在府治东。明洪武二十二年建。

〇饶州府，东至浙江开化县界三百七十里，南至抚州府四百二十里，西至南康府三百里，西北至九江府四百三十里，北至南直建德县百七十里,东北至南直徽州府六百里。自府治至布政司二百四十里,至江南江宁府一千五百八十里,至京师五千二十五里。

《禹贡》扬州地。春秋时楚东境,后属吴。战国时,复属楚。秦属九江郡。汉属豫章郡。后汉因之。建安十五年,孙氏分豫章置鄱阳郡。初治鄱阳县,后徙治吴芮故城。《晋志》云后汉灵帝时置,误也。晋以后因之。晋、宋时郡治广晋县,齐复治鄱阳。梁兼置吴州。陈州废,亦曰鄱阳郡。隋平陈,改置饶州。以物产丰饶而名。炀帝复曰鄱阳郡。唐武德五年,仍置饶州。天宝初,曰鄱阳郡。乾元初,复曰饶州。五代时,仍旧。《志》云:州初属淮南,置安化军。南唐时置永平军。宋亦曰饶州。亦为鄱阳郡。元曰饶州路。明初,曰鄱阳府,宋龙凤七年,元至正二十一年也,是年鄱阳来归。寻改曰饶州府,领县七。今因之。

　府广谷大川,当吴、楚之交会。《史记》楚昭王时,吴伐楚取番,是也。汉建元六年,淮南王安上书:越人欲为变,必先由馀干界中积食粮,乃入,伐材治船。盖其地当闽越襟领也,且北距大江,西隔重湖,兵争出入,常为孔道。晋末卢循之乱,鄱阳太守虞丘进袭,克豫章,绝贼粮道,而循以败。隋末,操师乞以鄱阳袭据豫章,林士弘失豫章,退保馀干,以伺豫章之隙。盖郡与南昌东西相望,并称雄郡矣。若夫道浮梁而向新安,出安仁而规衢、信,因利乘便,制胜之资也。明初,太祖克江州,遂幸饶州,岂非以险阻可凭,足为要会乎?而徒以丰赡称之,末矣。

　○鄱阳县,附郭。春秋时楚番邑。《史记》:楚昭王十二年,吴取番,楚恐,去郢徙鄀。秦为番县,吴芮为番令,称番君是也。汉为鄱阳县。高祖十一年，追斩黥布于番阳，即此。后汉仍属豫章郡。建安中，孙权置鄱阳郡治焉。晋、宋属鄱阳郡。齐仍为郡治。隋、唐以后，州郡皆治此。今编户三百四十里。

　　鄱阳城，在府东六十里故县渡。汉县盖治此，即吴芮所居也。后汉时，县亦治焉。建安八年，鄱阳山越乱，孙权使吕范讨平之。自晋以后，皆为鄱阳郡治。唐移于今治。《志》云：今府城本吴芮筑，广周七里。孙吴时，周鲂增九里三十步。或曰此即鄱阳故城，非今郡城也。郡城盖唐初所筑。宋绍兴间，史定之为守，因旧址增拓至十二里，元亦因旧址。至正二十四年，明太祖命改筑今城，自是以时营葺。有门六，城周九里有奇。

　　广晋城，府北百五十里。沈约《志》：三国吴置广昌县。晋武帝太康元年，更名广晋，移鄱阳郡治此。齐属鄱阳郡，梁县废。唐武德四年复置，属浩州。八年，州废，县省入鄱阳。今浩州城，在府西北百三十里，与彭泽县接界，见前。

　　鄡阳城，府西北百二十里。汉初置县，属豫章郡。后汉因之。三国吴属鄱阳郡。晋仍为鄡阳县。刘宋永初二年省。○武阳城，在府东五十里。《名胜志》：府东北六十里南和乡有武阳县故址。《汉志》注：鄱阳县有武阳乡，右十余里有黄金采，采者，采取金之处。或曰梁、陈时盖尝置县于此。又英布城，在府西北百五十里，汉初吴芮筑以居布。布，芮婿也。汉高十一年，布败于淮南，走渡江，为长沙哀王所诱，至番阳，番阳人杀之于兹乡，盖即此地云。又吴芮观猎城，《志》云在鄱阳故城西十八里。

　　芝山，府城北一里，形若负扆，为近郭之胜。本名土素山。唐龙朔初，山岭产芝，因名。郡别名芝城，以此。又荐福山，在府城东一里督军湖北，山下旧有万松关、百花洲，今废。○马迹山，在府东北三十里。山势崇旋，众峰环拱。道书以为第五十二福地。《志》云：府西三十里有尧山，相传尧时洚水，避难者居其上，因名。徐湛《记》：郡有尧山，地皆饶衍，遂益食而为饶。又府西有莲荷山，在彭蠡湖中，望之如荷叶浮水上。莲荷山南十余里曰表恩山，山滨彭蠡湖，每春水涨，则山在湖中。

巍石山，府东南八十里。一名狮子山。高十丈，自顶至趾皆石，巉岩峭壁，下临溪流。山下有龙居寺，岳武穆尝提兵过此，题诗寺壁。《舆程记》：自狮子山至浮梁县一百十里，为往来通道。又白鹿山，在府东五十里。《志》云：道出乐平，此为中路也。〇韩山，在府北六十里，上有韩信庙，因名。亦曰寒山，一名安山。明朝宣德中，建淮藩于郡城，此为窀穸之所。

鄱阳山，府西北百十五里鄱阳湖中。初名力士山，亦名石印山。《三国志》：孙皓天玺元年，鄱阳历陵有山石文理成字，吴人谓石印封发，天下太平。《江表传》：历陵有石山临水，高百丈，其三十丈所，有七穿骈罗，穿中色黄赤，俗相传谓之石印，即鄱阳山是也。历陵，今九江府德安县。孙吴时，山盖当二县之界。〇独山，在府西北百五十里，高二十丈，峭石滨湖，亦名独角山。又石步山，在府西北百有四里，中有石室如堂殿，多烟霭，不可入。

郭璞山，府东百十里。盘亘五十里，崇高百仞，为鄱阳群山之冠。璞尝寓此，因名。或云山本名鄡阳山。〇八棱山，在府北六十里，峰峦攒起，高百仞，亘数十里。又大小岩山，在府北一百七十里，两岩对峙，高千仞，盘据四十余里。《志》云：府北百四十里有浩山，接彭泽县界。

鄱江，府城南门外。其上源一自南直婺源县，汇诸山溪水，流经德兴、乐平二县界。一自南直祁门县，会诸山溪水，流经浮梁县界，入鄱阳县境，复会流而西，至城东门，又经城南，而广信以西诸水皆流会焉。环城流至西北，复分为二，俱入鄱阳湖。一名双港水。宋绍兴二年，置孳生马监于双港，是也。又城南江中有石潨潭，中有蛟，名怀蛟水。唐刺史张栖真尝标《孝经》以示训，亦曰孝经潭。又《志》云：鄱江之滨多柳，宋知州史定之所植，以休息行人，今呼史公柳，亦曰柳林港。

鄱阳湖，府西四十里，即《禹贡》彭蠡也。隋始曰鄱阳，以鄱阳山所接而名。与南昌、南康二郡分界。详见前大川鄱阳湖。

东湖，在府城东，下流入鄱江。相传秦番令吴芮习水战于此，有督军台，因亦名督军湖。又澹津湖，在府城中央，一名市心湖，纳一城之水，穿城而出，合于鄱江，水虽浅而大旱不竭。○珠湖，在府城西南，馀干县境之水皆会流于此。又乐平、浮梁之水亦皆来会，绕郡城，由饶河口入鄱阳湖。《志》云：县境诸水会于鄱湖者为大合，会于珠湖者为小合云。

白沙，在府西。水路百二十里，沙白如雪。《史记索隐》：豫章东北二百里接番阳界，地名白沙，有小水入湖，名白沙湖。白沙东南八十里有武阳亭，又东南三十里地名武林，当闽越之京道。汉元鼎中，东越王馀善使吞汉将军入白沙、武林，既而武帝使杨仆出武林，王温舒出梅岭，下濑将军甲出白沙，以击东越，即此也。梅岭，见赣州府虔化县。○蠙洲，在府西南二十五里。唐贞观中，天忽雨雹，因而生蚌，自后土人往往采珠于洲中。又螺蛳洲，在鄱阳旧县城东三里。《志》曰：螺蛳洲为鄱江之上流，两岸夹汀，其水最清。隋梁文谦刺饶阳，嗜此水，后人思其廉，因名为清洁湾。

邵父堤，府东北三里。唐建中初，刺史李复筑以捍番江，百姓思其德如召父，因名。又有马塘，在府东北四里。唐刺史马植筑以灌田，因名。《唐志》云：府北六里有土湖，亦马植所筑，今堙。

棠阴镇，府西九十里。有巡司。又府北百九十里，有石门巡司。皆明初置。《志》云：府北有童敏故城，隋末袁斌率邑人避寇处。又有永平监，在府城东，唐所置铸钱处也。宋亦为永平监，元废。今为永平关。

○芝山驿，在府城西南。元置。明因之。相近有鄱阳递运所，后以驿兼领。又柴栅河泊所，亦在府城西南。明洪武初，自府东柴栅改置于此。又新义站，在府北。又北有鲁城站，接江南建德县之石门站，为北出之径道。

大阳埠。府东北百里，路出浮梁。《舆程记》：府东北二十里曰磨刀石，又六十里曰鸳鸯岭，又十里即大阳埠也。又府东北四十里有程家渡，又东十里为顾园渡，亦自府出浮梁县之道。○八字脑，在府西三十里。明正德中，伍文定败宸濠之兵于此。《舆程记》云：府十里为竹鸡林，又二十里为八字脑，又二十里为团砖，又二十里为棠阴巡司，接南康府都昌县界。又表岸口，在府西南三十里，又西至康郎山三十里，盖自府城西出鄱阳湖之口也。

○**馀干县**，府南百二十里。东至万年县六十里，东南至安仁县百二十里，东北至浮梁县二百六十里。春秋时为越之西界，所谓干越也。汉为馀汗县，属豫章郡。汗，音干。后汉因之。三国吴属鄱阳郡。晋因之。刘宋改汗为干。齐、梁仍旧。隋平陈，县属饶州。唐、宋因之。元元贞初，升馀干州。明初，复为县。旧有城，唐元和中筑，寻废。明嘉靖四十一年，复营筑。隆庆初，增修。万历八年，又复葺治，城周三里。今编户二百六十里。

玉亭废县，在县东南。唐武德四年，析馀干县地置，属饶州。七年，省入长城县。八年，复省长城入馀干。又白云城，在县治西，相传隋末林士弘所筑。

馀干山，在县治东。两峰回曲相向，状如羊角，本名羊角山。一名双覆峰，一名冠山。多奇树怪石，前瞰琵琶洲。唐天宝六载，改今名。县治西一里又有藏山，悬崖峭壁，上有梅岩。○冕山，在城东五里，与冠山相对。相传隋末林士弘退保馀干，敌至，市民避此山得免，因名免山。后以邑有冠山，改今名。又玉马山，在县南十里，山下有白石如马，俗称白马山。唐天宝间，改今名。《志》云：山自抚州南城县过入临川县，凡历三邑，乃分一支入县境。又石虹山，在县北十里，有横石跨水，文彩若虹。又有一石室，甚广，旁列石障如屏。

康郎山，县西北八十里，滨鄱阳湖，湖之南涯也。相传有康姓者居此，因名。一名抗浪山，谓能与风涛抗也。讹曰康郎。明初，陈友谅围南昌，太祖率舟师赴救，友谅解围，东出鄱阳迎战，相持于康郎山。友谅屡败，欲退保湖北之鞋山，明师先至婴子口，横截湖面，友谅不得出。今忠臣庙在其山，盖祀与友谅战时死事诸臣云。《舆程记》：山在湖中，为风帆之表帜。东至表岸口三十里，道出饶州。东南至瑞洪八十里，道出安仁及抚州、南昌。西至团鱼洲二十里，道出南昌。东北至饶河口五十里，道出都昌、饶州。北至都昌六十里，道出南康、九江云。又洪崖山，在县西北六十里，濒鄱阳湖，相传晋道士张氲隐此，因名。

武陵山，县东北三十里。陵，亦作林。《汉书·东越传》：馀善使吞汉将军出武林、白沙以御汉，即此武陵也。元末兵乱，邑人吴宏立营于此，曰武陵营。山下有溪，为武陵塘，亦曰武塘，俗名后溪。又万春山，在县东北七十里，两峰峭拔，中有天池，水清而味甘。又黄蘗山，在县东南七十里，中宽外固，攒峰峭壁，灵泉异木，俗谓之小庐山。○李梅峰，在县南八十里，高百丈，周三十余里，南接抚州府东乡县界，初名平原峰，又名贞女峰。五代时有李峻、梅用者，读书其上，因名。又石螺峰，在县西南五十里，峰有石室，中如螺。又万斛峰，在县东北七十五里，去万春山五里，接万年县界，高耸突出。斛，或作鹄。

康郎湖，县西七十里。即鄱阳湖之南涯，因康郎山名。又族亭湖，在县西八十里，湖中流与南昌县分界。后汉时邑人张逸封族亭侯，湖因以名。一云湖在县西四十里。又担石湖，在县西北。《通典》：鄱阳郡西百七十里至担石湖，中流与南昌分界。

龙窟河，县西南十五里。安仁县锦江、白塔河之水会于此，西流入鄱阳湖。《邑志》：县境之水自锦江经县南四十里之霞山，又西径大溪，至桐口滩分流，其一支西北出佈村，走龙窟，受润陂水，注瑞虹。又一支东北径八字嘴，走冯田渡，过黄坊，注珠湖，至饶河口。又一支全由八字嘴径破穴入城前，走西津，又自城前分新开河入市湖，出西津北折，分派入珠湖，皆汇于鄱湖。

馀水，在县治南。亦名市湖。中有越水、馀水，县境诸水之总名也。北通鄱江，南连龙窟河。《志》云：水会县之西南诸溪馀水而名。以三道而入，亦曰三馀水。或云吴楚越之馀水，故名三馀。《寰宇记》：干越渡去县西南二十步，置津吏主守，四时不绝。有浮桥，唐大中元年，县令倪衍置，盖跨馀水上。又邬子港，在县西北二十里，亦馀水之支也。水口即担石湖。〇琵琶洲，在县治南。水中拥沙成洲，状如琵琶，因名。

康山镇，在县西康郎山上，有巡司。又八潭巡司，在县东北七十里。俱明初置，隆庆中废。又黄坵埠巡司，在县东南五十里，元置，明初废。隆庆中，废康山巡司，因改复黄埠司为戍守处。〇龙津驿，在县南十五里龙窟河滨，元置，明初因之。《志》云：县西七十里有瑞虹镇，当鄱阳湖滨，为湖南往来之要会。又西六十里即赵家圩，路达南昌之通道。

干越亭。在县东南三十步羊角山前，屹然孤峙。唐初，令张彦俊建。兴元中，李德裕重修。按《史记·货殖传》：譬犹戎狄、干越之不相入。韦昭注：干越，越之别名。汉曰馀汗县，淮南王安曰：越人欲为变，必先由馀汗界中。是也。古谓越馀地。宋《类苑》：干越亭前瞰琵琶洲，后枕思禅寺，林麓森郁，千峰竞秀，真天下之绝景也。又县西南八十步有白云亭，亦德裕所建，跨古城之危，瞰长江之深，与干越亭对峙。

○**乐平县**，府东百二十里。东至江南婺源县百九十里，东南至德兴县百十里，北至浮梁县百二十里。汉馀汗县地。后汉建安中，孙氏析置乐安县，仍属豫章郡。寻以山越乱，使程普讨乐安，平之。孙休永安中，改属鄱阳郡。晋因之。宋、齐仍旧。陈天嘉元年省。唐武德四年，改置乐平县，属饶州。九年省，寻复置。宋仍属饶州。元元贞初，升为乐平州。明初，复降为县。今编户二百七十三里。

乐安城，《志》云：旧城在今德兴县东百五十里，相传后汉灵帝时所置县。误也。盖建安中孙权所置。唐改置乐平县。《元和志》：县南临乐安江，北接平林，故曰乐平。《郡志》云：唐中和间，县始自旧城迁今治，无城，有四门。宋末立排栅为城，元末毁。明正德五年，因旧址增修，以御寇。十一年，重葺。嘉靖四十一年，复营筑。城周三里有奇。

彭绮城，在县治东。三国吴黄武中，鄱人彭绮所筑。又《名胜志》：县之桐山乡有长乐城，唐开元中置乐平县于此。今名长乐水口。

康山，县北五里。一名东山，县之主山也。又乐平山，在县西南二十里，山有石如墨，旧名石墨山。唐天宝六载，改今名。又县西北二十里有乳泉山，有石如砚，本名石砚岭。其西麓出乳泉，亦天宝六载改今名。○炼铜山，在县北六十里。唐置场冶铜山下，以供永平岁铸。后开凿无度，山倾，其水发为河。

石城山，县东南六十里。一径萦纡而入，行十余里，皆怪石萦结。一名石城岩，又名仙人城。又有洞曰会仙洞。又军山，在县东六十里，山势崇高。唐末乡人结军拒寇于此，因名。《志》云：县有鹧鸪山、石潭山及军山，皆黄巢犯境时屯军处。○文山，在县东南七十里，山势磅礴，连亘广信之弋阳、贵溪二县界，多幽险，旧尝设官镇守。《志》云：县东北八十里有凤游山，山势磅礴，为徽、饶间巨镇。旧名濬源，唐时改今名。县东六十里又有芙蓉山，以高耸秀丽而名。

洪岩，县东北九十里。高耸百余丈，盘亘四十余里，中有天井、桐木、风岩、泠水等数岩，惟洪岩最著。山腰有石室，南北相通，其中云气泉声不绝。山下洪氏居之，又名洪源。

乐安江，在县南。源自南直婺源县，经德兴县会诸水合流入县境。又西会浮梁水入鄱阳县，为鄱江。一云自县西合馀干水入鄱阳湖，似误。《寰宇记》：乐安江源出县东北扶馀岭。又有明溪、银溪、石湖溪，并流注之而为大川云。

龙停湖，在县西南。四时不竭，下流入乐安江。○汰金洲，在县西十五里，平沙临水。唐初有麸金，开元后废。又西五里至水口，亦出麸金。《郡国志》：鄱阳之土出金，披沙淘之，粒大者如豆，小者如麸，山中亦出银苗云。

仙鹤镇，县南六十里。有仙鹤山，接万年县界，旧置巡司。明正德中，移于万年县之菏溪。○毛桥，在县东十里。又三十里为湾头，又三十里为黄沙，又九十里即徽州婺源县。又界田桥，在县东，出德兴县之道也。

○浮梁县，府东北百八十里。东至南直婺源县百四十里，东北至南直休宁县三百里，北至南直祁门县百九十里，西北至南直建德县二百八十里。汉鄱阳县地。唐武德四年，析置新平县，属饶州。八年省。开元四年，复置，曰新昌县。天宝初，改今名，仍属饶州。宋因之。元元贞初，升为州。明初，复为县。今编户百二十里。

新平城，县东三百二十里。唐初，置县于此，寻废。开元中，改置于昌江口，正东临江，因名新昌。二十四年，移县治于城北昌水之西。天宝元年，以溪水时泛，伐木为梁，因名浮梁。元和间，又移治于高阜，即今县治。《志》云：昌江之南有废城，亦曰南城。唐末黄巢之乱，县令金日安尝徙百姓居此，寻复故。旧无城，元至正间，尝筑城浚池，寻复废。明正德三年以后,尝因故址增修。嘉靖四十一年,复营筑今城,周四里有奇。

阳府山,县西二十五里景德镇南。山峭立溪侧,地暖,物皆早成,因名。又西五里曰万户山,奇秀峭拔,与阳府山并峙。《闻见录》:二山南接鄱阳县,北达建德县,为要隘处。○石鼓山,在县北三十里,临溪有石如鼓,因名。《舆程记》:自石鼓山而北三十里曰小儿滩,又二十里为池滩,北出祁门县之道也。又有鞍山,在县西一百里。又西十里即狮子山,西连府城之通道。

九英山,县南五十里。唐末邑人宁赜据此以拒黄巢。赜有九子,名皆从山,后人因呼山为九英。○程山,在县东六十里,今名石吴山,有石吴溪水,流合乐安江。陈程灵洗之裔居此,因改今名。《志》云:县东百里有张公山,即鄱江发源处。似误。张公山,即率山也。详见南直休宁县。又王师山,在县东五里,山秀拔。宋朱貔孙居此。后官太子谕德,为度宗师,因名。又县治东一里有青峰山,亦圆秀。

五华峰,县东八十里。五峰并耸,亦名莲花峰。《志》云:县东三十里有洞灵岩,有洞四:曰庆云、莲花、含虚、张公,皆幽胜。又有水龙岩,在县东四十里,有水潜行地中,而出于岩左,迤南曰凤游岩,有大石室,避乱者常居岩中。○浇岭,在县东六十里,高险可凭,与婺源县分界。又南村岭,在县南五十里,有何家墩,可据为险。

昌江,在县南。源出县东北婺源、休宁两县界山溪中,流经县东八十里,又西合祁门境内诸溪水,绕城东而南,又西经景德镇北,而西南流,合乐安江,入鄱阳县境,为鄱江之上游。又鄱源水,在县东。《志》云:源出县东北百四十里之高山下,西流百里而合杨港,又南入于昌江。

倒湖,县东北百三十里,与祁门县接界。又东北百十里即祁门县也。湖当往来经行之道。又石牌潭,在县西六十里。《舆程记》:自景德镇西十里为官庄,又二十里为石牌潭,又二十里为宗潭,又三十里为府东境之狮子山,至府城八十里。○猴滩,在县东北。《闻见录》:由景德镇出县北石鼓岭,至猴滩,达祁门县。又小儿滩在县北五十里,又二十里为池滩,又十里为小北港,又四十里至倒湖,皆舟行达祁门县所经也。

浇岭水,在县东。源出婺源县界之梅岭,西流经浇岭下,有长山水自乐平县流入焉。又西北流,至景德镇南入昌江。又江力水,出县西北六十里黄连山,至阳府山西入昌江。○苦竹港,源出县北百二十里之苦竹岭,东南流,合北港水,至县东北入昌江。《志》云:北港水出县西北百三十里梁禾岭,东流合桃树岭水,又东合苦竹港,入昌江。

宁家陂,在县南。其水北注于昌江,名小坑港。相传梁末所凿,其旁壤地二千亩有奇,环山背水。道东有豪猪岭,其水北注成港,筑陂分水,西凿岭麓,引为石渠,以资灌溉,所谓宁家陂也。岁久堙塞,民苦浇瘠。明正德三年,循故址疏导,始无石田之患。

景德镇,县西南三十里。水土宜陶。宋景德中置镇于此,因以景德为名。明初因元旧置税课局。正德初,始置御器厂,于是有官窑、民窑之分。《志》云:瓷器出景德者最佳,镇东南湖田市次之,麻仓洞又次之。

桃树镇。县西北百二十里。以桃树岭名。有巡司。又黄梅寨,在县东北百四十里高岭洞,其地绝险,与徽州府接境,黄巢之乱,民多避难于此。《志》云:县东北百里有汪村,接南直休宁县界。○鲤鱼桥,在县东南。《闻见录》:鲤鱼桥东接婺源县界。县东又有梨尖岭,亦接婺源界。北有金山殿,接祁门界。

○德兴县,府东南二百四十里。东至浙江开化县百四十里,东北至南直婺源县百五十里,西北至浮梁县百五十里。本乐平县地。唐置德兴场。五代晋天福三年,南唐升为县,属饶州。县旧无城,明嘉靖四十一年,创筑今城,周三里有奇。编户八十三里。

银城废县,县东百二十里。《志》云:陈置县,属鄱阳郡。《隋志》

云：鄱阳县有陈银城县。开皇中，废入鄱阳，即此。又吴阐城，在县南七里，世传吴芮尝驰马于此。○乐安废县，在县东百五十里。《志》云：水路去今乐平县三百二十里，吴置，陈废。或云：唐初于故银城置乐安县，后因歙寇陈海亮剽掠，兼山势险峻，地陇高下，乃移于乐安水口云。

银山，县东三里。《元和志》：乐平县东百四十里有银山，每岁出银十万两，收税七千两，亦名银峰山。宋程迥《厅事记》：唐贞观中，权万纪言宣、饶银大发，帝斥之，盖谓银峰也。总章初，用邓远议，置场榷银，号曰邓公场。至宋天圣间，山穴倾摧，而银课未除。范仲淹守郡，奏罢之，时元祐四年也。县四面皆水，取其地产银，惟德乃兴之义，南唐因以名县云。○天门山，在县治西，以山岭崇高而名。

大茅山，县东南百里。山最磅礴，千峰万壑，深林邃谷，为县境诸山之冠。又鸣府山，在县东南八十里，山势崔嵬，云烟昼晦。○铜山，在县北三十里，唐置铜场处。山麓有胆泉，亦曰铜泉，土人汲以浸铁，数日辄类朽木，刮取其屑，煅炼成铜。元至正十二年，中书省臣张理言：德兴三处胆水浸铁，可以成铜，宜即其地各立铜冶场。从之。因以理为场官。试之，其言不验，于是复废。

建节水，在县西南。源出广信府弋阳县界，西北流入县境，下流入乐平县境，合乐安江。又洎水，在县东南百二十里，出高山下，西流入建节水，并为鄱江之上源。○大溪，在县北二十里，源出徽州府婺源县，至县境会诸溪水，下流入于乐安江。

白沙镇。在县之乐平乡十二都，有巡司。又县境荣禄乡有石港城，元末邑人王溥筑以自固。○金场，在县南二十里，宋时冶金处也。又有银场，在县东六十里，唐冶银处。《志》云：县境六都有朱砂碛，碛石槎牙，罅间出朱砂，今湮没不可得。

○**安仁县**，府南二百十里。东至广信府贵溪县百里，西至抚州府百五十里,西南至抚州府东乡县九十里。汉馀汗县地。晋析置晋兴县,属鄱阳郡,寻废。永嘉七年政兴安,寻废。陈置安仁县,隋开皇九年并入馀干。唐武德四年,析置长城县,属饶州。八年,仍省入馀干县。宋开宝八年,置安仁场于此。端拱初,升为县,仍属饶州。县旧无城,明正德五年,姚源寇起,因筑土城,覆以石瓦。嘉靖四十一年以后,屡经营葺。城周三里有奇,编户九十七里。

长城废县,在县北。唐初,置县治此,寻废。今为长城乡。《通志》:晋永嘉七年,尝改晋兴曰兴安。或曰:德兴县治北有兴安废县,晋永嘉中置。似误。

华山,县西北七里。山最奇秀,类池州之九华山。《志》云:馀干县南七十里有华山,盖境相接也。又县西北四十里有紫云山,亦高秀。《志》云:馀干县界有白云山,与此亦相接。○积烟山,在县西南八十里。宋末邑人陈牵与蒙古兵战于此,兵败死之。

吴岭,县西南六十里。相传汉吴芮与东越王尝战于此。巅有洗马池。○仙岩,在县东南七十里,岩半有穴二十四,人不能到,下有溪流。《志》云:仙岩东接贵溪县界,其外又有燕岩、琐岩、白云、盐仓、钓藤、马嘴、杨子、金仙诸岩,相去不过十里云。

锦江,在县南。一名安仁港,一名兴业水。自贵溪县漏石村流经县界,下流经馀干县,为龙窟河。港中有崩岩横石,悬水千仞,湍奔浪激,声合风雷,舟楫所历,少有程准,篙工失措,便成齑粉,然居人赖其膏泽之利,溉田几二百余顷。又县南有云锦水,发源福建光泽县,峭壁千仞,绚草成章,故有云锦之称,西北流合于锦江。《志》云:县治前有云锦楼,下瞰锦水,旧设云锦驿于此。

白塔河,在县东。源出贵溪龙虎山及抚州金谿县,合流入于锦江。又龙泉水,在县南六十里,渊深莫测,引流入白塔河。○乌石洞,在县南二十里，源出抚州临川县，下流入白塔河。又有玉石洞，在县治东，上有衣锦桥，流入云锦水。

白塔镇。县东二十都，有巡司。又有紫云驿，在县治西，临锦江侧。〇团湖坪，在县北。宋末张孝忠与蒙古战于此，力竭死之。又鹅门隘，亦在县北，路通馀干、万年二县。又北有石头口，北经苦竹山，自县趋府城之道也。

〇**万年县**，府东南百二十里。东北至乐平县八十里，南至安仁县八十里，东南至广信府贵溪县百五十里，西南至南昌府进贤县百八十里。本鄱阳、馀干、乐平三县及贵溪之远鄙。明正德七年，群盗聚乱于此，讨平之，因置今县，筑城，甃以砖石，周不及二里。编户六十四里。

万年山，在县治北。亦曰万年峰，县以此名。旧《志》：德兴县界有万年岭，宋末广王由此入闽，曾驻跸山下。今县东北去德兴百六十里，盖旧为德兴界也。明正德六年，江西盗起，七年，调两广土兵剿之，前后俘斩万余。姚源洞残贼尚猖獗，复俘斩五千余人，因设县于此。

犁壁山，在县南。四围突起，盘旋如壁，一名挂榜山。明正德中，参政吴廷举平姚源贼，驻师于此。又县南有铜冈、罗村、石虹等山。〇武山，在县东南，接贵溪县界，盘礴数里，即吴廷举分守武山，断贼归路处。又有文山，在县东五十里，接乐平及贵溪县界，旧尝置戍于此。

三界岭，在县西。《志》云：岭当馀干、乐平、安仁三县之交，因名。明正德中，吴廷举讨姚源贼，置寨于此，以扼冲要。相近又有上茶诸岭。又石牛岭，在县东五十里。又东有马伏诸岭。《志》云：县西北有百丈、梅树诸岭。又有桃岭，正德中，讨姚源贼，亦尝驻营于此。

姚源洞，在县东里许。深可十五里，两山并峙，林木蓊蔚，土田肥美，向为盗薮。明正德以后，始为乐土。《志》云：县西北又有何山洞，亦深广。

泊江，在县北。自德兴县西流入县境，又西入馀干县界，合龙窟河。《志》云：县西北有殷河，出百丈岭，合诸溪以通泊江。县西五里又有陈坊渡，其水亦流入泊江。

姚源水，在县西南。自贵溪县北流入县境，又西入馀干县，即馀水之上源也。又县有裴源水，明正德中，俞宪击姚源洞贼于裴源，败之，是也。○古楼埠水，亦在县西北。《志》云：其水北流，合馀干县冯田水入番阳县界，会于珠湖。明正德四年，官军捕姚源盗，遇伏于古埠，即此。

荷溪镇。县东南四十里。又东南去乐平县之仙鹤镇不及十里。正德中，筑城于此，以御寇冲，寻移仙鹤寨巡司戍焉。又桥顶寨，在县南，接安仁姚源界。又县西有黄柏寨，北有富公寨，东有三界砦，旧俱为戍守处。○石门街，在县东南，水陆俱接贵溪县之神前街，亦与馀干、安仁县接界，为盗贼出没处，有巡司。见贵溪县。又五星桥，在县西北姚源水上，与余干县接界，亦为要隘处。

附见：

饶州守御千户所。在府城西南隅，明洪武初建。

○广信府，东至浙江衢州府二百四十里，南至福建崇安县二百四十里，东南至建宁府五百五十里，西南至建昌府五百十里，西北至饶州府五百三十里，北至南直婺源县三百里。自府治至布政司六百三十里，至江南江宁府千八百四十里，至京师五千里。

《禹贡》扬州地。春秋时为吴地。战国为楚地。秦属会稽、九江二郡。汉属会稽、豫章二郡。后汉因之。孙吴属鄱阳、东阳二郡。晋以后皆仍旧。梁属吴州。隋属饶州。唐初，仍属饶州。乾元初，析置信州。江淮转运使元载奏置。宋因之。亦曰上饶郡。元曰信州路。明初，曰广信府，领县七。今仍曰广信府。

府当吴、楚、闽、越之郊,为东南之望郡。唐元载以鄱阳川原夐远,边防襟带,请增置信州,是也。宋韩元吉曰:郡南控闽越,东引二浙,隐然为要冲之会。今自玉山以达三衢,自铅山而入八闽,诚毂辐之口也。刘宋泰始初,邓琬以晋安王子勋举兵寻阳,遣其党张淹自鄱阳峤道入三吴,军于上饶。南宋德祐末,谢枋得崎岖于此。明初,胡大海与伪汉相持,屡争信州,岂非以地利所在欤?

〇上饶县,附郭。汉豫章郡鄱阳县地。孙吴析置上饶县,属鄱阳郡,以其地旁下饶州而名。晋省。刘宋复置,仍属鄱阳郡。齐、梁因之。隋废。唐武德四年复置,隶饶州。七年,省入弋阳。乾元初复置,为信州治。今编户二百八里。

信州城,今府城。唐所置也。《志》云:宋时罗城,周七里有奇,中有子城,周不及二里。先是辟四门,后复辟为八门。皇祐二年,洪水为害,因旧址修筑。淳祐七年增葺,十二年复为洪水所坏。宝祐三年,又修筑焉。元仍旧。至正二十年,归于明太祖,乃复营治,并浚城濠,自城西而南,深一丈五尺,阔一丈八尺;自南而东通溪流,深二丈五尺,阔四十九丈。洪武九年,复为洪水所溃,寻复营葺。正德五年以后,屡经修筑。今城周九里有奇。〇上饶故县,在府城西北天津桥之原。孙吴时置上饶县于此,隋废,今社稷坛即其故址也。

南屏山,府东南五里,与谯门相值。有一峰尖耸,名曰狼牙,其势自东南来,拱抱府治。山麓有台,地高爽,登之可望一城,名曰跨鹤,宋知州王自中所建。旁有南台,赵汝愚所筑也。〇石桥山,在府西二十里,山半有岩洞,远望如月,亦名月岩。其上平坦如桥,因名。

灵山,府西北六十里。一名灵鹫山。道书第三十三福地,实郡之镇山也。有七十二峰，高千余丈；绵亘百余里。上有龙池，中产异木奇草及水晶等珍。其东北峰挺立，孤石高百余丈。西峰绝顶有葛仙坛遗址。溪分五派，西流入上饶江。《志》云：宋时有水晶场，设灵山之白云尖下，岁贡水晶器凡十事。元初停采。明天顺中，遣内官采进，多不堪用，乃复罢之。重山，在府城北，其脉由灵山来，重峦叠巘，岩峣峻绝，谢枋得因以叠山为称。又有岩山，亦在府城北，脉由重山来，迂纡昂伏数十里，再折而南，平巘绝壁，谽然巨岩，空碙可容数千人，有石泉甚甘美。

封禁山，府东南八十五里。一名铜塘山。险塞危峻，为郡之要害，中产铜铁。明景泰中，福建沙县寇邓茂七盗冶铜铁，剽掠永丰，知县邓显追捕，遇害，久之患始平。自是严冶禁，设隘戍守。《志》云：山绵亘广远，东接福建浦城县界。东有铜字山，为封禁之要口，南连福建崇安县，北通永丰县。其西南为择子岭，与高洲、铁山一带相接，向为奸宄啸聚之地。其中林箐丛杂，溪港连延。旧制以其险峻难通，宜于封禁，因名。万历三十年，尝复议开采，不果。自是垂为永制。○丁溪山，在府南七十里，一名铁山。宋时为冶铁之所，任百姓开采，官收什一之税。后属饶州永平监，今废。又铜山，在县南四十五里，脉自铁山而来，其西接永丰县之鹤山。《志》云：府南十里有南岩，一名卢家岩；又有北岩，亦在府南，并称形胜。

上饶江，在府城南。源出怀玉山，分流两道：一东自衢州常山县入浙江，一西南流过玉山县，又西流经城南，合诸溪之水，经弋阳、贵溪县入饶州府安仁县，为安仁港，下流入于鄱阳湖。

楮溪，府西十里。源出灵山，西南流入上饶江。以岸多楮木而名。或曰楮溪即灵溪也。明初，胡大海攻信州，败元兵于灵溪，遂克其城。溪盖因灵山而名。○古良溪，在府南六十里；又有破石水，俱出封禁山北溪，与丁溪山水合而入上饶江。

岑阳关,府南百二十里。山溪丛杂,径路崎岖。又东至浦城县之二渡关三十里,为江闽之间道。又橑竹关,在府南八十里,二关皆在崇安八关之列。今详见福建崇安县。又柴门关,在县北百里,通南直婺源县之要道。又北有东坞关,亦走徽、婺之间道也。○郑家坊镇,在县北有巡司。又县南八十里来苏乡有八坊场巡司。

回车馆。在城西南隅。宋皇祐二年,晋陵张衡为郡守,作驿曰饶阳,宅曰回车,后合为饶阳驿。元至正二十四年,徙于县西,改名葛阳驿。明洪武十四年,迁于今所。《志》云:驿在今府南一里,今废。

○玉山县,府东百里。东至浙江常山县七十里,北至南直婺源县二百二十里。汉鄱阳县地。隋为东阳郡信安县地。唐初为常山、须江及弋阳三县地。证圣三年,析置今县,以县有怀玉山而名。初属衢州,乾元初改属信州。宋因之。县旧无城,明嘉靖四十年筑城,周四里有奇。编户五十七里。

怀玉山,县北百四十里。一名辉山,亦名玉斗山。水分东西流,西入鄱江,东入浙江,为衢、信两郡间之望镇。详见名山怀玉。○三清山,在县北百里,三峰峻拔。自麓行二十五里,始陟山巅,其岩洞多奇胜。《志》云与怀玉并峙,盖即怀玉之支峰矣。今亦附见怀玉山。

水南山,县南二里。俗名大王山,又呼黄谷山。其脉自闽来,锐如卓笔。东有功曹山,下为冰溪,一名大王潭,实上干溪、玉溪所会处也。又东里许为武安山,三山并列,下亦有泉,世谓暖水三山,即此。又齐峰山,在县南三十五里。其脉自永丰县来,形如屏障。元魏玄德居此,善制墨,今土人犹传其业。○太甲山,在县北二十五里。山势磅礴,上有商太甲庙。其北十里有洞岩,林壑掩映,峰岩奇秀,溪水流出,其声清壮。

玉溪,县东五里。因怀玉山而名。水有二源,合流十余里,会诸溪水入上饶县界,或曰即上干溪也,出怀玉山,溪源干浅,秋冬不通舟船,故名干溪。韦昭曰：干越，越之别名也。此为上干。又下干溪，在县治东南二里，亦有二源，自浙江江山县界来，俱至渎口，合而为一，抵废酒务后，与上干溪合流。上干溪水所经处，间与衢之常山接，自信而衢，不可舟行，间以陆运者，此也。又《清波杂志》：衢、信之间有驿，名兑谷，谓其水从三道来作彡字形云，即今草平废驿也。

仓溪，县南三十里。源出浙江江山县境，委蛇至县之惠安乡，下流二里许，与渎口合，为玉溪之别源。中有石陂潴水，呼为石仓，人多渔钓于其处。〇沙溪，在县西三十里。《志》云：县北五十里有沙溪岭，与玉山相连，产石，可以为砚。水流下二十里，谓之沙溪。又南入于上饶江。

七里关，县西三里。旧有戍兵。又有东关，在县治东。明正德八年设，以防姚源之盗，榜曰八省通衢。县治西又有西关，与东关相对。《志》云：连城关在县治西，公馆置其上，下为连城桥。明正德八年，断桥以绝姚源寇冲，后复建。〇矿岭关，在县西北。又县北有广平、鸦山二隘，路通徽、饶。《南行记》：玉山县北有矿岭、柴门、蜈蚣三关，矿岭道出上饶，柴门、蜈蚣道出饶州府德兴县。

沙砾镇，县东二里。《志》云：即县治也。未立县时，号沙砾镇。唐天宝十四年，草寇窃发，里有徐叔伦者，倡众保障于此。证圣中，始置为县，因山为名。峰岭合沓，溪谷相互，虽步通三衢，而水绝干越。〇柳都砦，在县东南惠安乡，有巡司。又峡口隘，在县西北。《闻见录》：自府城东二十里龙溪分路，由牛头岭临江湖出峡口，直抵县之北门，此往来间道也。又有峡溪隘，在县东北七十里峡溪岭。《舆程记》：自县北达徽州之道也。

草坪驿。县东四十五里。亦名草坪镇。明初陈友谅遣将寇广信，据草平镇，遏浙东援兵，是也。又东四十里达常山县驿，今废。信、衢之交，舍舟从陆之道，凡八十里。又怀玉水马驿，在县治西，宋置，明初因之。初为马驿，别置辉山水驿于县治南，后并入马驿，因为水马驿。又县治西旧有玉山递运所。〇东津桥，在县东二里。明初陈友谅遣将寇广信，据草平镇，复屯玉山。胡大海时守婺州，遣兵败之于东津桥，遂复玉山县。《志》云：桥，旧为浮梁，屡遭洪水漂荡。成化中，改建以石，后常修治。

〇弋阳县，府西百二十里。东北至兴安县五十里，东南至铅山县百十里。汉豫章郡馀汗县地。孙吴析置葛阳县，属鄱阳郡。晋宋以后因之。隋平陈，县属饶州。开皇十二年，改曰弋阳县，以县治弋水之阳也。唐仍属饶州。乾元初，改属信州。宋、元因之。县旧无城，明正德五年，仅营城址，立四门。嘉靖四十年，因旧址营筑。城周三里有奇，编户七十三里。

宝丰废县，县南五十里。宋淳化五年，升宝丰场为县。景德元年，废为镇。康定中复置。庆历三年又废。《志》云：县西有玉亭县故址，唐初所置。今见饶州府馀干县。

龟峰山，县南二十五里。弋阳江经其下，山连峰接岫，参差错落，其得名者三十有二峰，皆笋植笏立，峭不可攀。中一峰形如龟，又有蜃楼，能吐纳云气，以验晴雨。又军阳山，在县南三十里。《方舆志》：昔有将兵屯于山阳者，故名。层岩壁立，众山巃嵸，迥不相接。唐贞元中，山产银，乾符后不复有。亦名君阳山。《志》云：宝峰镇旧置于此，亦曰宝峰场。山之北五里曰宝峰山，广袤数十里，白云吞吐，飞瀑清响，与灵山、龟峰山并峙。中有石亭，高七十余丈。又有仙人石桥，长五十余丈，广二丈。〇仙人城山，在县南四十里。山峰壁立，高五十丈，形如层城。其巅坦平有池，水澄冷可掬。亦名赭石山。

七星山，县北三十里。林木蓊蔚，下有沃壤，可以树艺。昔有七星坠此，因名。《志》云：县东二十里有待宾山。梁大同七年，尝置待宾院，隋废。今名狮子岩。又有赭亭山，在县东五十里，山界弋阳、兴安之间。山形方正如削，望之亭亭。其色赤，无林木，旁有小山相肖，曰小赭亭。后汉李憷封赭亭侯，或以为即此地也。○十二台山，在县西四十里，峻峭秀拔。又县北六十里有石城岩，其广可容万人，上有石乳泉。

弋阳江，县东二十里。其上流即上饶江也。又西，弋溪流合焉。《志》云：弋溪源出灵山，西流合葛溪。曰弋者，以水形横斜似弋也。又西南会于上饶江，俗名弋阳江。○葛溪，在县东七十里。源亦出灵山，下流合弋水、晚港水，并注于上饶江。又西流经贵溪县，谓之芗溪，亦曰贵溪。旧《记》云：葛溪水经县西二里，昔欧冶子居其侧，以此水淬剑，溪旁有葛玄冢，故名。

明溪，县西二十里。源出贵溪县，南流入县界，又五十里出上饶溪。本名弱水，唐刺史孙成改曰明溪，下流入于葛溪。○信义港，在县东二十里，源出福建邵武县境，引流而东北，至县界，下流入于葛溪。其旁土地高沃，人多信义，因名。《志》云：县东境诸溪水合流于县东南，有巨石横出溪中，捍截东流，县治赖此无冲溃之患，因名之曰神石。

弋阳馆。县治东。唐置。宋因之。今为葛溪水驿。○大桥，在县北。又县北有漆工镇，北走乐平县，此为必由之道。

○**贵溪县**，府西百九十里。西至饶州府安仁县六十里，东至弋阳县七十里，东北至饶州府德兴县百七十里。汉馀汗县地。隋为馀干、弋阳二县地。唐为弋阳县地。永泰元年，置贵溪县，以县在须溪口而名，属信州。宋因之。县初无城。明正德三年，姚源贼起。六年，始营县城。嘉靖以后，屡经修筑，周三里有奇，编户二百十里。

贵溪旧县，县治西一里。今谓之旧教场，唐时县治此。旧《志》：县界馀干、弋阳两县间，地方阔远，山水回合，舟行沿溯，累废旬日。唐永泰初，议就须溪口置县，以便往来停宿。元移于今所。

三峰山，县南二里。三峰鼎峙，一名天冠山，高三十余丈，与县治相对。山之东麓接王表岩，亦曰长廊岩，修岩如廊。相传西汉末，有王表者隐此，因名。又五面山，在县西南五里，东接三峰山，其南一峰屹立，五面如削成。《志》云：县南三里有徐岩，宋徐绍景读书处，林深水远，洞穴幽邃，有巨石平坦，突出山侧，如月攀萝，可登以望远。

象山，县西南七十里。初名应天山。宋陆九渊读书于此，以山形如象，改今名。山间有原坞及良田清池，无异平野，四方从学者，多结庐其中。山阴之巅，又有麈湖，天成一池，泓然如鉴。其余岩壑，泉石俱称绝胜。又县西南八十里为象楼山，兀然突耸，如楼阁之状，本名石楼山，天宝六载改今名。○自鸣山，在县西五十里，邑之镇山也。巍然群峰之上，巅有湖，天欲雨则水涌，其声如雷。

龙虎山，县西南八十里，在象山之西北。《志》云：象山一支西行数十里，乃折而南，两峰对峙，如龙昂虎踞。道书以为第二十九福地。后汉章和间，张道陵修炼于此。今有上清宫，在龙虎两岐之间。《图经》：龙虎山，在后汉末，张鲁之子自汉中徙居此。宋大中祥符八年，召其徒正随赴阙，赐号真静先生。王钦若奏立授箓院及上清观，蠲其田租，即上清宫也。出龙虎山而西一二里，南迫大溪，溪水澄滢，可鉴毛发，则仙岩列焉。其岩峰峦削立，高出云表，岩石嵌空，多为洞穴、房室、窗牖、床榻、仓廪之状，共二十有四岩，而总名之曰仙岩，与饶州府安仁县接界。

藐姑山，县南七十里。高四十余丈，广三十余里。泉石甚胜，有封鬼等洞，俗传张道陵遗迹也。又鬼谷山，在县南八十里，道家以为第十五洞天。山有苏秦台、张仪井。又有鬼谷洞，幽黑，入必以烛，周回数里，容数千人，俗传鬼谷子隐此，盖好事者假以名山云。○昂山，在县西南百余里，东连贵原，西接梅潭，南入福建界，北带上清溪，广四十余里，山形昂耸，物产蕃庶。又云台山，在县南里仙源乡，一峰特出，亭亭天表。又西十里许为云原山，石壁削立，两旁如门，山椒有壁鲁洞，世以为神仙之窟宅。

百丈岭，县北七十里，路出饶、徽二郡。《鄱阳记》长沙王屯兵百丈岭，即此。又璩岭，在县南八十里，亦曰据岭，以闽、越偏据时，以此为界也。今岭西有璩大夫祠，盖南唐命其臣璩姓者守此，因以为名。相近又有水帘洞，洞中可容数千人，洞口泉水悬岩而下，状若垂帘。又张镇岭，《志》云：在县西百里仁孝乡，高二十余丈，昔有贤士张镇者隐居于此，屡聘不起。上出黄连。○贵源，在县南百余里，南通福建光泽县，西连昂山，广七十余里，内多美地良田，物产蕃庶，民俗淳厚。宋叶梦得尝经此，题壁曰新丰。今因有新丰街。又秋香原，在县北四十里，以原多桂树而名，一名周原。

芗溪，在县城南。相传溪旁产郁金香草，因名。一名贵溪，其上流即上饶江也。自弋阳县流入境，会于须溪。《志》云：须溪，在县治西南，源出福建光泽县界之大源官山，经火烧山北，又北流历夏南乡，合三十六水至中坑渡而入芗溪，其合处曰须口，俗呼罗塘港。又西入安仁县界，为安仁港。○石堂溪，在县西二十里。《志》云：县南百二十里有石堂，中可坐数百人，下为石堂溪，北流合于芗溪。又上清溪，在县南百里。源有二：一自分水岭北流，经罗家洲；一自建昌府南城县高阜山北流，经梅潭至大王渡，合而西流入于安仁港。

义泉井，县南七十里，当入闽要路。行者至此，多渴，里人徐氏凿井引泉，作亭其上，人赖其利。又有三台井，在县南百里，其井三级相连，水源不竭。

雄石镇，在县南八十里璩岭下。唐武德八年置。有巨石雄踞溪浒，因名。俗呼阵石。《志》云：镇在唐末为江、闽要冲，尝置镇遏使于此，宿兵守卫。五代时，杨氏、李氏相仍置戍。宋平江南，始敕镇隶县。○管界寨,在县南九十一里,有巡司。又县北八十里有神峰寨巡司,近饶州万年县界。《志》云:司在自鸣山之西。又有金沙埠在县西二十里,又西二十里为石鼓溪,又西十里为鹰潭渡,接安仁县界,皆设险处。

芗溪驿。在县治东南。治西又有芗溪递运所。皆明初置。又胡林桥,在县西,自抚州东乡县入县境之道也。又县北有黄连桥,又有倪家港,为自县入饶州府之要隘。《志》云:县东四十里有河潭,县南八十里有江明山,今皆为设险处。○上清宫,在龙虎山中,唐名真仙观。宋大中祥符间,改上清观。政和间,赐名上清正一宫。元大德间,赐名正一万寿宫。今曰上清宫。张道陵裔世袭真人居于此。《闻见录》:上清宫至抚州金谿县百里,又百二十里至建昌府。

○**铅山县**,府西南八十里。东至福建崇安县百三十里,西北至弋阳县百十里。唐上饶、弋阳二县地。南唐置铅山场,寻升铅山县,属信州。宋开宝八年,平江南,以县直隶京师,寻还属信州。元元贞初,升为铅山州。明初洪武二年,复为县。九年,始营县城,环城为濠。正德十四、十五年以后,屡经修筑,周四里有奇。编户五十七里。

铜宝山,县西南。石窍中有胆泉涌出,浸铁成铜,天久晴,有矾可拾,一名七宝山。宋建隆三年置铜场,今废。《志》云:县西三里有胆水,盖出铜宝山下。○铅山,在县西四里,旧名桂阳山,又名杨梅山。唐时,山出铅,百姓开采,十而税一。建中元年封禁。贞元元年复开,隶饶州永平监,寻又废。山亦出铜及青碌,南唐昇元二年置铅场,保大中改立铅山县,皆以山名也。

鹅湖山,县东北十里。山之上有湖生荷,旧名荷湖山。后有龚氏畜鹅于此,因改鹅湖山。周回四十余里,诸峰连络,以一二十计,最高处名峰顶,有三峰揭秀。又女城山,在县东三十里。《志》云:山形如乳,故以女名。其巅有蕊云洞。○葛仙山,在县西七十里,吴葛玄修炼于此,因名。山高秀，上有龙井。又大琛山，在县西北四十里，峰峦雄峭，横亘数里，当饶江中流，亦名青山。

分水岭，县南八十里，南接福建崇安县界。山巅峻阻，水流南北两分，南流达闽江，以入于海，北流达鄱湖，以注于江。分水关置于其上。又紫溪岭，在县南四十里，高可四百余丈，其水流为紫金溪。岭下旧有紫溪驿。又南四十里为乌石岭。《志》云：乌石岭南五里为郑家岭，往来必经之地也。又有白鹤岭，在分水关外，间道可达崇安大安驿，今塞。

车盘岭，县南六十里。明正德中，浙江庆元贼叶宗留作乱，由福建浦城劫建阳，掠建宁，分众袭车盘岭。铅山惴恐，行旅断绝。既而邓茂七作乱于延平，诏张楷等讨之，至广信，以道梗不能前。指挥戴礼请先驱击贼，遇宗留于黄柏铺，殪之。贼党奔入山，拥叶希八为渠魁，复劫车盘岭，悉众驻十三都，欲回浦城。戴礼进军搜山，至十二都，败死。今车盘驿置于此。黄柏铺，在县南五十里。十三都、十二都，俱在县东南境。

上饶江，县北三十里。自上饶县流经此，又西流入弋阳县界，谓之铅山河口。商旅毕集于此，税厂、官仓在焉。《志》云：县北五十里有青山湾，又北十里曰黄沙湾，与上饶县接境，皆行旅所经也。

汭川，县西三十里。《志》云：县西二十五里有新岩，一名石城洞，以石门如城而名。相近为层冰洞，又西五里为石龙洞。三洞皆巉岩诡异，汭川去三洞不远。洞有两小溪，合流入川，流下五里，谓之汭口，西北入上饶江。《志》云：汭口镇在县西北三十里。宋淳熙间，设住泊巡司于街北。明洪武十五年，革。○石溪，在县东北三十五里，源亦出山溪中，上饶、永丰南境之水皆汇流于此，北入上饶江。

桐源水，县南五十里。源出福建邵武府界，远近众流悉汇入焉。经县西南三十五里，至汭口。县北二十五里有傍罗水，源出玉山，过郡南五十里，至傍罗，下汭口。

江家湖，县西一里。一名西湖。湖内生菱荷，旁多高柳，沙屿回折，景趣潇洒。今故址仅存。○石井，在县东北四里资圣院后，周六丈，深三丈，有岩三面回抱，瞰于井上。县多胆水，味涩，此独甘，昼夜流注，溉田数百亩。旧名玉洞泉，又名碧玉泉、慈济泉。唐光启中，赐额曰石井。

分水关，在县南分水岭上。有巡司，为浙、闽之冲要。今详福建崇安县。又温林关，在县东南七十里，岩峦峻绝，亦崇安八关之一也。亦见崇安县。○石佛寨，在县西南五十里，有巡司，接弋阳县界。又县西南五十里有湖坊隘，西达贵溪县，南通福建光泽县之云际关，为戍守处。《邑志》：县东六十里有刘墩隘，相近又有石龟岭寨，其地险峻幽僻，惟一路通上饶高洲封禁山。明嘉靖中，寇乱，筑垒戍守，得免。盖饶、铅两境咽喉所系也。

锁山门，县西七十里。山溪险仄，昔时胆水出此。其水或涌自平地，或出自石罅。《神农本草》云：胆水能化铁为铜。宋时为浸铜之所，有沟漕七十七处，兴于绍圣四年，更创于淳熙八年，至淳祐后渐废。其地之水有三，胆水、矾水、黄矾水，各积水为池，每池随地形高下深浅，用木板闸之，以茅席铺底，取生铁击碎入沟，排砌引水，通流浸染，候其色变，锻之则为铜，余水不可再用。县之胆水，多自山下注，势若瀑布，随天旱涝，而有涸溢。大抵盛于春夏，微于秋冬。后水流断续，浸铜颇费工力。凡古坑有水处曰胆水，无水处曰胆土。胆水浸铜，工省利多。胆土煎铜，工费利薄。水有尽，土无穷，官亦兼收其利。《通考》：浸铜之说，自昔无之，因饶州布衣张甲献言而始。绍圣元年，其利渐兴。绍兴二年，朝议以坑冶所得，不偿所费，悉罢监官，以县令领其事。后遂废。今犹有胆水余流，水潦时东溢入于汭口。○霞落园，在县北三里。宋绍兴间，闽寇范汝为作乱，丞相李纲将兵万五千人驻于霞落，即此。俗呼相公府。

鹅湖驿。在县治北。又有铅山递运所。俱明初置。又车盘驿，在县南车盘岭。车盘递运所亦置于此。《舆程记》：县南四十里有紫溪镇，因置紫溪驿。又二十里为车盘驿，旧有车盘寨，宋淳熙间设巡司。明洪武十三年革。又二十里为乌石驿，又东南四十里即崇安县之大安驿也。○祝公桥，在县东南五十里。《闻见录》：自祝公桥三十里至源藤岭，又三十里至葫芦岩，又三十里即崇安之桐木关。今关在县西南八十里，为入闽之间道。

○**永丰县**，府东南四十五里。东北至浙江江山县百里，东南至福建浦城县百八十里。本上饶县地。乾元初，析置永丰县，属信州。元和中省。宋初，为永丰镇。熙宁七年，复升为县，仍属信州。县无城，明嘉靖四十一年，创筑。隆庆六年，增修，周五里有奇。编户六十九里。

排山，县东十五里，高数百仞，周十余里，群峰巉岏，如列戟然。又石城山，在县南十五里，山之左右，石壁如破垒，中颇平衍。《元志》云：唐末避黄巢之乱，城其两端而居，因名。○星石山，在县东二十五里。《志》云：山周回三十里，高百余丈，罗列周布，若陨星然。相传黄巢之乱，尝寨其巅。又东数里有明石山，亦高广。又县东六十里有三岩山，周七十里，高三百余丈，屹立孤耸，冠于群山。有三石岩，广皆数丈。又松峰山，在县东七十里，山高百丈，周百里，接浙江江山县界，顶有龙湫。

青金山，县西北二十里。接上饶县界。山下地名洋口。永丰溪汇诸山谷之水，流经山下，长瀑大溪，汹涌弥望，适远近者，皆从此发棹，盖要会之地也。山纡徐昂伏，趋洋口水门，则三峰鼎立。其并峙者为永丰山。《志》云：永丰山，形如石囷，下瞰溪流。旧传山生石乳，赤则岁旱，白则年丰，因名。永丰去县西北二十五里。又西南即青金山也。○覆泉山，在县西北十二里，俗名覆船。《元志》：山有泉八十四，冬夏水沸出，溉田万顷，山因以名。今堙塞，仅有泉三四处耳。又鹤山，在县西三十里。山有龙池，四时不竭。高八十余丈，周六十里。其东北接上饶之铜山。王象之曰：鹤峰左有天井，广丈许，深莫测，溉田数百顷。盖即龙池矣。

双门山，县东北三十五里。两峰并峙，纡回二十余里，东接衢州，北连玉山，远望如双门。往来常、玉二邑者，必取道于其下。又灵鹫山，在县东南四十里。岩石秀润，树木环密，下有光相洞，称幽胜。○平洋山，在县东南六十里。旧有坑，曰平洋坑，出银矿。其地去仙霞十五里而近，浙、闽诸盗常窥伺焉。又有九仙山，在县南六十里，峰峦环叠，绵亘数十里，与浦城县接界，深险难窕，盗贼往往啸聚于此。其相接者为白花岩，岩之南为清风峡，皆奇峻。《志》云：县西南二十五里有铋山，峻拔雄秀。其并峙者曰蒋峰，一名蒋家尖。

念青岭，县东北二十三里。耸拔三百余仞，当江、浙通衢，望江山县如指掌。又从岭左折而上，约五里许，一峰干霄，曰大岩尖。陟其巅，东望三衢，西顾信州，山川形胜，一览而尽。泉涌绝顶，冬夏不涸。又有石室，可容千人。○六石峰，在县东七十里，与平洋山相望。六峰特立，中有圣泉，冬至则涸，夏至则溢，六石关置于此。又鹅峰，在县东三十里。脉自闽中绵亘至此，长数百里，有峰矗起，以形似名。

永丰溪，在县城南。一名乾封。《志》云：溪发源福建浦城县西北之盘亭，出二渡关入县界，流三十里，与双门山柘阳溪合，又十里与杉溪合，又十五里至县前，出西桥折而西北流，下洋口滩，抵上饶境，合于玉溪。又永平溪，在县东四十五里，汇县东诸溪谷之水，合杉溪而入永丰溪。《志》云：县境之水，广处弥漫数里，狭处可褰裳而涉。春夏泛涨，一望浩然。遇旱则仅通一线，磷磷多石。盖涧溪滩濑，盈涸不常也。

东欢渡，县东三里。有东峰山，诸溪之流皆汇于此，筑坝以防其泛溢。又靖安渡，在县东六十里。《志》云：靖安内渡入浦城界，外渡入永丰界，盖大小诸溪汇流处也。即永丰溪之上流矣。

六石关，在县东六石峰下。其地亦名上团峰，下设上团隘。其相接者曰平石隘，西去平洋坑十里，路通江山、浦城二县。○柘阳寨，在县东南五十五里，有巡司。《志》云：司南去平洋坑六里，筑寨以守平洋之险，最为要害。相近又有六峰隘，北去平洋坑十里；又有乌岩隘，在平洋坑东北十五里，西北至翁村隘十五里，俱接江山县境。《志》云：县东有杉溪寨，在杉溪西岸，旧置巡司，今革。

岐山隘，在县西南三十里岐山之阳。西北五里接上饶县之高洲寨，西四十里由锄狗洋达封禁山，最为要害。又军潭隘，在岐山隘南三十里，又南至浦城县界塘峰洞十五里。相近有港头隘，又南有石溪隘，又东为靖安隘。《志》云：靖安隘南至浦城塘峰洞及盘亭关，不过数里而近。明初置隘，以防塘峰洞之盗。又上木隘，亦近塘峰洞，南至盘亭关，北至平洋坑，皆十五里。去六峰隘十里，应援相接。○灵鹫隘，在县东南灵鹫山下，东通江山县之青湖镇，北达玉山县。又有五岙堡，在平洋山西南。旧皆为守御处，明嘉靖以后渐废。

乾封驿。在县南。《志》云：永丰路通闽川，越客担荷者群至，因设驿于此，今废。○大南桥，在县北三十里，北出玉山县之通道也。又通济桥，在城西，为四方往来之孔道。隆庆六年创筑石桥，后修圮不一。

○**兴安县**，府西北八十五里。北至饶州府德兴县百四十里，西南至弋阳县五十五里。本弋阳县之横峰镇。明初，置鸦岩寨巡司，戍守其地。正德十三年，窑民弗靖，巡抚孙燧请铨除通判一员，名曰镇宁公署。嘉靖三十九年，始置县，割弋阳十三都、上饶十都共成之。其地两山环匝，周围十余里，居民以陶冶为业。城周不及五里，编户五十里。

横峰山，在县治北。县之镇山也。诸山环匝，周三十里，有岩洞泉石之胜。居民取土为陶冶。旧有横镇，因山以名。又有香山，亦陟险，旧设香山砦于此。明正德中，抚臣孙燧以横峰、香山诸寨地险人悍，欲设通判驻其地，兼督六县，是也。

方胜山，县西北五十里。高耸冠于群山，亦名方胜峰。又永胜峰，在县西三十里，竹木森蔚，秀拔不伦。《志》云：县北二里有岑□岩，嵌奇空洞，胜致不一。又石梁岩，在县西北十里，岩内外两层，中有石梁，高不可渡。

烤亭山，县南三十五里。山色赤，四围峭峻，形如刀削，高闲岭日。望江岭县西五十里。有岩山，平崖绝壁，谽然空硿，可容千人。又黄山，在县西北五十余里，色如铁，上有岩，可容数百人。《志》云：县西北数十里有重山，以重峦叠巘而名。宋谢文𫮃公筑室读书其下，因自号叠山。

宋溪，在县南。源出灵山，西流入上饶江。旧《志》：溪东去府城八十里。又弋溪，在县西，亦自灵山流经县界，入弋阳县。

岑港，县北五里。山溪诸水汇流于此，下流通徽、饶诸境。《志》云：邑多溪涧，且倚横峰山横亘县北，津梁切焉。黄岩港，县东十里，亦溪涧，诸水汇流处也。缘港筑坝，潴水溉田，民受其利。

分水关。县东北九十里。北走徽、婺之间道也。又坑口隘，在县东南，与上饶县接界，为扼要处。《志》云：县有崇山寨，亦为往来要路。而丫岩塞在县东五里，明正德以前设巡司于此。又龙泽桥、篁村两处，近时设险处也。

附见：

广信守御千户所。在府治东北。明洪武初建。又铅山守御千户所，在县治西。洪武二年建，俱直隶都司。

读史方舆纪要卷八十六

江西四 建昌府 抚州府

○建昌府，东至福建邵武府三百六十里，西南至赣州府七百五十里，西北至抚州府百四十里，东北至广信府五百十里。自府治至布政司四百里，至江南江宁府二千四十里，至京师五千四百八十五里。

《禹贡》扬州地。春秋时，为吴南境。战国属楚。秦属九江郡。两汉属豫章郡。三国吴太平二年，分豫章东部置临川郡，治临汝县，府境属焉。晋、宋以后因之。齐移郡治南城，梁复旧。隋平陈，属抚州。大业初，属临川郡。唐仍属抚州。宋开宝三年，南唐主李煜始置建武军于此。宋太平兴国二年，改为建昌军。元曰建昌路。明初，改肇昌府，时宋龙凤七年，建昌归附，即元至正二十一年也。明年，改肇昌府。旋曰建昌府，《志》云：是年二月，改肇昌府。九月，又改为建昌府。领县五。今因之。

府据七闽之咽喉，壮两江谓江东、西之唇齿。山川环结，形势峻险，号为东南上游。明初，胡廷瑞自建昌出杉关，取邵武，攻建宁。善战者，战于九天之上，由此道也。

○南城县，附郭。汉县，以在豫章郡城南而名。三国吴属临川郡。

晋太康初，曰新南城县。大兴中，复旧。宋仍属临川郡。齐为郡治。梁、陈皆属临川郡。隋属抚州。唐因之。南唐末，为建武军治。宋初改建昌军。《志》云：宋平南唐，南城县仍属抚州。淳化二年，始隶建昌军。误。今编户二百七十四里。

建武军城，在府治北。南唐末所筑。《郡志》云：旧城，唐乾符中筑周十里有奇，后废。宋开宝中，南唐置军，命李崇赡置制军事，增筑制院，城，周不及一里。宋元丰中，因邵武寇乱，改营新城，周九里有奇。明初，陈友谅将王溥以城归附，因旧城营筑。洪武元年，增修完固。正德八年以后，屡经缮治，皆如旧城之制，周不及十里。有门四，东武胜、南通会、西仪凤、北朝京，城东滨江为险云。

凤凰山，府北二里。郡之主山也。山麓有凤山堡。宋开庆元年，知军事雷宜中所筑，城周三里，又浚濠五里，并置凤山寨，共为守御。景定四年，知军钱应孙增修。元初废。府城中又有登高山，一名高空山，又名黄家山。其相连而西南者曰郭家、陈家二山。登其巅，俯临雉堞，远眺江山之胜。○红屏山，在府西五里。又名赭石，高百仞，如赤城，郡治目为印山。又芙蓉山，在府东十里，高五里，连枝叠瓣，宛若芙蓉，因名。

麻姑山，府西南十里。高百丈，周百五十里。《胜览》云：山高九里五十步，周回四百一十四里，峰峦洞谷，幽胜不一。其得名者曰万寿、仙羊、葛仙、秦人、逍遥等峰。东瞰郡城，西跨宜邑，稍北带麻源三谷，诚神仙窟宅也。道书以为第三十六洞天之一。《志》云：麻姑西七里有丹霞山，道书第十福地，亦曰丹霞洞。其旁为出云山。○从姑山，在府东南五里，以山次于麻姑而名。缘石磴而上数百级，有双石对峙如门，名铁关。又数十级乃至山顶，有伏虎洞，亦曰玉洞。又有岩，曰秋泽岩。

剑山，府东八十里。高数百仞，延袤数十里。稍东曰大旭山，以山势高耸，日出先见而名。又鱼螺山，在府东南八十里，高数百仞，山腹有龙

潭，俗呼为海眼。○东界山，在府东二十里。宋元祐八年冬，有甘露降于
山之松柏城。北七十里又有北界山，与抚州临川县分界，山路险峻，为
备御之处。《志》云：府东北五十里有太平山，以山势宽平而名。又有白
马山，在府东北九十里，其上为出云峰，绝顶有龙潭。又铜斗峰，与白马
山相峙。

望州岭，府东二十里。岭巅有巨石，可登陟，俯瞰郡城，如在几席
间。又东三十里为五藏岩，石势层叠，岩前溪流萦带。其侧一石山如囷，
高逾数百仞，顶有田数十亩，极旱而常稔，名曰天湖。相近又有仙人岩，
临溪峭壁数百仞，五岩连属，深广各数十丈。○华子冈，在府西十五里。
相传九江人华子期为角里弟子，得仙于此而名。谢灵运入华子冈麻源
三谷，是也。麻源三谷者，第一为麻姑山南涧，第二为北涧，第三即华子
冈。从府西十里驼鞍岭循溪而入，多茂林修竹，土田沃衍，而层峦叠巘，
回环映带，称为绝胜。《纪胜》云：铜陵亦在府西十五里。谢灵运诗：铜
陵应碧涧，石磴泻红泉。今亦谓之铜山。

落硝石，府东南六十五里。硝，本作消，亦作峭。飞猿水自新城县
来，流经其下，谢灵运诗：朝发悲猿峤，暮宿落峭石。是也。乐史云：落
峭石，去飞猿馆百十有五里。《舆程记》：自峭石至五福镇六十里，又
二十里为飞猿，又十里为福建光泽县之杉关。

盱江，在府城东。一名建昌江。源出广昌县南血木岭，流六十里为
盱水。盱于，日初出也。江清且洁，故曰盱于。又二十里为巴溪，又十五里
为小勋溪，又七十里至广昌县前，又三十里入南丰县界。东北流百余里，
至府城东南，会新城县飞猿诸水。又东北流，折而西二百余里，入抚州
境，至临川县石门，亦名汝水，下流注于赣水。《志》云：城东南江中有
中洲，草木葱蒨，虽春水涨而洲不没。郡城东面临江，往往叠石为堤，以
备侵啮。

龟湖，府东五里。一名蟮湖。又有金龟湖，在五藏岩下，深可五六寻。中有一石，宛然如龟。又有蛟湖，在府东五十五里。宋时有蛟蜃斗于水上。又东三十里有东湖，皆山溪汇流处也。○蛤湖，在府西三十里，有石濑百丈，飞瀑淙下入湖，中多产蟹蛤。宋治平寺碑所云蛤湖石鉴处也。又天井湖，在府西南二十里，高山上，水色蓝碧，浅则旱，溢则雨，里人以卜丰歉。又有鲤湖，在府南四十里，俗传常有双鲤出游。其南为上湖，北为下湖。亦谓之三湖。《志》云：府北十五里又有高枧湖，旧名聚水湖。宋熙宁中，付陂长灌溉高枧庄官田，因改今名。

磁龟溪，府南七十里。有磁石如龟，伏溪中，溪流厄塞于岩窦间，冲啮怒号，衺四里，注而为瀑，有声如雷。凡十五六里而山开水平，又十里乃达旴于江。《志》云：磁龟溪，去鱼蜦山里许，游览绝胜处也。○龙溪，在府南八十里。《志》云：源出高陂，流入石门，通汝川。汝川，即旴水矣。一云龙溪在广昌县东北八十里，似误。又郭石溪，在县北三十里郭仙峰下，府东境诸山之水，络绎环流，北至昶口，会旴于江。府西北三十里又有岳溪，发源府西岳口，东北流入旴水。岳口，盖左右岳之口也，在府西四十里，陵麓嵌崎处曰岳。

杉关，府东南百五十里。江、闽之通道，战守之巨防也。详见福建重险杉关。○蓝田镇，在府东八十里，有巡司。又土城镇，在府南三十五里。唐乾符末，危全讽起兵，筑城于此，环数里，全讽败，城废。今犹谓之城上。《闻见录》：府西北七十里有长兴隘，相近又有安坡寨，为路出抚州之径道。

曾潭镇，府南七十里。旧有巡司。又岳口镇，在府西四十里，旧亦置巡司，明万历中革。又白旴镇，在府东八十里，万历八年，增设巡司。九年，肇置公馆，为其溪通道。又改泸州巡司为洣牛巡司，置于府东北。今仍旧。《志》云：府北有筑安峡，接临川县界，地险隘，为郡之水口。府东北有韩婆寨，接金谿县界。府南六十里为都军铺，即危全讽起兵处。皆昔时戍守要地也。

盱于江驿。在府城东。宋康定二年，于城南作新亭，谓之集宾亭，俗谓之盱江馆，后改为驿，移于城东。一云：城东盱水上旧有盱江亭，南唐所置也，驿因以名。又盱江递运所，亦在城东。明初置。府南八十里又有东平社。宋绍兴中，乡民吴伸与弟伦，发私谷四千斛应诏，建义仓贮之，遗址尚存。〇太平桥，在府城东盱江上。宋嘉定中建，名万寿桥，横江为垒，凡十有三，跨梁其上，长百余丈。嘉定十三年毁，寻复建。德祐二年毁。元至元二十九年复营之。明年，工毕，改曰太平桥。明成化七年圮，寻复修建。

〇南丰县，府南百二十里。南至福建建宁县百五十里，东北至邵武府百六十里。汉南城县地。三国吴太平二年，析置南丰县，属临川郡。晋、宋以后因之。隋平陈，并入南城县。唐景云二年复置。先天二年，又废。开元八年，仍置南丰县，属抚州。宋属建昌军。元至元十九年，升为南丰州，直隶行省。明初复为县，又改今属。编户百十五里。

南丰废城，县东一里。本嘉禾驿。《沿革志》：三国吴置丰县，寻以徐州有丰县，因曰南丰。其地在今广昌县东十五里，时适产嘉谷，兼有嘉禾之名。隋、唐间，县再经废置，益移而东，仍于城西置嘉禾驿。开元七年，抚州刺史卢元敏言：废南丰县田地丰饶，川谷重深，时多剽劫，请仍置县。从之。继而县令游茂洪徙县治于嘉禾驿。开成二年，再徙治西理坊，即今治也。县无城，明正德五年，始环以土垣。九年，改营为城。嘉靖以后，屡经修葺，城周五里有奇。

军山，县西北二十五里。高十九里有奇，接抚州府宜黄县界。其上四峰崛起，傍有飞瀑，一泻千尺，岩石洞壑，皆称奇胜。上多产斑竹，苍翠插天，财阜利及比壤。自衡、庐而下，此山为第一。曾子开云：山，南丰之望也。县固多大山，而兹杰出，见于百里之外，其势险气秀，若蹲虎兕而翔鸾凤。旧传吴芮攻南越，驻军此山，因名。一名南山，以当郡城之南也。山之西，又有屏障山。

金障山，县西南百里。根盘百余里，高十余里，与广昌县接界。《志》云：县西八十里有华盖山，其山耸峙，亭亭如华盖，一名金盖山。又石龙山，在县西百二十里，山形如游龙，缭绕数百丈。○百丈岭，在县东南八十里，高可百丈，与福建建宁县分界。《志》云：县东北三十里有石门，内容百余人，巨石为门，里人尝避寇于此。又县西九十里有梯云洞，石磴百余级，方至洞门。

旴水，在县西南。自广昌县曲折流至县西门外，故西门有迎旴之名。又东北直下，与新城水合，为郡大江。宋元祐六年，张商英为江西转运使，疏凿旴水，以通运道。然水势荡沙，不时壅塞，春夏可通舟楫，秋冬止容竹筏而已。县境即所凿处也。○沧浪港，在县东二十里。自新城县流入界，会于旴水。县东六十里又有彭武溪，县西南七十里有菰荷港，北五里有双港，下流皆注于旴水。

万岁湖，城东一里。今名蔓翠湖。水北流出湖口，入于旴江。又天井湖，在县东北三十里，深如井，天光上下，澄澈如鉴。又有西湖，在县西四十里，其下流皆注于旴水。○南台潭，在县南旴水中，深险不测，舟行上下，多覆溺之虑。又擂鼓潭，在县南七十里，两崖峭壁夹溪，中有一穴，溪水湍激，声震如鼓，因名。

龙池镇。县东南二十里。有巡司。明万历四年，移司于百丈岭。又黄源镇，在县南八十里。《志》云：镇南去建宁县九十里，旧有巡司。一云县西南六十里有白舍镇，接广昌县界，宋置太平巡司于此，明洪武二十九年革。○镇安寨，在县东。又有猛虎寨，在县东五十里。俱宋所置寨，为戍守处。元皆改为翼，隶建昌万户府。至正中废。

○**新城县**，府东南百十里。东至福建光泽县百四十里，南至福建建宁县百五十里。宋南城县之黎滩镇。绍兴八年，析镇置新城县，属建昌军。旧无城，明正德七年，始营土垣。九年，甃以砖石。十四年，为雨潦所圮。嘉靖十四年以后，累经修葺，周五里有奇。编户七十八里。

永城废县，县北三里。三国吴析南城县置永城县，属临川郡。晋、宋以后因之。隋平陈，县省。唐武德五年，复置，属抚州。七年废。今其地犹有城头之名。○东兴废县，在县东北三十里。三国吴析南城置东兴县，属临川郡。晋、宋以后因之。陈天嘉五年，周迪复出东兴为寇，时宣城太守钱肃镇东兴，以城降迪，迪势遂炽。隋开皇九年，县废。唐武德五年，复置。七年，又废。今东兴乡之石门里，故址在焉。土人谓之城口。

日山，在县治西。一名天峰，隔溪百步，高百余仞，周六十里。形势峭拔，日初出，先见其顶。有井，昔时深不可测，今渐埋。县治东又有东山，城跨其上。○东岩山，在县东四十一里。岩列巨嶂，五峰联络，亦谓之岩岭。有径道通光泽。《志》云：山之阴，崖谷深邃，林莽窈窕，凡十五里，旧为奸宄窟穴。宋绍圣五年，邑尉邹天锡辟除氛翳，民谓之邹公新路。又大寒山，在县东南四十里，高峻盘郁，山顶平旷，遇冬甚寒。

福山，县南四十里。邑之镇山也。高数十仞，广十余里，形如覆船，本名覆船山，唐懿宗改曰福船。宋大中祥符中，更曰福山。又县南二十二里曰会仙山，亦曰会仙岩，高入云霄，并岩群峰矗立，俨如笔架。○秀峰山，在县西南七十里，层峦叠壁，高插霄汉，为西南之望。其相近者有大鸡、小鸡二峰，地名西城，两峰并立，尖芒攒矗，如鸡冠然，与南丰县分界。

栖灵山，县西北三十里。峰峦耸秀，绵亘数里。县西北四十里之圣山，与此相接。《志》云：圣山相近有月明漈，高百余仞，阔一里，旷洁无草木氛翳，月出则先见，因名。〇廪山，在县东北十里，耸立平冈中，圆峻如高廪，俗呼为点山。

东兴岭，县东三十里。因东兴废县而名。岭之西有二山，平坦可容数千人，一名土桂，一名新荷。南唐时，土人避乱，置栅山顶，至今耕者往往得箭簇，皆陶瓦所成。土桂则平冈阢阢，谓之九里原。胡氏曰：东兴岭路通晋安。陈天嘉四年，周迪据临川，陈主遣其弟顼击之，迪兵溃，逾岭奔晋安，寻又越东兴岭为寇。诏章昭达讨之，迪败走，昭达遂度岭趋建安，讨陈宝应。盖自江右入闽，东兴道为坦易也。〇四望岭，在县南六十里。岭甚峻，登之则四远皆在望中。《志》云：县北三里有石峡岭，积石巉岩，两崖相对，一水中流，亦险胜处也。又县西百里有招军岭，元乱，土人常避兵于此。

杉岭，县东七十里，与福建光泽县接界。两山壁立，耸峭夹道，杉关置于此，为境口咽喉。又有杉岭驿，旧在岭东，后废。今详见光泽县。〇飞猿岭，在县东六十里，亦曰悲猿峤，又名飞鸢岭，旧置飞猿馆于岭上，登之可望峭石。《舆程记》：飞猿东去杉关十里，西北去峭石八十里。宋绍兴中置飞鸢驿。咸淳间，改置巡司。明初因之，后废。又极高岭，在县东南三十里，亦峻险，路通邵武县。

羊头峰，县西南八十里。接建宁县界。相近者曰鸟孤峰，尖耸如笔，巍然出于众山之表。又昂头峰，在县西南五十余里招军岭下，路通建宁县。〇螺旋峰，在县东六十里，地名渥口，层峦叠嶂，盘延耸秀。又县东北六十里有金竹峰，高插云汉，泉石回环。又东北十里曰白云峰，盘礴峭拔，高数百仞。

天堂岩，县东南三十里。嵯峨万仞，中缘一径，上平广，可容数百人。兵乱时，居民常避此。又东山嶂，在县东南十五里，山势壁立，顶平广，可容百人。元末寇乱，民亦多避兵于此。一名鹅薮陀。

黎川，在县西南。一名黎滩水。出县东南四十里红水岭，流经天堂岩而西北出，与群山水会，共四十里，至孔家渡，即南津双港也。双港合流，西抱邑城，北出石峡岭，而西北经峭石，回旋凡百四十里，至郡城下而合旴水。旧《志》黎川出福山岩洞中，似误。○飞猿水，在县东飞猿岭下，亦曰飞猿港。合杉岭以西诸山溪水流经此，又西合众流过县北，入南城县界，过蓝田镇，至峭石，合于黎川。又龙安水，在县西三十里，源出会仙岩，西北流，合诸山溪水，经龙安镇，又折而北，至县北三十里之港口，达于黎水。《志》以黎川为中川，飞猿为东川，龙安为西川，亦谓之三川水。

七星洞水，出县南之福山。中有七石，因名。西流经县西南二十里之高台山，与西溪诸水合，折而北，至城南，合黎水。又九龙潭水，在县东南三十五里，山高百丈，上有石潈，壁道险绝，下为九潭，小大深浅不一。引流而西北，合诸山水，亦至城南，汇于黎水。《志》云：县东南二十里有沙溪，源出东岩山，亦合群川水，至城南，汇于黎川。○洵溪，在县东五十里，引而西，银岭、东兴岭诸水流合焉。至五福镇，四面群川，并汇于此，注为飞猿水。又龙池溪水，在县西百里，出山泽中，从高而下，历峡涧间，潴而为潭，曲折流，经县西南五十里，与桃溪诸水合，又东北五里，合龙安溪。又西城溪，在县西七十里，合县西境群川，东注龙安水。

杉关，在杉岭上。见前。《志》云：县南五十里有德胜关，在马嘴岭下。明嘉靖三十七年，广贼由闽自泰宁来犯，败官兵于德胜关。三十九年，邑令汤建衡筑关为备。四十年，贼复来犯，攻县城，不能陷，由德胜关遁还闽。论者谓关在岭下，形险未得，且关前有溪，溪外为岐径，非要隘之所也。《关隘考》：德胜关，本名礌头岭隘，后改置关。

同安镇，县西南五十五里。地名宏村，有宏村市。宋置同安寨。元末，改为巡司。明初因之。《志》云：嘉靖三十七年，徙置于县西六十里之樟村。又极高巡司，在县东南极高岭下。《志》云：司旧为石陂寨，在极高岭东一二里，宋置，地名长义堡，为七闽盐盗所出没。熙宁中，置寨设兵。十年，改为巡司。绍兴初，土兵叛，尽燔营舍，乃迁于县北七里妙智寺。七年，迁长义溪西。九年，迁溪东。元至正末，又迁极高岭下，改名极高巡司。明初因之，寻迁于县东南二十五里水口村，仍曰极高巡司。后又改戍于德胜关。○五福镇，在县东北二十五里，为江闽往来必经之道，置公馆于此。商贾交会，民物辏集，屹为大镇。又龙安镇，在县西三十里，本名上龙镇，后曰龙安。有公馆，并置铺舍于此，道出南丰县。又楮俨镇，在县东南三十里。俨，亦作广，相传五代时置官庄于此。

高寨，县东南三里。唐末，危全讽起兵，尝屯据于此，今堙。又石城寨，在县南十里，相传唐末黎汾聚兵处。又冯家寨，在县东二十五里，有山，高数百仞，相传唐末有冯团将率民作寨，保捍乡里。又东三十里有石门寨，相传五代时土人黄吉盗据其地。《志》云：县东南三十里有张家营，五代时，有营将张姓者捍御于此。其南为卓望岭，路出邵武。又东村营，在县东五十里。宋元丰中，州将彭左藏置营于此，招降草寇廖恩，因名其地曰归奴洲。今圮于水。

弋阳隘。县西六十里，与南丰县接界。今为弋阳铺。《志》云：县西南有黄家岭、丘家岭、竹鸡岭、荣岭、李岭等隘，接建宁县界。东南有杨梅岭、盐隘岭、礩头岭、桃树岭等隘，接泰宁县界。县东又有极高岭、羊牯岭等隘，接邵武县界。又东北有小岩岭、风扫岭等隘，接光泽县界。一云：风扫岭，亦名风窝。明嘉靖四十年，贼由光泽犯境，官兵逆战于此，不能胜，走还邑城，贼进营黄竹街，街盖在城南五里。○凤池驿，在县北。宋淳祐元年建，元末废。又黎滩驿，在县治东，宋绍兴十二年建，元废。

○广昌县，府西南二百四十里。东北至南丰县百里，东南至福建宁化县百九十里，南至赣州府石城县百五十里，西南至赣州府宁都县百二十里。本南丰县之南境。宋绍兴八年，析置广昌县，仍属建昌军。旧有土城，宋端平中创筑。元因之。明正德八年，因故址增筑。嘉靖以后修葺，周四里有奇。编户二十四里。

东华山，县南五里。山巅高耸，俯视群峰。县东二十里为中华山，亭亭孤峙。又有西华山，在县治西一里，三山之脉，皆相连接。又南华山在县南三十里，北华山在县北五里。县西南四十里又有金华山，亦秀耸。○潘田山，在县东北十五里。山下有岩，广百步，林木稠茂，人迹罕至。

金嶂山，县西北四十里。高出云表，形若屏障，县治之镇也。东北接南城县界。○望军山，在县东六十里，突兀万仞，以俯视南丰之军山而名。郡志，山在县之长上裹。县之安上里又有金鸡山。名胜志：山有阳石，盘石头也。上容千百家，里人曾避兵于此，今名阳石寨。或以为即盘封山。《通志》：潘峰山在县之天授乡，山形若盘，四面皆石崖，不可至，西南有鸟道，侧足可上，容万余人。元季兵乱，居民多避寇于此。又翔凤山，在县南五十里，环抱耸秀，九峰相连，形若翔凤。

军营岭，县北一里。相传吴芮征南越时，遣将梅鋗营其下。前多稻田，左右皆平阜，惟此岭独高。稍西有山，童然无草木，势若屯云，色如积铁，名乌石。虽天朗气清，瀚郁不改。《志》云：县东南江流中有天堆山。宋绍兴中，一夕雷雨大作，闻砂砾声，及旦视之，屹然一山，高丈余，因名曰天堆。○刘季尖，在县南五里，尖者，岭也。相传汉高曾登此，下有汉王岩。又车竿岭，在县东，又东去福建建宁县百二十里，旧有巡司。

血木岭，县南百二十里。盱水发源处也。又修岭，在县西南六十里，接宁都县界。旧《志》：县西南百二十里有梅岭，与赣州虔化县分界，盖即修岭矣。王象之云：广昌上流，梅岭之水出焉。○牙梳嶂，在县南十里。嶂有三穴，大风常自中出，当寒则暖，当暑则凉。又县东北十里有黄土岩，相接者曰燕岩，西北七里曰圣栖岩，亦曰静栖岩，皆幽胜。《志》云：县城西北有龙岗，山势陡峻，城凭其上。城东北有金钟岗，高旷，可俯瞰城内，皆守御要地。

盱水，在县南。自血木岭北出，近城南，有黄龙冈当其冲，曲折而东北出，流二百八十里至南丰县，又曲折而北，达于府城之东南。大小群川，皆流汇焉。○学溪，在县城西南。自金嶂山发源，流至城北，分为二溪，一经城中，一绕城外，合流于县西南佛流口而与盱水会，以萦绕邑学而名。《志》云：溪旧从城北灌城而西南出。明正德九年，备兵使者胡世宁始导流为二。

修岭镇，在县西十里。俗谓之秀岭。宋绍圣中年置巡司。明因之。又县东南四十里有白水镇巡司，洪武二十九年置。县东南百里有塘坊巡司，洪武三年置，正统四年革。

东坑寨。县南五里。四围高山壁立，上平衍，元末居民避寇于此。又白水寨，亦在县南。宋端平中置，寨近白水镇，因名。又秩巴寨，在县东北。宋建隆初置寨，以戍扼江闽。宋末废。《志》云：县南十五里有万安寨，东三十里有花石寨，东北三十五里有太平寨，北二十五里有官石寨，三十里有木兜寨。又羊石寨，亦在县北，四面壁立，下瞰深潭。其旁有滴水寨，与羊石相望，皆土人避兵处。

○**泸溪县**，府东北百六十里。北至广信府贵溪县百五十里，西至抚州府金溪县百二十里，西南至新城县百里，南至福建光泽县九十里。本南城县地。宋元祐中，置都巡寨。明初为泸溪巡司。万历六年，析置泸溪县。九年，筑城，并浚城濠，县门以外皆田也。城周不及三里，编户三十里。

石笋山，县东二十里。山高广，上有巨石，尖锐如笋，直插霄汉。《志》云：县东一里有金竹山，南一里有石马山，西一里有鱼山，北半里有古寨山，一里有平步、登高诸山，皆错峙城垣间。○南华山，在县东八里。县东南二十里曰五凤山，南十里曰莲花山，东北十五里曰笔架山，皆以形似名。

九龙峰，县西南一里。支山九道，参差盘旋。又鹅峰，在县北八里。嘉靖三十一年，流徒百余聚此，官兵讨平之。县东北十五里有双蝶峰，县东十八里为逍遥楼峰，对峙者曰鼓楼峰，皆极高峻。○出云峰，在县西，壁立千仞，为西境之望，又双蛾峰，在县西北，与金溪县接界。

泸溪，在县东。发源福建崇安县之黄石口，其水深黑，故名。西入金溪县，下流合于汝水。又县境有枧溪、龙溪、税溪、曲涧、椒涧诸水，皆汇于泸溪。○南港，在县南。县境又有彭田港。皆自福建崇安县界发源，流会诸山泽之水而合于泸溪。

彭郎寨。在县南，接福建光泽县界。相传有彭三郎者聚兵于此。相近又有岭村寨。皆宋时故址。又白圩公馆，距县治八十一里，取道府城，为适中之地。

附见：

建昌守御千户所。在府城内。明洪武初建，直隶都司。

○**抚州府**，东北至饶州府四百二十里，东南至建昌府百四十里，西南至吉安府五百二十里，西至临江府三百里，西北至南昌府二百四十里。自府治至布政司见上，至江南江宁府二千四十里，至京师五千四百八十五里。

《禹贡》扬州地。春秋属吴。战国属楚。秦属九江郡。汉属豫章郡。后汉因之。三国吴太平二年，分豫章东部置临川郡。治临汝，即今治。晋以后因之。萧齐移郡治南城县，梁复治临汝。陈初，尝增置宁州。领临川等郡，以授周敷。寻废。隋平陈，改置抚州。大业初，又改为临川郡。唐复为抚州。天宝初，亦曰临川郡。乾元初，复故。五代时属吴，朱梁开平三年，淮南将周本败危全讽，克抚州。龙德初，杨吴升州为昭武军节度。后属南唐。宋仍为抚州。亦曰临川郡。元为抚州路。明初曰抚州府，宋龙凤七年，元至正二十一年也。是年下抚州，明年改路为府。领县六。今因之。

府介江、湖之表，襟闽、越之疆。其在南昌，则肘腋要地也。东南有事，郡亦必争之所矣。

○临川县，附郭。汉南城县地。后汉永元八年，分南城北境置临汝县。三国吴为临川郡治。晋、宋因之。齐属临川郡。梁、陈仍为郡治。隋改县曰临川，自是州郡皆治此。今编户六百二十五里。

临川城，一名古城，在府治西津赤冈，即六朝时故郡城也。萧梁末，临川民周续起兵据郡，既而周敷代之，亦据故郡。王琳遣军攻周迪于工塘，屯于临川故郡北，并以胁敷，为敷等所败。隋开皇中，为抚州治。《志》云：汝水东，临水西，有平陆曰赤冈，即州治也。城中又有子城，或曰故郡城，在今城西五里。唐宝应中，太守王圆以其地势卑下，非道路之会，自赤冈移治于连樊小溪之西陞，即今城西矣。中和三年，刺史危全讽始于羊角山筑子城，周围一里二百二十三步；又包五峰而筑罗城，长十五里二十六步，即今子城西凑罗城是也。子城周为门三，东承春，稍西而南曰通教，直北曰望云，阛阓辐辏，自昔称三市。考刘宋荀伯子《临川记》郡有五峰、三市，盖亦仍旧制也。南唐昇元四年，太守周弘祚辟罗城，建十三门，门各有楼，加长五里，濠深及丈者三，广则六倍有奇。宋初因之。建炎初，太守王仲山补筑罗城。绍兴中，太守张滉重修，废四门，存九门，并修子城，仍建三门。绍定三年，以汀寇犯境，增修罗城。景定间，郡守家坤翁复营筑。既而子城渐废，比沿羊角山四周缭土垣以卫公廨而已。元至元中，罗城毁。至正中，尝葺西门城。二十一年，郡归于明

太祖。明年，平章吴宏改筑城垒，削去西南六里，仅存九里三十步，易为
四门。今自青云峰迤西至于后湖田、平冈一带，逶迤若游龙者，皆旧城遗
址也。宣德以后，累经补葺。弘治中，复议营筑子城，未果。嘉靖至今，亦
屡缮治，延袤皆仍明初之制。

　　定川城，府北五十二里。萧梁分临汝西北境置定川县，仍属临川
郡。定川，即临水别名也。陈因之。天嘉五年，周迪复出临川为寇，周敷
自豫章进击，至定川，迪诱杀之，即此。隋省入临川县。《志》云：城一
名母城，在今之雷坊。○西丰城，在府西南五十里。三国吴析临汝县置西
平县，属临川郡。晋太康元年，改曰西丰。宋因之，仍属临川郡。齐、梁仍
旧。隋省。《志》云：府西十五里有述陂城，今为耕种场，未详所始。

　　工塘城，府东南四十里。梁末周迪起兵临川，据工塘。梁以迪为临
川内史，既而陈霸先篡立，新吴洞主余孝顷附于王琳，说琳先定迪等。
琳从之。孝顷帅军军于工塘之北，连八营以逼周迪，寻为迪所败。城盖
迪所筑，今堙。

　　香楠山，在府治前。楠，亦作柟。先时山多柟木，因名。《抚州
志》：城中有五峰，谓青云岭、逍遥岭、盐步岭、萧家岭、天庆岭也。青
云岭，在治南二里，为五峰最高，结顶处谓之青云第一峰。稍东北为逍遥
峰。盐步岭即香楠之东峰也，旧为卸盐场，因名。萧家岭，亦作桐林岭，
俗又谓之古城岭，在城南隅。天庆岭，在治东，为第五峰。宋有天庆观，
因名。峰之南为县治，伏而西昂为羊角山，府治位焉。左有石笋出土如羊
角，因名。○金石台山，在府西十五里，有石峰如台者五，列于赤冈之外，
旧名五虎台，以形如虎峙也。第一峰独高，第五峰差小，旧与第四峰连
属，后流水冲啮，分为二。《志》云：色赭者曰金石台，色白在中流者曰玉
石台，谚谓之狮子石。又城北有狮台，俯瞰大江，与五虎台相望，俗名张
家石。

灵谷山，府东南四十里。诸峰环抱如障，其阳属金豁，其阴属临川。山多林壑，百物所钟，府境之大山也。又界山，在府东南九十里。《志》云：山西连白杨、黄沙诸岭，东尽潭山、梁安、石峡，南接建昌府南城县界，因名。○绣球山，在府南八十里，蜿蜒盘礴，北为高田山，南为洞原岭，西跨宜黄县界，以形似名。相近有楼抚山，亦高广。

龙会山，府西四十里。双峰耸立，其并峙而错萼者曰万岁岭。宋隆祐太后经此，指问此山，舆人权以万岁对，因名。○铜山，在府西四十六里，旧出铜，因名。唐天宝六载，改为峨峰山，或谓之铜陵。逾岭而北，两山开阔，诸峰环抱如城。又北二三里曰明水山，泉石奇胜。○笔架山，在府西北五十里，三峰卓立如架，与诸峰连亘环抱，俗谓之金鸡城。又免水山，在府西北六十里，相传以洪水时独免沉溺而名。唐天宝中，改曰尧山。

樟原岭，府西四十里。石路高峻，东通闽、浙，西达两广。元泰定间，丰城人陆祥叔者，佣工凿平险仄，遂成坦道。侧有双黄井。又石狮岭，在府南八十里，孤石雄峙，如狮子蹲踞。岭有路，西通宜黄，东接金豁，路多崎岖。明成化中，里人袁大用尝购石磴砌，遂为通衢。《闻见录》：由府城至建昌有两途，一由界山，一由徐岭。徐岭，盖狮岭之讹矣。○小门岭，在府北六十里，与进贤县接界。岭南五里有金峰，亦高耸，形如金字，亦跨进贤县境，为往来通道。

白马峡，府南八十里。上流受山麓八十一源，水并出峡间，两山拱合，中辟如门，石壁谽谺，溪流汹涌，其间曾不容舠。又南五里曰良安峡，两山峙立，如争雄长。旴水由建昌来，曲折二百里，至峡始入临川境，为汝水。其间势颇奇崛，亦名石门。

汝水，在府城东。其上源由建昌府北之旴水，西北流，曲折二百余里，至府南良安峡，流入境，为汝水。又北受群川水，历府城东南，自千金陂至郡城东，抱城而北，为北津。又绕而西，受连樊水，复西北数百里，合临水，并流西北出，入南昌府界，合豫章水，入鄱阳湖。《寰宇记》：汝水从石门以下，沿流三百二十四里，而入洪州界，其流合南江之处，谓之江口。陈初，王琳将樊猛等与余孝顷攻周迪于工塘，周敷自临川故城救之，断江口，分兵攻余孝顷别城，拔之。或曰：江口，即临水合汝水之口云。〇临水，在府西十里，源出崇仁县临川山，东北流，合远近诸山水而入临川界。又东合群川水，至西津，与汝水合。《寰宇记》：临水，本名定水。唐天宝六载改今名。

连樊水，府西五里。源出宜黄县东北连樊山，流至郡城西，抱城而北，合旴水。《志》云：连樊水出长冈，历府南十五里仙灵山，又北合汝水。其水比诸水独重，昔尝取以充漏。荀伯子《记》：连樊溪有甘渚，自连樊山流至吴家渡，注汝水，凡四十里也。又梦港水，在府南四十里，源出佛容山，或曰即府东四十里佛迹岭也，西流注于汝水。〇箭港水，在府北八十里，春夏水溢，舟由此出，入章江。水浅则舟不能移，俗呼为小河。《志》云：由小河至王家洲，入三江口，过接陂，可径抵会城，此水涨时间道也。

千金陂，在府城东南。汝水受上流诸水，至郡城南，西岩多阻石麓，流缓而江广，渟潴如湖，曰瑶湖。自瑶湖北至孔家渡，地平衍，土疏恶。唐天宝中，决啮旁岸，支港横溢，田畴荡废。上元中，守臣建华陂，以遏支流。大历中，刺史颜真卿继筑，名土塍陂。贞元中，刺史戴叔伦又筑，名冷泉陂。咸通中，李渤增筑，名千金陂。军倅柏虔冉《记》云：陂横截汝水，南北百二十五丈。又凿冷泉故基，凡百七十余丈，接汝江，江水小长，则蹙陂之水丈余而入于冷泉新渠，以通舟楫之利。起文昌桥北，沿流十余里，灌注原田，新旧共百顷有余。自是为利益广，东西乡田灌溉各数千顷，后渐废。宋绍兴中，郡民王姓者复修之。嘉熙中，太守赵师郡又修之。淳祐中，太守叶梦得又修之。宋季元末，兵乱相寻，陂遂大决，支流日横。明弘治中，尝议修复，不果。嘉靖中，旋议旋革。二十六年役始兴，方成而随决。议者谓故道之壅沙尚高，故大川之洪流愈激也。万历以来，亦尝议增修，未有成效。《志》云：文昌桥，在城东汝水傍，千金陂从东南趋城下，乃抱城而东，过文昌桥，复绕城而北，又折而西也。○南塘，在府西南二里，亦曰南湖，延广数百亩。城三面环河，惟西南为山麓，浚湖于此，受东南诸源之水，霖雨不溢，旱暵可潴。宋天圣中，郡守朱正辞表为放生池，置斗门，以均蓄泄。至元末，居民埋堙殖利，遂为污莱，寻修复之。今又湮废。

虎头洲，府北三十里。东接龙步湾，西望宜黄水。《志》云：汝水，旧自郡城西北合诸川水，由金玉台出乌鸦石，折而北，过虎头洲，至高洲港，受党溪、樟原以西楮山以南之水，至金谿城，受金谿、东乡西注之水，而西北略豫章入彭蠡，此经流故道也。自千金陂决坏，汝水北下孔家渡，入进贤县界，西南下黄塘桥白水渡，入吉安府永丰县界，而临水则自乌鸦石流合汝水云。黄塘桥，在府城西北，即连樊水口也。○文昌堰，在府城东汝水之浒。唐、宋时堰水溉田。又清塘，在城北七十里，曾氏所居，环群山而汇众水，灌溉甚广。

航步镇，府西南五十里。洪武四年置税课局于此。又东馆税课局，在府南六十里，元置，明因之，并置公馆于此。今税课皆兼领于有司。

孔家渡驿，府东五里。宋曰朝京驿，置于文昌桥东。元改置于孔家渡西岸，今因之。又清远驿，在府北六十里，宋置，后废。元初复置。明因之。《舆程记》：自驿而西北六十里，即南昌府境之武阳驿也。《会典》：隆庆元年，改青远驿为巡司。又府境有清泥、温家圳二巡司。○清源驿，在府东北六十里，又东北接饶州府安仁县界。《舆程记》：清源驿北六十里即谢家埠，又四十里为柘林，又三十里为八字脑，又六十里即康山也。今驿废。

石头渡。府东南二十里。东岸有虾蟆石。又吴家渡,在府北二里。俱汝水所经。

○崇仁县,府西百二十里。北至南昌府丰城县九十里,西南至乐安县百三十里。本临汝县地。三国吴为新建县地,属临川郡。晋、宋、齐因之。梁为巴山县地,属巴山郡。隋郡县俱废,改置崇仁县于此,属抚州。唐、宋因之。宋祥符间,有城,周不及一里,后废。盖县治瞰溪,难施板筑也。今编户二百二十五里。

新建废县,县西南九十五里。三国吴置新建县,盖治此。晋以后因之。梁并入巴山县。《志》云:巴山城在今乐安县境。又西宁废县,在县南六十三里,晋初置县,属临川郡,宋废。梁大同二年复置,与巴山县并属巴山郡。陈因之,隋废。○大丰废县,在县西北。梁置县,属巴山郡。陈因之。隋省入丰城县。后复以其地隶新淦县。今为县境。

罗山,县西四十一里。旧《志》:山跨抚、洪、吉三州境,以晋道士罗文通学仙于此而名。绝顶有石仙寺,下有池,冬夏不竭,一名池山。半山有田数百亩,泉涓涓注其间。唐天宝六载,改曰崇仁山。宋吴曾以为县之望山也。○天宝山,在县东南三十里,峭拔森耸,为郡界伟观。县东南三十五里曰招仙山,茂林修竹,幽岩曲涧,称为仙窟。东南四十里曰沸湖山,幽胜与招仙相匹。

巴山,县南六十里。汉栾巴尝为豫章守,山因以名。梁复因山以名县。唐天宝六载,改曰临川山。宋邑令孙懋又改曰相山,亦避巴讳也。临水出于此。又芙蓉山,在县南百里,以山形秀丽而名。西跨乐安县界。《志》云:山在乐安东三十里,鳌溪之源出焉。○玉华山,在县南十五里。《舆地纪胜》:县南三十里有玉田,为晋萧子云种玉处,或曰即玉华山也。又盘龙山,在县南二十五里,地势盘回,脉接华盖山。

华盖山,县南百二十里。形如华盖,又号江南绝顶,岩洞殊胜。

《志》云：山有布水谷，元吴澄尝隐于此。又宝唐山，在县西南百三十里，跨乐安县境，宝唐水出焉。宋何异云：宝唐山高入云际，回环崭�}，中多良田。○红旗岭，在县东三十五里，峰上有三叠如旗。又县北二十五里有卓旗峰，峭拔如卓旗也。《志》云：县南十五里有浮石岩，其中三岩鼎立，中贯一溪，旧称名胜。又南五里曰龟凤岩，两旁石势状如龟凤，中通一径，可攀而上，险绝处有石室如斗，今名广石。

临水，在县治南。一名巴水。《志》云：临水出巴山，东北流三十里至严陀，合宝唐水，宝唐水遂兼临水之名。宝唐水之源，一云出乐安县境大盘山，东北流，受蛟湖等七派之水，入县境，合临水。一云出宝唐山也。临水合宝唐水，东行四十里，至官洲，合西宁水，过县治，至左港，合罗山水，至神前渡，复合支流诸水，又东至白鹭渡，入临川县境。何异《记》略云：宝唐水自层崖峭峡奔湍而下，过宝唐源溪，始安流迤逦而东，凡百二十余里，合支流远近者五，曰芙蓉、曰巴源、曰杯山、曰罗山，而一山之水，支派再三，见者不数焉。回旋于县治前，而溪益平且阔，下流至于严陀，会巴水，流百二十余里，则滩险复与上流等。邑治实宝唐气脉之中齐也。

西宁水，县西五里。源出华盖山下，流入宝唐水。又罗山水，在县西，出罗山下，有二：一经县治西罗陂，合宝唐水；一出县东南五里东塔山下之龙潭，亦合宝唐水。

黄洲桥。在县治东南。宋嘉祐中，建浮梁，名正政桥，后易曰巨济。淳祐中，改创石桥，计九墩，长数十丈。咸淳间，文天祥改名曰黄洲桥。自元至明，屡经葺治，为郡西往来之通道。《会典》：县有周坊巡司。

○金谿县，府东南百十里。东北至广信府贵溪县百五十里，南至建昌府百十里。本唐临川县之上幕镇，以山冈出银矿，曾置监于此。周显德二年，南唐析临川近镇一乡及馀干县白马乡，立金谿场，复置炉以烹银矿。宋淳化五年，又割临川四乡及安仁三乡地，升场为县，属抚州。《图经》：旧有城，周二里。明初犹存土垣。嘉靖二十九年，县令林应麒垒以坚甓，周仅一里。今编户一百八十三里。

洛城，县西四十里。梁末，周迪起兵临川时所筑也。又有上城、下城，在县东南七十里，相传亦迪所筑。○珊城，在县西南四十里。《志》云：南唐后主李煜时所筑。

云林山，县东四十里。崒嵂律数百仞，界抚、信、建昌三郡间，为县之巨镇。上有三十六峰，其最高者曰上云峰。宋建炎中，里人邓雴、傅安于山下团结乡社，贼犯境，辄破走之，为郡保障。《志》云：山峻峭干云，故曰云林，脊有三十六尖。山之东五里为白云山，高竦如马之昂首，亦曰玉马峰。又东五里曰岩山，上有琵琶、三老二峰，一名大山，以形势高大而岩壁峻绝也。与贵溪县仙岩、龙虎诸峰，皆参差相接。

金窟山，县东五里。相传前代采金处。县东二里又有银山，唐时出银矿，宋初废。又西里许为白马坞，盖南唐李煜时采银场也。皆与金窟山冈脉相接。又翠云山，在县南四里，冈峦环合，林木葱蒨，一名翠云门。《志》云：县东五里有上幕岭，东南五里有仙山，南三里有卓笔峰，山脉自上幕而南，如帷幕旋绕，而翠云山尤为杰出。

铜斗山，县西南二十五里。岩壁高峻。曾巩《记》：山能出风雨，弭灾害，为一郡七邑之望。其西南对峙者曰芙蓉山，山旁一峰，望之如城，上有池泉。又官山，在县南三十五里，上有四峰如削，下瞰清江，望之如屏障。又南十五里有韩婆山，亦宋建炎间邓雴、傅安聚兵保障处。○张祉山，在县东北六十里，接安仁县界。又县西北五十里有疏山，滨于汝涯，梁周迪起兵处。唐大中初，有何仙舟者隐此，名曰书山。南唐改名疏山。

崇峰岭，县西三十里。相接者曰百岁峰，山顶高峻，登眺甚远，一名望仙岭。《志》云：黄蜂泉出百岁峰，宽不盈亩，而泉脉星灿，多于蜂房，岁旱可灌千亩。又有白犴岭，一峰耸秀，与崇峰相接。《志》云：县南十五里有梅峰，脉接南城县界。又柏冈，亦在县西三十里，冈势蜿蜒回伏，矫如游龙，百岁、崇岭诸峰森列其前，云林、宝应诸山横亘其左，称为绝胜。又柘冈，在县西六十里，冈西有岩，穹旷可坐数百人。○龙角岩，在县东北。山巅两石对峙如龙角，中通一径，深入石室，高明宽广，可坐百人。

福水，县南十里。源出南城县界，经梅峰北，至鼓楼冈，折而西，至临川界，会百门港水。又清江水，在县南四十里，亦出南城县界，其水清澈，宜沤楮，故土人造纸，以清江著名。西北流，会福水，入汝水。○金豀水，在县治北，源出上幕岭东，水色如金。《志》云：县北又有齐冈水，源出金窟诸山，流经县西五十里。县北四十五里又有苦竹水，亦西南流，会金豀诸水，南注于清江，为汝水之上流。

三港水，县东五十里。源出崖山，历白莲港，至黎盆渡，与青田港水合。又青田港，在县东二十五里，源出云林山，经县东北三十里，有仙岩港，自贵溪流合焉，又北入东乡县界。

石门驿。县西五十里。《舆程记》：在府南六十里，又六十里而至建昌郡治。《通志》云：在县东，似误。

○**宜黄县**，府西南百二十里。东至建昌府百五十里，南至赣州府宁都县二百五十里。汉临汝县地。三国吴析置宜黄县，属临川郡。晋、宋以后因之。隋并入崇仁县。唐武德五年复置宜黄县，八年省。宋初，南唐置宜黄场。开宝三年，升为县，属抚州。《图经》：祥符中，县城周二里有奇。嘉定十七年增筑，绍定三年毁于寇。县治西南北倚山，东逼溪水，难建城垣。今无城，编户六十八里。

宜黄故城，在县治东。《志》云：县本黄填镇，水东有百花洲，宋初置城于此，今犹谓之旧县城。

凤凰山，在县治北隅。平地崛起，高百十仞，陡绝难攀，下有狮子石。《志》云：山旧名鸡笼山，一名凤台山，今县治，亦名凤凰城，以山名也。又卓望山，在县东三里。旧《志》云：山高二百丈，周围十里许。○玉华山，在县南十五里，亦曰石麓山，三面壁立，惟南一径可通，上有田可二顷，又有泉，昔人尝立寨于此。其南五里为石梁，突起数十丈，横跨两岩，下平广，可容数十人，谓之石砎。

黄山，县南四十里。其山四面黄茅无际，上有雷公岭，下有龙潭，导流为九曲溪，入黄水。《志》云：黄山，县之镇山也。又女王城山，在县东南二十里，诸峰连抱如城。县东南百里曰军山，接南丰县界，盘回峭拔，宜水出焉。○曹山，在县北三十里，本名荷玉山，巅有罗汉峰，下有三潮泉。唐咸通中，改今名。

黄土岭，县南九十五里，又南接宁都县界。黄水源出于此。又云盖岭，在县东北五十里，岭高耸，常有云气盘绕。《志》云：县东南百二十里有箬岭，上多箬竹，宜为箭，漳水之源出焉，东北流合于宜水。又九峰，在县东四十余里，以群峰连络而名。

宜黄水，在县治东北。宜、黄二水名也。宜水发源军山，北流四十里，与漳水合，又经三十二滩矶，至县南，绕东趋北，至丁家洲，凡百里而与黄水合。黄水，源出黄土岭，经四十四滩矶，凡百余里，至城西，绕北趋东，至教场前，与宜水合。又东北流，与曹水合。曹水，源出崇仁县境之双坑，流四十里，合宜黄水，又东北入临川县界，至府城西南十余里之龚家渡，合临水而注于汝水。

止马镇。县南百里，有巡司。《志》云：县又有上胜巡司，今革。

○乐安县，府西南二百四十里。西至吉安府永丰县百二十里，北至南昌府丰城县百六十里，西北至临江府新淦县百五十里。本宋崇仁县及永丰县地,地名詹墟。绍兴十九年,议者以崇仁疆土阔远,山岭重复,盗贼出没不时,乃析置乐安县,属抚州,以乐安乡为名。《图经》:宋祥符中有城,周八里有奇,后废。明嘉靖四十一年营筑,周三里有奇。编户二百三十二里。

巴山废县,县西南三十里。梁置巴山县,并置巴山郡治焉。敬帝末,诏分江州临川、安成、豫宁、巴山四郡置高州,以黄法氍为刺史,镇巴山。《志》云:以其地在南江之西,负山面水,据高临深,故曰高州。陈州废,隋郡县俱废入崇仁县。宋白曰:故巴山郡城在崇仁县巴山之北。似未可据。

兴平废县,在县西。三国吴置县,属庐陵郡。晋、宋因之。梁改属巴山郡。隋废入永丰县。《宋志》:兴平旧县,在永丰县南五十里。《吉安志》云:在吉水县东百七十里。今为县境。又安浦废县,在县西南六十里。三国吴置县,属临川郡。晋以后因之。隋废入崇仁县。○神莲城,在县南八十里,唐末筑以御寇。《志》云:时有罗仆射者,领兵逐寇,置城于此。今遗址尚存,一名铜壶寨。

鳌头山,在县治前。山有两峰,一峰特秀,山麓皆石骨,下瞰溪流,如灵鳌赴海。山半又有泉,甚甘冽。又象眠山,在县治东,势如象眠,县之主山也。治西又有仕山,亦耸秀,与象眠相匹。又西一里曰青钱山,下枕龙冈,势如叠钱,故名。○金华山,在县西北三十里,形似覆瓢。或以其类婺女金华而名。

大盘山,县西北八十里,跨新淦、永丰二县界。有十二峰,环列如盘。《志》以为宝唐水出此。又杯山,在县北三十里,形如覆杯,接南昌、临江二郡界,有杯山水流入崇仁县界,合宝唐水。《志》云:杯山之北为界岭,其北麓即丰城县界也。相近者曰丰材山,本名麻山,唐天宝六载改今名。山高秀,冠于群山。○鹿角山,在县南二十五里,群峰高耸,参差并峙，形如鹿角。

大木岭，县南八十五里。其南麓即永丰县界也。又宝岭，在县南四十五里，高数十里，延袤二里。又石桥，在县西四十里，石岩穹窿，望之如梁，其下空洞轩豁，为县境之胜。

鳌溪，在县治南。源出县东三十里芙蓉山，西流三十里至县，经鳌头山北，因名鳌溪。又西流经永丰县界，合于赣水。又石陂水，在县西北七十里，源出大盘山，东北流，合宝唐水。下有大岩，春夏水泛，涯涘不辨，秋冬水落，石门豁然，其中轩豁，可容大厦，亦谓之大溪源水。

大溪，在县南。源出崇仁县华盖山，西流至乌水，流入永丰县界。又远溪水，在县南八十里，源出曹溪乌麻洞，分三派，合于乌水，亦入永丰界，下流注于赣江。

龙义镇。在县北添授乡。有巡司，明初置。又南平巡司，在县西二十二都，宣德十年置县南云盖乡。又有望仙巡司，亦明初置。嘉靖十一年，以县北二十里大岭洞草寇陈文一等作乱，设屯堡一所，后事宁，移望仙巡司戍守。《志》云：其地今在大湖坪湖塘岭上。又横山巡司，《志》云：在县北二十五都，正德七年析置。〇苦竹市，或云在县西北，有苦竹水经此，西入新淦县界。

〇**东乡县**，府东七十里。北至饶州府馀干县百二十里，东北至饶州府安仁县九十里，南至金谿县九十里，西北至南昌府进贤县百四十里。本临川、金谿及进贤、馀干、安仁诸县之远鄙。明正德七年，平东乡盗。明年，析置今县，筑城环濠，寻甃城以砖石。十三年，大水城坏。嘉靖二十二年增修，周不及四里。编户百二十里。

七宝山，县东十余里。旧尝产银、铅，因名。又东接积烟山，山半有龙池瀑布。山之南麓即安仁县界也。又罗首山，在县东北二十里，亦接安仁县境。《邑志》云：罗首，县之镇山也。

庾岭，县南三里。一名长林岭，俯临通衢。又南数里曰金峰，亦高耸。《志》云：县治在庾岭北，大夫冈之左，三港之口。是也。○吴岭，在县东南，相传吴芮曾经此，上有洗马池。又帝圣峰，在县东北三十五里，北麓即馀干县界。又桃花峰，在县西十里，《志》以为境内之望。

三港水，在县治东南。自金县北流入县界，其上源合白莲、青田二港，因名。绕县东，又东北入安仁县境，会锦江而达馀干县之龙窟河。《志》云：县境有润溪，又有清溪，俱流入三港水。

白玗镇。县东四十五里。有巡司，为路出安仁之中道。旧有安东公馆，今废。又古爎气巡司，在县西北十里，横山巡司，在县东北十五里，明初俱属临川县。正德中设县后，二巡司俱革。○平塘镇，在县西三十里，元置税课局于此。明初，邓愈驻兵于临川之平塘，袭抚州，克之。后亦为平塘税课局。正德五年废。今为平塘铺。《闻见录》：县东南有赛阳关，路通金谿及贵溪、安仁县。

附见：

守御抚州千户所。在府治东南。明洪武初置卫，寻改为所。

读史方舆纪要卷八十七

江西五 吉安府 临江府 袁州府

○吉安府，东北至抚州府五百二十里，南至赣州府陆路四百二十里，水路曲折七百里，西至湖广衡州府八百七十里，西南至湖广郴州七百五十里，西北至袁州府二百四十里，北至临江府二百八十里。自府治至布政司五百九十里，至江南江宁府二千一百一十里，至京师五千五百五十七里。

《禹贡》荆、扬二州之界。春秋属吴。战国属楚。秦属九江、长沙二郡。汉属豫章郡及长沙国。后汉因之。建安四年，孙策始分豫章立庐陵郡。三国吴宝鼎二年，又分置安成郡。分豫章庐陵二郡地置，治平都。晋因之晋庐陵郡属扬州，安成郡属荆州。元康初，俱属江州。宋仍为庐陵、安成二郡。齐、梁因之。隋平陈，郡废，改置吉州。治庐陵县。大业初，复曰庐陵郡。唐复曰吉州。天宝初曰庐陵郡，乾元初复故。五代时因之。宋仍曰吉州。亦曰庐陵郡。元至元十四年，升吉州路。元贞初，改吉安路。明洪武元年，改曰吉安府，领县九。今仍旧。

府襟带岭粤，唇齿荆楚，据赣江之上游，为南北之要会。地广物繁，屹为雄郡。明正德中，王守仁以吉安起义，遂平宸濠。盖内出赣石之隘险，外通南昌之声势，于地利为得也。

○庐陵县，附郭。汉县，属豫章郡。后汉末，孙策于县置庐陵郡。晋移郡治石阳，县属焉。宋以后因之。隋改置吉州。仍治庐陵。自是州郡皆治此。今编户六百有三里。

庐陵城，《志》云：汉故县在泰和县北三十里，后为郡治，晋县废。咸康末，太守孔伦筑郡城，即今治北六十里石阳故城也。石阳，后汉置，属豫章郡。孙吴属庐陵郡。晋末为郡治。以庐陵县并入焉。宋、齐皆因之。隋改置吉州，又改石阳县为庐陵县。唐初仍旧。永淳初，州人刘智以郡城逼赣水，东通大山，土地湫隘，请徙今治。天祐中，始筑城，周二十里有奇。宋开宝中，重加缮治。绍兴三年，增垒浚濠。淳熙十一年，复因旧修葺，有九门。元至正十二年重修，裁损故城，周十三里许。二十四年，城属于明，更筑新城，截东北一隅，比于旧损三之一。东临赣水，三面凿濠。又有子城，在城内西南隅，周仅二里。明朝成化中增修大城，万历中复增筑子城。旧有门三，外城门五。今城周九里有奇。

高昌废县，府西五十里。本庐陵县地。三国吴分置高昌县，属庐陵郡。晋初，以庐陵县地省入石阳、高昌二县。宋仍属庐陵郡。齐、梁因之。隋省。又东昌废县，在府南，亦庐陵县地。三国吴置县，属庐陵郡。晋、宋以后因之。隋省入西昌县。唐武德五年复置，属南平州。八年，州废，县并入泰和县。旧《志》：东昌城在泰和县东北八十里，今为永和镇。镇盖在府南十五里。又趾口城，旧《志》在府北七十里，似误。今详见南昌府。

大皋城，府南二十里，临赣水。即梁末李迁仕据此以拒陈霸先处。《陈书》：高州刺史李迁仕据大皋口，遣使召高凉太守冯宝，宝妻洗氏策其必反，既而迁仕果反，遣军主杜平虏将兵入赣石，城鱼梁，以逼南康，霸先使周文育击之。冼氏曰：平虏骁将也，今入赣石，与官军相距，势未得还。迁仕在栅，无能为也，请往袭之。宝从之。迁仕大败，走保宁都。盖是时迁仕与冯宝等皆帅兵援台城，在南康之北，故得以拒霸先也。俗本迁仕在栅，讹栅为州耳。《寰宇记》：大皋城，在泰和县北八十里。《泰和县志》：泰和北三十里抵庐陵县界，又北三十里有大皋渡城，盖以大皋渡名。

螺山，府北十里。南临赣江，宛委如螺，与城南神冈相拱揖，如主宾然，俗呼螺子山。《志》云：神冈山，在城南十里，高三百尺，回环数千步，与螺子对峙，赣江流其下，苍翠相映。〇瑞华山，在府北五里，俯瞰大江。相接者曰真君山，峰峦巑岏，俯瞰城郭，周围十里，上祀许旌阳，因名。山后有画眉岭，势平衍，长四五里，可以屯兵。又西南为云腾岭，盘折而南，状若龙头，屏障长冈之外。《志》云：岭在府西北三里。又仁山，在府西二里。梁天监五年，高昌仁山获铜剑二，盖梁时此为高昌县地也。府西六里又有天华山，一名凤山，亦高秀，为郡治主山。迤南曰焦冈岭，习溪水经其下。

青原山，府东南十五里。山势根盘，外望蔽亏，旁有一径，萦润而入。中有骆驼峰、鹧鸪岭，势甚乔耸，其东曰方山。又芗城山，在府南四十里，高七十丈，周围百里，接永丰、吉水县界，亦号三县山。中一峰尤奇秀，俗称文笔峰，胡氏世居其下。宋建炎三年，金兵至庐陵，胡铨自芗城团结丁壮，入城固守，既而事定，复还芗城，即此。芗，亦作香。〇东门山，在府东南百里，宋景定中，邹凤集众保此，树栅架梁，以拒蒙古，乡人依以免患。

龙须山，府西四十里。峰峦崒嵂，绝顶有泉。《志》云：府西南五十余里，有武华山，一名鸦髻山，双峰峻绝，高入云汉。其西则群峰森列，环绕如城。前有香炉峰，顶平旷，可容千人。山径蹊仄险隘。宋、元间，乡人尝保此，曰枫子寨。近时民多避难其中，为贼所袭，死者甚众。又玉城山，在府西七十里，山峻极，而上平坦，泉石甚胜，亦宋、元时乡人避乱处。

方石岭，府南百里。层峦叠嶂，石崖峭耸。宋景炎二年，文天祥自永丰引军还兴国，蒙古将李恒追之，及于方石岭，天祥败绩。岭之南有统制石，相传天祥统制巩信，亦自永丰溃还至此，为李恒所追及，信短兵接战，力不及，死之，石因以名。又廖冈岭，在府西南六十里，盘旋回合，一名曲山。唐会昌中，有廖仙姑者隐此，亦名廖仙冈。〇金竹峰，在府北六十里，高约三百丈，周三十七里，两峰相峙如竹，因名。其西一山，高二百丈，周十五里，顶有巨石如笋，名石笋峰。又西为斗门峰，周二十余里。《志》云：府东南百二十里有文笔峰，文天祥居其下，因自号曰文山。

赤石洞，在府西南。《志》云：吉州有赤石洞，唐末彭氏据为巢穴。朱梁开平四年，时吉州已为淮南所有，水军使敖骈围前吉州刺史彭玕之弟城于此。楚军救城，虏骈以归。〇虎口石，《志》云：在府北百三十里，石临赣水，高三丈，上一穴，状如虎口。梁侯景之乱，交州刺史陈霸先将兵三万越海赴难，景将立栅邀之，霸先以舟排栅，而潜军出其不意，败之，即在此。

赣江，在府城东。自赣州府北流，经万安县折而东六十里，逾泰和县，东北流八十里入临川线界，达郡城东。又四十里经吉水县界为吉水，又东北入临江府之峡江县而为清江。《志》云：城东江中有白鹭洲，长五六里，虽甚涨而洲不没。

神冈山水，在府城西南。源有二：一出袁州府萍乡县界泸潇山，流百八十里至安福县，又东北流八十里，与永新水合；一自永宁县奖山、鹅岭。二水通永新江，其间有永新县之抱陂等水、泰和之澬水等水、安福之泸水诸水皆汇流而合大江。〇永新水，在府南，源出永新县界，流入境，至韦家渡，安福水自安福县流入焉，即泸水也。又东流四十里，至府南十五里大皋渡而入赣江。

　　习溪水，在府城南。源出吉塘渡，由焦冈岭东合众流，至城南，贯串城市，名长涝水，东北入大江，此为绕城南之水。焦岗岭，在府西南数里，一名天华山。又螺湖水，在城东北，自府西五里冈冷水坑发源，曲折流径云腾岭下，与沸泉合流，北折而东，有螺湖水流入焉，注于大江，此绕城西之水也。○横石水，在府西北。有二源，一出吉水县界，一出府北之大湾，流合清湖诸水，合流至三江口，横入大江。又府西六十里有井冈水，自安福县界流入，经洋江口入大江。府西七十里又有安塘水，东流数十里，曲折入三江口，以达大江。又明德水，在府南，自永丰县界流入境，有王江等水流合焉，注于大江。

　　井冈镇，府西六十里。有巡司，元至正中置。明因之。又敖城巡司，在府西八十里。相传孙叔敖故居，误也。路出永新县，旧设巡司。近时贼从湖南犯境，道出此。又富田巡司，在府南八十里，旧有富田寨，在今府西。宋绍兴九年，移寨于此，寻改巡司。《志》云：府境自方石岭而南，崇山峻岭连亘百里，向为闽人团聚，往往恃险负隅，富田其控制处也。

　　走马塍寨，在府南方山之麓。宋隆兴二年，以境内多盗，奏置今寨，寻升为巡司，后废。又府南九十里有黄茅峡隘，界接永新县，险僻多盗，宋置把截所于此。○九里岭隘，在府西七十里，山长九里，因名。其地平旷，近时常为营垒处。又斗塘厄，在府北九十里，地界安福、吉水，兼通袁州府及新喻县，置厄于此，以扼奸民转徙。又银塘岭隘，在府北百二十里，四山峭拔，路通一线，与袁州府分宜县接界。明崇祯七年，流寇犯境，官军置营于此以御之。

　　螺川驿。府城南三里赣江滨，螺川递运所亦置于此。《志》云：府西六里，旧有桐山驿，南五十里有县潭驿，今皆废。○永和镇，在府南十五里，即废东昌县，为商民辐辏处，有上中下三市。元置郡税司于此。明初为税课局，正德间革，后仍设税官而无定署。

〇**泰和县，**府南八十里。东南至赣州府兴国县百五十二里，西至龙泉县百八十里。汉庐陵县地。三国吴析置西昌县，属庐陵郡。晋、宋以后因之。隋属吉州。开皇十一年，改曰泰和县。唐武德五年，置南平州治焉。八年，州废，仍属吉州，曰太和县。宋因之。元元贞初，升为太和州。昨复曰泰和县。今编户二百六十里。

西昌城，县西三里。孙吴时县治此，晋宋因之。梁大宝三年，陈霸先讨侯景，自南康进顿西昌，是也。隋曰泰和县，一云初改安丰，后改今名，并移今治。郡县志俱云：唐乾元三年，县始移今所，城周五里。宋太平兴国三年，重修。元大德三年，复修筑。明洪武初，因旧城营葺，后废。正德六年重筑，又筑土城于西北郭外，寻复倾圮。十五年，甃砌完固。嘉靖以后，相继营治。今城周四里。

白石城，县南五里，隔江。梁大宝初，陈霸先自岭南引军讨侯景，高州刺史李迁仕拒霸先，霸先遣其将杜僧明等筑城白石拒之。迁仕亦筑城相对，既而僧明生擒迁仕。今两城旧基尚存，东谓之石城，西谓之高城。《志》云：白石城，又谓之白下。今城东门外有白下驿，自隋唐至今不改。又东昌城，旧《志》：在县东北八十里。今见庐陵县。〇府山城，在县南四十里，《图经》云：陈置县，隋废。

武山，县西三十里。一名新山。周回六十里，傍出一峰，最高曰武婆冈，相传有武母修真于此。其余岩洞泉石，类皆奇胜。又金华山，在县西十五里，自武山发脉，蜿蜒高耸。〇傅担山，在县西北三十里，极高峻，路甚厄仄，攀援转置而后可度。其西南又有石笋峰，尤峻拔。又有九龙潭及玉溪泉，泉凡四十八窍，至岩前复合为一，亦名六八泉。县西五十里又有潮山，峰峦岩洞，名胜不一。又高湖山，在县西六十里，峻绝奇耸，顶有盘石,其平如砥,非缘石扪萝不可到。

王山,县东八十里。峻拔奇秀,旁一峰,尤尖耸,周回百余里。旧名义山。晋永嘉中,有王子瑶者得仙于此,因改今名。唐贞观初,匡智者亦修炼山中,复名匡山。又三顾山,在县南五十里,正当县治,三峰卓立,屹然相顾。下有洗马池,相传为郭子仪遗迹。其相近者曰双凤山,两峰相连,秀拔如凤。〇蟠龙山,在县北三十三里,山势宛转,如龙盘然。又禾山,在县西北五十里,山势高峻,径路险厄,过者必攀援而后得达。其相近有清水岩,中宽广,可容数百人,深不可测。下有石穴,亦可容百余人,有泉自岩注入石穴中。

阎川岭,县南八十里。两旁列峰十一,广袤三十余里。又蕉坑岭,在县南五十里,自三顾山发脉,周回七里。又城头岭,在县西四十里,上有狮子寨,下有蛟潭。又十龙岩,在县南四十里,空洞可容百余人,中有十龙井。又清水岩,在县西北五十里,广容数百人,有泉自岩麓注入石穴。〇天柱冈,在县南二十里,屹若天柱,亦正当县治。又县西十里有牛吼石,赣江自黄公滩来,皆平坦,经此石则险悍,声如群牛之吼,因名。

赣江,在县城南。自万安县折而东流,凡六十里,逾县境,东北流八十里,入庐陵县界,而至府城南。《舆程记》:自府治南溯流百二十里,至陶金驿,又百六十里而至浩溪驿,皆县境之江道也。水流澄澈,故县有澄江之名。江中有洲,曰龙洲,在县治南。县东二里又有金鱼洲,状若游鱼。

云亭江,在县南。一名绘水。源出赣州府兴国县界,自梁口西北流百里,至县境珠林口,入于赣江。又仙槎江,在县东南,自兴国县界小窑岭,亦西北流合大蓬江、仁善江等水而入赣江。又牛吼江,在县西南,亦曰牛吼水,出永新县拔铁山,东北流合清江,蜀水、禾溪水、上横江水,俱由县境入于赣江。

禾水，县西五十里。源出禾山，亦名旱禾江，萦流合永新江，又合安福江，至庐陵县界，合神冈山水。又蜀水，在县东，与禾水合，水势湍急，奔泻如蜀江三峡，因名。○秀溪，在县城西，又西里许曰文溪，相对者曰武溪，下流俱注于赣江。

旱禾镇，县西五十里。亦曰旱禾市。有巡司，元至正中置，明洪武十四年革，十五年复故。又花石潭巡司，在县东南四十里。○白羊坳厄，在县东南，与兴国县接界，山箐蓊蔚，迂径羊肠，为闽、广盗贼出没之冲。明嘉靖四十年，广寇直抵县之上模、冠朝诸处，官兵与战，败绩。万历十六年，与白羊坳之三丫左右创两堡，设官兵戍守。

浩溪驿。县西南四十里。又淘金驿，在县东北四十里。皆滨江水驿也。又县城东旧有白下驿，今废。

○吉水县，府北四十里。北至临江府峡江县百八十里，东南至永丰县九十里，西南至安福县百三十里。汉庐陵县地。三国吴析置吉阳县，仍属庐陵郡。晋、宋以后因之。隋省入庐陵县。唐因之。宋雍熙元年，析置吉水县，属吉州。元元贞初，升为吉水州。明初复为县。今编户四百三十二里。

吉阳故城，县东北百二十里。孙吴置县治此，以在吉水之阳而名。隋省。宋白曰：隋开皇十年，省县入庐陵。大业中，分庐陵水东十一乡为吉水县。唐初仍废。南唐时为吉水场。保大八年，升为县。胡氏曰：宋白误也。县盖宋置，于今治，筑城，周四里，后废。明正德六年，始筑城，甃以砖石，寻圮于淫潦，修复未几，赣水涨溢，复毁。十六年重筑，包以砖石，完固逾旧。后屡经修缮。今城周六里有奇。《志》云：县东北二十里有石阳废县，今见庐陵故城。

东山，县东二十里。绵亘二百余里。刘智请移郡，谓东通大山，即此。上有田可耕，茶药可采，山之阳有瀑布，悬流凡数百丈。其相近有中华山，一峰秀出，如悬钟然。○凤山，在县东五里。山半有凤凰岩，瀑布自岩而下，达于文江。又甘露山，在县东二里，旧名虎丘山。宋绍兴初，甘露降其上，因名。

西山，县西南八十里。重冈叠巘，若屏障然。其一峰尖秀，曰望火楼。下有溪东流，为朗溪。《志》云：县南八十里有穹岭，与西山对峙，亦曰东山。群山连亘，独此岭拔出，如卓笔然。又方山，在县南百十里，广袤数十里，山势回复，中宽平，有斜径穿山腰而入。○南山，在县北六十里，山甚高秀，下有深谷。《郡志》：县东二百六十里有东固山，周四百余里，嵬然高耸，为县之东镇。

王岭，县北九十里。绝顶石壁，高数十丈，下有小岩，高五六尺。相传五季时彭玕作乱，尝置寨于此。其旁小山曰张钦寨。钦，杨吴将也。寨即与彭玕对垒处。又有相公坪，与寨相近，彭玕作乱，置保寨于上，可容数万人，仓库之迹犹存。又范萧岭，在王岭侧，数峰矗立，洞水旁流，以范、萧二仙名。○白富岭，在县北九十里，有泉自岭出，悬流不竭。旁有巨石，高数十丈。《志》云：县东二里有盐仓岭，岭上宽平。南唐时运盐贮岭上，以给民，后废。

午冈峰，县西十五里。一名斗峰，五冈连延，一峰独高。又三凹峰，在县西北七十里。上凹山石壁立，石常有光，俗名石镜。中凹为南北往来通衢。下凹稍高，临赤石潭，下有黄云冈。○黎洞，在县东五里黎王寨下。洞中皆良田，溪水最清。又神洞，在县南五里，一径如线，依山俯洞，略可容足，不百步即宽平，中有田百亩，甚肥沃。两山含翠，峰高入云。又有鹧鸪洞，在县西北五十里，四面环山，中分南洞、西洞，有田数百亩。南唐时，盗吴申先据此。今其地犹有马家菅田，鼓楼洲。

吉文水，县东北十里，即赣江也。《志》云：十八滩水自泰和而下，经府城，又东北四十五里，注县西南之墨潭，为吉文水，与永丰江之水横出者合。有清湖洲横亘江中，委蛇缭绕，状若吉字，故滩曰吉阳，县曰吉水。又曰文字水，又曰文江。今县之北门亦曰文江门，县治盖在赣江之东。王象之所云割庐陵水东十一乡置县，是也。○永丰水，在县城南，即恩江下流也。自永丰县流入界，其间有麻江、黄竹渡、摇步、永宁、龙门、永丰乡、白水、阳丰、庐陵峡、乌江诸水，皆会流而入赣江。又明德水，亦在县南，出永丰县界，西北流为义昌水，又西北至萧泷，下流与庐陵县王江合而入赣江。《志》云：萧泷，亦曰泷江，在县南三十里。

南溪水，出县西北五十里朝元山，东流二十里为罗陂，经柘溪，又五里出柘口江入赣水。又同江水，亦在县西北六十里，源出袁州府分宜县，其间有枫子江、柿陂河、胡石水，皆会流入于赣江。○张家渡水，在县东南。其水西北流，有庐江、河口、分陂、幽溪、皂江、义昌、王江、明德、萧泷诸水，皆分流交会而入赣江。又庐江水，亦在县南。《志》云：源出永丰县界，合上庐、中庐之水，西流为庐源，又西北流为庐陂，灌田数万顷，又北流入义昌水。

鉴湖，县东二里。《志》云：县北四十里有石牛潭，为墨潭之下流，每江水暴涨，见石牛浮水上。又北即玄潭也，亦曰悬潭，相传古有蛟龙为害，行舟者凿山为路避之，今有铁柱镇焉。○柿陂，在县西北八十里，源出分宜县，溉田千顷。宋绍兴中，县令吴明卓修复。

白沙镇。县北三十里。有巡司，元置，今移于县西三曲滩上。又白沙驿，旧亦在县北三十里。明万历中，移于城北。《志》云：县北三十里，有玄潭公馆。

○永丰县，府东百三十里。东至抚州府乐安县百二十里，北至临江府新淦县百四十里。汉庐陵县地。三国吴析置阳成县。晋太康初，改为阳丰县，仍属庐陵郡。宋、齐、梁因之。隋并入庐陵县。唐为吉水县地。宋至和元年，割吉水之报恩镇置永丰县，属吉州。绍兴七年，始筑土城，元废。明弘治初，因故址新筑。正德七年，为贼所毁，复修筑，寻圮于水。嘉靖三年增修，自是屡经葺治。今城周五里有奇，编户二十六里。

严城，县东十五里。相传唐末有严将军者屯兵于此，因名。又县南三十里圣岭上有土城，相传五代时神人所筑，周围数里。宋绍兴中，乡人避寇其中，多所全活。《志》云：县西六十里有阳城，相传县初治此。

巘山，县北三十里。五峰环列，森然如圆廪。又鸡笼山，在县东北四十里，四面平畴，一峰中峙，比众山独高。又有郭山，在县东八十里，接乐安、新淦两县界，栈道崎岖，行七八里地始坦平，有良田数百顷。《志》云：县东北七十里有龟陵山，回复连亘，抵宜黄、乐安县界。

王岭山，县西三十里，西接吉水县界，北接新淦县界。山高四十余里。○五胜山，在县南十里，五峰高耸，山麓有石龟，水流其下。又沙山，在县南百六百里，高数百丈，峰峦耸秀，上多沙石，因名。相近有石门山，以大石对峙而名，广二十余里，上有良田数十顷，居民千余家。《志》云：县南三百五十里有蜈蚣山，高三百余仞，抵兴国县界，断续横亘，宛若蜈蚣。又凤凰山，亦在县南百六十里，有泷冈，宋欧阳修葬父处也。一名案山，山傍即沙溪市。

圣岭，县南三十里。上有井，深广数丈，前有峰，曰仙人台，土城在焉。又石空岭，在县南百十里，形如覆斗，内空阔，容二三百人，上有古寨场。○九曲岭，在县南二百里，连属九曲，上有九峰。相近有竹篙岭，高数百丈，绵延四十里，东抵宁都界，西抵兴国界，上有路通汀州。《图说》：县南有油洞山、中邦山，与竹篙岭、观音岭皆界连兴国、宁都，层峦深洞，林木阴翳，至为险僻。又有石榴花岭，在县南百里，亦东抵宁都，南抵兴国。《志》云：县西三十里有鄹岭，盘屈十有八凹。又西十里为白富岭，一名白露岭，三峰连属，高数百丈。

慵岭，县南二百里。岭路崎岖，登陟甚艰。相近有高霄岭，极高耸。谚云：高霄，慵隔，去天三尺。又有打鼓岭，与兴国县接境。宋建炎间，两县人击鼓集众，御寇于此。《志》云：县南七十里有龙堂岭。宋建炎二年，草寇侵掠，居民屯聚以御之，今故寨尚存。○折陂岭，在县西南百十五里，二山相连，延袤数十里。又双岭，在县南百八十里，高数十丈，两峰对峙，峰峦层耸如塔。《郡志》：县东六十里有大盘岭，岭面宽平可耕，人多种木蓝，亦名蓝田岭。又北岭，在县东八十里，接乐安县界。县东北五十里又有白岭，北接新淦县界，为往来通道。又张湖冈，在县南百里，上有古寨。

恩江，在县治南。亦曰永丰水。源出乐安县及宁都、兴国三县界，汇流经此，又西合麻江诸水，而入吉水县界，下流入于赣江。○永丰乡水，在县南，出兴国县境，北流经县界，入于恩江。又明德乡水，亦出兴国县境，流经县南，西北入吉水县界。

沙溪镇，县南百六十里，近凤凰山山。旧有沙溪寨，亦为沙溪市。明初为沙溪巡司。又枧田巡司，在县东十三都，本枧田砦，明初改巡司，万历中废。又有层山巡司，在县南百二十里，县南二百余里又有表湖巡司，皆明初置，为戍守处。○金牛寨，在县南二百四十里。其地有吴公山，与兴国县接界。

南源坳。县西北三十里，路出峡江县。又西有黄源坳，去县亦三十里。《志》云：县东北有枧田、盘岭、猪婆等坳，路通新淦、乐安二县。东南有都溪、小岭诸坳，路通乐安县，有事时为戍守处。

○安福县，府西二十里。西至湖广攸县三百十里，西南至永新县百五十里，北至袁州府分宜县二百里。汉安平、安成二县地，分属豫章、长沙二郡。后汉改安平县曰平都。兴平中，改属庐陵郡。三国吴宝鼎二年，分置安成郡治焉。晋以后因之。隋平陈，郡废，改平都曰安成县，属吉州。开皇十八年，又改曰安复县。唐武德五年，置颖州治此。七年，州废,仍属吉州,寻改县曰安福。宋因之。元元贞初,升为安福州。明初,复为县。《城邑考》:县城晋永康中所筑,唐因之。宋祥符中增修。元至正十五年亦尝缮治,二十四年归于明太祖。亦修筑焉洪武七年增筑,嘉靖、万历间亦尝营治。今城周五里,编户二百三十四里。

安平故城,县东南六十里,枕王江口。《志》云:县本秦置,属九江郡,汉属豫章郡。后汉永元八年,改曰平都。三国吴始移县于今治,并置安成郡治焉。今县治南百步有平都废县址。隋曰安成县,又曰安福县,县名虽更,而治不改。《舆地志》:晋永康初,朱居为安成太守,筑郡城,阔八里,辟八门,中有双阙,高数丈云。

安成故城,县西五十里。汉县,属长沙国。《安成旧记》:张普封安成侯,国于此,筑城居之。相传汉县理西乡,即普侯国也。吴于东乡置郡,县亦移焉。晋太康元年,更名安复。刘宋仍属安成郡,齐、梁因之。隋平陈,省安复入平都,旋改平都曰安成,又为安复,仍旧名也。《寰宇记》:县东六十七里有安成故城,即汉安成侯张普所理。似误。或曰孙吴所置东乡城也。○亭符城,在县南八十里。又禾出符城,在县南百里,建置未详。

蒙冈山,县东一里。多林木,城中望之,郁然森秀。县北二里又有北华山,亦秀耸。○暜石山,在县东十五里,临江有山,轮囷特起,状若渔罾。傍有石榴峰,俯瞰江下,有潭深不可测。相接者又有东阳峰,磅礴高耸,四面各异。西有石屋,北向研然中空,可坐百余人。其南曰白云峰,亦曰白马峰,亦峭峻,下有泉,流入东湖。

新茨山,县西五十里。汉末豫章太守贾萌与安成侯张普约,共起兵诛莽,普背约,诣莽自陈。萌恶其反覆,遂先伐普,战于新茨之野,即此。《志》云:县西南二十五里有西山,林壑幽险,有溪出两山间。○卢萧山,在县西百二十里,周五百里,以卢、萧二道士得仙于此而名。或云萧、泸二水发源于此，分南北流，因名也。又蹲山，在县西南百四十里，与永新县禾山相接，亘数百里，若兽蹲踞，相传上有风窟。

武功山，县西百里，根盘八百余里，跨袁、吉二郡境，亦接长沙府界。峰峦峻拔，旁有瀑布，悬流甚长。相传葛玄炼丹处，一名葛仙峰，上有仙翁坛。《志》云：山本名武公，昔有武姓者隐此，后更今名。高逾三十里，中夜登顶，可观日出，其最高处曰雷岩，延袤亦数十里。唐初林士弘走保安成山洞，即武功山中矣。又高峰山，在县西百二十里，山径峭险，人罕遍历，上有龙潭三所。○鸪湖山，在县北六十里，上有雁峰、白鹤、仙人等峰，景物皆幽绝。

游岭，县北四十里。本名牛岭。旧《记》：安福居其阳，袁州居其阴，旧有群牛经此，山遂成小径，北往袁州者，多由此道。《寰宇记》：县南有长岭，产石墨，可种火，为不灰石。又有西云岭，下瞰平畴，殊足骋目。县北又有葛岭，其地亦名葛洲，水曰葛水。《志》云：岭，亦名九峰岭，又名美仙峰。○愁猿岭，在县西百二十里。崎岖险峻，行旅艰苦，故岭曰愁猿，凹曰怯马。又石廊洞，在县西百三十里，洞门广丈余，中可容千人者数处，洞水从中流出，溉田数百顷，洞口奇石墙立如廊，因名。又五里冈，在县南五里，绵亘蜿蜒，若龙蟠然。

泸水，在县城北。发源卢萧山，东流与王江合，又东会泰和县之禾水而入赣江，亦谓之卢溪。又王江水，在县东南，源出县南陈、会二山，东流与卢水合，共汇为龙陂。相传吴主孙皓伐木造宫室，顺流而下，沉于此。宋元嘉十六年，木忽浮起，壅沙成洲。《志》云：龙陂，在县东南百余里。

阎水，出县东三十里之阎岭，东流入王江口。《志》云：王江口在县东南六十里。又更生水，出县南百五十里更生山，流出青山口，会于王江。又毛亭水，在县东北七十里，流合卢水。○义川水，在县西，一名南溪水，源出袁州府萍乡县。又湖广攸县水，亦流合焉，达永新县界，下流合禾水，会流庐陵县神冈山下。水奔涌，善溃决，岁啮民田无算。明天顺间，乡人刘岳尝损赀凿石数十里，通舟楫，驯不为害，因名曰义川。

东湖，县东南十五里。《舆地志》：湖有石窟，容百人，其鱼味甘如蜜，一名蜜湖。又天晓湖，在县西，湖阔百余丈，大旱不涸。○寅陂，在县西四十里，横截卢水，下流绕于县前。宋王廷珪云：陂溉田万三千亩，岁久湮塞。治平初，令黄中庸、丞赵师日始浚溪港，筑堤阏水，灌溉如故，至今民享其利。

黄茆镇。县南七十里。有巡司，明万历三年徙于县西时砦旧址，以防草寇猖獗。又罗塘巡司，在县西百八十里，地名时砦。嘉靖中移于杨宅。万历间移于江背。其地皆在县西。《郡志》：杨宅界吴、楚僻徼，山寇时煽，地广远，阻声教，自宋以来，立镇置官抚治之，名武定围。明嘉靖中平贼，彭正以郡司马驻札镇守，寻革，今府馆在焉。

○龙泉县，府西南二百七十里。东至万安县七十五里，西南至湖广桂东县三百八十里，南至南安府南康县二百八十五里，北至永新县二百三十里。亦汉庐陵县地。三国吴置新兴县，属庐陵郡。晋太康元年，改遂兴县。宋初省，寻复置。齐仍属庐陵郡。崔恭祖以平王敬则功，封遂兴男，是也。隋开皇十年省入太和县。唐因之。五代时，杨吴析置龙泉场，南唐保大中，升为县。一云宋建隆初，南唐置县。宣和三年，改曰泉江。绍兴初，复曰龙泉，属吉州。今编户六十三里。

龙泉旧城，县南二十里。《志》云：县本唐太和初龙泉乡之什善镇，淮南析龙泉、遂兴、光化、和蜀四乡置场，仍曰龙泉，以为采木之区。其地水源周匝八百里，寻升为县。宋明道三年，徙今治，于水北筑土城，周三里。嘉熙元年，增筑，周五里。淳祐二年，始甃城凿濠。元末湖南寇周时中据县，亦尝修筑。明洪武七年，复增葺。景泰五年以后，屡经营缮。今城周十三里有奇。

牛羊城，在县西北三里。古山寨。宋建炎四年，寇丘权犯县，令赵迪之筑城御却之。亦曰牛羊寨。又蒋公城，在县西。《志》云：在右溪西陂阜上，城濠犹存，车轨之路错出，相传昔蒋姓者所筑。

金山，县治北一里。又有银山，在治东一里。二山夹峙，上各有塔，俗以为象龙之双角。又钱塘山，在县东南六里，山壤沃衍，路出南康。又东南四里有玉泉山，出泉洁白如玉。《志》云：县东南三十里有泉涌山，广数十里，泉出激为陂，凡数十丈，谓之卢陂。○马山，在县东南，状若奔马。其西一峰，悬崖特出，如马首。宋时置寨其上，下有龙潭。

石舍山，县西百五十里，延袤数百里，跨永新及湖广之桂阳、茶陵二州界。一名万羊山。《郴志》：石舍山接吉州泰和县界，有石室，因名舍，或以为石令山也。东有小溪，即石溪水之源。又西龙山，在县西二十里，顶有风穴。○罗家山，在县南百五十里，地名罗团，西接上犹县界，广数十里，高数百仞。昔有罗姓居其下。又萧家山，在县西北百余里，广数十里，草木丛茂，昔有萧姓居此。

峨岭，县西四十里。势插层霄，有飞云洞，萦回二三里。又有集云峰、石人峰、及仙鹅池诸胜。又蓬莱岭，在县北五十里，上有石岩、石笋。《志》云：县南十五里有黄土岭，峻峭回环，土色皆黄，由麓至巅，九折而上。又县东南二十里曰鸦髻岭，一山两峰，状如双髻。或谓之石牛岭，高可百仞，两山相望，如大小石牛云。○莲花峰，在县南十五里，层峦突出，状如芙蕖，与县治相对。县东南三十余里又有巾子峰，顶尖而秀，高数百仞，亦曰巾子石。

山都坳，县西十五里。地当通衢，山石险巇。又县西南八十里有乌坳山，极高峻，路出桂阳。县西南百里又有蓼坳，亦出桂阳境，冬月诸山重雾晦暝，独坳内一隙明朗，北人趋南者率萃于此。又赤坳，在县西北百二十里，路出永新县。○焦源坳，在县东三十里，为南康间道。又迷魂

坳，在县东南九十里，跨万安县境，自麓至岭，可五六里，四顾茫然，亦曰
迷云。

遂水，在县治南。源出左右二溪，历八十四滩，入于赣江。《志》
云：左溪有二源，一出湖广郴州桂阳堀渡，一出南安府上犹县之大林，至
南江口而合，经西庄税之西，与右溪会。右溪之源，出湖广茶陵州界之渗
阳，经双溪坑，至西溪口，由渡口而东，会左溪，而同注于赣江。

鹅鸭洲，县西十里。县有南澳陂及塔岭泷二水，洲当二水合流之中
央，下流合遂水而入赣江。

禾源镇，旧在县西北四十里。旁多小径，委曲数十里，为南康、上
犹、桂阳诸县之间道。有巡司，元至正二十一年置。明洪武初，移置于县
南之二十五都，地名左安司，仍旧名。又秀洲巡司，在县东北三十三都，
地名金田。《志》云：旧置于秀洲，亦洪武初徙置于此，而名仍旧。又北
乡巡司，在县西二十九都，旧为寨。元至大五年改置巡司，明因之。又有
牛王寨，在县西北，旧皆为戍守处。

龙庵隘。县西五十五里。《志》云：自厄而西八十里至燕塘厄，百里
抵郴州桂东界口，多崇山峻岭，以北乡巡司为中制。县南百里为明坑隘，
自厄而北，有白云、庐阳二隘，黄土、猫儿二关可相联络，而控制则在禾
源巡司。

○**万安县**，府南百八十里。东至赣州府兴国县二百三十里，南至赣
州府二百三十五里，西南至南安府南康县二百七十里，北至泰和县百里。
唐太和县地。五代末，为龙泉县之万安镇。宋熙宁四年，始割太和、龙
泉、赣三县地益之，升为万安县，属吉州，筑城，周不及一里。元初废。至
正十九年，复筑土城，周三里。二十三年时城属伪汉，改筑而狭其半。明
初复增筑，周亦一里有奇，濠长二里，寻皆毁废。正德五年，闽、广贼起，
县被残破。明年，始筑城，自是屡经修治，周不及四里。编户九十八里。

遂兴城，县西北十五里。吴立新兴县，晋太康初改曰遂兴，以当遂水口而名。隋省。今为龙泉江口之金城。〇鱼梁城，在县南十里。梁大宝元年，陈霸先起义兵讨侯景，军南康。高州刺史李迁仕作乱，据大皋渡，遣将杜平虏入赣石，城鱼梁，以逼南康。霸先遣周文育击走之，据其城。今俗呼为城头。《志》云：城近龙溪，临惶恐滩。

芙蓉山，县西五里，隔江。山形秀丽，超出众山。又马头山，在县西，渡江五里，山势独耸，层叠相连，如马首然。〇朝山，在县西南三十五里，临大江。山势耸秀，诸峰环拱，若朝仰之状。又五马山，在县西南八十里，五峰相连，状如五马。

龙头山，县东二十里。高数百丈，周围十里，形如几案，一名案山。上有仙坛岭及龙峡。又有仙圣、罗汉二岩，龙溪水出其左，西入赣江。又蕉源山，在县东四十里，山形尖峭，林木森茂，产铁。一名东溪山。其相接者曰乾溪山，亦高峻，有百丈峰，峰下有潭。又职源山，亦与东溪山相接，绵亘数百里，水流其下，产铁。宋置炉冶纳课，久废。〇卢山，在县东五十里，高百余丈，诸峰环列如屏，下有水源，出城江口。又西平山，在县东八十里，东抵兴国，北跨泰和县界，上有故巡简寨。《志》云：山巉岩悬峭，惟西南平坦，梁水出焉，下流入于赣江。又西平山，相近有黄塘岩，岩甚空阔，下有蛟穴，泉涌不竭，溉田千顷。

金牛山，县南六十里。东瞰大江，中有石如牛，因名。〇三峰岭，在县西六十里。有三峰耸秀相连。

赣江，县城西南。自赣县界北流抵城下，凡百二十里。其间有滩，曰昆仑、曰武朔、曰昌邦、曰小蓼、曰大蓼、曰绵津、曰晓、曰漂神、曰皇恐，凡九滩。又折而东北流，入泰和县界，水性湍险，皇恐滩尤甚。本名黄公滩，后讹为皇恐也。今滩在县治西。宋赵抃为虔州守，尝疏凿此滩。或云东坡南迁，始讹黄公为皇恐也。又《陈书》：赣水有二十四滩，今止有十八滩，其九滩详赣县。

皂口江，县南六十里。源出赣县界三龙山，径上造、下造，流入赣江。宋建炎初，隆祐太后避兵，南指章赣，金人蹑其后，追至造口，不及而还。造口，即皂口也。《志》云：皂口有金船岭，为往来必由之道。〇梁口江，在县南八十里，源出西平山，西南流，入于赣江。又有清水，在县东十五里，源出龙头山，亦西入赣江。

韶江，县西北三十里。《志》云：县西四十里有韶山，相传舜南巡时奏乐处，韶水出焉，东流会黄鹄水，入于赣江。又上横江水，在县西北六十里，源出龙泉县境之潭溪，经泰和县，合牛吼江，入于赣江。又城江水，亦在县西北六十里，源出龙泉县之蕉源，流合卢源溪，经两江口，又东会麻叙溪水，入于赣江。

梅陂，在县西北。《纪胜》云：和蜀镇有天井湖，今谓之梅陂，阔三百余顷，旧隶龙泉。宋何嗣昌为宰，疏蜀江水，伐石立趾，以捍啮堤之害，百姓至今利赖之。

〇皂口镇，县西南六十里。有巡司。又县北六十里有滩头巡司。俱明洪武三年置。〇朝山厄，在县西南朝山下，背负峻岭，俯瞰大江，为往来厄塞。又五里龙厄，在县南，两山壁立，一线中通，最为险阻。县东南又有保安隘，与兴国县接界，逼近蕉源，斜径回伏，盗贼易于出没。又有铁山、龙桥、莲花三寨，俱在县南。《志》云：万安之患，惟赣诸洞为甚。明正德五年，知县桑翘乃即险要立朝山、保安、铁山、龙桥、莲花五寨，周以垣墙，集民兵戍守，自是寇警益少。又《县志》云：县治北滨江有万安守备府，为江西三大营之一，九县民兵，三所官军俱隶焉，后渐分析，营兵益弱矣。

五云驿。在县城西南，滨江。相近又有五云递运所。《志》云：江滨有云洲，亦曰五云洲，驿因以名。一云洲在县北之江浒。又造口驿，与造口巡司相近。《舆程记》: 自五云驿而南八十里至造口驿, 又百里而历赣州府之攸镇驿, 皆溯江之道也。

〇**永新县**, 府西二百里。西至湖广茶陵州二百二十里, 南至龙泉县二百三十里, 东北至安福县百五十里。汉庐陵县地。三国吴宝鼎三年, 析置永新县, 属安成郡。晋、宋以后因之。隋平陈, 郡废, 县省入泰和。唐武德五年, 复置县, 属南平州。八年, 州废, 县复并入太和。显庆二年, 复分置县, 属吉州。宋因之。《宋志》: 至和初, 析吉水县地置。似误。元元贞初, 升为永新州。明初, 复为县。今城周五里有奇, 编户百八十四里。

永新故城, 县西三十五里。孙吴置县治此, 后废置不一。唐显庆三年移于今所, 兼筑土城, 周不及一里。宋嘉熙元年, 始加甃治, 周五里有奇。元至正十二年, 徐寿辉有其地, 伪相周安据此, 亦修葺焉。明洪武二年增修, 万历二十七年复缮筑, 周围一如旧制。

广兴城, 县西北百八十里。晋太康初置广兴县, 属安成郡。陈永定二年, 以安成所部广兴六洞置安乐郡。隋废。唐武德五年, 复置, 属南平州。八年, 州废, 县并入太和。《志》云: 县西二十里有南平故城, 即唐初南平州治也。

义山, 县东南二十里。峰峦攒簇, 如长幼之有序, 因名。一名永新山。《纪胜》云: 永新山三峰相顾, 势若龙回, 本名龙头山。天宝六载, 改曰永新。其山周回三百里, 远峰去县九十里, 即泰和王山也; 近峰去县二十里, 即义山也。山重嶂起伏如飞凤者, 曰南华山, 相传匡智栖化其中, 今多遗迹。《志》云: 义山北有双冀峰, 西北去县十五里, 两峰并耸; 南有文笔峰, 一名丙峰, 去县六十里, 屹立圆锐。又山上有茭湖及屏障诸峰, 下有聪明泉, 绵亘广远, 西交郴、广, 南控虔、吉, 真巨嶂也。〇东华山, 在县城东, 临溪。林木秀美, 俯映深潭, 为近郊之胜。《志》云: 县东有炽山，周回三百余里，接泰和县界。

秋山，县西北四十里。一名禾山。上有七十一峰，连跨五百里，奇峰累累，与衡、潭相接。山巅平衍，相传曾产嘉禾，故名禾山。又以山在兑方，故曰秋山。其跨湖广茶陵州界者，今曰云阳山。《志》云：禾山最高者为赤面峰，又有白云、凌霄二峰，下为白石室，瀑布悬流，荡为一泓，深不可测，号曰龙溪，亦曰龙门溪，下流为禾江。〇复山，在县西百二十里，与禾山相接，有甘泉、石室之胜。

拔铁山，县西南百余里，周回百余里，接泰和县界。牛吼江出焉。又绥源山，在县南四十里，势连永宁鹅岭，其址可六十里。〇宝仙圣洞，在县东二十五里，深数百步。其阳为玉虚洞，宽敞可容千人。巨石壁立十数仞，上开天门，深可一二里，右为合壁洞，洞门双辟，如合扇然。又石廊洞，在县东，深一二里。又东有元阳洞，距石廊洞三十余里，泓泉涌出，注溉一方，人赖其利。

永新江，在县南。源出禾山，亦曰禾江，东流合琴亭、胜业诸水，至县东，又东会群川入泰和县界，会牛吼江，入赣江。〇琴亭水，在县西七十里，水落入潭，声鸣如琴。自栗传镇合百丈洞水，至西阳江口，与圣业水合，流入禾江。又圣业水，在县西二十里，源出拔铁山，水甘沃，溉田胜于余水，会琴亭水，流入禾江。又黄陂水，在县东南五里，源出绥源山，下流亦合禾江。

上坪镇。县东南六十里。有巡司，明洪武二年置。又禾山寨巡司在县西北四十里，新安巡司在县西北八十里，栗传寨巡司在县西北九十里，俱明初置。

〇永宁县，府西南二百六十里。东至龙泉县二百里，西至湖广酃县九十里，西北至湖广茶陵州二百里，北至永新县六十里。本永新县地，元至顺初，分置今县。城周二里有奇，编户四十二里。

永宁故城，县东五十里。本永新县之胜业乡，元立县于鹅岭之西，谓此城也。至正十二年，县遭兵燹，伪相周安改筑土城于瓦冈，东西距小涧，南阻郑溪，北倚七溪岭，即今治也。明初因之，城寻圮。成化中复修筑。弘治四年，亦尝葺治。

浆山，县西三十里。山周四十里，峰峦峻峭，松林蓊郁，有泉味甘如浆，因名。又小玉笥山，在县西四十五里，周二十里，泉石甚胜，以别于新淦玉笥山而名。又小江山，在县西北三十里，拐湖、鹅岭二水经其下。○拐湖山，在县东南六十里，周四十里，有泉自山腰涌出，直泻山麓，汇流成湖。《志》云：县南一里又有旗山，周回三里许，山势昂耸，如列旗帜。治北又有七星峰，七峰圆布如星。

鹅岭，县东五十里。双峰耸翠，左有巨石，其旁峰峦昂起，如鹅项欲鸣，因名。又七溪岭，在县北十里，两山夹峙，峻险若隘，巷长二十余里，林木交荫，有泉萦回，流为七溪三十六涧。岭北即永新县界也。又银冈，在县西三里，发脉鹅岭，连接七溪，有万马奔腾之势。

浆山水，在县西。来自湖广茶陵州界，东流与拐湖山水、鹅岭水俱汇于双江口，经小江山，萦回百八十里，下接永新江。又鹅岭水，在县治南，自永新县界发源，西流经此，又西北会浆山水。县东南又有拐湖水，自龙泉县界发源，入拐湖岙，亦流会浆山水。○郑溪，在县城南，亦曰郑溪井，溢流而入鹅岭水。

胜业乡镇。县西十五里。《志》云：司旧置于砦头，明洪武五年，以其地僻，移于今所。○砦头隘，在县西南三十里，亦曰四保砦头隘。其地山川平衍，商民辏集，奸盗时有。有间道二：一自隘东北历三阳寨、七里船至湖广茶陵州；一自隘南至木村，抵黄烟堡，入湖广酃县，径路盘错。黄烟堡，向来流寇出没处也，北去县不过三十五里，防御不可不密。

附见：

吉安守御千户所。在府治北。明洪武二年置。又安福守御千户所，在县治东一里，明吴元年置。永新守御千户所，在县治西北，亦吴元年置。○龙泉守御百户所，在县治东，明洪武七年置。三十二年，革。永乐二年，复置，隶赣州卫左千户所。

○临江府，东至抚州府三百里，南至吉安府二百八十里，西至袁州府二百五十里，北至瑞州府百里，东北至南昌府二百七十里。自府治至布政司见上，至江南江宁府一千七百九十里，至京师五千二百三十五里。

《禹贡》扬州地。春秋属吴。战国属楚。秦为九江郡地。汉初，属淮南国，旋属豫章郡。后汉因之。三国吴为豫章、安成、庐陵三郡地。晋、宋以后因之。隋属洪、吉、袁三州。唐因之。五代时，属淮南，后属南唐。宋淳化三年，始置临江军。元曰临江路。明初，曰临江府，领县四。今因之。

府控驭虔、吉，密迩南昌，为舟车四会之冲。孙策下豫章，则留周瑜镇巴丘。陈霸先讨侯景，自南康进顿西昌，见吉安府。将会王僧辩于湓城，屯于巴丘。萧勃自广州举兵而北，其将欧阳頠等与陈人角逐于泥溪、苦竹之间。朱梁开平四年，淮南严可求请置制置使于新淦，音绀，又音甘。遣兵戍之，以图虔州。《志》云：虔州去新淦六百里。正德中，王守仁言：临江居大江滨，与省会近，且当道路冲。盖诚襟要之地也。

○清江县，附郭。汉豫章郡建成县地，晋以后因之。唐改建成为高安，而以境内之萧滩为镇。南唐昇元二年，升镇为清江县，属洪州。保大十年，改属筠州。宋初因之。淳化三年，置临江军治焉。今编户二百五十三里。

都尉城，府东三十里。汉豫章都尉治此，因名，其地属建成县。唐属高安县。五代晋天福三年，南唐置清江县，城址属焉。《城邑考》：今郡城即故萧滩镇，东枕大江，堤岸易倾，向无城池。元大德间，尝伐石修筑陂障，以防水患。至正间，始筑城浚濠，既而东面复圮于江，余亦相继颓废。明弘治十年，因故址筑土垣，周五里有奇，寻亦圮。正德六年，华林贼犯境，郡以无城，不能御。明年，乃甃砖石为城，周八里有奇。后城东南复为江水所坏。嘉靖元年、十四年，及三十九年，历加营葺。崇祯八年，城渐倾圮，旋复修完。十四年、十五年，皆为大水冲啮，次第修筑。城门凡十，为正门者四，余六门，东瞰江者五，以西配东者一，诸门时有启闭，而四正门则否，东面濒江，三面皆有濠，长四里有奇。

新淦故城，府东六十里。汉时县治此。《汉志》豫章都尉治新淦。《郡志》云：南部都尉治所也。建元六年，淮南王安谏伐闽粤书：前时南海王反，先臣使将军简忌将兵击之，以其军降，处之上淦。应劭注：新淦，淦水所出。淦水上流曰上淦也。王莽改县曰偶亭，后汉复旧。晋、宋以后皆为新淦县，属豫章郡。梁大宝初，侯景将于庆略彭蠡以南诸郡，黄法劫屯新淦，庆自豫章分兵来袭，败却。隋始移而西南，为今之新淦县。○瓦城，在府东北四十里，相传五代时，乡豪筑城自保处也。又有吴城，一在府西三十里，一在府西南三十五里，相传杨吴时所筑屯戍处。又有富国城，在府东南十五里，相传南唐积粮处。《志》云：府东三十里有牛头城，东北五里有卢城，西北三十里有樊城。建置未详。

章山，府治西偏。晋时有章昉者隐此，因名。山周二里许，两江环其阳，萧水绕其阴，南连瑞筠山，北接白牛冈诸山，郡城之西皆枕山麓，盖郡之镇山也。《志》云：章山北奠蒙阳，南罗阁筜，西朝渝水，东抱贡章，旧名富寿冈。又城南有瑞筠山，山滨江，周五里。唐僖宗时，尝产瑞竹，因名。城西南十里曰龙冈山，当驿路。又白牛冈山，在城东三里，皆坦夷。○栖梧山，在府西南三十里，绵亘数里，岩谷殊胜。《志》云：山前濒河，有石曰河皋石，昔周瑜尝憩此，今呼为河皋寨。又西南五里曰黄冈山，下为黄冈铺。

閤皁山，府东三十里。山形如閤，色如皂，有峰六、岭四、岩二、原五，其余泉石、池塘之胜，参差不一。相传为神仙之府，道书以为第三十三福地。周回连亘二百余里，东北连丰城，东接乐安，南跨新淦，屹为屏障。《志》云：閤皁山前又有峡山，周九里许。〇紫淦山，在府东四十里，周二十余里。峰峦高数十丈，其色紫翠，淦水经其下。又夏山，在府东北六十里，周十余里，峰峦高耸，有泉可引以溉。县东北二十五里又有云谷山，周十余里，三峰相峙。

银嶂山，府北七十里。特立如障，周十余里，多白石，色如银。或曰：旧尝产银，官收其利，今否。又钟秀山，在府西北三十里，形如卓笔。其对峙者曰孤山，在府西北二十里，苍翠秀拔。

清江，在府城南，即赣、袁二江之合流也。赣水自吉安府吉水县流经峡江、新淦二县，而北至府南十里万石洲南，西会于袁水。袁水出袁州府萍乡县之泸溪，至新喻县，为渝江，东北流，至府南十里而合赣江，绕流经城东而北，谓之清江。明成化末，赣水北冲蛇溪，不复西折，止有横河一线，与袁江相吐纳，于是郡城止临袁江，直至城北二十里，二水复合，水势益大，时有冲啮之患。又十里经清江镇，入南昌府丰城县界，是为剑江。

太平江，府西三十五里。出新喻县蒙山之阳，东南流，为太平江，又东南入于袁江。《志》云：县西南二十八都有太平湖，俗呼大涐湖，有灌溉之利。〇萧水，在府西五里，源出栖梧山，及府西之乌塘，合流而为萧水，绕城西北，复东北流，经清江镇而入大江。中有萧滩，亦曰萧洲。今城西四里有萧洲桥，城东有萧滩驿，皆以此水名也。

蛇溪，府东十里。源自永泰市北五里，分江水为溪流，三十里复与江合。明成化末，赣水暴至，北冲蛇溪，遂成大川，滨溪田土被浸者千百亩,俗呼为铜锣江。嘉靖十二年,尝议塞之,不果。《志》云:赣水今半冲蛇溪,其半自府北十五里废荷湖馆分流,绕余家洲,至清江镇,复合入于江,俗呼入江处为蛇溪脑。永泰市,在府东南十五里。

淦水,府南三十里。汉新淦县以此名。淦邑既迁,水遂属清江县,其发源自府东南茂材乡之离岭,经紫淦山,出洋湖,至清江镇,会蛇溪水,入赣江。○沉香溪,在府东五十里,即阁山水也。其左界水流会淦水,右界水流经清江镇南八九里,折而东,纡回入丰城县界,至小江口入江。

万石洲,府南十里。赣江环其右,袁江经其左,四面滨水,平旷肥饶,岁收常倍,因名。《志》云:洲接新淦县界,其南为南横河,亦曰上横河,地名龙窟口,即赣江会袁江之故道。洲北曰北横河,东出铜锣江口,亦曰下横河。又北即中洲也,在两江中,因名。横广十里,纵二十余里。又北与金凤洲相接,洲盖在府城东南文明门对岸江中,横亘一里,与中洲止隔小溪也。○游家洲,亦在府城南十里,袁江西来北折,洲在其右也,与万石洲相望,一名双洲。又余家洲,在清江镇上流江中,绵亘十里许,蛇溪绕其内,土可树艺,亦为贾人居货处,一名祝家洲。

固本堤,府城东古堤也。赣、袁二水合流东下,最易冲啮。宋嘉定迄咸淳守土者,相继伐石,甃砌为堤,水方顺道。元大德间,亦尝增修。明弘治四年及八年、十一年,相继修筑,始为完固。崇祯十五年,堤坏侵城,旋议筑治。盖缘江西岸之巨防也。又梅家畲堤,在府东十五里。旧有堤,明成化以后为洪水所坏,垂修垂圮,民不能田。嘉靖初,悉力修筑,始不为患。崇祯十一年,复决,寻修塞之。相近有黄家园、郭陀堆、龙潭口等堤,崇祯十二年以后相继崩坏,旋复修治。又钟家园堤,在府东南十余里。《志》云:堤当袁、赣二水之冲,修筑为艰。隆庆三年修成,复坏,以沿堤皆沙砾,易于消溃也。万历中,复尝修筑。

樟树镇，府东北三十里，又东北至丰城县七十里。南北药材皆集于此，本名清江镇。袁、赣二江合流十里，遂绕镇而北，镇因以名。亦谓之鹿渚。《志》云：镇即故新淦县址也。西北面江，其左则紫淦水会蛇溪水入焉。有湖绕其后，曰瓦窑湖。镇周回十里许，为门者四：北出曰大德门，迤北而东曰菜市门，正东曰东门，正西曰秀江门。先是有小溪江水灌入，与瓦窑湖通。后以水患闭塞。明洪武三年，置巡司于此，并置税课局。正德中，宸濠作乱，南、赣抚臣王守仁起兵吉安，会军于樟树镇，即此。○太平市，在府西南三十里，元时有巡司，明初革。又县西南五十里有黄土市，南四十里有长蓝市，今为戍守处。

萧滩驿，旧在城东万胜门外。明万历中，迁于城东北广济门外。又有清江递运所，在城东南清波门外。俱明初置。《志》云：递运所有二：今清波门外之所废，而永泰市之所仍旧。又金凤驿，元置于金凤洲，明初省。

员僚寨。府西南六十里。接新喻、高安两县界，寨盖唐曹王皋所立，同员僚守之，因名。又栖梧山前有故河皋寨，閤皂山南有凌云寨。○曲水桥，在府北三十里，接高安县界，有曲水公馆。水旧自西北来，折而东北，入于清江，今堙。

○新淦县，府南七十里。南至吉安府永丰县百四十里，东南至抚州府乐安县百五十里。本秦旧县，以淦水为名，属九江郡。汉属豫章郡，晋、宋以后因之，皆治今清江县东。隋迁县治南市村，属吉州。唐因之。宋初亦属吉州。淳化三年，改属临江郡。元元贞初，升为新淦州。明初，复为县。今城周三里有奇，编户二百二十五里。

制置城，即今县治。《志》云：唐尝置虔、吉五州巡简使于新淦。五代梁开平四年，杨吴亦置制置院于此。《五代史》：淮南既得吉州，欲遂图虔，用严可求之策，以新淦为都制置使治所，置戍兵城而守之，此即县置城之始也。宋废。元至正十二年,临江军卒刘天祐倡集义兵,树栅自卫。二十二年,知州王贞复修故城遗址。明正德中,县令刘天锡用石甃砌,为门七,后常增修。

泥溪城,县南四十里,临江。梁末,萧勃起兵广州,逾岭而北,遣将欧阳頠屯豫章之苦竹滩。陈将周文育袭据芊韶,頠大骇,退入泥溪。文育遣别将周铁虎袭擒之,即此。〇监军城,在县西十里,地名城口。杨吴置制置院于新淦,又渡江而西置监军营,因筑此城。宋绍定间废。

溢山,县东六十里。山有十二峰。又东十里有伏泉山,山周六十里,上有泉,飞空而下,皎如素练。《志》云:县东五十里有丰城山,山周百里,旧名百丈山,唐天宝六载改今名。

小庐山,县东北六十里。山周百里,上有石池,泓澄如镜。又有石泉,分飞瀑四道,汇于山麓,溉田甚众。〇黄蘗山,《纪胜》云:在县西二十里,临江。县西南八十里有黄蘗馆,盖因山以名。

清江,在县治西,即赣水也。其上流自峡江县北流入县界,又北入清江县境,县境群川悉流会焉。〇象江,在县南五十里,源出新喻县界,东流三十里,合于清江。

泥江水,县南十里。一名泥溪,源出抚州乐安县界,流入县境二百里达于清江。泥溪城以此名。又秀溪,在县东北二十里,其流萦曲,凡八九折而达于清江。〇桂湖,在县治南,一名仓池,余流亦达于清江。又太洋洲,在县北四十里大江中,近清江县界。

栀山镇。县西十里。有巡司。又县南滨江有金川驿。俱明初置。

〇**新喻县**,府西百二十里。西至袁州府分宜县七十里,西北至瑞州府上高县八十里。汉豫章郡宜春县地。三国吴宝鼎二年,析置新渝县,以渝水为名,属安成郡。晋因之。宋曰新俞。齐又讹曰新谕,而县治不改。梁、陈因之。隋平陈,省入吴平县,旋复置,属袁州。唐武德五年,分置西吴洲。七年，省州入县，仍属袁州。天宝以后，又讹为喻。宋淳化三年，改属临江军。元元贞初，升为新喻州。明仍为县。《城邑考》：县城宋靖康初筑，后湮废。明正德中，因旧址筑土城，后常营茸，周不及三里。今编户二百六十七里。

新喻旧城，县南三里。《志》云：袁江南三里龙池墅有城，即故新喻城也。隋大业中，以水患迁治距村。唐武德七年，仍还旧理。大历八年，又以水患迁今治。《志》云：县治南虎瞰山上有钟山府城，隋大业初置，寻废。唐天授初，又置临梁馆于山上。今为县学。〇吴州城，在县北四十里。唐初析新喻为吴州，以距村为州治。武德七年，废州入县，时县尚治距村也。

吴平废县，县东百里。后汉中平中置汉平县，属豫章郡。三国吴改曰吴平，晋、宋以后仍属豫章郡。隋开皇十一年，省入宜阳县。〇治平废县，在县北八十里。唐武德五年置，属吴州。七年废。又广丰废县，在县北八十四里，亦武德中置，寻废。

虎瞰山，县治南。屹临渝水，势如虎踞。又县北十里有蟠龙山，蜿蜒高峻。又铜山，在府西二十里，有铜矿，唐大历中置官场，宋初罢。〇钟山，在县西四十里，西接分宜县界。裴子野《宋略》云：永嘉元年，因洪水，有一大钟从山峡流出，因名。《安成记》：钟山流水阻峻，春夏则湍汱涌沸，喷上白沙如米，两岸石上各九十余里，名曰米沙。居民每视沙之多寡为丰歉之准。《寰宇记》：水南曰南钟山，水北曰北钟山，隋钟山府之名本此。

蒙山，县北九十里。巉岩奇秀，高插云汉，周回百余里，郡西境之望山也。其相连者曰宝珠岭，《志》云：岭在县北八十里。〇百丈岭，在县东南七十里，亦曰百丈山。山顶阔百丈，因名。又县南八十里有绵峰，二峰相距七里许，群山环亘，如屏障然。又仰天冈，在县西北十五里，高耸数千仞，上有仰天池，岁旱不竭，登其巅，一邑之景瞭然在望。

袁江，在县治南。其上流自袁州府分宜县流入界。一名秀江，亦曰渝水。《水经注》以为牵水也。东流入清江县境而合赣江。《寰宇记》：袁水在县南五十步，西至一滩，计长二里，其地险峻，号五浪滩，滩头立五浪馆。〇颍江水，在县东北八十里，出蒙山之阳，合榄陂、禄陂、龙镜诸水，达于清江。《志》云：颍江上流凡八十四源，合流而东南入于渝水。

同水，县西八十里。自分宜县之同村阆岭东流入县界，又南流一百八十里入吉安府安福县界，达于泸溪。

罗溪驿。在县东四十里罗坊市中。明初置。

〇峡江县，府南百三十里。东北至新淦县八十里，南至吉安府吉水县百十里。本新淦县之峡江巡司。明嘉靖五年改置今县，筑城周三里有奇，编户百八十二里。

巴丘城，即今县治。旧《志》：在新淦县南八十里峡江之东，孙吴分石阳县置巴丘县。是也。按：汉建安五年，孙策下豫章，留周瑜镇巴丘。梁大宝二年，陈霸先讨侯景，自南康趋浔阳，屯于巴丘。由晋、宋至陈，县皆属庐陵郡。隋并入新淦。唐以后因之。明初，置峡江巡司于巴丘故城，去新淦阔绝，危溪峻岭，巨盗出没不常。嘉靖五年，守臣钱琦始建议立县，仍因峡江之名，拓巡司故址为治所，负山阻江，称为岩邑。《舆地志》：巴丘故城南有周瑜埭，始瑜入浔阳，破刘勋，讨江夏，定豫章、庐陵，遂留镇巴丘，即此。

石阳城，在县南。旧《志》：在新淦县东南五十里，后汉永元八年，分新淦地置石阳县，属豫章郡。献帝兴平初，孙策改属庐陵郡。晋、宋以后，郡皆治石阳，遂以庐陵县并入。隋改郡为吉州，县为庐陵，而石阳之名隐。《吉安志》云：石阳城在庐陵县北六十里。或曰石阳北去新淦盖百五十里也。

玉笥山，县南四十里。旧名群玉峰。相传汉武帝元封五年，行巡南部，受上清箓于群玉之山，见有玉箱如笥，委坛中，忽失去，因改今名。道书为第十七洞天，第八福地。有三十三峰、二十四坛、十二台、六洞、十一亭、七源、二坞、四谷、三十六洞，其余潭石宅井坡岭名类，不一而足。又有天柱冈，高千仞，形若天柱。陶弘景《玉匮书》云：玉笥山盘踞数十里，地产稻谷肥美，宜避兵。又郁木山，《志》云：在县东南二十里，有郁木洞，即道书第八福地，盖玉笥之支山也。

宝林山，县西二十里。旧《志》：在新淦县南八十里，嵸崖秀胜。又鼎山，在县西三十五里。《新喻志》云：山在县南五十里，顶有泉，下注山腰，如匹练然。山盖与新喻县接界。

峡江，在县治南，即赣江也。自吉水县流入境，经城南而东北出，入新淦县界，江流峻急，势如三峡，故有峡江之名。○黄金水，在县南三十里，水上有黄金山。《纪胜》云：黄金水，在新淦西南百三十里，自新喻东流入断金乡，九十里而达于赣江。又有丰水，亦在县南。《志》云：水在新淦县南百三十里，自庐陵县西北流入境，达于赣江。

玉涧，县南五十里。出玉笥山，回互纤曲，三十六涧之一也。下流入于峡江。旧《志》：玉笥山，在新淦县南六十里，玉涧在新淦南七十里。疑误。

玉峡驿。在县治南峡江滨。明初与峡江巡司同置，北去金川驿八十里。○沙坑砦，在县东北，明初常遇春讨熊天瑞于赣州，至临江平沙坑、麻岭、牛皮诸山寨，是也。《志》云：麻岭山，今在新淦县东八十里。

○袁州府，东至临江府二百五十里，南至吉安府二百四十里，西至湖广长沙府四百三十里，西南至湖广衡州府七百五十里，北至瑞州府三百里。自府治至布政司三百九十里，至江南江宁府二千六百里，至京师六千七十五里。

《禹贡》扬州地。春秋属吴。战国属楚。秦属九江郡。两汉属豫章郡。三国吴属安成郡。晋、宋以后因之。隋平陈，始置袁州。治宜春，因袁山为名。大业初，改曰宜春郡。隋末，林士弘、萧铣相继有其地。唐武德五年，复曰袁州。天宝初，曰宜春郡。乾元初，复故。五代时，属于杨吴，后属南唐。宋仍曰袁州。亦曰宜春郡。元曰袁州路。明初曰袁州府，时龙凤十年，元至正二十四年也。领县四。今仍曰袁州府。

府东屏豫章，西控长沙，山水回环，屹为襟要。由江右而谋湖南，郡其必争之所也。唐末刘建锋等引兵由江西出袁州，袭取潭州。南唐时，欲并湖南，遣边镐屯袁州，密图进取。及湖南乱，镐将兵趋长沙，至醴陵，而湖南降。郡当东西孔道，所谓地有常险也。

○宜春县，附郭。汉县，属豫章郡，武帝封长沙定王子成为侯邑。后汉仍属豫章郡。三国吴宝鼎二年，改属安成郡。晋因之。宁康中，改县曰宜阳。宋、齐以后因之。隋为袁州治，开皇十八年复曰宜春。唐以后皆因之。今编户百五十里。

宜阳城，即今府城。相传城本汉时遗址。《图经》：隋大业末，萧铣陷郡城。唐武德四年，安抚使李大亮筑郡城，周四百八十四步，东西南面开濠，北倚江为濠。长寿二年，迁州治于城东北二百步。开元八年，复议迁州治于江北袁山之南，不果，遂展故城直南二百余步，去卑湿而就爽垲。建宁二年，尝筑罗城千五百余丈，又筑外城浚濠。其后又展城之东南面。五代唐天成三年，杨吴尝增葺，以备守御。长兴四年，复修浚。南唐时，复以砖石甃东南面子城。宋大中祥符间，因旧城修筑，周七里二十步，子城周一里一百二十步，北枕秀江，三面为濠。建炎初，复增修之。开禧中，又复增治。其后相继缮修。元至正十二年，为徐寿辉将欧祥所据。二十二年，城归于明太祖。洪武四年，又加修筑。天顺七年，水溢城圮，寻修复之。弘治六年至正德七年、九年、十五年，皆经葺治。嘉靖以后，复屡修筑，有门四，城周八里。

袁山，府东北五里。峰峦秀拔。晋隐士袁京居此，因名。其北曰小袁山，回耸相对。又震山，在府东十里，一名马鞍山，山下有岩，幽晦深险。唐卢肇《记》：其山本名呼冈，在城东方，望之正若冠冕，同麓异峰，四首相属，两仰成形，如画震卦，因易其名。又东十里曰雕山，高百丈，周二十里。○坤长山，在府西南七里。山自坤方来，连亘甚远。一名旗山。

仰山，府南六十里。周数百里，高耸万仞，绝高处可仰不可登，因名。盖州之镇山也。其最胜者曰集云峰，山中石径萦回，飞瀑湍驶，夐异人境。又小仰山，在府南三十里，亦高秀。晋邓表修炼于此，一名邓表峰，又名水晶山。○蟠龙山，在府南五十里。自山椒至巅，凡三十六曲，上有蟠龙寺，唐末南平王钟傅所建。峭壁奔湍，为一州之胜。又木平山，在府南七十里，有三峰挺秀，高胜与仰山相埒。

将坟山，府西百里。周四十里，高三里。相传汉武帝时，有将军易洸者，领兵至宜春，卒于此，因葬焉。又望凤山，在府西北七十里，周六十里，高三里，中有一峰如凤。○老山，在府西南六十里。崇高峻拔，山巅飞瀑，下注为清沥江，北流入秀江。

严岭，府北五十里。山势峭拔，自下而上，有小径十八折，顶名仰公山，下有小溪，溉田甚广。相近者曰石桑岭，地多怪石，有石门，自门登岭，凡百余丈，上有民居。又五虎岭，在府北六十里，五岭相连，形势如虎。○大军岭，在府西北九十余里，周回十五里，山腰有泉，名水浆湖，相传隋末战场也。

南源岭，府东四十里。岭凡五，俗称南源五岭。又涧布岭，在府南六十里，与吉安府安福县接界。宋嘉定四年，尝于此置寨，以遏郴寇。又分水岭，在府东南六十里，与严营山砦相近，皆防扼峒寇之所。○将岭，在府西百余里，上有黄王寨。又四望岭，在府西南七里，高可四望。《志》云：府东十里有羊角峰，双耸如羊角，一名双箭峰。又耸翠峰，在府西三十里，峻壁孤峙平原之上。

万胜冈，府东五里。五代梁乾化四年，淮南将崇景以袁州叛附于楚。杨渥遣柴再用讨之，败崇景于万胜冈，崇景弃州遁，是也。又牛栏峡，在府东二十里，左有金黎山，右有银屏山，相对若栏。《志》云：袁有三峡，谓牛栏峡，与分宜之钟山、昌山二峡也。○化成岩，在府西北五里，下瞰秀江，绝顶有浮图。宋绍圣中，郡守王古所建，为登临绝胜处。又石乳洞，在府东三十里，阔数丈，深一里许，或谓之石室山。又府西三十余里有石屋山，洞深百余丈。又漠塘洞，在府北六十里。初入阔可数丈，有潭水流洞外，继入小洞渐远，一窦通明，地名带塘，距漠塘已二十余里，深不可测。乡民尝于此避寇。

秀江，在府城北。亦曰袁江，亦曰渝水，《水经注》以为牵水也。源发萍乡县罗霄山，东流经府西十五里，为稠江，至城下，为秀江。下流三百里，经分宜、新喻，至临江府合大江。○清沥江，在府西南六十里，源出老山，经府西三十里之巩溪，又经府西十五里之丫山，分二派：一为府西南十里之官陂水，一为古江。官陂江又分二派：一为府西南五里之司黎江，亦名沙陂江；一为府西五里之新江，又会为麟桥江，以入于秀江。麟桥江，亦在府西六里。古江则旧傍山流，今涸为田矣。

仰山水，府南六十里。源出仰山侧，东北流经府东北十五里广顺桥下，入于秀江。又九曲水，在府南五里，地名山口。其水萦纡曲折，经县东三十五里赤桥下，入于秀江。又鸾溪，在府西北六十里，下流亦入秀

江。〇东湖，在府城东，旧为名胜，岁久湮废。宋嘉定十三年开浚，今复
废。府西十里又有石湖，余址仅存。《志》云：府城西又有西池，唐乾元
中，刺史郑审所开，为州之胜，今亦废。

李渠，在府城西，源出官陂口。《唐书》：袁州西南十里有李渠，引
仰山水入城。元和四年，李将顺守袁州时，州多火潴，居民负江汲溉甚
艰，将顺以州城地势高，而秀江低城数丈，不可堰使入城，惟南山水可
堰，乃凿渠引水，溉田二万。又决而入城，缭绕闾巷，其深阔使可通舟，
经城东北而入秀江。邦人利之，目曰李渠。自唐以后，守土者相继修浚，
渠屡废而复治。明初，亦尝浚复，谓之西陂。又有益州塘，在城西北，亦
唐元和中李将顺所筑，广三十亩。形家以为塘于州利益，故名。中有二
岛，曰卧龙洲。自塘穿渠，绕州治，与李渠接，又东流经县南赤板桥，入
石塘，今堙。又雷塘，在府东北七里，方三顷。或云即雷潭也，秀江所汇
而成。《郡志》：潭在府东北七里，今皆堙废。

宜春泉，府西四里。《唐志》：宜春泉酝酒入贡。《寰宇记》：宜春
县有暖泉，从地涌出，夏冷冬暖，清澄如镜，莹媚如春，饮之宜人，故以
名县。《晋·地道记》：县出美酒，随岁举上贡，盖因此水得名。或谓之灵
泉。今府治西北有灵泉，盖故迹已堙也。〇泞泉，在府北三十里，溉田万
余亩。又泉坑，在城南一里，东流至赤板桥，入秀江，溉田万亩，冬夏不
竭。

涧布镇，在府南涧布岭，有巡司。又黄圃巡司，在府西百里。俱明
洪武初置。又废税课局二：一在府西百里，景泰三年革；一在城北，嘉靖
三十七年革。《志》云：县东北旧有河泊所，正统十四年革。〇秀江驿，
亦在府城北，旧为秀川公馆，明洪武初改置驿。

宜春台。在府城内东南隅。高五十丈，周览川原，实为壮观。又仙
女台，亦在城东南隅，与宜春台相望。城西南隅曰凤凰台，枕城为台，楼

观突兀。《志》云：宜春有五台，城南十五里湖冈山有湖冈台，西北化成岩曰化成台，与城内三台为五也。

〇分宜县，府东八十里。东至临江府新喻县七十里，西南至吉安府安福县二百里，北至瑞州府上高县百四十里。本宜春县之安仁镇。宋雍熙初，析置分宜县，以分自宜春而名，属袁州。元因之。县旧无城，明正德七年始兴筑，城垣卑薄。嘉靖三十七年，以旁郡寇起，因议增筑。三十九年，城成，周四里有奇。编户一百九里。

钟山，县东十里。山有巨石，临江如峡，亦名钟山峡。峡长九十余里，与新喻县接界，峡中之水即宜春江也。〇昌山，在县西二十里，周回十八里，下瞰秀江。《志》云：山旧名伤山，崇山对峙，袁江出其间，巨石截流，潺湲激湍，舟行上下，辄多覆没。晋永嘉四年，罗子鲁于山峡堰断为陂，灌田四百顷。时以伤非善征，改名曰昌。唐会昌中，太守郑望夫复修堰溉田，后人思之，名峡中石曰望夫石，亦曰昌山峡。又玉冈山，亦在县西二十里，卓立如玉，其下盘回平衍。

台山，县北二十五里。山顶平旷，广数亩，若台。又贵山，在县北四十里，地产铁。《唐志》宜春县有铁。宋雍熙初置贵山铁务，盖以此，后废。又三峰山，在县北百里，亦高秀。〇袁岭，在县西北十余里，七峰耸起，如列戟然。相传汉袁闳尝避地于此。其第三峰之麓有洪阳洞，仙人葛洪、娄阳栖真处也。洞门东向，高数十丈，初入平夷明爽，益西则盘回峻阻，石室深邃。中有流泉，春溢冬涸。又有小洪阳洞，在洞之顶，门甚厄，中可容千百人。《志》云：洪阳洞，在县西十五里。又仰岭，在县南六十里，极高峻，登之可瞰吉安城。

灵仙洞，县北三十里。险峻崎岖，仰视石屋，如云霞往来之状。又桃源洞，在县北百三十里，高峻幽邃，洞口空明，东北行半里许，有石室，极虚旷，益折而北，泉石益胜，不可穷诘。距桃源洞二里，曰风洞，居山之阳，厄不可入，旁有流泉，水石参错，清风出焉。○钤冈，在县南二里秀江南岸。群峰回合，如列屏障，冈独端秀巉重，正与县对。登其上，则四远皆在目前。《志》云：冈延袤数十里，而至城南，新泽水出其右，长寿水出其左，而夹于山末，故名曰钤。又仙女台，在县东南五里，群山环抱，一峰高耸。

县前，江在县城南，即秀江也。自宜春县流入界，经昌山峡而东，澄澈环抱，出钟山峡，入新喻县界。○岘江，在县南五十里，自南境之双源、里源发源，会于雷同岭下，入章豁，至石磊下，为岘江，筑陂溉田数千亩。《志》云：县南五十里有双溪水，亦两源合流，出雷同岭下，会章豁，入岘江，合于秀水。

杨江，县西北四十里。东南流会于秀江。县北八十里有杨桥水，南流六十里注于杨江。县西北三十里又有野江，亦南流入秀水。又赤江，亦在县北，流三十里，经县西二十五里之江斜潭，出昌山峡而合秀江。○严塘江，在县东南三十里。《志》云：发源自檀溪及李家砦，出水口，会新喻江。又渭江，在县东三里，自新祉江流出七里坑，合秀水。

介溪，县北十五里。源出北境之介塘，渟汇清澈，冬夏不竭，溉田千余亩，东南流十余里，出县东五里耽江桥，会秀江。又竹桥水，在县东北二十里，自台山发源，下流出小江口、白米渡，会于袁河。○汉江水，在县南五十里。其源左出仰岭，右出县南五十里黄真人台，旋绕而南，至泉江山下，二水相夹，出安福同桥、庐陵板陂，至吉水同江，会入大江。

西冈湖，在县北二里。广六十丈，灌田数百亩。又落星湖，在县西五里，广五十余亩，其深莫测。相传唐时本民居，夜见巨星流止其屋，旦遂成湖，因名。○源涧泉，在县南泉源岭下，溉田百余亩。

安仁驿。在县治东。以县旧为安仁镇也。明嘉靖三十五年，移置东门外。○峡山寨，在县南，其地山峻水险，高岩峭壁。相传唐李克用曾驻兵于此，遗址尚存。又白斜寨，在县北，亦昔时屯戍处。○万年桥，在县治东，跨秀溪上。明嘉靖三十五年建，酾水十一道，长百二十丈，称为壮丽。

○**萍乡县**，府西百四十里。西至湖广醴陵县百二十里，西北至湖广浏阳县百四十里，西南至湖广攸县二百七十里，东南至吉安府安福县二百九十里。本宜春县地。三国吴宝鼎二年，析置萍乡县，属安成郡，以楚昭王渡江得萍实于此而名。晋仍属安成郡。义熙中，尝封何无忌为萍乡县公。宋、齐仍曰萍乡县。隋属袁州。唐、宋因之。元元贞初，升为萍乡州。明洪武二年，改州为县。今城周不及八里，编户百三十一里。

萍乡故城，县东五十里。亦名甘卓垒。《城冢记》：晋太兴元年，陈敏僭王江东，与杜弢谋相应，元帝遣镇南将军陶侃水陆二道来伐，又使甘卓领兵至县东筑垒，连接五所，即此地也。《志》云：垒东近泸溪镇，有圣冈岭，众山迤逦，苍翠重重，即甘卓筑垒处。又有石室，与垒相近，四围高峭，中虚如室。隋、唐以后，迁县于今治。元为州治。至正十二年，徐寿辉将欧祥由湖南来寇，守臣别速坚遣兵御之，战不胜，州陷。十四年，湖南官军吴天保以所部答剌军克复州治。未几，复为祥所陷。二十二年，归于明。旧未有城，正德七年筑土城。嘉靖以后，屡经修筑。

罗霄山，县东六十里。高数千丈，延袤百余里，下有石潭，深不可测，秀江之源出焉。又武功山，在县东百二十里，与罗霄山相接。宋绍兴间，峒寇猖獗，州将赵崈统军剿捕，立栅山上，至今樵者犹得断戈遗甲。一名葛仙峰，相传葛玄炼丹处。山之下有罗霄洞。《志》云：武功山根盘八百里，跨袁、吉二郡界。○毛仙山，在县东二十三里，宋时置毛山驿于山下，为往来通道。又九巍山，在县东七十里，以连带九峰而名。

山侧二峰峭拔，若双鹤飞舞之状，名曰仙鹤岭。

杨岐山，县北七十里。相传杨朱泣岐之所。或作炀岐山，云隋炀帝曾陟此。一名玉女峰。又楚山，在县北九十里，相传楚昭王曾经此，山巅有昭王台遗迹。○案山岭，在县北五十里，左右两山相峙，中平如案，因名。有亭曰高安，为往来休息之所。又马迹岭，在县南七十里，平夷修远，相传甘卓曾经此，马迹犹存。

里大洞，县南三十里。山圆如覆钟，有两洞相接。上洞口在山趾，石田广袤。下洞口出山腹，巨石如屏。中有小溪。宋建炎初，避乱者多归焉。巨寇张成攻围数日，洞中人仰射，贼有死者，乃却。两洞广可容千人。○下石坡洞，在县西北四十里，有巨石窒其门。宋靖康中，巨盗曹成辈劫掠乡井，里人相率去石入洞避难，洞空旷，可容千人，一夫守之，寇屡攻莫能入。又曹源洞，在县西二十里，深广可容千余人。宋建炎间，居民尝避寇于此。

县前江，在县治南，即杨岐水。发源杨岐山，西南流四十里，过县前，又九十里，入醴陵县之渌江。亦谓之萍川水。○罗霄水，在县东南四十里，出罗霄山，分二派：东流为卢溪水，入宜春县界，谓之秀江，即袁江上源也；西流入醴陵县界，合渌水。

新江，县东三十里。唐咸通中，郡守颜退福奏开，以通湖南，才十余里而辍，故迹犹存。又泉江，在县东三十里，有泉出江中，因名。下流通罗霄水。○寒泉，在县东二十里官道傍，溉田甚广，大旱不竭。《名胜志》：县西八十里有萧仙潭，汇五溪之水而成，俗传萧史尝游此。

草市镇，县西八十里，有巡司。又县东九十里有大安巡司，县北九十里有安乐巡司。俱明初置。又湘东市，在县西三十里，旧有湘东驿，宋建炎间移于县西三十五里之黄花渡，有黄花桥。元驿废。《舆程记》：湘东去醴陵县八十里。又废爱直驿，在县东三十里，亦宋置。又东二十里为卢溪镇，以临卢溪水而名。《志》云：卢溪通舟楫，有小市，为县津要。〇宣风镇，在县东七十里，宋时置宣风驿，后废。镇东西凡三里，为水陆之冲。

萍实桥。 在县西南，以楚昭王得萍实而名。杨吴时，置桥跨县前江上，后圮，明初复建。《志》云：县西北七十里醴陵界有香水渡，此为楚昭王渡江得萍实处。

〇**万载县**，府北八十里。东至瑞州府上高县百有五里，西至湖广浏阳县二百五十里，北至南昌府宁州三百六十里，东南至分宜县百三十里。汉建成县地，属豫章郡。三国吴黄武中，析置阳乐县。晋太康初，改曰康乐，仍属豫章郡。宋、齐因之。隋省。唐武德五年，复置阳乐县，属靖州。八年，州废，省县入高安县。五代梁龙德元年，杨吴顺义元年也，始置万载县，属袁州。南唐保大十年，改属筠州。宋开宝八年，仍属袁州。宣和三年，改县曰建城。绍兴二年，复故。旧无城，明正德六年始筑土城御寇。八年，城始就。十三年，复增筑之。未几，圮于洪水。嘉靖初重筑，二十一年、四十三年，皆尝营葺。万历初，复甃以砖石。十六年以后，修葺不一。今城周六里有奇，编户百有四里。

康乐城，县东二十里。《邑志》：县东隅有康乐城，元末红巾刘仁据县时筑，周五里。即此城也。明洪武初，仁弟敬来降，城遂废。

龙山，在县治后。龙江经其下。其势崒嵂，来自衡、霍，为县之镇。官衙缀倚其麓，俗呼官山。又紫盖山，在县西北十五里，山势崇耸，屹若车盖，旧名云盖山，后改今名。又银山，在县西十五里，山有巨石，洁白如银。中有洞，可容数百人。寇乱时，民多避其中。〇稳山，在县西八里，两山对峙，中通一径，俗呼为稳山关。其相接者曰坤山，耸峻嵯峨，林箐丛密，东曙不及，惟斜阳可到，往来者皆经其上。又东岐山，在县东七里，与上高县接境，委蛇屈曲，路径多岐，有峰曰鹅鼻。元虞集以为似蜀中之鹅鼻峰,因名。县东南五里又有鸡笼山,平地突起,周围盘旋,巉石壁立,有泉四时不竭,近时尝置营于其上。

汤周山,县西三十里。延袤峭峻,巨石清流,遍满山谷。相传晋安帝时,有汤、周二士得仙于此,因名。又峰顶山,在县西南三十里,高可望郡城。有泉清冽,可以灌溉。《志》云:县西八十里有书堂山,山谷深郁,常有云雾,世传晋习凿齿尝居此。又有东台山,在县西南九十里,山皆石壁,巉岩峭拔。○九龙山,在县西百里,山有九峰,嵯峨秀丽。又西二十里曰铁山,地产铁,与浏阳县分界。

清泉山,县东北四十五里。林木森耸,瀑布悬流,俗谓之小仰山。又四十里山,在县北三十五里,林麓深邃,延袤旷远,周围恰四十里。又五雷山,在县北二十里,有五山相连。○皂山,在县北六十里,屹然突立,山色似皂,与瑞州府新昌县接界,一名连香岭。又北十里曰谢山。《志》云:邑人谢仲初昇仙于此,因名。泉石甚胜。又龙门山,在县北九十里,群峰环耸,盘踞如龙,中有坻路,状如龙门。

十八渡岭,县北四十里。旧时路在岭下,循环一水,往来凡十八渡。后人辟路岭上,遂免迂涉。又浮楼岭,在县东十里,巑岏秀丽,两山突出如角,远观若楼浮云中。○大关岭,在县西六十里,群峰耸翠,中道崎岖,俗呼大官岭。又白水岭,在县西八十里,高数十仞,岭下平坦,广袤数里。中有小溪,水色常白。县西百里又有大阳岭,岭周百里,形势陡峻,曙光先照,至昏不冥。

○**龙江**,县北五里。源出县西百二十里金钟湖,东经大关岭,过龙山为龙河,又东入瑞州府境而为蜀江。《志》云:金钟湖水分二派:东流为龙江,西流入浏阳县之浏水。又县西六十里江中有鱼鳞滩,江水迅急,乱石横列如鳞,因名。县东北二里又有龙洲,洲广数百亩,石洞水与龙江水合流处也,亦曰龙河渡。○多江,在县北七里,龙江、石洞二水相合后，溢流旁出，至此平浅，涸露小洲，三五纵横，支流合派，因名。盖即龙河之别流矣。

石洞水，县西南十里。源出县南二十里竹山洞，北流经杨河山，会白沙水，过县治南南浦桥下，绕学前，为学前江。又东北出城，合于龙河。《志》云：学前江有三源：一源即石洞水也。一源出鹅鼻峰，西流近城，伏地里许，而复出为坞溪，入城会学前江。一源出城东南厂塘，西流入城中，分两派，夹流而北，会学前江，亦谓之二江。

锦江水，县北三十里。源出谢山，下流入于龙河。县东北三十里又有康乐水，亦出谢山，东南流，至县东二十里之丘江，而会于龙江，或谓之谢江水。○野猪河，在县西三十里，亦出金钟湖，北流过鱼鳞滩，为深潭，会竹洞水而合龙河，其水迂回旋绕，奔腾峻急，舟行者患之。又剑池水，在县西九十里。其地有灵栖岩，池水出焉。别有曾家源水流合剑池，下流出沙江桥，入金钟湖。

铁山镇。在县西铁山下。有铁山界巡司，明初置。又高村镇，在县西二十里，旧有巡司，元末废。明洪武四年复置，十二年革。○鄢玉寨，在县西汤周山下，宋靖康中寇乱，邑人鄢玉者率乡民立寨御之，故址犹存。又黎源村，在县北百二十里，为府境之要害。明万历二年，群寇侵犯，官兵讨之，贼首杨青山遁入黎源峒天井窝，依山为险，事平，置黎源哨，设官兵守之。后渐废。崇祯六年，复设以御楚寇。《志》云：万载之黎源，与奉新之百丈、新昌之黄冈、靖安之双坑、武宁之黄竹五洞相连，俱潜通大沩山，冈岭重复，亡命者多阻险其中。万历三年以后，余孽犹啸聚于此。五年，抚臣潘季驯议立黎源哨，又添兵守铜鼓营。崇祯六年，土寇猖獗，黎源亦为防御要地。

附见：

袁州卫。在府治东，明洪武元年置。

读史方舆纪要卷八十八

江西六 赣州府 南安府

○赣州府，东至福建汀州府五百里，南至广东翁源县界五百二十五里，西至南安府二百五十里，北至吉安府陆路四百二十里，水路曲折七百里，东北至建昌府七百五十里。自府治至布政司千一百八十里，至江南江宁府二千八百一十里，至京师五千六百七十里。

《禹贡》扬州地。春秋属吴。战国属楚。秦属九江郡。两汉属豫章郡。三国吴属庐陵郡。《晋志》：孙皓析庐陵地置南部都尉。晋改置南康郡太康二年，改庐陵南部为南康郡。《志》云：永和三年，始自雩都移治赣，介章、贡二水间，即今府治。宋为南康国。齐复为郡。梁、陈因之。隋平陈，改置虔州。大业初，复为南康郡。唐复曰虔州。天宝初，曰南康郡。乾元初，复故。五代时，初属淮南，后属南唐。唐末虔州为卢光稠所据，朱梁命光稠为百胜军节度。贞明四年，淮南克虔州，亦曰百胜军节度。南唐因之，寻改曰昭信军节度。宋仍曰虔州。亦曰南康郡、昭信军节度。绍兴二十二年，改曰赣州。《宋中兴小历》时校书郎董德元上言：虔州号虎头城，非佳名也。廷臣议州名，有虔刘之义，因改名赣州。元为赣州路。明洪武二年，改路为府，领县十二。今仍曰赣州府。

府接瓯闽、百越之区，介溪谷万山之阻，为岭海之关键，江湖之要枢。江右有事，此其必争之所也。战国时，楚尝使吴起南平百粤矣。自秦迄汉，皆出五岭，威百粤，赣之不能无事可知也。晋之末造，徐道覆自始兴而北，陷南康，而庐陵、豫章以至寻阳，无完堵焉。陈霸先奋自始兴，进军南康，赣石既捷，而霸业以成。隋之末也，林士弘窃据虔州，睥睨江、汉。李靖既平萧铣，急击灭之。唐之季世，卢光稠既得虔州，复逾岭而南，并有韶州，以二州之众，雄峙于淮南、岭表两大之间。及光稠末，淮南亦急图虔州，以为苞桑之计。宋绍兴中，岳飞经略江、湖，讨平群盗，既克虔州，贼势益蹙。景炎之际，文天祥拮据岭表，疾争虔州，以为北顾之基。明初，既平伪汉，削清支党，急下赣州，既而进规广东，命将出师，一军自赣州而南矣。武宗之世，强藩桀逆，衅起豫章。王守仁潜师图其后，而贼亡忽焉。然则分旄建阃，列为雄镇，非徒震慑奸顽，肃清蛮左，亦以控扼上流，犬牙内地。庙堂伟略，不可改也。弘治七年，始添设抚臣于赣州。虽然用兵者知其常而不通其变，弹丸赣州，其足为将来之鉴者，又可胜道哉！

○赣县，附郭。汉县，属豫章郡。后汉末，改属庐陵郡。晋初，属南康郡，寻为郡治。宋以后因之。隋初，改县曰南康。大业初，复故。自是州郡皆治此。今编户百十二里。

赣城，即今府城。汉置。《志》云：汉兴，立赣县，筑城以防尉陀，今府西南益浆溪城是也。晋太康三年，县移治州东北葛姥故城。东晋永和中，县为郡治，太守高琰筑城二水之间。刘宋昇明中，县又移置于赣水东三里。梁承圣初，复迁赣水南。唐贞观中，又徙今治。光启中，刺史卢光稠斥广其城，东西南三隅凿为隍。宋皇祐中，太守孔宗翰以东北隅易垫甃石，冶铁锢之。熙宁中，守刘彝于城下开水窗三，时启闭以防水患。自是相继修葺。元初，城毁。至正十三年修复，十八年陷于陈友谅，使其将熊天瑞增修。二十二年，城归于明太祖。二十五年，增修，城北阻二水，其形三隅，南衍而北锐。成化二十一年，以城圮修葺。弘治六年及九年、十三年，皆经营缮。正德六年，又复增筑。十三年、十四年，皆以久雨城圮，修完如故。嘉靖以后，递经增葺，号为雄壮。旧有门十三，元塞者五，明塞者三，今仅存五门。城周十三里有奇。

葛姥城，府东北五里。《冢庙记》：葛姥者，汉末避黄巾贼，来自交趾，赀财巨万，僮仆数千，于此筑城为家。今有葛姥祠，即城故址云。

贺兰山，府治西北隅。其右隆阜突起，为文笔峰。绵亘而东，为白家岭。《志》云：山即郁孤台，昔人因高筑台为登眺处，以郁然孤起而名。后夷为平地。明正德十一年，培之使高，为郡形胜。又天竺山，在府东四里贡江东，山高秀。相接者曰伏龙山，林木阴翳。又东一里有佛日峰，旧称名胜。○玉房山，在府东南二十四里。本名赤石山，中有玉房琼室，唐天宝六载改今名。又汶山，在府东三十里，有昇仙峰，巨石盘亘，下有潭，广数十丈，亦曰文潭岭，有文潭隘，为设险处。

崆峒山，府南六十里。一名空山。其麓周回百里，章、贡二水夹以北驰，盖一郡之望也。《志》云：山南十里有四会峰，与崆峒对峙，东距龙江。其上方平，容数百人，旁有小径可跻，井源不涸。昔人多避兵于此。又九峰山，在府西南三十里，根盘数十里，屹立高耸，南向崆峒，北拱郡治。○蛤湖山，在府西北三十里，一名三阳山。上有三峰，下有龙湫，与崆峒相对，为郡城后屏。又顺山，在府北百二十里，抵万安县界，怪石万丈，历三十六坳，乃至其巅。相近者曰龚公山，唐隐士龚毫栖此，因名。峰岩泉石,绵延襟带,旧称名胜。府北六十里又有黄唐山,高千余丈,水石林泉,与龚公山相埒。

回军岭,府东四十里。相传黄巢兵犯境,里人御却之,因名。又罗龙岭,在府东南八十里,路通信丰,行者常憩于此。《志》云:府北百二十里有分水岭,与万安县分界。又有黄竹岭,在府西北百四十里,路出龙泉,岭畔多竹,因名。○妙高岭,在府北八十里,旧名虮岭,高出群山。又通天岩,在府西二十里,岩洞高广,其半壁又有望归岩,甚幽胜。《舆程记》:府东六十里有岑口冈,又东六十里即雩都县。

赣水,在府城北。其上源为章、贡二水。贡水,一名东江,源出福建长汀县新路岭,西经瑞金、会昌及雩都县境,南北支川悉汇入焉。又西至府城东,环城而北,会于章水。章水,一名西江,源出南安府聂都山,一云出湖广郴州黄岑山。自宜章县东流,经崇义、大庾县及南康县境,亦会支川而东达府城西,环城而北,会于贡水。自此名赣水,北流三百里,至吉安府万安县。其间有九滩,曰白涧滩、天柱滩、小湖滩、鳖滩、大湖滩、铜盆滩、落濑滩、青洲滩、梁口滩,俱属赣县。又经九滩,乃至万安,所谓十八滩也。江在县境者一百八十里,滩之怪石如精铁,突兀廉厉,错峙波面。其上流在信丰、宁都者,石碛险阻,尤甚于十八滩。孟浩然云:赣石三百里,沿洄千嶂间。是也。梁大宝初,高州刺史李迁仕以侯景之乱入援,台城陷,迁仕等散还,至大皋口遂反,遣兵入赣石,拒陈霸先于南康。寻为高凉太守冯宝妻洗氏所败,遁走。洗氏会霸先于赣石。明年,霸先发南康。赣石有二十四滩,会水暴涨,高数丈,三百里间,巨石皆没,遂为安流。五代梁贞明四年,淮南攻虔州,严可求先以厚利募赣石水工,大兵奄至城下,州人始知。盖郡恃赣石为险云。余详大川赣江。

长步水,府西北四十里。源出黄塘山,流四十里入赣水。又龙溪水,在县北百里,源出黄竹岭,流入赣水。又梁水,在府北百六十里,源出府东北百四十里之龙头岭，西流入赣水。梁口滩在其处。○湖洲，在府北八十里，突起江中，周围数里。又北十里曰米洲，以沙白如米而名。

桂源镇，府北百五十里，接万安县界。有巡司。又磨刀寨巡司，在府东北百里，接兴国县界。俱明初置。又府西六十里有长洛巡司，亦明初置，嘉靖中革。○下窑隘，在府南。《志》云：府南又有文潭隘，俱路出信丰县。又兜坑隘，在府西，路出南康县。府西北又有庙前隘，路出龙泉县，山径险阻。又婆婆隘，亦在府北，路通万安府。东北又有黄土岭隘、屋岭隘，俱道出雩都县。《志》云：府东南有牛岭隘，境内又有背岭隘，俱设兵戍守处。

水西驿，在府城西。元为水西站。明洪武初改为驿，五年，并置递运所于此。又攸镇驿，在府北百二十里，元曰攸镇站，明初亦改为驿。《舆程记》：自驿而北，至万安县之皂口驿百里。○黄金税课局，在府西。相近曰大壶税课局，府东又有社富税课局。俱明初置。

古亭。在府西。五代梁贞明四年，淮南攻虔州，州将谭全播求救于楚，楚遣兵屯古亭以救之，为淮南将张宣所破，即此。○东桥，在府城东建春门外贡水上，旧名东津渡。宋绍兴中，郡守洪迈始创浮梁，后修废不一。又西桥，在府西西津门外章水上，旧名知政渡。宋熙宁间，郡守刘瑾始造浮梁，后亦屡经修废。明弘治中，建督抚，始立关征，以资军饷。东西两桥，皆掌之官，以时启闭，每年税课，凡三万余金。

○**雩都县**，府东百五十里。东至瑞金县二百里，西南至信丰县百三十里，东北至宁都县二百里。汉置县，属豫章郡，因雩水为名。后汉因之。三国吴南部都尉治此。晋初为南康郡治所。永和中，属南康郡。宋、齐以后因之。隋、唐属虔州。宋属赣州。今编户十五里。

雩都故城，在县东四里东溪上。《志》云：县本南海揭阳县也。汉高帝六年，使灌婴防赵陀，立县于此，后皆因之。陈永定中，徙治县东南之大昌村。隋复旧治。唐贞观中大水,安抚大使任怀玉移治南康故郡城,即今治也。五代梁贞明四年,淮南攻虔州,闽兵屯雩都以救之,寻引还。旧有土城,宋绍兴十五年甃以砖石,明年为水所圮,开禧三年补筑。绍定中增修,元毁。至正十三年,因旧址修治,南临大江,三面为隍,功未及竟。明成化二十一年修筑,弘治二年增葺,十四年、十八年,皆尝营缮。正德四年,广东程乡贼越城劫掠。八年,增高旧城三之一。十四年、十五年,皆圮于霖雨,旋复修治。嘉靖以后,不时营葺,城周五里有奇。一云汉雩都故城,在今县西北五里。

雩山,县北三十五里。高耸干霄,盖古望祭之山也。雩水出其下,县因以名。又太平山,在县西北八十里,瀑布幽兰,人多游赏,今有太平公馆。相近者又有夜光山,本名峡山,唐天宝六载改今名。○高沙宝山,在县东北百二十里,两峰壁立,势如伯仲。宋时有樵者遇白兔,逐之入地,掘地尺许,银矿溢出。《志》云:县东二百六十里有珠玉山,山高峻,尝产珠玉,本名官山,唐天宝六载改今名。

白云峰,县西四十里。有三洞联络,各容百余人。上曰白云嶂,中曰太虚岩,下曰龙岩,溪流贯注其间。五代晋天福八年,南汉循州贼张遇贤作乱,逾岭趋虔州,攻陷诸县,作宫室营署于白云洞,四出剽掠,南唐兵击灭之。○固石洞,在县东北百里。宋绍兴三年,岳飞讨群盗于虔州,贼彭友悉众至雩都迎战,飞擒之,余党退保固石洞。洞高峻,环水,止一径可入。飞列骑山下,令皆持满。黎明,遣死士疾驰登山,贼众扰乱,弃山而下,骑兵就围之,贼窘,乞降。

雩都峡,县西北五十里。峡长而险,前临大江,崖壁陡绝,约二十余里,为县之噤喉。《志》云:峡中有米沙洲,长二百余丈,其沙三角,与常砂异,色最白,人视其厚薄以占米价。又寒信峡,在县东北六十里,崖壁夹峙,每岁峡中先寒,因名。○通岩,在县南十里,山腰前后洞彻,中通人行。

雩水，在县城南。源出雩山，西南流，入贡水。《志》云：雩水上流，宁都江挟石城水自东北来会，昌江挟安远、瑞金水自东南来，皆绕雩城而西北出峡。又西则兴国江水自西北来，又前二十里则信丰江挟龙南水自西南来，皆与雩水合，径郡城东，会章水。《志》云：上流之滩，其名曰葛溇、八赖、井洲、鸬鹚、药口、大傅、车头、小万、苦竹、长滩、率口、牛牯，凡十二滩，大都皆在县境也。

宁都水，县北百七十里。自宁都县南流，合群川之水而入雩水。又曲阳水，在县东北百九十七里。其地有曲阳山，水源出焉，南流会境内诸小水，入宁都水。又渡水，出县东北百二十里之龙山，南流会曲阳水。○化龙水，出县西北五十里鸡公山，西南流，入于贡水。

平头寨，县东北百里，路通闽广，当五峒、七径之冲。宋绍兴中，岳飞平固石洞贼，遂于是地建寨，亲率麾下筑之，寨成，立司招收义军捍御。明初设巡司。又青塘寨，在县北百八十里。宋绍兴中，岳飞收峒寇，功成，以其地界三邑之冲，置寨于此。明亦设巡司。又县东北有印山巡司，明初置，嘉靖中废。

磜下隘。在县西北。又有龙潭、峡口、马岭、牛岭等，共五隘。《志》云：县东有佛岭隘，又东有葛坳隘，县东南则有左坑、丰田二隘，皆明洪武中置。弘治九年，又于县东置银坑隘。大约最切者为丰田、左坑、牛岭三处。闽、广有事，窥伺必先经此。

○信丰县，府东南百七十五里。东至会昌县百五十里，南至龙南县二百七十里，西至广东南雄府二百四十里，西北至南安府百五十里。汉豫章郡南埜县地。三国吴为南安县地。晋为南康县地，宋、齐以后因之。唐永淳初，又析置南安县，属虔州。天宝初，改今名。旧有土城，宋嘉定三年修筑，后圮。明洪武二十三年重筑，成化元年复增修之，二十三年为广贼所陷，旋复营葺。正德九年，复加营葺。嘉靖十六年，城为水圮。十七年、二十三年，修筑崇固。隆庆以后，又尝增修。今城周三里有奇，编户六里有奇。

穀山，县西十五里。高耸插天，雄据一邑。山腰有石岩，顶有池，称奇胜。《志》云：县南二里有南山，峭拔屹立，北拱县治，县之案山也。○巫山，在县西北四十里，有岖岭，上多怪石，与南康县分界处，巫水出其下，流会绵水，入于桃江。又犹山，在县西百二十里，山分九十九面，多产异药。

香山，县南七十里。盘亘三十里，有九十九峰，小溪十八派，分流山下。又大龙山，在县南百二十里，上有岩洞数十，俗称为仙窟。《志》云：县南四十里有三明山，三峰鼎峙，石塔五层，顶泉澄泓，盛夏不竭。又禾溪山，在县东八十里，怪石峭峻，下有溪流，荫田数千顷。其相峙者曰企岭山，顶尖如笋，群山莫并。○廪山，在县西北三十里，石圆如廪，高千五百余丈。山下有湖，与南康县接界。

铁石岩，县西南二十里。巅有二门，中容百人。又有石井，昔人多避寇于此。又西南六十里有黄石洞，泉石深险，人迹不到。○塔石，在县西南二百里，前有石寨二，大可容数百人，小容百人，亦昔时避兵处。

桃江，在县东。源出龙南县冬桃山，北流曲折，凡五百三十里，经县界，又北入于贡水。县境群川皆汇于此。亦谓之信丰江。《志》云：桃江两岸巉岩险峻，有滩十六，曰乌漾、枯木、三折、梓木、石濑、龙江、圆潭、上寒、下寒、上智、咽人、三港、下顺、剑门、车轮、断龙诸滩，而乌漾尤峻险，舟楫难通，近年始凿云。

绵水，县东三十里。其地有绵山，水源出焉。北流至乌口，入于桃江。又巫水，在县东四十里，源出巫山，抵樟塘，会龙湖，入桃江。县南又有和溪，出安远县界和口龙湫，亦北流入桃江。○黄田江，在县西南，源出南雄府界，抵黄田务，可通舟楫，又东二百里而入桃江。又城北有北江，源出犹山，流百四十里而入桃江。《志》云：县西南百余里有安息水，出安远县界，流至龙湖口，入桃江。又有小河，亦在县南，有上龙、箬坑二水流合焉，入于桃江。

新田镇，在县东南。有巡司，明初置。《虔台说》云：县境东南接安远界，由安远转入长宁，其间黄乡等处，脱有不逞，路必出新田，故巡司之备御为切。而石背堡，又在新田东南，先时盗丘永全据此，其地阻险，民强悍，此又新田之唇齿也。〇石口隘，在县东。又有鸦鹊隘，路通会昌、安远二县。县西又有九里、竹篙二隘，路通大庾县及广东之保昌县。又陂头、平冈、杨梅三隘，俱在县南，路通龙南县。

楠木峡隘。在县北。路出赣县、南康，有一夫当关之险。又有岖岭隘，亦为道出南康之险径。〇镇南堡，在县西南，路出广东始兴县，实为要地。又有南大方隘，在县西南，与保昌接壤。又有九渡水隘，亦接保昌，并两省分界，为保御要区。嘉靖间，邑民凿石开河，遂通舟楫，为行盐捷径，然奸宄逋逃，不可不防其渐也。

〇兴国县，府东北百八十里。东至宁都县二百里，西北至吉安府泰和县百五十二里，东北至吉安府永丰县三百二十里。本赣县之潋江镇。宋太平兴国七年，割赣县、庐陵、泰和三县地置兴国县，以年号为名，属赣州。旧无城，元至正十二年始筑，后圮。明成化二十一年，修筑。弘治六年、十八年皆增葺。正德五年，为流贼所破，寻修复。七年、十三年，圮于霖雨。嘉靖十四年，又为江水所圮，皆次第葺治。自后屡经营缮。城周五里有奇，编户五十九里。

平固城，县北百六十里。三国吴析赣县地置平阳县，属庐陵南部都尉。晋太康初，更名平固县，属南康郡。桓玄篡位，封安帝为平固王，是也。宋亦为平固县，齐因之，隋省。《九域志》：赣县有平固镇，县故赣地也。

灵山，县东十五里。有五峰连络，曰狮、象、香炉、钵盂、锡杖，下有玉珠泉。县西十五里又有玉山，高出众山之上。○莲花山，在县东百四十里。宋末文天祥驻兵山下，累石为城，基址犹存。相接者曰崖石山，亦天祥屯兵处。

覆笥山，县北百七十里。东望金精，西望芙蓉，北接青原，南瞰章、贡，为邑境群山之宗。《真仙通鉴》：山顶有湖，周数里，多灵草药物。又方山，在县东北四十里，山分四面，上有仰湖，旱潦如一。旁有岩，俗以为仙灵窟宅。或云：山即方石岭，宋景炎二年，文天祥败绩处。似误。《志》云：县东十五里有方石，其形如印。亦非也。方石岭，见庐陵县。《疆域考》云：县北百二十里即庐陵县界。

潋江，在县东北。一名平川。源出县东北二十里蜈蚣山，西流经县西北蓝陂会潋水，又西北会黄田水，凡二百六十里，通平固江口，入贡水。又潋水，在县西，流经城东南，至东洞口二百余里与潋水合，又北六十里至平固江口，又八十里入贡水。《志》云：县东二十里有龙下川，源出县东北境之曹溪，西流三十里，合潋水，入贡江。

长信泷，县东二十五里。永丰、宁都诸水入县界者，皆汇流于此。狂澜奔驶，声吼如雷，俗呼上曰哑滩，以舟过禁声也；下曰泥滩，以深不可测也。又衣锦泷，亦在县东，以乡名衣锦而名。崖石层起，如人跨马。谚云：龙下三泷，舟楫莫当。盖在龙下川中。相近有狮子滩，以形似名。

衣锦寨，在县东，有巡司。县北又有回龙寨巡司。俱明初置。又梅窖隘，在县东，亦曰梅窖关，路通宁都、雩都二县。正德中，闽、粤流寇犯县，由此突入，最为要害。相近有龙子、刘坑、油洞、塞上、岫口洞诸隘。《虔台说》云：县东南有牛扼岭、竹竿洞、观音岭诸隘，皆峭险，而梅窖尤为保障重地。○方石岭隘，在县北，亦曰方山岭厄。相近有杨梅径厄，又东为壕头、花桥等隘。又槎园冈厄，在县西。相近有南村洞隘及温坡埠头隘。自西而南，又有垓头坪隘、墟下隘、峡田隘及龙沙庙前厄。县南又有荷树皮隘及企岭坳厄。旧俱为戍守处。

空坑。在县境。宋景炎二年，文天祥复梅州，引兵出江西，复会昌县，败元军于雩都，围赣州，分兵复吉、赣诸县。元李恒遣兵援赣，而自将攻天祥于兴国，战于方石岭，天祥军败，至空坑，兵尽溃，妻子及幕僚客将皆被执，唯天祥逸去。○钟步镇，在县北。李恒攻天祥于兴国，天祥遣兵战钟步，不利，即此。

○会昌县，府东二百里。东南至福建武平县二百十里，西南至安远县百四十里，东北至瑞金县百六十里。本雩都县之九洲镇，宋太平兴国七年，析置会昌县，属虔州。绍定四年，升县为军。咸淳五年，复旧。元元贞初，升为会昌州。明洪武二年，复为县。《城邑考》：县故无城，宋绍兴间创筑。明洪武二十一年增修，正德七年缮葺。嘉靖三十七年，城圮于洪水，旋复营筑。城周不及三里，编户九里。

明山，县北隔河二里。邑主山也。寒泉飞瀑，巨石蹲峙，下有五坡石。又县北五里有三门洞，湘洪水所经也。○古方山，在县东十里，高出群山，壮观一邑。《志》云：县治西北有铁山，旧产铁，今否。纡徊清丽，颇称胜概。

四望山，县南一百二十里。清秀如画，东通福建武平县界，南抵广东程乡县界。相近为雁门峡。《志》云：峡在羊角江上，两岸皆高山，中立三石，破江水为三道，亦号三门峡，舟行甚险。又有圣姑石，在县南百十里，滨江，以形似名。○盘固山，在县东南百二十里，以石壁盘旋而名。中有罗汉岩，有池，俗讹为盘古山。其相近者为军门岭，两山对峙如垒，相传昔时屯军处。又有汉仙岩，一名汉溪岩，深广数十丈，奇胜不一。又君山，在县东南百八十五里，与盘固山相接，高秀重叠，有类台榭，一名女娲宫。《纪胜》云：雩都君山北距盘古山五十里。是也。

九仙岩，县西北五十里，深广三里许。又县南百里有萧帝岩，一名佛图岩，可容百余人。相传齐武帝赜为赣令时，曾避难于此。○会昌峡，在县西北百里，两山夹江，水流成漩，即湘洪水所经也。又余侯峡，在县北百里江上。又有石门，在县北七十里，临江浒，两石屹立如门。

湘洪水，县北五里。上流合绵、湘两江，西北入雩都县界。其深莫测，怪石参差，舟行甚艰。○湘水，在县南，源出广东程乡县界，西北过龙石，会绵江。又会君山、盘固、峤墨、斗湾、洛口、上林诸水，为湘洪上源。中有十滩，舟行甚险。又羊角水，在县南百二十里，旧名郎溪，东达武平县，南达程乡县，为县境襟喉。《志》云：羊角水，又湘水上源也。

荣阳水，在县东南。上流会东水及上辅水，共流一百九十里，抵广东海阳县界，会韩江入海。

湘乡镇，县南八十里。宋置巡司，明朝因之。又承乡巡司，在县北八十里，宣德中置。县西旧有河口巡司，嘉靖中革。○羊角水隘，在县南。《志》云：县东之水自武平来者为湘江，自汀州来者为绵江，合流经县之东北，屈曲萦回，三面阻水，独以一面南扼闽、广之冲。羊角水正南距广界，联石窟等巢，东面距闽壤，接悬绳等巢，贼欲过江西，必从此入。西则掠南、赣，北则扰吉安，实为咽喉要地。嘉靖中，添设官兵，以为防守，与长宁营相崎角，足为缓急之备。又有湖界隘、清溪隘，亦俱在县南。又县东南为羊石隘，西南为牛券山隘，东北为分水隘，并为戍守处。又晓村营，在县西，有军戍守。稍东南有长沙营，正德中置，嘉靖中废。

○安远县，府南三百四十里。东至长宁县八十里，南至定南县百二十里，西北至信丰县百七十里，东南至广东程乡县三百里，西南至广东龙川县三百五十里。本雩都县地，萧齐建元初尝析置安远县，属南康郡。永平八年，并入虔化县。梁大同十一年，复置安远县，仍属南康郡。隋废入雩都县。唐贞元四年，复置，属虔州。宋因之。元至元二十四年，省入会昌县。至大三年，复置。旧无城，明洪武初始筑土垣。成化二十一年增修，弘治四年始甃以砖。正德十三年雨圮，复经葺治。嘉靖四十年、四十四年、万历五年，俱经营葺。城周二里有奇，今编户四里。

　　欣山，县南十五里。高峻插天，盘亘数百里，高五百余丈，凡十有二面，岩池泉石，游者欣然，因名。其水南流，入广东龙川县界。《志》云：欣山相接者又有九龙嶂，上有龙潭。又铁山，在县西七十里，宋有铁场，元废。又顶山，在县东南二百里，双峰耸翠，甲于闽广之交。

　　打鼓岭，县南十余里。岭势嵯峨，上有石鼓。又熊岭，在县东二十里，高逾二百丈。县南三十里又有南径岭，上有径路，长数十里。〇莲花岩，在县西二十五里，泉石奇胜。又龙清岩，在县东百二十里，大小穴数十处，岩前清流萦带。

　　安远水，在县治西北。源出县东南二十里乌田尾，流经此，亦谓之濂江，会紫岭、欣山、上濂、里仁、小华江诸水，西至板石镇，始通舟楫，至会昌县界，合流入贡。〇三百坑水，在县南四十里，有三百坑，水源出焉。东流一百五十里，至九洲河，始通舟楫。又二百五十里入广东龙川县界而为东江。

　　板石镇。县西北七十里，与信丰县新田巡司接界。明宣德十一年设司，当粤寇出没之境，捍御最切。又大墩巡司，在县东，明初置，嘉靖后废。《会典》：万历四年，移司置于长宁县之丹竹楼。〇太平堡，在县东。又东有修田坊。又龙安堡，在县东南，堡北有濂江坊。皆县境巡戍处。

　　〇**宁都县**。府东北三百六十里。东北至建昌府广昌县百二十里，东至石城县百里，东南至瑞金县百七十里，西北至吉安府永丰县二百八十里。汉雩都县地。三国吴嘉禾中析置阳都县，属庐陵南部都尉。晋太康元年，改曰宁都，属南康郡。宋、齐以后因之。隋属虔州。开皇八年，改县曰虔化。唐仍旧。宋绍兴二十三年，复改县曰宁都。元元贞初，升为州。明洪武二年，复为县。今编户百二十五里。

宁都旧城，志云：旧在县西五里，本宁都之虔化镇，宋大朝五年移县于此，隋改县虔化，仍移今治。《通志》：宁都废城有三：一在县南五十里白鹿营，吴时阳都县治也；一在县北阳田营，晋太康中所徙治也；一在县东北三十里，地名徐观，刘宋昇明中所徙县治也。今治盖隋大业中所徙。《城邑考》：县有二城：一曰子城，唐大和六年创筑。五代周显德五年，南唐增修。宋建炎中为寇所毁，绍兴初重筑，周仅一里有奇。庆元、绍定间，皆尝增修，寻圮。外城始筑于宋绍定六年，嘉熙元年，城始就。元延祐二年重修，至正六年增葺。明正统十年、成化二年、二十一年，皆经营治。弘治十四年、十五年增修。正德六年、十一年、十三年，皆修城浚濠，称为完固。嘉靖四十年以后，屡经缮治。城周四里有奇。

虔化旧城，在县西五里。宋大明五年，以宁都县之虔化屯立虔化县。萧齐因之。隋开皇十八年，并入宁都，仍改宁都为虔化。

陂阳废县，在县南。沈约曰：吴立陂阳县，属庐陵南部都尉，寻废。晋太康五年，徙揭阳县治焉，属南康郡。寻改曰陂县。宋复曰陂阳县，仍属南原郡。齐因之。梁、陈间废。今为陂阳乡。

金精山，县西北十五里。群山联络，延袤四十余里，中有黄竹、赤面、三岘、冠石诸寨，自昔避兵处也。《志》云：山有石室，两面悬岩百余丈，圆如鼓，一名石鼓山。《隋志》虔化县有石鼓山，是也。《名山记》：金精十二峰，峰头皆石，望之如阵云，道家列为第三十五福地。相传秦、汉间，有张芒女，名丽英，字金华，得仙于此。长沙王吴芮伐闽越，道经山下，遣委禽焉。女曰：山有石室，中通洞天，能穿石，当尔见。芮遂大发兵，攻凿既通，女忽乘云上升，曰：我为金星之精也。山因以名。今自洞而登，可三四里，最险侧，山顶平衍，有竹树泉池之胜。兵乱时，守拒于此，寇不能窥。○官人山，在县西十里，石崖环列，一线仅通，登者必扪萝而上。其顶平旷，岩泉奇胜。山之麓有泉有湖，俗谓之小桃源。唐季黄巢之乱，官隶多避难于此，因名。山之东北有箕筥谷，亦与金精相望，地多修竹，又有飞来、狮子二峰及翠岩诸胜。《志》云：谷在县西北七里，下临江，有洲浮卧江中，状如游鱼，巨浸不没。一云，游鱼洲，亦曰双鱼洲，在县南一里。

凌云山，县北二百里。高数百丈，迤逦而上，临川、庐陵诸峰列列皆见。左有石峰插岵，下有龙湫。又蒙山，在县北二十五里，山间云气蒙蒙，悬崖飞瀑，幽胜不一。上多岩穴，大小凡数十处。○莲花山，在县西二十五里，峰峦矗岵如莲，顶有三峰，中有仙女湖，下有龙湫。又东华山，在县西北二十里，隔涧为青阳洞，奇岩峭壁，修竹茂林，澄潭清澈，奇胜与东华相埒。

武头山，县东四十里。发脉闽中，盘据数十里。原名虎头山，唐讳虎，改今名。○梅岭，在县北六十里。又北六十里至广昌县，亦谓之修岭，古多梅树。汉武帝时，闽越反，使诸校屯梅岭。《汉书》：元鼎十五年，杨仆愿击东越，屯豫章梅岭以待命。《索隐》曰：豫章县西三十里有梅岭，在洪崖山，当古驿道。或曰非也，时赣地皆属豫章耳。《括地志》：梅岭在虔化县东北百二十八里。

梅川，在县东北梅岭下。经麻源、丁坡、梅口，东南会白沙、白鹿水，东北会鳌溪、小溪水，为东江。西北会龙溪、桃溪，为西江，流经雩都县，为宁都水。《志》云：梅川流至雩都，有十八滩，水石峻峋，舟行绝险。又宁都水，即梅川异名也。《志》云：自梅川分流，由县东北折而西南，经县南一里，有散水、箕筥、曲阳、黄沙、长乐五水，参差流合焉，入雩都县境。今县南二十里有钩洲，湾环曲折，形如钓钩，地不数武，舟行必迂回半日始达，盖梅川之锁钥矣。

清音水，在县北。源出县东北天株山，过径步、钓峰、绵口、陈池、城口、崔坊，会王观渡诸处而入西江。又新吉水，在县西北百十里，下流会李家山、大树岭二水而入东江。○虔化水，出县北二百四十里之唫山，接抚州府崇仁县界，流入县境，亦会于梅川。又有璜溪，在县南三十里，流出梅川，形如半壁，下流仍合焉。

下河寨。在县东南八十里。路通闽越，山泽寥廓，易为奸宄窜匿，有巡司戍守。○排云隘，在县西南三十里。又县西有青塘隘，县北有石涂岭隘。《志》云：石涂岭山谷险蠈，岩洞幽深，奸民每薮匿于此，防维最切。其东又有大树岭厄。又修岭隘，在县东北。稍西为洛马径厄，县东有东龙隘及田埠厄，县东南则下河隘也。县南为长胜隘、白鹿隘。皆设兵戍守处。

○**瑞金县，**府东三百八十里。东至福建汀州府百里，西南至会昌县百六十里，东北至石城县百四十里。本雩都县地。唐天祐元年，杨行密析雩都，象湖镇之淘金场，置瑞金监。南唐保大十一年，升监为县，仍属虔州。宋因之。元大德初，改属会昌州。明初复故。《城邑考》：县旧有城，元至正十三年修筑，周不及二里。二十三年，城归于明太祖。明年，增修。成化中，甃以砖石，周五里。正德元年增筑，九年、十三年及嘉靖十九年，皆以雨圮修复。二十年、三十七年，复缮筑。隆庆四年、万历十四年以后，相继修治。城周十里有奇，编户八里。

铜钵山，县西北五十里。巉岩高耸，虽天气晴朗而烟雾常幂，其顶举目千里，下有井曰龙井。又陈石山，在县东北五十里，有岩深广十丈余，上有将台，有兵寨，内有剑门、九曲洞、龙湫、龙池诸胜。相传陈霸先尝寄迹于此，因名。○石门山，在县西四十里，巨石峻峭如门，止容一骑。

北隘岭，县东北七十里，接福建长汀县界。又大厄岭，在县东二十里，路通闽、广。

绵江，在县治东南。源出陈石山，流五十里至县前，合贡水。又合乌村智水、铜钵山灞水、罗田浮图水，流入会昌及雩都县境。《一统志》：绵水有二源：一出福建汀州府界白头岭，一出陈石山，合流入贡水。○源水，在县城东，或曰即绵江支流也，经城东南，复合绵江。

瑞林镇，在县西北八十里，与宁都县接界。有巡司，防雪竹岭，黄土坳之险。又湖陂巡司，在县东北，防鹅公崠、黄竹岭之险。《志》云：鹅公岭厄，路通石城，高险难以屯兵。○黄沙隘，在县东南，路通汀州，平坦可以据守。其在县东境者，大约有车断、陈峯、日东、黄竹、湖陂、平地六隘，皆路出长汀等县之道。其桐木、新中、新径、塔径、桃阳五厄，则东南出武平之道也。皆骑岖险仄，防守甚难。又有桃阳崠东、卢公坳等隘，亦在县东南，为长汀、武平必由之道。县北之罗屋礤、寒鸡山，为宁都、石城接壤之所，去县险远，防虞不易。

古城镇。《舆程记》：县东南水行四十里至古城，又陆行五十里至汀州府。

○龙南县，府南四百十里。东南至广东和平县二百二十里，南至广东河源县三百十里，西南至广东翁源县三百里，西至广东始兴县二百三十里，北至信丰县二百七十里。唐信丰县地，天宝初置百丈镇，寻曰虔南镇。五代时，杨吴曰虔南场。南唐保大十一年，升为龙南县，以在百丈龙潭之南也，仍属虔州。宋因之。宣和三年，曰虔南县。绍兴三十二年，复曰龙南。元至元二十四年，并入信丰县。至大三年，复置，属宁都州。明初复故。《城邑考》：县有土城，宋隆兴元年创筑，周不及二里。明成化初增修，甃以砖石，以御闽寇。弘治元年，闽寇犯境，复缮修防御。明年，增葺。正德七年、九年、十三年，皆经营治。嘉靖三年，霖雨城圮。十年始修复。万历三年以后，屡经营缮。今城周不及三里，编户五里。

灵应山，县北二十五里。冈峦重复，吞吐烟云，望之如列画屏，山艰水，昔有僧飞锡得泉，因名。○清修山，在县南四十里，高千仞，上平

坦,登高四顾,迥出尘俗,泉石林竹,俨若洞天,因名。又上皇山,在县南
三十里,山势高耸,林木森郁。其南五里曰油瓶山,路自上而下,平临溪
滨。中有岩洞,左钟右鼓,亦名钟鼓岩。《志》云:县南五里有芙蓉山,以
高秀如芙蓉而名。又南三里曰五公山,五山并列,朝拱县治。

君山,县南七十里。下有古城濠堑,巨石峭壁,疑昔人拒寇处。县南
百里又有归美山,高数百丈,四面岩险,中有自然石城,周三百步。左右
石峡,皆高五六十丈,势若双阙,一名神阙山。亦名龟尾山,以与龙山相
对,俗谓之龙头龟尾。又帽山,在县南百五十里,以圆耸得名。相接者为
银山。○冬桃山,在县西南二百里,上多桃树,经冬始熟。下有溪流,名
桃川。冬桃隘在其上,东通和平,西通始兴,据险当关,可制三面,向设
官兵更番戍守。其相接者曰大岳山,亦高险。《志》云:县西南八十里有三
指山,三山如指并列。相近者曰松林岩,中宽广,岩背有峰卓立,半壁间
开一窍,时平则闻鼓乐声,将乱则闻钲角声。

樟山,县西百五十里。两山相夹,险厄可守,樟木径隘在其下。又水
尾山,在县西百二十里,高百丈,林木蓊然,横于江水之尾,因名。县西
四十里又有尖子山,尖入青冥,群山莫及。《志》云:县西七十里有葛溪
山,下临溪水。又西十里为金竹山,山多竹。○障川山,在县东百里,一名
水口山,怪石磊落,麓盘三江之口。

玉石岩,县北五里。有石莹如白玉。山半有洞,广数十丈。宋太宗
赐书百二十卷,邑人依岩建阁藏之。旁有巨人迹,下有王迹寺。治平间,
赐额曰普和。此为上岩。岩后层层深入,登高台,有大窦通天,亦谓之通
天岩,空阔明爽。明正德十二年,督臣王守仁平龙川浰寇,班师作《平南
记》,刻于洞壁。此为下岩。下岩之后有洞六七,视二岩尤胜。○油潭岭,
在县东南百三十里,抵龙川县界。《志》云:县南二十五里有颗岭,八十里
有菖蒲岭,下有涧,俗讹为婆岭。百五十里有大、小白岭,或谓之南北岭,

接乳源县界。又黄牛石，在县南百里，溪涧错流，俱合于桃水。

桃水，在城西。源出冬桃山，会岳山、银山、马坑、黄牛石、南北岭、颗岭、帽山、筋竹山、三指山、尖子山、婆岭、樟木岭、水尾山、葛溪山诸水而北流。《志》云：县有濂水、渥水，皆会溪涧诸流，至县北二十里与桃水合，谓之三江口水。北流经信丰县为桃江。《通志》：三江水中有大龙滩，飞湍急驶，如建瓴然。操舟者以善没为业。○窎源水，在县西北二十里。《通志》云：源出峰门犁壁山，合上坪岭、鹞坑、窑坑诸水，至窎口溪入三江口水，或以为即渥水也。犁壁，《郡志》作犁鼻，在县西三十里。又廉水，在县东北。《通志》云：源出安远县，合黄土岭、程岭、约溪、横冈诸水，北流入三江口水。《郡志》：黄土岭在县东南四十里，程岭在县东南八十里。盖即濂水矣。

南埠隘。在县东南上蒙保，密迩浰头、岑冈，旧称厄塞。又樟木厄，在县西大龙保之樟山下，路出始兴。又横冈隘，在县南太平保。《志》云：隘南通浰头，西通翁源、龙川，山径崎岖，带以回溪，仅容一马，可谓天造地设之险。县西南新兴保又有冬桃隘，在冬桃山上，与乳源县接界。皆设兵戍守处。

○石城县，府东北四百六十里。东至福建宁化县九十里，东南至汀州府百七十里，北至建昌府广昌县百五十里，西至宁都县百里。本宁都县之石城场，南唐保大十一年，升为县，以山多石，耸峙如城而名，仍属虔州。宋因之。建炎末，始筑土城。明洪武初，增修，寻圮。正统间，为闽寇所陷。成化二十三年，复修筑，以御闽寇。弘治四年、十八年，皆增修。正德六年、十年、十三年，皆经营缮。嘉靖三十五年，洪水城坏，旋复修完。城周不及三里，编户九里。

西华山，县西五里。旧名乌石嶂，高千仞，俯视城郭。相接者为五龙岩，两岩奇峭，潭倚山隈，相传五龙窟穴其中。《志》云：县南六十里有中华山，一名凿龙山，产佳茗。〇廖家山，在县东三十里，峭峻幽邃，人迹罕到。又赖家山，在县南七十里，跨汀州瑞金境，上有三峰突立。

牙梳山，县北百里，盘踞广昌及宁化二县境。有三十六面。元时有蔡五九者，聚为巢穴，元兵讨之，不能克。今寨址犹存。〇大夫嶂，在县西北十五里，中凡三十六岩。宋崇宁中，进士陈邦光居此，因名。

洪石岩，县南四十里。攀磴而入，石门宽衍，如屋，有甘泉涌出。其北曰倒岩，转而南为狮子岩，四面峭壁，路止一线。又通天岩，在县南十五里，石壁峻峋，深若巨石，登其巅，方平若原。〇笋石，在县东十里，高百余丈。其山皆石，望之若丹霞。又石梁，在县南三十里，两石夹涧，上架修梁。一名仙女石，以秦、汉间仙姑刘瑶英得名。

瀶水，在县城东南。源出县东八十里之遥岭，合境内古文江诸水，西南经瀶口，入宁都县界，会虔化水入贡水。又琴水，在县东，源出县东北鹰子冈，南流入瀶水。〇鱼骨潆潭，在县东七十里万山间，石岩倒垂，小潭深靓，岩上飞瀑，下蔽潭口，称为奇胜。

捉杀寨，在县西。有巡司，明初置。本在县北，嘉靖初移于此。又探石寨，在县西南十里。两寨对峙，各有石磴，绝处用木梯，顶开石门。元末避兵处。又石耳寨，在县西南十五里，形势陡绝，旁有石磴，顶有石门，亦元人避兵处也。〇赖家寨，在县西南四十里。寨险峻，悬木梯数丈，半崖有石磴，扪萝而上，可容数百人。元末乡人避兵于此。

镇淮堡。在县东南，地名淮上。蹊径旷僻，通长汀、宁化，向为盗薮，因置堡设兵，防御攸赖。又县东南百里有古楼崃之三途朗村，系汀州府界，旧亦为盗薮。明嘉靖末，屡犯县境及瑞金诸处，官兵讨平之。〇南岭厄，在县北。又有坝口、羊畲二隘，皆通广昌之道，而南岭尤为要厄。又站岭厄，在县东十五里，接宁化县界。西有铁树厄，路通宁都县。县南九十里有蓝田隘及秋溪隘，路出瑞金县。《志》云：县有义丰场。

《宋国史》：天圣四年，虔州石城产银，置义丰场。是也。

〇定南县，府东南四百六十里。东北至安远县百二十里，东南至广东龙川县五百十里，南至广东和平县九十里，西至龙南县九十里，北至信丰县二百四十里。本龙南、安远、信丰三县地。明隆庆元年，抚臣吴百朋剿抚下历、高砂二巢，奏置县。二年，始设定南县，仍属赣州府。三年，筑城于高砂之莲塘，周二里有奇。万历五年，改拓。九年，淫雨城坏，寻复修筑。崇祯十三年，复营治。今城周三里有奇，编户四里。

文昌山，在县治东城内，旧名高寨冈。乱时居民尝于此避寇。又三台山，在县南，隔河，三峰横列，中一峰突起，下有小山如印，亦曰印山。又西华山，在县西郊外三里，道达龙南及赣县，为往来憩息处。又龟尾山，在县西四十里，与龙南县分界，高约七八里，称为幽胜。〇太湖山，在县东北五十里，高数百仞。县北四十五里又有神仙岭，发脉于此，皆耸秀为邑境之望。明嘉靖末，抚臣吴百朋破贼于岭下。

杨梅山，县北百里。为县境要隘。明嘉靖四十五年，贼魁赖清规等为乱，郡守黄庡单骑入下历招抚之，贼防稍懈。抚臣吴百朋督参将蔡汝兰等进兵，首破杨梅牌，断贼右臂，遂夺神仙岭。贼惧，退保铁炉坑，败奔樟木岭。复败，东走入粤境。官兵追至九曲水，会水涨，贼溺死甚众，获渡者趋入羊石、铙钹二寨，又径奔铜鼓嶂。铜鼓为广东龙川县地，向为贼薮。既而官军破羊石、铙钹二寨，旋破铜鼓，贼夜走葫芦洞，不能达，还奔匿苦竹嶂林中，遂自杀。高砂渠谢允樟悔罪来降，于是置今县。铁炉坑、铙钹寨诸处，俱在广东龙川县境。九曲水，在县东南，亦接龙川县界。

程岭，县西北六十里。水分二流，与龙南县接界。又指挥嶂，在县东四十里，嶂高峻，而中平洼，有窝可容数千人。元时尝有指挥屯兵于此，因名。瀑布悬流，可供游赏。又华竹嶂，在县东七十里，顶有长流水，莫知其源，山下田资其灌溉。县东百十里又有苦竹嶂，草木蒙丛，苦竹尤多。〇五虎岩，在县城东南，接和平县界。《志》云：县城南隔河不一里，以山顶分水为界，即和平县境，为江、广分疆处。

岑冈，县西二十五里，与龙南及广东和平县接境。旧为贼薮。明嘉靖三十年，贼李鉴招集益众，遂肆猖獗，官军进讨，贼保据岑冈大巢。官兵攻围急，贼溃围走，官兵追败之于东坑，又败之于青草洲、梅子山、五花嶂诸处。贼走入翁源县境，据险固守。官军四合，贼不得逞，遂谋遁。官兵败之于沙木、于铅厂、于关田、于寒峒、于峡径，贼势蹙。会有潜谋通贼者，贼得逸去。明年，贼自岑冈退据沙溪，官军复败之。既而袭我军于稳下，官军稍却，寻以势蹙来降，于是岑寇始平。万历十四年，和平盗李珍等复据岑冈作乱，以上陵为巢，官兵讨之，由下河桃树坳进，直至贼巢，平之，因设岑冈营。东坑诸处皆在龙南、翁源县境。稳下，在南安府大庾县。上陵、下陵亦在县西南数里，与和平县接界。

九洲河，县东北百里。会高砂、横江，下历、杨梅诸水，流入广东龙川县界。中有廉子、曲滩、鹅叫三滩，滨河有猪婆岩，皆峻险。〇员鱼溪，在县东北百里，源出南康坳之分水，会龙头岭下诸水，流入信丰县界，经龙洲及内江渡，会大河。大河，即桃江矣。《志》云：龙头岭下水，在县东北百二十里。又有角坝水，在县北六十里，出县东七十里院径山。县北七十里有城门水，其地有石壁如城门，水出其中。又有咸水、径水，亦在县北七十里，亦出南坑。诸水俱流经咸湖，会龙南桃水。

下历镇，县东四十里。有巡司，明洪武初置。本隶龙南县，成化二十三年，以闽寇数犯龙南、安远，因增兵防守。嘉靖四十五年，抚臣吴百朋平下历逋贼，拨官兵镇守，以御岑冈余盗，因筑砖城，周里许，遂移巡司于城内。后镇守官兵渐弛，而巡司如故。崇祯初，广贼作乱，移安远太平营兵守下历，而巡司改置于龙南县冬桃隘。〇鸡脚寨，在县东五十

里，以形似名。四围峻绝，止一径可上。相近为白云寨，以高耸接云而
名。又马头寨，在县北七十里，形似马头。顶上宽平，容万人，登高则四远
皆见。有石井，四时涌出。寨下周围皆水，极深无底。中有数石步出水面，
登寨者必由此石渡，避乱者往往保此。相近又有石寨，四围石山崒嵂，
中突起一峰，居民常保此，寇不能犯。《邑志》：境内诸寨之得名者，凡
十五处，而鸡脚等寨尤为险峻。

阳陂隘。在县西高砂保。又县东下历保有鸦鹊隘。皆南接和平，为
锁钥处。又刘輋厄，在县东百二十里刘輋山下。又东有磨刀、桐坑二隘，
接龙川、安远、长宁三县界，其地僻远，易为盗薮，三厄为嗓喉之处。
○潭庆隘，在县北百里。相近有员鱼隘，在员鱼溪上。《志》云：今县北
百二十里有员鱼径桥，坑水冲奔，丛箐深阻，路入信丰，至为艰险，官私
疏辟，号为烦劳。又径脑隘，在县西北百二十里径脑水上，水源出杨梅
山，流接信丰界内江渡，亦往来要地。明嘉靖四十二年，贼邓东湖据此，
官军讨平之。一云县西有龙子岭隘，又西为黄藤隘，皆接和平县。

○长宁县，府东南四百二十里。东至福建武平县百二十里，南至广东
平远县二百三十里，西南至广东兴宁县二百里，西至广东龙川县百五十里，
西北至安远县百三十里，北至会昌县百九十里。本安远县地。明万历四年，
抚臣江一麟讨平黄乡保贼巢，奏置。明年，筑城于马啼冈，周不及三里。编
户二里。

顶山，县东南五十里，接闽、广之交。双峰耸翠，飞瀑中悬。又铃山，
在县西七十里，秀拔冠于群山。其并峙者曰帽山，峭石嶙峋，直插云表。

大帽山，县南二百里，与广东程乡、平远、和平、兴宁、龙川等县接
壤。山绵亘数百里，中有老虎隘，林木深阻，鸟道三十里，群盗窟其间，多
历年所。《志》云：大帽山界江西及闽、广三省之交。正德中，贼徒聚此，
攻掠州县。督臣周南分江西兵从安远入，广东兵从程乡入，福建兵从武

平入，悉平之。嘉靖末，程乡人叶芳等复啸聚其中，至万历初，始克歼其党。

登头岭，县西四十里。行者必登绝顶，路始得通，因名。有登头隘。又丹竹岭，在县南五十里，亦曰丹竹楼。旧为贼薮，与广东平远、兴宁接壤，至今其民悍健，可籍为兵。○青龙岩，在县南三十里，大小十余穴，清流萦抱，必由栈道以陟降。

寻邬堡水，县东五十里。流入广东龙川县之赤石渡。又县南十里有河岭水，下流合于寻邬堡水。

双桥镇，县北百二十里。有双桥保巡司，明初置，属安远县。隆庆以前，常为贼巢。置县后，改今属。又黄乡保巡司，在县西北八十里。保接广东龙川、兴宁界，林木阴翳，鸟道崎仄，三十里中，绝无人烟。巡司未置，县为叶楷贼巢，属安远县。万历中，与县同析置司。地当险要，而老虎隘又在其西，最为关键。○丹竹楼隘，在县南丹竹岭下，与广东兴宁、平远接界。《图说》：丹竹楼西有合畲、马子等隘，亦为戍守处。

藤岭隘。在县东南南桥保，与平远县接界。隘当控扼之所。县南八付保有员子石隘，守藤桥岭，可遥制其险。县东又有分水坳，在顶山保。保接壤三省，为虔要津，而分水坳尤为一夫当关之地。守分水，则县东腰古保之容岭隘、兹溪保之马战崀，皆在控御中也。《郡志》：马战崀在县东八十里，接武平县界。

附见：

赣州卫。府治东南三里。明洪武初建。○信丰守御千户所，在县治西北，洪武十七年建。会昌守御千户所，在县治东，与信丰所同建。

○南安府，东至赣州府二百五十里，南至广东南雄府百二十里，西至广东韶州府三百八十里，西北至湖广郴州三百里，东北至吉安府六百六十里。自府治至布政司千五百二十里，至江南江宁府二千二百十里，至京师六千六百七十五里。

《禹贡》扬州地。春秋属吴。战国属楚。秦属九江郡。两汉属豫章郡。三国吴属庐陵郡。晋属南康郡。宋、齐以后因之。隋属虔州。大业初，属南康郡。唐仍属虔州。宋淳化元年，始置南安军。治大庾县。元曰南安路。明初改为府，领县四。今因之。

府南扼交、广，西距湖、湘，据江西之上流，拊岭南之项背。史记：秦始皇三十三年，使屠睢将兵十万守南埜之峤。又汉武帝元鼎六年，遣将军杨仆讨南越，出豫章，下横浦。今郡城南去庾岭不及一舍，为南北要冲，行旅往来必取途于此，盖犹秦汉故道矣。又深山长谷，邻亘溪洞，不逞之徒，往往啸集，急则西走郴、桂，南窜雄、韶，制驭之方，未可失矣。

〇大庾县，附郭。汉南埜县地。相传武帝时，遣庾胜讨南越，筑城于此，因有大庾之名。晋以后，为南康县地。宋、齐以后因之。隋开皇十年，立大庾镇，唐神龙元年，升为县，仍属虔州。宋淳化初，为南安军治。今编户二十里。

大庾城，《志》云：庾将军城，在府西南二里，即汉庾胜所筑。隋置镇于此，唐时县移于今城东二里。宋淳化二年，筑军城，又移于今城南。时章江自西而南折若规，城因其势也。绍兴五年，以旧城卑薄，为拓城浚濠，仅逾一里。淳熙九年以后，相继增修。嘉定十二年，复缮葺。咸淳四年，亦尝营治。元时章水改流，径过郡治，城遂中断。至元二十九年，改筑今城，南滨章江，东北带溪，惟西稍高，为隍。城狭而长，东西微锐，类鱼，俗名鱼城。寻圮。至正十二年修筑，明年，甃以砖石。十八年，陈友谅党熊天瑞据赣州，遣兵袭南安而守之。二十四年，归明太祖，益为增拓。正统十年修葺，景泰五年雨圮，复修筑。成化十七年、正德九年，皆以洪水倾坏，修完如故。嘉靖以后，屡经营治。有门四，城周四里有奇。

水南城，在城南，隔江与郡城夹江而峙。民居稠密，倍于郡城。明嘉靖四十年创筑，周二里有奇。其北滨江，为水门，横亘三百五十七丈有奇。城南门曰梅山门，以门外即梅岭路也。○新田城，在府东。《城池志》：庾岭北四十里为新田城。又北五里为凤凰城，以近凤凰山也。凤凰西十里杨梅村，有杨梅城。俱嘉靖四十四年筑。杨梅北十里为小溪城，旧有小溪驿，今迁去。城嘉靖三十四年所筑。小溪东五里为九所城，四十四年筑。小溪北十五里为峰山城，其人善弓弩。正德中，抚臣王守仁所筑。皆控扼蛮险处。

崎头城，府东百里。孙愐曰：曲岸曰崎。城在章江岸曲，因名。梁大宝初，陈霸先起兵讨侯景，自始兴度大庾，破蔡路养于南埜，因修崎头故城，自南康徙居之。《九域志》：大庾县，古南埜也，有南康故城，又有崎头镇。镇盖因故城而名。

○**东山，**府东南二里，隔江。山势特起，俯瞰两城，其左折为亚东山，泉石甚胜，亦名南山。府南五里曰五里山，临两广大路。○金莲山，在府北三里，诸峰连接，状若莲花。迎候馆在其下，左有铁冈，冈上有候使台，讹曰猴狮台。稍东为立屏山，一名鱼山，皆以形似名。《志》云：铁冈在城北一里，旧产铁，有铁冶，今废。

玉枕山，府北七里。地名石人坑山，以形似名。郡之主山也。高三百仞，连延三里，两麓五峰次第相属，别名五指山，亦曰五侯山，亦曰五马峰。又西华山，在府西十里，石壁如削，循磴而上，平衍可田，有瀑布及石洞诸胜。○大龙山，在府东三十里，延亘三里，状如游龙。自麓至巅，凡八里许。又玉泉山，在府东北五十里，两山峙立如门，一径而入，深二里许。相近者曰穀山，高千仞。《志》云：府东北二十里有双秀山，两峰双峙。又府西北七十五里有南源山，岩崖高峻，飞瀑百丈，下有湫潭，深不可测。

大庾岭，府南二十五里。为府镇山，即五岭之一也。高特磅礴，延亘绵远，为南北险阻。详见前重险大庾。〇小梅关岭，有二：一在府北一里，与梅关相对；一在府西南十五里，较梅岭差平小。《志》云：小梅关，相传唐开元以前入粤之路，由此渡章水滩，故名。

双童岭，府南三十里。即大庾之支陇，旧名三将军岭。延亘二十里，三峰并秀，俗谓之双童读书台。以两峰并立，中峰稍平也。又金星岭，在府东一里，横亘三里许，东北有尖峰，屹立相峙。又有惜母岭，相传许旌阳逐蛟至此，小蛟回顾其母，因名。石势峻嶒，盘涡曲折。又府东北四里有天柱峰，高耸参天，俗传此峰上应紫微星，寇至不能为患云。〇石壁，亦在城东一里，下临章江，延八十余丈，为舟人牵挽之路。成化十八年，邑令文志贵病其敧仄，募工凿平之。

仙鹤岭，县西八十里。一名双鹤洞，亦曰石室洞。又名聂都洞，即上犹县聂都山之别峰也。洞门可二寻，中平可容百人。别有岩穴，相去一二里，玲珑相通。有泉清洁可酌，俗名观音池。〇青龙冈，在府东北三十里，回环高耸，平地突起。府南二十五里曰常娥嶂，北拱郡治，如屏障然。

章江，在府城南。亦曰南江，一名横江，又名横浦。经府东六里，有过步滩，水势湍急，巨石突起。舟行至此，必首尾牵挽而下，稍一失措，必致沈溺。成化十五年，凿平峻阻，公私称便。《志》云：章水发源郴州宜章县界，因以章名，经崇义县西南聂都山，东流百二十里，经府城南，又东北流二百六十里，至南康县之芙蓉江。又北百二十里至赣州府城外，合贡水为赣江。详见前大川赣水。

大沙河，府南十里。源出大庾山麓，东北流，经东山麓，入章江。

《志》云：章水自府西石陂头而南，横城南驿使门外五板桥边，合大小沙河、五板水，下东山麓，如萦带然。又小沙水，在县南二十五里，源出大庾岭下鼓楼寨，东流十里，合大沙河。○湛口江水，出府东南四十里留池坑，有赤江水流合焉。东流五十里，合大江。水浅而清，因名。府东六十里又有池江水，源出府东三十里云主山。又大里水，在府东十五里，源出双秀山，皆流合大江。府南二十里又有深坑水，自庾岭北流，合于大沙河。

平政水，府西南五十里。源出广东仁化县长岭，东流合凉热水，又七十里合聂都水通大江。一云平政水合南源水而入南康县界。《志》云：凉热水，在府西北五十里，自崇义县流入境，合平政水。又南源水，在府西北七十里，出南源山，流经崇义县境，复东南流而入章水。○大明水，在府西南六十里，源出崇义县傀儡山，北流入章江，为大明江口。府北十八里又有洞山水，源出玉泉山，南流绕城东北而合章水。又有和溪，在府东北三十里，出府东北六十里之瓛山，下流亦入章水。

梅关，在大庾岭上，关久废。正德八年修治之。崇隆壮固，屏蔽南北，屹然襟要。余附详大庾岭。

横浦关，府南三十里。秦、汉间遗址也。或曰即楚之厉门。《战国策》：范环谓楚怀王，楚南塞厉门。刘伯庄曰：厉门，度岭南之要路。徐广曰：厉门，一作濑湖。似误。刘嗣之《南康记》：汉杨仆讨吕嘉，出豫章，下横浦，即此关也。曰横浦者，以郡城临章江，自西流东，横绕南岸而名。关之外南下殊峻，关内旷谷，可容寨栅。隋开皇十年，番禺王仲宣反，立九栅于大庾岭，诏裴矩进兵击破之，即其地也。唐初犹有此关，及张九龄凿庾岭，关遂废。今城南一里有横浦驿，前后临溪。又有横浦桥，长三十有二丈，皆因旧名。

郁林镇，旧在府西北百里。洪武初置巡司，隆庆以后，迁于梅岭隘，领兵防守。又赤石岭巡司，在府东北百十里，亦明初置。弘治元年迁于小溪水马驿，寻为洪水冲决。正德中，亦迁于峰山新城内，后复移而南，防守龙华隘之险。〇梅岭隘，在府南二十里，与保昌县火径隘相接，为防御要区。又双坑隘，在府东南五十里，路通保昌县界，上朔贼巢。寇每从此阑入，防御至切。又右源隘，在府西七十里，路通广东仁化、湖广桂阳县。隆庆四年，流寇由罗木山取道入犯，亦为要区。又龙华隘，在府东八十里，与信丰县界铁落锅密迩，蹊径相通，衅孽易起。今有赤石巡司戍守。又游仙隘，在府西南四十里，附近小梅关，接南雄府境，与梅岭隘俱为戍守要区。

内良隘，府西北百里。相近有沙村等厄。又吉村隘，在府西南五十里，相近有下南、大明、浮江等隘。又划船岭隘，在府东南二十里，相近有牛尾厄。又横江厄，在府东北七十里，相近有云山、樟兜、赤江、佛子等厄。府东四十里又有城门、杨里等厄。又宰屋厄，在府东北六十里。俱昔时戍守处。〇稳下堡，在县西北百里。嘉靖三十二年，岑冈贼袭败官军于此。

横浦驿。在横浦桥南。宋元时旧驿也。有水马二驿，明朝洪武二十九年并为一驿。又小溪水马驿，旧在府东北六十里，滨河，亦宋、元时旧驿也。成化末，为洪水冲决。正德二年，迁于高地。十二年，峯贼侵劫，抚臣王守仁命迁于峰山新城内，在府东北七十五里。〇中站，在府西南。《舆程记》：府西南六十里至中站，即红梅关也。又南至广东南雄府六十里。

〇南康县，府东北百六十里。东至赣州府八十里，南至赣州府信丰县百十里，西南至广东南雄府二百五十里，西北至崇义县百四十五里，北至吉安府龙泉县二百八十五里。汉南埜野县地，属豫章郡。三国吴析置南安县，属南部都尉。晋太康元年，改曰南康，寻属南康郡。宋以后因之。

隋属虔州，唐因之。宋属南安军。《城邑考》：南康县旧治在西南隅。宋绍定初，始筑城御寇，甃以砖石，周四里有奇。宝祐二年，淫雨滨江，城圮，寻复补筑。元至顺中，重修。至正末，兵乱，城废。明弘治九年，因旧址修筑。明年，城成，皆陶甓甃砌。正德六年以后，屡经修缮。城周十二里有奇，编户三十二里。

南野废县，在县西南。汉县治此。后汉亦曰南野县，晋初属庐陵郡，后改属南康郡。宋、齐因之。梁大宝初，陈霸先自始兴起兵讨侯景，屯庾岭。南康土豪蔡路养屯于南埜以拒之，为霸先所败，即此。隋初废为南埜镇，今城南有南埜驿，盖因其名。

东华山，县治东一里。江水潆洄若带，因甃石为长堤。其北又有鲤山、髻山，皆当江水下流之口。又东山，在县东南五里，盘回突起，章江绕其下。○高灵山，在县东南三十里，与独秀峰对峙，山势巍峻，蹑蹬而上，为三天门，相距各里许。《志》云：山周围十余里，有平畴瀑布，泉水四注。其独秀峰在县东南二十五里，下有龙湫，本名鸡笼山。苏轼南迁，爱其秀拔，改今名。又胜龙山，在高灵山东数里，北出九牛驿，抵玉潭山，为往来通径。又东有青隐山，与赣县武林山相望。

莲花山，县北二百里。五峰攒簇，状若莲花。上有岩，容百余人。前有桥，名仙桥。下有飞瀑百余丈。五代时，乡人结寨于此，以为保聚。亦名莲花寨。山之西又有羊岭山，绵亘百余里。○画锦山，在县西北百里，高百余丈，周亘三十里。县西北六十里又有禽山，俗名蒙山，高三百余丈，连亘百里，入上犹县界。禽水出焉。《志》云：县西南百六十里有云主山，高数百丈，形如飞骥，一名马山，与大庾县相接。又有龙山，在县西南四十里，高峙横亘，亦接大庾县界。

廪山，县东南六十五里。上有石，高圆如廪。《隋志》以为县境之望山也。接信丰县界。又李家山，在县东，接赣县界，冈岭纵横，向为盗薮。今有兵戍守。又玉潭山，在县东北四十里，地名潭口，滨江，下有潭水，莹洁如玉。〇九日岭，在县北一里，隆然高峙，为县主山。又巾子石，在县北二百余里，上有岩，岩内有瀑布泉，旧为设险处。

芙蓉江，在城南，即章水也。自大庾县东北流至此，澄渌泓深。江之南，平沙横衍，数里皆民居。绕东山而下，村巷桥梁，多以芙蓉为名。县治东今有芙蓉渡。《志》云：水南有鸭子湖，湖之左有紫荆山。〇南埜水，在县治西，源出县西北红桃岭，亦名桃水。下流合莲塘水，入章江。《志》云：莲塘水，出县西北二百四十里之余源岭。县北八十里有太平岭，水经其下，又南经刁石湖，入芙蓉江。

豫水，在县西南。上源即凉热水，流至县之南埜口入章江，所谓豫章水也。《汉志》豫章水出赣县西南，北入大江，盖即此水也。又西符水，出县西北二百里镀山，经崇义县界，下流合豫水入章江。〇禽水，在县西北，源出禽山，东流至南埜口，入章江。又有过水，出县西北百五十里过山。又大田水，在县西北四十里。《志》云：源出景泰阳山，俱东流至南埜口，入章水。又封侯水，出县西南百五十里布尾村。《志》云：封侯水在县南三十里，浅不容舟，西南流入凉热水，合章江。汉梅鋗尝列营水滨，后封台侯，人因以名水。

河田水，县西百四十里。地名黄雀坳垇。源出至坪里船场，分二派，一自茆平桑坝注长龙，一自新溪径长龙合为至坪江，又东为瑞阳江，合于章水。〇蕉溪，在县西三十五里浮石下，源出县西北之锅坑，流经此，入章水。

潭口镇，县东玉潭山下。有巡司，明初置。又相安镇巡司，在县北百六十里，旧为相安寨，洪武三年改置。〇莲花寨，在县北莲花山上。又有太平砦在县北百里，同巡寨在县北五十里，赤冈寨在县西北九十里。俱宋、元时旧寨也，今皆废。又莲塘寨，在县西四十里，亦宋、元时置，今为莲塘隘。明正德中，桶冈贼间道从长龙入至坪，度红桃岭，趋莲塘来寇，即此。

崛岭隘，县东南五十里。龙南、信丰之寇，每由此出没，防御为切。县东五十里又有石塘堡，相近有塘江、油槽二堡。又西下堡，在县东十里。县西北九十里有甘竹一堡、二堡。相近又有李姑寺、麻斜、笼勾、隔社头等堡。○古楼隘，在县西北六十里，亦曰古楼堡。明正德中，桶冈、左溪贼出茶坪坳，由上犹入古楼堡，竟薄城下，即此。又担柴堡，在县北五十里。县南四十里又有龙回堡，亦防御要地也。

九牛驿。在县东北。水驿也。与潭口巡司并置。元时又有潭口务，明洪武三年改为潭口税课局，亦设于此，今局废。又南埜水马驿，在县城东南，旧为王村驿，亦曰芙蓉驿。明初改置南埜驿。《舆程记》：自赣州府水西驿西南行八十里至九牛驿，又八十里至南埜驿，又西南百二十里至南康县小溪驿。盖水道纡曲也。○玉潭馆，在县北三十里。县西三十里又有银度馆，俱宋宝祐间置，元废。又崇义税课局，在县北百六十里。元名崇义务，明洪武三年改曰税课局。正统五年，与潭口局同废。

○上犹县，府东北二百里。东南至南康县八十里，西南至崇义县八十里，西北至湖广桂东县三百二十六里，东北至吉安府龙泉县百五十五里。本南康县地。五代唐同光二年，杨吴析置上犹场，以犹水为名。南唐保大十年，升为县，仍属虔州。宋属南安军。嘉定四年，改为南安县。元至元十六年，改曰永清县。明年，复曰上犹。明因之。《城邑考》：县旧无城，宋绍定五年始筑城，明洪武四年因旧址修筑，成化初增修，弘治二年城始就。正德四年，修葺以御峰寇。嘉靖以后，屡经营缮。城周不及三里，编户七里。

大犹山，县北二十五里。亦名犹石嶂。耸拔中峙，群山拱揖其旁。上有月岩，又有龙池，深不可测。又飞凤山，在县西北一里，高百余丈，绵

亘三里，轩举如飞凤，县之主山也。县东半里又有资寿山，高八十余丈，横
亘五里。又东里许曰方山，亦高峻，形如覆斗。○南山，在县南二里，高耸
插天。

书山，县西八十里。高千余丈，延亘十余里，形如书柜，一名大章
山。王象之云：县西介于江西、湖广、广东三路，大章山延袤数百里，出
巨木美材。晋义熙中，贼徐道覆使人伐材于南康山中，至始兴贱卖，居民
争市之，船材大集而人不疑。及为乱，悉取以装舰。卢循寇长沙，道覆寇
南康，此即其取材处也。又琴龙山，在县西三十里，地名琴江，下有龙潭
水，派流二十里，名琴口渡。《郡志》：琴口渡，在县西五十里。

举岭，县西八十里。高拔与书山竞秀。又小梅岭，在县北三十里，
上有池，相传梅福隐居处。《志》云：县西百二十里有卢王高峒，山水雄
壮。唐末卢光稠生长其间。又较车坳，在县北九十里，山势危险，径路纡
曲，似较车之状。又鼓楼坳，在县东南二十五里，形势高耸，如楼阁然。
又茶瓶坳，在县西南四十里，接崇义县界。○蜈蚣峡，在县西四十里。宋
建炎中，李纲尝过此。盖出湖南之通道。

犹水，县东半里。源出大犹山。一云犹水上源即湖广桂阳县孤山
水，流入境，经大犹山，因名。东南流经南康县界，入于章江。县别名
犹川以此。○九十九曲水，在县东北四十里，地名上坪，水源出焉。西南
流，回环九十有九曲，而入于犹水。

县前水，在县城南。源出桂阳县益浆镇。浆，亦作将。流经县西
四十里，曰米洲水。有斗水亦自益将分流至此，合为一川，经城南而为县
前水，合群川东南下，入南康县界之南埜水，合章水。

浮龙镇，县西百里。有巡司。《志》云：元至元中，置于县西一里浮
龙镇，后移于大傅村，即今所也。又有大傅营，元置，今废。又乌岐务，在
县南二十里乌岐村，亦元置，今废。○金坑寨，在县西百六十里。明正德

三年置，有小城为戍守之所。

　　乏袍隘，在县北八十里村头里。《虔台图说》云：乏袍峒有猴岭，崔嵬横亘，接湖广桂东县罗木山。又有小径，可通南韶诸路。明正德中，峯贼谢志珊使其党越岭而东，分道由村头里顺流而下，不半日犯县城，即此处也。嘉靖间，居民于村头里筑城，若遇警，则浮龙巡司可据猴岭以扼要冲，故乏袍与浮龙形援最切。又洞口隘，在乏袍隘西。又西为平富隘。乏袍东曰卢王隘，一云厄在卢王洞口。又大雷隘，在县北百四十里大雷岭下。与乏袍隘为县北五隘，俱控扼处。〇淡竹厄，在县东。相近有南北村隘。又县南有石龙隘，又南去县二百余里曰赖塘隘。又上稍隘，在县西南三十里稍尖峰下。县西又有蘑阳隘、三门隘。皆境内厄塞处，有兵戍守。

　　大稳保。县西二十里。又由石保，在县西二十五里。县北八十里又有龙归堡。〇神桥，在县治西南。宋咸淳间，邑人建木桥，跨县前水上，每春涨多漂溺。后邑令赵明甫开新路以避其险，造桥于此，成功甚速，因名。《志》云：县城南有济川浮桥，县城东半里又有惠政浮桥，跨犹水上。

　　〇崇义县，府西北百里。东北至上犹县八十里，东南至南康县百二十里，西至湖广桂阳县三百五十里，西北至湖广桂东县二百四十里。本上犹县横水地。正德十二年，抚臣王守仁讨平峯贼，割大庾县之义安里、南康县至坪、上龙、崇德三里、上犹县崇义、雁湖、上保三里置县，治近上犹之崇义乡，因名。明年，筑城。十四年，工毕，三面临溪，西南面凿濠为固，周三里有奇。今编户七里。

　　崇山，城北半里。旧名岐山，耸拔特立。王守仁改为独秀峰，后又改今名。地多产茶及水竹。又大龙山，在城东八里，高八十余丈，蜿蜒三里。城西又有伏虎山，亦以形似名。〇观音山，在县南十里，山势峭峻，登者股栗。又大障山，在县西五十里，回环横亘，如帘幕然。

聂都山，县西南六十里。高百六十仞，连亘四十里。相传昔有聂姓者开都聚民，故名。多产杂木及矾石。其水流入南康县，为南矾溪，入于章水。《山海经》：聂都之山，赣水所出。王象之云：章水所经，非所出也。《一统志》：山在大庾县西南百二十里。又符水山，在县西南五十里，一名符竹坳，产符竹，小而轻。西南七十里又有傀儡山，数山高低相连，若傀儡。又有南源山，在县西南九十里，高峻绵延，周六十里，接大庾县界。

红桃岭，县东南六十里，与南康县接界。旧为险要。又齐云岭，在县西四十里，势干云霄，南滨江。又西三十里曰五指岭，五峰相连，尖秀如指。县西北百二十里有板岭。百七十里有金鸡岭，高峙横亘，以形似名。○白面峪，在县东四十里，其北即上犹县金坑寨。明正德中，王守仁平横水贼，分道出石人坑、白面峪、金坑，是也。或曰：石人坑，即赣县玉枕山。似误。盖在上犹县西南。

桶冈，县西二百余里，接湖广郴州界。山深谷广。明正德初，广东、湖广旱饥，流民逋逃其间，后遂为盗，号曰峯贼。抚臣王守仁既破横水左溪贼，进攻桶冈。贼闻官军屡胜，惧，请降。守仁期于锁匙笼出降，贼党犹豫。守仁分遣兵，一入茶坑，一入西山界，一入十八磊，一入葫芦洞。贼方于锁匙笼聚议，闻官军入险，急奔内隘，阻水为阵。官军四面进击，贼大溃。别将复由锁匙笼入，合军破桶冈大巢，于是贼众略尽。锁匙笼，在桶冈南。茶坑，《郡志》云在上犹县西四十里。

县前水，在县城北。源出大嶂山，绕城东出，有东溪水流会焉。入上犹县界，合上犹水而入章水。县西六十里又有牛皮龙水，源出桂阳益浆镇，分流而东，会于县前水。又有桃水，在县东南四十里，出红桃岭，绕流而入县前水。

南源水，县西南五十里。出南源山，东流北折，合西符水。《志》云：西符水，在县东南六十里，源出县西镬山，东流至此，会南源水，谓之符江口。又东入南康县境，合豫水，出南埜口，入章江。或曰即横水也。一云南源为横水，西符水为左溪。明正德中，群盗据此，所谓横水、左溪贼也。《实录》：正德十二年，时左溪贼与南、赣下新、稳下等洞贼，盘据千里。抚臣王守仁以群贼为患，将攻之。议曰：诸巢为患虽同，而事势各异。以湖广言之，则桶冈诸巢为贼咽喉，而横水、左溪诸巢为之腹心。以江西言之，则横水、左溪诸巢为贼腹心，而桶冈诸巢为之羽翼。今不先去腹心之患，而欲与湖广夹攻桶冈，进兵两寇之间，腹背受敌，非吾利也。况贼但闻吾檄湖广兵夹攻桶冈，横水、左溪，必观望未备，出其不意，可以得志。横水、左溪既破，移兵桶冈，势如破竹矣。乃分兵一自南康新溪入，一自上犹石人坑入，一自白面峪入，皆会横水。又分兵一自大庾义安入，一自大庾聂都入，一自大庾稳下入，一自上犹金坑入，皆会左溪。又遣伍文定等从上犹、南康分入，以遏奔轶。守仁从南康进捣横水，与诸军会，遂进抵十八面隘。贼惊溃，弃隘走，遂破横水大巢。诸军亦至左溪，尽破贼穴。横水、左溪贼悉平，乃攻桶冈，捣其巢。守仁以横水地控御三省，乃建城堡，奏置今县。十八面隘，在县东。

凉热水，县西南八十里。同源异性，凉热各殊，下流合平政水，又东合南源水。○义安水，在县西六十里，源出大庾县玉泉山，流经县东南五十里义安里，因名。下流入南源水。

上保镇，县西北一百二十里。本上犹县之过步镇巡司。明正德十四年，王守仁以上保、石溪、烂泥坑路通郴、桂，奏请徙置，改今名。《志》云：县西北二十里过步渡，有过步仓及过步营，旧巡司置于此，今皆废。又铅厂巡司在县南四十五里，长龙巡司在县东南四十五里，俱正德十四年置。《志》云：石溪堡，在县西北二十里。

聂都隘。在县西南聂都山下，为县境之襟要。嘉靖三十一年，岑溪贼李文彪由火径过游仙隘，掠县境之关田。隆庆四年，流贼黄朝祖由南雄黄塘遁入桂阳罗木山为寇，官兵驻聂都，扼其冲，贼几困。以防御不密，贼乘间由聂都达游仙、濠头，抵火径，归始兴故穴，势复炽。游仙等隘，皆大庾县过岭之捷道也。《图说》：县境西至丰洲，则接湖广之桂阳，西南至龙崓，则临广东之仁化，皆山贼出没要区，而聂都、文英、关田三隘，防御尤急。然守白溪、尧村，则聂都、文英可无虞；据三峰脑，则桂阳流贼可遏绝。此又当图之于豫者也。○小坑隘，在县东南四十余里。相近有稳下厄、关田隘。又东南有流决隘。又横水厄，在县南。县西北又有长流隘、古亭厄，临古亭河，可通舟楫，直达上犹。又华山隘，在县西八十里。《志》云：文英隘，即大庾县西北百三十里之文英堡，今亦属县境。

附见：

南安守御千户所。在府治西。洪武二十四年建。

浙江方舆纪要序

浙江之形势，尽在江、淮。江、淮不立，浙江不可一日保也。曰：越不尝以此亡吴乎？夫越之与吴抗也，越实不足以敌吴，而吴恒有吞越之志。夫差败越于夫椒，栖越于会稽，当是时，固已无越矣。而吴不取，乃从而受越之愚。越自知其不能报吴也，与种、蠡诸臣，积谋蓄力数十年，而后发之一旦，使吴不虚竭其国，疲弊其民，杀其谋臣以资越，越未可以得志也。越既灭吴，而江、淮之地，坐收之矣。而越不能有也，楚人从而奄有之。盖越之亡，即肇于亡吴之日矣。君子观楚人有江、淮，而早知灭越者必楚也。后代李子通窃徐杭，而亡于江、淮之杜伏威。太祖定金陵，收江北，然后从而覆伪吴，亦其大较矣。曰：吴越不尝以此立国乎？夫吴越之立国也，阴结与国，厚赂中朝，恃为形援，而淮南以上游之力，若不难剪此而后朝食。吴越之敌国外患，莫甚于淮南。故其君臣皆勉强自立，亦兼有将帅之材，仅保其境内，而不授敌人以隙。然江、淮虽与吴越为仇，而吴越实藉江、淮之卫。吴越助中朝以攻南唐，唇齿之虑，宜无待李氏之昌言也。处触藩之会，既不敢以背中朝，力又不足以存李氏，及李氏亡，而惕然有孤立之惧矣。藉地来

朝，不可缓矣。是江、淮之存亡，即为吴越之存亡也。宋之都临安
也亦然。渡江之初，奔亡仓卒，江、淮之藩篱，未遑立也。兀术提
兵蹴江东，陷建康，自广德直趋临安，进陷明、越，穷追海澨，钱
塘之波涛，曾不能濡戎马之足矣。嗣是诸将力战于江上，于两淮，
又远而争襄、汉，争川、陕，然后藩篱益固，而临安可都矣。迨其
后也，蒙古扰两淮，倾襄、樊。伯颜长驱入建康，而江、淮之险，
尽入于敌。伯颜自建康分兵三道，直指临安。压卵之势已成，虽有
智者，不能为宋谋也。犹谓浙江之命，非江、淮制之也乎？曰：然
则浙江无当于得失之数乎？曰：奚为其然也。夫浙江者，南临闽、
粤，北辅金陵，东御岛夷，西走饶、歙，鱼盐粟帛，财赋所资也。其
民习波涛，善弓弩，甲兵亦可用也。但以僻在东陲，湖山间阻，以
此争雄天下，势有所难逮耳。盖尝取浙江而筹之矣。浙江在汉，不
及一郡之地。东汉永建四年，议者以会稽一郡，周围万一千里，山
川险阻，控驭为难，因分浙江以东为会稽郡地，而西则为吴郡。孙
氏分割以后，建置始多。大约两浙之壤，北尽江滨，南极瓯、闽。
唐乾元初，置浙江西节度使，领昇、润、宣、歙、饶、江、苏、常、
杭、湖十州；浙江东节度使，领越、睦、衢、婺、台、明、处、温八
州。其浙西之地，益推而广之矣。后又以浙西为镇海军，领润州及
苏、常、杭、湖、睦，共六州；浙东为镇东军，领越州及台、明、温、
处、婺、衢，共七州。后之言两浙者，皆以是为据。钱镠兼领镇海、
镇东两军，而移镇海于杭州，不能有常、润也。盖已非两浙之旧壤
矣。然而有吴郡，则犹以江为境也。今之建置，并不逮吴越之疆
矣。如是，而欲争雄天下，不诚难哉？虽然，时会何常，且用兵之

道，亦在奇变而已。夫浙江者，震泽枕其北，大海亘其东，此奇变之资也。吾用正兵以指平江，敌不虑我之越海而来，渡湖而至也，则吾之计得矣。何也？自钱塘而放乎大海，乘风破浪，左江右淮，因利乘便，出入纵横，敌必不知其所备也。钱镠讨薛朗于润州，欲自定山下海门。董抟霄自德清进击项普略于杭州，曰：吾若退保湖州，使贼得乘锐趋京口，则江南不可为矣。夫杭州至京口，未易信宿达也。由海道而前，则一帆可至耳。震泽与苏、常接壤，春秋时，吴越已从而争之。六朝都建康，以义兴为重地。东方有变，必争义兴，以其抱震泽之口也。淮南、南唐，与吴越相持湖滨，烽火星罗棋布。明初，亦由宜兴出太湖，袭敌之湖州。盖太湖在诸郡肘腋间，与敌共险，先乘者胜矣。且自宜兴以西，道溧阳，越东坝，可直抵金陵也。夫以东南而问中原，则不能无事于江、淮；以浙江而问江、淮，则不能无事于湖海。此必然之势也。若自四安而出广德，由广德而上东坝，亦出奇者必争之道。而势少力孤，或未可遽达。若东西齐举，水陆相回，奇正相辅，则偏师宜出其间矣。淮南独用之以攻吴越，而卒无功。金人、蒙古用之，两陷临安。一则无备之国，当方张之寇；一则分道并进，气盛力强也。至于仙霞入闽，良为要途。然汉伐闽粤，由会稽海道而进；吴越取福州，自温州越海而南。元人入闽，多自明州济师。明初平闽寇，一自江西出杉关，一自明州泛海，竟掩福州，实未尝由仙霞也。夫用间道者多奇功，自昔然矣。噫！此亦就浙江言之耳。有提衡六合之规者，居上游而运中原，浙江以南，皆将传檄而下，望风而附，如吴越已事，正不必切切于浙江也。或曰：明太祖何以先图两浙乎？曰：太祖实起于东南, 卧榻之旁, 皆戎首焉。自不得不先为苞桑之计矣。
夫运量天下, 岂惟一途? 而子犹有刻舟胶柱之心哉!

读史方舆纪要卷八十九

浙江一　封城　山川险要

　　《禹贡》曰扬州，《周职方》亦曰东南惟扬州。详见南直。春秋为吴、越二国地，杜佑曰：吴、越分界处，在嘉兴之语儿溪。后并于越。战国时，属楚，周显王四十六年，楚威王伐越，破之，杀其王无疆，尽取浙江以北地。其后天文，亦斗分野也。秦并天下，属会稽郡。汉武置十三州，此亦为扬州地。后汉因之。三国时为吴地。晋亦属扬州。宋孝建初，分浙江东为东扬州。领会稽、东阳、新安、永嘉、临海五郡。寻复入于扬州《通典》：孝武置东扬州，旋罢扬州，称为王畿。而东扬州直云扬州，既而复故。梁、陈时亦分置焉。隋大业初，置十三州，此仍为扬州地。后为沈法兴、李子通等所据。唐分十道，此为江南道。开元中，隶江南东道。五代时，属于吴越。宋初为两浙路，后分浙东、西为两路。熙宁中，分合不一。南渡后，始定为二路，浙西治临安，浙东治绍兴。元置浙江等处行中书省。元至元十三年亡宋，立两浙都督府于杭州。二十一年，自扬州迁江淮行省治此，改曰江浙行省。后为方国珍、张士诚等所据，明初平之。洪武九年，置浙江等处承宣布政使司，领府十一，属州一，属县七十五，总为里一万八百九十九。夏秋二税,大约二百五十二万二千八百二十七石有奇。
而卫所参列其中。今仍为浙江布政使司。

　　○杭州府,属县九。

　　钱塘县,附郭。　仁和县,附郭。　海宁县,　富阳县,　余
杭县,　临安县,　於潜县,　新城县,　昌化县。

　　○严州府,属县六。

　　建德县,附郭。　桐庐县,　淳安县,　遂安县,　寿昌
县,　分水县。

　　○嘉兴府,属县七。

　　嘉兴县,附郭。　秀水县,　嘉善县,　崇德县,　桐乡
县,　平湖县,　海盐县。海宁,卫澉浦、乍浦二所附见。

　　○湖州府,属州一,县六。

　　乌程县,附郭。　归安县,附郭,　长兴县,　德清县,　武
康县。

　　安吉州,

　　孝丰县。

　　○绍兴府,属县八。

　　山阴县,附郭。　会稽县,附郭。　萧山县,　诸暨县,　馀
姚县,　上虞县,　嵊县,　新昌县,绍兴卫,三江所,又临山卫,
沥海、三山所附见。

　　○宁波府,属县五。

　　鄞县,附郭。　慈谿县,　奉化县,　定海县,　象山县。
宁波、定海卫、穿山、舟山、霩𧒽、大嵩等所,又观海卫、龙山所,又昌国

卫，石浦、钱仓、爵溪等所附见。

　　○台州府，属县六。

　　临海县，附郭。　黄岩县，　天台县，　仙居县，　宁海县，　太平县。台州、海门卫，前所、新河、桃渚、健跳等所，又松门卫，隘顽、楚门等所附见。

　　○金华府，属县八。

　　金华县，附郭。　兰谿县，　东阳县，　义乌县，　永康县，　武义县，　浦江县，　汤溪县。

　　○衢州府，属县五。

　　西安县，附郭。　龙游县，　常山县，　江山县，　开化县。

　　○处州府，属县十。

　　丽水县，附郭。　青田县，　缙云县，　松阳县，　遂昌县，龙泉县，　庆元县，　云和县，　宣平县，　景宁县。

　　○温州府，属县五。

　　永嘉县，附郭。　瑞安县，　乐清县，　平阳县，　泰顺县。温州卫，平阳、瑞安、海安三所，又金乡卫蒲门、壮士、沙园所，又盘石卫，蒲岐、宁村所附见。

　　东濒海，

　　嘉兴以北，接苏州洋。温州以南，接福州洋。而宁、台为濒海之极冲，绍兴次之，杭又次之。东面之防，以海为亟。

　　南极闽，

衢、处、温三府，皆与闽接界。而温以平阳、泰顺为藩篱，处则庆元、龙泉为门户。衢州府江山县之仙霞岭，则南北往来之喉嗌也。

西接重山，

衢州以西，接江右之广信。严州以西，接南直之徽州，湖州安吉以西，与广德为唇齿。其间山溪盘错，间道所由，非一途矣。

北限五湖。

太湖当湖州之北，嘉兴府之西北。东出者为吴淞江，又嘉兴、苏、松接壤处也。

其名山，则有会稽，

会稽山，在绍兴府东南十二里。禹东巡狩，至于会稽。《管子》：禹封泰山，禅会稽。《吴越春秋》：山本名苗山，禹更名会稽。苗，或作茅。或又谓之涂山。说者云，会稽者，会计也。禹会诸侯江南计功，命曰会稽云。《山海经》：会稽山四方，上多金玉，下多珠石。《水经注》：会稽山，亦名防山，亦名镇山，又曰栋山。《越绝书》：栋，犹镇也。《舆地志》：会稽山，一名衡山。有石状如翻釜，亦名覆釜山。道书称会稽山周回围百五十里，有阳明洞，为第十一洞天。《周礼·职方》：扬州，其镇山曰会稽。《左传》哀元年：吴入越，越子以甲楯五千保于会稽。《史记》：秦始皇三十七年，南游上会稽，祭大禹，望于南海，而立石刻颂秦德。又二世元年，南至会稽。太史公自言上会稽，探禹穴。《吕氏春秋》九山，一曰会稽。《后汉书》：永元元年，会稽山崩。《梁书》：天监八年，有请封会稽者，不果。隋开皇十四年，诏以会稽山为南镇。大业六年，穿江南河，并置驿宫草顿，将东巡会稽，不果。《唐六典》：江南道名山曰会稽。会稽之东三里，曰宛委山。上有石匮，壁立于云。升者累梯而上。《十道志》：石匮山，一名玉笥。有悬崖之险，亦名天柱。禹得金简玉书于此。《遁甲开山图》：禹至会稽，宿衡岭，委宛之神奏玉匮书十二卷。又东南曰秦望山在府东南四十里。高出群山之表。《会稽志》：秦始皇登此望东海，使李斯刻石焉。今府西南别有刻石山。郦道元曰：自平地趋山顶七里，悬磴孤危，峭路险绝，攀萝扪葛，然后能升。山之后又有望秦山，在府东南三十二里。一名天柱峰，一名卓笔峰。秦始皇登此以望秦中也。会稽之西，曰法华山。在府西南二十五里。十峰耸峙，下有双涧。会稽之南，曰云门山。在府南三十里。称为秀异，要皆会稽之支山也。陆参云：夏后氏巡狩越山，方名会稽，后世分而为秦望，厘而为云门、法华，其实一山也。自始皇登此，以望南海。又陟天柱之高峰，以望秦中，于是始有秦望、望秦之名。今府城之南，自西而东二三百里间，群山随地立名者，何一非会稽之支陇乎？

天目，

天目山，在杭州府临安县西五十里，於潜县北四十里，又湖州府安吉州西南七十五里。高峻盘郁，为西面之巨镇。《唐六典》：天目山，十道名山之一也。《元和志》：天目有两峰，峰顶各一池，左右相对如目。左属临安，右属於潜。今曰东西天目山，东属临安，西属於潜。其东峰从临安入，西峰则从孝丰入。东西二瀑布，溃流数里，下注成池，曰蛟龙池。即苕溪、桐溪之上源也。郭璞《地记》：天目山垂两乳长，龙飞凤舞到钱塘。东南地灵，盖钟于天目矣。道书：天目山，高三千九百丈，周八百里，为第三十四洞天。《寰宇记》：山广五百五十里，东目高三千丈，西目高二千五百丈云。宋咸淳十年，天目山崩。说者以为宋亡之征也。山崩后三年，而蒙古入临安。今山有十二龙潭，三十六洞。其峰峦之奇者，西则玉柱、香炉、象鼻为最。东则大仙、将军、宝珠为最。其高险阻深，欹崎瑰异，不可殚究。宋人《杭都赋》：山虽多矣，莫若天目之为大。其高也，凡三万九千尺，邵太虚兮日月低，坐绝顶兮乾坤窄。自天目而外，远近诸山，环绕林立，皆若臣伏然。岂非天开奇胜欤？唐子霞云：天目山，一名浮玉山。其山连亘于杭、宣、湖、徽四州之界。罗氏云：天目山亘于杭、湖两郡间。馀杭、临安、於潜、昌化皆在其阳。安吉、孝丰皆在其阴。山之西麓，与南直宁国县接界，为西出之间道。天下多事，言地险者，天目其未可略矣。

四明，

四明山，在绍兴府馀姚县南百十里，宁波府鄞县西南百五十里。亘两郡之境，蟠跨数县。由鄞县小溪镇入者，曰东四明。由馀姚白水山入者，曰西四明。由奉化雪窦山入者，则直曰四明。层峦绝壁，深溪广谷，高迥幽异。孙绰《赋》云：涉海则有方丈、蓬莱；登陆则有四明、天台。盖灵仙之窟宅也。《唐六典》：江南道名山，曰四明。《山经》云：山高一万三千丈，周围二百十里。一云八百里。道家以为丹山、赤水第九洞天。山凡二百八十峰，四面形胜，各有区分。中通一溪，曰簟溪。《四明山记》：山东面七十峰，势如惊浪，号惊浪峰。西面七十峰，状如奔牛，号奔牛陇。南面七十峰，状如驱羊，曰驱羊峰。有涧南出，流百二十里归于鄞江。北面群峰，状如走蛇，曰走蛇峭。有洞深入山中七十余里。西南又有八峰，状如晋囊，曰八囊山。自馀姚白水山入，东南行二十里，有三朵峰，以三峰鼎足而立也。三峰南有五朵峰，状若芙蓉。五峰相望各六里，其中央即四明山心。东西两旁又有数峰错峙。芙蓉峰之东南，为骞凤岩，入于鄞县界，其石即分水岭也。群峰之中，有分水岭。石窗四面玲珑，每天地澄霁，望之如户牖，中通日月星辰之光，亦名四窗，故曰四明。其岩洞冈岭之属，随地立名者，以数百计。大抵馀姚、上虞、鄞县、奉化境内诸山，以奇胜称者，皆四明也。

天台，

天台山，在台州府天台县西百十里。《志》云：在县北十里一云三里。盖县境之山，皆天台也。亦名桐柏山。《山经》云：山高一万八千丈，周回八百里。山有八重，四面如一，当牛、斗之分，上应台星，故曰天台。隋开皇十年，杨素击江南叛者，别将史万岁破沈孝彻于温州。步道向天台，指临海。盖山谷高深，恐为遁逃薮也。县北六里有赤城山，乃天台之南门。《唐六典》：江南道名山，曰天台。其峰之名者曰九折。峰在县东北三十里。旁又有五峰。正北为八柱，东北为灵禽，东南为祥云，西南为灵芝，西北为映霞。前有双涧合流，号天下四绝之一。四绝者，《类要》云：齐州灵岩，荆州玉泉，润州栖霞，台州国清也。国清寺在县北十里，萃五峰之胜。曰玉霄峰，在县北三十五里。重崖叠嶂，凌云翳日。其相对之峰为白云。道书以为第十六福地。曰紫凝峰，县西四十五里。壁立干霄，环峦掩映。其相望者，有瑞龙、天柱、香炉、应泽四峰，皆为胜境。曰柏香峰，县北六十里。四面阴崖，垂磴万仞。曰华顶峰，在县东北六十里。周回百余里，高万丈。绝顶东望沧海，俗称望海尖。少晴多晦，夏犹积雪。自下望之，若莲花之萼，亭亭独秀，因名。此天台之第八重，为最高处。李白云：天台邻四明，华顶高百越。是也。曰天姥峰在县西北百里。其峰孤峭，下邻嵊县，仰望如在天表。又有金地岭、在县西二十里金钱池侧，亦曰佛龛峰，龛一作陇。银地岭、在县北三十里，与金地岭相接。八桂岭、县北五十里，孙绰《天台赋》：八桂森挺以凌霄。谓此。百丈岩、县西北二十五里。下有潭，其水虽旱不竭。麻姑岩县西南二十五里，一名仙姑岩。及丹霞洞、县北十五里，下有灵溪。桃花洞，县西北二十五里，一名刘阮洞。大抵皆以幽奇灵阒得名。

括苍，

括苍山，在台州府西南四十里，处州府缙云县东南百里。山连二郡之境。《唐六典》：江南道名山，曰括苍。《山经》：山高千五百丈，周回三百里。西接缙云，东跨仙居，南控临海。《吴录》云：括苍山登之，俯视雷雨，有棠溪、赤溪、官溪三水，三水皆在缙云县东七十里。分流环绕其下。四面石壁，可容数千人。道书以为成德隐真洞天。亦曰苍岭。亦名天鼻山。唐天宝中，改名真隐山。盖南境之大山也。

金华。

金华山，在金华府北二十里。亘金华、兰溪、义乌、浦江之境，一名长山。山巅有双峰，皆流泉下注。《舆地志》：长山本名长仙，赤松子采药于此，后讹仙为山也。《志》云：山高千余丈，周三百六十余里。山岭双峦，曰玉壶，曰金盆。玉壶之顶有徐公湖，湖分两派，一泻于山之阳，一注于山之阴，而为溪泉。金盆亦有飞瀑，下垂为赤松涧。两崖对峙，高数百仞。有石横跨其上，溪流折旋，为瀑为湍，分合凡数处。

《唐六典》：金华，江南道名山之一。山西南五里曰芙蓉山。高千余丈，孤峰独起，秀若芙蓉。一名尖峰山。相接者曰赤松山，亦在府北十五里。有赤松宫，祠黄初平。太祖初下婺城，驻跸于此。其东有卧羊山。即晋赤松子黄初平叱石成羊处。其北有山，甚峻特。崎岖五里，至绝顶，夷旷可居，曰炼丹山。又北数里曰梁山，盘泉危石，逶迤幽胜。山之北曰鹿田峰，去府城二十五里。峰峦耸拔，上有沃野可耕。又有金华洞。道书以为三十六洞天。今洞在府北三十里，有朝真、冰壶、双龙三洞。朝真居山巅，冰壶居中，双龙最下。相传与四明、天台诸山相通也。柳宗元《龙城录》云：金华山有仙洞，内有三十室，广三十二里。《吴录》云：长山之南，有春草岩、折竹岩皆在府北二十里。山之西有紫薇岩。《一统志》：在府北二十五里。石室深广数丈。一名书堂。梁刘峻著书处。东曰九龙洞《志》云：在府西北三十里，有石奔涌如龙。潜溪之源出焉。山之东岩曰上霄洞，石壁环抱如城郭，或谓之优游洞。距城东北三十里。又五里曰新洞，旧时可入，今则否。洞始于宋绍兴七年，故曰新也。金华之称，或谓始于天宝间，或谓起于萧梁时。

其大川，则有浙江，

浙江之源有三：一曰新安江，或谓之徽港。《班志》谓之浙江水。源出徽州府西北百二十里之黟山。今名黄山。经府南东流，至竹节矶，而入严州府淳安县界。经县南，东流六十里，而遂安县境之水流合焉。又东九十里而经府城南，东阳江流合焉。此浙江西出之源也。一曰东阳江，或谓之婺港。《水经》谓之吴宁溪。源出金华府东阳县东南百三十里之大盆山。经县南境而为画溪，西入义乌县界而为乌伤溪，至府城东，合于南溪。又西流，至兰溪县西南六里，而信安江流合焉。此浙江东南别出之源也。一曰信安江，或谓之衢。港亦曰縠水。源出衢州府开化县东北六十里之百际岭。经县城东，谓之金溪。又东南入常山县境而为金川，至县城东，则江山县丈溪之水流合焉。又东南经府城北，而江山县南、仙霞岭北诸溪谷之水皆流合焉。又至府城东十五里，而定阳溪流合焉。又东北经龙海县北四里，而为盈川溪，亦曰縠溪。又东北经汤溪县北境，又东北经金华府兰縠县城西，而与东阳江合流。此浙江西南别出之源也。二江既合，东北流百余里，至严州府城东南二里，而与新安江会。三源同流，东过桐庐县，或谓之桐江。又东北入杭州府富阳县界，而为富春江。经县城南，又东经府城南，而谓之钱塘江。东北流，入海宁县界。南岸则为绍兴府萧山县界。旧《志》：浙江在临安府钱塘县治南十二里，越州萧山县治西二十五里。夹岸有山，南曰龛，北曰赭。二山相对，谓之海门。又东则钱清、曹娥之水，并汇于绍兴府北，而为三江海口。此浙江源流之大略也。亦曰浙河。《山海经》曰：禹治水至于浙河。庄翼云：浙河之水，涛山浪屋，雷击霆砰，有吞天浴日之势。亦曰浙江。《水经》：浙江水出三天子都。汉《地理志》：浙江水出黟县南蛮中，亦曰罗刹江。《志》云：取风涛险恶之意，然而浙江之名尚矣。《吴越春秋》：越王至浙江之上，望见大越山川重秀，天地再清。《史记》：楚威王杀越王无强，尽取故吴地，至浙江。又秦始皇至钱唐，临浙江，水波恶，乃西百二十里，从陿中渡。后汉建安初，孙策引兵渡浙江，取会稽。晋咸和三年，会稽内史王舒等起兵讨苏峻之乱，使庾冰将兵西渡浙江。隆安三年，孙恩据会稽，刘牢之等讨之，进临浙江，恩闻之曰：我割浙江以东，不失作勾践。牢之既济，恩遂走入海岛。隋开皇十年，越州高智慧等作乱，杨素击之。智慧据浙江东岸为营，周亘百余里，船舰被江，别将来护儿以奇兵潜渡，遂破之。东南有事，未有不以浙江为襟要者。卢肇云：浙者，折也，取潮水出海，屈折倒流也。燕肃云：浙江上游受婺、衢、歙三港之水，水出两山间，盘回百折，过萧山入海。龛、赭两山之间，岸狭势逼，涌而为涛。祝穆云：浙江之口，山居江中，潮水投山，十折而曲，故名浙江。海潮之盛，莫过于浙江，以其去海至近，而江流不足以敌之耳。昔因海潮著为图论者，不下数十家。大略卯酉之月，为阴阳之交。气以交而盛，故潮独大于余月。朔望之后，为阴阳之变，气以变而盛，故潮独大于余日。小则水渐涨，不过数尺，大则涌涛高数丈。每岁八月十八日，为观涛之候。《舆程记》：近志谓潮以曲折而大，又云因海门二山阻其怒而大，皆非也。浙江自婺源浙岭发源，山岭高峻，缘山取道，凡十八曲折而上，故因以为名。夫折当缓，阻亦当缓。潮之大，以浙江三百里即黄公洋。洋广三百里，始至大海，纳以巨泽，潮势因之而盛也。卢肇《海潮赋》：所谓夹群山而远入，以巨泽灌其喉者也。自东汉以浙江之东皆为会稽，浙江之西皆为吴郡。两浙之名，实起于此。《唐六典》：江南道大川，曰浙江。上承三州之水，又历杭、睦、越三州而入于海。自古至今，常有漂溢之患。唐末诸《志》所载：浙东、西诸郡水患，皆浙江漂溢也。

浦阳江，

浦阳江，源出金华府浦江县西六十里深袅山。谢惠连云：朝发浦阳汭，暮宿浙江湄。言相近也。《说文》：水北曰汭。又水相入为汭。此指江边之地而言。或云浦阳江亦名浦阳汭，误矣。《水经注》：浦阳江导源乌伤，浦江县亦古乌伤也。东连诸暨，与泄溪合。今江水经浦江县南，东流入绍兴府诸暨县界。自源徂流，凡百二十里，始通舟楫。经县南，折而北流，县境诸水皆流入焉。北经山阴县南，分为二支。一西北经萧山县东南三十里之临浦，又北折而东，经府西五十里之钱清镇，名钱清江。又东入于海，是钱清江即浦阳江也。亦名西小江。今江口为潮沙所遏，其内则为运河。亦与钱塘江相隔。一自山阴县东南，分为小舜江。今名东小江。又东与嵊县剡溪之下流合，经府东九十二里之曹娥庙，而为曹娥江。又北至上虞县西北五里之龙山下而西北折，以入于海，是曹娥江亦浦阳江分流所汇也。《禹贡》云：三江既入。韦昭以为三江者，松江、钱塘江、浦阳江。浦阳之水微矣，而亦称江者，以其入于海云。

　　苕溪，

　　苕溪，有二源。一出天目山之阳，经杭州府临安县西，绕县南而东，谓之南溪。入馀杭县界。又东流，经馀杭县治南。又东流二十七里，入钱塘县界。自源徂流，凡百八十里，始通舟楫。潘氏曰：苕溪支流，大抵自馀杭县西南二里之南湖，溢入于钱塘之西溪，入杭州府北十里之北关河，以济漕渠。又东北入湖州府德清县境，经县城东南，谓之馀不溪。武康县境前溪诸水皆流合焉。又北经府城，南合诸溪之，水谓之霅溪。汇为城濠，此苕溪之东派也。其一源出天目山之阴，经孝丰县东南。又北流，经安吉州西折而东，经长兴县南境，县境荆溪诸水皆流合焉。至府城西，亦谓之苕溪。此苕溪之西派也。两溪汇流，由小梅、大钱、二湖口，小梅湖在府北十八里，大钱湖在府东北三十八里。以入于太湖。又苕溪，经湖州府城下，分流为运河，经府东七十里之浔溪，达于苏州府吴江县南四十里之莺脰湖，而与杭、嘉二郡之运河合。唐天授二年，敕钱塘、於潜、馀杭、临安四县租税，皆取道于苕溪，公私便之。然今自馀杭以上，涨涸不时，未可方舟而济矣。潘季驯曰：浙西运河，大都发源于天目，盖以苕溪为之委输也。

太湖，

太湖，在湖州府北二十八里。详见南直大川。

运河，

运河，即江南河也。隋大业中，将东巡会稽，乃发民开江南河，自京口至馀杭八百余里。后代因而修之，以为转输之道。宋孝宗淳熙八年，浚行在至镇江运河，时都临安，尤以漕渠为先务也。《宋志》：运河自临安北郭务至镇江江口闸，六百四十一里。淳熙十一年，臣僚言：运河自北关至秀州杉青，各有闸堰潴水。惟沿河上塘有小堰数处，积久低陷，无以防遏水势。兼沿河下岸，径港极多，其水入长水塘、海盐塘、华亭塘，由六里堰下，私港散漫，悉入江湖。以私港深，运河浅也。若修治上塘小堰，及修固运河下岸一带径港，自无走泄之患矣。今运河由杭州府之武林驿，又北历湖州府德清县东三十里，旧湖州运道由德清而东，以合于运河。凡百二十里而达嘉兴府崇德县。又东北历桐乡县北八里，凡八十里而经府城西，绕城而北。南直松江府之运，由嘉善县以达于府城北之运河。又六十里而接南直苏州府吴江县之运河，此两浙之运道也。

海。

浙江以海为境，东南必备之险也。三国吴永安末，魏将王雅
浮海略勾章而去。五代时，吴越与淮南相攻，屡以海道为角逐之
所。又吴越入贡，每自海出登、莱，抵大梁。至于不逞之徒，如晋
之孙恩，唐之裘甫，皆恃海滨僻远，一旦窃发，东南柔脆，为之震
荡。南宋以临安为行在，而海道之防尤切。绍兴二年，敌人分屯淮
阳，军海州。枢臣虑贼若以轻舟南来，苏洋之南，海道通快，可以
径趋浙江。诏遣官相度。中丞沈与求言：海舟自京东入浙，必由泰
州石港，见南直泰州。通州料角、陈贴、通明镇等处，见南直通州。
次至平江南北洋，次至秀州金山，见松江府金山卫。次至明州向
头。今宁波府慈谿县向头巡司是也。又闻料角水势湍险，倘于石港、
料角等处，拘束水手，优给庸直而存养之，以待缓急之用，彼亦安
能冲突？吕颐浩言：虏舟从大海北来，抛洋直至定海，此浙东路
也。自通州入料角，放洋至青龙港，见南直嘉定县。又沿流至金山
村、海盐县，直泊临安，此浙西路也。望分设沿海制置司，专管淮
东、浙西及浙东、福建路。从之，而海道之窥伺益少。元末，方国
珍发难，依海为险。明初经略东南，国珍既平，命汤和由海道取福
州。洪武二年，招徕远夷，设市舶提举司于宁波，为日本之贡道，
而奸萌渐作。十六年，绝其贡献，使汤和经略海上，预为之防。永
乐二年，复许入贡。至嘉靖中，防维益懈，奸商伺隙，流毒东南。
而海道之防，于是日密。惩前毖后，势固然也。《防险说》云：浙江
之源，始于黟之林历山。见南直徽州府黟县。浙江实非出于此。一线
之微，合流万壑，终于钱塘江之鳖子门而入海。故鳖子门者，乃省
城第一门户。石墩、凤凰外峙，乃第二门户。此外无山，凤凰山，见

海盐县。惟羊、许独立海中,东接衢洋,西控吴淞江口,为第三门户。羊、许二山有防,然后石墩、凤凰有蔽。石墩、凤凰有蔽,然后钱塘鳖子门可守。此其大略也。沙起钱塘,东至吴淞,曾无间断。海外诸沙,亦向北而转,惟平坦延旷,故贼皆可登。是苏、松、杭、嘉四府,连壤一脉,利害安危,辅车相倚者也。今欲求钱塘无虞,当守附海之三关。欲求三关宁谧,先防大海之羊、许。但羊山孤悬大海,去乍浦太远。我舟顿此,设遇东北飓风,贼舟便捷,彼此齐驱,胜负难必。许山吞门浅狭,止可避东南之风,贼乘东北风利,我开舟击之,尝虞并驾。次者金山卫城西湾,沙涂颇软,可暂停舟。但遇东南风,亦未易出。惟海盐白塔山,去秦驻山不远,四风皆便。贼若由大洋而来,随处可击。是海盐一关,尤四面之控制也。总而论之,贼由北洋经蛇山、茶山,其患必犯吴淞,然吴淞之口北向,舟难逆出,必藉崇明等沙兵船以御之。贼由东洋经陈钱、马蹟犯宁、定者,必藉衢山、马墓兵船以御之。贼由南洋经韭山、乌沙门犯昌国、临、观者,必藉舟山、烈港兵船以御之。若由羊山直进犯海盐者,必藉乍浦、三关兵船以御之。是防海之总要也。又曰:列郡之海口,有温州之飞云、横阳、馆头,台州之松门、海门,宁波之定海大浃、湖头渡,绍兴之三江、泗门,杭州之鱼亀山、赭山,嘉兴之乍浦、澉浦,皆倭寇窥犯之地,列郡之门户也。海洋之要害,有金乡、盘石卫之凤凰山、南麂山,松门、海门卫之大陈山、大佛头山,昌国卫之韭山,定海卫之舟山,远而陈钱、马蹟山、临海、观海卫之烈港,海宁卫之羊山、许山,皆倭寇必经之地,沿海之藩篱也。又曰:陈钱、羊山,浙、直共守之门户也。陈钱山在舟山、普陀东南大洋中。桐山、流江，闽、浙相依之唇齿也。
盖倭从彼国开洋，必径抵陈钱山，歇潮候风，集艘分犯。若遇东
南风高，则望羊山以犯苏、松、浙西；东南风和，则望韭山、朱家
尖朱家尖即乌沙门，在舟山东以犯宁、绍；东北风和，则望大佛头、
三山、凤凰山以犯台、温；东北风急，则越桐山、流江以入闽。此
巡哨者所当究心也。屠仲律云：守平阳港，拒黄华澳，据海门之
险，则不得犯温、台。塞宁海关，绝湖口湾，遏三江之口，则不得
窥宁、绍。拒鳖子门，则不得近杭州。防吴淞江，备刘家河，则不
得掩苏、松、嘉兴关。俞大猷曰：水战最难。舟在海中，收舶安舠，一
违其宜，则不战而自败矣。今考沿海之中，上等安舠可避四面飓风者，
凡二十三处：曰马蹟，曰两头洞，曰长涂，曰高丁港，曰沈家门，曰舟山
前港，曰岑港，曰烈港，曰定海港，曰黄岐港，曰梅港，曰湖头渡，曰石浦
港，曰猪头舠，曰海门港，曰松门港，曰苍山舠，曰玉环山、梁舠等舠，曰
楚门港，曰黄华水寨，曰江口水寨，曰大舠，曰女儿舠。中等安舠可避两
面飓风者，凡一十八处：曰马木港，曰长白港，曰蒲门，曰观门，曰竹斋
港，曰石牛港，曰乌沙门，曰桃花门，曰海闸门，曰九山，曰爵谿舠，曰牛
栏基，曰旦门，曰大陈山，曰大床头，曰凤凰山，曰南麂山，曰霓舠。其余
下等安舠只可避一面飓风，如三孤山、衢山之类，不可胜数。必不得已，
寄泊一宵。若久停恐风反别汛，必不能支矣。至潭岸山、滩山、许山之
类，皆围土无舠，一面飓风，亦所难避，可不慎乎。

其重险，则有仙霞，

仙霞关，在衢州府江山县南百里仙霞岭上，又南至福建浦城
县一百二十里，为浙、闽往来之冲要。或曰仙霞岭即古泉山也。杜
佑曰：泉岭山在衢州信安县西南二百里。汉朱买臣云：南越王居

保泉山，一人守险，千人不能上。今其山周围百里，皆高山深谷，登之者凡三百六十级，历二十四曲，长二十里。唐乾符五年，黄巢破饶、信、歙等州，转略浙东，因刊山开道七百余里，直趋建州，即此岭也。宋绍兴中，史浩帅闽过此，募人以石甃路，自是镵除铲削，旧时险厄，稍就宽平。凡自浙入闽者，由清湖渡舍舟登陆。清湖渡，在江山县南十五里。连延曲折，逾岭而南，至浦城县城西，复舍陆登舟，以达于闽海。中间二百余里，皆谓之仙霞岭路，诚两浙之衿束，八闽之咽喉也。《南行记》：仙霞之为岭一，而南北有名之岭凡五。仙霞之为关一，而东西有名之关亦五。所谓五岭者，一曰窑一作窖。岭，在仙霞北十五里。一曰茶岭，在仙霞南三里。一曰小竿岭，在仙霞南八里。一曰大竿岭，在仙霞南三十六里。一曰梨岭，在仙霞南五十六里。俗名五显岭，以岭有五显庙也。此皆往来登涉之道。与仙霞为六大岭，盘纡峻拔，冈麓相接。六岭之旁，大山深谷，接岫连峰，不可胜纪。大约东接处州，西亘广信。林峦绵错，略无断处。窑岭之北，又有苏岭及马头岭，从浙之闽，南出仙霞者，此为自平而高之。渐马头岭，在青湖南七里，高不过寻丈。苏岭，去马头岭二十七里，虽地势益高，然平坦易涉。窑头峰势突起，旁瞰平畴，村落墟里，历历可数。山下多窑户，因名。行近仙霞，则高峰插天，旁临绝涧，沿坡并壑，鸟道萦纡，隘处仅容一马。至关岭益陡峻，拾级而升，驾阁凌虚，登临奇旷，蹊径回曲，步步皆险。函关、剑阁，仿佛可拟，诚天设之雄关也。又南而茶岭，松篁相接，夷险相乘，即仙霞之支陇。《志》谓之箬山。又云高出仙霞之上，天宇晴霁，望衢州城如在目前。稍南曰杨姑岭。去茶岭仅里许。又南即大竿岭。《志》云：岭下有道，西达广信。突然高峙，南去小竿岭二十里。《志》云：小竿岭高百五十丈。其间坡陀旷衍，民居络绎，宽平处可屯列万骑。大竿岭南七里曰廿八都，最为平旷，民居甚众。有岐径可达衢、处诸郡。小竿岭崔嵬雄峻，延袤十余里。北麓童然隆起，无林峦之胜。引而南，复有一峰杰出，谓之枫岭，枫岭北为浙、闽分疆之处。《舆程纪》：浙、闽分界处，地名南楼。相距不过数武，而物候荣落，顿觉不同。沿岭而趣，长松曲涧，夹道相属。其险窄处，伐木为阑，以便行者。盖亦要隘之地矣。旧制：设营于此，为戍守处。居人曰：枫岭即小竿南麓之异名，其实止一岭耳。枫岭去小竿岭五里，岭势相接也。俗传旧植竿于岭上，故有大竿、小竿之称。小竿盘纡最远，北趋婺州，西达信州，皆可以取途云。自枫岭又南十五里，即梨岭矣。梨岭高峰连云，前横大壑，傍岩飞阁，大类仙霞，其危崖仄径，真足令一夫当关，千人自废。盖梨岭、枫岭由七闽而言，又为仙霞之内险也。由梨岭益南二十余里，是为鱼梁岭，岭不甚高，过鱼梁则原隰匀匀，去险而就平矣。盖六大岭之险，止在七十余里之中，故皆可以仙霞目之也。五关者，一曰安民关，在仙霞东南三十五里，路通处州府遂昌县。关属江山县界。一曰二渡关，在仙霞西南八十里，路通江西上饶永丰县。关在浦城县西北一百十五里，出关即永丰县界也。一曰木城关，在仙霞西南六十里。关在二渡关东北，其地亦属浦城。一曰黄坞关，在仙霞西南五十里，路皆通永丰。关属江山县界。一曰六石关，在仙霞西南三十五里，以六石岩而名。岩中巨石雄峙，水绕石旁，路出水侧。路通江山县及广信府之玉山县。关属永丰县，与江山县接界。此皆江、浙往来之间道，与仙霞共为六关，土人有仙霞六关之称。然六关之中，唯二渡关山溪环匝，路容单骑。从江右广信入闽，可以取径于此。入关则取途而东，竟出枫岭之南，而仙霞不足恃矣。二渡关以枫岭诸山之水绕出关下，关东西二面皆为梁以渡，因有二渡之称。自关而东，历盆亭司、分水关至枫岭桥，凡五十里，合于仙霞南出之道。然其地皆崎岖险仄，自古用兵者，未尝出此。其安民、木城诸关，皆迂僻深险，艰于登涉，非经途所在也。又有茅檐岭关，在六石关东南十余里，关属江山县界，路通浦城。限门关，在二渡关南三十余里，关属浦城，路通建宁府崇安县。岑阳关，在二渡关西三十里，关当永丰、崇安之界，亦为崇安八关之一。岑阳缘山为险，于二渡关又为外卫。其余山径丛杂，因地设隘，各以关名者，随地多有。要以仙霞为南服之雄，地有常险，古今不易矣。

独松，

独松关在杭州府馀杭县西北九十里独松岭上。自天目山而北，重冈结涧，回环数百里，独松岭杰峙其中。岭路险狭，东南则直走临安，西北则道安吉趋广德，为南、浙二境步骑争逐之交。东南有事此亦必争之地也。唐武德四年，时李子通据馀杭，隋馀杭郡治钱塘，非县也。杜伏威将王雄诞击之。子通以精兵守独松岭，雄诞遣别将将千人乘高据险逼之，多设疑兵，子通遁走。宋建炎三年，兀术自广德过独松关，见无戍者，谓其下曰：南朝若以羸兵数百守关，吾岂得渡哉？德祐元年，以元兵渐迫，遣将列戍要害，命罗琳戍独松关，元将阿剌罕自建康分兵出广德四安镇见湖州府长兴县，犯独松关，遂陷之，临安震惧。其与独松相近者，又有百丈关。在县西北八十里百丈岭上，北与湖州府安吉州分界。今其地有百丈镇。又有幽岭关,在安吉州孝丰县东南三十里幽岭上,其东南亦与馀杭县分界,谓之独松三关。元至正十二年,徐寿辉将项普略等屡犯杭州,攻独松、百丈、幽岭三关,董抟霄击之,以兵先守双溪。在馀杭县西北三十里,俗本讹为多溪。双溪者,三关要路也。既又分为三军,一军出独松,一军出百丈,一军出幽岭。然后会兵捣贼巢,遂乘胜复安吉,又进克广德,平徽州。盖自昔为险要之地矣。

昱岭。

昱岭关,在杭州府昌化县西七十里,西去南直徽州府百二十里。岭高七十五丈,地势险阻,右当歙郡之口,东瞰临安之郊,南出建德之背。置关于此,盖三郡之要会也。元至正十二年,徐寿辉遣项普略等掠徽、饶、信诸州,遂陷昱岭关,攻杭州,董抟霄击却之。已而群贼复自昱岭关寇於潜,抟霄复击之。自临安而西,败贼于於潜,复其县。又败贼于昌化,复收昱岭关。十七年,徽州为贼所破,元将李克鲁会军昱岭关。败贼兵于关西,遂复徽州。既而太祖自金陵南下宁国,克徽州,道昱岭,败克鲁之军,取建德路,于是两浙版图,以渐平定。昱岭信为西面之咽喉矣。

按浙江之地,崇山巨浸,包络四维,而临安实为都会。右峙重山,左连大泽,水陆辏集,居然形胜。嘉兴则接壤苏、松,运道之咽喉也。然而湖州一隅,北逾震泽,则迫毗陵。走阳羡,可以震建康;西出安吉,则道广德,指东坝,亦可以问金陵矣。是用嘉兴不如用湖州之为便利也。温州海澳,可以捷渡福宁。处州山薮,可以疾走建安。然而衢州之壤,自江山以越仙霞,则全闽之要害举。自常山以趣广信，则鄱阳之屏蔽倾。自开化而走婺源，则宣、歙之藩篱坏。以一郡之地，而动三路之权，未可谓三衢之要害，后于吴兴也。若夫严州密迩临安，西连歙郡，诚为控驭之地。而宁、绍、台诸州，皆滨于海澨，风帆一举，上可以问江、淮，下可以问闽、粤。浙江之形胜，岂浅鲜哉！《防险说》曰：浙江之防，有三说焉：曰海洋，曰江湖，曰矿山。往者倭寇结巢金山、柘林、青南等地俱见南直松江府，贻害浙之昌化、富阳，寇犯乍浦、石墩、鱼浦，各区流突，直抵金陵重地，此海洋之患也。沿江多盗，夜劫客船，湖漾盐徒，肆行出没，此江湖之患也。矿寇之扰，路出多岐。若休宁之马金，今衢州府开化县有马金岭。歙县之街口，今街口巡司。婺源之大庸，今婺源县有大镛山。常山之草坪，今草坪驿。江山之清湖，县南有清湖渡。龙游之灰坪，县南有灰坪巡司，通处州府遂昌县。兰溪之太平街，在县西。淳安之白马村，在县西，通徽州府境。开化之华埠在县西南直达云雾诸山，或云即淳安县南之云濛山。严州之白沙府西有白沙洲直入寿昌诸处，皆贼所必由之路，此矿山之患也。噫！以天下之大，据全盛之时，寄两浙之命者，吾尝见其忧倭夷内犯，拮据定海之舟航矣；忧盐徒奸宄，焦劳黄岩之城郭矣；忧矿盗充斥，纷纭庆元之薮泽矣。谓之明见未然也，岂其然乎？

读史方舆纪要卷九十

浙江二 杭州府 严州府

〇杭州府，东南至绍兴府一百三十八里，西南至严州府二百七十里，北至湖州府一百八十里，东北至嘉兴府一百九十五里。自府治至南京九百里，至京师三千二百里。

《禹贡》扬州之域。春秋为越国之西境，后属楚。秦、汉并属会稽郡。后汉顺帝以后，属吴郡。三国吴分置东安郡，治富春。寻罢。晋属吴兴及吴郡。宋、齐、梁因之。侯景尝以钱唐为临江郡，富阳为富春郡。陈置钱唐郡。隋平陈，废郡置杭州州。初治馀杭。开皇十年，移治钱塘。炀帝大业三年，改曰馀杭郡。唐复为杭州。天宝初，曰馀杭郡。乾元初，复曰杭州。《新唐书》：乾元二年，杭州置馀杭军。景福元年，赐号武胜军。二年，镇海军自润州徙屯此。又有乌山戍，或曰即吴山也。五代时，吴越都于此。谓之西府，谓越州为东府。宋仍为杭州。亦曰馀杭郡。淳化五年，改军号曰宁海军节度。建炎三年，升为临安府。时定行都于此。元曰杭州路。明初改杭州府，领县九。今仍曰杭州府。

府山川环错，井邑浩穰，为东南都会。春秋时，吴、越争雄之

所也。自三国以来，皆恃为赋财渊薮。陈隋始立郡建州，繁衍之
渐，基于此矣。唐末置节镇于此，以宠钱镠。镠于是拥兵廓地，为
东南雄镇。宋建炎三年，高宗至镇江，召从臣问去留。吕颐浩乞驻
跸京口，为江北声援。王渊独言：镇江止可捍一面。不如钱塘，有
重江之险。渊盖虑金人自通州渡江，据姑苏，则京口内外俱亟也。于是
遂如杭州，即州治为行宫。王阮言：临安蟠幽宅阻，面湖背海，膏
腴沃野，足以休养生聚，其地利于休息。陈亮言：吴会者，晋人以
为不可都。而钱镠据之，以抗四邻，盖自毗陵而外，毗陵，今江南常
州府。不能有也。其地南有浙江，西有崇山峻岭，谓天目诸山，独松
诸岭。东北则有重湖沮洳，谓嘉兴府诸湖泽。而松江、震泽横亘其
前，自南而北，则松江、震泽为前。虽有戎马百万，安所用之？此钱
镠所恃以为安，国家六十年都之而无外忧者也。亮盖言于光宗时。
朱子尝言：建康形势雄壮，然淮破则止隔。一水一水谓长江也。欲
进取则都建康，欲自守则都临安。近时言者，亦谓昔人咎宋都临
安，遂成偏安之局。不知临安虽偏，前有襟障，左右臂有伸缩，是
以晏然者百余年。六朝都建康，虽云控引江淮，而过于浅露。荆、
雍、江、鄂，荆谓荆州，雍谓襄阳，江谓浔阳，鄂谓武昌。上游跋扈，未
有三十年无事者也。然辛幼安，幼安，名弃疾。宋人有言：断皋亭之
山，皋亭，一作牛头。今府东北二十里有牛头堰，路通海门，非山名也。
天下无援兵。决西湖之水，满城皆鱼鳖。陈同甫同甫，即亮字亦尝
环视钱塘，喟然叹曰：城可灌也。盖以地下于西湖云。而西山真
氏则曰：国家南渡，驻跸海隅，何异越栖会稽之日。而秦桧乃以
议和移夺上心，粉饰太平，沮铄士气。士大夫豢于钱塘湖山歌舞

之娱，无复故都黍离麦秀之叹。此桧之罪，所为上通于天，而不可赎也。今府城，宋行都城也。旧《志》：府城初筑于隋杨素，周三十六里九十步。唐景福二年，钱镠新筑罗城。自秦望山，由夹城东亘江干，泊钱塘湖、霍山、范浦，周七十里。其城门凡十。南曰朝天，今吴山东麓镇海楼也。宋曰拱北楼。明初复名朝天。北曰北关。其东面之门曰新门。曰南土，曰北土，曰宝德。西面之门曰竹车，曰盐桥，曰西关，曰龙山。宝德则在东面之北，龙山则在西面之南。其形势则南北展而东西缩。乾宁中即在景福后，杨行密将攻杭州，携僧祖肩密来瞰之。祖肩曰：此腰鼓城也，击之终不可得。宋绍兴二十八年，增筑内城及东南之外城，附于旧城。内城亦曰皇城，周九里。皇城之门，南曰丽正，北曰和宁，或曰亦吴越牙城故址也。牙城之南门曰通越，北曰双门，其东北隅门亦曰和宁。钱镠如衣锦军，将还。部将徐绾等作乱，据罗城，攻牙城。镠至龙泉闻变，使副将建己旌鼓与叛兵战，而微服乘小舟，夜抵牙城东北和宁门，逾城而入，是也。又宋之东苑门曰东华门。元至正十九年，张士诚更筑府城，东自艮山门至候潮门，视旧城拓开三里，而络市河于内。南自候潮门迤西，则缩入二里，而截凤凰山于外城之东西，视旧差广，门十三。宋制亦十三门，东有便门保安。保安一名小堰，士诚省之。于北增天宗、北新二门。其天宗一名小北门，仍为十三门。又宋时南门曰嘉会。德祐末，元兵至，驸马都尉杨镇等奉益王、广王走婺州，不果。既而自嘉会门出，渡江而南，元兵追之，镇还临安。杨亮节遂负二王走温州，是也。士诚改嘉会曰和宁。**前朝省**为十。东省钱湖门。本宋置，张士诚因之。北省士诚所置之天宗、北新二门。东五门，曰候潮，盖东南第一门也。宋旧名。曰永昌，东南第二门，旧曰新门，俗呼草桥门。与候潮俱近江，多沙地盐舍。曰清泰，在城正东，旧名崇新门，俗呼荐桥门，今呼螺蛳门，亦近江。曰**庆春**，东北第二门也。旧名东青门，俗呼太平门。有菜市桥，亦曰菜市门。曰**艮山**。东北第一门也。俗呼坝子门。**西三门，曰涌金**，在城正西。宋建炎末，韩世忠讨苗、刘之乱，入北关，贼开涌金门遁走。旧亦名丰豫门。**曰清波**，在涌金之南，宋名也。**曰钱塘**，在涌金之北，亦宋名。**南一门曰凤山**。在城南，近江，一名正阳门。北距武林门十里，即张士诚所改和宁门也。又旧有清平门，后塞。**北一门曰武林**。在城正北，旧名馀杭门，今仍呼为北关。土人云：南柴北米，东菜西水，四者各由而入。又宋制：水门凡五，曰保安，曰南，曰北，曰天宗，曰馀杭。张氏因之。今为水门四，在凤山、候潮、艮山、武林各门之旁。**城周三十五里一百丈。此今城之大略也。**

○**钱塘县**，附郭，在府治西。秦县，属会稽郡。汉为会稽西部都尉治。后汉县省。光和二年，封朱峻为侯邑，三国吴复置县，属吴郡，晋以后因之。陈置钱唐郡于此。隋废郡，改为杭州。治本曰钱唐，唐以唐为国号，加土为塘，后因之。《旧唐书》：隋时移州治柳浦西南。贞观六年，自州治南移县而北，去州治十一里。寻又移治于新城。开元二十一年，还治州郭下。二十五年，复移州治南。《通志》云：宋尝徙于钱唐门外，寻还城内，徙今治。今编户百六十一里。

○**仁和县**，附郭，在府治东。唐钱塘、盐官二县地。五代梁龙德二年，钱氏割置钱江县，治武林门内。宋太平兴国四年，改今名。寻徙府治北。元移今治。今编户三百七十三里

吴山，在府治南。《图经》云：春秋时为吴南界，故名。或曰以子胥名，讹伍为吴也。亦名胥山。左带大江，右瞰西湖。宋建炎三年，兀术陷临安，将还，敛兵于吴山。七宝山，焚掠而去。七宝即吴山西南面支峰

也。绍兴末，金亮闻其胜概，欲立马吴山，遂南寇。今峰峦相属，以山名者凡数处，而总曰吴山。《胜览》云：在钱塘县南六里，上有伍子胥庙，命曰胥山。有井泉，清而且甘。

凤凰山，府治西南二里。与吴山冈脉相接。旧在城内，张士诚筑城截之于外。今沿城南十里，陵阜岩壑逶迤而西，左瞰大江，直望海门，如凤凰欲飞。峭壁崔嵬，中通石同。宋南渡后，因州治建宫殿，山遂环入禁苑，重檐复阁，凌驾山椒。今山坡平处，曰内教场。山下有洗马池，皆宋时故址也。其东麓为万松岭，旧时夹道多松。又有古渠。宋乾道七年，守臣吴渊请复万松岭旁古渠，严禁侵占，是也。今路出江头，岭去城最近，而地形高耸。论者谓敌先据此，则城中有矢石相及之虞。盖凤凰山屏峙城南，攻守必资之地矣。《胜览》云：在城中，下瞰大江，直望海门，今大内在焉。○龙山，名卧龙山，在城南。山之北即包家山。《胜览》云：在嘉会门外，多植桃。宋绍兴十七年，建玉津园于山北。淳熙十二年，大阅于龙山，后屡阅于此。王应麟曰：孝宗乾道以后，屡幸茅滩大阅。庆元二年，殿帅郭杲言：茅滩在江东岸，潮汐不时。若营教场，徒费修治，不如专阅于龙山，从之。龙山盖即凤凰之支陇矣。山之东有白塔岭，路出江头。一统志：龙山一名卧龙山。

宝石山，在城西北，负郭，挺立。上有石，巍然如甄。北有落星二石，钱氏号寿星宝石山，后改为巨石山。上有保叔塔，本名宝所塔，宋乾道二年，尝大阅于此。山东南麓为昭庆寺，面临西湖。山之北为霍山，山最小，而石骨鳞起，其下为钱氏罗城旧址。○孤山，在城西重湖之间，以独立波心而名。山坦夷，与宝石诸山隔湖相望。《胜览》云：孤山去钱塘旧治四里，湖中独立。绍兴十六年，建四圣延祥观。

南屏山，府西三里。峰峦耸秀，环立若屏。北有净慈寺。寺前一峰曰雷峰，或以为回峰之讹也。有雷峰塔。其西为九曜山。山石嵯峨，颇为雄峻。山西南为太子湾，以宋庄文、景献二太子攒园而名。益折而南，为烟霞岭。又南为南高峰。盘纤峻耸，东抱西湖，南俯浙江，旧有塔在其上。《志》云：南高峰在府西南十二里。

灵隐山，府西十二里。本名武林山。《胜览》云：在钱塘旧治之北半里，今为钱塘门里太一宫道院上阜。是也。元名虎林，避唐朝讳，改虎为武。相传汉时钱唐县盖治于山麓。晋咸和中改今名。唐天复二年，杭州叛将徐绾等作乱，湖州刺史高彦遣子渭入援，至灵隐，为绾伏兵所杀。宋建炎三年，金人寇临安，游骑入灵隐，至天竺山。亦名灵苑，又名仙居。有灵隐寺，寺外为九里松。山之西北，一峰直上，曰北高峰，为灵隐最高处，顶旧有七级浮图，奇胜与南高峰相埒。其峙于寺前石门涧南者，曰飞来峰，亦名灵鹫峰。又南为天竺峰，三天竺寺列焉。《宋志》：西湖出武林山武林泉，今南北诸泉涧皆汇于西湖。盖湖上群山，灵隐实为雄长矣。又狮子峰，在天竺峰西南。元伯颜入临安，观潮于浙江，登狮子峰，览临安形胜，即此。

赤山，府西南十二里。《志》云：自太子湾而西，有玉岑山。少北为三台山，于忠肃墓在焉。玉岑山西南即赤山，自西湖出江干，往往取途于此。宋建炎中，金人犯临安，兀术突至赤山，即此。俗名赤山埠。《南征纪》：赤山埠西走富阳，南出江滩。有六和塔，宋初僧永明所建，以镇江潮。亦江滨控扼处也。○五云山，在府西南二十里。沿江自徐村而进，盘曲凡六里，七十二湾。上有二井，大旱不竭。长江三折，正当其前。又有溪水，东流经诸桥以入江。

秦望山，府西南十里。《舆地志》：秦始皇东游，登山瞻望，欲渡会稽，因名。《吴越史》：唐咸通中，望气者言，东南有王气。命侍御史许浑赍璧瘗此山以厌之。山东南有罗刹石，横截江涛，后改名镇江石。五代梁开平中，为潮沙所涨没。又焦山，在府西南四十里，高千二百丈，周二十里。境中诸山，此为最高云。

定山，府东南四十里，突出江干。《郡国志》云：江涛至此辄抑，过此复雷吼霆奋，因名。一名狮子山。刘宋泰始初，会稽太守孔颉等皋兵，应晋安王子勋，台军吴喜击之，遣别将沈思仁等破东军于定山。唐光启二年，钱镠遣将自定山出海门讨薛朗于润州，即此。又有浮山，在定山东南五里。《胜览》云：在钱塘旧治东南四十里。苏轼守杭州，《奏状》云：潮水自海门东来，势如雷霆。而浮山峙于江中，与鱼浦诸山犬牙相错，洄洑激射，其怒百倍，沙碛转移，为至险处。渔浦，今见萧山县。

皋亭山，府东北二十里，山当往来之冲。宋德祐二年，元兵从长安镇进次皋亭山。明初命李文忠取杭州，分遣茅成驻皋亭山。盖府境必备之险也。○桐扣山，在府东北五十里。晋武帝时，临平湖岸崩，出石鼓，张华命取蜀中桐木刻鱼形，扣之，声闻数里，山因以名。其西接母山，一名凤凰山。高耸为群山之冠，以张翼左右，如母顾子而名。

临平山，府东北六十里。山周十八里，平旷逶迤，无崇冈修阜。其巅一名丘山，有龙洞及井，虽旱不涸。梁大宝初，张彪起兵会稽讨侯景，遣将赵棱等围钱塘，与景将赵伯超战，败于临平。唐置临平监于山下，后为临平镇。五代梁开平三年，高沨以湖州附淮南，举兵焚义和、临平镇，吴越讨平之。宋建炎三年，苗傅等作乱，遣其党苗瑀等将重兵扼临平，拒勤王兵。负山阻水为阵，中流植鹿角以梗行舟。韩世忠舍舟力战，大破之。又镇有明因寺，元兵趋临安，文天祥奉使见伯颜于明因寺，是也。义和镇，即今嘉兴府崇德县。

界山，府北七十里。一名万松山。其西有凤泉诸山，绵延相接，凡二十五里。东北接武康西界。馀杭苕溪绕其南，陡门关峙其东，亦北出之间道也。《志》云：凤泉山一名唐山，山之西有石门岭，岭南有唐家陡门关，蓄苕溪水以溉田。石门东三里有九度岭，西二里有金龙岭，皆北达武康。

葛岭, 在府城西北。自宝石山而西,其相接者曰宝云山,稍西即葛岭也。宋建炎二年,金人犯临安,城陷。尉曹将金胜等保葛岭,编竹覆泥为涂,敌骑至,践之而踣,胜等乘势击之,金人大败。咸淳二年,赐贾似道第于西湖葛岭,即此。又西为栖霞岭,岳武穆墓在焉。一名剑门岭。

凤篁岭, 府西十里。林壑极胜,龙井在其上,亦曰龙泉。钱镠自衣锦军还,至龙泉,闻其部将叛,据罗城,微服兼行,逾城夜入,是也。○慈云岭,在府治西南十里,即凤凰山之后岭。《胜览》:在嘉会门外,上有钱王郊坛。后唐同光二年,钱镠开慈云岭,建西关城宇,是也。自岭而西出,即南高峰。又仙姥墩,在清波门外。沿城而上,旧有聚景园,宋孝宗筑以奉上皇游幸者。

狗头岭, 府西北五十里。唐上元二年,刘展作乱,据润、常诸州,遣兵攻杭州,败州兵于石夷门。展将孙待封自武康南出,将会兵攻杭州,州将李藏用使其属温晁,自馀杭驰据狗头岭,待封至,败还。岭盖当武康南出之道。石夷门,或曰即今石门塘也,见崇德县。

钱塘江, 在城东三里,即浙江也。自严州府桐庐县流入富阳县界,经郡西南,而东北接海宁县界,出海门入于海。海潮昼夜再上,奔腾冲击,声撼地轴。沿江之塘,历代修筑。《钱塘记》:三国时,功曹华信以江涛为患,议立塘以捍之。募有能致土石一斛,与千钱。旬月之间,应者云集,因曰钱塘。岁久塘坏,江挟海潮,大为杭患。唐大历八年,大风潮溢,垫溺无算。咸通二年,潮水复冲击,奔逸入城。刺史崔彦曾乃开外沙、中沙、里沙三沙河以决之,曰沙河塘。近南曰霸头,其在城东二里者曰捍海塘。光化三年,浙江又溢,坏民居。五代梁开平四年,钱氏建候潮、通江二门,潮水冲激,版筑不就。因命强弩数百,以射潮头。既而潮水渐向西陵,乃积石植木为塘,而城基始定。今之平陆,昔皆江也。相传吴越王箭所射止处，尝立铁幢，因名铁幢浦。宋大中祥符五年，潮抵郡城，发运使李溥请立木积石以捍之，不就。乃用戚纶议，实薪土以捍潮波，七年功成，环亘可七里。天圣四年，方谨请修江岸二斗门。景祐四年，转运使张夏置捍江兵，采石修塘，立为石堤十二里，塘始无患。庆历六年，漕臣杜杞复筑钱塘堤，起官浦，至沙泾，以捍风涛。又俞献卿知杭州，凿西岩作堤，长六十里。皇祐中，漕臣田瑜叠石数万，为龙山堤。政和六年，兵部尚书张阁言：臣昨守杭州，闻钱塘江自元丰六年泛溢后，潮汐浸淫，比年水势稍改，自海门过赭山，即回薄岩门、白石一带北岸，坏民田及盐田监地。东西三十余里，南北二十余里。江东距仁和监，止及三里。北趣赤岸瓯口二十里。运河正出临平下塘，西入苏秀。若失障御，恐他日数十里膏腴平陆，皆溃于江。下塘田庐，莫能自保。运河中绝，有害漕运。诏亟修筑。七年，知杭州李偃言：汤村、岩门、白石等处，并钱塘江通大海，日夜两潮，渐致侵啮。乞依六和寺岸，用石砌叠，从之。绍兴末，以石岸倾毁，诏有司修治。乾道九年，复修筑庙子湾一带石岩。自是屡命有司修葺。淳熙元年，江堤再决。嘉熙二年复决。守臣赵与权乃于近江处所，先筑土塘，于内更筑石塘，水复其故。嘉定十年，江潮大溢，复修治之。明朝洪武十年，江水大溢，特命兴筑。永乐元年及五年、九年，皆经修治。十八年，更修完固。成化八年，沿江堤岸，倾圮特甚，乃命工部侍郎李颙相度经理。堤岸一新，百年以来，始无大患。万历三年，六和堤岸决，复修治之。嗣后浅沙渐积，江潮稍缓。旧时上自六和塔，下抵艮山门，皆有石塘。胡氏以为即钱氏所筑捍海塘故址，今多埋废。其渡江之处，自草桥门外江西岸渡者，曰浙江渡，对萧山县西兴。自六和塔渡者，曰龙山渡，对萧山渔浦。

西湖，在城西。周回三十里。三面环山，溪谷缕注，潴而为湖。汉时金牛见湖中，以为明圣之瑞，曰明圣湖。一名钱塘湖，以介于钱塘也。一名上湖，以委输于下湖也。然其地负郭而西，故其称为西湖。唐大历

中，刺史李泌于湖北为石函桥，置水闸以泄湖水，溉田无算。长庆初，刺
史白居易复筑堤捍湖，蓄泄其水，溉田千顷。又引入运河以利漕。久之，
湖蒔蔓合，湖渐堙塞。吴越时，置撩湖兵士千人，芟草浚泉。又引湖水
为涌金池，以济运河。宋景德四年，郡守王济增置斗门，以防溃溢。天禧
中，王钦若奏以西湖为放生池，自是湖渐堙废。庆历初，郡守郑戬尝开
浚之。元祐五年，苏轼知杭州，以为：唐李泌引湖水作六井，然后民足取
汲，而生聚日繁。又放水溉田，濒湖千顷，可无凶岁。今虽不及千顷，而下
湖数十里间，茭菱谷米，所获不赀。又西湖深阔，则运河可以取足。若湖
水不给，则必取藉于江潮，潮水淤河，泛溢阛阓，三年一浚，必为市井大
患，并六井亦且废矣。今请设法开治，并禁民侵占。从之。轼因取蒔泥
积湖中，横跨南北两山，径十余里，为长堤以通人行，今称苏公堤。西曰
里湖，东曰外湖。绍兴九年，从张澄请，招置拔湖兵二百人。十九年，守
臣汤鹏奏请开浚。乾道五年，复严侵占之禁。九年，以临安守臣言，命更
加开浚。元时废弃不治。明初益为污莱，民耕业其中。成化、弘治中，尝
议浚之。正德三年，郡守杨孟瑛又力言之于御史台，疏奏报可，于是大加
浚治。凡毁民田荡三千四百余亩，湖始复旧。又益苏堤高二丈，阔五丈三
尺。又于里湖西岸为杨公堤。堤各开六桥以通水。自北新路第二桥入灵
竺路，谓之赵公堤，以宋淳祐中京尹赵与筹所筑也。自断桥至孤山，谓之
白公堤，以唐郡守白居易所筑也。湖中有湖心寺，易而为亭。议者谓杭之
水利，莫切于西湖云。

　　临平湖，在府东北临平山东南五里。吴赤乌二年，获宝鼎于此，因
名鼎湖。周回十里，汉末湖已壅塞。晋咸宁二年复开，孙皓以为己瑞，既
而吴灭。晋元兴二年，湖水赤，桓玄以为己瑞，俄而玄败。陈桢明初，湖
又开，陈主叔宝大恶之，明年陈亦灭。盖此湖常蓁塞，故老相传，湖开则
天下平也。唐宋时，湖水皆直至山下。南宋为运道所经。中有白龙潭，风
波最险。绍定中，筑塘以捍之，曰永和。自是患渐息，今上塘河所经也。

运河，在城北十里。其源有三：一自城西北三里西湖坝，上承西湖之水。一自城东北三里德胜坝，上承上塘河之水。俱汇于府北六里之江涨桥。又馀杭塘河之水，亦由江涨桥西出，以会于运河。出北新关桥，至塘栖镇，接崇德界，此公私经行之道也。元末，张士诚自塘栖南五里之五林港开河，直至江涨桥，凡阔二十余丈。其最阔处，有三里漾、十二里漾之名，今亦谓之新开运河，亦名北关河。

上塘河，在城东。自永昌门外北至艮山门，接城内运河及城外沙河诸水，又东北经临平镇东达海宁县之长安坝。南宋运道俱自长安坝入艮山水门，抵东断河而止，此其故道也。

官塘河，在北新关外，亦曰下塘河。分运河水西北流，经府西北二十五里之板桥关，至府西北四十五里，为奉口河。合苕溪水，入湖州府德清县界。宋乾道十四年，臣僚言：奉口至北新桥三十六里，皆为断港绝潢，宜亟开浚，以来商旅，平谷直。淳祐七年，安抚赵与筹募民浚广之，民以为便。河西岸有西塘，长十八里，抵安溪，通四安驿路。

龙山河，在城南。旧有凤山水门直至龙山闸，计十余里，置闸以限潮。宋时滨江纲运，由此入城。后废。元延祐三年复浚之。明洪武七年，以河道窄狭，拓广一十丈，浚深二丈，仍置闸以限潮，寻以河高江低，改闸为坝，今塞。〇旧运河，自候潮水门南历清水、浑水二闸，至跨浦闸，计长七里，一名里河。元延祐三年浚治。明朝洪武七年，以舟楫难通，浚河广十丈，闸亦高广于旧，遗址犹存。

茅山河，在府治东。又府治北有盐桥河。宋元祐四年，苏轼浚苑山、盐桥二河，分受江潮及西湖水。造堰闸，以时启闭。今盐桥河尚存，而茅山河已埋。俗亦谓盐桥河为大河。又有小河，在府治东。本名市河，亦谓之便河。元至大末，江浙行省康里脱脱初下车，问民疾苦，皆言杭城旧有便河，通江浒，埋废已久，若疏凿以通舟楫，物价必平。脱脱遂复之,不一月而河成,今堙废。

柳浦,在府城东南五里候潮门外。江干有浙江亭,亭北有跨浦桥,六朝时谓之柳浦埭。刘宋泰始二年,遣吴喜击孔颛等于会稽,喜自柳浦渡,取西陵,击斩庚业。齐永明二年,富阳民唐寓之作乱,进至钱塘,钱塘令刘彪遣将张玙御之,败于小山。寓之进至柳浦,彪弃城走。《唐书》:隋自馀杭移州治钱塘,又移治柳浦,倚山筑州城。是也。唐乾宁三年,钱镠讨董昌于越州,昌求救于杨行密。行密将安仁义自润州以舟师至湖州,欲自湖州舟行入柳浦渡西陵,以应董昌。镠使顾全武守西陵,仁义不能渡。西陵见绍兴府萧山县。小山,或曰今赤山也。又城东北旧有范浦,今堙。

西溪,在灵隐山西北。《志》云:西溪有石人坞,盖北高峰石人岭之支也。坞口为九沙,为沿山路。宋南渡时,车驾由此入馀杭,历方井、法华、秦亭诸山,凡十八里,而络以小河。又北汇馀杭塘,合于运河。○安溪,在府北五十里。苕溪自馀杭界来,经紫微、万松、白鹤、方印诸山,凡三十余里。群山之水,合流为安溪,下流仍谓之苕溪,入德清县界。

九溪,在赤山烟霞岭西南。其北为风篁岭。众山之泉,环流于此,自徐村入于江。稍西为十八涧,路通六和塔。○六井,在城中。杭濒海,水泉咸苦。唐刺史李泌凿阴窦,引西湖入城,作六井以便民汲。后白居易及宋郡守沈遘、陈襄,皆修浚之,民获其利。

清河堰,旧在府城北。宋宣和三年,贼方腊攻秀州,败还。仍据杭州,官军至清河堰,贼弃城遁去。或曰今城北三里清湖闸,即其处也。又北关门内有清河坊,元末徐寿辉将项普略陷杭州,董抟霄自德清击之,进薄杭城,贼迎敌,凡七战,追杀至清河坊,贼奔接待寺,塞其门而焚之,遂复杭州。接待寺在城东北五里。○永昌霸,在城东永昌门外。又艮山门外有会安坝,武林门外有猎圈、德胜二坝,俱洪武初置,以潴上河之水，使东不得泄于江，北不得泄于外河。

北新关，府北十里，商旅辏集之道也。有户部分司驻此，榷商税。府城东南有南新关，则工部分司驻焉，掌竹木之税。《志》云：府治东北二里旧有杭州税课司，城北九里有江涨桥税课司，城南有城南税课司，城东北八里有城北税课司。后俱废。又横塘临平税课局，在府东北六十里，属仁和县。又安溪、奉口税课局，在府西北五十里，西溪税课局，在府西二十七里，俱属钱塘县。后又以安溪并入西溪。○临平河泊所，在临平镇，属仁和。又古荡河泊所，在府西北九里，属钱塘，洪武初置。

浙江驿，府南十里龙山闸，左滨江，宋有浙江亭，置于候潮门外，亦曰樟亭，为观潮之所。绍兴以后，每宰相去位，则待罪于浙江亭。明初改置今驿。又武林驿，在府北武林门外。吴山驿及递运所，亦置于此，今并于武林驿。《舆程志》：驿至浙江驿三十里。

湖洲市，府城北五里。元伯颜自皋亭进屯此，旋入临安。今自北新关至武林门，居民稠叠，皆谓之湖市。又塘栖镇，在府东北五十里，旧有郡丞驻此。嘉靖三十四年，督臣张经与倭战于塘栖，败绩。○汤镇，在府东北五十里，与海宁县接界。有仁和盐场。宋苏轼尝开汤村运盐河，是也。今由城东前后沙河，皆可达汤镇、赭山，以接于海口。

通江桥，在城南。宋淳熙二年，漕臣赵磻老议于此置板闸，以节宣江水。又北海家桥，在府治北。《宋志》：隆兴二年，守臣吴芾请措置北海家桥、仁和仓、斜桥三所作坝，取西湖六处水口通流，淮入府河。又以望仙桥以南至都亭驿一带地势高峻，议于城外保安闸及竹车门诸处，引水入保安门，通流入城。望仙桥今亦在府治东。

诸桥。府西南二十余里。富阳诸山之水，由此入江。《南征纪》：诸桥、万村，为滨江要路。西则陆走富阳。东出赤山埠。北出西溪，走黄山，以达馀杭。东北则从西溪达于钱塘门。○德胜桥，在府北五里。其处亦曰枯树湾,本名堰桥。宋建炎中,韩世忠大败苗傅于此,因名。

　　○海宁县,府东百二十里。东北至嘉兴府海盐县一百十里。汉海盐县地,属会稽郡。吴王濞于此立盐官。三国吴置海昌都尉于此,后改属吴郡。晋亦为盐官县。宋齐因之。皆属吴郡。隋属杭州。唐武德四年,属东武州。七年,并入钱唐。贞观四年复置,仍属杭州。宋因之。元元贞初,升为盐官州。天历二年,更曰海宁。明初改州为县。县城,唐宋以来旧址,明朝洪武二十年,信国公汤和重筑。永乐以后,屡经修治。周九里有奇,编户百八十四里。

　　海昌城,县南二十里。《志》云:三国吴海昌都尉治此。晋宋以后,亦尝为都尉治。隋大业初废。又县西北四十一里有海安旧城,《志》云:隋大业中筑,县盖治于此。唐永徽中,始迁今治。

　　石墩山,县东五十里。稍东一里曰小尖山,上有烽堠。嘉靖三十五年,倭据石墩为巢,犯嘉兴府境内。参将卢镗击之,久而后克。下有小港,外通大洋,贼舟每泊此。今有石墩山寨,西去县四十里,皆筑土城戍守。

　　赭山,县西南五十里,土石皆赤,因名。其对岸相峙者曰龛山,属绍兴府萧山县界。横江截海,谓之海门。西南去郡城六十里,为控扼要害。宋乾道四年,射猎于此。前朝嘉靖三十三年,倭贼突犯赭山,郡境被其害,今为汛守重地。《海塘考》:县境治南即海,海之上即塘,距城百武而近。东抵海盐,西距浙江,延袤百里。塘西南数十里有赭山,与龛山对峙,为海门。潮水趋江,始犹广衍,进入隘口,横流束而不得肆,辄怒而东。返东五十里,又有石墩山,与赭山相望,若两拳然。潮返而东,为石墩所障,仍鼓怒而西。东西荡激,数十里间,日再往来,狂澜驾风,若万马驰骤,银山雪屋,排空而下。此海塘所以恒多隐忧也。又《海防说》:海门与乍浦相形援。乍浦海中有山,至下八山为极远,此外即茫洋无山。

倭船之来，必至八山及陈钱壁，下山取水，候风流犯。先年兵船畏风涛危险，止分守八山内港，倭贼不时入劫。隆庆三年，始议直哨壁下等洋，盖贼于下八山可径至鳖子门。鳖子门之险，与下八山之哨，首尾相应者也。

碤石山，县东北六十里。一名紫微山。其并峙者曰赞山。两山相夹，中通河流，曰碤石湖。唐白居易尝登此，因以其官名之。山之西为碤石镇，元置税务于此。明初改税课局，兼置河泊所。嘉靖三十四年，倭犯碤石。明年复犯碤石，盖登泊为易也。○妙果山，在县东六十里，一名龙山。其相连者曰袁花山，亦名龙尾山。袁花塘经其下。嘉靖三十年，倭据尖山，焚掠袁花市，官兵逐之，败绩。

尖山，县东六十四里。高峰崛起，南临大海，建烽堠于其巅。一名大尖山。嘉靖中，倭尝据此。○黄湾山在县东六十五里。一名盈山，周九里，旁近大海。有黄湾浦，与海盐县澉浦接界，北通碤石、袁花诸处。嘉靖中，倭贼往往出没于此。设黄湾山寨，并筑土城戍守。《志》云：寨在城东五十里。

金牛山，县东八十三里。高三百丈，周十九里。山势隆起，冠于境内。山侧有洞，深不可测。相传宋建炎初，避乱者多居此。稍北为庙山。庙山之西二里为凤凰山，下有烽堠、山寨。庙山东三里曰望夫山，亦烽堠处。《通志》：庙山在县东南六十八里，高百丈，周九里。与望夫山皆接海盐县界。

海，县南十里。东连海盐，西接浙江。潮汐往来，冲激不常。旧有捍海塘，长百二十四里。唐开元九年修筑。《宋志》：嘉定十二年，臣僚言盐官去海三十余里，旧无海患，县盐灶颇盛，课利易登。去岁海水泛涨，湍激横冲，沙岸溃裂不时，以致侵入卤地。芦洲港渎，荡为一壑。今潮势深入，逼近居民。乞下浙西诸司，亟为修筑捍御之策。十五年，浙西提举刘垦言：县南濒大海，元有捍海古塘，亘二十余里。今东西皆沦于海，海水侵入县两旁各三四里，止存中间古塘十余里。万一水势冲激不已，不惟盐官一县有垫溺之忧而已。今古塘既冲损，盐潮必盘越北注，宜筑土塘以捍之。筑塘基址，南北各有两处。在县东，近南则为六十里咸塘，近北则为袁花塘。在县西，近南亦曰咸塘，近北则为淡塘。尝验两处土色虚实，则袁花塘、淡塘差胜于咸塘。且各近里，未至与海潮为敌。势当修筑两塘，以御咸潮。其县西一带淡塘，连县治左右共五十余里，合先修筑。而县南去海一里，幸古塘尚存，县治民居，赖以无恙，尤宜亟为防护。其县东且筑六十里咸塘，万一复为海潮冲损，则修筑袁花塘以御之，庶为得宜。从之。《元史》：盐官州旧去海岸三十里，有捍海塘二，后又添筑咸塘。宋时亦尝崩陷。大德二年，塘岸崩。延祐六年，陷地三十余里。泰定四年，冲捍海小塘，坏州郭四里。因建议修筑石塘四十余里。天历初，塘岸始就。海沙亦复涌起，倾圮可免，因改州名曰海宁。《海塘说》：县境海塘之外，旧有沙场二十余里，所以海潮不至冲啮，石堤可以经久。今荡入于海，渺茫无迹，欲恃数尺之塘，抗弥天之浸，岂不危哉？明朝自永乐九年，历成化、弘治、嘉靖，以迄万历三年，海凡五变，塘凡五修筑。而其害莫甚于永乐九年，朝命保定侯孟瑛等役苏、松九郡民，赀累钜万，积十有三年，而患始息。盖海昌地最高，境内诸水，皆北流散入于嘉、湖、苏、松之境。障海昌亦所以障列郡。塘之修废，关于东南利害，安可不先事预防，而贻后时之悔哉。

新江塘河，县东北二十里。源自湖州府德清县之大麻溪支流，由县西北庄婆堰，东抵县城濠，逶迤曲折，析为众流，东北入嘉兴境。○洛塘河，在县西北三十里，亦新江塘河之支流。东入硖石南湖，旁有支港通小河，迤北注嘉兴界长水塘河。又袁花塘河，在袁花山下。自吴姚塘港分流，南通白弹港，西入县城濠。《志》云：白弹港在县东二十五里，袁花塘河之支流也，北流入于新江塘河。

塘河，一名二十五里塘河。自城内市河出城北拱辰水门，迤西南二十五里，会于运河，而达长安坝。《志》云：运塘自庄婆堰北接崇德县界，经许村西至仁和县界，长三十余里，此即上塘河运路也。〇淡塘河，在城西北。宋嘉定中，海岸崩陷。于此筑堤障潮，今堙塞过半。

硖石南湖，在硖石山下。稍西南为茶湖，其上流接麻泾港、吴姚塘港诸水，迤西南流入于洛塘河，东达海盐县界黄道湖。《志》云：麻泾港在县东北五十八里，吴姚塘港在县东六十五里，皆新江塘河之支流也。又有硖石市河，为洛塘河之支流，北注嘉兴长水塘。〇高湖，在县东北十七里，南北一里，东西二十八里。又建兴湖，在县西北二十五里，东西十里，南北六里，吴建兴中开，因名。又有月湖，旧在赭山西侧，今为潮沙壅塞。

赭山港，县西四十五里。《志》云：县西二十八里有天门港。又西二里曰褚家坝港。又西二里曰马牧港。又西十三里曰赭山港。又有浑水港，在县东四十五里。五港皆分运塘河之支水，南抵海塘岸。〇庄婆堰，在县西北三十里，接德清县境之水，绕流县境，恒启不闭，甚为民利。嘉靖三十五年，倭贼自海盐而西，分二道。一趣长安镇，一自硖石、庄婆堰，与长安贼合，谋趋杭州，即此。

长安镇，县西北二十五里，旧为运道所经。宋熙宁元年，提举河渠胡淮请修长安堰。绍圣中，转运使毛渐请起长安堰至盐官，彻清水浦入海。淳熙二年，漕臣赵磻老言：临安府长安闸至许村巡司一带，漕河浅涩，请开浚。嘉定十二年，臣僚言：长安闸上彻临平，下接崇德，漕运往来，商旅络绎。今海潮冲激，两岸田亩，恐有咸水浸没之患。而里河堤岸，亦将有溃裂之忧。乞敕有司及时修治。德祐二年，元伯颜军至长安镇，进屯皋亭山，而宋亡。今为商旅聚集之地。元设税课务，并置驿于此。明朝改为税课局。嘉靖中，驿废。

石墩镇。县东南六十里。有巡司，洪武二年，置于硖石镇。二十年，徙近石墩山。嘉靖中，筑土城御倭，为戍守重地。又赭山镇，在县西南四十五里文堂山上。元置巡司。前朝洪武初，徙司于县西陈桥北。二十年，徙于赭山。永乐六年，海潮为患，徙于今所。嘉靖中，亦设小城戍守，以御倭寇。又有赭山场税课局，明初亦设于此。○许村，在县西四十五里。东北至长安镇三十里，西南至临平镇二十里，有许村场盐课司。又汤镇，在县西南四十五里，接仁和县界。

○**富阳县**，府西九十里。西南至严州桐庐县九十里，北至馀杭县五十里。本汉富春县，属会稽郡。哀帝封河间孝王子元为侯邑。后汉属吴郡。三国吴黄武四年，置东安郡治焉。七年郡废，县仍属吴郡。晋因之。咸安初，以郑太后讳春，改曰富阳。宋以后因之。隋属杭州。唐仍旧。五代时，吴越尝复为富春，寻复故。《城邑考》：县旧无城。吴越时，以县逼江隅，筑城甃以砖石。明初尝缮治。嘉靖三十五年，复营砖城，周四里有奇。编户七十五里。

东安城，县北十八里。《志》云：吴黄武中，置东安郡，郡守全琮筑城，此其故址也。

观山，在县治东。孤峰高耸，横截大江。三国吴建道观于山上，因名。亦曰鹤山。亦曰石头山。又胡鼻山，在县东五里。山势峭峻，下瞰大江，路狭而险。宋乾道中，县令陆楠凿石为栏以护之，后屡修复。宝庆中，令赵汝捍复凿石径，以避险阻。○赤松子山，在县东九里，高百五十丈，周四十里。孤圆耸秀，江流其下，群峰环拱，望如华盖，亦名华盖山。一名赤亭山。一名鸡笼山。俗传赤松子尝憩此。

阳平山，县南十五里。广二十里，南面大江。相传孙钟旧居此，今有钟墓。钟，坚之父也。又灵峰山，在县东南四十里。其山高出众峰，绝顶平衍，有田数亩，泉源不竭。旁有渔岭，接萧山县界。县东南五十里又有剡望山，峰峦回合，下有泉池，流溉民田。〇贝山，在县西三十里，高三百丈，广七十八里。顶有湖，流为岁溪，南入浙江。山之西麓属新城县界，相接者曰草鞋岭，亦路通新城。

胡㳇山，县西南五十里。胡㳇水出焉。山高三百丈，广百三十二里，上有石楼、石城。侯景、方腊之乱，里人尝于此避兵。山下泉流曰锦溪，东流合胡㳇水，注富阳江。又西南二里有申屠山，峰峦重叠，湍石峭险。中有平田，如设万席。以申屠蟠隐此而名。

葆岭，县北二十五里，又二十五里达馀杭县。明初李文忠自严州下桐庐，至富阳，遂北趋馀杭。张士诚将潘原明守杭州，以城降，盖道出于此。〇鹊岭，在县东南四十里，路通诸暨。又县西南五十里有青草岭，路出桐庐。又有金沙岭，在县南九十里，路通浦江。

富春江，在县城东南，即钱塘江之上流也。江中有洲，曰孙洲，在县西南四十二里，以孙坚名。西南五十里有桐洲，以上接桐江而名。尾入孙洲，周二十三里。王氏云：县西南旧有狭中渡。《史记》：秦始皇临浙江，水波恶，乃西百二十里，从狭中渡。水波恶处，今由钱塘渡西陵是也。狭中渡则在富阳、分水之间。

胡㳇水，县西南九十里，出胡㳇山。又步桥水，在县西南四十里，出贝山下，即步溪也。县东南十里，又有吴川水。东五里有新浦，与县境诸川，皆流入富春江。

阳陂湖，县北十里。唐贞观十二年，县令郝期因旧址开湖，并造水闸。湖周六十里，溉田万余亩。万岁登封初，县令李濬筑堤。贞元七年，令郑早增修，今多堙废。〇涌泉湖，在县西二十五里，溉田可四百余亩。又小谢湖，在县南二十里，大江之阴，溉田二千余亩。

屠山村。县西南五十里江南岸，有东梓巡司戍守，元置。明因之。〇会江驿，在观山东，宋初置。嘉定中，徙于通济桥。明洪武三年，复移于此。

○馀杭县，府西北六十里。西至临安县五十里，西北至湖州府安吉州百三十里，南至富阳县五十里。本秦县，属会稽郡。汉因之。后汉属吴郡。三国吴属吴兴郡。晋以后因之。隋属杭州。唐仍旧。吴越时，尝号为清平军。宋复故。今编户七十一里。

馀杭城，在苕溪南，秦、汉故县治此。后汉熹平中，徙溪北，寻复还溪南。唐末钱镠筑县城于溪北，周不及二里。寻又徙溪南，号为清平军。宋雍熙初，复徙溪北。后因之。明初尝因故址修筑。嘉靖三十五年甃以砖石。今城周六里有奇。《志》云：溪南一里有旧城基。元至正十六年，参政杨完者命部将筑以守御，亦名营盘城。今废。又县北三十里有周赧王城，晏殊《类要》云：赧王南游所筑，未知所据。

安乐山，县东南二里。上有旧仓城，相传亦旧县城也。今圮。有塔在焉，吴越时所建。又稽亭山，在县南九里，周七里。上有亭基，相传秦始皇登此以望会稽。县南十八里又有九龙山，周十五里，有九峰环抱，流泉绕注。又由拳山，在县南二十六里。一名馀杭山。高三百八十丈，周十五里。《志》云：三国吴有暨猷者，自由拳来隐此，故名。亦曰郭公山，以晋郭文隐此也。自临安而东南，由此可达富阳。○观国山，在县西北十五里。相传宋建炎中，兀术入寇，乡民相率拒之于此。又西北十里有舟航山，亦高耸，俗传禹治洪水，维舟山上云。

大涤山，县西南十八里。山周五十里，高六百九十丈。岩洞泉石，奇胜不穷。洞霄宫在焉，建于汉元封三年。历代修之。宋天圣四年，详定天下名山洞府，凡二十四处。以此为第五。其右为天柱山，高六百六十丈，四隅陡绝，耸翠参天。道书以大涤为第三十四洞天，天柱为第五十七福地。○黄山，在县西南二十五里，与大涤、天柱冈脉相连。《图经》：黄山亦名馀杭山，高千余丈，超出云表，百里外即望见之。

径山，县西北五十里，南去临安县十五里。山周五十里，高三千余丈。《志》云：径山为天目之东北峰，以径通天目而名。有东西二径，盘折而上，各高十里许。七峰罗列，内括一区，平林坦壑，最为幽胜。七峰者，左曰宴坐，曰朝阳。右曰鹏搏，曰凌霄，曰御爱。北曰天显。前曰堆珠。而凌霄最高秀，为山之主峰。又高陆山，在县西北七十五里。高三百丈，周五十里。南界临安，北界安吉，双溪之源出焉。

　　独松岭，县西北九十里，高四十二丈。有关在其上，名独松关。控据险阻，为郡西北之襟要，详见前重险独松。

　　南湖，县南二里。苕溪发源天目，乘高而下，县地平衍，首当其冲。淫潦暴涨，则泛溢为患。汉熹平二年，县令陈浑始筑两湖以潴水。其并溪者曰南下湖，环三十里。并山者曰南上湖，环三十二里。于湖之西北，为石门函，以纳溪水，溪水得所潴，而暴流始杀。又于湖东南五亩塍，设立滚坝。溪落则湖水仍由石门函还纳于溪。湖涨则自五亩塍，经县东南五里之石桯桥，泄入于南渠河。其派别而北者，为黄母港，流十二里，与苕溪会。于其会处，节以石埭，曰西函，西函在县东十三里。溪水方涨，则闭以固东乡之田，俟其稍落，则启函以泄渠港之潦。岁旱则开函以资灌溉，为利甚溥。其后堙废，于是庐井时有漂没之患。唐宝历中，令归珧因旧迹修筑。宋崇宁中令杨时、宣和中令江邺、绍熙中转运黄黼，皆加修浚。继而塘堰颓坏，湖沙日高。明初以来，屡加清理，而南上湖已为豪民佃据无余。嘉靖三十四年，县令吴应徵勘称：南湖故迹，惟下湖仅存。而奸民承佃不已，若不及今修筑堰坝，囊蓄水势，一遇淫潦，从五亩塍诸处溃入安乐等乡，为民田害，不惟余杭境内而已。盖湖荡泥深土沃，坝堰不修，则湖涸，而奸民独擅膏腴之利，其奔腾弥漫之害，则尽贻之下流居民矣。望亟为修筑，以利民生。然奉行无实。今南湖一区，周回约二十余里。其苕溪分流之口，在城西南二里。水涨时，湖中一望弥漫。秋冬水涸，则洲渚参差，平沙弥望。必尽复西函及滚坝之制，而南北岸及中隔诸塘，以次修举，下流田庐庶永无垫溺之患矣。《通志》：上湖在县南五里，下湖在县西二里。又有北湖，在县北五里，唐归珧所开，分引苕溪诸水，以灌民田，周六十里。县北三十五里又有查湖，汇诸山之水，溉田甚广，周三十里，今多堙废。

苕溪，在城南。出天目山，自临安县流入境，经县治前。又东流二十七里，入钱塘县界。东北流六十二里，入湖州府德清县界。《舆地志》：苕溪在县西，一名泠溪。乘舟至此，有御风泠然之意。今自城而西，连雨积潦，则水势奔腾。久晴则磷磷石洞，非舟行所宜也。

仇溪，县东北二十里。有二源：一出县西北高陆山，东流八十六里，至县北十五里仇山北。一出县西北独松岭，东流八十里，亦至仇山下而合流。又东十里入于苕溪。○双溪，在县西北三十五里。一源出天目山，一源亦出高陆山，合流而东，入径山港。《志》云：径山港在县西北三十里，源出径山，受双溪诸水，东流三十余里，合于苕溪，可通舟楫。

馀杭塘河，在县东。其上流为南渠河，在县东南二里。南湖之水泄入焉。经县东四里之安乐桥，而为馀杭塘河。东流四十五里，出杭州府北江涨桥，而入于运河。今南湖渐堙，南渠之流，不绝如线矣。又五福渠，在县东南二十六里，一名闲林河。其上源亦分南湖之水，经闲林镇，又西出，接于钱塘之西溪。○南荡，在县南，地近南湖。宋绍兴三年，置孳生马盐于馀杭南荡诸乡。乾道四年，废南荡监，以田还民。

独松关。在独松岭，见上。○闲林镇，在县东南十五里。元至元十九年，邓愈略临安，进趋杭州，大破张士诚兵于闲林寨，即此。又双溪镇，在县西北三十五里。即双溪合流处也。自独松而南，此为要路。又有长乐镇，在县西北二十里，亦当往来之道。

○临安县，府西北百里。西南至严州府分水县一百有三里，东南至富阳县百里，北至湖州府安吉州孝丰县六十里。本馀杭县地。后汉末，孙氏分置临水县，属吴郡。晋改为临安县，属吴兴郡。宋、齐仍旧。隋省。唐武德七年，复置临水县，属潜州。明年，省入於潜县。垂拱四年，复置临安县，属杭州。五代梁贞明初，吴越改为安国县，亦曰衣锦军。宋太平兴国四年，改为顺化军。寻废军，复为临安县。《城邑考》：县无城。五代时，吴越增筑。后废。今编户四十六里。

天目山，县西五十里，亦曰东天目，岩壑稍逊于西天目，而高耸过之。《志》云：县北五十里有大山，天目之东北峰也。山势峭拔，高二千六百丈，周三百五十里。通安吉州。多事时，亦为啸聚处。今详见名山天目。

衣锦山，县治南。本名石镜山，以东峰有圆石如镜也。钱镠为邑人，既贵，昭宗名其所居营为衣锦营，又升为衣锦城。山亦曰衣锦山。山东南有石镜溪，亦曰锦溪。其相接者有功臣山，上有功臣塔，本名大官山，昭宗改名以宠钱镠。又独山，在县东四里，为南溪、锦溪回合之处，俗谓之水口山，钱镠号曰镇水山。○临安山，在县西南十八里，本名安乐山。《寰宇记》：县盖以山名，山周二十余里。县西北十五里又有宝林山，泉石亦胜。周二十五里，今名双林山。

井戈山，县西六十里。高二千余丈，周百五十里。蹊径萦回，深窈难行，路通安吉。又黄岭山，在县西南三十里。沈岭山，在县西南四十里，一名筍岭。皆盘回数十里，路出新城县。○西径山，在县东北五十里，即馀杭县之径山也。又大涤山，在县东四十里。山皆跨两县境内。

南溪，在县西。即苕溪也。从天目发源，流四十五里，至县东独山下，合于锦溪。○锦溪，在县南一里，即苕溪之支流也。东流至独山，合于南溪，流二十八里，入馀杭县界。溪广处几数十丈，盈涸无时，不通舟楫。

新溪，县西十二里。即南溪之别名也。有新溪渡。元至正十二年，徐寿辉将项普略之党，自昱岭关而东寇於潜，董抟霄击之，军于临安新溪，是为入杭要路。既分兵守之，乃进兵至叫口及虎槛，遇贼皆大破之。遂复於潜，逐贼出境。叫口，或云在县西四十里。又西为虎槛。

青山镇，县东十五里。唐天福元年，杨行密遣李神福攻杭州，与顾全武相持，神福诈于夜中发兵引还，使别将设伏于青山路，全武追之，为所擒。神福遂进攻临安。《九域志》：临安有青山镇，以旁有青山而名。元置桃源务。明初改青山税课局，正德中废。

石镜镇，县东二里，以石镜山名。唐乾符四年，浙西以叛将王郢之乱，募兵讨贼。临安人董昌以土团讨贼有功，补石镜镇将。同邑钱镠以骁勇事昌，为石镜都知兵马使。后昭宗赐名镠所居乡曰广义乡，里曰勋贵里。又安众营，或曰即石镜镇也。唐光化三年，改营曰衣锦营。天复四年，曰衣锦城。天祐四年，又升为安国衣锦军。镠寻以名县云。○西墅，在县西四里。《志》云：县本治此。明初徙东市，即今治也。旧有西墅税课局，正德中废。

○**於潜县**，府西北百七十里。东至临安县六十里，东北至湖州府安吉州孝丰县七十里，西北至南直宁国县百六十里。汉县，属丹阳郡。三国吴属吴兴郡。晋、宋因之。陈属钱塘郡。隋属杭州。唐武德七年，置潜州，八年州废，县还属杭州。县城吴越时筑，后废。今编户九里。

晋城，即今县。《吴越春秋》：秦徙大越鸟语人置之晋。阚骃曰：晋，读作潜。汉武帝时，县始名於晋，东汉始加水焉。隋作灊，唐仍旧。又县东七里有潜州城，唐武德初筑，置州治此，寻废。今其地名城岭。

紫溪城，县南三十里。唐垂拱二年，析於潜置县。万岁通天初，改曰武隆。寻析置武隆县，县仍曰紫溪，大历三年省。

天目山，县北四十五里。亦曰西天目。见前。

石柱山，县东五里。高三百丈，周十五里，为县之主山。又阿顶山，在县东十五里。上有越王城，相传春秋时越之支庶封于此，亦名平越城。今山傍地亦曰平越村。又东为皇甫岩。《志》云：后汉皇甫嵩尝破妖贼许昭于此，故名。○岞崿山，在县西二里。峭耸清绝，下浸浮溪。溪旁绝壁高四十余丈，上可坐千人。又西菩山，在县西十三里，山周四十里。九岭交陈，双峰对峙，中有飞泉三叠，怪石万状。其相接者曰柱石山，《志》云：山在县西十五里。又浪山在县西南三十五里，山有三池相接，在绝壁间，奔流如瀑。山后又有柯侯潭，每阴翳，潭中浪与山连，亦名波山。西去昌化县三十里。

马头山，县南四十五里，以形似名。高千二百丈，周四十五里。泉甘土肥，可以树艺。县南四十七里有武勇山，五十里有阆湖山，又三里为白山，奇胜相亚，盘亘绵远，凡百余里。○良梅山，在县南八十里，山周八十余里。《志》云：马头之高，半于天目。良梅之高，半于马头。而广亚于西天目云。

千秋岭，县北五十五里，高三百丈，即天目山西麓也。接南直宁国县界。朱梁乾化三年，淮南将李涛出千秋岭，攻吴越衣锦军。岭道险狭，钱传瓘使人伐木断淮南军后而击之，遂虏其军。宋南渡后，亦置戍守于此。有千秋关。元至正十二年，董抟霄败徐寿辉将项普略之兵，遂复於潜而守之。贼犯千秋关，引而南，抟霄击却之，遂扼关以拒贼，今亦为要隘。

杨岭，县北三十里。北抵天目，西北通南直宁国府驿路。又有杨岭，在县西南二十五里，路通昌化。《志》云：县西三十里有芦岭，迤南曰金鸡岭，北曰罗纹岭，谓之三岭。皆与昌化县接界。一云罗纹岭在县西北五十里。又水凝岭，在县东北九十里，高三百丈，接安吉州界。浮云岭在县东南四十里，高二百五十丈，界接新城。

大鸣岩，在县北三十里寨村之东。岩独高峻，四围礜石如小城，相传钱氏尝屯军于此。岩顶平广，可十余亩，有池甚深，虽旱不涸。

浮溪，县治西二里。源出天目山，一名锦江。阔五十二丈，深五尺，经县南，合众流而为紫溪。《志》云：紫溪在县南三十里。天目上源有蛟龙池，又有上中下三池。池之上有潭，形如仰箕，谓之箕潭。箕潭溢入上池，悬崖五十仞，出石壁间，环流而注中池，复垂崖三十余仞，喷溢而注下池。其深莫测，溢于大径口、小径口，西南流，过县界，分流为紫溪。阔四十五丈，深七尺，合昌化柳溪之水，入分水县界。又合桐庐之水，以达于浙江。唐贞元十八年，县令杜咏开浚，溉田四千余顷。又凿渠三十余里，以通舟楫。溪下旧有燕尾滩，最险恶。宋绍兴间，县令邵文炳凿平之。○交溪，在县西十五里。浪山、柳溪二水合流于柱石山下，因名。下流入紫溪。

虞溪，县北十五里。源亦发于天目，有三溪同为一流，至此经虞将军庙，曰虞溪。又南流五里，经丰陵村，曰丰陵溪。又南五里经零口村，曰零口溪。南流七十余里而达分水县界。○藻溪，在县东南二十里。源出县东落云山，南流六十里，入分水县界。

豪迁关，在县西北。《志》云：天目西麓有豪迁关，路通孝丰及南直宁国县。又有西关，在西天目东麓，路通安吉。东关在西天目西麓，路出孝丰。

阅武寨。县北五十里阅武山上。《志》云：山高三百丈，周四十里。吴越置寨于此，以备淮南。

○新城县，府西南百二十里。东至富阳县四十五里，南至严州府桐庐县四十五里，西南至严州府分水县九十五里。本富春县地。吴置新城县，属东安郡，寻废。晋太康末，复置属吴郡，后又废。咸和九年，复置新城县。宋、齐因之，仍属吴郡。陈属钱唐郡。隋省入富阳。唐永淳初，复置属杭州。吴越时曰新登县。宋复旧。旧有城，亦吴越时置，后废。明嘉靖三十四年修筑，周三里有奇。编户十二里。

　　杜棱城，在县治东南，萧梁时为新城戍。太清三年，侯景陷台城，遣其党宋子仙等东屯钱唐，新城戍主戴僧遏拒之，既而子仙急攻钱唐，僧遏降，盖僧遏与贼相持于钱唐也。唐大顺中，钱镠将杜棱因山筑城，恃为保障，因谓之杜棱城。宋天禧中，尝修筑，后圮。明嘉靖中，改筑今城。

　　南新废县，县西五十里，又西至於潜县六十里。唐宝应二年置昭德县，大历元年省。宋乾德六年，置场于此。淳化七年，改为南新县。熙宁五年，废为镇。元至元十三年，置巡司于此，明初废。

　　百丈山，县南五里。一名卓笔峰，鼍江绕其北。又绿衣山，亦在县南五里。旧名乌伊山，高三百余丈，周八十五里。又县西八里有大雷山，《志》云：县之主山也。又嶂山在县西二十里，一名崤山，高二百五十丈，周七十里，有岩洞泉池之胜。

　　青牛山，县西北七十里。一名宝福山，山分三支，逶迤而南。有青牛岭，通於潜大路。

　　鼍江，县南二里。《志》云：旧时江流甚阔，元时水失故道，溪涨沙平。今县南二十五里有深浦，阔二十丈，深浅无恒，潮水往来，溉田五千顷。又东南港口有将军石，下临大江，石壁周围，相传宋时观兵处也。嘉靖间，建墩堠于其上。

　　葛溪，县西七里。其源有三：一出县西六十五里之渔洲山，曰西溪。一出县西七十里之回源池，曰釜源溪。一出县西六十里之灵隐洞，曰盘石溪。至南新城而三水合流，谓之三溪口。至县西三十五里之里仁桥，合分水县之佘源水，又东经县南合松溪，至县东南十里，为渌渚。又南二十里，至岘口，入于江。《志》云：自渌渚埠达江，始通舟楫。由渌渚而上至各溪港，惟竹筏往来而已。明初张士诚侵严州，李文忠遣将何世明败之于分水。既而复据分水、新城间之三溪，世明击败之，即此三溪口也。

松溪，县东北五里。自临安锦溪分流，合诸山谷之水，由西北三十里之依岭而入县界。过县北八里之新堰，绕县西南流，至双港口，会于葛溪。○湘溪，出县西四十里郑家山，东南流，至县西张涧口，合于葛溪。又佘溪，在县西七十里。自分水县境流入，至县西三十里岩石岭，合于葛溪。

东安镇。在县东，近富阳县界。唐光启二年，钱镠为杭州刺史，欲由海道讨薛朗于润州，发东安、浙江、静江三都将将其兵。又大顺二年，镠将杜棱镇东安，始营新城。胡氏曰：镠盖置东安等都将，分屯沿江一带。《九域志》：新城县有东安镇。今县东去富阳四十五里，富阳尝置东安郡，故镠以此名镇云。

○昌化县，府西二百十里。东北至於潜县五十里，西至南直徽州府百九十里。本於潜县地。唐垂拱二年，为紫溪县地。万岁通天元年，析置武隆县。圣历三年，省入紫溪。长安四年，复置。神龙元年，改曰唐山。大历三年废。长庆初复置。五代梁时，钱氏改曰金昌。后唐同光中，复曰唐山。石晋天福七年，改曰横山。寻又改曰吴昌县。宋更名昌化，仍属杭州。无城。今编户九里。

唐山，县治北。延袤五里，为县治之障。又县治前有青山，在双溪南岸，延袤四里，其状如屏，一名南屏山，亦曰官山。又武隆山，在县治西北一里。高百余丈，延袤二十里。唐武后以为己谶，因以名县。神龙初，改曰唐山，亦因山名以黜武氏也。

柳相山，县东南三十里。高千八十丈，延袤百三十里。柳溪经其麓，东接於潜紫溪，南入分水县界。《志》云：县南二十五里有仁山，山势蟠回，溪流九曲。又十里有石筍山，相接者曰金山。上有玉岭，石壁峭立，高百余丈，泉瀑飞流。下有石穴，曰龙孔泉，居民赖以灌溉。旁有金紫岩，峰峦甚秀。○福泉山，在县西南五十里。高千丈，周四十五里。其最高峰曰铜坑,亦名铜坑山。东接分水,南带淳安,西亘绩溪,顶有龙池。

百丈山,县西三十里。高千五百丈,延袤二十里。一名潜山。《舆地志》:尧时洪水,此山潜而不没,高距水面百丈,因名。上有太公潭,相传以泰伯采药名。今山多灵药。北接大鹄山,山延袤五十里,高亦千丈。中平坦,有龙池三百亩。《志》云:大鹄山在县西北六十里。又千顷山,亦在县西北六十里。高六百丈,延袤六十里。巅有龙潭,广数百亩。又西有洋丁山,皆接南直宁国县界。其水北流,入宁国县之东溪。

昱岭山,县西七十里。高七十五丈。山势险阻,介于徽、杭两郡间。其水南流为顺溪,北流为蘧溪,会于柳溪。岭上置关,元至正中,徽、饶寇入犯处也。今详见重险昱岭。〇龙塘山,与昱岭相接,怪石峙立,林谷幽邃。中有龙洞,深不可测。县西八十里,又有大明山。高千余丈,延袤九十里。山巅平旷,三千余亩。中有龙池、瀑布,其南跨严州府界。

车盘岭,县西五十里,路出徽州。《舆程记》:自车盘岭而西三十里,为老竹岭。岭高二里,径道崎岖。又西十里为王干巡司,属徽州府绩溪县。又九十里而至徽州府。又栈岭,在县西百里,一名分界岭,亦与绩溪县分界处也。

双溪,在县治南。县境之水,西北自宁国,西自绩溪,西南自淳安,支分为数十溪,汇流于县之西境。经县西十里之晚山东,而为晚溪。又东经县治前,溪中有洲,水分南北,因曰双溪。过县复合为一,湍流崩湃。又东南汇县境诸溪之水,而注于柳溪。

伽溪,县南二十里。又南十里有览溪。县南境诸水远于双溪者,皆附二溪以径达于柳溪。《志》云:县西三十里有百丈溪,出百丈山下。南流为沥溪,东流为董溪,合流注于晚溪。又颊口溪,在县西北五十里。其地有两崖并峙,谓之石门水。循门而出谓之颊口,南流合云溪而达双溪。

柳溪,在柳相山下,县境诸溪悉汇于此。上下三十里,巨石参错,屹峙中流,湍激汹涌,东汇于於潜之紫溪。

昱岭关,在昱岭上,见前。又黄花岭关,在县西北三十里黄花岭上,与南直宁国县接界。

手穿镇。县西九十里手穿岭上。岭甚平坦,旧置巡司于此。元末以徽寇犯境,移于县西南株柳村。明朝移置于湛村,在县西二十里,仍曰穿口巡司。○石路,在县西二十五里,地名破山湾。南临深溪,北抵绝壁。旧时行者必渡溪而南,迂行数里,复渡北岸。天顺间,乡人开凿此路,无复三渡之险。

附见:

杭州前卫,在府城内。又有杭州右卫,俱洪武八年置。

海宁守御千户所。在县治东,直隶都司。

○严州府,东北至杭州府二百七十里,南至金华府一百五十里,西至南直徽州府三百七十三里,西南至衢州府二百十里。自府治至布政司见上,至南京一千一百七十里,至京师三千五百八十里。

《禹贡》扬州之域。春秋时属吴,后属越。战国时属楚。秦为会稽、鄣二郡地。汉属会稽、丹阳二郡。后汉属吴郡及丹阳郡。建安十三年,孙吴始置新都郡。晋改为新安郡。治始新县。而富阳诸县仍属吴郡。宋、齐以后因之。隋平陈,郡废,分属杭州、歙州。仁寿三年,增置睦州。大业初,改为遂安郡。治雉山县。唐武德四年,复为睦州。时又于桐庐县别置严州,取严子陵为名,兼领分水、建德二县。七年,严州废,而以睦州为东睦州。八年,复为睦州。武后万岁通天二年,州移治建德县,即今治也。天宝初,曰新定郡。乾元初,复为睦州。五代时,钱氏因之。宋仍曰睦州。亦曰新定郡遂安军节度。宣和初,改曰建德军节度。宣和三年,改曰严州。咸淳元年,又升州为建德府。以高、度二宗皆尝为潜邸也。元曰建德路。明初，改建安府。洪武八年，曰严州府，领县六。今仍为严州府。

府山川宏伟，水陆险巇。据临安之上游，当衢、歙之冲要。宋方腊倡乱于睦州，而杭、歙诸郡，皆不能固。长江以南，举岌岌焉。元人既平江南，以董文炳驻守临安。既而衢、婺诸州，皆复起义兵应宋。文炳策之曰：严州不守，临安必危，亟使唆都往镇之。于是诸州之兵，相继败散。明初规取浙右，先下严州，以重兵戍之。敌之喉吭既为我得，由是拓土开疆，芟除桀黠，岂不以地利乎哉？

○建德县，附郭。后汉吴郡富春县地。吴黄武四年，析置今县，仍属吴郡。晋以后因之。梁属东阳郡。隋省入金华县。唐武德四年复置，属严州。七年省。永淳二年复置，属睦州，寻为州治。今编户八十六里。

建德城，今府治。三国吴置县。孙皓初封建德侯，即此。自隋以后，废置不一。唐万岁通天中，始为州治。中和中，刺史陈晟筑城，周十九里。宋宣和三年，平方腊。知州周格重筑，缩为十二里二步。绍兴八年修治。元因之。明朝洪武二十年，曹国公李文忠改筑，缩东北二面，而拓南面。西南临江，东北倚山，浚濠三面，环城接江。弘治四年、嘉靖三十七年、万历五年、十年，经修筑，有门五，城周八里有奇。○神泉废监，在府西七十里。宋熙宁中置。铸钱于此，寻罢。庆元初复置，旋废。

乌龙山，城北三里。《图经》云：山高六百丈，周百六十里，郡之镇山也。巅有二池，傍有乌龙岭。其水东注，曰玉泉。流为余浦，至城东三里，入于新安江。宋宣和初，尝改名仁安山。明初克严州，苗帅屯乌龙岭，李文忠击败之，即此。○高峰山，在府东五里。有双峰峭壁，新安江绕其西南，昔有浮图峙其上。又东二里曰方门山，列嶂临江，其状若门。二山皆乌龙之支山也。又屯军山，在府西北一里。相传黄巢屯军于此。府西二里又有建昌山，下瞰江流。

湫山，府东北四十里，与乌龙山及桐庐县之清凉山相峙。高六百丈，周百里。上有石湫，岁旱不涸，因名。又龙门山，在府东二十七里。顶有浮图，下临江渚，石壁上有瀑布泉。○铜官山，在府西八十里。《志》云：秦时尝于此置官采铜。又西五里有铜官岭，路出淳安。又有铜关渡，在府西七十里。亦以铜官山而名，新安江渡口也。《志》云：铜官相接者有灵严山，与淳安县紫盖峰相连，岩泉不竭。又有五宝山，五山一源，曰金，曰银，曰铜，曰绿，曰铁，皆以色相似而名。

胥岭，府东北四十里。胥水发源于此。今有胥村，在府北二十五里。宋尝置驿，当杭郡通道，今废。又午方岭，在府东北六十里。路出桐庐。《志》云：岭当乌龙之南，因名。

鲍婆岭，在府东北。明初张士诚寇严州，李文忠御之于东门外。使别将出小北门，间道过鲍婆岭，由碧鸡坞绕出阵后，大破之，是也。○井砌岭，在府东南五十里。路通浦江。明初李文忠克严州，进兵下浦江，盖取道于此。又将军岩，在府南四十里。与兰溪县接界。

新安江，在城南。自徽州府歙县流入府境，经淳安县南，又东流至府城东南，而东阳江流合焉。一名徽港。胡氏云：浙江有三源。其一为徽港，是也。又东胥口江流合焉，亦谓之建德江口。梁大宝末，侯景将刘神茂复据东阳叛，遣其党元頵等下据建德江口。景将谢答仁等攻建德，擒頵等杀之。胡氏曰：建德江口，在府城东十里。

东阳江，府东南二里。婺、衢二港合流于金华府兰溪县而入府境。又东北流，经府城南，而与徽港合。止称东阳者，以来自金华也。二江合流，经城东十里，为大浪滩；又东五里为乌石滩；又东二十五里而接桐庐县之七里滩，为府境之襟要。

西湖，在府城西南。广袤四百五十二丈。唐刺史侯温所开。中有宝华洲。又圣湖在府西七十里，广袤亦数百丈，中有白沙洲。俱限隔不与江通。

胥口溪，府东二十五里。自胥岭发源，三十里至胥口，逆流十里达于江，亦谓之胥口江，亦谓之建德江。明初张士诚来侵，至大浪滩，李文忠遣将何世明西出乌龙岭，至胥口，破走之。又追败之于分水，贼始却。

白沙渡，县西六十里，新安江渡口也。《南征记》：自建德县绕乌龙岭背，出白沙渡，入寿昌，自常山县径达于江西，为陆行之径道。〇三河潭，在府东南四十里。潭水逆流，而入于东阳江，江水从两旁顺流回合焉，故曰三河。三河关因以名。又有朱池，在府西三十五里。相传以朱买臣名。宋置朱池驿于此，当三衢大路。

乌石关。府东十五里，以乌石山而名。江流所经，下有乌石滩。又三河关，在府南四十里。有三河渡，即东阳江渡口也。唐置三河戍于此。宋为三河驿，当金华大道。《志》云：三河驿在府南五十里。今废。又府东三十里有管界巡司，明初置。〇富春驿，在城东五里。前临江涯。宋置东馆务于此，明初改建严州驿，洪武九年改今名。

〇桐庐县，府东北百里。东北至杭州府富阳县八十里，北至杭州府新城县七十里，西北至分水县八十里，南至金华府浦江县九十里。汉为富春县之桐溪乡。吴黄武四年，分置今县，属吴郡。晋、宋以后因之。隋平陈县废。仁寿三年复置，属睦州。唐初，尝置严州治此，州废，仍属睦州。五代时，吴越改属杭州。宋太平兴国三年，还属睦州。县无城，编户五十三里。

桐庐故城，县西二十五里。吴黄武中，置县治此。隋开皇中，并入钱塘县。又有城，在县西北十五里，桐江西岸，地名桐溪。唐贞观中所筑桐庐城也。开元二十六年移钟山，即今县治。《图经》云：县西十五里有严州城。本隋仁寿二年鸿胪寺丞苏纶所筑。唐武德四年，置严州治此。○唐寓之城，在县东南二十五里。南齐永明中，富阳民唐寓之作乱，尝筑城保据于此。今地名舒湾。

桐君山，县东二里。一名桐庐山。县以此名。山下有合江亭，《西征记》：桐、睦二江会合亭下，有山巍然，直压其首，如渴鲸入水之状，即桐君山也。其相连者曰凤凰山，下瞰横江，形如凤翅。○牛山，在县西十里。山当驿道，俯瞰大江。宋孙绍远云：自桐庐取道而西，内薄山，外瞰江，高深殊绝，而洼凸屈曲，步步必戒，如是者十五六里。建炎中，金兀术入寇，歙人钱缜率民兵三千，因险设伏，大败之于此。淳熙中，邑令向演乃于沿江处所立扶栏七百，行者便之。元末刘真据县，取石筑城，扶栏遂废。其中坞之左曰金鸡山，有臣石俯瞰大江，或曰即碧鸡坞也。李文忠大败张士诚兵于此。又寨基山，在县南十四里。相传昔有避难者立寨其上，因名。

富春山，县西三十里。一名严陵山。前临大江，汉子陵钓处，人号严陵濑。有东西二钓台，各高数百丈。《西征记》：自桐君而西，群山蜿蜒，如两蛇对走于平野之上。三江之水，并流于崖下。惊波间驰，秀壁双峙。上有子陵钓台，孤峰特起，耸立千仞。下有泉，陆羽品为第十九泉。其与钓台相对者，曰白云原，一名芦茨原。重岩蔽天，林麓茂盛，居民采薪为炭，供数州炊爨之用。有芦茨溪，北流合大江，唐方千隐于此。○清冷山，在县西北三十里。四面出泉，大旱不竭，溉田五十余顷。《志》云：山高五十仞，周七十里。本名钟山，唐天宝间改今名。其相接者，曰龙洞山。山半有石峡，巅有龙门池，引流可以灌田。《志》云：龙洞山在县北三十里。

九岭，县东北四十里。其相近有白峰岭，俱路达新城县。又桃岭，在县东南七十里，东去二十里。又有野狐岭，与浦江县分界。又狮子岭，在县北四十七里，与分水县分界。《志》云：县西北二十里有娘岭，为驿道之要口。〇老鹰岩，在县西四十里。岩际有路，沿江险峻。县西北四十里又有焦山岩，下瞰溪流，舟楫过此，常虞险厄。

桐江，在县治南，即浙江上源也。经桐君山下，因曰桐江。合衢、婺、歙三州之水，东北流九十里而至此。又东流入杭州府富阳县界，亦曰睦江。两岸山高，水深如黛。《志》云：县东十五里有洋洲，可耕种。东二十五里有九里洲，桑麻甚盛，延袤九里。三十五里为桐洲，延袤二十里。俱南临大江，北有后港。

桐溪，县东北三里。其上流即於潜县之紫溪也。自分水县南流入县界，亦曰天目溪。入县境为桐溪，绕郭而东南，出桐君山下入桐江。《志》云：由分水至县，溪中有十八滩，错立为险。其旁小溪数十，皆汇流入焉。或谓之学溪，一名潢港，一名分水港，俗谓此为桐江。误也。

窄溪，县东南三十里。有二源：一出桃岭，西流三十余里。一出县西南西坑岭，届白云原之东，东流六十里。至县东南二十五里而会流为甘溪。又引而东北流，凡十余里而为窄溪。又东流十三里，入于江，溪口与新城港口正相对，地名窄溪埠。江流经此，阔不过数丈，易于涉渡也。〇清渚港，在县西三十里。源出府东北四十里之云岫山，东流十五里，曰社息溪。东南绕富春山北，又东流二十里入于桐江。

白水湖，县西北二十里。广百三十余亩，溉田甚溥。《志》云：县西北有上湖、下湖、鸦湖、高塘湖，凡四湖，而总名曰白水湖。白水湖南有独山，孤峰崛起，高倚江濆，东去县二十二里。高塘湖亦曰太湖塘，在高山顶。其山自清冷山分脉而来，旷阜平冈，群峰四拥，宛如一城垣。湖水当其中，朝夕盈缩，与钱塘潮汐相应，东去县三十里。

七里濑，县西四十五里。《志》云：在富春山钓台之西，亦曰七里滩。谚云：有风七里，无风七十里。盖舟行难于牵挽，惟视风为迟速也。旧《志》：七里滩去建德四十余里，与严陵濑相接。梁大宝末，刘神茂据东阳叛侯景，景遣谢答仁攻之，神茂营于下淮。或谓之曰：贼长于野战，下淮地平，四面受敌。不如据七里濑，贼必不能进。神茂不从，战败，复降于侯景。今县西北有一十九滩，俱在桐江上。

下淮，县东五十里，与富阳接境。旧为江流扼要处。《字说》：淮，围也。言江流四周围合也。陈天嘉二年，诏沈恪袭留异于东阳，异败恪于下淮。恪退还钱塘，异以兵戍下淮及建德，以备江路。又唐永徽四年，婺州刺史崔义玄败妖贼陈硕真党于下淮。

水关，县东二里。当桐溪入江之口，合江巡司置于此。一名严、衢、婺三州巡提私茶盐司。《志》云：司旧在桐君山东。成化八年，徙桐江口。十九年，徙今所。又有桐江递运所，旧亦在桐江口，今并于桐江驿。○浮桥关，在县北五里桐溪上。又柴埠关，在县东南二十里柴埠滩，旧有兵戍守。

桐江驿。在县城东潢港口。旧临江，名州河驿。后移而北，改今名。又下航渡，在县东南二里，往来津要也。

○淳安县，府西百六十六里。南至遂安县六十二里，西北至南直徽州府一百六十里，东北至分水县百四十六里，北至杭州府昌化县二百三十五里。汉丹阳郡歙县叶乡地。后汉建安十三年，孙吴析置始新县，为新都郡治。晋为新安郡治。宋、齐以后因之。隋废郡，改县曰新安。仁寿中，又为睦州治。大业初，改县曰雉山，为遂安郡治。唐初为睦州治。文明初，县复名新安。万岁通天初，郡改治建德，县仍属焉。开元二十年，改曰还淳。永贞元年，又改为清溪县。宋因之。宣和三年，平方腊之乱，改曰淳化。绍兴中，始改今名。《城邑记》：县旧有城，南枕清溪，北连冈阜，相传后汉建安十三年，孙权使贺齐平山越时所筑。隋、唐因为郡治。其子城周二里有奇，即今县治也。西有故城址，则外城也。大都堙废，未经改筑。今编户六十有一里。

始新城，在县西六十里威平镇。吴贺齐本置县于此。隋徙雉山下，在今县南二里。唐神功初，又移今治。县西三十里普慈山上有太子城，或云孙吴太子和尝避难于此。

雉山，在县治西南。隔江，形如蹲雉。隋以此名县。又灵岩山，在县东北六里。山周十二里。吴永安中有黄龙见，名曰龙山。唐元和中，改今名。俯瞰清溪，与雉山对峙。又小金山，在县西十里。屹立青溪中，拟于京口之金山。

都督山，县西六十里。或曰吴贺齐督兵驻此，一云方俨，为汉都督驻镇处也。极高峻，临江。山去威平镇六里，今有永平巡司戍守。又并桃山，在县西北六十里。高出众山之上，登其岭，杭、歙、衢、婺之境，宛在目前。自下望之，如二桃然，因名。〇云濛山，在县南三十里。《志》云：山高五百丈，周七十里。县境之大山也。

蔗山，县东北三十八里。《志》云：昔尝种蔗于此，因名。山分八面，水流十派，上有平田数顷。又重坑山，在县东八十里。山有二坑，或云即息坑也。宋宣和初，方腊作乱，两浙将蔡遵等讨之，败死于息坑，即此。

双柏岭，县东二十里。其并峙者曰真坞岭，当往来驿道，崎岖连亘。又赤石岭，在县西六十里。一名河上岭，石壁临江。又西十里有方壶岭，亦临江为险。〇辽岭，在县南七十五里，分淳安、寿昌二县之界。山高溪迅，悬崖绝壁，无路可通，旧惟水道往来。成化间，凿为坦道。又白鹤岭，在县东北百里。有仙鹤泉。明初胡大海取徽州，元将胡纳退保遂安，大海追败之。纳东走，大海复追之，战于白鹤岭，纳败死。

威平洞，县西七十里。一名青溪洞，一名帮源洞。宋宣和二年，贼方腊据此作乱，连陷州郡。三年，韩世忠击败之。贼深据岩屋为三窟，诸将莫知所入。世忠潜行溪洞间，挺身捣其穴，擒腊以出。贼平，改今名。相近为梓桐洞，今曰梓桐乡。《宋史》：青溪县境有梓桐、帮源诸洞，皆落山谷幽险处，方腊据以作乱。

霖岩洞，县东五十里。峰峦千仞，下多源泉，引流溉田，岁旱不涸。又有仙居洞，在县东南五十里。有数洞相通。○保安岩，在县东北六十里。五季末，里人多避乱于此，因名。

新安江，县南一里。一名清溪。自徽州府歙县东流入境，绕县治前。又东至府城南，合于婺港。唐光化三年，淮南宣州将康儒攻睦州，食尽，自清溪遁归。盖由水道出徽州还宣州也。今江流上下各有滩数十处。

辽溪，在县南六十里芝山下。源出辽岭，北流注于新安江。《志》云：环境之水，以溪名者凡数十处，皆流注于新安江。

栅源，县东北四十里。吴贺齐与山越战，树栅于此，因名。又三潭在县西百里。崇冈僻峤，潭潴其间。《志》云：源出昌化县之昱岭，汇流于此。

锦溪关，县东六十里。其地有小溪岩，怪石巉岩，水陆皆险。嘉靖中，置关于此，以御矿寇，因改今名。下有小溪渡。○新安驿，在县城西。旧名清溪驿，宋置，至明废。

威平镇。县西六十里威平洞口。宋平方腊，置巡司戍此。今曰永平巡司。又港口镇，在县东二十里。宋宝元二年，置巡司于此。今因之。《志》云：港口司置此。县南三十里又有港口镇。又街口镇，在县西八十里，与徽州府分界，亦有巡司。○茶园镇，在县东五十里。下有茶园渡。又渡市镇，在县北二十五里。宋、元以来，俱为戍守处。

○遂安县，府西南百八十里。东北至淳安县六十三里，西北至南直徽州府百七十里，西南至衢州府开化县百三十里，南至衢州府百七十八里。本歙县南乡之安定里。后汉建安十三年，孙氏析置新定县，属新都郡。晋改今名，属新安郡。宋、齐因之。隋初县废。仁寿四年，复置，属睦州。唐、宋因之。旧无城。明正德八年，筑城以御寇。万历二年，复修筑以御矿贼，周四里有奇。编户六十四里。

雾山，县东南二里。孤峰峭立，为邑之望。或以为婺山之讹也。又长垓山，在县西五里。两山壁立，道狭多阻，元末邑人尝扼此以拒贼。又西二里曰石英山，山产白石英，唐时以供贡。又有洪铜山，在县西南七十里。《志》云：唐时置场采铜于此。

武强山，县西六十里。与歙之白漈诸岭相错，峰峦险阻。唐末乡兵保聚于此，拒破黄巢，今山麓有黄巢坪。万历中，尝易为靖武山。○高乔山，在县西六十五里，近开化县界。层峰叠嶂，溪谷迂回。正德八年，流寇由开化马金岭突犯，尝筑寨于此，以遏其冲。又高峰山，在县西南五十里，高峻为群山之冠。

黄连岭，县南八十里。岩石峻险，路达西安。又有猸岭，在县南五十里，间道可达常山县。○积雪岭，在县西八十里，路出休宁。又县西南八十里有马金岭，与开化县分界。

武强溪，在县城南。源出武强山，亦名靖武溪。东南流，至三渡口，与双溪会流，阔数十丈。又绕流八十余里，达县郭南。复东北流，四十里入淳安县界。又二十余里注于清溪。

双溪，在县西。源出歙县界之石岭，分为二流，既而复合，至县西南五十八里之三渡，合于武强溪。《志》云：三渡，路出开、衢之通道也。○罟网溪，在县东南五十里。源自衢州流入县界，又东北入武强溪。又龙溪，在县东一里，出淳安县界，南流经此，入武强溪。

凤林镇。县东南四十里。罟网溪经此，亦曰凤林溪。宋建炎初，置巡司。绍兴初废。明初复置,今废。○新定驿,在县治东,宋置。今废。

○**寿昌县**,府西南九十里。东南至金华府兰溪县七十里,西北至淳安县百二十五里,西至遂安县百四十五里,南至衢州府龙游县百一十五里,西南至衢州府治百十里。汉富春县地。吴置新昌县,属吴郡。晋改今名。梁属新安郡。隋并入新安县。唐永昌初复置,载初元年废。神龙初复置,属睦州。宋以后因之。旧有城,即唐神龙中置,后废。今编户三十六里。

新昌城,在县西永平乡。孙吴时置县于此。晋改曰寿昌。唐神龙初,移县于郭邑里,寻又移于县西七里之白艾里。筑城周一里有奇。后复还今治,故城遂废。今其地名故城坂。

彭头山,县治西一里。唐景福中,县令戴筠开湖于山下,谓之西湖。以灌东郭之田,余浸入于艾溪。又县南三里有仙池山,一名南山。山巅有池,乡民遇旱,为机以泄池水,溉山下之田。《图经》:城东一里有青龙山,脉自西来,临绕艾溪。又东二里有金姑峰,峰顶峻削,下临艾溪。○岩山,在县北六里。有三峰,高数百丈,顶上有石,回抱如负扆。

金台山,县南十五里。县山之最高者,其南有冠山,壁立千仞,登之可尽龙游、兰溪诸胜。○砚山,在县南三十里,为金、衢、严三郡之界。又县西南二十里有大慈岩,登之可览金、衢二郡之胜。又岩峒山,在县东南三十里。山有华盖、罗帽、玉露、庆云、景星凡五峰。而华盖最高,南属金华,北属严州。

过浴山,县北十八里。下有龙潭,潭上有洞穴,名曰龙门。深邃莫穷,泉流灌注,溢而为溪,环绕县北。○天湖山,在县西二十里。山上有池,流下溉田,冬夏不竭。又县东二十五里有高湖岩,顶平如掌,广三十余亩,四畔皆巉岩,惟一径可通。

梅岭,县西南四十里,接龙游县界。宋建都临安时,此岭最为要道。凡闽、蜀、江西、荆湖、二广、云南、八番、海外诸国来者,皆经其下，亦曰梅峰。元时尚为戍守处，今皆取道于兰溪。○长岭，在县东南二十五里，路通金、衢、宣、歙四郡。岭半有泉，下注为池。《志》云：县西七十五里为黄连岭，与遂安接境。西北五十里为玳瑁岭，与淳安县接境。

寿昌溪，在县西。源出县西南六十里之鹅笼山，流至县西二十里，与交溪会，曰大同溪。又绕流至县治西一里，曰艾溪。历郭南至县东七里，曰淤竭溪。又经县东北十五里之湖神坂，曰湖神溪。流长九十里，出寿昌港口。又东北绕苍山，入新安江。县境之水，悉汇入焉。《志》云：由县治东北至新安江，凡三十五里，即建德县境也。

常乐溪，县南三十里。源出龙游县之天池山，入县境，会众山之水。又东南流，出兰溪界，入于东阳江。○交溪，在县西二十里。源出县西四十里之魏驮山，东流合于寿昌溪，而为大同溪。又西溪，在县西南四十里。源出梅岭，下流入于艾溪。

西坞寨。在县西南梅岭，路出龙游，旧设上梅巡司于此。又大源口寨，在县西四十里。旧置社田巡司于此，今废。又砳岩寨，在县东南二十里赤孤山。长岭寨，在县西南二十里桃平山，正德间为戍守处。○寿昌驿，在县南，县西又有白艾驿，俱宋置。今废。

○**分水县**，府东北百五十五里。东至杭州府新城县百有五里，东南至桐庐县八十里，西至淳安县百四十里，北至杭州府於潜县六十二里。本桐庐县西乡地。唐武德四年，析置今县，取桐庐江水中分为名。七年省。如意初复置，改曰武盛。神龙初，复曰分水县，属睦州。县无城。今编户十八里。

昭德城，在县西北嘉德里。唐宝应二年中析分水置昭德县。大历六年省。宋为昭德驿。

双溪山，在县治北，县之主山也。又北二里曰黄潭山，天目诸溪绕其下。又天禄山，在县北十里。溪流环绕其下，曰印渚溪。为邑之胜。一名砖山。○嶂山，在县东四十里。其最高处曰赤岩尖，登之可见数百里。

桐岭，县东六十里。又罗岭，在县东二十里。皆路达新城。又白沙岭，在县东南二里，通桐庐界。又歌舞岭，在县南五十里，达建德县界。县西五十里又有塔岭，通淳安县界。《志》云：县西北六十里有汤安岭。嘉靖中，倭寇由黄潭而西逾此岭，遂犯淳安。又设方岭，在县南三里，为达府之间道。○百胜岩，在县东十五里，最高耸。县西北二十五里有紫峰岩，四面如削，一峰宛在云中。县西北四十里又有杨山洞，可容数百人。

天目溪，在县治东二里，即於潜县之紫溪也。合昌化之柳溪，流入县境，回绕于天禄、黄潭诸山之下，又南达桐庐，此为桐溪之上游，中有滩凡七。

前溪，县东南二里。自淳安县分流入境，入县南之白沙潭，回绕县治，而东合于天目溪。○广陵溪，在县东六十里，源出新城县广陵乡。又有印渚溪，在县北十里，有渡通於潜；锦溪，在县东十里，有渡通桐庐。下流皆汇于天目溪。

吴村。县东十里。旧置巡司，今废。又招一作昭延驿，在县东五十里。柳相驿，在县西四十里。俱宋置。今废。

附见：

严州守御千户所。在府治东南。洪武二十年建，直隶都司。

读史方舆纪要卷九十一

浙江三 嘉兴府 湖州府

○嘉兴府，东至南直松江府百三十里，南至海八十三里，西至湖州府百八十里，北至南直苏州府百五十里。自府治至布政司百九十五里，至南京九百三十八里，至京师三千一百里。

《禹贡》扬州之域。春秋时为吴、越之疆，后为越地。战国时，又为楚地。秦为会稽郡地。汉因之。后汉永建中，分属吴郡。三国吴以后因之。隋为苏州地。唐初属苏州。五代初，属杭州。石晋天福三年，钱氏始奏置秀州。治嘉兴县。《郡志》：后唐同光二年，钱镠置开元府，治嘉兴，兼领华亭、海盐二县。长兴三年，府罢。按唐制：非京尹不得称府，镠不敢置府于杭州，何由置府于嘉兴乎？开元盖军府之名，《志》误。宋因之。政和七年，赐名嘉禾郡。庆元初，升为嘉兴府。以孝宗诞于此也。嘉定初，又升为嘉兴军节度。元曰嘉兴路。明朝曰嘉兴府，领县七。今仍曰嘉兴府。

府负海控江，川原沃衍。自春秋时已为吴、越争衡之地。岂非以三江、五湖，相为襟带，《图志》：吴、越多山，而湖泽渐其下。崇德居山泽之介，孔道四出。崇德，今石门县。且滨于海澨，可以出奇制敌哉？拊钱唐之肩背，掣吴、越之肘腋，《海防说》：府逼近海口，与杭州同患。海宁一卫，尤为要害。鱼盐饶给，商旅四通，亦江东之雄郡也。

○嘉兴县，附郭。在府城东偏。春秋时，地名檇李。秦由拳县地，属会稽郡。汉因之。后汉属吴郡。三国吴黄龙四年，嘉禾生，改置禾兴县。孙皓以父名和，改今名。晋宋以后因之，皆属吴郡。隋省入吴县。唐武德七年，复置，明年，又废。贞观八年，复置，属苏州。五代初，属杭州，寻为秀州治。今编户三百八十一里。

檇秀水县，附郭。本嘉兴县地。明朝宣德四年，于府城内西北隅置今县。编户二百三十二里。

檇李城，旧志云：在府西南四十五里夹谷中。《左传》定十四年：吴伐越，越御吴于檇李，阖闾伤，还卒于陉，去檇李七里。秦始皇三十五年，于檇李置长水县。三十七年，东游过长水。望气者言有天子气，因发囚十万凿之，改县曰囚拳。干宝曰：始皇以江东有天子气，令囚徒掘污其地，表以恶名，讹曰由拳也。汉因之。孙权改置禾兴县，而由拳之名隐。阚骃曰：由拳故城，在嘉兴县南，今谓之柴辟。辟读曰壁，即古檇李也。东晋咸和中，苏峻作乱，顾众监吴郡军讨之，为峻将张健所败，退屯柴壁。或劝众渡浙江，众曰：保固柴壁，可得全钱唐以南五县。若越他境，便为寓军，控引无所，非长计也。临平人范明亦谓众曰：此地险要，可以制寇，不可委也。众因与明合军复进，健败走。或作紫壁，误矣。自唐乾宁三年，镇将曹信改城嘉兴，而故迹益堙。五代晋天福四年，钱元瓘拓秀州罗城，周十二里。宋宣和七年及德祐元年，皆尝修缮。元至元十三年，堕其城。至正十六年，张士诚复营筑。久之未就，明初始竟其役。嘉靖三十九年增修。城周九里，有水陆门各四，运河经城西北二面。

新城，府西北二十七里。《志》云：唐会昌初，尝垒土为城，谓之新城。今曰新市。有新城税课局，其北为新城塘。○射襄城，在府东北三十里。《志》云：古战争地。又府境有东顾、西新、南於、北主四城，旧《志》云：吴越战争时筑。

胥山，府东二十七里。高十五丈，周不过二里，本名张山。相传吴使子胥伐越，经营于此，因改今名。又有矣山，在府西南五十七里。高二十余丈，周三里。山之西麓为桐乡县境。

运河，在城西。由杭州府达崇德、桐乡县界，东流经府西南二十七里之檇李亭。又东流十八里，经学绣塔。又东五里，经白龙潭。又转而北，绕府城下，为月河。与秀水合，乃出杉青闸，受穆溪水，为北漕渠。又北二十五里为王江泾。又东三里为闻家湖。又东北十里接苏州府吴江县界。秀水，在城北，即南湖、彪湖之下流也。《志》云：府西南四里有白龙潭。相传有白龙穴此，风涛间作，居人因作三塔以镇之，运河经此，曰三塔湾。

鸳鸯湖，城南一里。一名南湖，长水塘诸水所汇也。宋闻人滋云：檇李，泽国也。东南皆陂湖，而南湖尤大，计百有二十顷，以两湖相丽而名。鸳湖之水，与其支流至城东南二里，会于彪湖，亦名马肠河。又循城而北，与秀水合，会于运河。天星湖，在府治东北。一名天心湖，相传即秦始皇发囚所掘处。又有湘湖，俗名相家湖，在府东北九里。幽湖，在府西南四十里。参差汇流，皆达运河。

闻家湖，府东北三十三里。湖周千顷。《志》云：鸳湖以北诸水，汇流于府东北一十里间，有天荒、许家、毛头、菜花及祥符诸荡。回环连绕，闻家湖又其委流处也。合于运河，注于吴江。○祥符荡，在府东北二十四里。周二十余里，与嘉善县接境。又和尚荡，在府西北二十八里，水通太湖。

长水塘，府南六里。长五十余里，县旧名长水以此。《志》云：长水塘之水，源自杭州海宁诸山，出峡口东北流，入嘉兴县境。东通练塘，东南通横塘。其支流注于幽湖，正流三十里，至城南潴为鸳鸯湖。○横塘，在府东南五里，其流汇为彪湖。旧《志》：自彪湖转马塘堰而上，南至海盐县，通谓之横塘。又练浦塘，在府南二十五里。与横塘、长水塘相通，相传春秋时吴王练兵处也。其西北十里许有藁壤，围环八里，广万亩，相传为吴、越战场。

穆溪，府东北四里。水接海盐县之上谷湖，西北出吴江县界，入于莺脰湖。又茜溪在府北十二里。自鸳湖分流，东北出曰茜溪。又北十二里曰斜塘，又北二十里入吴江县界。○双溪，在府东十里。松江漕舟由嘉善县达于双溪，又西北合于运河，《志》云：府城东有凤凰洲，中流突起。洲南之水，曰汉塘，入平湖界。北曰华亭塘，入嘉善界。又韭溪，在城内。旧引南湖支流入城中，而北达运河。府西北三十里又有麻溪，北入吴江县界，亦注于运河。

王江泾，府北三十里。相传以王、江二姓居此而名。今为运河所经，曰王江泾。市有巡司。嘉靖三十三年，倭由松江府柘林突犯王江泾，转略平望、乌镇诸处。又三十四年，按臣胡宗宪大败倭贼于此。

杉青堰，府东北五里。旧有杉青闸官舍。宋熙宁元年，提举河渠胡淮请修秀州杉青堰。建炎元年，孝宗生于此。《寰宇记》：朱买臣妻改嫁杉青闸吏。今城西四里有死亭湾，即买臣妻自溺处。堰为运河所经，旁有闸，置巡司。闸后有嘉禾墩，相传即孙吴时产嘉禾处。○马塘堰，在府南七里。相传秦始皇东游至此，遏水为堰，堰成，斩马以祭，因名。又孟宗堰，或云在府东南。嘉靖三十三年，倭贼来犯，官军败之于此。

嘉禾屯，在府界。《唐志》：广德中，浙西有三屯，而嘉禾为大。李瀚《嘉兴屯田纪绩颂》有云：全吴在扬州之域最大，嘉兴在全吴之壤最腴。嘉禾穰，江、淮为之康；嘉禾歉，江、淮为之俭。○杉青闸镇，在府北杉青堰。又王江镇，在府北王江泾。俱明初置。见上。又西水驿，在县城西，元置，明因之。

驿亭埭。在府西。唐乾宁四年，杨行密将田頵攻嘉兴，屯于此，为吴越将顾全武所败，自湖州奔还宣州。○王店，在府南七十里。嘉靖三十四年，倭贼将犯杭州，不果。还至王店，分兵一出海盐塘，一出嘉兴长水塘，即此。亦谓之王市。

○嘉善县，府东三十六里。东至南直松江府七十二里，东南至平湖县三十六里，西北至苏州府吴江县七十六里。本嘉兴县之魏塘镇。宣德五年，析置今县。嘉靖三十二年，以倭变，始议筑城。三十四年，城就，外环以濠。万历二十年增修。城周八里有奇，编户一百八十六里。

东顾城，县北三十八里。相传春秋时，阖闾使伍员筑以备越，即檇李四城之一也。《志》云：城在芦墟东北二里。

西山，县南十二里，即府东之西山也。为接境处。

魏塘河，县东十二里。自县西华亭塘分流，东北出，绕县治后。又东合太平河，又南仍入华亭塘。《志》云：华亭塘自府城东北行三十余里经县治南，至县南十二里合白水塘诸水，又东八里合大云塘，又东二十四里入华亭县界，俗谓之官塘。

东郭湖，县西十五里。来自府城东，有长堤横亘三十里，俗谓之下塘。绕城北而东南会于华亭塘。又鹤湖，在县西北三十里。又西北六里即分湖也，亦曰汾湖。汾湖之水，上承平望、莺脰湖诸流，汇为巨浸。分而北，入吴江县界；分而南，入县境；东入华亭县之淀山湖。俗讹分曰汾。

清风泾，县东北二十四里。其上流曰菖蒲泾。《志》云：菖浦泾在县东北三里，北经胡塍塘、叶塘，又东经县东十二里之张泾汇，又东六里之莲花泾，又北会于清风泾，亦曰白牛塘，又东为秀州塘，折而北，达于华亭之泖桥。

  查家荡，县东北三十六里。《志》云：府东境之水，汇流入县界，至县西十三里为运泾港口，分流东北出，皆北会于分湖。分湖之南，有芦墟塘，长约三十里。由分湖东出，即查家荡也。又北而东，入章练塘。《志》云：芦墟塘在县北三十六里。又许家荡，在县西北三十六里。傍多良田，遇旱，民资以灌溉。其下流皆会于章练塘。○三白荡，在县西北五十里，入吴江县界。三荡相接，广十二里。又西北六十里而达苏州之盘门。

  章练塘，县东北四十五里。《寰宇记》：吴主权造战舰于此，张纛练水军。后讹张为章也。县北出之水，由查家荡经此，东流十里入南直青浦、长洲二县界，入于泖湖。又长春塘，亦自县西受东郭湖之水，引流北出，与县西北十余里之江泾塘及芦墟塘之水，交流互注，下流出白牛塘，入于泖湖。袁氏曰：县境之水，参错不一。大抵上流南受嘉兴，西受秀水，北受吴江，下流入于三泖也。

  魏塘镇，县西二里。以宋里人魏武居此，商民成市而名。寻置巡司，元因之，明朝仍旧。又有魏塘税课局，元为魏塘务，明洪武三年改局。今移东关外。○风泾镇，在县东北十八里。旧名白牛村市。元改为镇，置巡司，并设白牛务。洪武初，罢巡司，改务为税课局。万历中废。又斜塘镇，在县北二十里。一名西塘，又名平川。县西北诸川皆汇流于此。正统十二年，徙陶庄税课局于斜塘，寻废。

  陶庄镇。县西北二十里，西南去府城五十四里。本名柳溪，宋绍兴中易今名，因陶姓者居此也。元置巡司，并置陶庄务。洪武初，罢司，改务为局。正统二年废。十二年，改置于斜塘，仍因旧名。万历初废。又千家窑镇，在县西北十二里，民皆业陶。县东南十里又有玉带镇，元时亦为商旅辏集处，后兵废。

〇崇德县，府西南九十里。西南至杭州府百十里，西至湖州府德清县一百有八里。本嘉兴县地。五代晋天福三年，吴越析嘉兴县之义和市及崇德七乡为县，属秀州。宋熙宁十年，又割桐乡县五乡益之。元元贞初，升崇德州。前朝洪武二年，复为县。县无城，嘉靖三十四年，创筑砖城，周六里有奇。编户二百七里。今改为石门县。

何城，县西三里。又县东北二十里有晏城，东南三十里有萱城。县南境又有管城，接杭州府海宁县界。四城相传皆春秋时吴所筑，以御越者。又县东北十二里有纪目坡，断碑云：吴王夫差募兵教养于此。曰纪目者，立纲纪而有条目也。坡高十寻，周三百步，今置堠亭于其上。其相接者又有千乘乡，断碑云：夫差阅兵于此，车凡千乘。又东有千步路，西北七里曰游长径，俱春秋时吴屯兵处云。

涵山，县西北三十六里。为嘉、湖两府分界处，县境之水绕其下，顶有浮图。《志》云：县西北三十里有陈山，高十有三丈。〇走马冈，在县东北四十九里。《志》云：此为吴、越分疆处，下有洗马池。

运河，在县城西北。由湖州府德清县界流入境，穿县濠北出，受左右诸泾之水，经石门塘，与桐乡县分界。

语溪，在县治东南一里。孔氏曰：嘉兴南七十里有语儿乡，临官道，越北鄙也。语，本作御。《国语》：勾践之地，北至御儿。又文种曰：吾用御儿临之。孟康曰：今吴南亭是也。汉元封初，平东越，封辕终古为御儿侯。溪名盖本于此。《一统志》：今名语儿中泾，一名沙渚塘，运河由此流入桐乡境内。〇车溪，在县东北三十六里。南北相距二十余里，接于桐乡之烂溪。

石门塘，县东北二十里。亦曰石门泾，水折而东，湾环如带，曰玉带湾。其西北去桐乡二十五里，为接界处。春秋时，吴拒越，垒石为门，即此处也。或谓之石夷门。唐有石门驿。上元二年，刘展作乱，据江、淮诸州。遣其将张景超攻杭州，败李藏用将李强于石夷门。宋绍兴中，车驾往还，即驿基建行幄殿，又置榷酒库务于此。今运河所经，亦曰石塘湾。嘉靖三十四年，官军败倭于此。由石门而北三十里，达湖州之乌镇，路出吴江之径道也。

洲钱市。县西北二十七里。地形如钱，周遭皆水，因名。又石门镇，在县东北石门塘。元置巡司。明初分镇之东半属桐乡县。《志》云：县有皂林驿，旧属桐乡县。嘉靖十五年，徙于县南。又县东北有横浦场盐课司。○三里桥，在县南三里。嘉靖三十五年，倭贼自湖州乌镇南犯杭州，至此，官军击之，败绩。

○桐乡县，府西六十里。西北至湖州府百二十里。本崇德县地。宣德五年，割崇德之梧桐八乡置县，治凤鸣市。嘉靖三十四年筑城，周四里有奇。编户百七十八里。

殳山，县东南三十五里，与嘉兴县接界。昔有殳基隐此而名。山有两峰，其东峰一名史山。又县北十七里有甑山，山形如甑，烂溪绕其下。

运河，县北八里。由崇德县石门塘。西北流二十里而经皂林铺，渐折而东，二十里为斗门，又北二十里而至嘉兴府。《志》云：县东南三里有横湖，旧为陂，引流入运河，今仅存一线矣。

烂溪，县北二十里。崇德县车溪之水，合县境康泾、永新溪诸水，绕流于甑山下，又引而北，自青镇以东，横亘十余里，东达于秀水，北达莺脰湖，而出吴江之平望镇。其西自青镇下湖州之浔溪，以达于震泽者，则谓之西溪。

皂林镇，县北八里。亦曰皂林市，有元将路成营垒。《志》云：镇本在崇德市南，有寨，宋建炎中徙于此。元毁。明初攻湖州，张士诚遣兵趣救，常遇春击之于皂林，俘其兵六万。嘉靖三十五年，倭贼徐海围抚臣阮鹗于此，官兵力战，始却。旧设皂林巡司及皂林驿，今移驿于崇德县，而巡司如故。○石门镇，在县西北二十五里，与崇德县接界。洪武六年，置税课局于此。本属崇德县，宣德五年改今属。

青墩镇。县北二十八里。古有青墩，唐置镇遏使于此。与湖州之乌镇止隔一水，梁昭明太子读书台在焉。○南长营，在县东南二十五里。其旁有千人坡、范蠡坞。《志》云：即越之北境，时屯营垒至此以备吴。

○平湖县，府东五十四里。西南至海盐县三十六里，东北至南直松江府八十里。本海盐县之东北境。宣德五年，析海盐之武原等乡置今县。嘉靖三十三年，始筑砖城，周五里有奇。编户百二十一里。

故邑城，县东南二十七里故邑山下。汉顺帝时，海盐县沦陷为湖，移治于此，后复徙于马嗥城。以此尝为邑治，故曰故邑。西南去海盐县三十六里。晋隆安二年，海贼孙恩北趣海盐，刘裕随而拒之，筑城于海盐故治，孙恩来攻，为裕所败，即此城矣。

雅山，县东南十七里。或讹为瓦山。嘉靖三十五年，官军败倭于潘港，又追败之瓦山，即雅山也。山多怪石，俗呼惹山。有惹山铺，南泾塘绕其下。又故邑山，以故邑城而名。或曰顾邑，谓足以顾盼城邑。《邑志》：山高八十丈，周二十里，西南去海盐县三十六里。

陈山，县东三十里，西南至海盐县五十里。高八十余丈，周十五里。山有龙湫，一名龙湫山，旧置烽堠于山上。又观山，在县东南二十八里。一名官山。其南一里曰高公山，山周八里。稍北又有蒲山、莱荠等山，皆濒于海。

当湖，县治东，周四十余里。《吴地记》：王莽改海盐为展武。县陷为柘湖，今华亭柘湖也。因徙治武原乡。后汉永建二年，又陷为当湖。《宋志》：当湖之水，自月河南浦口、澉浦口以达于海。

市西河，在县治西。源自府城东之汉塘，东流五十余里经此。又东入于当湖，又东三十里入于东泖。《志》云：市西河之水，自县西分流而南出者，则经雅山，而东南合南泾诸塘水，至乍浦以入海。自县治西分流而北出者，则绕县治后，合县北诸塘水，又东北合芦沥浦，而入华亭县界之泖湖。

乍浦，县东南二十里。与海盐县接界，县南境诸水悉汇于此。《志》云：乍浦之水，旧自官河入海。元至正间，番舶皆萃于此。明洪武中，筑城浦上，以为备御。今海盐之乍浦所是也。嘉靖三十二年，倭据乍浦犯杭州，官军败却之。又潘港，在县东南，与乍浦相接。嘉靖中，指挥刘岱败倭于此。○芦沥浦，在县东北三十八里。旧《志》：在海盐县东北七十里，是也。县北境之水，悉汇于此，有芦沥盐场。

东泖，县东北三十里，界于松江之华亭陆道。《吴地记》：海盐东北二百里有长泖，即谷泖也。今县界有华亭乡，乡之南即当湖。湖之东北有泖港，蜿蜒至于横泖，为三泖之上流。其上中下三泖，则自属松江府华亭县界。其名虽殊，实皆一泖流通也。

乍浦镇，县东南三十六里。《志》云：镇旧在县西南二十七里。元置市舶司于此。又有顾邑巡司，宋、元时置于故邑城内。洪武十四年，徙置乍浦镇，改今名。十九年，移而东南，即今司也。又白沙湾巡司，在县东二十七里。元置芦沥巡司于广陈镇，洪武十九年，移置白沙湾，改今名。二司旧皆有屯堡。嘉靖中，改筑小城，为戍守处。○芦沥市，在县东北三十九里。宋、元时俱置盐场于此。明初吴元年，并盐场于县东南十五里之独山盐场，改置嘉兴盐运分司于此。洪武元年，复置芦沥场盐课司。又乍浦河泊所，在县东南二十七里。旧为市舶司，洪武十四年改置。

广陈墅。县东南二十七里。元曰广陈镇，芦沥巡司置于此。自市而东南十二里，为新仓。又陆行五十里，即松江府之金山卫。○沈家庄，在县东十里。亦曰沈塘，与乍浦相近。有东西二庄，中绾河为堑。嘉靖三十五年，官军歼贼酋徐海于此。

○海盐县，府东南八十里。西南至杭州府海宁县百十里，东北至平湖县三十六里。古名武原乡。秦为海盐县，属会稽郡。汉因之。后汉属吴郡。晋以后因之。梁属信义郡。陈省入盐官县。唐景云二年复置，先天初又废。开元五年又置，属苏州。五代时属秀州。宋因之。元元贞初，升为海盐州。明洪武二年，复为县。编户百六十里。

马嗥城，今县治东南。《越记》：吴兵至此，忽有大风，兵败马惊，因名。汉吴王濞于此置司盐校尉。晋咸康七年，移县治此，后废。刘昫云：开元五年，复置海盐县，治吴御城，即马嗥城矣。今县城相传即开元中筑，吴越时增修。至明洪武十九年重筑，甃以砖石。永乐十六年增修。嘉靖三十二年，复筑外城。明年增筑子城。万历二十一年，复缮治，周六里有奇。又旧《志》：县东北有武原城。秦始皇三十七年，置武原县，盖治于此。按《吴记》：海盐本名武原乡，秦为海盐县。武原未尝置县也。恐误。

钦城，县西北十八里。晋将军袁山松筑此以御孙恩。今为钦城寨。又有望海城，在县南三十五里。唐开元五年，筑此以为瞭望之所。

秦驻山，县南十八里滨海。高百六十丈，周二十里。下有秦驻坞。相传始皇东游登此，一名秦径山。嘉靖三十四年，官军败倭贼于秦驻山，是也。有秦驻山寨。又丰山，在县西南十八里。高三十余丈，周十八里。相传秦始皇尝屯兵其上。○白塔山，在县东南二十里海中。山有白塔，山下旧有港，通鲁浦，曰白塔潭。海舟多泊于此。今故道已湮。又望虞山，在县东南二十二里。高九十丈，周十二里。以隔海望会稽上虞县而名。

长墙山，县南三十五里。西去澉浦镇三里，山高八十丈，周十九里。横截海涛，若堵墙然。下有石岩临海，名穿山洞。嘉靖中，设东西诸寨于山上，以防倭寇。南有黄道山，宋有水军寨、造船场，立烽燧于山顶。《志》云：县西南三十五里有青山，亦在澉浦镇东三里。旧有烽堠，与青山寨相近。有金粟山，周回六里，亦名六里山。下临澉浦。○葫芦山，在县西南三十五里海中，东北去澉浦镇四里。潮汐消长，如葫芦出没，故名。语曰：潮生潮落，葫芦自若。下有葫芦寨，西有西山寨。又澉浦城南三里有石帆山，屹立海中，如张帆然。《志》云：县南三十五里有泊櫓山，在澉浦镇西北三里。高百五十丈，周四里。《舆地志》：始皇东游，候潮渡海，泊櫓于此。

汤山，县东北三十六里。高七十丈，周五里。上有烽堠。与乍浦所相接。嘉靖三十二年，参将汤克宽破倭贼于此。又独山，在县东北五十四里。高五十丈，周六里。孤立不与诸山接，上置烽堠，以防海寇。旧置盐场于此。下有独山塘，经平湖县东南二十三里，流合于乍浦。

茶磨山，县西南三十七里。旧《志》云：山侧有黄巢街，又有港，周回山下。港外为城堑，昔人结寨避兵处。今山周不过三里，相接者曰石屋山，上有石垒成屋，相传唐末居民避兵处。旁又有紫云山及邵湾山，皆高七八十丈，周八九里。又金牛山，在县西南五十里。周四十里，高百三十六丈。与金粟山相对。中有夹山，周七里。《志》云：夹山在县西南三十五里金粟山后，俗谓之龚坟山也。○凤凰山，在县西南三十九里、澉浦镇西南二里，高四十丈，周五里。《海防志》：山南临大海，倭每犯此，最为冲要，有凤凰山寨。其与凤凰山环列于海滨，为郡堤障者凡数十计，俱错峙于澉浦所之四旁，而凤凰山为之冠。又马鞍山，在澉浦所西北五里。嘉靖三十四年，参将卢镗败倭贼于马鞍山及新林一带，是也。县西南四十五里又有庙山，上有烽堠。

沈山，县西南六十里。周七里，以刘宋沈景葬此而名。唐大顺中，割属杭州。今与海宁县接界，即海宁硖石镇之东山也。又有谈家岭，在县西南四十二里，亦与海宁县分界。

衢山，在县东南海中。亦曰大衢山，其相望者为小衢山。又有茶山，亦在县东南海中。嘉靖三十七年，总兵俞大猷败倭贼于茶山洋，是也。为南、浙汛兵会哨处。〇羊山，在县东北乍浦所之东，山峙海中。卫所官兵与金山卫官兵并汛守于此。胡宗宪曰：乍浦海滩浅阁，无山岙避风之处。不若海中羊山有岙，可以泊舟。若分番乍浦之船，以守羊山，未为非策也。又许山，亦在县东大海中，为南、浙官兵会哨之所。今亦见南直华亭县。

海，在城东。旧去城二里，今不及一里。而南去海四十里，有东海口、南海口、西海口诸处，皆为郡境冲要。因设海宁卫于城中，以司守御。《海防考》：东海口在县东北三十里。海滩沙污，船舰难泊。迤北与乍浦相连。内有白马庙、团圩诸处，居民丛集。嘉靖中，倭贼突犯，必先入此观望虚实，然后四出剽掠。此为嘉兴、嘉善、平湖诸邑要口。有巡简司，明初所置。其南海口在县南。去海止半里，操备厂在焉。稍东南为黄道庙港，滨海与南岸临、观二卫相峙，倭寇最易登犯。其西海口，在县东北五十里。南通大洋，北近平湖。不特平湖之门户，亦浙西之咽喉也。海涂高硬，潮水长涸不一，倭每乘潮突至，宜开浚海口，建立水闸以备之。南汇、许山、金山、青村一带，与吴淞水哨互相联络，庶为有济。《图经》：县南海岸与宁、绍二府相对，深夜籁寂，往往鸡犬之声相闻。有防海塘，宋所置也。《宋志》：县东南五十里旧有贮水陂，南三里有蓝田浦，东三里有横浦。又有三十六沙、九涂、十八冈及黄盘七峰，布列海墙，漂荡日久。旧时陂荡，杳不复存。绍兴中，设塘以备泛溢，亦曰太平塘。长一百七十余里。元至正间，复修筑，易之以石，南北计四千八百余丈。明洪武初复修治，自是屡筑屡圮。万历五年，海波横溃，邑患最剧。于是大兴工役，开内河以受潮流，疏支委以杀水势，筑土塘以坚内护，植列木以散冲波，营斜堤以排激浪。海塘既复，邑民始保厥居，利赖至今云。今亦谓之石塘。

贲湖，县西三十里。一名宋陂湖。周四十里，东接县西九里之天仙湖，西连横湖，南通黄道、彭墩诸湖。《志》云：横湖在县西三十五里，周六里，湖之东南即黄道、彭墩二湖也。又鸬鹚湖，在县西南四十里，周四十余里。县西六十里又有上谷湖，亦名长湖。诸湖之水，皆互相灌注以达海。○永安湖，在县西南四十五里。湖周十二里，溉田甚博。湖中之税，均之于田，田税颇重，而无旱患。久雨弥漫，则东南泄入于海。湖旁有麂山、荆山等数山，皆临湖为胜。

澉浦，县南三十六里。县西南境之水，由此入海。《水经》：澉浦之水，通于巨海。宋开禧初，置澉浦水军。元时居民渐集，海商往来，遂成聚落。洪武中，筑城浦上，置澉浦所及巡司于此。《志》云：澉浦镇山湾潮峻，为南面之冲。是也。○蓝田浦，在县南三里。浦口有蓝田寨，因名。宋咸平六年，县令鲁宗道重开，以通海潮。由白塔港入运河，以灌民田，因名鲁公浦，亦曰鲁浦。绍熙三年，县令李直养重浚。自蓝田开十八里，南抵鲍郎盐场，以通盐运灌民田。今多湮淤。又横浦，旧在县东二里，东北通故邑，西通贲湖，南入海。今亦废。

横塘，县西北二十五里。县西南澉浦诸山之水，汇为宋陂诸湖。引流而北，与秦溪诸水俱汇为横塘，入嘉兴县境。《志》云：县西南二十五里有招宝塘。宋淳化初，开堤路，长四十里。县西北又有汉塘，唐大和七年所开也。今曰汉塘港。引天仙湖诸水过钦城而北，入于横塘。又有陶泾塘，在县北一里。自北关北流入平湖县界，长十二里。宋淳熙九年、明成化二年，皆尝修浚。○秦溪，在县西南三十六里。秦驻山、丰山诸水所汇也。下流汇于横塘，一名盐塘河。

吕港，在县东北。有海场。嘉靖三十五年，倭贼徐海自吕港新场移屯乍浦城南，官军击灭之。○唐湾，亦在县东北。宋嘉熙中，增置水军寨，澉浦、唐湾并为要地。或云：海塘自东北折而西南，即塘湾也。讹塘为唐耳。嘉靖三十五年，指挥使徐行健御倭贼于唐湾，败没。今有唐家湾寨。又长沙湾，在乍浦所南。嘉靖三十一年，倭贼破乍浦，官军与战于长沙湾，败绩。又有金家湾，在西海口南。潮深沙僻，倭贼往往泊此，内犯则直抵平湖，沿海则侵乍浦抵海盐。旧拨西海口水军哨守，又置金家湾寨于此。

常丰闸，在县西南。《宋志》：淳熙九年，命秀州守臣赵善，修海盐县常丰闸及八十一堰坝。务令高牢，以固护水势。遇旱可以潴积，今堙废。又古泾，旧在县西境者，凡三百余所。唐长庆中，令李谔开以御水旱，今皆堙。

澉浦镇，县东南十八里。有巡司，本宋置。明初因之，置于县南澉浦上。十九年，改为所，移司于秦驻山，仍曰澉浦镇巡司。置堡于此，为戍守处。又海口巡司，在县东北十八里。唐时于县东一里置宁海镇。元置海沙巡司。明初因之，在县东门外。十九年，徙于沙腰村，仍曰海口巡司。即今所也。亦置堡设兵于此。《志》云：县城西旧有海沙场盐课司，本宋、元时置。明正统元年，移置于沙腰村，仍旧名。

鲍郎市，县西南二十里。晋隆安中，孙恩作乱，县令鲍陋遣其子嗣之御之，追贼被杀处。其地旧有鲍郎浦。今澉浦西门外曰鲍郎盐场，置盐课司于此。盖宋、元时旧制也。○梁庄寨，在县东北。嘉靖中，倭贼每于此登犯。又县东南有独树林及毛竹等寨，县西北有东转塘、朱公亭等寨，县南有南石山等寨，皆嘉靖中置。今废。又演武场，在城东南，北枕海。嘉靖初，有陆路厂。三十五年，倭贼泊犯，据为巢。贼平厂毁，设军戍守。

龙王堂。在东关外。外即大洋，直对浙东临、观等卫。迤南半洋，即白塔山。贼每泊此，若登岸而南，则侵澉浦。西则有天宁寺，为水陆通衢，直抵嘉兴，此县城之咽喉，沿海之首冲也。

附见：

海宁卫。在海盐县治西。洪武十七年建，辖左、右、中、前四所及澉、乍二所。又东转塘、朱公亭、头寨、第二、南寨、北寨、龙王塘、闸口、落塘、大寨、小寨、寨头等，凡十二寨，皆在境内，属卫军戍守。

守御澉浦千户所，在海盐县南三十六里。《志》云：唐开元五年，吴郡刺史张廷珪奏置海盐县澉浦镇。天宝十载，太守赵居贞奏置海盐县宁海镇。吴越时，澉浦、乍浦皆设镇遏使。宋开禧元年，置澉浦水军。淳祐中，复调许浦卒，岁百人，更番守澉浦。咸淳末，以蒙古南下，益增沿海戍守。于乍浦亦置水军，设统制领之。及蒙古帅董文炳帅兵自海道至，二镇军相继降下。元亦设兵于澉浦镇，寻以澉浦盗起，遣将镇守。至元十八年，遣兵侵倭，留后兵分戍澉浦海口。明始置所。邑《志》云：宋置澉浦镇，并置榷务于此。元亦为澉浦务。明初置巡司，并置税课局于此。洪武十九年建所，有城。永乐十六年，甃以砖石。正统四年增修。嘉靖中，复营缮，周八里有奇。有南石山、秦驻山、东盐团、西盐团、青山、东海、青山盐场、东中墙山、平漾墙山、东墙山、西南门、水闸、混水闸、葫芦湾、南湖湾，凡十四寨，皆拨所军戍守。许蒲见南直常熟县。

守御乍浦千户所，在海盐县东北三十六里，西北至平湖县十八里。洪武十七年建。嘉靖初，改属平湖县。所城周九里，亦洪武中筑。正统中增修，嘉靖中营缮。有独树东、独树西、蒲山外、蒲山西、蒲山、大东山、东山嘴、唐家湾、盐山、圣妃宫、金家湾、周西、海口等十三寨，皆所军戍守。

守御嘉兴千户所。在府治北。洪武九年建，隶苏州卫。

○湖州府，东至南直苏州府二百十里，东南至嘉兴府百八十里，南至杭州府亦百八十里，西南至南直宁国府三百九十里，西至南直广德州一百六十里，西北至南直宜兴县一百四十四里。自府治至布政司见上，至南京八百里，至京师三千二百里。

《禹贡》扬州之域。春秋时属吴，后属越。战国时属楚。《通典》: 古防风国也。《史记》曰: 汪罔氏, 守封禺之山之君。汪罔即防风。罔, 读曰忙。秦为会稽、鄣郡地。汉为会稽、丹阳二郡地。后汉属吴郡及丹阳郡。三国吴宝鼎元年, 始置吴兴郡治乌程县。晋、宋、齐因之。梁末兼置震州。以震泽名, 王僧辨所置。陈罢州, 而郡如故。隋开皇九年郡废, 以其地属苏、杭二州。仁寿二年, 析置湖州。取太湖为名。大业初复废, 以其地属吴郡、馀杭郡。唐复置湖州。天宝初, 曰吴兴郡。乾元初, 复曰湖州。乾宁三年, 升忠国军节度, 宠刺史李师悦也。五代时, 吴越因之。周显德四年, 吴越改忠国军为宣德军。宋仍曰湖州。亦曰吴兴郡。景祐元年, 又改军名曰昭庆军。宝庆初, 改州为安吉州。元曰湖州路。明初, 改为湖州府, 领州一, 县六。今仍曰湖州府。

　　府山泽逶迤, 川陆交会, 南国之奥, 雄于楚、越。自三国置郡以来, 恒为江表之望。建国东南, 此尤称腹心要地。吴越时, 恃为北面重镇。淮南来攻, 由宣州出广德, 必道吴兴之郊, 而后及于馀杭。馀杭之安危, 吴兴实操之也。盖山薮环错, 敌之伺我常易。而震泽之浸, 尤出奇者所必资。明初有事姑苏, 以湖州形援相接, 羽翼未剪。因遣奇兵从义兴出太湖, 次洞庭, 进薄州城。及州拔, 而姑苏在掌中矣。夫湖州南卫临安, 北巩吴郡, 势如左右手, 顾可忽乎哉?

　　○乌程县, 附郭, 在府治西一里。秦置县, 属会稽郡。因乌氏、程氏善酿而名。后汉属吴郡。中平末, 孙坚封乌程侯。三国吴时, 孙皓亦封乌程侯。皓立, 因置吴兴郡治此。晋以后因之。隋郡废, 县属苏州。寻复为湖州治。今编户二百六十七里。

○**归安县**，附郭，在子城东一里。本乌程县地。宋太平兴国七年，析东南十五乡置县，以钱俶纳土来归，因曰归安。今编户三百九里。

菰城，府南二十五里。楚春申君黄歇立菰城，起楼连延十里。秦因之，置乌程县。《志》云：县初治此，后移治今之子城。自汉及隋，唯有子城，而无罗城。唐武德四年，赵郡王孝恭始创筑罗城。周二十四里，辟门有九。元至正十六年，张士诚窃其地。明年，士诚党潘原明以城广而不固，缩东西二里，更筑新城。城小其半，门去其三。明初因之。嘉靖三十二年，以倭患修筑。三十五年，复缮治完固。《郡志》：府治之子城，相传项王筑，成化九年修。罗城，潘原明筑，嘉靖中修。有门六，城周十三里有奇。

东迁城，府东四十里。晋太康三年，分乌程东乡置东迁县。宋元徽四年，更名东安。昇明元年，复曰东迁。齐、梁因之。皆属吴兴郡。隋平陈，并入乌程县。唐开元二十九年，刺史张景遵置太湖馆于此。大历九年，颜真卿改曰东迁馆。今为东迁镇。明初攻湖州，张士诚遣援兵屯旧馆，徐达等分兵营于东迁镇南姑嫂桥，连营十垒，以绝旧馆之援，是也。○永县城，在府西北。汉兴平初，吴郡太守许贡奏分乌程置。三国时废。《志》云：县西十九里有古户城，吴孙皓为其父和置陵户于此，因筑城以居。又有丘城，在县北十八里。近太湖，本里民丘氏所居。吴越筑城，屯戍于此以拒南唐。

毗山，府东北五里。毗，近也。以近府城而名。明初，徐达等攻湖州，自太湖次洞庭，进至毗山。张士信时军何山，望风遁。进至州东三里桥，败其兵，是也。又何山，在府南十四里。旧名金盖山。晋太守何阶尝居于此，因名。近郭诸山，何山最为高峻。亦曰何山岭，即张士信屯兵处。其相连者曰道场山。《志》云：道场山在府南十二里。亦近郊之胜。○岘山，在府南五里。本名显山，唐改今名。又南二里曰浮玉山，以在玉湖中而名。

衡山，府南十八里。《左传》襄三年：楚子重伐吴，克鸠兹，至于衡山。杜预以为此山也。今亦曰横山，山势横亘，古谓横曰衡。

卞山，府北十八里。高百丈，周百四十里。为郡主山。张玄之云：卞山非晴天爽月，不见其顶。山有石似玉，因名。亦曰弁山。下有金井洞，吴越时黄龙见此，改曰黄龙洞。又有别峰，曰西陵。孙皓葬其父和于此，谓之明陵。故乌程有陵阳之称。《郡志》：西陵山在府北三十一里。

昇山，府东二十一里。亦名乌山，古乌巾氏所居。一名欧馀山，昔越王无强之子蹄，封于欧馀山之阳，为欧阳亭侯，子孙因以为氏。《汉志》注：乌程有欧阳亭，是也。亦曰欧亭山。王羲之为郡守，与客昇此，因改今名。山当东出之道。元张羽云：昇山横道傍也。明初，张士诚屯兵于此，为湖州声援。徐达等攻乌镇，败之。追至昇山，破其六寨，既而复破其昇山水砦，敌势益窘，即此。○湖跌山，在府东南二十五里，一名长超山。山侧有湖，广二百顷，名湖跌漾。

石城山，府西三十里。高九十六丈，广四十五里。山平衍，可城可耕。顶有池，曰洗马池。张玄之《山墟名》云：昔邑人严白虎者，于此垒石为城，与吕蒙战。至今山上有弩台、烽楼、走马将台遗址。○杼山，在府西南三十里。陆羽《志》云：夏后杼巡狩之所也。亦名稽留山。上有避它城。《说文》：它，蛇也。盖古昏垫时，民避蛇于此。山下有夏王村。又九乳山，在府西南三十一里。山有九峰，其形如乳。

小雷山，府北三十六里。《志》云：太湖中有大雷、小雷二山，相距六十里。小雷亦曰洞庭东山，属乌程。大雷亦曰洞庭西山，属长兴。○白鹤山，在府西北二十六里。连亘长兴县东南。又西塞山，在府西二十五里。唐张志和游钓处也。

铜山，府西南九十五里。一名铜岘山。《括地志》：吴采鄣山之铜。

是也。山高千三百丈，西属安吉，南属武康，前溪发源于此。又马鞍山，在府西南七十六里，连属武康北境。○莫干山，府西南百五十里。上有铸剑池，旁有磨石，相传吴王铸剑处。亦曰莫邪山，府境西南诸溪水皆环流其下。

太湖，府北二十八里。接长兴、乌程二县界。《志》云：府境诸水俱汇于府城东北毗山下，又东北趣大钱湖口，入于太湖。其支流曰横泾港，在府北四里，趣小梅湖口，以入太湖。今大钱湖口，在府东北三十八里。小梅湖口，在府北十八里。大钱以东，泻水之口凡二十八。小梅以东，泻水之口凡八。盖远近诸溪渎，俱以太湖为壑，而大钱、小梅又其喉嗌也。又大钱湖口，一名大全港。明初攻湖州，张士诚遣援兵屯旧馆，出明师之背，既而常遇春统奇兵由大全港入，结营东迁，复出敌背，即大钱湖口矣。余详江南大川太湖。

玉湖，府南三里。又有碧浪湖，与玉湖相接。赵孟頫云：南来之水，出天目之阳，至城南三里而近，汇为玉湖，汪汪且百顷。北流入城中，至城东北而合苕水，又东北入于太湖。

运河，在城东。苕溪、馀不溪之水，分流合注而为运河。东北经南浔镇，又东至南直吴江县之震泽镇，至平望镇而合于嘉兴之运河。亦曰荻塘。《志》云：荻，本作頔。唐于頔刺湖州筑此塘，因名。后讹为荻。今城南一里亦曰荻塘，相传晋太守殷康所筑，溉田千顷。其支流东南出乌镇东，曰米荡。合于桐乡县之灿溪，亦曰荻港。明初攻湖州，张士诚遣其将李伯昇赴救，由荻港潜入城，明师围之，是也。

苕溪，在城东北二里。今自天目山之阴，经孝丰、安吉至府西，汇流为塔渚汇。又绕城北至毗山下者，郡人谓之苕溪。其自天目山之阳，经钱塘、德清至府南入城，汇流为江渚汇，又东北会于苕溪者，郡人谓之馀不溪。又谓之霅溪。其实即东西二苕溪也。苕溪之正流，从大钱湖口注于太湖。支流则为横泾港,由小梅湖口以入太湖。而分流东出者,则曰运河。详见大川苕溪。

浔溪,府东六十里。即馀不溪之支流也。自德清县界分流,经南浔镇,入于运河。又山塘溪,即馀不溪也。自德清县沿山直北过岘山漾,而至城南,曰山塘溪。《唐志》:元和中,刺史范传正开官池于城东。又城东南有白苹洲,洲北有芙蓉池。开成中,刺史阳汉公所凿,皆引馀不溪灌注之。

溇泾,在府西南。《志》云:郡有七十三溇,在乌程者三十有九,在长兴者三十有四。导苕、霅之流,注于太湖。旧时皆有坝堰,遇风潮涨溢,则塞以捍之。淫雨积潦,则启以泄之,盖节宣所资也。后多堙废。明弘治中,工部侍郎徐贯尝浚之。复作石堤七十里,以防泛溢之患,寻复废。○黄浦,在府西南十八里。源出府西南三十五里之黄蘗山。一名黄蘗涧,一名康浦。又东北入于苕溪。《志》云:府东北二十六里有项浦,亦曰掩浦。秦始皇东游会稽,项梁与籍私往观之。籍曰:彼可取而代也。梁掩其口曰:毋妄言,族矣。盖即此处。又今城北奉胜门,俗名霸王门,亦以项籍得名云。

凌波塘,府东南二十五里。唐宝历中,刺史崔玄亮所开。今府东南四十二里有菱湖,又有菱湖镇,即凌波之讹矣。又连云塘,在府东南七十五里,一名练溪。亦崔玄亮筑塘以溉田处。今溪上有琏市镇,其水皆散入嘉兴府界,下流仍合太湖。○柳塘,在府北三里。孙吴时所开,本名青塘。梁太守柳恽重浚,因易今名。又谢塘,在府西四里,晋谢安所筑。蒲帆塘,在府北二里,唐开成中刺史杨汉公所开。皆苕溪灌注处也。

思安塘,府西南三十里。又西三十五里至三河,自三汊河至思安镇四十一里,由此登陆趋广德州,为往来之要道。《志》云:府由水路至金陵，八百有十里。由陆路出广德至金陵，四百八十里而近耳。○宜堰，或曰在府北太湖口。明初克宜兴，遣杨国兴出太湖，破张士信于旧馆。又平宜堰口三十六寨，乃还筑宜兴城而守之。盖先入敌境以震动之，使无暇挠我之营筑也。

乌镇，府东南九十里。唐元和初，镇海节度使李锜反，有将军乌姓者，力抗于此而死，镇因以名。乾宁二年，杨行密发兵救董昌，昌亦遣兵会之，共围嘉兴。钱镠遣顾全武救嘉兴，破行密乌墩、光福二寨兵。乌墩即乌镇也。明初攻湖州，张士诚遣兵屯城东之旧馆，又遣兵顿乌镇，为旧馆声援。明师击却之。嘉靖十年，添设郡丞驻此。既而倭贼侵轶，镇每当其冲。隆庆初，裁郡丞。万历二年，议者以镇当浙、直之交，与南直之吴江、嘉兴之桐乡界壤相接，湖泽通连，奸宄薮聚，宜添设同知，就近防察。今自桐乡县皂林而西，不过二十余里，为往来之捷径。光福，见南直苏州府。

南浔镇，府东七十二里。以浔溪所经而名。元至正十三年，张士诚筑城于此。明初由湖州攻平江，自南浔至吴江，守将以城降。洪武二年，城废。十八年，置官泽税课局于此。又东十二里为吴江县之震泽镇，亦通途所径也。○菱湖镇，在府东南三十六里。以近菱湖而名。洪武中，置千金税课局于此。又双林镇，在府东南五十四里。嘉靖中，倭贼尝突犯此。又窑墩，亦在府东南。嘉靖中，抚臣李天宠合诸将兵与倭贼战于窑墩，不利。即此。

旧馆，府东三十里。旧置馆驿于此。明初师克宜兴，遣杨国兴出太湖口，与诸将趋湖州，破张士信于旧馆。既而大兵攻湖州，张士诚遣兵屯旧馆，筑五寨以自固。徐达等分军营于旧馆之东，数败敌兵之援旧馆者。又进败敌兵于昇山，余军奔入旧馆之东壁。旋以东壁来降，达率师据之，旧馆兵出战，大败。旧馆亦降，湖州遂下。

后潘村，府东五十里。元置巡司于此，后废。明初洪武三年，复置后潘巡司。今移于南浔税课局。又大钱河口巡司，在县东北十五里，亦元时旧址。洪武十四年复置，并设河泊所于此。今所废而司仍旧。又琏市巡司，在府东南八十里。洪武中置。县西南三十余里，又有上沃阜巡司，洪武二年置。旋废。○苕溪驿，在府城南，明初置。嘉靖三十一年，迁于城内。又有苕溪递运所，以驿兼领。《志》云：府东三十五里有思溪河泊所，明初置，寻废。

南亭。在府治西南。下临苕溪。刘宋泰始二年，会稽内史孔觊等举兵应晋安王子勋，使孔璪屯于吴兴南亭，以拒吴喜之兵。既而喜自义兴引军至义乡，璪弃军走钱唐。○飞英寺，在府东北二里，唐咸通中建。寺西有舍利石塔，高九层，登之，则川原城郭瞭如指掌。

○长兴县，府西北七十里。西南至安吉州百里，西至南直广德州百三十里，北至南直宜兴县四十里。秦为鄣县地。两汉为乌程、故鄣二县地。晋太康三年，分置长城县，属吴兴郡。宋齐以后因之。隋平陈，省入乌程。仁寿二年复置，属湖州。大业初，属吴郡。唐初，沈法兴置长州于此。武德四年，改为绥州，又改为雉州。七年州废。县仍属湖州。五代时，吴越改今名。宋因之。元元贞初，升为长兴州。明初为长安县。洪武二年，复曰长兴。旧有城，相传唐武德七年筑。吴越时修缮。元至正十七年，明师取长兴，元帅耿炳文甃砖城为守御。后渐圮。嘉靖三十六年增修。万历元年，复缮治。城周五里有奇，编户二百五十七里。

吴王城，在县西戌山下。杜佑曰：即今县郭也。夫差使弟夫概筑城于吴西，城狭而长，谓之长城。晋因以名县。《志》云：晋置长城县，其治在今县东南十八里富陂村，后移今治。又三城、三坼，在县东北，旁临太湖，为春秋时吴王屯戌之地。《郡志》云：三城、三坼者，吴城与斯坼连，彭城与石坼连，丘城与芦坼连。步骑列于三城，水军列于三坼，城与圻相接畛也。

故鄣城，县西南八十里。秦灭楚，置鄣县，为鄣郡治。汉为故鄣县，属丹阳郡。吴属吴兴郡。晋以后因之。隋废。杜佑曰：今土人谓故鄣城为府头，盖以秦鄣郡治此也。又有晏子城，在县西南百二十里。或曰晏子送女于吴所筑，或曰晏子尝娶于吴。未知所据。

义乡城，在县北义乡山。晋惠帝永兴元年，分吴兴之长城立义乡县，属义兴郡。刘宋泰始二年，吴喜击东军之应子勋者，克义兴，进至义乡，是也。隋废。

戍山，县西三里。一名夫概山。吴王使夫概于此筑戍城，故名。梁吴兴太守张嵊等亦于此筑城，捍侯景。明初，耿炳文点军山上，俗因呼为点军山。又雉山，在县北五里。梁武帝时，童谣曰：鸟山出天子。故江左以鸟名山者皆凿之，惟此山得免。县西南六里又有馀干山，《梁陈故事》：梁武帝时，童谣曰：王气在三馀。乃于馀干、馀姚、馀杭为厌胜法，不知此有馀干山。县南二十三里有馀罂溪，东北四十二里有馀吾浦。陈武帝果起于此，应鸟山、三馀之谶。馀吾，一作馀鱼。周处曰：吴越音转也。

吕山，县东南二十里。吴将吕蒙、程普讨山贼，屯营于此。亦名程山。下有吕山，吕山塘、罨画溪之水，分流经此，入于苕溪。又夏驾山，在县东南三十六里。亦以夏后杼南巡经此而名。上有石鼓，晋隆安中尝鸣，兆孙恩之乱。〇尧市山，在县西北四十里。相传洪水时民避难成市处。山高三百四十丈，上有池，方一亩。又西北五里曰斫射山。《志》云：唐贞元间，将军钱景秀平贼郎景于此。

西顾山，县西北四十七里。《志》云：山一名吴望山，吴王阖闾尝登姑苏台，望见此山。一名顾渚山，吴夫概顾瞻渚次，以其原隰平衍，可为都邑，因名。傍又有二山相对，号明月峡。绝壁峭立，大涧中流，产茶绝佳，唐时以顾渚茶供贡。其南为大官山、小官山。山北十余里有啄木岭，唐时吴兴、毗陵二郡守造茶宴会于此。《志》云：顾渚之西，曰圆翠岭，路达宜兴。又有溪曰顾渚溪。经县北三十里之水口镇，东入太湖。〇乌瞻山，在县北五十里。《志》云：其地迥绝，五峰突出，若群乌之瞻视于云表，故名。

义乡山，县北六十里。晋太守周玘举义兵平石冰、陈敏诸贼，立义乡县于山下，山因以名。其相近者曰苍云岭，一名悬脚岭，为北出义兴之道。有泉出岭北，至山半，分两派而下，绕流而南，复为一。曰合溪。今有合溪镇，在县西二十五里。

四安山，县西南八十里。四面平广，水流会于苕溪。亦名四安溪，又名周渎。〇龙目山，在县西百里。山岭高五百余丈，与南直广德州接界。又有九龙山，在县西南百二十里。山陇回绕如龙，晏子城在焉。东南去安吉州三十里。

太湖，县东北二十五里。与南直宜兴县分中流为界。〇西湖，在县西南十五里。一名吴城湖。《旧记》：吴王筑城辇土于此，遂成湖。周七十里，溉田三千顷，后堙废。唐贞元中，刺史于頔复浚之，岁获粳稻蒲鱼万计，民赖其利，号为于公塘。又忻湖，旧在县北七里。今塞。又北八里曰包洋湖，东西十五里，南北五里，入于太湖。

罨画溪，县西八里。一名西溪。县西北诸山之水，汇流为杨店、梓方二涧。经县西北二十里合流，谓之合溪。又东南为罨画溪，经城西，谓之箬溪。《志》云：溪多箭箬也。溪南岸曰上箬，北岸曰下箬。绕城而东注，又东流为赵溪，入于太湖。附近诸溪涧悉流合焉。

荆溪，在县西南四十里。源出南直宜兴县之荆南山，合诸山溪之水，流经县境，又东南注于苕溪。又四安溪，在县南三十里。自四安山引流而东南，广德州境之水，亦流合焉。下流注于苕溪。附近诸溪塘，以荆溪、四安为委输也。

蠡塘，县西南三十五里。相传范蠡所筑。又皋塘，在县西北二十里。其在县南境者，又有孙塘、方塘、胥塘、官塘、荆塘，皆昔时潴水灌田处。今多堙塞。〇金沙泉，在顾渚山下，泉出不常。唐时惟造紫笋茶供贡，则取给此水。元至元间水溢，可溉田千顷，因名瑞应泉。又常丰涧，在义乡山下。别为南北二川，合县北黄氾潭入于太湖，旧常引流溉田，因名。

筋竹关，县南六十五里。武康、归安径道也。又有司马关，在县南六十里，路出乌程县。

四安镇。在县西南四安山下。东去府城百二十里，西去广德州六十里。《志》云：镇隋所置也。大业九年，置鹰扬府，并筑城于此，城有四门。今故址犹存。宋亦曰四安镇，设官以监商税。德祐元年，以元兵渐迫临安，遣徐垓等分戍四安镇。既而元兵陷四安，遂趋独松关。元亦设税务于此。明初改置巡司。嘉靖中设公馆，为往来冲要。又皋塘镇，在县东北三十里。傍临太湖，亦有巡司。〇和平镇，在县南五十里。宋置税务于此。元改巡司。明初废。

〇德清县，府南九十里。东至嘉兴府崇德县百有八里，东南至杭州府海宁县百二十五里，南至杭州府九十里，西至武康县二十六里。本乌程县地。晋以后为武康县之东境。唐天授二年，析置武源县，属湖州。景云二年，改曰临溪。天宝初，又改今名。《城邑考》：县初置于下兰山。天宝间，徙百寮山南，即今治也。宋德祐中，始筑石城。明初废。嘉靖三十二年修筑，周五里有奇。编户二百十里。

奉国城，在县治西南一里吴憾山，山亦曰城山。《城冢记》：昔吴王夫差憾越王伤其父，进军伐之，筑垒于此。唐李光弼将辛孜又于此筑城，击平朱覃、姚廷诸贼，名将军城。吴越时复筑此城屯戍，名曰奉国城。

吴羌山，县治东南一里。汉王莽之乱，高士吴羌隐此。上有废城，或曰即羌所筑。一名乾元山，以山北有乾元寺也。又东主山，在县东北四里。梁沈恪居此，侯景围台城，恪以力战功，封东兴侯。里人因名此山曰东主。一名百寮山。稍北有石壁山，山有灵泉，亦名半月泉。

德清山，在县东四里。本名乌山，即秦时善酿者乌巾所居。唐天宝中，改今名。又上下兰山，在县北五里，南临馀不溪。《志》云：唐天授初置县于此。○金鹅山，在县西南五里。下枕溪流，旧有金鹅城。唐广德初，巨盗袁晁陷浙右，刺史独孤问俗率将筑城御之于此。又方山，在县西北十二里。山形方整，《志》以为邑境群山之宗。

敢山，县东北二十一里。本名阚山，吴丞相阚泽所居，后讹为敢。有三峰：中敢山，左龙山，右凤山。馀不溪经其下，曰敢山漾。○齐眉山，在县北三十里。山高千丈，周四十五里。旧名囡女山。馀不溪经其下，曰囡女漾。

运河，县东南三十里。自杭州府流入界，又北入嘉兴府崇德县境。《志》云：丘林渡去县三十里，其南即杭州官塘也。又北五里即唐栖镇，由湖州出东迁，经敢山漾，趋五林港，为往来之通道。

余不溪，县治东南。一名清溪，即苕溪下流也。自杭州府安溪、奉口流入县西南境，会武康县前溪之水，逶迤而北，经百寮、吴匡两山之间，至下兰山东，益折而东北，为芷溪漾。至县东北十八里，为武承塘。亦谓之石塘。东岸为东石塘，西岸为西石塘，逶接数里，入郡界。北至岘山漾，与北流水合，而为霅溪。《图经》：溪名馀不者，以溪水清澈，馀流则否也。亦曰霅溪者，以众水合流，互相荡激，霅然有声也。○北流水，在县治南。自城南馀不溪分流入城，出西水门北流，至沙村，与武康县前溪水合，绕流至府城南，合馀不水而为霅溪。《志》云：城西有马厄河，其地本赤土山之后冈，凿之成河。钱镠尝堕马于此，因名。流合北流水。

深溪，县西南三十五里。杭州府於潜县东北境之水，流出于此，又东注于馀不溪。《志》云：县西南有乌山港、戴湾、杨湾诸水，俱汇于馀不溪。

新市镇，县东北四十五里。宋、元时有镇将守此，并置杜家堡。今为商民环聚处。洪武初置巡司，并置河泊所于此。嘉靖中，倭贼尝突犯其地。今泊所废，而巡司如故。又塘栖市，在县东三十五里，与仁和县接界。水南属仁和，水北属德清。长桥跨踞，为舟车之冲。又下塘巡司，在县东三十里，亦与仁和县接界。宋绍兴中，两浙安抚使奏设寨官巡戍，曰下塘栅巡司。明因之。隆庆三年，以五陵港口地当冲要，盐盗出没，因置五陵关，徙巡司戍守，仍曰下塘巡司。○荷叶铺寨，在县东北二十七里。宋嘉定间置，设巡司于此。明初省。又县西有牧马寨，南宋时为牧苑，元废。

○武康县。府西南百七十里。东至德清县二十六里，南至杭州府馀杭县百十里，西至安吉州八十五里。汉乌程县馀不乡之地。后汉初平中，孙氏析置永安县。吴宝鼎初，属吴兴郡。晋太康初，改永康，又改今名，仍属吴兴郡。宋以后因之。隋平陈，县废。仁寿二年复置，属湖州。大业三年，改属馀杭郡。唐初，李子通于此置安州。又改武州。唐武德七年州废，仍属湖州。五代时属杭州。宋还属湖州。县无城，今编户六十五里。

石城山，县西南三里。汉末赤眉之乱，邑人垒石城以御寇，因名。《志》云：山峰岩旁出，四面如一。顶平坦，有洗马池。县北五里有凤凰山，山北有牙门城。相传梁侯景之乱，邑人牙门将军沈子春筑城以御寇，因名。又西南里许曰石峤山，山顶石峤甚峻，亦名七里峤。又永安山，在县西五里。孙吴以此名县，亦名银山。○云岫山，在县东十里。有烟霞坞、林麓之胜，冠于境内。

封山，县东十八里。《鲁语》：仲尼曰，汪芒氏之君，守封禺之山。今县境即古防风氏封守之地也。唐时改此为防风山。又禹山，在封山东南二里，相传防风氏都此。韦昭曰：封、禺，二山名，或以封山为封禺山，误矣。《吴兴志》：禹十二代孙帝禹巡狩时驻此，故曰禺山。○沈壁山，在县东北十五里。山有九峰，迤逦相接。昔有沈氏壁于此，因名。又东北三里曰仙台山，山顶有台，望杭、湖之境，如在目前。

铜官山，县西北十五里。唐改名武康山，世传吴王濞采铜于此。山下有二坎，曰铜井。又计岘山，在县西北二十五里。张玄之云：范蠡师计然所居也。山与乌程县分界，亦曰界岘。又县东南二十五里有计筹山，亦以计然而名。其东南与钱塘县接界，亦名界头山。

覆舟山，县西南二十五里。《志》云：山高二百三十丈，广二十八里。上有巨石横绝，状如覆舟。一名马头坞。晋咸和七年，石勒将韩雍浮海寇吴兴，遣中郎将赵引败之于马头坞，即此。○天泉山，在县西北三十五里。山有长流水，谓之天泉。傍多沃壤。又西北十五里为铜岘山，高六百五十丈，前溪之水出焉，与安吉乌程接界。

高坞岭，县西七十里，与安吉州分界。又姚坞岭，在县北三十五里，与归安县分界。○箬岭，在县西南三十五里。《志》云：山多箬竹，亦曰箬岘山。

前溪，在县治南。源出铜岘山，流经县西二十一里，曰阮公溪。至治前曰前溪。东流至县东十三里之汉港，分为二。其一东北出，经县东北二十五里黄陇山，东至沙村，号沙溪，合德清县之北流水。其一东南流，过湛星港，又东流十二里会湘溪，入风渚湖。○后溪，在县治东北。自县北三里乌回山下，汇众山之水，东流出新溪，注于前溪。《志》云：新溪在县东北三里，其北又有新溪。宋淳熙中，令蔡霖以后溪沙碛涨塞，废旧港，徙水道东北注五里，会于县东北十二里之长安溪。又东注沙村溪而合前溪，以通舟楫，公私便之。号曰蔡公溪。

徐英溪，县西十三里。源出铜官山，东南流，合于前溪。《邑志》：前溪即徐英溪，盖异源而同流也。又湘溪在县南十八里，西接龙口山泉，经上陌埠，东至罨画溪，入风渚湖。又阜溪，在县北七里，发源县西北二十五里之莫干山，东流经三桥埠，又东合黄山溪，入于沙溪。又有双溪，亦出铜岘山，而东入前溪。

风渚湖，县东南十七里，广九里。亦名九里湖，亦曰巽湖，亦曰封渚湖，亦曰下渚湖。湖中多菱莼，湖旁土粘埴。浙右陶器，多出于此。《志》云：湖即古防风氏所居之地。洪武中，设河泊所，景泰中废。

马头关。县南三十里。路出徐杭，为往来之径道。〇三桥埠，在县北七里。自城北至此，历三桥而至水埠，因名。税课局置于此。又上陌埠，在县南一十八里。其地有相溪，北流合前溪，冈阜高仰，因名。

〇安吉州，府西南百二十里。西至南直广德州百二十里，西南至南直宁国县九十里，东南至杭州府徐杭县百三十里。

春秋时吴地。汉为丹阳郡。后汉因之。晋属吴兴郡。宋、齐因之。梁、陈时，属陈留郡。郡治今广德州。隋属宣州。开皇九年，以安吉县省入绥安县。绥安，今广德州也。唐属桃州。亦即今广德州。麟德元年，复属湖州。宋以后因之。明正德二年，始升为安吉州，编户六十四里。领县一。今仍为安吉州。

州山溪纠错，西通宣、歙，南卫临安，用兵出奇之道也。杜伏威尝由此以平李子通，淮南尝由此以震吴越，蒙古尝由此以亡宋，明初亦由此以袭张士诚。夫安吉之于浙也，犹头目之不可不卫也。一或不慎，殒越随之矣。

安吉废县，今州治。汉故鄣县地，属丹阳郡。后汉中平二年，析置安吉县。晋属吴兴郡。宋以后因之。隋平陈，县省入绥安县。义宁二年，沈法兴复置。唐武德四年，改属桃州。七年，省入长城县。麟德元年，复析置安吉县，属湖州。宋元因之。明改置州。县废。《城邑考》：旧城在州西南三十里，今犹谓之旧县。唐开元二十六年，迁于玉磬山东南，后又徙治今城东南四里。元毁。至正十六年，城归于明，总管张俊始筑土城于今治。明年，元帅费愚重甃以石。嘉靖三十年增修，有门四。城周六里有奇。

穆王城，在州南四十里。宋建炎中，岳飞拒寇于此。垒土结营，寇不能犯。飞谥武穆，土人因以穆王城呼之。《志》云：城在州之凤亭乡，有将台遗址。西南至孝丰县二十五里。《州志》：城西北十五里有故鄣城。又西有晏子城，本属长兴。弘治元年，割入安吉境内。

天目山，在州西南七十五里。见前名山天目。

玉磬山，州东北十五里，唐开元中置县处也。山高九十余丈，周二里。又有东晋山，在州东北二里。吴均云：东晋时，尝议置县于此，因名。今名青岘山。又落石山，在州西二里。高二百五十丈，周五里。〇白杨山，在州东南二十二里。《括地志》：山峻极，上有两穴，旧尝产锡，此其采锡处也。又铜岘山，在州东三十里。与府境及武康县接界。

邸阁山，州东北二十五里。山东南二里即为廪山。《郡志》：吴大帝遣从弟夐修故鄣邸阁，即此。下有邸阁池。唐圣历初，县令钳耳知命开以灌田。山东北去长兴县七十里，旧为接境处。〇石虎山，在州西南十五里。路出孝丰，此为径道。

梅溪山，州东北三十里。立石高百余丈，四面斗绝，不可登陟。下有梅溪水，北流入于苕溪。其西为石门山，梁吴均所云森壁争霞，孤峰限日者。又浮云山，在州东北四十里。上有七十二墩，旱久生云即雨。苕水经其下，汇为浮石潭。相接者为长盘山。《志》云：山在州东北三十五里。又有九龙山，在州西北三十里。以九陇蜿蜒如龙也。上有石城，西北有石灶。〇三水山，在州东南六十里。一水东入乌程，一水北入长兴，一水北入州境。故名。

翻车岭，州西南三十里。与南直宁国县接界。又有五岭，在州西北四十五里。与广德州接界。

苕溪，在州城西。源出天目山之阴，经孝丰县，流至州南四十里之沿干渡，分为二溪。东曰龙溪，西曰旱溪，至石虎山南而复合。又北经城西，分为二，经州东三里之马家渎而复合，流至东北三十里之乌山，曰外溪。西折而合于寺前港石埭诸溪，复经州东北四十里之浮石山潭，曰里溪。又东汇众流，为浑水渎。历荆溪相见湾，至府西而为塔渚汇，又东北注于太湖。详见大川苕溪。

龙溪，在州治东南，即苕溪之支流也。自州城西绕流经此，合于马家渎，溢为外溪，分为里溪，远近诸水悉附入焉。

杨子湖，在州北二十里。诸溪涧之水，汇流而成湖。又东会邱阁水，合于苕溪。《志》云：州东二里有四龙湖，东南七里有五龙湖，又州南九里有姚湖，西南三里有荻湖，北二里又有西亩湖，共谓之五湖。皆苕溪诸水之汇流处矣。

石鼓堰，在州西南。引天目山水溉田百余顷。唐圣历中，县令钳耳知命置。

独松关。州东南四十五里，路出馀杭之要道也。有独松水，北流汇于苕溪。宋、元以来，置兵戍守。明洪武六年，置巡司。隆庆四年革。详见前重险独松关。〇孔夫关，在州西六十里。路出宁国。又州东北三十里有梅溪镇，路出长兴。《志》云：国初于城东关置批验所。洪武三年，徙于梅溪镇。六年，改为税课局。又河泊所，亦置于此。今皆废。又州东南二十里曰地铺滩镇，当南、浙往来之陆道，旧尝置巡司。

〇孝丰县，州南六十五里。东至武康县百二十里，东南至杭州府馀杭县百十里,西北至南直广德州七十里,西至南直宁国县百二十里。本汉故郵县地。后汉中平二年,分置原乡县,属丹阳郡。晋属吴兴郡。宋以后因之。隋废。唐武德四年,复置,属雉州。七年,州废,县省入长城县。明成化二十三年,郡守王珣言:安吉地险远,而孝丰、太平等九乡,为里五十余,中有汉县废城存焉,请析置一县,以闲民之不逞者。从之,因乡名以名县曰孝丰。正德二年,安吉升为州,遂以县属焉。旧有土城。万历四年,改筑石城,周不及四里。编户五十四里。

原乡城,在县东。汉中平中置。以县在山中高原而名。唐因故址复置,寻废。明因置今县。

天目山,县西南六十五里。顶有二泉池,遇旱不竭。东南流为瀑布,下注数里,成十二潭。层级如梯,次第奔落,俗名险潭。山间有田亩池塘,皆可耕种。《志》云:县境诸山,回环连亘,皆天目也。○浮玉山,在县东南十五里。《山海经》:浮玉之山,苕水出其阴,注于具区。说者曰:浮玉即天目矣。杭、湖诸山,其脉皆本于天目,故亦得以浮玉之名被之。《吴兴志》:浮玉山有二:在归安岘山漾者为小浮玉,此为大浮玉也。又南岘山,在县东南十七里,与浮玉相接,一名白水山,一名泉石山。《志》云:山高三百六十丈,上有湖,下有南岘水,流合于苕溪。

广苕山,县南三十里。当天目之正北,苕水发源处也。又南五里曰大溪山,山高八百五十丈,周四十五里。又金石山,在县西南三十里。《志》云:山高千八百丈,长三十里。盖皆天目之项背云。

苦岘山,在县西四十里。一名苦山,以登陟峻阻也。与南直广德州接境。《志》云:山高三千丈,周三十里。又师高山,在县北五十里。势接天目,山中积雪,炎月不消。○菱湖岭,在县东三十里,路达武康县。县西北又有金鸡岭,路出广德州。

苕溪,县西南三十五里。自天目山北出,南岘诸山之水,悉流汇焉。

引而北，经县东。又东北二十五里，为沿干渡，入州界。〇深溪，在县西南四十里。於潜山之水流出此，合苕溪。

董岭水，出县西三十九里之董岭，分为两流，西流入宁国县界。东流自县西引而北，至州西南，会诸溪涧水，谓之东溪，入于苕溪。

幽岭关，县东南三十里，与馀杭县接界，独松三关之一也。有幽岭水，流为碧溪，东北入于苕溪。又乌山关，在县南五十里。与临安县接界。又郎采关，在县西南三十里，与於潜县接界。皆为设险之处。《邑志》：县西七十里有唐舍关，西南六十里有孔夫关，皆接宁国。县北四十里有苦岭，西北五十里有五岭关，皆接广德州。

松坑口。县西五十里。山溪错杂处也，有巡司戍守。又县南二十里有天目山巡司，皆洪武中置。今松坑司废。又沿干镇，在县东北四十里。与州分境。

附见：

守御湖州千户所。在府治东。《开天记》：宋龙凤四年，元至正十八年也。时我师克长兴，置永兴翼元帅府，以御张氏。明年，改为兴武卫亲军指挥使司，寻又改长兴卫指挥使司。龙凤十三年，张氏亡，改为千户所。洪武八年，移所于府城内，曰湖州守御千户所。

读史方舆纪要卷九十二

浙江四 绍兴府 宁波府 台州府

○绍兴府，东至宁波府二百二十里，东南至台州府三百里，西南至金华府四百五十里，西北至杭州府一百三十八里，北至海口三十里。自府治至布政司见上，至南京一千四十里，至京师三千四百五十里。

《禹贡》扬州之域。禹会诸侯计功于此，命曰会稽。少康因以封其少子无余，使奉禹祀，号曰於越。春秋时为越国，周显王时并于楚。《通典》：楚破越，其浙江南之地，越犹保之，而臣服于楚。秦为会稽郡地。汉因之。后汉顺帝永建四年，始改置会稽郡于此。分浙东为会稽，浙西为吴郡。晋为会稽国。咸和中，尝改会为郐，以内史王舒父名会，求改他郡，朝议改曰郐。宋为会稽郡。孝建初，置东扬州。领郡五，理于此。大明三年，直曰扬州，后改废不一，而郡如故。《宋志》：大明三年，以扬州为王畿，而东扬州直曰扬州。八年，王畿还曰扬州，因复曰东扬州，永光元年，仍并入扬州，而会稽郡不改。梁复置东扬州。陈初省，寻复置。隋平陈，改为吴州，置总管府。治会稽县。大业初，改为越州，旋曰会稽郡。唐复为越州。武德四年，置总管府。七年，改为都督府。天宝初，曰会稽郡。乾元初，复故。浙江东道苟度使治此，大历五年，废为观察使。中和三年，又升为义胜军节度。光启三年，改曰威胜军，乾宁三年，又改镇东军。五代时，属于吴越。钱氏号为东府。宋仍为越州，亦曰会稽郡，浙东军节度。绍兴初，升绍兴府以尝为行宫也。元改绍兴路。明洪武二年，复曰绍兴府，领县八。今仍为绍兴府。

　　府襟海带江，为东南都会。勾践生聚教训于此，遂以灭吴。汉武尝用以制闽粤。后汉末，孙策取王朗于会稽，而江东以定。晋隆安中，海贼孙恩据会稽，三吴八郡，一时奔溃。时以会稽、临海、永嘉、东阳、新安、吴郡、吴兴、义兴为三吴八郡。自是以后，皆以会稽为浙东重地。沈约曰：会稽带海傍湖，良畴数千万顷，膏腴上地，亩直一金，盖财赋所资也。唐咸通初，裘甫作乱，陷象山及剡县，分兵掠衢、婺、明、台诸州，朝廷遣王式讨之。贼党刘暀说甫曰：今急引兵取越州，凭城郭，据府库，遣兵守西陵，循浙江筑垒以拒之，大集舟舰，得间，则长驱进取浙西，过大江，掠扬州财货以自实，还循石头城而守之。或曰：即府北之石城，非建康之石头也。恐误。宣、歙以西，必有响应者。又遣将循海而南，袭取福建。如此，则国家贡赋，尽入于我矣。甫不从，退据宁海。今台州府属县。王式闻之，疾驰入越州，遣将攻甫，而分兵屯唐兴，今台州府天台县。断贼南出之道；出上虞，趋奉化，断贼入明州之道；置军海口，遏贼入海之道。贼穷蹙遁走，遂击灭之。既而刘汉宏据越州，倡逆于前；董昌据越州，踵乱于后。钱镠并其地，而霸业始大。夫越州，明、台之上游也。越州不守，而自越以东，益不支矣。宋高宗自绍兴南徙，所以几不免于海上也。明初以重兵戍诸暨，固婺、衢之藩篱，即制杭、越之肘腋，而且控明、台之喉吭。芟除群孽，有以也夫。

○山阴县，附郭，在府治西。勾践所都。秦置山阴县，属会稽郡。汉文帝时，西部都尉治此，后移钱塘。后汉永建中，始徙置会稽郡治焉。晋以后因之。隋废入会稽县。唐武德七年，复置。八年，又废。垂拱二年，复置。大历二年，又废。七年，复置。元和七年，又省。十年，仍置今县于郭内。今编户二百十一里。

○会稽县，附郭，在府治东偏。本山阴县地，陈析置会稽县，后皆因之。今编户百三十一里。

山阴城，即今府城。旧有子城。《吴越春秋》：勾践筑小城，周三里七十步，一圆三方，陆门四，水门一。后汉为会稽郡城。《图经》云：隋杨素筑子城，周十里，西北二面皆因重山为城，不设濠堑。宋嘉祐中，守臣习约修子城，北因卧龙山，环属于南，西抵于堰尾，周五里有奇，城门一如故城之制。后废。今府治东有镇东阁，即子城之正东门也。又有大城，亦曰罗城。《越绝书》：山阴大城，范蠡所筑，城周二十里有奇，南去湖百步，陆门三，水门三。《图经》：隋开皇中，杨素修郡城，广四十五里，名罗城。唐乾宁中，钱镠重修。宋皇祐中，守臣王逵亦加修治，并浚城濠。宣和初，刘韐复缮筑，稍缩其西南隅。嘉定十三年，亦缮茸。十六年，守臣汪纲重修罗城，并葺诸城门。元至正十三年，复增拓旧城，甃以石，开堑绕之。十八年，复增浚濠堑，以为守御。明初因之。嘉靖二年，飓风坏城，因复修筑，并浚凿内外池隍。《修城记》：城有九门。东面旧曰雷门，勾践所作，晋时改曰五云门，今因之。稍北不二里，曰都赐门。或曰本名都护门，晋中军王恬所作，今讹都泗门。又北曰三江门，今曰昌安门。雷门之南不二里，曰东郭门，今因之。南面曰殖利门，今曰南堰，门之东曰稽山，门之西三里曰偏门。偏门者，门本面西，稍斜向南，故名。今曰水偏门。又西一里面南,曰常喜门。钱镠攻亭山及申光门,相传即此门。旧《志》:州城至此与子城会,今曰常禧门,又西转而北约五里,曰迎恩门。钱镠讨董昌,以兵三万屯迎恩门,望楼再拜而谕之,是也。今曰西郭门。由此北转而东,直过蕺山,几六里而面北者,即昌安门也。凡门在东南者,皆有堤以护湖水,使不入江。西门因渠漕抵于江以达杭,北则引众水入海。城周盖二十里有奇。

越王城,府东南十二里会稽山之阴。《左传》哀元年:越子以甲楯五千,栖于会稽。秦故县亦治此。又府东五十八里有侯城,相传无余所都。《水经注》:秦望山南有硙岘,岘里有大城,越王无余之旧都也,故勾践语范蠡曰:先王无余国在南山之阳,社稷宗庙在湖之南矣。〇吴王城,亦曰王城,在府东十里。《志》云:夫差围勾践于会稽,伍胥筑此城以屯兵,今地名吴王里。

石城,府东北三十里石城山下。或云亦勾践遗迹也。唐乾宁二年,董昌僭号于越州,钱镠讨之,昌遣其将汤臼守石城,镠将顾全武击败之,遂克其城,去越州三十里,即此。或谓之石头城。〇苦竹城,在府东十八里。《越绝书》:勾践以苦竹城封范蠡子,即此城也。唐时为苦竹馆。

会稽山,府东南十二里。其东西连阜接岫,如宛委、秦望、法华诸山,称名胜者凡数十计,皆会稽之支阜也。详见前名山会稽。

卧龙山,府治西北。盘绕回抱,形如卧龙,一名种山,越大夫文种葬于此。今府治踞其东麓,山阴县治踞其南麓。又宝林山,在府治东南二里,本名龟山,又名飞来山。《越绝书》:越王使范蠡筑城,既成,琅邪东武海中山一夕飞来,百姓怪之,号曰怪山,川岩明秀,亚于卧龙。又蕺山,在府治东北六里。山多蕺,越王尝采食之。《宝林事实》云:越城之山,能与秦望为主客者,卧龙、宝林、蕺山是也。又有阳堂山,在卧龙南三里许，府城跨其脊，其南麓出城外，竣于河湟，后汉鲍盖葬此，一名鲍郎山。

亭山，府南十里。唐乾宁中，钱镠攻董昌，克其亭山寨。又明初胡大海攻郡城，驻兵其上。○土城山，在府东六里。《越绝书》：越王得西施，习教于北坛利丘里，三年而献吴。即此。今亦名西施山。又东四里有葛山，相传越王种葛处。又麻林山，在府西南十五里。《越绝书》：勾践伺吴，种麻为弓弦，使齐人守之，越谓齐人日多，故亦名多山。又稷山，在府东五十里，《越绝书》：勾践斋戒台也。又有锡山，旧产锡，银山，产银砂，志云，皆在府东五十里。

云门山，府南三十里，亦谓之东山。齐永明中，何胤去国子祭酒，还东山隐居教授。梁天监四年，选学生往云门从胤受业，是也。其相接者曰何山，《志》云：在府东南四十七里，亦以何胤而名。○赤堇山，在府东三十里，一名铸浦山，欧冶子为越王铸剑处。《国策》：破堇山而出锡。《越绝书》：赤堇山破而出锡，若耶溪涸而出铜，张景旸《七命》：耶溪之铤，赤山之精，是也。旁有井，亦以欧冶名。又日铸岭，在府东南五十里，欧冶子尝铸五剑，采金铜之精于此，地产茶，最佳。又宝山，在府东南三十里，一名上皋山，以南接下皋山而名，宋攒宫在焉。下有御河，自府东南十五里董家堰抵山下，亦宋时攒陵河也。又府西南二十五里有兰亭山，即王羲之修禊处。宋祥兴元年，会稽唐珏等以石函葬宋六陵骨于此。

玉山，府北二十八里。两崖对峙，下有八闸，泄府境及萧山县之水，出三江以入海。今府东北三十三里，又有玉山斗门。又白洋山，旧名乌凤山，在府西北五十里滨海，亦名龟山，缘山筑城，设白洋海口巡司戍守。○浮山，在府东北三十五里，浮海口，与三江所城相对，又有蒙槌山，在府东北四十里，与浮山并峙，上有烽堠。

若耶山，府东南四十五里。汉元鼎六年，遣戈船将军严讨闽越，出若耶,盖由此泛海而南也。齐明帝末,何胤隐居若耶山。梁大宝初,张彪起兵若耶,讨侯景,攻破浙东诸县。绍泰初,彪为东扬州刺史,不附陈霸先,霸先遣陈蒨等袭会稽,彪败走若耶,蒨遣章昭达追斩之。山下有若耶溪,流入镜湖。相近者曰舜山,高可十余里,有田可耕。《志》云:山在府东南四十里。又诸葛山,在府东南六十里,高数千仞,亘五十里。

丰山,府东北六十余里。地临曹娥江,东南接嵊山。唐光启二年,钱镠破刘汉宏将朱褒于曹娥埭,进屯丰山,是也。《志》云:嵊山在府东七十里,下临舜江,接上虞县界,一名蒿尖山。又偶山,在府东北六十里丰山西北,北环大海。

刻石山,府西南七十里。《志》云:越王栖会稽山,宫娥避此,因名娥避山,俗讹为鹅鼻山。自诸暨入会稽,此山最高。秦始皇刻石纪功,乃在其上。盖亦会稽之别阜也。又越王山,在府西南百二十里。《志》云:昔越王尝屯兵于此。今其上有走马冈、伏兵路、洗马池、支更楼故址。又府西北四十五里有涂山,相传即禹会诸侯处。

古博岭,府西南四十五里。群峰交峙,中通一径,俗呼虎博岭。又驻日岭,在府西南八十里,其地深险,皆南走诸暨之道。

海,府北三十里。曹娥、钱清、浙江三水所会,谓之三江海口。《吴越春秋》:范蠡乘舟,止于三江之口。三江,浙也,浦阳也,剡也。《海防考》:三江港口深阔,直通大洋,甚为险要。港口稍东,有宋家溇,贼若从此突犯,趣陡门一带海塘,则竟抵郡城,若越港而北趣浙西,则赭山其关键也。

钱清江,府西北四十五里,浦阳江下流也。自金华府浦江县流入诸暨县界,谓之浣江,又汇流至府西南百里之纪家汇,绕府境,谓之钱清江。以东汉延熹中太守刘宠,止受父老一钱事而名。又西北至萧山县境,复折而东北,经钱清镇入于海,其后潮沙壅塞,舟不得行,雨潦则大为民田患。天顺初，建白马山闸，以遏三江口之潮，闸东尽为田。自是江水不通于海，而钱清江之故道，渐至湮废。今亦谓之西小江。萧齐永明四年，富阳民唐㝢之作乱，陷富阳，据钱塘，破东阳，遣其党孙泓寇山阴，至浦阳江，为浃口戍主汤休武所败。说者曰：府境钱清江，亦名浦阳江也。唐乾宁三年，钱镠将顾全武克越州，获董昌，斩之于小江南，亦即钱清江矣。详见大川浦阳江。浃口，见宁波府。

　　曹娥江，府东九十二里，剡溪之下流也。自嵊县流入界，东折而北，至曹娥庙前，又北至上虞县龙山下，名舜江，又西北折，入于海。亦谓之东小江。《志》云：府东南九十里有小舜江，一名东小江，源出浦阳江，东北流而汇于曹娥江，曹娥江上承浦阳之支流，故亦蒙东小江之称。唐咸通初，裘甫作乱，观察使郑祗德征兵邻道，屯郭门及东小江，寻复召还府中自卫。宋建炎二年，兀术陷临安，遣阿里蒲卢浑度浙江，陷越州，遂渡曹娥江，至明州。明初，吴祯讨方国珍于庆元，夜入曹娥江，夷坝通道，出不意拔车厩，遂入庆元。盖江为东走宁波之要道矣。二江皆谓之小者，对浙江而言也，车厩亦见宁波府。

　　鉴湖，城南三里。亦曰镜湖，一名长湖，又为南湖。旧湖南并山，北属州城，漕渠东距曹娥江，西距西小江，潮汐往来处也。汉永和五年，太守马臻始环湖筑塘，周三百五十八里，尽纳环山三十六源之水，潴以溉田，至九千余顷。其北堤石碴二，阴沟九，南堤阴沟十四。因三江之上，两山之间，疏为二门，以时视田之水，小溢则纵其一，大溢则尽纵之，使入三江之口。所谓湖高于田丈余，田又高海丈余，水少则泄湖溉田，水多则泄田中水入海，无荒废之田，水旱之岁者，此也。由汉迄唐，湖未尝废。唐开元中，贺知章以宅为千秋观，求周官数顷为放生池，诏赐镜湖剡川一曲，因亦名贺监湖。宋初民始盗湖为田。治平间，田至七百余顷，湖废几尽。其仅存者，东为漕渠，自州至东城六十里，南通若耶溪，自谯风径至桐坞十里，皆广不及十余丈，每岁少雨，田未困而湖已先涸矣。

熙宁间，命官江衍经度，凡为湖田者两存之，立石柱，内为田，外为湖。政和间，太守王仲嶷遂废湖为田。宣和三年，诏越之鉴湖，明之广德湖，自措置为田，下流壅塞，有妨灌溉，宜令有司究实弛以与民。隆兴初，守臣吴芾言，鉴湖自江衍所立碑石外废为田者，又一百六十五顷，请以时浚治。二年又言，修鉴湖全藉斗门堰闸，而都泗堰尤为要害。宣和间，因高丽使往来，方改置闸，自是启闭无时，湖水失泄，今乞废罢。从之。芾为刑部侍郎，复奏：自开鉴湖溉废田二百七十顷，复湖之旧，又修斗门堰闸十三所，夏秋以来，时雨虽多，亦无泛滥之患，民田九千余顷，悉获倍收，其为利较然可见。乞将江衍原立禁碑，刊定界至，则堤岸永无盗决之虞矣。淳熙二年，诏贺知章放生池十八顷外，余悉纵民耕之，于是鉴湖遂至堙废。曾氏曰：晋谢灵运求会稽回踵湖为田，又求岯崲湖为田，则请湖为田，越之俗旧矣，然利害不可淆也。今鉴湖所存者，长仅十五里，俗呼白塔洋。《图志》云：鉴湖旧广五里，东西百三十里，沿湖开水门六十九所，溉田万顷，北泻长江。马臻初筑塘，界湖为二，曰东湖，曰南湖。今自会稽五云门东至娥江，七十二里，旧时谓之东湖。自山阴常禧门西至小江，凡四十五里，旧谓之西湖。又府东二十里，曰贺家池，周四十七里，南通鉴湖，北抵海塘，即知章放生池也。《郡志》：旧有鉴湖塘，西起广陵斗门，东抵曹娥斗门，亘一百六十里，亦谓之南塘，亦谓之官塘，即汉马臻故址。明朝嘉靖十五年，郡守汤绍恩改筑水浒，东西横亘百余里，遂为通衢。岯崲湖，《志》云，今在上虞县十二都。

白水湖，府北十里。旁通运河，足资灌溉，兼有菱芡鱼虾之利。《志》云：贱猳猍湖，亦在府北十里，周广十余里，俗呼黄鳝湖，舟楫往来之道也。又有回涌湖，在府东四里。相传马臻筑塘，以防耶溪之水，溪水暴涌，抵塘而回，故名。一作回踵。又有浮湖，在府东二十里，广二顷余，源出西山，一名西湖。此皆鉴湖旁溢之水也。

运河，在城西。自西兴渡历萧山县而东，接钱清江，长五十里。又东径府城，长五十五里。复自城西东南出，又东而入上虞县，接曹娥江，长一百里。自府城而南，至蒿坝，长八十里，则为嵊县之运河矣。盖运河纵广俱二百里。宋绍兴初，以余杭县言运道浅涩，诏自都泗堰至曹娥塔桥，发卒修浚。此即宋时漕渠故址也。今道出府西北十里，谓之官渎。其余大抵仍旧道云。〇新河，在城西北二里，唐元和中，观察使孟简所开。《志》云：城西有投醪河，又名箪醪河，亦名劳师泽，以勾践投醪事而名。今皆合于运河。又有江北河，在西小江之北，大海之南，与潮汐通，即故钱清江口矣。

平水，府东南三十五里。吴氏曰：会稽县东南又有一小江，源出大木山，南流合于剡溪。今有平水镇，在越州东南四十余里。自此南逾山，出小江，沿剡溪而东，二十里至曹娥埭。唐懿宗初，浙东贼裘甫败官军于剡西，游骑至平水东小江。光启二年，董昌将钱镠讨刘汉宏，自诸暨趋平水，凿山开道五百里，出曹娥埭，屡败浙东兵，进屯丰山。即此处也。

邢浦，在府东北。《晋纪》云：邢浦去山阴北三十五里。隆安四年，海贼孙恩破上虞，进及邢浦，会稽太守谢琰遣参军刘宣之击破之，恩退走。未几，复寇邢浦，官军失利，恩乘胜径进，至会稽，琰战败，为下所杀。今府东北四十五里有蛏浦，隔岸对海宁县石墩山，为戍守要地。嘉靖三十五年，倭贼经府东北六十里之西汇渚入犯，官军却之于此。或以为蛏浦即邢浦之讹也。〇黄山浦，在府西五十五里。刘宋泰始二年，遣吴喜等击孔觊于会稽，喜至钱塘，遣任农夫引兵向黄山浦，东军据岸结寨，农夫击破之。或曰今萧山之临浦，旧名黄山浦，与山阴接界，亦曰黄山里。

纪家汇，府西南百里。浦阳江自诸暨县合东西诸江经此为钱清江之上源。宋乾道中，朝议欲浚纪家汇，导萧山新江达诸暨，萧山令谢晖言：小江本以导诸暨之水，萧山地最下，若复浚纪家汇，上流冲突，萧山之桃源等七乡，必成巨浸，议遂格。

防海塘，府东北四十里。自府东北八十里上虞江口，抵萧山县界，几二百里，以蓄水溉田。唐开元十年，山阴令李俊之增修。大历十年，观察使皇甫温、太和六年，令李方次第修筑。宋隆兴、嘉定中，相继修治。明朝弘治、正德、嘉靖间及万历二年，屡经修治，为民利。又运道塘，在府西北十里，唐元和十年，观察使孟简所开。又府东五十里有炼塘，《越绝书》：勾践烹炭于此，一云铸剑处。〇白米堰，在府东北。嘉靖中，倭贼由此沿海塘突寇萧山县。又应宿闸，在三江所城西门外。嘉靖十六年，郡守汤绍恩建，凡二十八洞，亘堤百余丈，蓄会稽、山阴、萧山之水。万历十二年增修，改近岸四洞为长平闸，用泄涨水。

越王山堰，府北三十里。唐贞元二年，观察使皇甫政凿山以蓄泄水利。又府东北二十里有朱储斗门，北五里有新河，皆唐元和十年观察使孟简所开。西北四十六里有新径斗门，则太和七年观察使陆亘所置也。〇曹娥堰，在府东九十里。水流湍急，两岸逼江。其地有曹娥渡及曹娥埭。又西岸为东关驿，驿南有曹娥场，旧设寨于此；东岸又有曹娥堰营，皆设险处也。胡氏曰：浦阳江有南津埭，今上虞县梁湖堰是；有北津埭，今曹娥堰是。又抱姑堰，在府西五十里，上连镜湖，下接小江。又有石堰，在府西三里，诸水合流，地险可据。

蒿坝，府东南八十里。以近蒿山而名，为台、绍二府必经之道，北去上虞县四十里。〇三江闸，在府北二十八里，会稽、萧山、山阴之水赖以停蓄，其外即三江口也。

钱清镇，府西五十里。旧尝设关于此。宋建炎三年，车驾自越州次钱清镇，将如浙西迎敌金人，百司有至曹娥江者，有至钱清镇者，不果而还。《志》云：钱清镇西抵杭州八十里。〇纂风镇，在府东北八十里，当会稽、上虞之界，黄家堰巡司置于此，筑城戍守。《志》云：黄家堰本在府东北六十里，有西汇渚，为防御要地，因置巡司戍之。洪武中，徙沥海所西，为海潮所啮。弘治中，徙今治。

三江镇，在府东北四十里浮山北麓。小江经其前，大海浸其东，与三江所城南北相峙，为东海之门。旧有小城，嘉靖二年增筑，方一里，置兵以御倭。又三江场盐课司，亦置此。《志》云：司在府东北三十里。又白洋巡司，在府西北白洋山上。○三界镇，在府东南百二十里，路出嵊县。明初设税课局，嘉靖十二年废。又府南四十里有离渚市，旧设关于此，以临离渚溪而名。溪亦入于鉴湖。明初置税课局，后废。嘉靖中复置。又沧塘税课局，在府东南四十里，明初置，嘉靖十二年革。《志》云：府城东五云门外有五云河泊所，又昌安门外五里亦有河泊所，今革。又绍兴场盐仓批验所，在府西北六十里白鹭塘。正统中，迁钱清镇。弘治中，复迁于此。○堵山村，在府南四十三里脊山下。刘宋泰始二年，孔觊为上虞令王晏所攻，觊弃郡奔堵山村，被执，即此。沈约曰：堵山，村名也。

蓬莱驿。在府西迎恩门外。唐曰西亭驿，宋曰仁风驿，明改今名。江东岸即旧曹娥驿也。又东关驿，在府东九十里曹娥江西岸，旧名东城驿，明初改今名。又钱清驿，在府西北钱清镇，正德十年革。○柯桥，在府西北三十五里。《志》云：其地水流汗漫，陂深堰曲，为境内之险。亦曰柯桥市。

○萧山县，府西北九十三里。西至杭州府四十里，西南至杭州府富阳县百五十里，东南至诸暨县百三十里。汉会稽郡之余暨县。三国吴改曰永兴。晋以后因之。梁陈庆之以入洛功，封永兴侯，即此邑也。隋省入会稽。唐仪凤二年，复置，属越州。天宝初，改曰萧山。后因之。《城邑考》：县旧有城，周不及二里，久废。嘉靖三十二年，重筑。周五里有奇，编户一百四十一里。

西陵城，县西十二里，本曰固陵。《水经注》：浙江东经固陵城北，昔范蠡筑城于浙江之滨,言可固守,因名固陵。勾践入臣于吴,群臣祖之,军陈固陵,即此。后汉建安初,孙策将取会稽,引兵渡浙江,会稽守王朗发兵拒策于固陵,策攻之,不克。六朝时,谓之西陵牛埭,以舟过堰用牛挽之也。宋元嘉末,会稽太守随王诞遣兵向建康,讨元凶劭,诞自顿西陵,为之后继。齐永明六年,西陵戍主杜元懿言:吴兴无秋,会稽丰登,商旅往来,倍多常岁,西陵牛埭税官格,日三千五百。如臣所见,日可增倍,并浦阳、南北津、柳浦四埭,乞为官领摄,一年格外可长四百余万。会稽太守顾宪之极言其不可,乃止。盖西陵在平时,为行旅辏集之地,有事则为战争之冲,故是时戍主与税官并设也。陈末,西陵埭亦名奉公埭。隋开皇九年,陈亡,东扬州刺史萧岩据州不下,隋将燕荣以舟师出东海,平吴郡,进至奉公埭,岩降。唐复曰西陵。咸通中,裘甫作乱,其党刘暕劝甫急遣兵守西陵。中和二年,浙东观察使刘汉宏作乱,谋并浙西,屡遣兵营于西陵,皆为杭州将钱镠所败。三年,汉宏自将十余万众出西陵,将击董昌,镠济江逆战,复大破之,汉宏仅免。又乾宁二年,杨行密遣安仁义以舟师至湖州,欲渡江应董昌,钱镠遣顾全武守西陵,仁义不得渡。胡氏曰,自湖州舟行入柳浦,可渡西陵也。天复二年,杭州牙将徐绾作乱,淮南宣州帅田頵引兵赴之,急攻杭州,仍具舟将自西陵渡江,钱镠遣将盛造等拒破之。吴越时以陵非吉语,改曰西兴。宋为西兴镇,置寨于此。今有西兴场盐课司,在运河北岸,旧有戍兵。西兴驿亦置于此,下临西兴渡,渡浙江而西,至钱塘水驿十八里,公私商旅必经之道也。

　　萧山,县治西一里。唐以此山名县,一名西山。又城山,在县西九里。其山中卑四高,宛如城堞,亦谓之越王城。山半有洗马池,产嘉鱼。其前两峰对峙,谓之马门。相传吴王阖闾侵越,勾践保此以拒吴。又冠山,在县西十七里,山形如冠。又西三里为连山,长冈九里。《旧经》:秦始皇欲置石桥渡浙江,今山下有石柱数十,沿列江际。○洛思山,在县东四十三里。下有朱室坞,《水经注》:勾践百里之地,西至朱室,即此地云。

临江山,县东南二十里。旧名牛头山,与山阴县分界,钱清江萦其西。又峡山,在县南二十六里,前后有二山相夹,亦谓之前峡、后峡。又有峡山,在县南六十里,钱清江经其下,谓之峡浦。《志》云:县南二十八里有乌石山,钱清江经此,亦曰乌石江。

龛山,县东北五十里。吴越钱氏尝屯兵于此,有营寨旧址,下瞰浙江,与海宁县之赭山对峙。旁有小山,曰鳖子山,江出其中,故有鳖子门之名,亦曰海门,为钱塘之锁钥。嘉靖三十二年,参将汤克宽大破倭夷于龛山,三十四年,督臣胡宗宪又败倭于此,旧有龛山寨,设兵戍守,今革。寨北曰狮子口,为登涉要地。

虎爪山,县西南五十里。下临大江,与钱塘、富阳分境。山回环盘礴,踞峙江滨,其南与浦江、诸暨诸山相联络,啸聚之徒,恃为渊薮。《志》云:县西南九十里有大山,盘亘深远,一名长山。其南最高者曰镜台山,一名白石山,岩洞幽胜。滨江而北,有州口、龙门、白峰、马谷诸山,其间相接者为百药山。傍有黄岭,东北去县四十八里,与富阳分境,相传黄巢屯兵之所。虎爪山,即诸山之支阜,而临江突峙,当舟楫必经之会,以地势而言,实杭、严、金、绍四郡之险也。○龙门山,在县西南八十里,两山对峙,上有龙湫,一名大洪山。其南十里为州口山,龙门而北数里,即白峰、马谷诸山也。

壕岭,县南六十五里,与诸暨接界。又县西南六十里有党旗岭,元末乡民聚党揭旗以御寇,因名。

海,县东北五十里。胡氏曰:自龛山而东,至兰风、石堰、鸣鹤、松浦、蟹浦、定海皆谓之海浦。晋隆安四年,谢琰为会稽太守,戍海口以备孙恩,是也。今有海塘,自县东北二十里长山闸抵龛山,凡二十里,直至定海，凡五百余里。宋咸淳中，塘为风涛所圮，越帅刘良贵移入田内，筑塘植柳，名万柳塘。明初以来，屡圮屡筑。万历四十年，潮啮西兴，守臣萧良斡兴役重筑，为石塘三百余丈，患稍弭。又《邑志》：浙江经县北十里，亦谓之北海，有长山渡。沿海而东，五十里为丁村渡云。

定山江，即浙江也。在县西十里。旧阔可三十里，近潮沙渐积，阔不及二十里，其海口阔处，则几七十里。西兴渡而外，沿江西南五里有黄家渡，又南十五里有上沙渡，稍折而东有渔浦渡，皆东西渡口，而西兴、渔浦最为通道。又西江塘，在县西南三十里，塘亘五十里。江水自富阳一带建瓴而下，藉此塘及西兴塘以捍之。

钱清江，县东南十五里，亦曰浦阳江，亦曰东小江。自山阴县流经县南之峡山，曰峡浦。又北经临浦，旧有麻溪，由此注入山阴县界，复引而北出，经乌石山，又东北经县东十五里之渔临关桥，乃北折而东，入山阴县，经钱清镇以入海。后以江口壅塞，建闸以遏之。而于县西南二十余里开碛堰，以通钱清江之上流，而江之故道一变。《邑志》：临浦在县南三十里，旧钱清江经此，东入山阴县界。元末张士诚将吕珍筑城江上，跨江南北，于东西两头作栅，为浮城于江面，以通舟楫，谓之钱清城，寻废。成化中，钱清江口壅塞，江水泛滥，麻溪以东之田，大受其病，于是筑临浦大小坝，为之内障，而江分为二。

运河，在县城西。自西兴东至县，又东北入钱清江，凡五十里。《宋国史》：乾道三年，以县境西兴镇通江两闸为江沙壅塞，守臣因募人自西兴至大江，疏沙河二十里，并浚闸里运河十三里，又以通江大堰纲运至多，乃勒为定制，以时修浚，公私皆利焉。

湘湖，县西二里。周八十里。本为民田，四面距山，田皆低洼，山水四溢，则荡为一壑，民被其害。宋政和间，县令杨时因而为湖，于山麓缺处筑堤障水，民皆以渔贩为业，遂无恶岁。自宋至今，奸豪往往欲侵据为田，有司以其病民，严为之禁。乃止。成化中，邑令朱栻复为修浚，民被其泽。王氏曰：此又越田之变为湖者。又落星湖，在县西二十三里，周二十里，旧尝有星陨此，因名。宋庆元后，渐堙为田。又白马湖，在县西二十二里，周二十五里。《志》云：县境诸湖，皆有溉田之利，自宋以来，多为奸民所侵啮，失利者众。县西之二十五里夏驾山西有西陵湖，又名夏驾湖。山在湖中，去江止数里，亦曰翠嶂山。

渔浦，县西南三十五里。《志》云：渔浦当西陵之上游，其对岸即钱塘之六和塔，旧为戍守处。○查渎，在县西南九里。《水经注》：浙江东经查塘，谓之查渎，孙策攻固陵，不克，叔父静说策曰：查渎南去此数十里，宜从彼据其内，所谓攻其无备，出其不意者也。策遂分军投查渎，道袭高迁屯，王朗败走。夏侯曾先曰：查渎亦曰查浦，《春秋》吴伐越，次查浦，即此。

高迁屯，县东北五十里，东南去府城四十里。裴松之曰：永兴有高迁屯，是也。孙策攻会稽，分兵袭高迁屯，即此。亦曰高迁亭，又名柯亭。《南史》：宋会稽太守褚淡之破贼众孙法亮于柯亭，贼走永兴。《志》云：柯亭即高迁亭也，或以为山阴之柯桥市，境亦相属。

渔浦镇，在县治西南渔浦上。宋置渔浦寨，明朝改巡司，并设税课局于此。后局废，而司如故。又钱清镇，在县东四十里，与山阴县接界，有钱清场盐课司。元至正中，所置搬运米仓所也，明初改置今司。成化三年，改属山阴县。《志》云：县东南十五里单家堰，有工部分司，嘉靖十二年置。○新林寨，在县东二十里，宋置，与西兴、龛山、渔浦共为四寨，设兵戍守，今俱废。

黄岭镇。在县西南四十八里之黄岭，亦曰黄岩镇。又有岩下、贞女二镇，俱在黄岭西南，去县百里。唐中和三年，刘汉宏谋兼浙西，分兵屯黄岭、岩下、贞女三镇，董昌遣钱镠击之，镠自富春渡江，破三镇兵，擒其将。胡氏谓三镇在婺、越间，是也。○西兴驿，在西兴镇运河南岸，唐曰庄亭，宋曰日边驿，后改今名。又白鹤铺，在县东三十里，亦曰衢前，又东十里即钱清镇，有钱清塔，往来者必由之道也。旧《志》：县城东北有梦笔驿，渔浦镇有渔浦驿，皆宋置，后废。

○**诸暨县**，府南百二十里。西南至金华府义乌县百二十里，西至金华府浦江县百里，西北至杭州府富阳县百十里。本越王允常所都。秦置诸暨县，属会稽郡。汉以后因之。隋属越州。唐仍旧。光启中，改曰暨阳。五代初，吴越复故。宋仍属越州。元元贞初，升为诸暨州。明初，为诸全州。洪武二年，复为诸暨县。今编户一百七十五里。

新城，县西南六十里。明初守诸暨，以抗张士诚、方国珍之兵，既而守将谢舟兴叛降士诚，李文忠在严州闻乱，急遣将胡德济进屯五指山下，亲引兵驰一百六十里，遇贼于义乌，击破之。文忠议以：诸暨浙东藩篱也，诸暨不守，则衢、处不支矣。乃度地去旧城六十里，并五指山筑城以守之，贼来攻，不能下，乃去。既而士诚复遣兵水陆齐进，逾浦江，围新城，守将胡德济遣兵败之于斗岩下。文忠驰救，抵龙潭，去敌二十里，据险为营，敌来攻，败去。于是新城之守固，而婺、衢诸州皆无恙。后复取诸暨，乃还旧治。《图经》：诸暨旧城周仅二里有奇，唐开元中创筑，天宝中增修。天祐二年，淮南兵拔婺州，进攻暨阳，两浙将方习拒却之。五代初，吴越王镠遣其臣王永修改筑左浣江、右长山，周九里三十步，明初胡大海取诸暨而守之，亦尝营筑。嘉靖三十三年，以倭患，旧城废，乃复兴修，周四里有奇。

吴宁城，在县西南。沈约曰：汉献帝兴平二年，孙氏分诸暨立吴宁县，属东阳郡。《水经注》：吴宁溪出吴宁县，经乌伤县，为乌伤溪。是也。自晋、宋及陈皆因之，隋废。○义安城，在县东北五十里。宋乾道二年，置县于此，淳熙元年废。今为枫桥镇。

长山，县治西一里，南北长十余里，高千余仞，其顶平博，有石室可坐百人，北有戚家岭，亦曰七冈，相传范蠡居此。亦名陶朱山，吴越筑诸暨城，右倚长山，是也。又苎萝，山在县南五里，下临浣江，相传西施所居，一名罗山。

五泄山，县西五十里。泄，亦作洩。山中有泉，沿历回绕，分为五潭，即五泄也。《水经注》：浦阳江东径诸暨，与泄溪合。《图经》：山泉沿历五级，下注溪壑，土人谓瀑布为泄也，山连亘深远，有十六峰，二十五岩，洞谷溪涧之属，不可胜纪。俗名小雁荡，西接浦江、富阳二县界。〇五指山，在县西南六十五里，丰江绕其东北。明初依此山筑诸全州新城，寇不能陷，其北有龙潭，去新城十里许，即李文忠败敌处。

句乘山，县南五十里。《国语》：勾践之地，南至于句无。韦昭曰：诸暨有句无亭，《括地志》以为句乘山也。山有九层，亦名九层山。又白岩山，在县南六十五里，山与义乌县接界，一名巢勾山。《志》云：县南六十里有金涧山，下有坑，宋、元间，尝产金如糠粃，命官陶采熔炼，无成，乃罢。永乐四年，遣行人验视，无冶铸迹，亦罢。又县北三十里有银冶山，相传山有银矿。永乐、景泰间，或言其事，遣官勘验无实，抵罪。〇五岫山，在县东六十里，峰峦秀出者五，与会稽云门相连。又杭乌山，在县北五十里，叠嶂七十有二，其中一峰特高，曰鼓吹峰。

斗子岩，县南四十里。形高如斗，峻不可上，即胡德济败张士诚兵处。又善坑岭，在县西南六十里，接义乌县界，白水岭，在县东南八十里，接东阳县界，皂荚岭，在县东七十里，接嵊县界，阳塘岭，在县西五十里，接浦江县界。

浣江，在县治南，即浦阳江也。一名丰江，一名青弋江。唐咸通五年，引青弋江为永丰陂以利民，即此。士人以流经苎萝山北，因曰浣浦，亦曰浣渚，绕城东而北出，至山阴县，为钱清江。明初胡大海取诸暨，张士诚将吕珍堰水灌城，大海夺堰水还灌之，珍大困，即堰浣江之水也。《志》云：浣江上源有二，一曰上东江，东南自东阳县流入，合诸溪涧水，亦名洪浦江，西北注于浣江。一曰上西江，西南自浦江县流入，合诸溪涧水，又东北流，合于东江，并注于浣江。二江既合，浣江之水益盛，经城东，有太平桥跨其上，长三十六丈。又引而北，复分为二流，一曰下东江，绕县东以折于北，凡七十余里，趣三港口。一曰下西江，绕县北而斜趣于东，亦七十余里，至三港口，而合于东江，附近诸溪涧之水，悉流入焉，二江既合，亦名大江。又北流数十里，至山阴之纪家汇，而为钱清江。元天历中，尝浚下西江，以泄浣江之涨，浣江之名著，而浦阳之名晦矣。

三湖，在城中，近郭。长山以西诸溪涧及浣江之水自城南溢入城中，潴为上、中、下三湖，自城北出，为白水河，流二三里，复东合于浣江。或曰，即唐时大农湖也。天宝中，县令郭密之于县东二里筑湖塘，溉田二千余顷，即此湖矣。又泌浦湖，在县东北五十里，旧湖周八十里，今大半为豪民所佃。

长清关。县西南五十里。县西又有阳塘关，在阳塘岭上。二关皆元置。又县南五十里，为湖头铺，路出东阳，元置巡司于此。○枫桥镇，在县东北，即故义安县也。宋为枫桥驿，明初置巡司，寻废。今为枫桥铺，有枫桥公馆。《志》云：自镇而东北三十里，出古博岭，达郡城，为往来之要道。明初胡大海克诸暨，自枫桥趣绍兴。嘉靖三十三年，倭扰山阴，由枫桥趋县境，是也。又管界寨，在县东八十里，县境又有紫岩寨，皆宋置。《郡志》：县城西南有待宾驿，南二十里有亭阔驿，五十里有兴乐驿，皆宋置，寻废。

○余姚县，府东北百四十七里。东至宁波府慈溪县九十里，东南至宁波府百里，西南至上虞县八十里。舜支庶封此，以舜姓姚而名。秦置县，属会稽郡。汉以后因之。隋初，省入勾章县。唐武德四年，复置县，兼置姚州。七年，州废，县属越州。宋因之。元元贞初，升为余姚州。明初，复为县，编户三百里。

余姚城，《志》云：县有新旧二城，旧城筑于孙吴将朱然，周不及二里，后废。元至正十九年，方国珍重筑，周九里，四面引江为濠，可通舟楫。明朝洪武二十年增筑，嘉靖三十年修葺，以御倭，周广如旧城之制。其新城在姚江南岸，明初邑人吕本建议增筑，后渐圮。嘉靖三十六年，以倭患营葺，与旧城隔江相对，通济桥亘其中，通两城为一。县治在旧城内，而学官在新城中，城周八里有奇，俗谓之江南城。

四明山，县南百十里。亘县境及上虞、嵊县之界，所谓西四明也，由白水山而入。今白水山在县西南六十里。山壁峭立，有泉四十二道，投空而下，四面不绝，因名。其岭亦名瀑布岭，为四明山之西址。又有东明山，在县西南五十里，是为四明水口。余详见名山四明。

龙泉山，县治西。一名灵绪山，一名屿山。三峰挺秀，南俯姚江。泉虽微而不竭，谓之龙泉。又治北有秘图山，山卑小，本名方丈山，唐天宝六载改今名。《旧经》谓神禹藏秘图于此。○胜归山，在县北三里。相传晋刘牢之败孙恩，还屯于此。又县西北五里有丰山，上有东西二峰，旁多古穴，或以为兵火时，居民逃避处。又点兵山，在县西北十一里，相传高雅之讨孙恩驻兵处也。县东北十五里曰屯山，即孙恩屯兵处。

陈山，县东北十里。高千余仞，少石，饶草木，远望卓削，至其巅则正平，相传子陵尝居此，一名客星山。又石匮山，在县东北二十二里，峙烛溪湖中，三面皆水。其脉西自梅岭来，自高山望之，正方如匮，上有烽堠旧址。山之东麓，相接者曰航渡山。又东曰许郎山，一名海郎山，北向开广，登陟仅可及半，其上陡峻，必由东西逶迤乃得上，山巅亦有烽堠旧址。又东曰真武山，盘礴高峻，北面烛溪湖。《志》云：县东北二十八里有孤山，南麓临烛溪湖，四峰高秀，前有墩曰涨沙墩，浮出湖中，水溢不没，与真武山相望。○缪家山，在县东北三十里。山甚高，登其巅，北望大海。其西南陡峻不可登，北上则平坦。自山而东，群峰绵延，数里不绝。又东北十里曰游源山，游泾水出焉，山多大谷，称险僻。又悬泥山，在县东北七十里，其北竣于大海，俗呼胜山。嘉靖中，屯营于此以备倭。

大兰山，县南八十里。其南与四明相接，东有九曲、分水诸岭。唐咸通初，王式讨裘甫，擒之于剡县，余党逸入大兰山，诸将追获之。其相接者曰太平山。《志》云：山东连四明，南接天台，姚江源出于此，东去剡溪县六十里，为接境处，一名日门山。又乌瞻山，在县西南三十里，山峰高秀，航海者视为指南。《郡志》：大兰、乌瞻皆四明之支陇也。又有黎洲山，在县南百十里，与嵊县、奉化接界，亦四明之旁阜。○蛾眉山，在县西四十里，山高二百余丈，周七十里。唐天宝六载，改名吴女山。又西十里曰姜山，上有五峰相接。

眉山，县北三十五里。海中望之，如修眉然，其北五里有巡司。又浒山，在县东北三十八里，其下为三山所。○姥岭，在县东北十五里，东去烛溪湖五里。湖西南岸有梅岭，道出梅溪。又茭湖岭，在县南五十里，山径峭险，亦四明之别岭也。县西南六十里又有笙竹岭，与上虞、会稽接界。

海，县北三十五里。有海塘。宋庆历七年，县令谢景初增筑。历庆元以及宝庆屡经修治，间以石堤。元大德中溃溢，至正初，州判叶恒力为营筑，自慈谿西抵上虞百四十里，甃石坚完，谓之莲花塘。明初以来，居民狃安习利，排海堰居之，堤日削。成化七年，正德七年，海溢，民被其患，相继兴修，自是皆因旧址修筑。《郡志》：永乐初，海潮渐却，沙堨坟起，因于旧海塘北增筑新塘，以卫斥地，既而沙堨广十余里，成化中，稍为风涛荡决，复于海口筑塘，曰新御潮塘，以斥地给灶民为，盐课。《海防考》：县境临山卫北有临山港，卫东有泗门港，皆汛守要地，而三山所东有胜山港，尤为深阔，倭舶可乘潮以入。嘉靖三十四年，官军败倭于胜山，又败之于龟鳖洋。今海中之山六：曰西霍山，曰黄山，曰胜山，曰长横山，曰扁樵山，曰球山；礁二：曰荚杯，曰柴排，皆临、观二卫以备之险也。

姚江，在县治南。阔四十丈。源出太平山，西至上虞县之通明坝，乃东折而北，五十里中，凡十余曲。东流过城南之江桥，又东过咸池汇，复十余曲，乃东入慈谿县，而为前江。境内曲折流，凡二百里，一名舜江，亦曰蕙江，县境诸水悉流入焉。又菁江，在县西十五里，接上虞县之新河，县境西乡诸水，悉汇入焉，以注于姚江。

烛溪湖，县东北十八里。三面界山，东为湖塘，有东西水门。湖中又有明塘溪，一名明塘湖，又名淡水海，周二十余里，溉境内十三都之田。湖西南一曲，又名梅澳湖，亦曰湖洼，俗谓之西湖。成化中，以乡民争水盗决，乃筑塘分湖为二。○牟山湖，一名新湖，在县西三十五里，三面距山，北面为塘，周五百顷。又汝仇湖，在县西北四十里，南距山，西距孟家塘，北距海堤，周九百七十一顷，今皆半为豪右所侵。县西五十里又有余支湖，周五百顷，北距孟家塘，与汝仇湖接界。又有上林湖，在县西北六十里，周五十八顷有奇。旧皆潴水溉田，为民利。

东横河，县东北二十五里。引烛溪湖之水，合县境东北诸溪河，北至观海卫，西过石堰，南注姚江。又西横河，在县西三十里，引牟山湖之水，西入上虞县，北至临山卫。《志》云：县西北二十五里，有长泠河，源出上虞县之长坝，亦出牟山湖，东至菁江，北至海塘。又制河，在县东北三十五里，会游源、银塘诸溪水，北流为游泾，东北溢于双河，西北会于东横河。双河，在今慈谿西北七十里，北流入海。

咸池汇，县东南八里，即姚江所汇也。江流至此，纡回数曲，每曲约十余里，数曲间，陆行不过十余里，而舟行则数十里。〇下坝，在县西四十里，一名新坝。石礅，西去中坝十八里。左江右河，河高于江丈有五尺，为舟楫所必经之道，亦谓之江口坝。又李家闸，在县东南三十五里。大兰诸山之水，汇为杨溪，慈谿县石门山之水，亦流合焉，北入姚江，东达慈谿县，为蓝溪上游。宋建隆三年，吴越置闸于杨溪西北以节水，元置巡司于此，为四明之门户。今废。又石堰，在县东北二十里，有石堰场盐课司。

眉山镇，县西北四十里，地名湖海头。《志》云：元置眉山巡司，在县北四十里，司南五里即眉山也。明朝洪武二十年，改置今所，仍以眉山为名。又梁寿镇，在县西南四十里。《志》云：镇居四明上游，最为要口。又庙山镇，今临山卫也，旧置庙山巡司于此。洪武二十年，改置卫城，因徙巡司于上虞县之中堰，东南去县六十里，仍曰庙山巡司，筑城戍守。又三山镇，在县东北五十里金山上，以蔡山、金山、破山并峙而名。旧置巡司，洪武二十年，移于破山西南，去县六十里，有小城戍守，仍曰三山巡司。

姚江驿。县治东一里江北岸。宋置。宁波驿，在城西，明初改置。又东六十里达宁波府之车厩驿，西九十里达上虞县之曹娥驿。〇江桥，在城南，长二十四丈。嘉靖三十四年，督臣胡宗宪击倭于此，复追破之于后梅。今县东北二十里有梅溪山，后梅盖在其地。又战场桥，在县南四里。宋宣和二年，睦寇犯境，里民御破之于此，因名。

〇上虞县，府东百二十里。东北至余姚县八十里，西南至嵊县百五十里。秦置县，亦因舜后所封而名，属会稽郡。汉以后因之。隋废入会稽县。唐贞元初，复置属越州。宋以后因之。《城邑考》：县旧置于江西岸，晋中兴初，移治江北岸，今县西北四十里地名后郭，即故址也。唐永贞中，移县于此，旧无城。元至正二十四年，方国珍创筑。明初，汤和徙县城石，筑临山卫城，仅存土阜。嘉靖十七年，因旧址复甃以石，周十三里有奇。编户百四十八里。

　　始宁城，县西南五十里。后汉永建四年，分上虞南乡置县，吴、晋以后皆因之，隋废。又嵩城，在县西北六十里。其城横亘数里，相传晋袁山松所筑，以御孙恩。旧置戍守于此，明初汤和改置临山卫，城遂废。

　　罗岩山，县东北七里。丹崖翠壑，泉石甚胜，其旁数山环列，而罗岩为之冠。又县南五里有繖山，中有石室，巅平衍，良田数十顷，横塘溉之，无水旱，一名太平山。县南十里又有百楼山，高五里，重冈复嶂，若百楼然，其最高者曰大雷尖山。○东山，在县西南四十五里。巍然特出，众峰拱抱，登陟幽阻，至其巅，则轩豁呈露，万峰林立，烟海渺然，为绝胜处，即晋谢安所居。又县西南五十里曰坛譧山，有成功峤，以谢玄破苻坚归会稽而名。

　　夏盖山，县西北六十里。南临夏盖湖，北枕大海，西去三江口密迩。嘉靖三十五年，官军败倭于夏盖山及三江海洋，是也。又佛迹山，在县西北四十五里夏盖湖南，宋时置寨于此。县北五十里又有横山，九峰环列，亦名九峰山，横枕夏盖湖之东。○兰风山，在县西北二十五里，旧与余姚之石堰，俱为海浦要地，一名兰芎山。又西北五里曰龙头山，即龙山也，与兰芎冈峦相属，西瞰曹娥江。

　　麋家山，县东南四十五里。当三县之界，地僻而险，元置巡司于此。○筻竹岭，在县东二十里，即余姚县接境处。

　　海，县西北四十五里。旧有海塘。元大德以后，不时决溃，害民田。至正七年，营石塘修塞，二十二年增修。洪武四年至三十二年，皆以溃决补筑，至今以时修治。

　　上虞江，县西三十里，即曹娥江也。自会稽县东，经县西南东山下，曰琵琶圻，亦曰琵琶洲，曹娥庙当其处，西去府城七十五里，乃运河渡口也。又经县西四十里蔡山东麓，曰蔡山渡，相传以蔡邕名，亦曰百官渡。又北至龙山，亦谓之舜江，又西北折入于海。

通明，江县东十里，即姚江之上流。以通明坝当其上，因名。其西即运河也，起县西三十里之梁湖堰，经县治前至通明坝，亘三十里，潴溪湖众水，以通舟楫，资灌溉。又为孟宅、清水二闸以杀其流。嘉靖间，邑令杨绍芳复堤塘，浚壅塞，往来者便之。○新河，在县东北十里，志云：旧水道北由百官渡，抵余姚之菁江，南由曹娥渡抵通明江。永乐九年，以通明江七里滩阻塞，因浚新河，道出县北，亦名后新河。经县西二里西黄浦桥，抵郑监山堰，至通明坝。又开十八里河，直抵江口坝，官民船皆由之。嘉靖三年，杨绍芳复导流经城中，而黄浦桥迤东一带新河抵于江口坝，则因而不改，又五夫河，在县东北三十里，纳夏盖、白马、上妃诸湖水，东达于余姚之西横河，以注于姚江。

夏盖湖，县西北四十里，夏盖山南。唐长庆二年，开以溉田，湖周一百五里，中有镜潭及九墩，十二山，又有三十六沟，为引水灌田之道。宋熙宁中，湖渐废。元祐四年修复，政和中，复废为田。绍兴二年，还为湖，元元贞中，渐堙为田，至正十二年，县尹林希元定垦田数，余悉为湖，旧灌田十三万亩有奇，至今尚为民利。其南又有白马湖，创自东汉，周四十五里，三面皆壁大山，三十六涧之水会焉，中有三山，曰癸巳山，曰羊山，曰月山，亦名渔浦湖。又自夏盖之南，白马之西，有上妃湖，亦创于东汉，周三十五里，中有弓家、印禄、佛跡等三山。《水经》谓之上陂湖，《唐志》谓之任屿湖，《会稽志》谓之谢陂湖，皆上妃之别名也。夏盖之水，实藉三湖之源，三湖交相灌注。自元以后，豪民颇侵为田，非复故址矣。欧阳氏曰：任屿湖在县西北二十七里，唐宝历二年，县令金尧恭置，溉田二百顷，其北二十里又有黎湖，亦尧恭置以溉田。○西溪湖，在城西南。《志》云：县境旧有三十六湖，悉钟于此。唐令戴延兴筑塘七里，亦名七里湖。宋绍兴以后，湖渐废。元至顺中，尽废为田。至正十二年，县尹林希元浚复,寻堙。明朝嘉靖中,屡议兴修,不果。万历十二年,民苦旱,县令朱维藩修复为民利。

　　梁湖堰,县西三十里。王氏云,浦阳江有南津埭、梁湖堰,是也。六朝时,置税官于此。亦曰梁胡坝,坝之西即曹娥江东岸,为往来必由之道。风潮冲啮,移置不常,元至元中,以溃圮重建。前朝嘉靖间江潮西徙,涨沙约七里,令郑芸浚为河,移坝江边,仍旧名,有曹娥场盐课司。〇通明堰,在县东三里,宋嘉泰元年置,亦曰通明坝,其东有七里滩,以去城七里而名。《舆程考》:自浙抵鄞凡七坝,通明其第五坝也,又中坝在县东十里,宋置,一名通明北堰,明初改建,曰郑监山堰,以其地有郑监山也。又东十八里即余姚之下坝。

　　梁湖镇。在县西梁湖堰。元置百官驿于此,明初置巡司,旁有曹娥驿。《志》云:驿旧在兰茞山下,曹娥江滨,元大德中,圮于怒涛,徙县西。明朝洪武初,复徙今所。万历初裁驿,以梁湖坝官兼领。朱维藩曰:曹娥驿与东关驿止隔一江,似可议革,然自蓬莱以至东关、西路止矣。自曹娥以达姚江,东路始焉,酌往来之所必由,为驿路之所起止,未可废也。矧东关夫马,例不越江,曹娥废,而往来支应,必移之县,以县代驿,所费何异?此古人所以病纷更也。又税课局,在梁湖司侧,河泊所亦置于此,今所革。《通志》:百官桥在县西北三十五里,一名舜桥。〇黄家堰巡司,在县西北八十里,亦明初置,今详见会稽县篡风镇。又智果店,在县东北十五里,嘉靖中,倭尝犯此,官军却之。旧《志》:县城东有金罍驿,西南五十里有池湖驿,宋置,后废。

　　〇嵊县,府东南百八十里。东至宁波府奉化县百七十里,东北至上虞县百五十里,西南至金华府东阳县百二十里,西北至诸暨县八十里。汉置剡县,属会稽郡。晋以后因之。唐武德四年,增置嵊州。八年,州废,县仍属越州。五代时,吴越尝改为赡县。宋初复旧。宣和八年,始改为嵊县，仍属越州。《城邑考》：县城相传三国吴贺齐所筑。《会稽记》：县治在江东，贺齐为令，移今治，后废。宋宣和三年，县遭睦寇，既平，增修城壁，周十二里。庆元初，溪流湍暴，城圮，令叶范垒石为堤百余丈，城赖以全。既而屡为水圮，相继修筑。明初，汤和徙故城砖石城临山卫，城废，堤亦坏。弘治七年，令臧凤筑堤二百四十五丈以御水。十一年，水溢堤溃，复修筑护堤，堤赖以全。嘉靖三十四年，以倭患营筑石城，周七里有奇。编户九十九里。

剡城废县，县西南十五里，本剡县城，唐武德四年，置嵊州，兼置剡城县属焉。八年，与州俱废。《元和志》剡城在县南十二里，即此城也。或以为汉剡县治，或以为嵊州城，俱误。又《说文》：四山为嵊。县东有簟山，南有黄山，西有西白山，北有嵊山，故唐初取名嵊州。宋复以名县。胡氏曰：今县城东南临溪，西北负山，城中凿井引泉，居民逸于樵汲。浙东县多无城，剡最为完固。

剡山，县治西北。山巅为星子峰，稍下曰白塔冈，支陇环十数里。秦始皇尝劚此山以泄王气，今山南剡坑是也。水流山下，为剡溪。县城盖跨山临溪云。○簟山，在县东三十里，以山势平如簟席而名。又黄榜山，在县南十里，一名方山，又南五里曰姥山，林木蓊郁苍翠，县之南望也，山南路出新昌县。

嵊山，县东北四十五里，当剡溪之口，崿浦之东。山南有嵊溪，其源自东北覆卮诸山，合群溪流至此，出县东三十里花山下，横入剡溪。嵊溪以北临水诸山，皆与嵊山相接也。○崿山，在县北四十里。《舆地志》：自上虞七十里至溪口，从溪口溯江上数十里，两岸峭壁，势极险阻，下为剡溪口，水深而清，谓之崿浦。崿浦之水，皆源自会稽，经山峡中，由此入剡，故有水口之名，江潮亦至此而返。崿、嵊二山，参差相对，为绝胜处。又余粮山，在县北十五里，以山产禹余粮石而名。一名了山，下为了溪。

《旧经》：禹凿了溪，人方宅土，言禹功终于此也。

大白山，县西七十里。绝高者为大白，次为小白，面东者为西白，面西者为东白，入东阳县界者为北白。《剡录》云：山峻极崔嵬，吐云纳景，瀑布悬流，清被岩谷，仙茗生焉，一名白石山。

丹池山，县东七十二里。旧名桐柏山，亦名金庭山。道书以为第二十七洞天，高万五千丈，周四十里，天台华顶之东门也。夏侯曾先曰：越有金庭、桐柏与四明、天台相连。裴通曰：剡中山水，金庭洞天为最。天宝六载，改名丹池。相接者曰覆卮山，北接上虞县界，地名乌坑，相传谢灵运尝覆卮于此，绝顶四望，东大海，西会稽，仿佛可见。上有石窍，泉流不竭。《志》云，山在县东北七十里。○锦山，在县东七十五里。《邑志》：县东三十里即四明山麓，锦山即四明支山也。又有石鼓山，在县东五十里，秀异与金庭并称。

清风岭，县北四十里。岩石峻险，下瞰剡溪，旧多枫木，本名清枫岭，后易枫曰风。楼钥云：剡溪过峡处，东嵊山、西清风岭，相向壁立，甚近。而崿山自西来，若护若遮，舟行距二三里外望之，恍然不知水从何出。旧志所云绝壁东流是也。嘉靖三十四年，官军歼倭贼于此。又陈公岭，在县东七十里，本名城固岭，宋时县令陈著者代去，民攀送至此，因名。岭陡峻难行，宣德初，凿石修砌，凡二十余里，渐为坦道。其相近者又有东林岭，壁立数百丈，登者战慄。○大昆山岭，在县西八十里，高数百丈。山峡险逼，下临深坑，砟木为栈，宛如蜀道。又白峰岭，在县西南九十里，与东阳县接界。

剡溪，在县治南，即曹娥江之上源也。宋楼钥曰：剡溪山水俱秀，邑之四乡，山围平野，溪行其中。其源有四，一自天台山，一自东阳之玉山，一自奉化，一自宁海，兼四大流。又境内万壑争流之水，四面咸凑，曲折迂回，过崿浦而北出，是为曹娥江。《志》云：剡溪昔自南而西，又环城东北出，经县东五里艇湖山北，后溪水暴涨南徙，不由故道。隆庆六年，邑令朱一柏自东门外引流迤北，达于旧渎。亦谓之新河。

三溪，县西六十五里。诸暨县境诸溪水分引而南，汇流于此，谓之三溪。东流合于剡溪。唐懿宗初，官军讨浙东贼裘甫于剡西，贼设伏于三溪之南，而陈于三溪之北，壅溪上流使可涉。既战佯败，官军追之，半涉，决壅水大至，官军大败。即此溪矣。○朱溪，在县西六十里，源出东阳县境，经大白山下者，曰深溪，旁又有西溪、昆溪，三溪合为朱溪。又东会三溪水，引而东，俗谓之南大溪，为剡溪之上游。

了溪，在县北余粮山下。《志》云：县东十里有浦口溪，其上源出奉化、宁海间，经县东三十里者，曰黄泽溪。出金庭三峰，经县东五十里者，曰前王溪。出四明山，亦经县东五十里者，曰晋溪，至县东三十里，曰鱼溪，并流入县东二十里之杜潭。又东流十里，曰棠溪，俱出浦口，北绕余粮山而入剡，曰了溪，一名雨溪。○宝溪，在县西南三十里，志云：源自天台，行百二十里，为宝溪，又北流十里，曰上碧溪，至县南十里，合于新昌溪，又西北会于剡溪，新昌溪以来自新昌县而名。

长乐寨。在白峰岭。宋宣和三年置。元设巡司。《志》云：寨在县西南六十里。又县西北二十五里有管解寨，宋绍兴二十年置。元改置巡司，明初皆废。○三界市，在县北六十里，即会稽之三界镇也。弘治中，设税课局于此，隆庆间，改设公馆。《志》云：宋有访戴驿，在县治西，嘉定六年，移置于城东，元移于三界镇，明初废。《舆程记》：自县北三十余里而至仙岩，又北至三界，又七十里而至蒿坝，自蒿坝至府城，凡八十里，水道迂回，凡二百二十里，此往来通道也。

○新昌县，府东南二百二十里。西北至嵊县三十里，南至台州府天台县百二十里。本剡县地。五代梁开平初，吴越始析置今县，治石牛镇。宋因之。《城邑考》：县旧有土城，周十里，五代时筑，后废。明朝嘉靖三十一年，始筑城以御倭，南面倚山，三面环池。城周六里有奇，编户三十里。

南明山，县治南二里，本名石城山，吴越时，改今名。崐岩攒簇，石壁千仞，天台之西门也。又有书案山，一名五山，在县东南二里，有五峰相连，县北二里又有五马山，一名五龙山，俗以为县之主山。〇南岩山，在县西南十五里，世传大禹治水，东注积沙成岩。今山岩陡险，俱沙石积成，如筑墙然。瀑布悬流，泉壑殊胜。又穿岩山，在县西南四十里，有十九峰，接嵊县界。

沃州山，县东三十五里。高五百余丈，周十里，北通四明山，下绕大溪，与天马山对峙，道书以为第十五福地，唐懿宗初，裘甫作乱，据此为寨，王式讨之，遣兵拔其沃州寨，又拔其新昌寨，新昌寨即今县也。又山背山，《志》云：在县东三十里，四面相距四十里，旁皆峻岭，环以大溪。其相近又有寒云千叠山，周四十里，高二百余丈，四面层崖如叠，地气高寒，夏多挟纩。

天姥山，县东南五十里。高三千五百丈，周六十里，脉自括苍来，盘亘数百里，至关岭入县界，东接天台，西连沃州，道书以为第十六福地，山之最高峰，曰拨云尖，西为莲花峰，高二千五百丈，周三十里，西去县四十五里。〇雪溪山，在县东八十里，高五百余丈，周二十里，攒峰数重，水缘崖下，飞瀑如雪，有石桥亘其上。《志》云：山中有溪盘绕，谓之雪溪，亦剡溪之上源也。又南山，在县南四十里，脉从天姥来，群峰叠拱如环城，中稍宽，容数百家，县南九十里又有彩烟山，四面峻险，其上宽平，旧置巡司于此，接东阳县界。

黄罕岭，县北五十里，亦接宁波府奉化县界。自奉化而西北，路经此，颇深险，度岭则平川四十里。入于剡城，唐王式败裘甫于宁海之南陈馆，甫自黄罕岭遁入剡县，王式就围之，是也。《嵊县志》：岭在嵊县东七十里。又苏木岭，在县东北九十里，五季时，刘万户、董彦光破冯辅卿于此，一名松木岭。○黄栢尖，在县东百里，高二千五百丈，周八十里，登之可见东海，一名望海冈，接宁海县界。

东溪，县东一里。源出天台石桥瀑布水，西北流入县境，汇诸溪涧之水，绕县后，又西北流为三溪，注于剡县之剡溪。○王宅溪，在县东北二十里。源出奉化县境之沙溪，绕流入县界。其一源出宁海县境，入县界，至三坑西，经康家洲，绕流为三十六渡，会为王宅溪，入嵊县界，下流注于剡水。《嵊志》谓之黄泽溪。

查浦，《志》云：在县北。《水经注》：浦阳江边有查浦，周六十里，东流二百余里，与句章接界。《志》以为即此浦，似误。○三溪渡，在县西二十里，即东溪汇流处也。《志》云，唐裘甫败官兵于此，似误。

孝行碶，县南一里。宋邑令林安宅所开。自城东虎队岭导流入东洞门，绕南门而西，以达于三溪，碶长十余里，溉田千余顷，附郭居民，咸仰给焉。明朝正德、嘉靖间，水决虎队岭，碶渐崩圮，万历五年，修筑如故。○东堤，在县城东，延袤三里，宋邑令林安宅以溪水冲决，筑堤捍之，后屡修筑。明朝正统、成化中，皆以水患议修治，不果。弘治间，增筑完固。嘉靖中，水决，复增修。后皆因故址修筑。又后溪堤在县西十里，万历中增筑，以遏洪水。

关岭山寨，县东南七十里。又四十里即天台县。明初朱亮祖讨方国珍，至新昌，克其关岭山寨，至天台，进攻台州。又有会寺岭寨，在县南二十里，今为南入天台之通道。

彩烟镇。在县南彩烟山下。宋置巡司，明初因之，后废。县境又有丰乐、善政二巡司，今皆废。○马院驿，旧在县西，今废。旧《志》：城西有南明驿，东南五十里有天姥驿，宋置，后废。又古松桥，在县东北二十里。《志》云：台、宁、绍三郡交冲之地也。

附见:

绍兴卫,在府治东。洪武十二年建,领三江所一。

三江守御千户所,在府东北三十七里浮山之阳。洪武二十年建城,周三里有奇,有大闸关,下为三江城河,各县粮运往来之道也。所东为三江场,东南即宋家娄,防维最切。嘉靖三十五年,倭贼攻突,官兵败却之。

临山卫,在县西北五十里。洪武二十年,汤和奏置卫于庙山上,徙上虞县故嵩城戍守,并海筑城。永乐十六年增修,周五里有奇,领所二,东接三山,西抵沥港,嘉靖间,倭寇屡屡突犯,《海防考》:卫北有临山港,切近卫城,直冲大海。海口曰乌盆隘、化龙隘,为汛守要地。卫东又有四门港,越海而北,即浙西之澉溪也。嘉靖三十二年,倭贼突陷卫城,寻引却。三十五年,倭舶由东北烈表突犯,官军御却之。此二港又卫境之关要也。又观海卫,在县东北八十里,今见慈谿县。

沥海守御千户所,府东北七十里,洪武二十年建,属临山卫,城周一里,近海岸有施湖隘、四汇隘,为戍守要地。

三山守御千户所。在县东北三十五里浒山下,一名浒山所。洪武二十年建,属临山卫。嘉靖三十四年,倭寇犯此,守将刘朝恩败却之,又县城内旧有余姚千户所,洪武二十年置,正统六年废。

〇宁波府,东至海岸百有四里,南至台州府四百二十里,西至绍兴府二百二十里,北至海岸六十二里。自府治至布政司三百六十里,至江南江宁府一千二百八十里,至京师三千七百里。

《禹贡》扬州之域。春秋时越地。秦属会稽郡。汉以后因之。隋平陈,属吴州。大业初,属越州,寻属会稽郡。唐武德四年,置鄞州。八年,州废。开元二十六年,复置明州。治鄞县,以四明山而名。天宝初，曰余姚郡。乾元初，复为明州。五代时因之。《广记》：梁贞明初，吴越升明州为望海军。宋建隆初，吴越又改军名曰奉国军。太平兴国初，诏吴越改军为镇国军。宋仍曰明州。亦曰余姚郡。绍兴三年，置沿海制置司于此。庆元二年，升州为庆元府。以宁宗潜邸也。元至元中，改为庆元路。明初曰明州府。洪武十四年，改为宁波府，领县五。今因之。

府控海据山，为浙东门户。浙东有难，必先中于明州。说者曰：明州三面皆海，而北面尤为孤悬，吴松、海门，呼吸可接。明州有难，必先中于江、淮。往者晋有孙恩之祸，明有倭夷之祸，其大较也。夫明州北望成山，成山，见山东文登县。南指岭表，楼船十万，破浪乘风，用以震叠海外，此亦一发之乐也。乃虞自保无策哉。《旧图经》：四明据会稽之东，抱负沧海，枕山蔽江，重阜崇岭，连亘数千里。又为海道辐辏之地，南则闽、广，东则倭夷，商舶往来，物货丰衍，东出定海，有蛟门、虎蹲，天设之险，亦东南要会也。《海防说》云：海道之备，在昌国卫。卫坐冲大海，倭夷出没必由之处。设备之所不一，而韭山正对日本。山以外俱辽阔大洋，番船往来，必望此为准，此又昌国之咽喉也。进而定海卫，卫南临港口，极为要害，防御为难。昔人云：定海为宁、绍之门户，昌国为定海之外藩，又进而临山、观海，临山卫，见余姚县。翼援东西，防维南北，皆为要区。而枢臣杨溥尝言：鏖战于海上，不如邀击于海中。议者韪其说。总戎俞大猷则云：杨溥、俞大猷皆明人。海本辽阔，舟行全藉天风海潮，人力不能与抗。若风顺势重，潮之顺逆，自不能与风争；若风轻潮逆，则良难矣。且我就所短。而彼用所长，邀击海中，未为良策，故不如设备于海上。海上之备多途，而必当厚集其力于明州。以明州地形陡险，控压悬远，且迫近港口，因利乘便，于事为易也。

〇鄞县，附郭。秦置鄞县，属会稽郡。汉以后因之。隋平陈，省县入句章。唐复置鄞县，为鄞州治，州寻废，以县属越州。开元中，复置明州治焉。五代时，吴越改鄞县为鄞县。今编户四百五十一里。

鄞城，府东三十里。《志》云：自秦以来，皆置县于此。一名官奴城，相传汉光武曾赏田奴为鄞令也。唐开元中，为州治。大历六年，袁晁作乱，始移县于今治。长庆初，并移州治焉，吴越改鄞为鄞，宋因之。《城邑考》：郡城，唐咸通中，刺史黄晟筑，宋元丰初增筑，宝庆二年重修，宝祐间改拓，开庆二年，又复营缮，元毁。至正二十年，筑城以御方国珍，寻为国珍所据，亦加修治。二十七年，城归于明太祖。洪武六年，因旧址营筑。十四年，增葺。嘉靖三十五年以后，屡经修治。有门六，城周十八里。

句章城，府南六十里。《志》云：故城在今慈谿县界，晋隆安四年，孙恩作乱，刘牢之等讨之，改筑句章城于小溪镇，即此城也。自刘宋及隋，句章县皆治此，唐初省入鄞县。

四明山，府西南百五十里，亘奉化、慈谿及县境。其最近者，曰杖锡山，前有七峰，又有石楼、松岩诸山，回环相属。县东三十里有龙山，蜿蜒如龙，与定海县陈山接，即四明之垂尽处也。《志》云：府境由西南以达于东，参差竞秀，凡数十山，皆四明之支陇也。今详见名山四明。

鄞山，府东三十六里。旧《志》，昔海商贸易于此。后加邑从贸，因以名县，又东二里为横岙山，又一里为同谷山，以东西两岙同一谷口也，内有三岭，一曰石城，通定海之深岙，一曰鱼山，通定海之大碶头。一曰长山，通小浃港。〇阿育王山，在府东四十五里同谷山之东，志云；此为鄞山，晋太康中改今名，山北去定海县三十五里。嘉靖中，倭寇尝犯此，又太白山，在府东六十里，视诸山最为雄峻，又东六里有天童山，高秀与太白相埒。

塔岭山，府南四十里，环列二十三峰，引而南，冈岭相接，最为深险，与奉化接界，有塔山巡司。〇岐山，在府西三十里，亦曰旗山。宋建炎中，金人犯境，张俊尝屯兵于此。又西五里为杨岙山，峰峦环拱，竹木森然，府西四十六里又有前岙山，峰峦起伏，灵秀盘结。

天井山，府西南七十里，下瞰深渊，上有五井，峻险难陟，其相近者，又有灌顶山直上二十里，宋时曾采铁于此，后罢。《志》云：府西南五十里有锡山，葱蒨插天，绵亘纡远，旧产锡。并峙者曰建岙山，矗立二十五峰，状如列戟，郁然深秀。又府西南六十里有木阜山，环列二十四峰，一名木坑，相接者曰清秀山，上有三十六峰，又有银山，旧产银，皆森秀。

稠岭，府西三十五里，与慈谿县接界。嘉靖中，设寨于此，以御倭寇。又府东四十里有罗岙，以山围如罗网而名。〇菩提岭，在府东南七十里，路通奉化。又府西百里有踌躇岭，以山路险峻而名。

海，府东北二境，皆滨于海。《志》云，府东极海岸百有四里，东南极海岸百十二里，北极海岸六十有二里，东北极海岸七十二里，自海岸溯于大海，东极石马山之洋，可六百里，东南极踞门山洋，可八百里，北极苏州洋，可千五百里，东北泛于大海可千里。

鄞江，府东北二里。一名甬江。其上流自四明诸山汇溪涧之水，引流东北，势盛流驶，至它山下，堰而为渠，自它山东折而北，二十五里经长塘堰。又东经府东南三十里之临江堰，复南折而东，至府东南四十里之坊桥，而会于奉化江。奉化江自奉化县北流，经坊桥，合于鄞江，又北出而西折，经府南十里之铜盆浦，又北至府东南五里之林郎坝，历东门外浮桥，至城东北三里之桃花渡，而慈谿江流合焉。慈谿江承上虞、余姚之水，东南流，至府西二十五里西江渡，又经府西北七里王家湾，又东经北门外，至桃花渡，合于鄞江，又东北为定海之大浃江，其地亦谓之三江口，亦曰三港口，府境诸水悉汇入焉。○蕙江，在府南六十里，源出奉化县大晦山，逾江口而抵它山堰。

日湖，府治东南一里。一名细湖。周二百五十丈。治西南又有月湖，周七百三十丈。《志》曰，二湖之源，俱出四明山，一从它山堰经仲夏堰，入南门，为日湖，亦名南湖，一从府西南五十里大雷山，经林村十字港，汇望春桥，入西门，为月湖，亦名西湖。宋元祐间，郡守刘理尝浚治之，为郡城之胜，其下流自城北三里保丰碶泄入于鄞江。

广德湖，府西十二里。旧溉田四百顷。唐贞元中，刺史任侗因故迹增修之。曾巩曰：湖之大五十里，源出四明山，北为漕渠，东北入江兴。自齐、梁之间，东七乡之田有钱湖溉之，西七乡之田则此湖溉之。凡舟之达越者皆由此，所产有鱼、凫、蒲、莼、莲、芡之属，名曰莺脰湖。唐大历八年，令储仙舟更今名，后浸废。宋至道元年，郡守丘崇元修复。天禧二年，李夷庚正湖界，起堤十八里限之。康定中，县主簿曾公望亦尝治湖。熙宁元年，张珣以湖久不治，岁旱，营度兴筑，为堤一千一百三十四丈，碶九，埭二十，大为民利，迄政和八年，郡人楼异知郡事，复奏罢为田，后遂埋废。又雁湖，在府东北四里，其南为桃花渡，其北为颜公渠，今亦埋废。

东钱湖，府东三十五里。一名万金湖。唐时亦曰西湖，时县治未徙也。天宝三载，令陆南金尝开浚，四面环山，受七十二溪之水，周八百顷。湖岸叠石为塘，亘八十里，又于其旁各为石碶，水溢则分泄之，使注于江。宋天禧元年，郡守李夷庚复修治。庆历以后，修堤浚湖，相继不绝，中有四闸、七堰，溉田五十四万亩。绍兴十八年，复诏有司修浚。淳熙以至淳祐，亦再经浚治。元大德中，势家请湖埂为田，不许。旋侵占日滋。明朝洪武二十四年及宣德嘉靖间，皆禁侵啮，复旧制，而茭葑沙土，滋蔓淤塞，豪民得藉为奸利，其弊未革也。湖中有霞屿、大慈诸山，去郡城皆数十里，鄞县、定海、奉化三境之田，亦俱被灌溉之利。说者谓郡境农事之修废，系东钱之开塞云。

　　小江湖，府西南五十里它山下，即它山堰也。今曰南塘河。会稽、上虞以东，高山深谷，络绎环绕，层次引流，皆汇于此。唐长庆中，舒亶《引水记》云：它山者，四明众山水所萃，一作雨，则涧壑交会为漫流，即岁旱，溪流亦未尝绝也。但岁久水埋，用引水法为之，即可复旧。开元中，王元纬为令，相地势，谓大江夹诸山直上接平水，而溪所从来者高，至它山，始两岐之，水稍散漫，江北惟此山四无附丽，故谓之它。它山麓皆石，趾插江底，可藉为堰，乃治堰跨两山麓，南北阔皆四十二丈，石级三十有六，冶铁灌之，渠与江截为二，堰高下甚中。涝则什七入江，什三入溪。旱则什七入溪，什三入江。邑西七乡之田，俱恃以灌溉。《唐志》：鄞县南有小江湖，溉田八百顷。《宋志》：小江湖专溉民田，其利甚溥，后渐淤塞，上流浅少。嘉定十四年，有司请发卒开淘沙凿及浚汊港，又于堰上垒叠沙石，逼溪流尽入上河。其县西南十五里曰行春碶，一名南石，西南三十五里曰积渎碶，西南三十八里曰乌金碶，一名上水，皆初作堰时，虑暴流难泄，建此三碶。涝则决暴流注江，旱则引淡潮入河，今皆积久损坏，至县东又有道士堰，至白鹤桥一带，皆苦埋塞。又有朱赖堰，与行春等碶相连，堰下江流，通彻大海，今皆塌顿，以致咸潮透入，望及时修治，从之。王应麟曰：它山距四明山百余里，而四明之水咸趋其下，先是山水直注于鄞江，与海潮接，咸不可食，田不可溉，其水自南沿流皆山也。惟它山在水北，元纬因于两山间叠石为堰，使渠流分入城市，缭绕乡村，以溉以灌，为利甚博。自广德湖废，而它山所系尤重。今考湖名小江者，郡西南有惠光院，俗号小江塔院，旁有千丈镜，支港尤多，小江之名盖本于此。又仲夏堰，南去它山堰十里。唐元和六年，刺史于季友所开，亦引四明山水入渠，后因元纬别置它山堰，始废而不用。今有桥，名仲夏桥。《郡志》：它山堰之源，凡有数派，大要出于四明，汇于平水潭，潭在它山西三里。又东一里曰中潭，抵它山堰，则折而西北，过回沙闸，闸去它山仅百步，由此折而西北，纡回九曲，历乌金、积渎等碶，至百丈堰。又历风棚、行春等碶，至府西南十里之段塘，散入诸乡，由城南甬水门入城，潴为日月湖，其下流仍入于鄞江，郡境水利，以它山堰为最要。

桃花渡，府东北三里，即鄞江渡也。渡北有天成高阜，九十有九，独一阜半入于江，谓之江北墩。又北渡，在府南二十里鄞江上，以当奉化北界而名，西岸有风硼碶。宋熙宁中，令虞大宁所置，以泄它山暴流，旱则引淡潮以入堰。○长塘堰，在府西南二十五里，一名百丈堰，江河夹流其下。又张家堰，在府东北四十一里，与定海县分界。舆程记：府西四十里有西坝，又西六十里即至余姚县。

螺峰镇，府东二百六十五里，海中旧置三姑巡司。洪武二十八年，改为螺峰巡司。又有岑江、岱山、宝陀三巡司，今皆见定海县。○四明驿，在府治西南。又安远驿，在府治西北。明朝永乐初，置市舶提举司。四年，改为驿。今因之，以待夷贡。驿今革。又厩车驿，在府西六十里，亦接慈谿县境。《志》云：府东五十五里有宁波盐仓批验所。

高桥。府西南二十五里。宋建炎三年，金人陷越州，济曹娥江，至明州西门之高桥，张俊拒却之。○林村，在府西南十五里，嘉靖中，倭自稠岭突犯林村，即此。

○慈谿县，府西北五十里。西至绍兴府余姚县九十里，西南至绍兴府百五十七里。本句章县地。唐为鄞县地。开元二十六年，析置慈谿县，属明州。宋因之。明朝永乐中，改溪曰溪。嘉靖三十五年，以倭患始筑城，周不及十里。今编户二百八里。

句章城，县西南三十五里，城山渡东。春秋时，越句践所筑。

《十三州志》：句践之地，南至句无，后并吴，因大城之，章霸功以示子孙，故曰句章。秦置句章县，汉因之。元鼎中，遣横海将军韩说出句章，浮海从东方击闽越，是也。三国吴永安七年，魏将王雅浮海入句章，掠吏民而去。晋隆安四年，刘牢之击孙恩，东屯上虞，使刘裕戍句章，既而裕改筑城于小溪镇，即今府西南故句章城。自晋以前，句章县皆治此。

双顶山，县西南七里。两峰并峙，屹立平野。又西南八里有城门山，巉岩峭壁，下临江渚，有广利桥。宋宝祐中，郡守吴潜建庆丰驿于桥西，今废。又县西南二十五里有庐山，山东南一峰，曰乌石尖，攒青涌翠，为一方之胜。○戍溪山，在县西南三十五里，晋刘牢之讨孙恩，尝戍于此，下有戍溪。又大隐山，在县南三十里，夏侯曾先云：大隐南入天台，北峰为四明，东麓下有大隐溪，今曰慈溪，以后汉董黯奉母居此而名。

车厩山，县西南四十里，昔越王句践置厩于此，停车秣马，遗迹犹存。今设车厩驿，有车厩渡，去府城六十里，西去余姚县亦六十里。明初吴桢讨方国珍，夜入曹娥江，出不意拔车厩，遂入庆元，盖国珍置戍守于此。又西里许为勾余山，以其在勾章之东，余姚之西也。《山海经》：句余之山，多金锡，少草木。或谓即此山云。○三过山，在县西南五十里，山临江，江流湍急，舟人惮之。虽一过如三过，因名。相近者又有石门山，上有峭壁如门。又夜飞山，在县西五十五里，临江。又西十里，即姚江之咸池汇，江行者皆出于此。

五峰山，县西北三十里，山有五峰，亭亭相峙，其下两崖屹立如门。又五磊山，在县西北四十五里，五峰磊磊，若聚米所成，南有崖如门，以通出入。○大蓬山，在县东北三十里，上有岩，高五六丈，左右二崖，屹然对峙，一名达蓬山，相传秦始皇欲从此航海达蓬莱，故名。其支陇曰香山，西南去定海百里，为两县接界处。

鸣鹤山，县西北六十里，下有鹤鸣场盐课司。又西十里则观海卫城也，城内有磨石、浪港二山，稍北为庙山，其相近者为瓜誓、桑屿、箬岙诸山，皆际海中。又十里有大忌、小忌，二山对峙，则海中危石，行舟之所忌也。今已近岸，岸东有向头山，如龙头尾相向状，龙头以东属定海，龙尾以西属余姚，二山捍潮其中，涨涂渐与山相接，为海滨要地。《志》云：向头山在县西北八十里，旧有海塘闸，今为渔盐之地，禾黍菽麦弥望。西北百里又有泥横山，俗名据泥，在海中，今亦连大岸。又有东向山、箬岙山、黄牛山，俱在县北六十里大海中。

雁门岭，县东北四十里，道出龙山所，与定海县接界。又凤浦岭，在县东北三十五里，岭东有凤浦湖，接定海县界。《志》云：县东北三十里有高岭，跨危峰巅，蛇行以渡。又长溪岭，在县西北二十五里，溪行可五六里，道出观海卫。

海，县西北六十里。旧有塘三十里，以捍风涛，缘岸海中有黄牛、桑屿诸山，与嘉兴、海盐为界，引而东，接定海境。《海防考》：龙山所去县六十余里，所东北有金家岙，与丘家洋相连，东对烈港海洋，北望洋山、三姑大洋。嘉靖三十五年，倭船盘据于此及丘家洋，官兵攻克之，由此突入腹里，历雁门、凤浦岭一带，犯慈谿，直抵宁波，最为险要。其旁曰清溪港，由此可入金家岙，此间道所当备也。又有金墩浦，亦在所东，西接伏龙山，北连丘家洋，倭自东北来，往往由此击泊。嘉靖三十五年，倭自金墩浦入犯，官兵拒却之。又古窑港，在县西北六十里，北对乍浦，东控伏龙山，西连磨石山，县境之咽喉也。嘉靖三十五年，倭舟据此，突犯慈谿，既而松浦口之贼，由此遁入渔山海洋，总兵俞大猷等追败之，又败之于马迹洋，盖县境海防与定海、余姚一带，相唇齿云。

前江，县南十五里。源出余姚县太平山，流为姚江，入县境，至丈亭渡分为二：一由车厩渡历县南十五里之赭山渡，又东十余里，即鄞县之西渡也。一由丈亭北折而东，贯县城中，出东郭，抵县东南十五里之茅洲闸。又东南流七里，为化纸闸，而入定海县境。宋宝祐五年，制使吴潜于县东南五里夹田桥，引流导江，凡十余里，为沾溉之利。一名管山江，合流入鄞县界，亦谓之慈谿江。又有新堰，在县东南十二里，亦宋吴潜所建，堰下之田，不患斥卤，舟楫往来下江者胥利焉。

蓝溪，县南六十里。《志》云：余姚县大兰山以东，三十六岙之水及杨溪水，皆流汇于蓝溪，东北注于前江。又有文溪，在县东十五里，汇县境东北诸溪涧水，以泄于前江，俗呼门溪。

普济湖，县治东北一里。唐开元中，县令房琯凿以溉田，广百五十亩，以在阚峰之下，名曰阚湖，寻曰慈湖，俗以其近普济寺，名普济湖，一名德润湖。宋时寺僧筑堤湖中，直贯南北，以便往来。景定五年，令金昌年疏浚筑堤防，置东闸西碶以限水。明朝洪武二十八年，遣官修堤塘碶闸，启闭以时，民田赖之。又永明湖，在县西南一里，亦房琯所置以溉田，今废。又县治北有小湖，一名县后湖。〇花屿湖，在县东南十里。唐贞元十年，刺史任侗尝修筑之，周十七顷有奇，溉田六千余亩，中有小屿，因筑塘以通往来，湖遂分为东西两湖。宋嘉祐中修治，元至元末渐废。大德八年，复为湖。明朝永乐七年，废十之八为田。又姜湖，在县东南十里，周一顷，宋邑人姜氏舍田开湖以溉田，乡人赖之。又东南五里有荪湖，溉田甚众。

杜湖，县西北五十里。湖南为杜湖岭，旧有湖淤塞，唐刺史任侗复浚筑之，民赖其利。其相近者又有白洋湖。《志》云：鸣鹤一乡方四十里，不通江潮，惟资杜湖、白洋以灌溉。宋庆历初，主簿周常相地高下，筑塘制碶，以时蓄泄，为利甚溥，今豪民侵蚀过半矣。

淹浦，县西北六十里。浦东即古窑港也。宋庆历间，置古窑、淹浦二闸，以蓄泄鸣鹤一乡之水。元至元中，复修之。今盐丁载卤出入，闸制遂废，内不能障杜湖之水，外无以杜海潮之涌，民甚病焉。〇漾浦，在县西北七十里。其上源出余姚县东北四十里之游源山，为游泾水，合诸溪涧水，经县界注于海，因置堰闸，以蓄泄之，与余姚共其利，而闸于鸣鹤一乡尤切。

丈亭渡，县西南四十五里，慈谿江分流处也。旧建丈亭于其上，宋绍兴间，改为丈亭馆。嘉靖三十五年，官军败倭贼于此，今有丈亭关。《志》云：海潮入古窑诸港，流绕丈亭，分入内江，纡回曲折二百余里，直抵定海城下而止，其支流则分入鄞县界。

长溪关。在县西北长溪岭，溪流其下。又杜湖关，在县西北四十里，杜湖岭上。俱路达观海卫。〇松浦镇，在县西北五十里，有巡司。洪武初，置于松浦东。二十六年，汤和移于浦西。嘉靖三十四年，倭贼由此登犯，为戍守要地。又向头镇，在县西北向头山。宋置向头寨，元改为镇，明初改巡司。洪武二十年，迁于司东之洋浦，三十三年革。正统十四年，复置于旧所。又车厩驿，在县西南四十里，地名石台乡，元置驿，前朝因之，与鄞县相接。

〇奉化县，府南八十里。南至台州府宁海县百二十里，西至绍兴府嵊县百七十里。汉鄞县地。唐为鄮县地。开元二十六年，析置今县，属明州。宋因之。元元贞初，升为奉化州。明初复为县。嘉靖三十一年，以倭患始筑城，周六里有奇，编户百四十九里。

鄞城，县东五十里。《志》云：夏有堇子国，以赤堇山为名。堇，草名也，加邑为鄞，读若银。《国语》：勾践之地，东至于鄞，此即越之鄞邑矣。秦置鄞县，属会稽郡。汉以后因之。沈约曰：前汉会稽东部盖治此，隋省入句章县。

奉化山，县东南五里，周三十里，有数山相联络。山之东麓有桃花岭，去县十五里。嘉靖中，官军击倭贼于鄞县，倭由桃花岭南遁，即此。《志》云：奉化山四面各异名，亦谓之瑞峰山。〇华顶山，在县西五里。

自城以西，有数山相接，而华顶为之冠。今县治西有凤山，冈峦秀耸，形如翔凤。相连者曰印山，小而圆秀，皆华顶之支阜矣。又县西十五里有日岭山，路出新昌、嵊县。

大雷山，县西四十里，四明支山也。山极高，眺百里外，下瞰鄞江。又西十里为丹小山，岩洞泉石皆奇胜，道书以此为四明洞天。又大小晦山，在县西六十里，四明南来二峰也。水流为蕙江，入鄞县界。○雪窦山，在县西北六十里，亦四明之别阜，名胜错列。宋理宗梦游此，赐名应梦山。相近曰桃花坑山，四山环绕，中有平田数百亩。又县西百里有黎洲山，为四明之西峰，接余姚、嵊县界。山有坪，曰响石坪。《志》云：四明山在县西百有五里，大约县境群山，皆四明之冈阜，而最著者，则大雷、雪窦诸山是也。

赤堇山，县东五十里。亦曰鄞城山，古鄞县治其下。相传欧冶子造剑处。《会稽策》破赤堇而取锡，即此。又新岭山，在县东南二十里，岭狭而长，凡七十二曲，有天然石磴。嘉靖中，更岭道于后陇，芟辟夷坦，行人便之，谓之太平岭。又九峰山，在县东九十里，以九峰突兀而名。

鲒埼山，县南五十里。《汉志》鄞县有鲒埼亭。颜师古曰：鲒，蚌属，曲岸为埼，即此矣。有鲒埼岭，明初置巡司于此。嘉靖四十年，倭走横岭，阻水奔入鲒埼，寻走大嵩，官军讨败之。横岭，或曰即县南四十里之横山。又三山，在鲒埼南，屹立里港海中，如三台，旁有双屿。○蓬岛山，在县南四十里。其脉亦来自四明，重冈复岭，缭绕雄桀。登陟其巅，俯视数百里。其西南为石楼山，山石如屋，两崖夹涧，飞瀑乱下，《寰宇记》谓之石柱山，东北去县六十里。

天门山，县南六十里。《汉志》鄞有天门山。梁陶弘景谓天门在鄞县南、宁海北，是也。一名鼍楼门，滨里港海，两峰对峙，势若插天。《宋志》所谓引头门也。县西南百里又有镇亭山，《汉志》鄞有镇亭，即此。南自天台，西连四明，山势极高，盘亘数十里，中有龙湫。

毛巅岭，县西六十里，四明山南，接大小晦山。岩谷崎岖，行者艰

汉城山，县北二十二里，顶平旷，容数千人。无荆棘丛木，居然堡垒之形，劚土者或得古兵器于此，盖昔时乡民屯聚保会处。相近者曰赤覛山，夏侯曾先云，上有盘石，可坐千人。又北十里为江口山，自四明分支雪窦东衍而来，至此始尽。俯瞰大江，山之阴即鄞县界。《志》云：县北十里有铜山，甚高峻，周三十里，即汉城山来脉也。

毛巅岭，县西六十里，四明山南，接大小晦山。岩谷崎岖，行者艰阻。宋绍熙初，有毛姓者凿山以便往来，相接者曰住岭，山谷幽深，行人非停午不见日色也。又赤泥岭，在县西四十里，亦往来通道。○六诏岭，在县西百里。《通典》陆昭岭与剡县分界，即此。又县西北百里有唐兴岭，西北百二十里有箸坑岭，俱路出嵊县。

栅虚岭，县南六十里，南去宁海县亦六十里。宋建炎中，立栅戍守于此，为海道之冲要。又寨岭，在县东四十五里，东南通海口，亦为要地。县西南五十里，又有杉木岭，接宁海县。《志》云，县南五十里有山隍岭，出西店驿，达宁海县。

奉化江，县北二十里。其上源自嵊县六诏诸岭，引流入界，亦谓之剡溪，亦曰剡源溪。至县西四十里公棠山，数十里间，叠为九曲，诸溪涧水皆附入焉。又东北至县北二十里之江口，县境东南诸溪水悉流汇焉。又北至县北四十里之坊桥，而合鄞江，亦曰北渡江。

广平湖，县东北五里。诸溪之水，自县南镇亭、天门诸山发源，汇于县东南五里之大溪引流为万寿湖，又北注于广平湖，至县东北十里，为仁湖。《志》云：万寿湖在县东五里，一名新妇湖，又名放生湖。元至元十三年置，潴水溉田，周三里。延祐初知州马称德、至正二十年知州李枢俱修浚。其广平湖亦曰寺后湖，与万寿湖同时修浚，而仁湖三面阻山，中环四五里为平地。宋绍兴间，置湖储水，北为塘，复置闸开泄以溉田，

皆为民利。

市河，县东南五里。亦曰新河，又名新渠。唐陆明允导大溪水，由资国堰注市桥河，东折而北出，绕流六十里，至县北三十六里东耆堰，接奉化江，灌田至数十万，又通舟楫，以便商旅，后渐废。元马称德开浚，寻复堙塞。李枢复浚之，今仍废。又范家河，在县北十里，通江潮，居民引以溉田。〇赵河，在县北二十五里。唐元和十二年，令赵察开置，引溪流溉田八百余顷。县东三十里又有白杜河，亦唐元和十四年赵察所开，引东境诸溪流以灌民田，凡四百余顷，其下流皆自江口合奉化江。今多堙废。

大溪，县东南三里。县南北诸山溪水悉汇于此，而为大溪，或谓之镇亭水。自南而北，纡回环绕，凡七十二堰，溉田甚博，接于奉化江。《志》云：大溪有资国堰，在县东南五里。元至治元年，知州马称德以旧堰卑隘，拓地浚之，仍置碶闸，以便蓄泄，溉田三万八千余亩。万寿、广平、诸湖，皆导源于此。又双溪，在县南二十五里。源出鲒崎诸山，分流而北，亦注于大溪。〇金溪，在县东五十里，出县东北六十里之金鹅山，西流入白社河。又黄蘖溪，亦出金鹅山，流经县东六十里，又西由天门山注里港海。志云：县西南境有沙溪，西流入新昌县界，为王宅溪之上源。

石岔渡，县东七十里，滨海诸支港所经，路达象山县。又县东八十里有东宿渡，百二十里有湖头渡，旧名田下渡，东南八十里有淡港渡，凡数处，皆达象山。〇进林碶，在县北二十五里，内河之水，由此泄入于外江，上有石桥。《志》云：宁、绍、台、温驿道所经也。又方胜碶，在县东二里，大溪之北。刘宋元嘉中，令谢凤置，以备旱潦，后废。宋绍熙中、元至元中，重修。

鲒埼镇。县东六十里。以鲒崎山名。宋置寨，元改为巡司，后废。

明初复置。又塔山巡司，在县东百里，宋为田下寨，元曰田下巡司，明初改今名。○连山驿，在县东五里。唐置剡源驿，在大溪东，元改奉川驿。明朝洪武十二年，改今名。嘉靖十二年，徙县学东，一云县西南七十里有连山馆，宋置。又县南七十里有西店驿。《志》云：旧置驿于宁海县境之白峤。洪武十九年，汤和以连山白峤相去百三十里，明年，增置今驿。嘉靖三十五年，毁于倭。改置于栅虚岭之麓，今革。又忠义乡河泊所，在县东六十里，明初置。嘉靖十年废。又有税课局，在县东五里，宋置税务，元毁。明初曰税课局，正统二年废。○蒋家铺，或云在县东十里蒋家湖旁。嘉靖三十八年，倭犯奉化，官军击之于此，败绩。今铺与湖，《志》皆不载，宜考。

　　○定海县，府东北六十二里。西南至奉化县百二十里，西至慈谿县界七十里。本句章县地。唐为鄞县之望海镇。五代时，钱氏更名静海镇，寻置望海县，属明州，又改曰定海县。今编户九十六里。

　　望海城，即今县。《唐书》：元和十四年，浙东观察使薛戎奏，望海镇去明州七十余里，俯临大海，与新罗、日本诸番接界。是也。乾符四年，浙西叛将王郢转掠闽、浙间，陷望海镇，进掠明州，既而官军讨平之。五代初，钱氏曰静海镇，寻升为望海县，今县城即钱镠时筑，元废。明朝洪武元年，因旧址列木栅戍守。七年，易以石垣。二十年，汤和建卫，始拓而大之。二十九年，增修。嘉靖十二年，复营缮。今城周九里有奇。

　　威远城，在城东招宝山上，耸峙海口，最为冲要。嘉靖三十九年，帅臣卢镗议曰：招宝俯瞰县城，相隔不过数十武，贼一登据，置火炮其上，县城可不攻而破。即夷船络绎，御尾入关，我军亦无以制之，故守郡非据险不可，据险非成城不可。因请于督臣胡宗宪，筑城山巅，周二百丈，置兵以扼截海口，与县城相唇齿，名威远城，复于山麓西南，展筑靖海营堡，周二百四十丈，以时教阅。于大小浃口，分布战舰，以严扃钥，于是形势完固，说者以城为江海之咽喉，郡治之门户云。

翁山城，在县东北海中舟山上。春秋时，越之甬东也。《左传》哀二十二年：越灭吴，请使吴王居甬东。杜预曰：勾章县东海中洲。是也。《国语》寡人其达王于甬句东，即此。唐开元二十六年，始置翁山县，因翁山为名。大历六年废。宋熙宁六年，改置昌国县。高宗建炎三年，航海幸此。金人来追，县为所陷。元至元十五年，升为州。明初，复为县。洪武二十年，以其悬居海岛，易生寇盗，徙其民于内地，仅存在城五百户，隶定海县。元吴莱云：昌国，古会稽海东洲也。东控三韩、日本，北抵登、莱、海、泗，南抵庆元，四面环海，中多大山，人居篁竹芦苇之间，或散在沙墺，习于舟航，风帆便利。虽田种差少，而附近大山，如秀、岱、兰、剑、金塘五山，每岁垦之，可得数十万石，盖亦形胜之地矣。明初，以外连倭夷，每为边患，信国公乃为清野之策，而墟其地。生聚既久，繁殖如故。嘉靖中，屡为倭酋所据，事平，以官兵戍守之。唐顺之曰：江南控扼在崇明，浙东控扼在舟山，天设此险，以障蔽浙、直门户，诸哨船皆自此分，而南北总会于洋山。明初，信国废昌国县而内徙之，未必非千虑之一失也。《海防说》：舟山为里四，为岙八十有三，五谷鱼盐之饶，可供数万人，不待取给于外也。

招宝山，在县城东北。本名侯潮山，以诸番入贡停舶于此，因改今名。南临港口，屹然耸峙，极为要害。旧设台墩于此，今改设城堡，其东南峙一小山，高仅寻丈，名昌国山，潮汐至此分流，舟行可达昌国，因名。与招宝并峙者，为巾子山，山形卓立如巾帻，潮水出入，二山为之障。宋德祐二年，元兵至临安，宋籍地降元，张世杰去之定海，元遣卜彪说世杰降，世杰碟之于巾子山，是也。〇金鸡山，在县东八里，亦与招宝山对峙海口。《志》云：县东南十二里有龙头山，甬东巡司置其下，旁有葫芦峤。嘉靖中，邑令金九成筑塞峤口，以防海夷，其相近者，曰竹屿山。又东南三里有青屿山，旧置青屿隘，为戍守要地。又石门岙山，在县西南二十里，以陈山在东，龙山在西，俨若二门也。《图经》：陈山在县南七里，巅有白龙潭，将雨则云濛山顶，将晴则岚绕山腰，人以为候。龙山在县西南三十五里，形势如龙。

伏龙山，县西北八十里。首尾跨东西两海门，状如卧龙，南去龙山所十里，屹临水漈，为番舶必由之道，盖临、观两卫之咽喉也。嘉靖三十五年，官军败倭于此。一名箸山。又施公山，在县西北九十里，商舶往来，地极险要。元置巡司于此，明初亦置烽堠于山上。其相近者曰泽山，本名栎山，宋改今名。又大蓬山，在县西北百里，今见慈谿县。

蛟门山，在县东海中，去岸约十五里。环锁海口，吐纳潮汐。一名嘉门山。出此即大海洋。昔人称蛟门、虎蹲，天设之险，是也。虎蹲山，今在县东五里海中，状如虎蹲。○盘岙山，在县东南七十五里，水绕太白山阴而出，凡三十六盘。又瑞岩山，在县东南八十里，有十二峰相峙，其相近即慈岙山也。《志》云：磁岙山在县东南九十里，西去大嵩所二十五里。又有横山隘，在大嵩所西十里。

金塘山，在县东南海中约百里，半潮可到。山周环二百里，旧为昌国县之金塘乡。明初徙民入内地。嘉靖中，倭夷窃据，参将卢镗击败之。其山北海洋曰清港洋。又乌崎头山，在县东南百十里，滨大海，其下为崎头海洋。○大谢山，在县东南百二十里海中，其旁为小谢山，山西南二里即穿山所也。南临黄崎港，北由大猫海洋至金塘、鹿山，最为险要，有兵戍守。

舟山，县东北二百里海中。一名观山。在昌国故城南，状如覆舟。嘉靖四十二年，降海贼汪直于此。其相接为关山，圆峰耸矗，为昌国城内案，上有烽堠。稍北为镇鳌山，山自北来，蜿蜒南走，旧翁山县治据其麓，今舟山所城内山也。又东三十里曰翁洲山，亦曰翁山，相传以葛仙翁隐此而名。又有双髻山，峰峦双耸，俗谓昌国之镇山。《志》云：昌国城东七里有青雷头山，高二里，与城西五里晓峰山对峙，青雷头东南海中又有石衕门山，数峰崛起，潮汐环流，亦名十六门山，今皆谓之舟山。《防险说》：舟山群山环峙，海港四通，为设险之处。旁有马秦山，又有芙蓉洲，四环皆海，悬若洲岛，官民多植芙蓉，因名。又有鼓吹山，在山之阴，有战洋，相传徐偃王逃至此，其拒战处也。山巅平坦，容数百人。吴莱云：昌国东南海中有桃花山，为绝胜处。又有东霍山，徐市驻舟处也。转而北，为蓬莱山，屹立千丈，旁有紫霞洞。又石门山，亦在昌国东海中，并峙有黄公山，山南为塔岭山。《邑志》：昌国东北海中，曰兰山、秀山、剑山、岱山、玉峰等山，东南海中曰双屿、双塘、六横等山，皆倭寇出没所经也。

补陀落迦山，在故昌国县东百五十里海中。一潮可到，为海岸孤绝处。梵名补陀落迦，华言小白华也。一名梅岑山，相传以梅福名。往时日本、高丽、新罗诸国，皆由此取道，以候风信。嘉靖中，倭寇据此，官军击破之，其西有石牛港，西北有巡简岙，皆当时进兵处。○滩山，在昌国故县西北海中，又有册子、长涂、三姑、许山等山，其在昌国东北海中者，有东库、壁下、马碛、陈钱、两头洞、渔山、徐公、东西霍、大小衢、洋山等山，与嘉兴松江海防相参错，倭夷入犯，皆汛守所有事也。

雁门岭，县西北六十里。又西北十里曰凤浦岭，又二十里曰桃花岭，皆接慈谿县界。《志》云：县东南五十里有排阵岭，南二十里有布阵岭，皆宋建炎中御金人处。○柯梅岭，在海中舟山所东，出浦则为鱼山外洋、乌山门外洋。又乌沙门，亦曰乌沙悬山，亦曰朱家尖山。嘉靖中，倭寇往往据此，官军击却之。又邵岙在所东北，其相近者曰吴家山，亦皆倭贼据守处也。嘉靖三十五年，官兵击平之。

天同岙，在舟山之岑江司东南。其相近者有紫皮岙。嘉靖三十七年，胡宗宪遣奇兵出此，捣岑港贼巢。又吊屿，在舟山之岱山司西北，切近海口。嘉靖中，倭屡犯此，为汛守要地。〇奇岙，在舟山所西北，本名大沙，嘉靖中，御倭要地也。又沙岙，在岑港之东，今为袁家碶，其相近者为马岙。嘉靖中，尝设千户所戍守。三十七年，讨岑港贼，分兵由马岙、张礁而西，是也。其相连者，有山江等烽堠。嘉靖四十年，官军败贼于马岙沙坎之上，即袁家碶矣。又有郎家碶，亦在所西北，东距奇岙，西距沙岙，有西碶寨相连，中为小沙，居民殷庶。嘉靖中，倭尝登劫。有碶头海塘，为戍守之地。

　　海，县东北两面皆据海。由北而西，接慈谿县界。由东而南，接象山县界。《志》云：县东北为灌门海，在故昌国县海中，有砥柱，屹峙中流，望之如人拱立，水汇于此，旋涌若沸，舟行必投以物，杀其势，而后过。风雨将作，有声如雷。又自蛟门而外，有霍山、马蹟、马墓、钱山、龟鳖、小春等洋。又东南则有分水、礁石、牛港、崎头、孝顺、乌沙门、横山、双塘、六横、双屿、乱礁等洋，抵象山县之钱仓所而止，皆嘉靖中控御倭夷处也。

　　大浃江，在县城南。有大浃渡，亦曰大浃口。舟师屯泊于此，谓之定海关，汛守要冲也。《邑志》：鄞江会上流诸水入县境，其支流为小浃江，皆东注于海。《旧图经》：自蛟门海洋分派为支江，向西溯流，七十里抵郡城三港口。又分流西南六十里，至它山堰。又西北二百里，抵上虞之通明坝，俱谓之大浃港。东晋时，置浃口戍于此。隆安四年，孙恩寇浃口，入余姚，破上虞。五年，孙恩复出浃口攻句章，不能拔，寻为刘裕所败，自浃口远窜入海。刘宋泰始二年，临海贼帅田流作乱，掠海盐，杀鄞令，命周山图屯浃口讨平之。宋建炎中，女真陷临安而东，车驾出浃口，遁入海。胡氏曰：浃口在虎蹲山外，是也。其小浃江在县南十二里，自县东南十二里竹屿山海口，分流为支江，蜿蜒西流六十里，至鄞县东三十五里之五乡碶，合于鄞江，并泻东钱湖之涨。《海防说》：小浃港内通东江，出穿山所，达宁波城，极险要。嘉靖中，倭贼由此内犯，奸民亦由此出入，漫无关禁。三十四年，邑令宋继祖于县南十里东山下江流浅处，设东冈碶及堰，以蓄泄之。堰下为江，上为河，自此小浃江之流中断，而县境西南一带，颇被沾溉之利。《志》云：东冈碶去五乡碶五十五里，五乡碶亦曰回江碶，东钱湖吐纳要口也。

烈港，县西北五十里。东出海，近金塘山。嘉靖三十一年，贼汪直引倭入定海关，官军击却之，遂移泊于此。地形曲折，进剿为难。督臣王忬分遣二哨，一由列表门进当其前，一由西后门进防其逸，别遣将俞大猷径营木峇，与贼仅隔一山，出奇攻之。贼败走，复泊马迹潭，久之始逸去。木峇，盖在烈港之东。

岑港，在舟山所西北。有巡司戍守，海口卫要处也。嘉靖中，屡为倭贼所登劫，后遂倚险列栅，据守其地。三十七年，胡宗宪督兵讨之，分军泊其南北，又遣兵分路进剿，中路由小河岭，右路由碇礁，左路田小岭，并趋贼巢，败之。贼恃援力守，复出奇破之，贼遂遁去。

中大河，县西三十里。源出慈谿之丈亭渡，由夹田桥，过茅洲、化纸二闸，直达城西，亘五十里。昔时贯串城中，由城东入海。永乐以后，由城西南新闸入浃口江。又有夹江河，在城西二里，自鄞县桃花渡直抵城西，亦谓之颜公渠。宋淳熙间，制帅颜颐仲访故道所凿也。岁久淤塞，嘉靖十五年，邑令王文贡疏浚。今复废。○芦江河，在县东南七十里，源出瑞岩山，亦曰瑞岩溪，东北流二十里，至穿山所之穿山碶，入于海，亦曰芦花港。嘉靖三十二年，倭犯定海，守将刘恩至败之于芦花港，是也。又黄崎港，在县东南百十里，穿山所东，自崎头海洋分流为支江，西北流，约半潮至蛟门，出大海。又梅山港，在霩𧬍所西十里，亦自崎头海洋西北流，经大嵩所，通于海。港口有梅山隘，为戍守处。

凤浦湖，县西北六十里，湖周十八里。又西北有沈窖湖，周亦十八里。又西为白沙湖，周二里。灵绪湖，周二十里。四湖俱西接慈谿县界，引流溉田，由瀣通大海。又白泉湖，在故昌国城东北，周三十里，潴水溉田，源泉㳽涌，旧名富都湖，亦名万金湖。○瀣浦，在县西北六十里，亦名蟹浦。旧有镇，宋置戍于此。又谢浦，在舟山所岱山巡司之南。嘉靖中，官军击倭贼于此，克之。

长山寨，县南四十里。旧为海内东寨，明朝洪武初，徙长山盐场之右，曰长山巡司。二十七年，徙今所，嘉靖中废。今县东南四十里有长山盐课司。旧《志》：县南十五里有长山，东南七十里有长山冈，寨因以名。又穿山巡司，在县南九十里。宋建炎中，置白峰巡司。绍兴中，渐徙而南。明朝洪武初，徙穿山旁，改穿山巡司。二十八年，徙县东南百二十里，亦嘉靖中废。今有穿山所及穿山盐课司。又霞屿巡司，在县南百里，旧为海内西寨。宋嘉定间，徙于县南。明朝洪武初，改崎头巡司。正统十三年，又改今名。嘉靖中，亦废。

管界寨，县西北六十里。宋曰水陆管界巡简寨，在县城内。嘉祐中，迁瀣浦山，改今名。洪武二十年，徙于县西四十里。又上岸太平岙巡司，在县南六十里，正统十三年置，亦曰太平巡司。又甬东巡司，在县东南十五里甬东桥旁。《志》云：旧置于府东五里甬东隅。洪武二十年，徙竹山海口，与招宝山相对。又大嵩巡司，旧置于县东南大嵩港。洪武十七年，移置县南梅山。嘉靖中皆废。《通志》：甬东、大嵩二司，本属鄞县，而地连定海。又清泉场盐课司在县南十里，龙头场盐课司在伏龙山西十里，大嵩场盐课司在大嵩所，与长山、穿山二盐课司，所谓县境五盐场也。○定海驿，在县城西一里，县东南百二十里又有霩衢驿，俱明朝洪武二十年置，嘉靖中废。

螺峰寨，在舟山所城西南十五里，有巡司。又所西北四十里有岑江巡司，所东北二十里有岱山隘巡司，所东南三十里有宝陀巡司，皆隶宁波府。《海防考》：所境四司与县之长山、穿山、霞屿、太平、管界，共为九巡司。旧俱为海防要地，设兵戍守。又有湖头关，在大嵩所西，西南接象山县界，亦要隘处也。嘉靖四十年，倭自大嵩所入犯，官军败之于湖头裘村，或曰村在湖头之西。又有王家团，在县北，嘉靖中，倭夷尝出没于此。

沈家门寨，在舟山所东八十里。原系水操之地，番船去来，皆泊于此。内有赵岙、南岙、芦花岙、大岙，去寨不过三五里，以大岭口为阻截要路。嘉靖中，倭贼多由水路或间道而入，官军击却之。《舆程记》：由沈家门经莲花洋、石牛港、釰盂山，共七十里至补陀山。

碇齿隘。在舟山所西五十里。去岑港密迩，与外港相对，倭贼易于登犯。嘉靖中，为戍守要地。三十七年，胡宗宪击岑港贼，分军出此。时贼党有据乌沙悬山者，宗宪策其必与岑港寇合，陆路则设伏于碇齿，水路则设伏于向礁门，贼果由二路奔沈家门寨，合于岑港，官兵讨平之，向礁门亦在所东海中。

○象山县，府东南二百七十里。西北至奉化县二百十里，西南至台州府、宁海县二百三十里。汉鄞县地。晋为宁海县地，属临海郡。唐为宁海及鄞县地。神龙元年，析置今县，属台州。广德二年，改属明州。宋因之。旧无城，嘉靖三十一年，以倭患创筑，周五里有奇。编户三十二里。

象山，在县治北。形如伏象，县以此名，亦名圆峰山。相接者有象潭、凤跃诸山，环峙城郭。又炼丹山，在县治西，峰峦面秀，其顶平坦夷，一名蓬莱山。○鼓吹山，在县东八里，峰峦崒嵂，岩壁空虚，天将雨，洞中有声如鼓吹。又瑞龙山，在县东南十里，一名乌龙山，周回蟠曲，状如伏龙。又县东三十里有甸平山，山顶平夷，广数十亩。《志》云：县东北三十五里有屏风山，过山为湖头渡，乃鄞奉之界也。

蒙顶山，县西四十五里，与天台分脉。盘郁耸拔，为邑之望。中平衍，可耕稼。又姜屿山，在县北五十里，由此越海登陆，即奉化县境。又西北十里曰横山，相接者曰白石山。又十里曰乌屿山，孤悬海中，皆奉化及鄞县分境处也。〇大雷山，在县西二十里，盘踞数十里。又冠盖山，在县西南三十里，顶列五峰，如冠盖相望。又西南十五里有灵岩山，岩石奇秀，瀑布悬流，凡百余丈，其相近者又有五师山，亦称名胜。

韭山，县东南百里海中。山多韭，形势巍峨，岛岙深远。自县东四十里双泉山来，历小睦、大睦、西殊、东殊以至韭山，皆列峙海中。又东南百里有大雒山，卓然孤立，凭据大洋，直望日本，夷船往来，往往视此为准。〇三蒡山，在县南六十里海中，有三峰，一名三仙山，亦曰三岳山。贼自韭山来，道必经此。嘉靖三十四年，为倭船所盘踞，官军力战，始克之。盖昌国卫及石浦所之襟要也。又面现山，在县南八十里海中，与县治相值，一望无间，因名。

东门山，县南百二十里。其状若门，下有横石如阙。一名天门山，高二百丈，周二十五里，明初昌国卫置此。倭寇往往由此南犯温台，为必备之险。又南十里有大门、担子、石坛等山。或曰石坛山即坛头山。有南北碛壳、菜蓝等岙，可以避风泊船，贼由日本而来，每望此山收泊。嘉靖中，设军哨守，山外又有鸡笼屿，其外一望大洋，别无屿岙，倭从韭山南来，道必经此，亦戍守要地也。

大佛头山，县南百五十里海中。其地名南田，海中十洲，此为第一。日本入贡，每望此山为向道。《图说》云：大佛头山有斗底、虾岙、乌头、青后城、壶底等岙，系倭船往来栖泊处。山周百里，中甚平旷，地皆膏腴，宜耕稼，稍西为台明屿，两山对峙，中流为台、明二州分界处，故名。〇金齿山，在县南百六十里。《海防说》：山岛岙颇多，有金齿门港，倭船往来，每栖泊于此，亦南路要冲也。又有朱门山，在大佛头山，南贼从南来，每至此栖泊。嘉靖中，设兵戍守。又有林门山，在朱门之东，山为金齿、朱门之喉舌，岛呑亦多。嘉靖中，倭从檀头海洋突入，结巢于此，官军击却之。县南二百里又有秋芦门、杨士屿等山，俱在海中，接东瓯界。又花脑山，亦与大佛头相近，俱倭夷出没处也。

东溪岭，县西南四十里。又西南十里曰西溪岭，三十里曰黄枝岭。西溪、黄枝俱接宁海县界。又县西南九十二里，有番头岭，近石浦所。○锯门洞，在县东南三十里，置戍于此，曰锯门隘。其外曰踞门洋，亦为海中要地。

海，县东二十里。又县南去海三十五里，东北去海四十里。嘉靖中，倭寇屡屡窥犯，县南百九十里为秋芦门海洋，西南百五十里为渔溪海洋，则宁海县分境处也。

鄞港，县东北四十里，港口直接大洋，中流与鄞县分界，因名。西入奉化县界，中流有白石山。东南去县六十里，其分界处也。上流诸水悉汇入焉。○北港，在县东北十五里，东达大洋，西距奉化之鲒崎山，其地有陈山渡，自陈山渡一潮至方门，舟潮至乌崎，三潮至府城下。方门，在奉化县南四十里海滨，有方门铺。

八排门港，县南百四十里，与佛头山相连。港内多腴田，地下，便于栖泊。倭船据此，剿灭为难。嘉靖中，有兵巡守。又旦门港，在昌国卫东北，系悬海大洋外，有东旦山，与韭山相对，贼由韭山来，必望旦门突入，以往南路。内近何家礁、仁义、南盘一带老岸。嘉靖中，设何家礁、仁义二寨戍守，其相近者有马冈，官军尝败倭于此。

三门港，县西南百里。港口为石浦巡司及土湾、番头一带居民喉舌。倭从温、台突犯，必取道于此。《海防说》：三门去石浦稍远，而与朱门海洋邻近，戍守最切。又牛栏基港，在石浦所北，为石浦关之后户，外洋必由之隘也。有山环抱，可避东北飓风，如分哨南北，此为适中之地。

又下湾门港，在石浦所东南。《志》云：下湾门外即坛头大洋，内则旧城东门，港阔潮急，且与火炉头山对峙。又四门入路总会于此，此守下湾门要地也。又洞下门港，在石浦所西南。《志》云：洞下门逼近石浦所城，港窄潮急，贼舟进此，必纡回罄折于两岸夹山之下，而石浦左连一山，名打铜坑，与洞下门正相对，此守洞下门要地也。

竿门港，在县西北钱仓所南，倭夷来犯，每栖泊于此，南距石浦关百余里。○青门港，在县西爵溪所东南，有山回抱，可以避风泊船，内接公屿，外冲四礁，与韭山相对，极为冲要。又茅湾，在钱仓所东南，亦与韭山相对。嘉靖中，倭船栖泊处，所北又有白沙湾。嘉靖中，倭贼由此突犯奉化。

中大河，在县城南。会县境三十六洞之水，灌上洋田六万余亩，至县西南十五里灵长碶，入于海。又县西南二里有西大河，东南九里有东大河，皆汇诸溪涧水，萦绕境内，引流溉田。于沿海置碶，以蓄泄之。又瑞龙河，在县东南二十里，出瑞龙山，相近又有千丈等河，皆宋淳熙五年，令许知新引以溉田，下流入海，今多埋废。又三港口河，在县南二十五里，源出县西二十里之大来山，会西大河以入海。○淡港渡，在县西北四十里，与奉化县接界。《舆程志》：自淡港渡西北八十里，即奉化县城。恐误。

陈山寨，县东十三里，有巡司。《通志》：司旧置于县北陈山。正统十二年，徙今所。又赵岙巡司，在县东南七里，旧在宁海县境。正统八年，改置于此。又爵溪巡司，在县西五十五里，旧置于爵溪。洪武二十年，改建千户所，移司于此。又石浦巡司，在县西南百二十里，本置于石浦，亦洪武二十年改徙。○湖头渡砦，在县东北三十里。《名胜志》：大嵩所有湖头关，后移此，并移奉化县塔山巡司戍守。《舆程记》：自湖头渡而西，百二十里而达奉化县，渡盖为三邑要口。又南堡寨，在县南三十里。

游仙寨。在爵溪所南。嘉靖三十一年，倭贼寇游仙寨。爵溪百户秦
彪曰：游仙与爵溪唇齿，无游仙是无爵溪也。直前赴救，战死。〇玉泉
场盐课司，在县东南十五里。又象山河泊所，在县东南二百七十一里，今
革。

附见：

宁波卫，在府治西。即宋庆元府治故址。洪武初，建明州卫。十六
年，改曰宁波卫。

观海卫，在慈谿县西北七十里，东南去宁波府百五十里。西南去
余姚县八十里。洪武二十年，汤和置卫于此，筑城周三里有奇。永乐十六
年，增修今领所一。

龙山守御千户所，府北七十里。西南至余姚县百二十里，东至定
海县七十余里。洪武二十年建，隶观海卫，筑城周三里，永乐十六年增
筑。嘉靖三十四年、五年，倭贼往往登犯。《海防考》：所北对金山、苏州
大洋，东对烈港、伏龙山，控临海际，相去仅十里许，为贼艍往来必由之
道，又临、观二卫之门户也。

定海卫，在定海县治东北。洪武二十五年建，领所五。

穿山后千户所，定海县东南九十里，西北去府城百五十里。洪武
二十七年建，城周四里，明年修完。永乐十二年、十六年，皆营葺。东南
接霩衢所，南接大嵩所，所北一里有碶契头烽堠，东临黄碕港。永乐初，
有流倭由此入犯。嘉靖中，倭由碕头海洋突入黄碕港，犯穿山所，因设军
戍守，最为要地。

舟山中中千户所，治昌国故县城中，城周七里。洪武十二年重筑，
明年城成，设守御昌国守御千户所。十七年改置昌国卫。二十年，县废，
移卫于象山县境，改建今所。永乐十六年，增葺所城。所南二里曰舟山
关，详见前翁山城。

舟山中左千户所，亦治昌国县故城中，建置同上。

霩衢守御千户所，定海县东南百二十里。西去府城百八十里。洪武二十一年建，城周三里，所滨海孤悬，其东南为梅山港，东至碛头大洋，南至双屿港，俱约五十里。西至大嵩港，约百里。北五里为三塔峰，最险要。嘉靖十九年，倭党李光头巢于双屿港，二十七年，捣平之，因筑塞港口，以空渊薮。

大嵩守御千户所，定海县东南百三十里。西北去府城九十里，西去奉化县百里，南至象山县七十里。洪武二十一年建，城周四里，永乐十五年增修。所东援霩衢，南连钱仓，其东南为大嵩港，对峙韭山，直冲大海。嘉靖中，倭船往往由此犯所城，所东即慈呑山，亦是时倭贼冲突处也。

昌国卫，象山县西南八十里。北去府城三百五十里。洪武十七年，置卫于昌国县城内。二十年，徙卫于县南之东门山。二十七年，以东门悬海，薪水艰阻，徙后门山，跨山为城，周七里，即今卫也。永乐十五年修葺，成化间重修。嘉靖三十二年，复营缮以御倭，城控临海洋，屹为保障，领所四。

石浦守御前千户所，象山县西南百里。北去府城三百七十里。旧置于县南十里石浦山，洪武二十年，改建于此。阻青山为城，周不及五里。永乐十五年重修。嘉靖三十四年，复完葺。前临石浦关口，切近坛头、韭山，乃倭夷出没咽喉要路，翼蔽昌国，此为门户。

石浦守御后千户所，同上。《志》云：石浦去昌国十余里，城下一带水涯，可以栖泊战船。对面有山，即石浦旧城，今谓之石浦关。关外大洋，有山曰坛头，倭盗出没处也。宁郡之冲，以石浦、昌国为最。寇自南来，必由三门、林门、下湾门、东门四路而入，寇自东来，必由牛栏基、洞下门而入，备御切矣。

钱仓守御千户所，象山县西北三十里。北去府城二百六十里。洪武二十年建，四面阻山，城周三里。永乐十四年，重修。嘉靖三十二年，增葺。城东临大海，至大嵩港约一百里，南为涂次烽堠，外接竿门、蒲门等处，西北至湖头渡海，为大嵩所界，乃昌国之藩篱，与大嵩相为犄角者也。

爵谿守御千户所。象山县西五十五里。北去府城二百七十里。洪武三十一年建，永乐十五年重修，成化中增葺，嘉靖三十二年又缮治。西北阻山，东南负海，城周三里，孤悬海口，直冲韭山，东逼大海，西并钱仓，南以游仙寨为外户，北以象山县为喉舌，亦称要地。

〇台州府，东至海岸百八十里，南至温州府三百五十里，西南至处州府三百六十里，西北至金华府五百七十二里，北至绍兴府三百十里。自府治至布政司四百四十里，至南京一千三百三十里，至京师三千七百七十八里。

《禹贡》扬州地。春秋战国时为越地。秦属会稽郡。两汉因之。汉初，为东瓯之境。武帝建元中，闽越围东瓯，东瓯徙国于江淮间，以其地属会稽郡。置回浦县，南部都尉治此。南部亦作东部。三国吴太平二年，以会稽东部为临海郡。治临海县，寻徙治章安。晋宋因之。梁改曰赤城郡。寻废。陈置章安郡。隋平陈，废入处州。大业中，属永嘉郡。唐武德四年，置海州，始治临海，五年改台州。因天台山为名。天宝初，曰临海郡。乾元初，复曰台州。光启二年，升为德化军。五代时，属于吴越。宋仍为台州。亦曰临海郡。元曰台州路。明初，改台州府，领县六。今仍曰台州府。

府山海环峙，川泽沃饶，陆走绍兴，则明州中断而临安震；水向定海，则钱塘可袭而京口可塞也。刘宋泰始中，贼帅田流起临海，掠海盐，杀鄞令。东土大震。唐季裘甫之乱，明、越皆被其毒。元末，方国珍发难于此，东南遂有沸腾之势。岂非以台之为境，倚山傍海，可为旅拒之资，而出奇制胜，正不当局蹐于数百里间哉？或者曰：台之最切者，海道也。其地僻处海滨，四塞为固，南有桃夭、金竹，北有桑洲、桐岩，西有关山、卫墅，叠嶂层冈，重关鸟道，庶几可恃。惟是南去松门，不过百里，东至海门，仅八十里。海门者，固台之门户也。三面阻水，无险可恃，敌自海门而上，则一潮直达。若弃舟登陆，亦径至城下。仓卒将何以御之？《图经》云：台三面阻山，一面濒海，形险如此，而患战守无策，得乎？

　　○临海县，附郭。汉回浦县地，属会稽郡，后汉为章安县地，三国吴太平二年，分置临海县，为临海郡治，晋以后皆属临海郡，隋属处州，唐为台州治，今编户百八十里。

　　临海城，今郡治，隋唐以来故址也。旧有子城，周四里，相传唐末筑，今废。其罗城相传唐初所筑，吴越时增修。宋太平兴国三年，吴越归附，诏毁其城，寻又修筑。庆历五年，海溢城毁，复修完。明年，甃以砖石。至和元年，又以水患修筑。嘉祐二年，亦以水圮营缮。熙宁四年，守臣钱暄增修，缩城东里许以避水。淳熙二年，复葺治。明年，淫潦水溢，守臣尤袤，悉力堤护，事竟修筑，城始完固。元至正十八年，方国珍窃据，亦经营治。明朝洪武初，复营筑。永乐五年增葺。嘉靖三十二年，以倭患修治。有门七，城周十八里有奇。

　　章安废县，县东一百十五里。即汉之回浦县。后汉建武中，改曰章安县，或曰章帝章和元年所改，亦为东部都尉治。三国吴为临海郡治。建兴二年，孙峻废齐王奋为庶人，徙章安，即此。晋、宋以后，皆为临海郡治。隋废郡，并县入临海，自唐至宋，皆为章安镇。宋建炎初，金人陷明州，帝自昌国移次台州之章安镇，金人乘胜破昌国，来追帝，又如温州，泊港口，是也。元置税场于此，今亦为章安镇。

大固山，府治西北，高八十丈，周五里，蜿蜒磅礴，如屏障之状。《旧经》：晋孙恩作乱，刺史辛景休于此掘堑守之，恩不能犯，因名。一名龙顾山，旧子城尽在山上。又小固山，在府治东南，高七十丈，周四里，与大固山相望，仅悬二里，亦以辛景休御寇得名。城东南又有巾子山，与小固相连，两峰如帕帻，顶有双塔，下瞰城郭，郊薮山水，尽在目前。《东征记》：城东二里有小梁山，下临澄江，江南岸又有伏龙山，去城里许，即巾子山之支陇矣。〇日山，在城西五里，面东朝日，视诸山独高。又靖江山，在城东七里，旧传辛景休败孙恩于此。《志》云：府南二十里有古塘门山，两峰对峙，中空十余丈，旧传海门在焉。又亭山，在府南百里，旧有寨，由郡泛舟入黄岩者，多候潮于此。

真隐山，府西南四十里，即括苍山也。与仙居、缙云诸山相接。详见名山括苍。

宜山，府西六十里。其巅平衍，良畴可千顷，有潭瀑沾溉，旱不能灾。又石塘山，在府西三十里，石峡飞瀑，下注塘中。并峙者曰新罗山，与城西二十三里之八叠岭相望，鸟道巉岏，登陟艰阻。又青潭山，在府西二十五里，旧有陂，广十余里。

白鹤山，府东南二十里，上有展旗峰、剑岩诸胜。《寰宇记》：白鹤山上有深湖，中有盘石。又盖竹山，在府南三十里，上有石室、香炉、天门三峰，一名竹叶山，道书以为第十九洞天，第二福地。《图经》：山周百八十里，起于临海之长石，绵亘黄岩之西，以至婺之东阳，温之乐清，盖郡境大山矣。〇九盘山，在府东南七十五里，山路萦回九转，绝顶可眺大海。又东刊山，在府东九十里海中，相传禹随刊至此，山极高远，亦名天柱山。县东百里又有兵山，旧《志》云，唐末屯兵处也。又有石鼓山，在县东百有五里，旧有栅城，唐贞观初，刺史李元奏置城，设兵戍此。

金鳌山，府东南百二十里。宋建炎四年，金人入寇，高宗泛海，尝泊此山，留四十日，始还绍兴。其相峙者曰海门山，对立如阙，在海北岸，东枕海。又四里曰赤山，又东曰翠环山，与海中诸山相望。〇玉岘山，在府东百有九里海中，旧名黄石山。唐天宝六载改今名。山中泄水九层，沿岩泾落，宛如白练。又有石洞，容数百人，四围多林木，阴翳蔽天，今其地亦曰黄礁。又东二十里曰合旗山，又二十里曰掘门山，与黄石山矗立相对。又东麂山，在府东五十七里，其相近者曰西麂山。又龙符山，在府东百七十里，一名覆釜山。又大雄山，在府东二百十里，皆海中山也。

芙蓉山，府东二百里海中，出海口望之，竦若红莲始开。唐天宝六载，改名秀丽。嘉靖三十三年，官军击倭贼于芙蓉海口，是也。又临谿山，在府东北二百四十里，一名牛头山。下有溪二，水合流，亦名临溪。《志》云：山逼临海岸，亦曰临海山。〇白山，在府东南二百五十里，望之如雪，其上有湖，其下有溪。又高丽头山，在府东南二百八十里，自此分路入高丽国，一峰突立如人首，因名。此皆海中诸山也。

三山，府东八十五里海门卫西南。卫滨海，散漫无险可依，山峙立椒江南岸，为卫境之望。又城门岭，在府东南百五十里，当卫城北，亦峙椒江南岸，稍东北即前千户所城也。由此达仙居，走温州，为所境之险。〇城山岭，在府西南三里，以城跨其上而名。又有新岭，在府南三十五里，入自大左岙，至岭脊，与黄岩县分界。《志》云：大左岭在府南四十里。

双岩，府南十五里，与府治对，峻峭为诸山之胜。又马蹄岩，在府南二十里，甚险峻，一名圣岩。又仙岩在府东南百二十里，高广可数百仞。〇常风洞，在府西五十里常风岭上，中幽邃，旧有石栏护之。宋宣和中，尝驻兵于此。又招贤洞，在府西六十里，亦宋宣和中击贼处，其地险僻，设兵戍守。

海，府东百八十里，有两头门诸险。嘉靖中，为倭夷出没处。又有螺门，亦在府东海中。嘉靖中，官军败倭于此。《海防考》：府境最切者，曰海门卫，卫城北即海门港，一名椒江渡，港水流入二十里分两支，一抵台州府城下，一抵黄岩城下，此府境咽喉也。论者谓海门之防，视定海尤棘。定海水港既狭，港外连山，远近皆可泊船分哨，今海门港一潮之远，止有三山一座，形小势削，并无隐蔽，港内不可御敌。外洋风浪汹涌，更无山屿回抱，故明初至嘉靖中，屡被其患，所当增设水军，为港口之备。

澄江，在府城南，一名灵江。其上流为三江。三江者，一自天台始丰溪，一自仙居永安溪，至府西十里而合为澄江，故曰三江。环绕郛郭，潮至此而止，故曰澄江。接于黄岩县之永宁江而入海。元至正十二年，泰不华招降方国珍，乘潮下澄江，触沙不行，贼至战，转为所杀。

东湖，府东三里。宋守钱暄所浚，周十余顷，潴众山之水，引以灌溉。又府西南二十四里有御侮潭，飞瀑下注，汇而为潭，南流入于永安江。

百步溪，府西北六十里。源出天台诸山，流入县界。有二滩湍急，俗名大、小恶溪，经清潭山东注于澄江。《志》云：府南四十里又有滩溪，接三十六渡之水，会府东四十三里之潮漈溪，下流至大田港，入于永宁江。○寨溪，在府东七十里。一名板沸溪。下流入永宁江。相传唐末有方将军者，驻兵击寇于此。今溪侧有地，曰大郭营。《志》云：县境群溪以数十计，大约分注三江，以达于永宁江。

栅浦，在海门卫东南。嘉靖中，倭贼由此入海门港，又由此犯松门卫。《志》云：栅浦去松门不过数里。○湖苔泉，在县南二十五里，出古塘门山，有三十六穴，引流而南，溉田甚众。

蛟湖镇，府东百有二里。有巡司，明初置。又连盘巡司，在府东北百二十里，地名长沙。逼近海口，亦曰连盘港口。明初置巡司，与前千户所相为形援。《宋志》：府东南七十里有管界寨，东南百二十里有亭场寨。嘉定十五年，守臣言：管界、亭场两寨，皆防扼海道，亭场在海门之北，管界乃入里港之中，甚无谓也。宜以管界徙海门南，与亭场对峙，因议移于土马岩，元废。又吴都寨，在府东百五十里，亦宋置，元废。

赤城驿，在府治东南。宋置丹丘驿，明改今名。又泰安驿，在府西北四十七里；横溪驿，在府东北五十里，皆宋置，寻废。○杜渎场盐课司，在县东百里。宋熙宁五年置场，元曰杜渎监，明初改盐课司。《志》云：府东南二里有台州盐仓批验所。又新亭盐场，在府东南六十里，宋置，寻废。《宋志》：临海县东三十里有大田税场，东南百二十里有雄溪铁场，百五十里有香公、广济二铁场，西六十里有归溪铁场，西北五十里有大石铁场，又十里有高梁银场，后废，元初并废大田场。

三石镇。在府东。嘉靖中，倭略临海之三石镇，即此。○新桥，在府东南。嘉靖四十年，倭自桃渚登陆，来犯府城，戚继光败之，又追败之于新桥，又追败之于黄沙，围之于白水洋民居，焚而殪之。《闻见录》云：府北有十二堡桥，为北出宁波之道。

○黄岩县，府东南六十里。西南至温州府乐清县百八十里，西北至仙居县百五十里。本汉回浦县地。后汉以后，为章安县地。隋为临海县地。唐上元二年，析置永宁县，属台州。天授初，改今名。宋因之。元元贞初，升为州。明朝洪武二年，复为县。县城相传唐上元中筑，周九里有奇，后废。明初吴元年重筑，周三里。洪武二十年，徙砖石筑海门卫城。嘉靖三十一年，倭入犯，县以无城，不能守。明年，筑城，周七里。编户百五十六里。

古城，县南三十五里。外城周十里，内城周五里，有洗马池、九曲池故宫基址。楚灭越，越王支庶筑城保此，俗讹为徐偃王城。《志》云：城在大唐岭东，与太平县接界。又有汉城，在县北十里，建置未详。

永宁山，县东五里。以旧县名，石壁峻特，四望皆方。一名方山，其阴曰白龙山，旁为九峰山，山列九峰，二峰特高。又委羽山，在县南五里，一名俱依山，山东北有洞，俗传仙人刘奉林控鹤坠翮处，《道书》以为天下第二洞天。○马鞍山，在县东五里，山势奔迸，脊如马鞍。元末，方国珍以舟师突海门，入州港，犯马鞍山，泰不华击之，战死。嘉靖中，倭贼入犯，官军败之于马鞍山。或云，山在楚门所西北。

松岩山，县西十五里。沿崖而上，凡七里始登石梯，梯数百级，俗名古仙百步街，上平广，有古松碧潭之胜。又灵岩山，在县北十里，一名鹫峰，有飞瀑垂崖而下，潴为深潭。山之右为紫霄山、翠屏山，皆高胜。○盖竹山，在县西北三十里，与临海县接境。县西六十里又有三荟山，周二十余里，分上中下三荟，岩涧洞壑，每入益胜，居人皆以造楮为业。相近者又有平田山，甚高峻，至巅平衍可田，因名。《志》云：县西五十里有灵石山，一名甘露山，孙恩寇境，毁木为船，石从空坠而伤贼，因名。县西百二十里又有黄岩山，一名仙石山，县以此名。

东镇山，县东二百四十里。《临海记》：洋山东有东镇大山，去岸二百七十里，有四岙，极险峻，山上望海中，突起一石，即高丽头山也。又盘龙山，在县东南二十五里，横冈曲阜，状如盘龙。又盘山，在县南五十里，盘回十里，石磴崎岖。○将旗岭，在县西四十里，旧为屯营处。又郑家岭，在县西百有五里，岭路高峻，县西百十里又有五部岭，绵亘甚远，其路五达，因名。《志》云：县西南三十五里有佛岭，与乐清县分界，岭北有军营溪。宋宣和中，官兵御寇结营于此，因名。今溪在县西三十里，源出佛岭，下流入江。

海，县东百里。其入海之口曰椒江，由椒江而西，直接永宁江，抵城下不过七十里，故县之海防，视他所为切。元季方国珍之乱，嘉靖间倭夷之乱，县辄被其祸。

永宁江，县北二十里。有二源，大源出县西南三百余里之尘山，东南流二百十里至左溪村。小源出黄岩山，东北流，合于大源。皆平浅不通舟。合流三十里，至官岙村，无滩碛，直接永宁江，广逾百步，可通舟。又东流百里，过县北，又三十五里而为临海县海口，入于海。从源至海，计四百八十里，亦曰澄江。

青湖，县西三十里。相传湖底有窍，深不可测。又西五里有白湖，又天赐湖，在县东南五十里限浪山下，居民得灌溉之利甚博，不假浚凿，故名。又消湖，在县东南九十里。

官河，县东南一里。《志》云：河自县前至温岭，凡百三十里，别为九河，各二十里，支为九百三十六泾，分二百余埭，绵亘诸乡，溉田七十一万有奇。宋绍兴九年以后，相继浚治，元因之。前朝亦屡修浚，为民利。《宋志》：官河旧有五闸，久废不修。淳熙十二年，提举勾昌泰请修复，即此。又县东有东浦，绍兴中，尝置常丰闸，名为决水入江，而海潮涨淤，每逢旱干，则灌溉无备。淳熙十三年，昌泰奏请筑塞之，温岭见太平县。

长浦寨。县东南四十里。有巡司，本曰界首巡司。洪武二十年，立海门卫移置于此，改曰长浦，筑城戍守。又路桥镇，在县东三十里，宋初为新安镇，后改今名，今亦为戍守处。县东南四十里又有旋井市，亦曰泉井镇。○丹崖驿，在县治东，旧在县东北三里，宋曰永宁驿。乾道三年，又改为仁风驿，元因之。明初改今名。又白峰驿，在县南四十五里，宋置，寻废。《舆程记》：县南六十里至乐清县之领店驿，又南至窑岙驿六十里。又黄岩场盐课司，在县东南六十里。宋曰迁浦盐场，元曰黄岩场监。元贞初，升盐司。明初改今名。

○**天台县**，府西北九十里。东北至宁海县百十里，北至绍兴府新昌县百二十里，西至金华府东阳县三百五十里。汉章安县地。三国吴析置始平县。晋太康初，改为始丰县，属临海郡。宋、齐因之。隋省县入临海，唐武德四年，复置始丰县。八年废。贞观八年，复置，属台州。上元二年，改曰唐兴县。咸通初，王式讨裘甫于宁海，分军屯唐兴，断其南出之路，是也。五代梁开平中，吴越改曰天台。石晋时，改曰台兴。宋复曰天台县。旧有城，相传三国吴永安中筑，后废。宋宣和三年重修。明嘉靖三十二年，改筑，周五里有奇。编户四十二里。

天台山，县北三里。一名桐栢山，亦名大小台山，以石桥大小得名。道书，大小台当五县中央，五县谓余姚、奉化、临海、天台、嵊县也。山经：天台，超然秀出，入山者路由福溪，水险而清，前有石梁，下临绝涧，逾梁而上，攀藤梯壁，始得平路，其诡异奇秀，非纪载所能尽也。今在县北六里者，曰赤城山，土皆赤色，状似云霞，俨如雉堞。孙绰所云赤城霞起而建标者。西有玉京洞，道书以为第六洞天。宋咸平、天圣中，皆投金龙玉简于此，水流为赤城溪，注于大溪。又琼台山，在县西北三十里，稍南三里曰双阙山，两峰万仞，屹然相向。孙绰云：双阙云耸而夹道，琼台中天而悬居。此矣。县西四十里曰瀑布山，一名紫凝山，有瀑布千丈。又石桥山，在县北五十里，石桥架两岩间，长七丈，北阔二尺，南七尺，其中尖起丈余，下有两涧合流，势甚峭峻。孙绰云：跨穹窿之悬岩，临万丈之绝溟。是也。又寒石山，在县西北七十里，一名寒岩。县西九十里有天柱山，其南有黄水峰。已上皆天台之别阜也，余见名山天台。

桐栢山，县西北二十五里。天台之支山也，故天台亦兼桐栢之名，周围有紫霄、翠微、玉泉、卧龙、莲花、华琳、玉女、玉霄、华顶九峰，亦即天台诸峰矣。上有桐栢观。唐懿宗初，浙东贼裘甫作乱，官军与战于桐栢观前，败绩。宋改名崇道观。《志》云：县北十三里有司马悔山，为天台山后，道书以为第十六福地。唐时司马承祯隐此，就征而悔，因名。〇东横山，在县东十里，天台山足也，俗名覆船山，其上坦夷，可三十顷，中有三溪。又东三十里有苍山，以苍秀凌霄而名，接宁海县界。

大盆山，县西百八十里。西接东阳，南界仙居，遥望宛如覆盆，婺江发源于此。〇关岭，在县西北四十里，与新昌县分界。又筋竹岭，在县东四十五里，与宁海县接界。

大溪，在县城西南。《志》云：始丰溪源出大盆山，引而东，天台、桐柏二水入焉，故曰大溪。流经县南，又东南流入临海县界，合仙居县之永安溪，即澄江上源也。又青溪在县西五里，或曰即天台水也，合铜溪而入大溪。县北四十里又有福溪，出石桥山下，分流而西北入新昌县界，为剡溪之上源，其一流南入大溪。又铜溪在县西北五十里，水色如铜，亦南流入大溪。

楢溪，县东三十里。一名犹溪，亦名油溪。源出县东十里凤凰山，东流入宁海县界。溪产铁。胡氏曰：楢溪之东有甬溪，唐王式破裘甫处也。又灵溪，在县东二十里，亦流入宁海界，合于楢溪。旧有灵溪公馆，在县东二十五里。〇左溪，在县西三十里，合天台水，逶迤曲折，至关岭而入新昌县界。

赤城驿，县治西南。宋置。又飞泉驿，在县西二十五里。灵溪驿，在县东二十里。《宋志》：旧路由灵溪驿入京，谓之亭头。后改自东门，驿废，寻又废飞泉驿，元并废赤城驿。〇赤岩银场，在县西十里。宋元祐四年，以矿发置场，寻废为铅坑。县西九十里又有天柱山铅坑，东三十里有楢溪铁坑，元时皆废。

关岭山寨。在县西北关岭上。旧《志》：岭上有石垒寨，唐广德初，王师讨贼袁晁，累石筑寨于此。元末方国珍亦尝据此结寨。又北曰会寺岭寨，亦曰卫墅。《志》云：关山、卫墅，郡西境之险也。今详见新昌县。

○**仙居县**，府西九十里。东南至黄岩县百五十里，西北至金华府永宁县二百八十里，西至处州府缙云县百五十里。晋始丰县地，永和三年析置乐安县，属临海郡。宋以后因之。隋省入临海，开皇十年，婺州贼帅汪文进使其党蔡道人守乐安，杨素讨平之，即此。唐武德四年，复置乐安县，属台州。八年废。上元二年，复置，徙治孟溪，仍属台州。五代唐长兴元年，吴越改为永安县。宋景德四年，改曰仙居县。旧有土城，唐上元中筑，周不及二里，后废。宋宣和中重筑，元毁。明朝嘉靖三十五年，始议筑城，不果。邑为倭所残掠。明年，始垒石为城，周五里，寻复废。今编户九十五里。

括苍山，县南五十里，即真隐山。今县西北九十里有苍岭，即此山之岭。与缙云县接界，重冈复径，随势高下，行者病其险峭。《志》云：岭高五千丈，周八十里。县东南三十里又有括苍洞，真隐山胜处也。道书以为第十洞天。

福应山，县东二里。为近郊之胜，亦名尽美山。又安洲山，在县南五里，一名管山，又名九旬山。山本在水中，唐武德间，风雨大作，沙涌成洲。县东南十五里又有峡山，亦曰大峡岭，众山拱列，溪涧纡回。○青尖山，在县北十里，万山四合，一峰卓立，亦曰圭峰。县北四十里又有紫箨山，山高广，旧名竹山。唐天宝中，改今名。又北二十里有竹家寨，地界天台、永康间，为盗贼渊薮。

韦羌山，县西四十五里。高出众山，险绝难升。又有万竹山，在县西南四十五里，绝顶曰新罗，九峰回环，道极险扼，岭上平旷，自成村落。县西四十里又有翠屏山，苍翠郁葱，亦称幽胜。又金峰山，在县西九十里，山有九峰，次第起伏，其第九峰尤高胜。○彭溪山，在县西北四十里。旧《志》：山多林木，饶五谷，脉接天台，水流为彭溪潭，疏为四堰，溉田甚众。又玉几山，在县西南五十里，方正如几。又西五里为景星山，壁立万仞,上有鹿颈岩。《志》云:县南百里有道赭山,路出温州。

五部岭,县东南百五十里,与黄岩县接界。《闻见录》:自五部岭南出张溪,凡二百余里。又七十里即温州府城,为往来之间道。又三十六崛岭,在县西九十里,出缙云县界。○水帘岩,在县西南四十五里,崖壁横峙,悬瀑如帘,下有石室,甚深广。又太翁岩,在县东四十里,中有泉。宋宣和间,居民多避寇于此。

永安溪,县西北百四十里。源出金华府东阳县界,亦曰大溪。《志》云:溪有二源,小溪源出县西二百十里冯师山,东流百里至曹村,浅不可舟,自曹村而下,可胜小艇,又东至妃姑村,与大溪会流六十七里,环城西而东出,入临海县界,合天台县始丰溪,接澄江而入海。○曹溪,在县西南九十里,源出括苍岭,南流四十里,合诸溪水入大溪。又方溪,在县西南百七十里,源出温州府永嘉县之杉冈,亦合诸溪之水,北流注于永安溪。

彭溪,县东二十里。源出天台山,南流百十里入永安溪。嘉靖三十五年,倭贼据仙居,官军进击,贼走彭溪,官军歼之于溪上。又有白水溪,在县东二里,源出竹山,入大溪。一云亦出天台山,经县东北四十里,流长百里,合彭溪而入大溪。

湘湖,县东十五里。潴众山之水,四时不涸,居人资以灌溉。相近者又有深澄湖,又东十里曰磬湖,又二里曰莼湖,县东南二十里又有黄赤湖,皆潴水溉田。○小西湖,在县西二十里,延袤数里。南宋初,吴芾所开。又千头湖,在县南二十五里,唐末黄巢犯境,义兵拒敌,诛贼党千级,投湖中,因名。

白塔寨,县西三十五里。《宋志》:嘉定十五年,守臣言:白塔寨,因宣和中寇乱置,今已为聚落,而苍岭当衢、处、婺三州,冈阜深阻,行者穷日而后度,人烟迥绝,寇攘所凭,请徙于岭下戴村。寻废。○安洲驿,在县治西，本名括苍驿。宋置，嘉泰二年，以近安洲山，改今名。元废。又有苍头驿，在苍岭上，亦宋置，寻废。又安仁铁场，在县西百二十里，宋开禧元年置，元废。

田头市。县西三十里。明初置田市巡司，嘉靖中废。○官路桥，在县西二十里，为往来之通道。

○宁海县，府东北百八十里。东北至宁波府象山县二百三十里，北至宁波府奉化县百二十里。汉回浦、鄞二县地。晋太康初，析置宁海县，属临海郡。宋以后因之。隋省入临海县。唐武德四年，复置属台州。七年省。永昌元年，复置。《城邑考》：县旧治海游镇，永昌初徙今治，筑城周不及二里，寻废。嘉靖三十一年，以倭患筑城。万历十九年，以淫雨城圮，复修筑，周六里有奇，编户百十三里。

卧龙山，县治东南一里。山势蜿蜒，如龙偃卧，一名应家山。又南里许有千丈岩，壁立高峻，下有青镜湖。○白峤山，在县东五里，亦曰白峤岭。《志》云：晋置宁海县，初治此，今有白峤驿，路出奉化县。又东二十里有瀛岩，滨于海，崖崿险绝，下蘸波心。

雷山，县西三十里。有三十六峰，亦曰三十六雷山。又梁王山，在县西南三十里，为往来通道，置公馆于此。○王爱山，在县西六十里，路接天台县界。《志》云：唐咸通中，裘甫据宁海，王式败之于海口、上嵝、海游三处，甫盖从王爱山遁走剡城。又凤山，在县南百二十里，健跳所城跨其上。

天门山，县北六十里，接奉化县界。山从嵊县发脉，缭绕三百余里，其麓有阆风台，拔起数千仞。又龙须山，在县西北五十里，旧产铜铁。《志》云：山冈四断，怪石屹立，有三龙湫。又峡石门山，在县西北五十里，两峰夹起，矗立千仞。○三门山，在县界二百五十里海中，海舟出入必经之所，今设兵船泊守，南与大佛头，北与林门各兵船会哨。又罩恩山，在县东百里，大海环其下。县东北九十里又有盖仓山，濒大海，一名茶山，亦曰茶岩，下有柴溪，引流注海。

桑洲岭，县西六十里。有桑洲驿。又县西南百二十里有桐岩岭，其上为朱家岙驿。又西南六十里即府城也。旧路由狼坑、县渚、海游而西，纡回阻滞。宋靖康以后，取道于此，至今便之。嘉靖中，戚继光讨倭寇，驻军桃渚，寇屯聚桑洲，粮援久之不至，盖控扼要地也。

海游岭，县南六十里。下有镇。唐咸通中，王式大破裘甫于海游镇，甫遁入甬溪洞，官军与战于洞口，又破之。旧《志》：洞在县西南百余里，入天台县界。又战坑岭，在县南百里，危峻难登，俯瞰大海。其相近又有佹桥岭，两石峙立如门，架木为梁以度，下有泉，甚湍急。○枫槎岭，在县南二十里，亦曰枫岭。嘉靖中，倭寇入犯，官军御之于此，败绩。又南五里有摘星岭，本名新岭，岭甚高峻，因名。

大龙岭，县西南百里。回旋曲折，凡二十五盘，接天台县界。○栅墟岭，在县北六十里，与奉化县接界。旧有栅墟巡司，元置，今废。又苏木岭，在县西北九十里，与绍兴府新昌县接界。又西溪岭，在县东百二十里，又东百里至象山县城。

紫溪洞，县东北四十里。幽阻险隘。唐宝应初，袁晁作乱，李光弼讨之。晁死，其弟瑛从五百骑遁入此。光弼驻兵洞口，绝其粮道，俱饿死。宋时洞口犹有遗镞云。今亦曰紫溪岭，路出象山县。

海，县东四十里。《夷坚志》：县东海中有尾闾，与海门马筋相值，自高山望之，其水湍急，陷为大涡者十余，舟楫不可近，旧传东海泄水处。又健跳港，在县东南百二十里，健跳所东。有长洛渡，阔四百余丈，出海往茅头大洋，上接海中查盘山与练陀等处，下接海中青屿、黄毛礁与牛头、桃渚诸处。《海防考》：健跳所孤悬于重山之外，恃舟船为命，守港之师，不可暂撤。是也。又茅头洋，一作猫头洋，亦在健跳所东北。

嘉靖三十九年，官军败贼于此，又追破之于青门洋。青门洋，即青门港，见象山县。

鄞江，县东北四十里，与象山县接界。自奉化县东南境，合诸溪之水及县北白渚溪、马紫溪，俱汇流以入海。唐咸通中，裘甫据宁海，王式遣军屯海口，以遏贼入海之道。胡氏曰，即自鄞江走象山之道也。今县北五十里，地名海口，旧置海口驿，今废。

上白溪，县西南四十里。源出天台华顶峰，东北流八十里，合大溪，由双港渡东流以入于海。又有湖淳溪，在县西南五十里。源出天台石桥，东流至双港溪，又东三十里而入海。○大溪，在县南一里。源出县西南百里之桃花坑、牛头潭诸处，至县东南十五里，合于上白溪。

海游溪，县南七十里。源出海游岭，东流五十里入海。《志》云：县南六十里有新市桥，旧为海游渡，长四十丈。又宁和溪，在县南九十里，源出天台诸山中，入县境北流四十里，又东流十里入海。相近又有东溪，源出县南九十里屈母山，中有铁沙，冶之成铁。会宁和溪以入海。○沙溪，在县西北百七十里，汇诸山溪水，流入绍兴府新昌县界，合奉化县之沙溪，而为王宅溪。

梅岙镇，县南百里。旧有铁场，亦戍守处也。嘉靖中，倭贼寇县，由梅岙突入乐清县界。今县南七十里有曼岙巡司，东南八十里有窦岙巡司，县东二十五里有越溪巡司，东百里又有长亭巡司，县北六十里有铁场巡司，俱洪武二十年筑城置戍，为滨海之备。志云，宋元时，县境有铁场数处，今皆废。又长亭盐课司，在长亭巡司东三十里，宋置盐场，在县东十五里港头镇。大观三年，移置此，今因之。又县南海游山下有海游镇，洪武初，置税课局，正统三年废。○临门寨，在县东二百里海头，宋置，元废。又麻岙寨，在县西南七十里，元置巡司，今废。

白峤驿。在县治西。宋置于治东，名迎恩驿。元至正二十三年，改

今名，徙置治西，明因之。万历二十年，移于桑洲。三十九年，废驿为白
峤公馆。又桑洲驿，在县西桑洲岭，洪武二十年，汤和增置。嘉靖四十五
年，改隶天台县。又朱家岙驿，在县西南铜岩岭，亦洪武三年置驿于县西
九十里朱家岙，因名。二十年，徙置于此。《志》云：宋于县城东置妙相
驿，县南七十五里置县渚驿，县北百十里置海口驿。靖康以后，迎恩、县
渚诸驿皆废。元又废妙相驿，置白峤驿。明朝建朱家岙驿，增桑洲驿，与
白峤为三驿云。

〇**太平县**，府东南百四十里。北至黄岩县八十里，西南至温州府乐
清县九十里。本黄岩县及乐清县地。明朝成化五年，分黄岩南境置县。
十二年，又分温州府乐清县之北境益之。嘉靖三十一年筑城，周五里有
奇。编户五十六里。

石盘山，县治南二里。峰岩错列，泉石竞胜。《志》云：山从雁荡
山发脉，绵亘起伏，至此六十余里。其南连大雷山，山周三十里，高数千
丈，为县之南屏。《志》云：大雷山，在县南十七里。又五龙山，在县东南
八里，山有石耸立，一名百丈岩。又有北五龙山，在县东三十五里，新河
所城亘其上。

王城山，县西北三十五里。本名方城山，绝巘壁立如城。相传越
王失国尝保此。唐天宝六载改今名。山中峰岩绝胜，顶平旷，约百余亩，
居人垦之，号仙人田。山下有溪曰桃溪，相近者曰玉山，两崖对峙，亦曰
古塘门。又娄崎山，在县西北二十里，亦曰楼旗山，雄峙霄汉，海舶每视
为向道，一名天马山，上有龙湫，山之东五里，曰横屿。屿东有横峰桥，
亦曰月河桥，去县二十里。〇盘山，在县西北四十里，以山岭盘屈而名。
相近者曰大唐岭，山有溪，南流至白箸滩，入温岭江。二山俱接黄岩县
界。

松门山，县东南五十里海中。亦曰松门岛，松门卫以此名。又桂岩

山，在县东南二十里，其南有崎头山，隘顽所置烽堠于其上。又盘马山，在县东北四十里，回旋险仄，有巡司戍守。○石塘山，在县东南六十里海中，屿岙参错，大山环峙，旧属黄岩县。居民甚众。明初以倭寇犯境，徙居民于内地，此山遂墟。其相近有三女山，二石如柱，潮平则没，舟行畏之。又大陈山，在县东南海中。《志》云：台州之山，惟大陈膏腴，且有淡水，每为倭贼所据，防守最切。嘉靖三十四年，官军败倭于此。相近者又有南赤礁山、夏公岙，亦海中小山也。嘉靖三十八年，倭贼由此犯松门卫。

玉环山，县西南七十里楚门港中，今详见乐清县。又有灵山，与玉环山相接，其峡如门，名楚门港，海舶每由此出入。《海防考》：楚门所东北海岸有鸡脐山，倭犯楚门，此为必由之道。

温岭，县西十里。一名中峤山，亦名温峤岭，亦曰峤岭。《永嘉记》：妖贼孙恩筑城峤岭，高四丈，周六百步，即此处也。相传温州之名以此，有东西两峰，东大西小，亦曰大岭、小岭，宋置温岭驿于此，路出乐清。今驿废。岭北又有路桥，为黄岩县之通道。《志》云：县北五里有虞岙岭，路通温岭，或讹为渔岭。嘉靖三十四年，官军败倭贼于新河所，贼遁走渔岭，官军复追败之，即此。○湖雾岭，在县西北三十三里，屹立湖侧，西连雁荡，北接唐岭，常有海气升腾如雾，因名。路出乐清县。

藤岭，县南二十余里，又东南即隘顽所也，南出温州。又所东北有慢游岭，为松门之阻隘。○南湾岭，在县境楚门所西北，有高山万仞，环列海滨，松林如织，鸟道纡回。嘉靖三十九年，戚继光追破倭贼于此。又长屿在县东北二十五里。又东曰撮屿，上有烽堠。

海，在县东南二十里，曰大闾港，亦曰大闾洋。元至正十一年，方国珍作乱，焚掠沿海州县，命江浙行省亨罗帖木儿击之，至大闾洋，为贼所败。《志》曰：大闾港在长沙海口，南有骊洋，下有骊龙窟，出此则茫无畔岸矣。

迁江，在县东。源出王城山之桃溪，一名月河，东流合诸山水，为新建河，经县北三十里，为官塘河。河西南达温岭，东南抵县城，北通黄岩，为舟楫交会之冲。又东至新河所城，乃为迁江，阔二里，东入海。迁江盖即黄岩县官河之下流矣。○大溪，在县西北三十五里，源出乐清县界大安山。又有小溪，源出湖雾岭，合众流为百浆诸溪，下流入于官塘河。

横湖，县东南十余里。县境溪流三十有六，皆会于此。又有消湖，在五龙山麓。

山门港，县西南十五里。源出温岭诸山，亦曰温岭江，俗称江下，南出山门港及楚门港入海。凡海舰西去温州乐清，北趣台州黄岩，率由此舣泊。又松门港，在县东南五十里甘畚海口，出海即石塘山也。又灵门港，在县东松门卫南，东接海中鸡脐山，与松门港接境，南接楚门洋坑，下接硐樵山，又隘顽所之藩卫也，有兵戍守。又有中洲港，南出海中茅堰山，与蒲岐港接境，北出海中邵山，与灵门港接境，嘉靖中，亦设水军戍守。

沙角寨，县南二十五里。有巡司，洪武二年，设于岐头山下，二十年移置于此。又三山巡司，在县西三十里。蒲岐巡司，在县西四十里。小鹿巡司，在县西南四十里。县东南四十里又有盘马巡司，洪武二十年设。旧皆属黄岩县，成化后今属。《志》云：县西旧有温岭巡司，洪武元年设，二十七年，移于乐清县之苔山，后废。苔山，今在乐清县东南七十里海中。

斗桥。在新河所西北。嘉靖中，戚继光屯此，与倭战，败之。又清港渡，在县西南三十五里，为三山，楚门往来冲要。

附见：

台州卫，府治西，洪武五年建。

海门卫，府东九十里。洪武二十年建，筑城周七里有奇。嘉靖三十二年重修，领所四，卫为浙东门户，三面阻水，倭易登泊，其救援之道，自临海、黄岩而东，有泉井、路桥、三山三道，御之于港口，又当备之于内地，盖水陆俱切也。

前千户所，卫城北七里。洪武二十八年建，城周三里有奇。嘉靖中重修。所南临椒江，与卫城仅隔一水，利害相共。所东北有连盘港，港深而长，背山面水，健跳、桃渚二港会于此处，倭寇每恃为巢穴。

桃渚千户所，卫东北五十里。洪武三十年建，筑城周四里有奇，卫城及府治之藩翰也。嘉靖中，重修所城。贼屡来犯，官军击却之。《海防考》：所东有桃渚港，外接大海，北达健跳，有盐塘、除卜、仙岩诸海湾，寇每从此突至。由里路至海门，不过四十里，当设舟师，以备御海口。而昌埠港在所城东北十里，有昌埠岭，与桃渚港皆委蛇细曲，虑贼以小舟袭入。所南又有肯埠岭，北有白莲岭，东有安圣寺诸处，皆可设伏以遏贼冲。嘉靖三十九年，倭贼围所城，官军败之，贼遁昌埠，依山为固，官军复攻克之，是也。

健跳千户所，卫东北百十里，宁海县南百二十里。洪武二十年建，筑城周三里。《海防考》：所东去昌国卫，隔大洋，西去桃渚百里，去府城百四十里。三面阻山，皆羊肠鸟道，缓急不能遽达。惟东面山，前距海，倭泊城下江中，陆路之援不可恃，惟应以海门舟师捣之，而邀之于山道，以防其内溃，庶为完策。

新河千户所，卫南五十里，太平县东北三十里。洪武二十年建，城周四里有奇。所去松门、隘顽、黄岩各五十里，所谓适中之地也。三面俱有大路，可以进兵应援，惟北至海门皆田塍，雨久潦溢，则泥泞可虞。《海防考》：所东南即新河港，港口浅狭，贼往往由此登陆来犯。所东有藤岭及横山诸处，俱为戍守要地。又有周洋港，亦在所东，嘉靖四十年倭由此登陆入犯。又金清闸，在所北，嘉靖中，官军败倭于此。

松门卫，太平县东五十里，西北去府城百八十里。本宋黄岩之松门寨，去县百二十里。洪武二十年，改置卫，筑城周九里有奇。嘉靖中增修，领所二。《海防考》：卫东即松门港，港东岸为朱门山。又东为积谷山及下洋、大陈呑诸处，外即大海，直抵日本。北往化屿、龙王堂、鲤港、横门、大潭、深门诸处，与新河、三汊港接。南往鸡脐、钓棚、硐礁、鹿头、片屿、骊洋、邓山诸处，与灵门接。海内小山最多，若倭贼由温州来此，径抵城下，若自外国来，止过大陈、邓山、大鹿登岸，皆为贼巢，港内迂回屈曲，捍贼尤难也。

隘顽千户所，卫西南五十里，太平县南三十里。洪武二十年建，城周五里有奇。《志》云：所北卫太平，南阻楚门，城外四面皆山，高插天表，城垣敧矮不足恃，唇齿之援，惟恃松门水军。嘉靖三十七年，官军败倭于此。

楚门千户所。卫西南百二十里，太平县西南六十里。洪武二十年建，城周七里有奇。对岸为温州蒲岐所，贼由三山、大荆趣温州，必径度蒲岐所，防守为切。《海防考》：所西北有东门港，由所城至太平温岭江之道也。沿山滨海而行，山林茂密，水港出入。又十五里里为南湾，高山环海，即所谓南湾岭也。又有泥湖碚，在所南。嘉靖三十八年，贼由此入犯所城。

读史方舆纪要卷九十三

浙江五 金华府 衢州府

○金华府，东北至绍兴府四百五十里，东南至台州府五百七十二里，南至处州府二百八十里，西至衢州府一百九十三里，北至严州府一百五十里。自府治至布政司四百五十里，至南京一千二百三十里，至京师三千七百四十八里。

《禹贡》扬州之域。春秋、战国时为越地。秦属会稽郡。汉因之。后汉为会稽西部都尉。治乌伤县。三国吴宝鼎元年，置东阳郡。治长山县。晋以后因之。梁末，置缙州。太平元年，以留异为缙州刺史，领东阳太守。陈废州，改置金华郡。天康二年，讨平留异。盖是时改名。《玉台新咏》：金星与婺女争华，故曰金华。隋平陈，改置婺州。亦以天文婺女之分而名。大业初，复为东阳郡。治金华县。唐复为婺州。天宝初，亦曰东阳郡。乾元初，复故。五代时，属于吴越。石晋天福四年，吴越升州为武胜军节度。宋仍为婺州。亦曰东阳郡武胜军。淳化初，又改军名曰保宁。元曰婺州路。明初改为宁越府，宋龙凤四年，元至正十八年也。寻曰金华府。龙凤八年改。领县八。今仍曰金华府。

府控临安之腰膂，当台、绍之上游，西臂信安，南肘括郡，所谓腹心之地也。引兵北出，则敌不知其所备，而钱塘失其险矣。若马首南向，闽、岭虽峻，又岂足以自保哉？明初规取浙右，克婺州而固守之，扃钥东陲，鞭棰臣猾。明太祖尝言，宁越为浙东重地，不信然欤？

〇金华县，附郭。汉乌伤县地。后汉初平三年，孙氏析置长山县。吴宝鼎初，为东阳郡治。晋、宋、齐因之。梁改置金华郡，亦治此。隋平陈，郡废，改县为吴宁。开皇十二年，改曰东阳。十八年，改今名，为婺州治。唐初因之。垂拱二年，改为金山县。神龙初，复曰金华。宋因之。今编户二百有五里。

婺州城，《志》云：旧城在今城东四十里。一云：去府西南四十里，今汤溪县境内。唐开元中，始徙今治。旧有子城，周四里，宋废。今城，相传吴越时筑。宋宣和四年，因故址修治。元废，至正十二年重筑。明初亦尝修治，后渐圮。万历三年，缮修完固。旧有十一门，今存七门。城周九里有奇，南临大溪，三面环濠，倚山带水，东西长而南北短，险固可恃也。〇长山废县，在府东。唐武德四年，析金华县置，属婺州。八年，省入金华县。

金华山，府北二十里。一名长山，山桥在焉。南去府城三十里，山中诸溪汇流其下，两崖对峙，高数百仞，登其上，则城郭聚落宛在目前。《志》云：府北二十五里有鹿田山，为北出兰溪之间道，即金华山之鹿田峰也。相接者曰白望山、乾封山，而乾封山又为鹿田之门户。余见前名山金华。

铜山，府南二十里，下临南溪。一名白沙山，旧产铜，下有铜山泉。又有铜山寺，景泰中，张楷讨处州矿贼，驻师铜山寺，贼来战，败之，因招降其余党。又西南五里曰石门山，山高三百丈，有石对峙如门，水乘高而下者三级,俗谓之龙门。

南山,府南四十里。高数千仞,周四百余里。脉自括苍山来,南则遂昌、松阳、宣平,东则永康、武义,西则龙游、汤溪诸山,皆相联络。深邃幽远,千峰层矗,高入云表,阴岩积雪,经春不消。其最高之巘,曰箬阳,去郡城百里,上有龙湫,名三断水。三断之东,有大溪、小溪,流出为上干、下干,南合于梅溪。又白原山,在府南五十里,《志》云,高千余仞,罗列二百余峰,盖亦南山之别阜矣。

东山,府东五十里。高千余丈,周三百里。东接东阳县之大盆山,南为武义县之八素山,山之高巘,曰齐云冈。又有葛公山,五峰卓立,高千余仞,东北入义乌县界。《志》云:山在府东七十五里。○至道山,在府东南三十五里,一名覆釜山,亦名积道山,连峰拥翠,石磴萦纡,山顶平旷,可列屯营。

太阳岭,府东北五十五里。高峻若与太阳齐,逾岭即浦江县界。○黄姑岭,在府东北五十里,宋宣和中,方腊寇婺,邀败官军于此。又樟柏岭,在府西二十里,为陆走兰溪之道。

东阳江,在府城南,即婺港也。亦曰双溪。双溪者,一为东溪,亦名东港;一为南溪,亦名南港。东港源出东阳县大盆山,经义乌县,西流入境,有航慈溪、白溪、玉泉溪、坦溪、赤松溪皆汇流入焉。经府东三里之石崎岩,又西与南港汇。南港源出处州府缙云县雪峰山,经永康县、武义县流入境,有松溪、梅溪、白沙溪皆汇流入焉,绕府南五里之屏山,西北流,与东港会于城下,故曰双溪。诸水汇流,波纹如縠,谓之縠溪,亦曰縠水,西流受白沙溪、桐溪、盘溪诸水,入兰溪县界,又名为兰溪,此即浙江东南别出之源也。《唐·五行志》:咸亨四年,婺州大雨,山水暴溢,溺死五千余人,即群山之水,奔注縠溪不能容也。《郡志》云:双溪经府西五里,中有五百滩,盘亘甚大,舟行牵挽,须五百人,然后可渡，故名。

通玄溪，府北十五里。源出金华山巅徐公湖，经山桥下，又南经府北十五里之东紫岩，环郡城后，至城东南之弘济桥，入于南溪。又回溪，亦出徐公湖，分流西南出，绕城北诸山，至城西南，入于双溪。又赤松溪，亦自金华山发源，东南流，至府东十二里，入于东溪。

梅溪，府南十五里。源出武义县大家山，东北流，合南山之筶阳、上干、下干及下坂之水，又北会于南溪。又松溪，在府南四十里，源出武义县，入素溪，合诸溪之水，又北会积道山之水，西流入南溪。○航慈溪，在府东四十里。其上源即义乌县界小双溪也。西南流，入于东溪。又黄湮溪，在府西二十里，源亦出徐公湖，西南流，入兰溪县界。又有潜溪，出府西北三十里之九龙洞，南流合黄埋溪，注于大溪。《志》云：境内诸溪皆出山涧中，盘纡缭绕，群滩栉比，皆合双溪，为婺港，而会于衢港。

双溪驿，在府治北。五代时，钱氏置金华驿，宋元因之。明朝改为双溪马驿。又有双溪水驿，在府城西南。元置通波驿。明初，改今名。○孝顺驿，在府东五十五里，元置。为东出义乌之通道。今驿废，亦曰孝顺镇。又有竹马馆市，在府西二十里，驿道所经也。

通济桥。在府城西南。长七十余丈，临双溪，与问津桥相望。元至正间，甃甓为梁，复就圮坏，乃比舟贯绹以渡行者，曰上下浮桥。今府东南三里有弘济桥，长三十余丈，盖即故问津桥矣。又松溪桥，在府南二十五里，长二十五丈，路出永康。

○兰谿县，府西北五十里。南至汤溪县五十里，北至严州府九十里，西北至严州府寿昌县七十里。隋为金华县地。唐咸亨五年，析置兰溪县，属婺州。宋因之。元元贞初，升为兰谿州。明初复为县。《城邑考》：县旧有子城，周不及二里，相传唐末筑，久废，其邑城周二里有奇。元至正十八年，城归于我，因旧址修筑。越七年，城圮于水，复修筑，后屡圮于水。正统九年，列栅为守，以备括寇。万历中改筑，甃以砖石。今城周四里有奇，编户二百六十九里。

大云山，在县治东南。俗名大寺山，以下有佛刹也。山不甚高，而延袤数里，名亦不一。西南临大溪，其东南曰费陇山，两崖夹峙，中通逵道，山口为五里牌。正统中，括苍盗起于此，设木寨以御之。又天福山，在县治右，今城址环其麓。又兰阴山，在县西南七里，一名横山，横截大溪，周十二里，山顶有塔，下有龙潭，亦名横山潭，即兰溪所汇也。县东十里又有铜山，接金华山西麓，旧产铜。

南住山，县南十五里。祝穆云：其山自闽中迤逦而来，至此截然而住，因名。又南五里曰古城山，高阜中峙，两山环其左右，山脊有城，周二三里，缺处如门。

洞岩山，县东二十里。一名灵洞山。高百余丈。灵洞凡六，而著者三，曰白云，曰涌雪，曰紫霞，余为上中下三灵洞，亦曰小山洞。东麓有白坑，西有红坑，长皆五六里。又东北一峰，名小飞来，下有天池，泉流为洞溪，东南注于双溪，山口又有天井岩，高亦百余丈。又紫岩山，在县东二十五里，山上有岩，色紫，形如覆釜，穹窿深广，可容百余人，旁有玲珑岩，其下为鹳窠岩，深广皆数丈，容二三百人，八石溪出焉，流入婺港。○高眉山，在县东北二十五里，杰出群峰，石壁凌空，松阴盖地。又东北五里为十二曲山，山腰路有十二曲，飞瀑如练。

盘山，县北五十里。顶平如盘，四围累石如城，相传昔人避兵处。又北五里有马岭，接建德县界。《志》云：山北十五里有水山，山多流泉，下有三源，曰鲍源、盛源、缪源，各深十数里。○砚山，在县西五十里，高数百丈，盘亘二十余里。山顶平正，有池如砚。其西为陈岭，石路岧峣，千有余丈，接龙游、寿昌二县界。《志》云：县西四十余里有白石山，一名玉华峰，山腰有洞，险不可登，前为道峰山，相对白仁山，山之左又有巨石、飞泉诸胜。县西三十里又有龙门山，状若游龙，夹道如门。二十五里为柱竿山，平地突起，旁有高峰，俗呼将军山。又大慈岩，在县西北五十里，岩洞深广，自麓至巅约十余里，与寿昌县接界。

万松源，县西四十里，山绕谷深，源口盘固，可以避乱。又县西有慕坞、现坦、塔弹三峰，诸源皆山溪盘结，中宽平，可田可渔，深或数里，或数十里，居人保固其中，并擅桐漆材木之利。又木沉源，在县北。其西为湛里源，又西为鲁源，皆大山相夹，深三十余里，居民盘布，物产甚饶。

兰溪，在县城西南。《志》曰：兰溪亦曰大溪，其源有二。一自衢州府东北流至县，曰衢港。一自府城西流至县，曰婺港。二水合而汇于兰阴山下，类罗縠文，又名縠水。经县北三十里香山下，亦名香溪，有香溪渡。又北五里至金家梁，五里为白雁滩，十里为三河，为望云滩，北至严州城东南，与徽港合，是为浙江之上源。胡氏曰：浙江有王源，其发于乌伤者，《水经》谓之吴宁溪，即婺港是也。

灵湖，县东十九里。长二里，广五十丈，中有泉穴三十六。又泉湖，在县西北二十里，广百余亩，中有泉穴十。县北又有长湖，长十余里。《志》云：县境诸湖以二十计，皆潴水灌田处也。

东溪，县东二十五里。其上流亦曰双溪，诸山之水所汇也。一名石匣溪，西流入于婺港。〇大梅溪，在县北五十里崧山下，源出浦江县之大洪岭。又有小梅溪，出浦江县之乌蜀山，经崧山下而合流，至县西北三十五里金家梁，入于大溪，亦谓之龙门水。

赤溪，县西北十五里。源出寿昌县东南二十五里之长岭，流入县界，合于衢港。又有乾溪，在县西北二十里，有二源。一出严州府西南二十五里之马目山，谓之芝溪。一出县西北四十五里之塔弹源，谓之社溪。经县西北三十里白露山下而合流，又十余里至湖埠，入于大溪。

平渡镇，县西北十二里大溪北岸。下有女儿渡，溪流至此，东西阔二百余丈，有巡司戍守。洪武六年置。○永昌镇，在县西北四十三里。其地即古三河戍也。《志》云：今县治即孙吴时所置三河戍。似误。唐亦置戍于此，其地与建德县接界，今曰永昌镇。有三河渡，为金、衢、徽、严四郡之要地。嘉靖间，矿盗窃发，设兵驻防于此。

瀫水驿，在县城南。宋置兰皋驿，在县治西。元为兰江水站，在河东岸，后皆没于水。明朝洪武初，改为兰溪驿，移于城南门外。十四年，改今名。又兰溪递运所，亦置于此。又香溪税课局，在县北三十里香溪镇。○普济桥，在县西北女儿渡上。宋绍圣中，维百艘以梁溪上，名普济桥，后更名望云，今桥废，仍以舟济。又县西门外有悦济浮桥，一跨衢江，一跨婺江。两江相合，有洲渚横亘，如月牙树石，其端系铁絚以维舟，两浮桥相距不过百余武，为水陆津要。《志》云：悦济桥，旧名中浮桥，宋绍兴中始建，元末废，洪武初复建。其后修废不一，至今为民利。

○**东阳县**，府东百三十里。南至永康县百十里，西至义乌县四十里，北至绍兴府诸暨县百二十里，东至天台县三百五十里。汉乌伤县地。唐为义乌县地。垂拱二年，析置今县。五代梁开平四年，钱镠奏改曰东场。宋咸平二年，复故，仍隶婺州。旧有土城，周十里，中为子城，相传亦吴越时筑，岁久堙废。明嘉靖三十三年，倭寇突犯。三十七年，始筑石城。隆庆元年，增修，周不及八里。编户二百有二里。

吴宁废县，县东二十七里。汉末，孙氏分诸暨县置，属东阳郡，隋废。县盖置于此。其废城周一里，土人犹名其地曰城里。今亦见诸暨县。

三丘山，县南八里。高三百六十丈，周二十里。晋义熙间，殷仲堪为守，尝登此，郡人比之羊叔子，因名岘山，有东西两岘峰。又夏山，在县东南四十里，上有禹庙，因名。高七百丈，周二十里，四面峭绝，山顶有池，曰上湖，冬夏不涸，山之西有西岩岭，西至县三十里。〇歌山，在县东南七十里，上有石室，容百余人，山下有溪，旧通临海，今堙。又松山，在县南七十里，相传唐末有马将军者，立寨于此，以拒黄巢。

东白山，县东北八十里。《志》云：山高七百三十丈，周五十里，峰峦层叠，与会稽、天台诸山相连属，中有水，流入东阳溪。其西南有西白山，高四百五十丈，与东白相峙。《嵊志》云：东阳有北白山，盖即大白山也，随地异名耳。又有蒿山，亦与大白相接，山凡六面，上有三十六井。《志》云：西白山、蒿山皆在县东五十里。〇金山，在县北五十里，自此迤逦而北。又二十里至毕岭，接诸暨县界，俗谓毕岭为宠钱岭。

大盆山，县东南百三十里，接台州府天台县界。其南为大溪水所出，其北则东阳江之源也。《志》云：山高五百丈，周百三十里，形如覆盆。其傍有小盆山，东阳江别源出于此。

南午岭，县南十里。温、处、台、闽取途处也。嘉靖三十三年，倭贼自仙居来犯，官军御却之于此。又马鬃岭，在县东南二百四十里，岭险峻，延袤三十里，为台、婺之咽吭。嘉靖三十三年，倭寇由此窥犯，三十五年，复寇仙居，因筑寨岭上，以为防御。〇乌竹岭，在县东北四十里。逶迤数折，与县东北二十里之大小岭，三十五里之蒿岭，北七十里之鸬鹚岭相连亘，为北境之关隘。寇自粤至者，此为拒扼之所。又白峰岭，在县东北七十里，高三百丈，石栈萦纡，东通嵊县。嘉靖三十五年，据险立寨，以防倭寇。

乌舞岩，县南七十里。高五百丈，上宽平，可容千人。唐末置寨于此，以拒黄巢。其相近者又有黄藤岩，下临清潭，高三百余丈，鸟道纤回。其顶平旷，可以避乱，旁峙者又有西明、马鞍等岩，皆有洞穴迂回，环互为险。

东阳溪，在县北五里。旧曰吴宁溪。出大盆山，屈曲流二百里始至此，俗谓之河埠。又西入义乌县界，亦谓之乌伤溪。《水经注》：吴宁溪出吴宁县，下经乌伤县，谓之乌伤溪。胡氏曰：浙江有三源，其发于乌伤者，《水经注》谓之吴宁溪，即今之婺港也。按吴宁县，旧分诸暨县置，在东阳县之东界，大盆山旧盖属之，故《水经注》云然。《志》以吴宁溪为出义乌县南之杳岭者，非也。〇画溪，在县西南三十五里。亦出大、小盆山，环绕县南境，合诸溪水而西北出，群山萦回，草木如画，因名。入义乌县境，合于东阳溪。横溪，县南四十二里。亦出大盆山，汇县南境诸溪之水入于画溪。又荆浦溪，在县南四十五里，西流会于横溪。县南六十五里又有桱溪，西流合荆浦溪。县东二十里有定安溪，东北流，入东阳江。《志》云：县境诸溪，大抵皆出大盆山，惟桱溪出县东南八十里之杨溪龙湫。

乌竹岭寨，在乌竹岭上。嘉靖三十七年置，其北接鹭鹚岭，达诸暨县界之乌岩，其南接嵩岭诸山，实为要隘。又县东北有白峰岭寨，在白峰岭上，一名长乐寨，亦嘉靖中置。又马鬃岭寨在马鬃岭上，亦嘉靖中置。又夹溪寨，在县东百里，有夹溪桥。群山中断，两崖壁立，其水悬流而下，汇为十八涡，桥亘其间，如缀绝缏。嘉靖三十四年设寨于此，居然天险。

永宁镇。县东五十里，本宋之茶场，绍兴十年，改为永宁巡司。元及明朝因之。今亦曰茶场市。又废宁宾驿，在县城南，宋置，元改画溪驿，明初废。又清潭埠，在县东五十五里，皆往来要道也。

〇义乌县，府东百十里。南至永康县百五十二里，北至浦江县六十里。汉为会稽郡之乌伤县，以秦时孝子颜乌伤其父而名。后汉移会稽西部都尉治此。孙吴属东阳郡，晋以后因之。隋属婺州。唐武德四年，置绸州，七年州废，改县曰义乌，仍属婺州。旧有城，周三里有奇，久废。嘉靖三十四年，甃石为门，城不果筑。今编户百四十五里。

废绸州，在县治北。《新唐书》：州以绸岩名。今县北二十里黄蘖山下有绸岩。或云州盖置于岩下，误。又华川废县，在县西南三十里。唐武德四年，分义乌置华川县，属绸州，寻与州俱废。《类要》云：县西南有绣川城，即华川矣。《郡志》：唐初分乌伤置乌孝县，与华川并属绸州。七年，并入华川县。今正史不载，恐未可据。

鸡鸣山，县东五里。前瞰县郭，傍临大溪。又东四里有石门山，连山中断，两石对峙如门。○南山，在县东十五里，蟠折萦纡，广袤数里，上有平土可耕，人都居之。鲇溪之水出焉，西流至县东南二里，入于大溪。又有岩山，在县南十里。其中高者曰齐山，下有双洞，南曰前溪，北曰梅溪，俱西流，经县西南三十五里之吴溪渡，合吴溪以注于大溪。

铁岩山，县东南二十里，俗名郭公山。极高峻，山半有水帘，下垂数十丈，顶有旷土百亩，三坞，一潭。又东南六里曰龙门山。山峭拔，有平冈横亘其上，傍皆平壤，民多耕桑其间。绝顶两峰对峙，曰双玉峰，俗呼双尖。又南有茧岭，俯瞰深谷，一名平山涧，水经其中，西入画溪。又云黄山，在县南二十五里，亦曰云横山。一名松山，周二十里，高百四十丈，俯临画溪。○石楼山，在县东二十八里，一名白岩山。四面孤绝，东西两岩相峙，远望若浮图，层级高下，类重楼复阁。县东三十五里又有武岩山，高数百丈，周十余里。其东为滴水岩，北为祝公岩，一名竺阳洞，华溪萦绕，四顾轩豁。又蜀山，在县南四十里，高百丈，下临蜀墅塘。又南十里有葛仙山，其巅为雪峰岭，高八百丈。又南五里曰挂纸岭，高九百余丈。《志》云：县南五十里有八宝山，本名八保山，以里名八保也，俗误为宝。嘉靖三十七年，讹传山有矿，永康、处州矿徒聚扰于此，令赵大河督民兵讨平之。

黄蘖山，县北二十里。本名黄栌尖，后改今名。其北五里曰绸山，峰峦绸叠，即绸岩矣。稍南曰东山，崇岩曲洞，竹木森郁，称为幽胜。
《志》云，东山在县西北二十五里。又清潭山，在县北四十里，下有清潭，
山顶有鹰嘴岩。方腊乱时，居民多避于此。山之东曰箭山，上多竹箭。县
西北四十五里又有黄山，甚高广。山下有断坑，路险峭。相传邑人拒黄巢
于此。宋元丰中，改曰黄山洞。○五云山，在县西四十里。五云溪出焉，
东南流入于大溪。又西二十里有覆釜岩，四隅孤绝，石芒峭发，上有平
壤，土美可耕，高迥幽僻，杳非尘境。

杏岭，县南九十里。又西南五十里即永康县。一名丰岭，石路崎岖，
此为径道。又八岭，在县南十三里，东南接石壁坑，入东阳县界，或谓之
八风岭。○枫坑，在县南七十里，坑深二十里，入永康县界。又善坑在县
北五十里，坑深五里，北入诸暨县界。

东江，县南五里，即东阳溪也。自东阳县流入境，县境诸山溪之水
悉流合焉。至县东三里始有东江之名，稍折而南，经县西南九里，亦有
九里江之名。一名乌伤溪。《水经注》：吴宁溪至乌伤县为马伤溪。志
云：今县南九十里有杏岭，吴宁溪出焉，非也。吴宁，今诸暨境内废县，旧
时东阳乌伤地，而大盆山则属吴宁县，盖沿革不同矣。今溪水自东阳而
西，经县南。又西南四十五里经金山之麓，其山屹立江中，又西入金华县
境，而曰东港。其在县境者，亦谓之江水，亦谓之大溪。而出于杏岭者，
则谓之吴溪，亦西北流，合于大溪。或遂以为吴宁溪，谬矣。

画溪，县南十五里。自东阳县西流至此，为洋滩渡，又西合东江入
金华县境。《志》云：画溪与东阳江合流处，为培磊市，在县西南四十五
里。市盖与金山相近。又根溪，在县西北六十里，源出覆釜岩，流合黄山
江，亦谓之小双溪。西流为航慈溪，入金华县界合东溪。○深溪，在县
北五十里，出县北四十八里之龙祈山。又有酥溪，在县北三十里，出清潭
山，流合于深溪，又西北流入于浦阳江。

绣川湖，在县治西。周九里有奇，灌民田百余顷。群峰环列，灿如组绣，因名。自宋至今，筑堤修闸，为游览之胜。

龙祈镇，县北三十里。宋置巡司于此。《志》云，县西三十五里有智者同义乡巡司，南四十里有双林明义乡巡司，皆元置，今皆废。又双柏驿，在县治东，唐置，宋曰义乌驿。熙宁五年，徙置于县治西，曰绣川驿。元并置绣川站，明初废。又待贤驿，在县北三十里，唐置，宋废。又北二十五里有龙祈驿，元置，并置龙祈站，明初废。〇芦寨，在县东北四十五里，旧为戍守处。又县南八十里有赤岸隘，又二十里达永康之柴岭，最为关要。

兴济桥。县东三里，跨东江上。旧有浮梁。宋庆历三年，县令薛扬祖更造石桥，号薛公桥，自是以后屡圮屡建。成化十八年重建，改今名。弘治以后，屡经修治，长四十有二丈。又广益桥，在县南三里，地名下埠，万历七年始造浮桥，为往来要地。

〇永康县，府东南一百十里。东至台州府仙居县二百八十里，西至武义县五十五里，北至义乌县百五十二里，南至处州府缙云县八十里。汉乌伤县之上浦地。三国吴赤乌八年，分置永康县，属会稽郡。宝鼎初，属东阳郡。晋以后因之。隋属婺州。唐武德四年，置丽州。八年，州废，仍属婺州。宋因之。旧有城，相传三国吴筑，周一里有奇，后废。宋绍兴中，重筑，周三里有奇。元废。至正十三年，环以土墙，寻复圮。今编户百二十三里。

石城山，县南十四里。四围崚岈，如雉堞然。《地记》云：昔黄帝曾游此，所谓三天子都，此其一也，俗名天马山。又南里许为白云山，危峰百丈，延袤数里。〇绝尘山，在县东南二十九里，以山势崄巇出尘而名，一名东溪山。又县东南三十里有石室山，缘崖而上，南北二穴相通，可容数百人。又釜历山，在县南三十五里，高峰圆耸，状如覆釜，一名历山。

《志》云：山周四十余里，其巅有田、有井、有潭，皆以舜名，以其名同于冀州之历山也。县东南四十里又有灵岩山，周五里，四面壁立，架石梁曲折而上，至里许，中有洞，甚高广，谓之灵岩。

方岩山，县东二十里。高二百丈，四面如削，驾飞桥石梯而登绝顶，二岩相峙为关，上有亭，曰透关亭。自亭而入，地皆平衍，约数百亩，中有池，池侧又有井，岩石泉涧，争奇竞胜。又寿山，在县东五十里，中有石洞，高广皆五六丈，旁有小石洞、瀑布泉诸胜。相近又有龙窟山，山之阳为小空同洞，宋陈亮读书处也。又铜山，亦在县东五十五里，宋元祐中，尝置场采铜于此，宣和以后废。

桃岩山，县东北五十里。山有洞，可容千人。稍北为华釜山，周二十余里，上平旷，四围颇高，状如釜，因名。《志》云：县东五十里有方山，最高，升其巅，缙云、武义、东阳、义乌诸县山川，皆在目前。〇横山，在县北十里，一曰屺山，自此夷为坡坨，起伏相因，南传华溪而止，即县治也。又霞里山，在县西三里，一名龙虎山，盘旋环顾，为县治水口之镇。

八盘岭，县东八十五里。岭高险，路通天台。《见闻录》云：县东北四十五里有紫岭，与义乌县接界，颇险峻。又有枫坑岭，在县东北五十里，当紫岭之西，路出义乌，险峻倍于紫岭，盖即丰岭矣。亦谓之杏岭，见义乌县。〇牛筋岭，在县东南十五里，两岩石壁，如犬牙错峙，中间一罅，仅通溪流。又冈谷岭，在县南二十五里，上平坦，有泉。正统十四年，括寇窃发，土人设寨于此以御之。县南三十里又有紫凤岭，路出缙云县。

白窖岭，县西北三十里。又三十里至莶道口，北至府城五十里，为往来之径道。《见闻录》云：自县抵莶道，路皆仄隘。莶道以北皆坦平，利于驰突。莶道虽属武义县，而实永康、金华之要隘也。又挂纸岭，在县西北四十里，接义乌县界。《志》云：县东北四十里有白眉岩，岩中容数百人，相近曰石仓岩，亦有石室玲珑，今皆为佛刹。又东北五里曰五指岩，远望插天，状如探云。

南溪，在城南。亦曰永康溪。源出缙云山中，北流入县境，绕县东南，合李溪诸水至城下，与华溪合，西折而北，合铜川诸水，入武义县界，即南港之上源也。其在县境者，亦曰永康溪，亦曰永康港。

华溪，在县城东。出县东北五十里密浦山，西南流至城下，县东之乌江、鹤鸣、云溪、酥溪诸水皆流合焉，又南会于南溪。○大铜川，在县西北十七里，或谓之大桐溪，有小铜川流合焉，入于永康溪。

孝义寨，在县东九十里灵山下。山亦名翠峰山，元设孝义巡司于此。明朝洪武七年，改置镇守百户，后废。道出仙居县。又马鬃岭寨，在县东二百四十里，亦接东阳县界，又东四十里至仙居县。

四路口隘。县东北六十里。与东阳县接界。《闻见录》：自永康趋东阳，出四路口长户坑，为往来之径道。又华溪驿，在县治西，元曰延宾驿。明朝洪武三年，改今名。

○武义县，府南八十里。东至永康县五十五里，东南至缙云县九十里。本永康县地。唐天授二年，分置武义县，属婺州，寻更名武成。天祐末，复名武义。宋因之。旧有城，周一里有奇，相传吴越时筑，宋废。今编户九十三里。

八素山，县北四十里。山延袤数十里，有八素潭，迤逦而上。又有八潭，相去各一里，亦谓之九井，流为八素溪，一名奈溪，亦曰松溪。西流入金华县之南溪。○竹岩山在县东十四里。《志》云：县之镇山也。又白革山，在县南四十里，曲折险峻，泉石颇胜。

铜釜山，县西三十里。群山环列，至为阻险。正统间，括寇起，居民结寨于其上，曰铜釜寨。又燕山岭，在县西南十里，正统间，枢臣石璞剿括寇至此，改名乌龙岭。又西南二十里有大门岩，正统十四年，乡民避乱处也。

稽句岭，县南五十五里。一名稽较岭。岭路崎岖，南至处州府九十里而近，为往来之径道。《闻见录》：县南四十里，曰龙门岭，有龙门关。东达永康，东南出缙云，要隘处也。自岭而南十五里，即稽句岭矣。又大妃岭，在县南四十里，其相接者曰小妃岭，接处州府宣平县界。又盛岭，在县东南三十五里，接缙云县界。○刘岩，在县西三十五里，一名金公岩。崖石峻拔，凿石梯至岩顶。前有一山，陡险若屏幄然，曰招圣峰。后一山廓然石室，深广五十丈，曰仙都坛。正统十四年，避处寇于此者以万计，皆得免。又双岩，在县西四十里。自山下逶迤而上五六里，顶有二石室，今为僧舍。

永康溪，县东二十五里。自永康县流入。县本永康地，因名。东流合熟溪，绕流经县东北五里，又北入金华县界而为南溪。○熟溪，在县南十里，源出处州府遂昌县界，流入县西，又东南合永康溪。一云源出县西南三十里九峰山，流经南郊外，东合永康水，县西境白姥、双坑、苦竹诸溪，悉汇入焉。溪水溉田，岁常倍熟，因名。

八素溪，出县北八素山。流入金华县境，为松溪之上源。又梅溪，在县西北二十里，源出县西二十里大家山，北流入金华县境，俱注南溪。

荚道市。县东北三十里。旧置道山驿于此。洪武十四年，改曰荚道驿。弘治十四年，迁于旧驿之东，相去仅数步。隆庆初，改为荚道公馆。《志》云：驿北至府城五十里，亦曰荚道口。又白溪口市，在县北五里，永康溪东岸，南行者由此舍舟登陆，北行者由此舍陆而舟之处也。县西南十五里又有苦竹市，路出宣平、丽水，此其驻顿处。○小坑口隘，在县北四十里，从小径可达府城，其西又有邵家、青塘、马鞍、遥路诸岭隘，山高径僻，盖皆南山东麓出府城之道。

○**浦江县**，府东北百十里。东至绍兴府诸暨县百里，北至严州府桐庐县九十里，西至严州府亦九十里。本义乌、兰谿、富阳三县地。唐天宝十三载，分置浦阳县，属东阳郡。五代梁开平四年，钱镠奏改今名。宋因之。旧有城，周不及二里，相传吴越时筑，后圮。明朝嘉靖三十六年重筑，周五里有奇。编户百有三里。

丰安废县，在县西南。沈约云：汉兴平二年，孙氏分诸暨立丰安县。是也。晋属东阳郡，宋、齐因之。隋省入金华县。《后汉志注》：建安四年，孙氏分大末立丰安县。误。

龙峰山，县治东。三峰相属，环顾县左，有浮图在其巅。《志》云，浦江倚山为县，此县治之辅山也。又仙华山，在县北八里，一名仙姑山，又名少女峰。岩岫层叠，绮绣妍丽，为县主山。其并峙者曰宝掌山，亦峻险。○湖山，在县东十里，两山峙立，浦阳江出其中，曰湖山峡。又东三十里曰球山，耸峙水口，亦名球山峡。

鸡冠山，县东三十五里。势极高峻，可俯瞰二百里外。其相联者有三十六冈，重峦复嶂，前后相属。○乌蜀山，在县南三十里，其山突然中起，众峰罗列，小梅溪之源出于此，流入兰溪县，或谓之乌烧岭。又县西南有大洪岭，则大梅溪所自出也。梅溪，今见兰溪县。

深袤山，县西南六十里。重峦复岭，峭拔千仞。溪流清澈，即浦阳江之源也。又壶盘山，在县西南五十五里，当金华北山之北，高出众山，接兰溪县界。○岩坑山，在县西北五十里，上有水二派，东曰岩坑，南流入于浦阳江。北曰湖溪，北流入于富阳江。又响岩山，在县北五十里，有大㳇、檀溪，二水流其下，盘折万山中，流入富阳江。《志》云：县东北六十里有江公山，山形如鸡足，高出群峰之表。又大孤山，在县北四十里，峭壁削立，清溪映带。县北三十里又有小孤山，巉岩险峻，攀援莫至。

五路岭，县南十里。长五里，自县入郡所经也。又大阳岭，在县南五十里，与金华县接界。高千余丈，长十里。〇箬竹岭，在县北五十里，自趾至顶，凡十八盘，亦名淡竹岭。县东北九十里又有箦篁岭，一名竹斤岭，岭下有竹斤涧，介于富阳。又井硎岭，在县西四十里，路出严州，亦曰井坑岭。

密溪岩，县南三十五里。岩下爽垲，宽平如堂宇，可容三百人。岩上有泉，四时如檐滴，相近者又有转轮岩，上亦夷旷。〇竹塞坑，在县南三十里，两山合翠，高入云汉，行者战惧。

浦阳江，县治南一里。自深衮山东流百二十里，入绍兴府诸暨县界，既浣江上源也。详见大川浦阳江。

左溪，县东二十五里。源出县南三十五里之白岩岭，与大阳岭水合流，一名双溪，东北注于浦阳江。又深溪，在县东二十里，出义乌县龙祈山，流入县界，注于浦阳江。又白麟溪，出县东二十五里之金芙蓉山，亦曰香岩山，东流入浦阳江。又县东一里有东溪，源出仙华山，西一里有西溪，源出岩坑山，俱南流入浦阳江。又有稿溪，在县南十里，出县南十五里之白石山，东流亦入浦阳江。

东湖，县西南三十五里。又西南五里曰西湖，迤南曰椒湖。宋天圣初，邑人钱侃筑塘潴水，为灌溉之利。大观间，其孙遹重修之，邑人谓之三湖。

杨家埠。县东四十里。路通诸暨，有巡司，洪武六年置。万历中革。又县西南二十五里有横溪市，路出兰溪。《志》云：县东北百里有松山坑口隘，与严州桐庐县接界。〇浦阳驿，在县治东。宋绍定二年置，明初废。又南桥，在县南，跨浦阳江上，宋元符中建。元至元间重修，筑堤三百余丈以障水，堤尽处又建小桥，以泄支流。今桥广丈九尺，长三十丈有奇。

○汤溪县，府西六十里。西至衢州府龙游县五十里，南至处州府遂昌县百二十里，北至兰溪县五十里。本金华、兰溪、龙游、遂昌四县地。明朝成化六年，郡守李嗣以其地在金、衢、处三府之交，阻山界水，居民犷悍，请置为县。从之，筑土城，周四里有奇。今编户八十五里。

古城，县西五里汤塘山上。《志》云：此为婺州旧治。又县西三里有古城山。

铁甲山，县西五里。嘉靖中，矿贼作乱，官军讨败之于此。又九峰山，在县南十里，峰峦秀拔，岩洞玲珑，一名凤子山。○福民山，在县东南四十里，高数百丈，峰峦耸秀，林木蓊蔚，为县之胜概。相接者曰屏风山，以矗立如屏而名。又东南十里有香炉山，众山环列，卓然特起，县之望山也。

银岭，县南六十里，与遂昌县接界。旧有银岭寨，亦要隘处也。又县东南七十里有市聚岭，山溪深险，商旅由此出遂昌，必群聚而后行，因名。

瀫江，县北二十里。上接龙游，下通兰谿，即浙江上流也。又有琳湖，在县北十五里。

白沙溪，县东南三十里。源出遂昌县山中，北流经县境。又东北至金华县界，入于南溪。

山口寨。县南十里。又县东南二十里有大岩寨，县南五十里有苏村寨，皆正统十三年筑，以御括寇。

附见：

金华守御千户所。在府治东。明初吴元年，置金华、归安二卫。洪武三年，改置今所。

○衢州府，东至金华府一百九十三里，东南至处州府三百六十里，南至福建建宁府五百里，西至江西广信府二百四十里，东北至严州府二百六十里。自府治至布政司五百六十里，至南京一千四百五十里，至京师三千八百四十里。

《禹贡》扬州之域。春秋、战国时为越地。秦属会稽郡。两汉因之。三国吴属东阳郡。晋、宋以后，皆仍旧。隋属婺州。唐武德四年，平李子通，析置衢州。以州西三衢山为名，治信安县。六年，辅公祏叛，州废。垂拱二年，复置。天宝初，曰信安郡。乾元初，复为衢州。宋因之。元曰衢州路。明初曰龙游府，宋龙凤八年，元至正二十二年也。寻改衢州府，九年改。领县五。今亦曰衢州府。

府居浙右之上游，控鄱阳之肘腋，挈闽、粤之喉吭，通宣、歙之声势，东南有事，此其必争之地也。《图经》云：衢州川陆所会，四通五达，江、浙、闽、广之所辐辏，守两浙而不守衢州，是以浙与敌也。争两浙而不争衢州，是以命与敌也。虽然，攻守万端，巧拙异用，神而明之，亦存乎其人而已矣。

○西安县，附郭。秦会稽郡大末县地。汉因之。后汉初平三年，分立新安县，仍属会稽郡。三国吴宝鼎初，改属东阳郡。晋太康元年，改曰信安，仍属东阳郡。宋、齐以后因之。唐为衢州治。咸通中，改今名。今编户一百六十五里。

信安城，相传旧城在今城西。宋宣和三年，方腊作乱，始筑今城。绍兴十四年，以水圮增修。嘉定三年及十一年，皆营治。元至正中，尝营筑，后圮。明朝弘治十二年，增修完固。嘉靖三十九年，复缮治。万历、天启间，皆经营葺。有门六，城周十里有奇。

盈川废县，府南九十里。《志》云：龙游西有刑溪，陈时留异据东阳，恶刑字，改曰盈川。唐武后如意元年，分龙丘置盈川县，因以为名。

元和七年，省入信安县。

岭嵊山，府治西北。三国吴遣征虏将军郑平，以千人守岭嵊镇，即此。王象之曰：昔有柴宏者，屯兵于此，后讹为岭嵊。其东南相连者，曰龟峰山，府治枕其麓。《宋史》：方腊陷衢州，州守高至临于龟峰筑城。是也。

岩山，府西十里。四面壁立，绝顶平旷，可数十亩，中有石井，冬夏不竭，相传黄巢常屯兵于此。又西十里为屹石山，平地拔起五峰，下临溪水。○乌石山，在府西四十里，延袤十数里，巨石周匝如城，石门可入，俗呼寨门，中蓄水田，有福应院，自府境趋江右者多道此，有岳武穆题名石。

烂柯山，府南二十里。一名石室。《通典》谓之石桥山，以中有石桥也。《道书》谓之青霞，第八洞天，即晋樵者王质遇仙处。又南里许曰响谷山，崖壁峭立，水环其趾，崖半有穴，风嘘则鸣，因名。○叠石山，在府南四十里，以层岩累叠而名。《志》云：府南七十五里有爵豆山，旧出银矿，唐元和四年闭塞。五代时，钱氏复开，后仍闭。又有铜山，在县西北百里。宋时山出铜锡铅，明朝产矿，徽、处二郡民，群聚取矿于此。嘉靖中，官兵荡平之，因设兵戍守。

塘山，府东三十里。高百仞，顶有塘，深不可测，亦曰塘台山。又东五里曰乌臣山，有东西两山连亘。其西山尤雄秀，高可六七里。《志》云：县东二十余里有翠微山，高十余里，上有平田可数十亩，旁为仙岩，中空可坐数十人。明太祖兵下江右，凯旋过此，御书仙岩洞天四字刻于石。○绣峰山，在府东五十里。一名鹅笼山，有三坞、一池，称为奥区。其旁为九仙岩，峻峭百仞，状如屏扆，攀援甚艰，相对者为师姑岩，下容百余人。又紫微山，在府东南五十里，与鹅笼相接，一名迷茨山，峰峦际天，邈绝群岭。

项山，府北四十里。山陡峻，内有桐岩，旁列诸峰，势如奔马，上有项羽庙，因名。又北四十里有凤山，上极平旷，可治田圃，芝溪出焉，南流合于衢港。又梧桐峰，在府北七十里。《志》云：与府东紫薇峰相对，号南、北高峰。

大金竹岭，府南百二十里，与处州府遂昌县接界。又南至遂昌百五十里。有马岭口，在府东南百三十里，亦南出遂昌之道也。○灰岭，在府北九十五里，与严州府遂安县接界。又北至寿昌县百里。或曰即遂安县之猥岭也，去县五十里。

衢江，在城西。源出仙霞岭曰大溪，经江山县东，又北流至城西南，而信安溪流合焉，曰双港口。经城西，又绕出城北，东流至城东十五里鸡鸣山下，而定阳溪流合焉。亦曰衢港，亦曰信安江。《唐志》：元和十一年，衢州山水害稼，深三丈，毁州郭。即此水也。又东北流，经龙游县界，亦曰盈川溪，又东入金华府兰谿县界，与婺江合。胡氏曰，浙江有三源，此其一也。详见大川浙江。

信安溪，在城西南二里。一名西溪。源出开化县东北百际岭，经常山县东南流，至府城西南，合于衢江。又有柘溪，在府西十五里，即西溪之支流也。一名㩉溪，自常山县流入界，合府境之乌溪、碇溪、马厄溪、倪溪、后溪诸水，皆汇于信安江。至城北五里，溢为浮石潭。

定阳溪，府东十五里。一名东溪。源出遂昌县周公岭，入府境东北流，至鸡鸣山下，合于衢江。《志》云：东溪出紫薇山，沿周公源，过相思源口，循县南二十里之九龙山下，又缘响谷、石室诸山麓而东北出。昔人于此横溪筑堰，分派导流，迤逦而北，灌田五万六千余亩。

彭湖，府东十五里。广数十丈，延袤五里。《志》云：府东三十五里有井湖，广百步，长亦五里。县东四十五里又有木湖，乃龙游清皎湖之表，汇流于此。又神塘，在府东五十五里，唐开元五年，因风雷摧山，偃涧成塘,溉田三百顷。

招贤渡,府西南三十里,信安溪渡口也。路达常山。又魁星闸,在小南门外,蓄水灌入城内,环绕城河。○浮石潭,在县东北五里信安溪中,有石高丈余,水大至亦不没。潭下有帝王滩,相传明太祖自江右旋师过此,尝驻跸焉。士民荣之,因以为号。

柏固寨,府东南四十五里。有柏固巡司,又有严剥寨巡司,在府西南百二十里,皆明初置。○上航埠头驿,在府西三里,旧为水驿。弘治八年,废信安水驿,为上航埠头水马驿。

通和桥。在城西朝京门外。万历三十九年,创置浮桥,长八十余丈。又东碛浮桥,在府东十里,为往来通道。又东二十里曰安仁街,陆走龙游,府东之要隘也。

○龙游县,府东七十里。北至严州府寿昌县百二十五里,东至金华府兰溪县九十里,东南至处州府遂昌县百里。秦置大末县,属会稽郡。两汉因之。晋属东阳郡。宋、齐仍旧。隋省县入金华。唐武德四年,复置大末县,又置縠州于此。八年,州县俱废。贞观八年,改置龙丘县,属婺州。寻属衢州。后唐长兴二年,吴越改曰龙游。宋初因之。宣和四年,改曰盈川县。绍兴初,复曰龙游。旧无城,明朝隆庆二年创筑,万历元年增修,城周六里。编户二百十五里。

姑蔑城,在县北。今府境,故姑蔑地。《国语》:勾践之地,西至于姑蔑。又《左传》哀十三年:越伐吴,吴王孙弥庸见姑蔑之旗,是也。杜预曰:姑蔑,今东阳大末县,相传縠溪之南即其故城。

大末城,在县治西。《汉书》注:大,音如闼。李留之曰:自杭而上,至常山六百九十五里,逆流多惊滩,以竹索引船乃可上。大,读如达,义有取焉。王象之曰:龙丘,故大末也。唐光化二年,淮南宣州将康儒败两浙将王球于龙丘,擒之,遂取婺州,即此。○白石废县,在县南。唐武德四年，析大末县地置白石县，属毅州。八年，省入信安县。又南有武安废县，唐证圣二年置，寻省入龙丘。

龙丘山，县东四十里。有九石特秀，亦曰九峰。以状若芙蓉，亦名芙蓉山。中有三叠岩，其相近者有方山，产茶。又石壁山，在县东三十里，下临毅溪。

灵山，县南四十里。其下为灵溪，有灵山市，路通遂昌。一名徐山，相传以徐偃王名。其相近者有塔山，在灵溪中，孤屿屹立，四水环流。又圣坛山，在县南三十里，山高五里，鸟道萦纡，名十八曲，上有天生池。〇岑山，在县南十五里。自金华望之，正当其面，因名婺女照台山。俗呼笔架山。又白石山，在县南四十五里。《志》云：唐初尝以此山名县。

梅岭，县北五十里。路通寿昌县。又三元岭，在县南六十五里。高三里，路出遂昌。〇白佛岩，在县北三十五里，其地险峻，人迹罕至。

毅溪，县北五里。即衢江汇信安、定阳诸溪，流入县界，经县西南三十里，一名盈川溪，至县北名毅溪。唐初置毅州，以此。又东入兰溪县境。

灵溪，在县治东南。溪自遂昌县北流，经县南灵山下，曰灵山港。绕城南，复折而东，又北达于毅溪。又筑溪，在县东二十五里。《志》云：溪源出处州府松阳县界大方山，入县境七十里，合马报溪，西北流入于毅溪。

五百人湖，县东北三十里。周二里，毅溪诸水所汇，溉田五百余顷。又有西湖，在县治西。宋令马天骥凿此，以拟杭之西湖。又有清皎湖，在县西二十五里，与西安县接界。

湖镇市，县东三十里。路出兰谿，有湖镇巡司，明初置。又豪岭寨，在县南五十里。又县东南七十里有赤津岭寨。县南又有小莲寨、上塘寨，俱接遂昌县界。正统中置，以备矿寇。

毂坡亭。县北五里。坡在毂水旁。唐武德四年，毂州盖置于此。宋建亭于坡上，亭废，亦曰毂坡岩。《志》云：瀫江南旧有瀫波驿，弘治六年，徙溪北水次，寻圮于水，复徙溪南，地名泥湾，曰亭步水马驿。○大虹桥，在县南，路出遂昌，山崖高险，阻塞难行。天顺四年，令王瓒凿石构桥，遂为通道。又通驷桥，在城东，跨灵溪上，长百丈。宋绍兴中建，后尝修葺。

○常山县，府西八十里。南至江山县五十里，西至江西广信府玉山县七十里，北至开化县八十里。本大末县地，后汉建安四年，孙氏分新安置定阳县。三国吴宝鼎初，属东阳郡。晋以后因之。隋废入信安。唐咸亨五年，复析置常山县，属婺州。垂拱二年，属衢州。乾元初，属信州，后复故。宋初因之。咸淳末，改为信安县。元复曰常山。旧无城，明朝正德七年，以姚源贼乱，筑城备御，周三里有奇。编户一百有六里。

定阳城，县东南三十里。后汉末，孙氏置县于此，至隋始废。《志》云：今其地名三冈，遗址犹存。又县东南招贤乡有信安废县，相传晋时置县于此。

三衢山，县北二十五里。昔有洪水暴出，派山为三道，因名。峰岩奇秀，甲于一郡。唐取以名州。其相接者曰容车山，下有碧玉、莲花二洞，山高三百丈，周环五里。又有石门山，石径仅容一人，下临金川。○严谷山，在县北三十八里，石壁高百余丈，山胁有洞，流泉不竭，下多严姓，因名。

常山，县东三十里。县以此名，一名长山。绝顶有湖，广数亩，亦曰湖山。巨石环绕，俨如城郭。王象之曰，即信安岭也。陈天嘉初，留异据东阳，时江、郢二州俱为王琳所有，异因与琳自鄱阳信安岭潜通使往来。今自衢州经信州达于鄱阳，必由常山，所谓岭路也。旧《志》云：唐时常山县城盖治常山之麓。

菱湖岭，县北二十五里。《志》云：自县至开化凡八十里，岭为往来之冲。又木绵岭，在县南十里，由此达江山县之道也。○宝盖洞，在县西五十五里，球川之上。正德七年，以姚源盗起，置戍于此。又县西南三十余里有白石坞濠坑，亦是时置戍处也。

金川，县北半里。一名马金溪，源出开化县东北马金岭，流入界，经县北五里，有叠石突出溪中，谓之金川滩，县北诸溪流皆由此汇入焉。其水最大，胜三百斛，舟绕县郭而东合文溪，又东南流五十里，入西安县界，即信安溪之上流也。○马厎溪，在县西北五里。自开化县流入境。又东南流十里至石门，合于金川，亦曰双溪。

文溪，在县东。自江山县流入县境，县南诸溪流皆汇入焉，汇金川水入西安县界。郡志：今县南一里有碇溪，自江山县流入界，至县南十里有私溪，自县西南流合焉，谓之新开溪，盖即文溪矣。又有傥溪，在县西北五里，源出玉山县境，沿流至县北五里入金川。○招贤溪，在县东三十里，东流三十里入金川，与西安县境相接。又浮河溪，在县东北五十里，亦南流入金川。

球川，县西五十里。四山环抱，川经其间，险僻处也。

草萍驿，县西四十里。江、浙于此分界。又西四十里即江西玉山县也。隆庆初，并入广济驿，置公馆于此。今详见玉山县。○广济驿，在县城东。旧在城内，嘉靖四十二年，迁今所。本曰广济水驿，后并入草萍马驿，曰广济渡水马驿。驿前有广济渡浮桥。又新站，在县东五十里。《闻见录》：水南、浮河、新站三路，为县境达府城之要口。

甘露镇。县西北四十里。五代梁开平二年，淮南攻危仔昌于信州，吴越攻淮南甘露镇以救之，即此。或以为润州之甘露镇，误也。

○江山县，府西南七十五里。南至福建浦城县二百三十里，西南至江西永丰县百二十里，西北至江西玉山县八十里。本信安县之南川地。唐武德四年,置须江县,属衢州。八年,省。永昌初复置,仍属衢州。五代唐长兴二年,吴越改江山县,宋咸淳末,改为礼贤县。元复曰江山。旧无城,明朝隆庆二年创筑,周二里有奇。编户一百二十七里。

西山,在县治西。峰峦秀拔,下有须泉,一名梅花泉。又有骑石山,在县西二里,与西山相接。县南五里又有景星山,与骑石相对,本名突星山。宋绍兴间,改今名。又航埠山,在县东一里,山势逶迤,鹿溪经其阳。○湖山,在县北二十五里。《志》云:山高百丈,周五十里,山半有石城,内有腴田。

江郎山,县南五十里。《志》云:山高六百寻,一名金纯山,一名须郎山。有三峰皆耸秀,俗呼江郎三片石,山顶有池,人迹罕至。钱氏以此山名县。又浮盖仙山,在县南百里,有岩洞泉石之胜。又南十里曰觑星山。俱以峻拔而名。相近者又有箬山。志云:箬山在县南百里,高出仙霞之上,晴霁时可望衢城。○石门山,在县南三十里,往来者皆道出山麓,谓之石门街。

仙霞岭,县南百里。《志》云:岭长二十里,高三百六十级,有二十八曲。又南十里为大竿岭,又二十里为小竿岭,皆闽、浙之襟要,行旅必由之道也。今详见重险仙霞。

璩公岭,县东南六十里,路出处州府遂昌、龙泉二县。又东碛岭,在县东南百里,与遂昌县接界。○大陈岭,在县西北十二里,路出常山。又有大岭,在县西北二十里,亦出常山之道也。又红旗岭,在县南三十五里,路出江西玉山县。

大溪,在县城东。一名鹿溪,亦曰鹿头溪。仙霞诸岭之水,至清湖渡,始通舟楫,北流经城下。又东北十八里而为大溪滩,旧有浮桥,一名渡江头,为县境之冲要,又东北入西安县境,是曰衢江,即浙江之南源也。

文溪，县西三十五里。出县南九十里石鼓山，又合四境群山之水，汇为一溪，北流入常山县，与金川会，复折而东南入西安县界。○染口溪，在县东南十里，自遂昌县流入界，合于大溪。又县境有青草洲。《郡国志》：由鄱阳郡东南至须江青草洲七百五十里云。

清湖渡，县南十五里。官置浮梁，以济行旅。有清湖镇，为闽、浙要会，闽行者自此舍舟而陆，浙行者自此舍陆而舟矣。○峡口渡，在县南六十五里。《舆程记》：自清湖渡至峡口渡，凡五十里，渡阔三十余丈，泛滥时，一望无际，浅涸则磷磷石涧耳，居人为竹筏往来，上下溪涧，轻捷如鸥。此即浙江南源也。

仙霞关，在仙霞岭上，有巡司戍守。旧名东山巡司，初置岭下。成化间，徙于岭上。又有小竿寨，在县南百三十里小竿岭上，旧有小竿巡司，今革。俱详见前重险仙霞。

白碇寨。县东八十里。又县西五十里有新塘寨，县西南六十里有马鞍寨。皆正统中置，以备矿寇。又有峡石寨，在县南七十里，即峡口渡，路通江西、福建，为设险处。○礼贤镇，在县西三十五里。文溪经其西，亦往来要地也。

○开化县，府西北二百里。东北至严州府遂安县百二十里，北至南直休宁县二百四十里，西北至南直婺源县百七十里，西至江西德兴县百四十里，西南至江西玉山县百四十里。本常山县地。宋乾德四年，吴越钱氏置开化场。太平兴国六年，升为县。县无城，明朝正德六年，创筑。嘉靖二十九年，以水圮增修。隆庆二年，复营缮。城周五里有奇，编户一百六十里。

钟山，县治北二里。金溪经其下，一名覆釜山，县之主山也。又蟠桃山，在县东北五里，岩壁峻立，山径萦纡。其南曰王母山，在县东五里，山高而锐，中有灵湫。《志》云，县东二十五里有雅金岭，周五十里，路出常山，岭势壁立。山半亦有灵湫，名摄龙洞。

石耳山，县西八十里。周回三百里，连亘婺源、德兴二县界，中有龙湫。又古田山，在县西百里，与石耳相峙，高十五里，中有田百亩，田畔亦有龙湫。

金竹岭，县北六十里，道出休宁县。有开化巡司戍守。《志》云：自岭而北六十里，至休宁县界之江岭。是也。又马金岭，在县北九十里，东接遂安，北接休宁，最为冲要。○百际岭，在县北五十里。其相接者有风岭，与婺源县接界，明初下徽州，元将李克鲁退屯浙西扎溪源，既而前军至界首百际岭，元兵逆战，大败之，是也。扎溪，或云在严州府遂安县界。

菱塘岭，县西南八十里。与江西玉山县分界，自岭至县六十里。又歇岭，在县西北七十里，自岭而西，由白沙以抵德兴，为往来通道。《志》云：县西南三十里有芹岭，又有遯岭，相连并峙，高皆切云。○闇岭，在县东北七十里，与遂安县分界。又五十里而绕遂安。又深山岭在县东四十里，县东南五十里又有蓼岭，皆路出常山县。

金溪，在县治东。有二源，一出马金岭，一出百际岭，合流而南，绕城北而经城东，又南流至华埠，始容小舟，入常山县境，曰金川，而流始大。县境诸溪流皆汇入焉，亦曰马金溪，即信安溪之上源也。《志》云，信安溪水大抵从江西玉山县怀玉山而分，自山以西，水皆西流入于湖，自山以东，水皆东流入于江，怀玉山盖近县西界也。

马尪溪，在县东。发源县东十五里白马山下，合大驶、小驶二涧，西南流三十五里，至常山县境，注于金溪。又龙山溪，在县南三十里，一出县西南八十里之壕岭，一出县南七十里之梨岭，回环十二曲，至华埠注于金溪。○声口溪，在县西二十里。其上流为池淮溪，有两源，一出歇岭，一出县西百里大榕岭，合流至县西三十里滕岩下之池淮畈，曰池淮溪。又东为声口溪，复东南流十五里，注于金溪。《志》云：县西三十里有杨淮水，出江西乐平县界，县东北七十里有闇岭水，下流皆入马厄溪。

白沙关，县西八十里。路出德兴县，自岭而西七十里，即县治也。又白石寨，在县西二十五里，旧为戍守处。

马金镇。县北三十五里。以马金岭而名。有巡司戍守。〇华埠镇，在县南三十里，自常山至县，此为通道。隆庆中，设营于此以御寇，曰华埠营。

附见：

衢州守御千户所。在府治西。元置镇守保甲万户府。明初，改置仁和卫，寻改为守御所。

读史方舆纪要卷九十四

浙江六　处州府　温州府

○处州府，东北至台州府三百六十里，东南至温州府三百六十里，南至福建建宁府五百二十里，西北至衢州府三百六十里，北至金华府二百八十里，自府治至布政司七百三十里，至江南江宁府一千三百里，至京师四千三十里。

禹贡扬州地，春秋、战国属越。秦属会稽郡，汉初为东瓯国地，武帝以后属会稽郡。三国吴兼属临海郡。晋属永嘉郡，宋、齐因之。隋开皇九年，平陈废郡，改置处州，始治括苍县。十二年改曰括州，大业初，又改为永嘉郡。唐复曰括州，天宝初曰缙云郡，乾元初复故，大历十四年改为处州。避太子讳也。五代时，属于吴越。宋仍为处州。亦曰缙云郡。元曰处州路，明初曰处州府，领县十。今为处州府。

府湍流亘地，峰岭倚天，虽僻处一隅，而南邻闽粤，可树捣瑕之功，东迫永嘉，已具建瓴之势。明初规有浙东，即下处州，一以绝窥伺之端，一以厚囊括之资也。

○丽水县，附郭。本汉回浦县地，后汉为章安县地，三国吴为松阳县地，属临海郡。晋因之。宋以后属永嘉郡。隋析置括苍县，为处州治，是后皆为州郡治。唐大历十四年改今名。今编户一百十五里。

处州旧城，在府东南七里，括苍山麓，隋、唐时故治也。亦曰括州城。括，本作栝，即椤木也。松身柏叶，山多此木，故名。隋因以名州。唐末卢约窃据是州，迁治于小括山上。宋杨亿云：郡斋迥在霄汉，石磴盘屈。是也。续厅壁记：小括山路九盘始入谯门，宋崇宁三年杨嘉言为守，削直之。大观元年郡守高士广复旧。元至元二十七年郡守斡勤好古复迁治于今所，北枕枣山，筑城环之。明朝洪武初修筑，正统以后屡经缮治，有门六，城周九里有奇。

丽水故城，府西三十五里。唐初置丽水县，属括州，武德八年省入括苍县。今其地有古城冈、县头山、旧城塘之名。

万象山，府治西北。俯临城邑，下瞰溪光，城中之山凡十，此其最高者。或曰即椤山也，在县治西南一里，多生椤木，上有夫子庙，一名庙山，万历中改今名。又枣山，在县治西。又西有众山相连，最西者曰小括山。其址与万象山相接，众山环簇，状若莲花，一名莲城山。径路盘纡，亦曰九盘岭。其北则为月山，以海月初升，先得其光而名。县治之东有圌山，稍北则为富山。此所谓城中十山也。又有大括山，在府城东七里，亦曰少微山，郡应少微处士星，故山名少微，州曰处州。山西南绝顶有眉岩，从下望之，如列眉然。

丽阳山，府北七里。山下有溪，丽水之名以此。其北三里曰白云山，高六百余丈；白云之北曰城门山；皆冈阜相接，为北面之胜。○南明山，在府南七里，泉石甚胜。山巅旧有千里亭，以高旷得名。又府西四里曰石僧山，西五里曰桃山，西南十五里曰石羊山，西三十里曰风门山。府东十里曰巾子山。

大梁山，府南二十里。志云：山北跨丽水，南接青田，登其巅，城郭邻落尽在目前。〇三峰山，在府西五十里。下曰灵峰，中曰翠峰，上曰岑峰，林峦秀丽，为一境之冠。又连云山，在府西南六十里。巉岩陡绝，上连云霄。

大溪，城南二里。一名洄溪，又名洞溪。自龙泉以西汇诸溪涧之水流入境，合松溪、遂昌港，东至青田县南合诸山溪之水，至温州府界入于海。

好溪，府城东五里。源出缙云县之大盆山，西南流至府东为东渡，又东南达于洞溪。今亦曰东溪，本名恶溪。谢灵运云：出恶江至大溪，水清如镜。舆地记：恶江道间九十里而有五十九濑，两岸连云，高岩壁立，有七十余滩，水石溃薄三十里，至箭溪，王羲之游此题突星濑处也。唐文明初溪水暴涨，溺死百余人。大中间段成式为刺史，有善政，百姓因呼为好溪。一统志：突星濑，在府东四十里。一名箭溪。溪上又有琵琶洲，平沙满望，碧水环绕，以形似名。

官桥溪，府北十五里。有甘泉、白溪二水流合焉，入于大溪。又丽阳溪，出丽阳山，贯串府城中，分二支，一南达于大溪，一东汇好溪堰而入大溪。又丛溪，在府城北二十五里，南流入大溪。

茗湖，在府西七里。丽水诸湖俱在县西境。县西三十里为白湖，又西十里为何湖，又西十里为李湖、吴湖，又西十里为郑湖，咸以资灌溉之利。

通济堰，府西五十三里。松、遂间多山田，岁旱民辄先困。梁天监中障松阳、遂昌两溪入大溪之口，疏为四十八派，自保定至白桥三十里，灌田二十万亩，又蓄为陂湖以备旱潦，自宋至元皆修葺之，民被其利。

保定镇。府西五十里。明初置税课局于此，今废。西南达云和县之石塘隘四十里，西北达松阳县之石佛镇亦四十里，为两县之要隘。〇苦竹口隘，在府南二十里，路出青田水口。闻见录：由苦竹口至青田，水道一百二十里。又括苍驿，在府治西，亦明初置。

〇**青田县**，府东南百五十里。东南至温州府百二十里。本括苍县地，唐景云二年析置青田县，属括州，后因之。县无城，今编户百四十六里。

青田山，县治西北一里。有泉石之胜县以此名。旧《经》云：唐叶法善修道于此，曰庭青芝。又涌泉山，在县治东二里，其泉四时不竭。〇披云山，在县南三里。大溪经其北，县之水口山也。又葱阳山，在县西五十里。山极高峻，宋宣和中，睦寇犯境，土人多避难于此，获免。其西曰芝溪岭，横亘数十里。下临大溪，俗名老鼠梯，昔所云：甚险峻。上冯公岭，下老鼠梯，一人守险，万人莫开。故处州形势，以青田为最云。水流为芝溪，入于大溪。

石门山，县西七十里。两峰壁立，相对如门，石洞幽深，飞瀑溃泻，上有轩辕丘，道书以为第三十洞天。其西南相接者曰石楼山，山高耸，云雾涌之，望若楼台。

连云山，县西南九十里。有大小二山。小连云山延袤数十里，中有二洞，东曰龙须，南曰韩山，其高岩曰金水岭，元至元中，始凿石通道。迤南为大连云山，亦名石帆山，下临大溪。纪胜云：石帆山一名石樯洞，东北去石楼山二十里，高岩屹立如樯，中有三潭，危石耸峙，潭中如张帆然。鹤口岭，县西南百三十里，陟其巅，俯视众山。逾二十里，即南田也。

南田山，县西南百五十里。周回二百余里。上有沃土，多稻田，岁旱亦稔。唐广德中袁晁之乱，邑人多避难于此。明初刘基亦家于山中。

大溪，县南三里。亦曰南溪，又名清溪。城东有岭溪、城西有顾溪，俱流入焉。志云：大溪由丽水县南流入境，远汇府境六邑之水，近合县境石藤、浣沙诸溪，经披云山北，东流入温州府界，由水道顺流达温州城下百里而近耳。〇小溪，在县西南二十里。志云：县西南有鹤口岭，沐鹤溪之水出焉,即小溪也,下流合于清溪。

尘溪,县西百三十里。出景云县之敕木山,流入大溪。岁旱乡民筑堰以溉田,潦则决之,为利甚薄。

白岸湖,县西南四十里。又有下尾湖,在县东南十里。志云:县西四十里有师姑湖,又西八里有芳前湖,又西二里有腊溪湖。又西迤北十里曰高湖,当应台山之南麓。山东南去县六十里,由天台绵亘而来,故名。

淡洋隘。县南二百七十里,接温州府瑞安县界。明初刘基言:温、处之间有地名淡洋,僻绝岩险,民多负贩私盐,萃逋逃为梗,宜设巡司莅之。是也。今有淡洋巡司,洪武五年建。又黄坛巡司,在县北二百二十里,亦险僻处。洪武二十五年置巡司,今革。○芝田驿,在县南一里大溪滨,亦明初置。

○缙云县,府东北九十里。东至台州府仙居县百五十里,北至金华府永康县八十里,东北至金华府东阳县百六十五里。本括苍县及永康县地,唐万岁登封初,析置今县,属处州。县无城,今编户一百九十里。

括苍山,县东南百里,接台州府仙居县及临海县界。亦曰苍岭。详见名山。○大盆山,在县东北百二十里,接金华府东阳县及台州府天台县界,好溪之源出焉。

吏隐山,县治东北。一名洼尊山,以唐县令李阳冰名。稍西曰翠微山,县治所倚也。又北为云塘山,山下有塘,相传云常出其中。又西北三里为雪峰山,上有龙潭、瀑布,亦曰岱岭。岭东之水流于好溪,岭西之水流为南溪,婺、括之水自此而分。县西北十五里有大君子山、小君子山。二山相近,秀丽可爱。县治西又有三峰山,以三峰秀出而名。○历山,在县西北三十里,有摧车坑、架鼓峰及龙潭诸胜;又西北二十里为葛竹山;皆与永康县接界。县东二十五里,有天马山。又东五里,为石囤山。又东五里，为灵龟山。又东五里，为银山、为仁寿山。世传人居其下者多寿，因名。

黄龙山，县西十二里。四围陡绝，旁有池甚清冽，相传黄龙潜焉。唐末卢约据处州，有施使君者结寨山上以御之。今山上有石如楼台，又有寨门遗址。明初耿再成规取处州，驻兵黄龙山，山高险，再成树栅于其上，以遏敌冲是也。○大姥山，在县西南三十五里。上有巉岩，下有石室可容数百人。志云：山有寨塘寨，广容二三万人，中有井七，盖昔人屯营处。又有四六寨在山下。相近者曰三岭山，接丽水县界，高峻，人莫能入。明初耿再成既屯黄龙，复率兵至此，垒石成寨，为攻守之所。

仙都山，县东二十三里。高六百丈，周三百里。本名缙云山，唐神龙初以此名县，又名丹峰山，天宝七载改今名，道书以为第二十九洞天。傍有独峰，广三百丈，周回一百六十丈，一名玉柱峰。顶有湖，亦名鼎湖。唐六典十道名山之一曰缙云。又有小仙都山，在县南二十里，亦高秀。○管溪官山，在县东七十里，与台州府接境。薪竹之饶，居民所赖。又有龙潭三处，溉田甚广。以管溪经其下，因名。志云：县东五里有万松山，山势盘旋，林峦耸秀。

冯公岭，县西南二十里。一名木合岭。崎岖盘屈，长五十里。有桃花隘，为绝险处，郡北之锁钥也。志云：桃花隘嵯峨险仄，势接云霄，周围垒石三四里，容百千人，山麓去郡城不过二十里。亦曰桃花岭，即古桃枝岭。陈天嘉三年留异据东阳，遣侯安都讨之。异以台军必自钱塘上，既而安都步由诸暨出永康，异大惊，奔桃枝岭，于岩口树栅以拒之。安都进攻，因其山势迮而为堰，会潦水涨满，安都引船入堰，起楼舰与异城等，拍碎其楼堞，异脱身奔晋安，即此岭也。宋杨亿以比蜀中之剑阁。明初耿再成驻兵黄龙山，处州将石抹宜孙分兵屯桃花岭、葛渡、樊岭及龙泉以拒我。胡大海自金华南出军樊岭，与再成合攻之。再成取间道出桃花岭后,连拔桃花、葛渡二寨,遂薄处州城下,宜孙败去。防险说:冯公岭与青田县之老鼠梯,皆一人守险,万人莫开之处,守冯公岭则寇无从上,守老鼠梯,则寇无从下,冯公岭失则处不可固矣。樊岭,见宣平县。葛渡亦在县西南,或曰近松阳县界。又有白云洞,在桃花岭北,石屋深敞,容数百人。

好溪,在县治南。自大盆山西流而南折,远近诸溪水皆流汇焉,经仙都山下谓之练溪。历罗侯滩至县治南,又西南入丽水县界。○管溪,在县东五十里。源出括苍山,经管溪官山下,又西流入于好溪。

南源溪,县北二里。源出雪峰山,西北流,县北诸溪水皆流会焉,入永康县界亦谓之南溪,即金华南港之上源也。○梅溪,在县西十里。志云:县西有客星山,傍有石室,一名石龟岭,龟溪出焉;折而西北为梅山,梅溪出焉;俱汇流于南源溪入永康县境。

苍岭寨,在县东,近括苍山。嘉靖四十一年;置寨于此,为防御处。相近有东平寨。古名七十二寨,有石井七十二,容数千人,四面石壁高百余丈。其旁又有西寨,亦故屯营处也。○万景山寨,在县西北,中容万人。又有云岩寨,山势耸峙,岩石磊块,其状如甑,四围环遍,有小径攀援而上,可容万人,为天造之险。志云:县境有黄寮寨,又有越陈寨,皆嘉靖三十九年置。又有老鹰岩寨,在县东北,嘉靖四十年置县治北。又有客山寨,其广亦可容万人。

丹峰驿,在县治南。元曰云塘驿,在县北三里,明初迁于县南,改今名。○五云馆,在县北。闻见录云:馆去县五十里,本名缙云馆,东通台郡,西北接永康,为县之要隘。

松阳县,府西北百二十里。东北至宣平县七十里,西至遂昌县七十里,南至云和县八十里。本汉章安县地,建安四年孙氏析置松阳县,属会稽郡。三国吴太平二年改属临海郡。晋初因之,大宁初分属永嘉郡。

宋、齐以后因之。隋属处州，唐武德四年置松州，八年州废，县属括州。五代梁开平三年吴越改为长松县，石晋天福四年又改白龙县，宋咸平二年复曰松阳县，仍属处州。县无城。今编户一百六里。

百仞山，县西南五里。有峰独立，傍无依倚，高二百余丈，旧名独山，唐天宝中改今名。山麓有白龙津，吴越因以名县。又西平山，在县西一里。上有凌霄台，有泉，虽旱不竭。其相近者为云岩山。又西四里为紫金山、石笋山，以山泥紫赤、石峰如笋也。

横山，县南十里。高三百余丈，如云横空中。山顶宽平，可五百亩。○大明山，在县西三十五里。亦曰留明山。高绝千仞，群峰罗列，涧水环绕，石磴萦纡，称为峻险。又西五里曰长松山，吴越时以此山名县，俗名牛头山。○马鞍山，在县西四十八里，横绝松溪之口。唐时山产银，采以充贡，寻罢。元末赵普胜尝立水寨于山下。山接遂昌县界。又卯山，在县西三十里，与县西南三十里之酉山相对。山以卯酉名者，以旧市言之，正在东西。今县治既徙于东，则卯山亦在西矣。

竹峤岭，县北十五里。东至宣平县五十里。岭高四千余丈。泉出山顶，下注为潭，溉田百余顷，行旅出其间，路最险仄，为县之要隘。今岭下有东西坑，潴为龙潭，竹峤桥跨其上。○石佛岭，在县东南四十里。岭峻险。下临松溪，又东南至府城七十余里，往来通道也。《志》云：县西北又有龙虎坳，亦守御要地。经县西三十里卯山下，又有酉山在卯山西南。

松溪，县西南二十里。源出遂昌县，东南流入境，经卯、酉二山之下，曰合湖溪，又东南至丽水县，入大溪。明初胡大海取兰溪，进攻婺州。处州守将石抹宜孙遣其将胡深率车师为援，自帅众出缙云以应之。深至松溪，观望不敢进。太祖曰：婺恃处州之援，故未即下。闻彼以车战出松溪，松溪山多路狭，车不可行，以精兵破走之，婺城且不劳而下矣。

竹溪，在县南七里。源出竹峤岭，南流经横山下，又东南注于松溪。又县东十五里有塘溪、赤溪诸水，又东十余里有武溪、裕溪诸水，俱南流合于大溪。

通济堰，县东六十里，与丽水县接界。志云：萧梁时詹南二司马始创此堰，宋元祐以后不时修筑。乾道中，州守范成大复加葺治，以溉松、遂二县之硗瘠。以后皆因故址增修。今县境以堰名者凡数十处，皆本通济之意，蓄水溉田云。

旧市。县西二十里，路出遂昌。志云：县治故址也。又净居市，在县西南三十里，亦与遂昌接界。有巡司，洪武二十八年置。今废。

○遂昌县，府西北百九十里。东至松阳县七十里，东北至金华府汤溪县百二十里，北至衢州府龙游县百里，西北至衢州府二百里。汉会稽郡大末县地，吴赤乌二年分置平昌县，属东阳郡，晋太康元年，改今名，宋、齐因之，隋属处州。唐武德八年省入松阳县，景云二年复置。县无城。今编户七十四里。

君子山，县南五十里。志云：一名城山，山之麓多士大夫居焉。又屏风山，拱障县治，以形似名也。西上有妙高山。又西为白马山，天日晴朗，远见衢、婺，邑之镇山也。○瑞山，在县治南。又南为鱼袋山，双溪绕其下，有峻岭盘曲，曰九盘岭。又丁公山，在县西十六里，高千仞，双溪经其下。通志云：即白马山也。

西明山，县东十里巉岩峻绝，下临溪流。其对岸相峙者曰飞鹤山，当东溪之口，势如翔舞。又有平昌山，在县东十五里，与孟山前后相叠，形如昌字，孙吴以此名县。○尹公山，在县东三十五里。峰峦高耸。相连者曰百丈岩。又东曰覆螺岩，登其巅则金、衢之境皆在目前。又东即松阳县之长松山矣。又马鞍山，在县东南二十五里，横亘而东，与松汤县接界。

唐山，县北十八里。山北有二峰相向。如卓笔，又名罗汉峰。五代时，僧贯休所居。又北有金石岩，其巅可容万马。唐乾符中邑簿张轲尝率义兵驻此以御黄巢。明朝景泰中矿贼党陈鉴湖者破松阳、龙泉，屯金石岩，分劫青田、义乌、东阳诸县，即此处也。又相公岩，在蔡溪前，山麓石壁如削，惟一径可侧足而入。岩中可藏数百人，乡民尝于此避寇。○独山，在县西北八十里，溪流环绕其下。一名天马山，又名赤壁山。旁有石姥岩，上插霄汉，顶有泉池。又大楼岩，在县西北百二十五里。其相对者曰龙安洞岩，高险，飞瀑四时不绝，注为龙湫，凡三十六泓。

马戍岭，县北三十里。其相近者为侵云岭。马戍之水北流而达于婺江。又周公岭，在县西北五十里。其下为周公源口，县西境之水，多汇于此，流入衢州府界而为定阳溪。○赤津岭，在县北六十里岭高险，下临溪流，为北达龙游之道。闻见录：自岭而北十余里至长塘口。又十里曰溪口，皆险塞。自溪口而北十里为灵山，从灵山而西七十里则衢州府，灵山而北四十里则龙游县也。○龙坑岭，在县东北七十里，东达宣平三十里，北出武义七十里，为县境控扼之处。

双溪，在县治南，其源一出县西北之大楼岩，引流而东谓之金溪；一出县西北七十里之湖山，亦谓之湖溪，群山之水皆汇入焉，萦回荡漾，恍若江湖，经县东南一里碧澜桥始合为一，亦谓之大溪；又经西明山南分流为东溪，其正流南入龙泉县界之大溪。末靖康初邑丞胡涓于县治南筑堤以障水患，曰吴公堤，亦谓之三牛坞。○梧桐溪，在县西二十里曾山下，亦曰梧桐川，流合于双溪。

东溪，县东十二里。自双溪分流，合县东诸山溪之水，经马鞍山下流益盛，入松阳县境谓之松溪。○云溪，在县北五十里。源出马戍岭，合县北诸溪水，经赤津岭而北入龙游县境，又北注于縠溪。

胡公堤，县南五十步，一名三牛堤。界平邑之南溪间，水潦涨溢，则滨溪居民罹其患。旧有堤以捍御。宋元祐中,邑令张公加葺之。靖康初,堤浸圮,邑丞胡涓募民力累石修筑,因曰胡公堤。绍兴中,邑令胡仲父又于其外筑堤七百余丈护之。乾道中,邑令李大正复增筑百三十余丈,缜致逾昔,由是邑庐得免冲突奔荡之患,至今民蒙其德云。

黄村口。县西南六十里。闻见录:由黄村口,东南达龙泉县百二十五里,北抵龙游县百六十里,西南达福建浦城县二百里。舆程记:县西南出大柘、石练、黄邮一带,闽、浙相通之间道也。○大坪田,在县东北四十里。闻见录:大坪田道通汤溪、武义、宣平,为县境要口。又有和尚田,在县东五十里,亦要隘处也。自和尚田而北二十里至章坞,又四十里出武义县之麻阳隘,疾走金华九十里而近耳。志云:县有马埠巡司,在十二都,明初置。

○龙泉县,府西南二百四十里。东南至景宁县二百四十里,南至庆元县百四十里,西至福建浦城县百八十里,西北至衢州府江山县二百二十里,北至遂昌县三百三十里。本松阳、遂昌二县地,唐乾元二年析置今县,治龙泉乡,因名。宋宣和四年改曰剑川,绍兴初复故。县无城,今编户百六十五里。

九姑山,在县治西北。治东有金鳌山,治西二里有天台山,四里有凤凰山,县治以诸山为捍蔽。○豫章山,在县南二十五里,旧出铜。川流环其下,曰豫章川。又九漈山,在县南三十里。岩高百仞,有九龙井,飞瀑九道,自岩顶而下,或分或合,形若垂帘。县南七十里又有琉华山。山顶宽平,有长湖,深不可测。山下即琉田,居民以陶为业。昔有章氏兄弟主琉田窑,其兄所造甚佳,所谓哥窑是也。相近者曰高驿山。邑志:山在县南七十余里,台湖山峙其前,琉华山障其后,水流回绕,群山环拱,取为峻拔。台湖山盖在县南九十里。

昂山,县西三十里。青壁嵯峨,削入云际。志云:旧有白马寨,盖置于山上。又孝义山，在县西四十里。唐书：豫章、孝义二山皆出铜是也。今否。〇石马山，在县北五十里，峰峦秀耸，为群山冠。旁有洞穴，凡数十处。又石房山，在县东四十里，其状如房。一名独山，东捍水口。旁有独山馆，为驿道所经。

匡山，县西南百二十里。匡水出焉，流入双涧，与大溪汇。元末，章溢筑室于此。宋濂云：其山四旁奋起，而中宛下，状如箕筐，因号匡山。高处南望闽中数百里间秋毫毕见。刘基曰：匡山四面皆峭壁拔起，建溪之水出焉。又东有西山，西山之东曰昇山，高胜亚于匡山。又仙山，在县西百五十里，与遂昌、浦城接界。〇良葛山，在县界，山有银坑。

杨梅岭，县东二十五里。其相近者曰梧桐口，路出松阳，此为要隘。又黄鹤岭，在县北八十里。隋、唐间置黄鹤镇于今县，盖以岭名。又大栢岭在县南七十里，旁有小梅岭，皆接庆元县界。〇白云岩，在县西五里，有白云垒，相传宋德祐末幼主过此，暮屯岩上，此其遗垒云。又县东五十里有龙岩山，顶平旷，四面石壁环绕，民多居其中。

大溪，在县治南。自仙霞以东南及遂昌以西南之水皆汇焉。县西五里有秦溪，又西一里有蒋溪，又西有浆溪，源皆一二百里，汇流而东，合于大溪，又东经云和县，入丽水县界。志云：县有灵溪，即大溪之上流，经县治前亦曰留槎溪。中阻一洲，约长一二里，形如槎，溪因分而为二，有济川桥跨其上。亦曰留槎洲，一名仙洲。祝穆云：云溪在县治东，夹长洲而为两派。是也。

剑池湖，县南五里。周三十亩。相传欧冶子铸剑于此，号为龙渊，唐讳渊改曰龙泉，宋宣和中改曰剑池湖，邑名本于此。〇梧桐川，在县东十五里。自梧桐口引流而西南，下流入于大溪。

佛山寨，县南十里佛山上。元末邑人胡深筑内外二寨于此，以保乡邑处也。又县南十五里宏山后有皇庭寨，山顶平旷，四面峻阻。相传宋幼帝入闽道经此，立寨屯驻。今山有皇庭岩，寨因以名。又遥峰寨，在县西五里，与凤凰山相连。县西六十里又有西山寨，相传亦元末置。○北岩寨，在县东十里汰石岭上；县东百余里又有朝阳寨；又麻竹寨，在县北七里，与石马山相接；县北三十里金岱山上有金山寨，山顶平广，容千余人；皆昔人戍守处。

小梅隘，县南小梅岭上。东至庆元县七十里，南至福建松溪县六十里，为入闽之间道，正统中设隘于此。舆程记：县南三十里至潭湖，又五十里至查田，又二十里为小梅，由竹口、新窑以达于松溪。今详福建松溪县。自县至小梅盖百里云。又吴岱隘，在县北七十里吴岱岭上，接松阳、遂昌县界。旧有隘，正统中重置，并设公馆于此。县西七十里又有供村隘，接浦城、庆元县界，嘉靖中置。又西二十里有鸦春隘，亦接浦城界，正统中因旧隘重置。又武溪隘，在县东七十里武溪岭上，亦正统中置，接云和县界。

查田市。县南八十里查田岭下。有庆元巡司，明初置。志云：城北旧有云水驿，城东有荆言驿，县东南三十里有梧桐驿，六十里有大石驿，俱宋元时置。今废。○东畲口，在县北七十五里，为松阳、遂昌两县之要口，行旅往来，必取途于此。

○**庆元县**，府西南三百七十里。北至龙泉县百四十里，南至福建松溪县九十里。本龙泉县地，宋庆元二年，析置庆元县，治松源乡，以纪年为名，仍属处州。明初省入龙泉县。洪武十四年复置。县旧无城，隆庆二年创筑，周三里有奇。今编户五十九里。

石龙山，县治西，蜿蜒如龙。又县治南有霞披山，色如渥丹。治西北又有象山，环夹县治。○石壁山，在县东十里。石笋凌空，为邑关阻。又拏云山，在县东五十里。山椒夹拥，嵌石披云，下有洞容数百人。

百丈山，县西二十里。悬崖孤峭，下有龙湫。又松源山，在县西南二十里。松源水出焉，流入福建松溪县。○横岭，在县东南百三十里，连亘如云，入于闽界。岭水北流，合于盖竹水。

松源水，在县西南，南流入闽，为松溪之上源。又有盖竹水，出县西七十里之凤山，有交剑水流合焉。又东经石壁山西，下流入闽之松溪。○芸溪，出县西十二里之董山，南流入闽。志云：县治北有涨淤溪，西流合槎溪、芸溪，又南合县南四十里之梓亭溪，而注于闽之松溪。

小梅溪，县北七十里，西流入龙泉县界合于大溪。

大泽关。县西南五十里，西出龙泉，南达松溪。又县南五十里曰新窑隘，自龙泉及县境南入闽中之通道也。○梓亭寨，在县西。宋置梓亭巡司，元因之，后废。

○云和县，府西百十里。东南至景宁县五十里，西南至龙泉县百十里，北至松阳县八十里。本丽水县之浮云、元和二乡地，景泰三年析置今县，兼二乡之名以名焉。县无城，编户五十九里。

凤凰山，县西北五里。秀拔数百丈，陟其巅可尽一邑之胜。县之北曰鲤鱼山，东二里曰龟山，曰象山。又白龙山，在县东南五里，环拱县治。上有冷泉、浮云溪绕其南。

笔架山，县南十五里，有三峰并峙。又东南有安溪岭，路通景宁县，两山丛夹，控御之所也。○娄狗山，在县西十里。下有灵泉，黄溪之源出焉。又大杉源山，在县西七十里。有龙潭二，曰大杉，曰孤梯。下为箬溪水，流入丽水县界，而入大溪。

牛头山，县北四十里，以形似名。下为深渊。○垟头岩，在县西十八里，高千余仞。又西二里曰大雄峰。其南曰雾溪岭，雾溪经其下。

大溪，县南三十里。自龙泉县东流经县境。又东入丽水县界，县境诸溪流皆汇入焉。

黄溪，在县南。自娄狗山下流经县东三里象山之麓，又东南汇于白龙山之浮云溪,下流入于大溪。又雾溪,在县西北十七里雾溪岭下,亦曰武溪。志云:武溪自龙泉县流入界,汇于九里滩,又东合双坑水口潴为规溪潭,流入丽水县,而合于大溪。

七尺渡,县西三十里。尺亦作赤。又西至龙泉县之武溪隘十里,两县接境处也。群山四合,溪流横亘其中,叠石架梁以通行者,有间道达石塘及松阳,至为险要。

石塘隘。县东三十里。下临溪流,曰石塘河。山溪回合,峻险可恃,为县境之东门。

○宣平县,府北百二十里。东至缙云县百四十里,西南至松阳县六十里,西北至遂昌县百四十里,北至金华府武义县百里。本丽水县之宣慈乡,明初置鲍村巡司于此。正统十二年,乡人叶宗留作乱。景泰三年事平,因析置今县,改巡司为县治,以剿平宣寇为名。县无城,今编户六十里。

白马山,县西五里,有石岩瀑布之胜。又西十里有温样山,三峰错峙,四面峻绝。有温样岩,正统间寇起,乡民避乱其中。○瓯溪山,在城东五里,下有瓯溪水。相近有墨山,高耸万丈,其色如墨。又岱岩山,在县东北十五里,上有岱石岩。

台山,县北二十里。层峦叠嶂,回出诸山。前有松溪,后有桃溪,山界于中,二水绕而西,下入松阳县境。又砻坑山,在台山西十里,旧产银。○狮子山,在县北四十里。有苦头岭,出武义之便道也。

玉岩山,县南六十里。其东为东岩,四面陡绝,惟一径扪萝可入,一名赤石楼;稍西为西岩。两岩对峙,中有清风峡、桃花洞。唐袁晁陷郡,乡民共避于此。黄巢乱,郡人俞强复率乡民避焉。宋方腊乱,郡人梁孚复领义兵屯于此。正统中叶宗留作乱,乡民避入东岩,贼百计不能上,乃守其出入之径以困之,夏旱水竭,不戒于火,延烧草舍,贼乘势而上,焚杀殆尽。遇火灾死者甚众，盖自昔控扼处也。又有余高山，与玉岩山并峙。山产银矿，今塞。

曳岭，县南四十里。岭峻险，登陟甚艰，上有曳溪洞。相传尝有仙人曳履过岭，因名。为县南守御处。又石门岭，在县南十五里，志云：由县趋府此为登跻之始，冈峦稠叠，竹树蒙笼，泉流石立，虽甚高险而致亦甚胜。又稿岭，在县南六十里，自曳岭而南，亦往来必经之地。山无草木，因名。○新岭，在县东七十里，接丽水县界，相近有坳塘岭，最为幽旷。

樊岭，县北四十里。岭势险仄，可以防御。明初胡大海自金华进军樊岭，与耿再成合攻处州，即此。今为北出武义之径道。又西北有大黄岭，亦路出武义县。志云：县西三十里有竹峤岭，一名寨头，与松阳接界。下有竹峤铺，亦控扼处也。又荚岭，在县西六十里，在万山之中，亦为控扼要地。又西五里为板桥，与松阳县接界。○白云岩，在县东南二十五里。岩高万余丈，广百丈。有泉，大旱不涸。相近又有白泄岩，一名云岩，在县西五里；佛厨岩，在县南五里，亦皆峻险，正德中邑人避寇于此。

双溪，县南一里。源出竹峤诸岭，引流而东，至县东二十三里亦曰坦溪，一名大溪，境内诸溪水多汇入焉，绕流而南，入丽水县之大溪。○虎踏溪，在县南六十里，有双涧合流，亦南入丽水县之大溪。

桃溪，县北三十里。志云：县西四里有栗山，二溪环之，南曰午溪，西曰申溪，引流而西合为一溪，复折而北入县北十五里之松溪，又北会桃溪而入松阳县之松溪。

通仙渡，县南三十里。亦曰三港渡，路出郡城。又有赤淤渡，在县西南二十五里，路出松阳。

鲍村寨。县北四十里。明初于宣慈乡置巡司，即今县治也。景泰初矿贼叶希八等据云和山中，扰闽中建宁府界，既而以出掠不便，谋曰：今自朱湖进掠府城，而结寨驻鲍邨，取货于义乌，掠人于松阳，官军必不能越冯公岭而迫我也。遂突入鲍村，犯处州。贼平，以鲍村置县，而移巡司于后陶，仍曰鲍村巡司。嘉靖中废，今曰陶村。闻见录：自陶村至夏邺三十里，又三十里即武义县。朱湖，或曰云和县东村名也。〇寨头隘，在县北，亦道出武义。又县西北有河头隘，道出汤溪。

〇景宁县，府南百四十里。西北至云和县五十里，东南至温州府泰顺县二百十里。本青田县之柔远乡，明初置沐溪巡司于此，景泰三年改置今县。县无城，编户六十六里。

敕木山，县南八里。山高数千仞，积雪经旬不消，水流为尘溪。又石耳山，在县南二十里。岩高百余丈，顶出泉，大旱不竭。山之南即沐鹤溪，流入青田县界。〇印山，在县治北。本名桂山，有石方正如印，因改今名。又北里许有狮山，绵延五里。一名笔架山。

洪岭，县北十五里。岭高峻，北趋府城，为必由之道。又北三十五里为岭坳坑，又北十里为雩水渡，皆往来所经。〇乌铁岩，在县东二里。其第二峰尤陡峻，元末居民多避乱于此。又县东二十里有螺黛岩，高十余里。其相近者曰矿坑岭。又县西三十里有石，状如屋，名曰石屋。外有瀑泉飞下，中可藏数十人。

彪溪，县西五十里。志云：县境之水，自庆元界来，又自龙泉县大溪诸水分流入境，回环曲折，合县境诸溪流经县北，东注青田之大溪，汇瓯江入海。〇尘溪，在县南五里。出敕木山，岁旱居民多沿溪置堰以溉田，潦则决之，流入青田县界。

卢栖溪，县东六十里。溪上岩洞奇胜，昔有道士卢遨栖其中。旁多笋，亦曰卢栖笋溪。下流至青田界入大溪。〇大汇滩，在县东北。志云：县北有玉泉山，玉泉出焉，又北汇众水为邑巨浸，东下五里为大汇滩，巨石错立，形如犬牙，水行峡中，声震如雷。其下流亦注于青田之大溪。

龙首关，在县东二十里，地名黄木坑。悬岩绝壑，最为险要。志云：关即龙脑桥，水流峡中，两岸陡绝，架桥其上，嘉靖中以倭乱，设关于此以备之。○沐溪口，在县南五十里。有巡司戍守。志云：司旧置于今县治北，景泰三年移于今所。又有卢山巡司，在县西百里。正统五年置。

绿铜隘，县东五十里，与青田八都相接。正统间。黄坛盗起，守此拒之，寇不能入。志云：隘东去青田县二百五十里。又卢栖隘，在县东南八十里，与泰顺县小堰相接。蜂桶隘，亦在县东南八十里。又南十里为石佛隘，与泰顺之平寮相接。嘉靖间倭陷泰顺莒冈，守此三隘以却之。

青草隘。县南百十里，接福建寿宁县界。又县南百二十里有分水隘。又黄亥隘，在县西百五十里，与庆元县接界。又西二十里为青草梧桐隘，石径险仄，仅容置足，虽地属庆元，而实本县之要口也。志云：县西至庆元二百五十里，道皆阻隘。○下场坑银冶，在县西十里。志云：县境银冶凡六处。又云和县有银坑四、铅坑二，庆元县有银坑五、铅坑一，龙泉县有银坑二十五、铅坑二，皆永乐、宣德间开采处。弘治中言者以费广利微，殃民召衅，因封闭，垂为永制。

附见

处州卫。在府治南。洪武元年建守御千户所，八年升为卫。置左、右、中、前、后五千户所隶焉。

○温州府，东至海岸九十里，南至福建福宁州五百九十里，西至处州府三百六十里，北至台州府三百五十里，自府治至布政司八百九十里，至江南江宁府千七百三十里，至京师四千三百十里。

禹贡扬州地，春秋、战国并属越。秦属闽中郡，汉初为东瓯国，惠帝三年封越东海王摇于东瓯是也。后属会稽郡，后汉因之，三国吴属临海郡。东晋太宁元年析置永嘉郡，治永宁县。宋、齐以后因之。隋初郡废，改县曰永嘉，属处州。炀帝初复置永嘉郡。治括

苍,今处州治。**唐武德五年置嘉州。**新唐书作东嘉州。贞观初州废,
以县属括州。**上元元年始置温州**,以州地恒燠而名。天宝初曰永嘉
郡,乾元初复曰温州。祝穆云:唐末尝置靖安军于此。五代初属于吴
越。晋天福八年吴越升为静海军节度。宋仍曰温州,亦曰永嘉郡,仍为
靖海军,政和七年改曰应道军,建炎三年罢军额。咸淳初升瑞安府。
以度宗潜邸也。元曰温州路,明初改为温州府。今领县五。今仍曰
温州府。

府东界巨海,西际重山,利兼水陆,推为沃壤。且与闽为邻
郊,扬帆振辔,分道南下,是扼八闽之吭,而拊其背也。若其凭依
岛屿,间阻溪山,东瓯虽小,亦足以王。况指顾明、台,驰骤婺、
越,因利乘便,必能有为,就浙言之,亦东南之形胜矣。海防考
曰:温州与闽接壤,寇舶犯境,必首撄其锋,惟先严莆门、镇下、
官岙、南台之险,庶足以扼其来,于此不戒而入内地,温殆岌岌矣
哉。夫舍其险而求一日之安,必不可得,为温计者,岂惟海道为然
乎?

○**永嘉县**,附郭。汉回浦县地,后汉为章安县地,永建四年析置
永宁县。刘昭曰:永和三年所置也。仍属会稽郡。三国吴太平二年属临海
郡。晋初因之。太宁元年,为永嘉郡治。宋、齐以后因之。隋废郡,改县曰
永嘉,属处州,唐初为嘉州治,州寻废,属括州。上元初始为温州治。今
编户二百八十里。

永嘉城,即今郡城。志云:晋太宁初置郡,议筑城于江北岸,去今
城六里,今犹谓其地曰新城。寻迁江南岸,东西附山,北临江,南环会昌
湖,用石砦砌,跨山为险,名曰斗城,谓城内有山错立如北斗也。亦谓之

鹿城。时有白鹿衔花之瑞云。后皆因故址修筑。五代梁开平初,钱氏增筑内外二城,内城亦曰子城,周三里有奇,元至元十三年废。外城亦曰罗城,宋宣和中方腊围城,教授刘士英悉力拒守,谓城西南低薄,宜增缮,于是营筑二千余丈,贼不能陷。建炎、嘉定间皆尝营治,元渐圮。至正十一年以海寇登犯,因旧址重筑。前朝洪武十七年增修,嘉靖三十七年倭寇来攻,通判杨岳凭城拒却之。明年修筑一新,万历二十五年复营缮。旧有十门,今为门七。城周十八里有奇。

华盖山,府治东。一名东山,城缘其上。山周九里,下有容成洞,道书以为第十八洞天。志云:郡城有山凡九,形家谓之九斗山,而华盖当其口。今城东南缘积穀山,东北缘海坛山,西北缘郭公山,西缘松台山,余四山则峙于城南,三面形势最胜。图经:松台山一名西岩,巅有浮图,为郡城之表。〇孤屿山,在城北江中,与城相对。东西有二峰,上各有塔。山麓有江心寺,唐咸通中建。宋建炎四年高宗尝驻跸焉,赐两塔院名曰龙翔、兴庆。德祐二年,益王、广王走温州,陆秀夫、陈宜中、张世杰等共会于此,奉益王为天下兵马都元帅是也。郡城有事,此为戍守重地。又罗浮山,在江北岸,与孤屿山相望,去府城五里。一名密罗山。其相接者曰永宁山,峰峦相属,绵亘八里。下有柟溪。又府北十里有北山,志云:郡之主山也。有石崖悬瀑,高百余丈,潴为二潭,名白水漈,一名石门山。

西山,府西三里。一名欧浦山。志云:山有十二峰,冈峦相属,耸秀奇胜。城西里许曰金丹山,亦有三峰并峙,即西山之东麓也。元末盗起,往往结营寨于西山,以窥府城。〇岷冈山,在府城西三十五里。峰峦峻拔,潭谷深邃。一名铁场岭。宋宣和中方腊作乱,自处州而东犯白沙隘,议者谓:白沙失守,前无阻险,去城三十余里地名寨下,有铁场岭,遣兵守此,可以扼其来路。不果。贼果逾岭而东攻城,不克乃去。或讹为天长岭。

破石山，府西北二十里。临江壁立，如张帆然。安溪绕其下。又西北二十里有青嶂山，上有大湖，澄波浩渺。一名七峰山。又赤水山，在府西北百三十里，时有赤水出岩下。一名石室山。上有石室容千人，道书以为第十二福地。亦曰大若岩。其相近者又有小若岩，东西两溪合流其下，汇为龙潭。又天台山，在府西北百五十里。山形如甑，旁有十三峰环列。

大罗山，府东南四十里。广袤三十余里。一名泉山。祝穆曰：此即朱买臣所云越王居保之泉山也。永嘉记：泉山东北枕海，顶有大湖，北有泉，虽旱不竭，山因以名。其东谷之水引为姚溪，经府东五里入永宁江；其西谷之水引为杜奥溪，经府南二十里入于慈湖。又吹台山，在府南二十里。顶平正，山麓广袤二十里，接瑞安县界。志云：府西南四十余里有岫环山。宋方腊之乱，其党余道安聚众柟溪，陷乐清，逼府城，分兵攻瑞安，乡民守桐岭及帆游山拒之，贼自间道逾岫环山而南，即此。俗讹为诱娘山。

青澳山，府东二百里海中。两山对峙如门，亦名青澳门。刘宋永明中，郡守颜延之于此筑亭望海。唐天祐末钱镠使其子传瓘攻温州，州将卢佶将水军拒之于青澳，传瓘曰：佶之精兵尽在于此，不可与战。乃自安固舍舟间道袭温州，克之。宋德祐二年元兵至临安，宰相陈宜中遁归青澳，即此。又东有东洛、鹿西诸山，皆为海道之冲。〇中界山，在青澳东百里。东晋时居人数百家为孙恩所破，今湖田犹存。洪武二年倭贼尝犯此。旧有中界巡司戍守，今迁于永昌堡。又灵昆山，与中界山并峙海中，旧为樵采之地，今垦田数千亩。相近者又有黄大岙，亦多田可耕。

霓岙，府东百余里。海防考：倭舶南北往来多泊于此，径达盘石卫城，最为险要。嘉靖三十三年倭由此登劫，突犯湖头，官军击却之。又南龙山，在岙东北。倭贼由北洋来，往往经此，亦要地也。

海，府东九十里。有双昆海口，内控郡城，外联岛屿，为郡境之门户。自海道而南，至福建福州府八百二十里，北至台州府三百三十里。旧时尝有漂溺之患，唐显庆初括州奏称海溢坏安固、永嘉二县，溺四千余家，总章二年复溢坏安固、永嘉二县，溺死者九千余人，是时为括州巡属也。文明初温州复奏大水流四千余家，漂溢盖数见云。

永宁江，在府城北。一名瓯江，一名蜃江，古名慎江，亦曰永嘉江。源自括苍诸溪汇流入境，又东合大小溪流以输于海。由江南岸西上，则自北门历永清、迎恩门，过西郭，经吴崎、桑浦、屿头、岩门、竹浦、塔山、临头、吴渡、上戍、浦口、江南、张岩、外村、西洲、峄头、殷溪、桑溪至荻洋渡；由江北岸西上，则自罗浮、河田铺、泥涂、马岙、焦头、梅岙、鸡口屿、小荆、荆溪、江口、白壤、菰溪口、凌福、白沙、荻洋至安溪港，入青田界。由江南岸东下，则自北门历蒲洲、宁村、沙城、梅头抵瑞安界；由江北岸东下，则自罗浮、华岩、楠溪港、强岙、挂彩山、象浦口、馆头、青岙、鹿西抵乐清界。多事时盖节节皆险也。

会昌湖，在府城西南。其上源曰郭溪，出铁场岭；又有雄溪，出城西南四十三里雄溪山；又有瞿溪，出城西南五十里瞿溪山；并东北流经铁场岭而东与郭溪会，绕流至城西南汇而为湖。湖受三溪之水，弥漫城旁。起于汉、晋间，至唐会昌四年太守韦庸重浚治之，因名。其近城西者曰西湖，在城南者曰南湖，实一湖也。湖支港甚多，其自城东南出南塘直抵瑞安江者，延袤盖七十余里。○慈湖，在县南二十五里吹台山下，合南境之水入瑞安江。又有沧湖，在府东七十里，下流入海，其地亦谓之湖头。

安溪，府西北六十里。上接青田恶溪七十二滩之水，东流经破石山下亦名张帆溪，又东南注于瓯江。永嘉记：安溪之源与天台诸山相接。又有楠溪，在府北十里。志云：自天台、仙居发源，流入境，合诸山溪之水，南入瓯江。

永昌堡，府东五十里。嘉靖三十七年创筑，以防倭患，并迁中界巡司于此。城周五里有奇。又永嘉堡，在府东南五十五里。本永嘉盐场，嘉靖三十七年。建堡筑城，周四里。

龙湾寨，府东三十里。志云：寨东援宁村，西捍府治，坐临深水，颇为险要。嘉靖中倭屡从黄华港登犯，突入新建、蒲洲等处，径抵府城，防御为切。又沙沟寨，在府东五十余里。稍西即宁村所，逼近海口，贼易登犯。其相近又有沙村寨。○长沙寨，在府东宁村所东南，东临海涂，地势颇险。亦曰长沙湾，嘉靖三十二年，参将汤克宽败倭于此。又太平寨，志云：在府南六里。

白沙隘。府西五十六里白沙山旁。宋置白沙巡司，元因之，后废。道出青田县，此为要隘。○象浦驿，在城北，明初置。又有南溪税课司，在府东北七十三里，今废。

○瑞安县，府西南六十里。南至平阳县五十里，西至泰顺县二百四十里，西北至处州府青田县三百五十里。本章安县地，三国吴析置罗阳县，宝鼎三年改曰安阳，晋太康初改曰安固，属临海郡，宋、齐以后因之，隋省入永嘉县。唐武德八年复置安固县，属嘉州，寻属括州，上元中分属温州，天复二年改今名。宋因之。元元贞初升为瑞安州，明朝洪武二年复为县。旧有城，相传宋宣和中筑，周不及二里。元至正二十四年，方国珍增筑，周五里有奇。前朝洪武三年、永乐十五年、嘉靖三十一年皆因旧址改拓，周六里有奇。今编户百二十八里。

白岩山，县治东一里。一名龙山，亦名白鹿岩。又东二里曰东山，与白岩山相接。县治东北曰集云山，峰峦绵亘，县之主山也。○庙山，在县东南五里，亦曰安禄庙山。山高秀，障蔽海门。上有浮图，又有玉泉洞，可容百人。其泉通海。又东曰浮龟山，控临海门，横捍江流。稍南又有黄公岩。

陶山，县西三十里。陶弘景尝居此，因名。山周仅二里，前江后湖，道书以为第七福地。宋末元兵至此，邑人王小观募兵迎斗，力竭而死。元末盗起，邑人张文贞于此筑城拒守，久之始为贼所陷。又四十里有许峰山，高数千仞，海舶视为方向，俗呼景福山。又西五里曰福全山，道书以为第三十三福地，山之北有白云岭。

帆游山，县北四十五里，东接大罗山，与永嘉县分界，为舟楫要冲。永嘉记：地昔为海，多过舟，故山以名。又西有桐岭山，与帆游并峙，县北面之保障也。亦曰铜溪山。○仙岩山，在县东四十里，当大罗山之阳。山巅有黄帝池，广五百余亩，水分八派，注为溪潭，高下相属，道书以为第二十六福地。郡志：山即大罗之别名矣。又东五里曰云顶山，岩壑绝胜，与仙岩山相接。

遮浦山，县西南三十里，其南为坑岭，接平阳县界。嘉靖三十五年倭寇自闽犯平阳，将自坑岭入县界，邑人设险于柘浦山、天门埭以拒之。柘浦即遮浦也。○梓奥山，在县东北四十余里，有二十四盘岭。

海，县东十里。由海口直上飞云渡，至为险要。海洋有凤凰山、飞云关，舟师驻泊处也。海防考：倭犯瑞安、平阳，必由铜盘、南龙及凤凰山而入，守御为切。

安阳江，在城南。志云：其上源有二：一出福建政和县东北之温洋，谓之大溪；一出青田县东南之木凳岭，谓之小溪，合诸山溪之水流入县境，至陶山南口而合流。又东至县南，水阔百余丈，亦曰罗阳江，亦曰安固江，亦曰瑞安江。唐天祐末，钱传瓘舍舟安固径袭州城，克之是也。东接海口，为县境之冲要。又三港口，在县西南四十里大溪上流，有罗阳、大洪、莒江三水自西北来会于此，因名。嘉靖中倭贼突犯三港口，即此。

东湖，在城东北。源出白岩诸山，引流经县北，至帆游山接会昌湖直达永嘉南门。城北又有北湖，一名锦湖，环绕城北，接于东湖。又永丰湖, 出县西七十里逢源山, 周十里, 水常不竭, 民赖其利。〇天门埭, 在县西陶山南, 宋、元间筑此以蓄安阳江之水。元至正十四年, 邑人张文贞筑城陶山天门埭以拒贼是也。嘉靖三十五年, 倭犯平阳, 由天门埭趋青田县。志云: 天门埭在县西三十五里。

飞云渡, 县南七里, 安阳江津济处也。波流汹涌, 横截南北。有飞云关, 往来者必出于此。渡西有中洲, 东出为飞云水寨。海防考: 飞云水寨西南去金乡卫百三十里, 此为温州适中之地, 旧名中军水寨。南临海港, 外接凤凰山, 内逼府城, 郡境之冲要也。

梅头寨, 县东五里。有海口, 为戍守要地, 明初置巡司于此。又三港税课局, 在县西南百十里。明初与池村巡司同置, 景泰三年司改属泰顺县, 而税课局如故。又下林河泊所, 在县西南三十里, 亦明初置。今废。〇梅头堡, 在海安所之后冈, 嘉靖三十八年筑以御倭, 万历中重修。又山黄堡, 在县西南五十里, 亦嘉靖中筑。

丁田寨, 在县东北海安所东, 相近又有前、后冈二寨。丁田地势平缓, 前后冈俱临深水, 至险要, 嘉靖中贼屡登犯, 西北犯府城, 西犯瑞安, 为戍守要地。〇东山寨, 在海安所东北, 又有上坞寨, 东西分峙, 为崎角之势, 坐临海滨。倭贼自东山而来, 由九里而至府前, 自上坞而来, 由丁田径至海安, 险要处也。寨东为东山港, 嘉靖三十一年倭寇由江口登犯岭门、岐头, 入坡南汇至瞭高山下, 败官军, 遂攻县城, 官军击却之, 退泊东山港, 即此。

眉石北隘。在县东南沙园所东。东至大海, 南会陌城寨, 西至平阳所, 北会陡门, 极为冲要。嘉靖中倭贼从此登犯。又眉石南寨, 亦在沙园所东南。东滨大洋凤凰山岙, 一潮可至; 西抵仙口寨, 从仙口寨至平阳县三十里而近耳。〇仙口寨, 在沙园所南, 近平阳县之仙口山。其相接者又有宋埠寨, 亦为防御处。

○乐清县，府东北百二十里。北至台州府太平县百三十里，东北至台州府黄岩县百八十里，北至台州府仙居县三百八十里。后汉永宁县地，东晋宁康三年析置乐成县，属永嘉郡，宋以后因之，隋省。唐武德五年复置乐成县，属嘉州，七年废入永嘉县。载初元年复置，属温州。五代梁开平初吴越改今名。旧有城，相传唐天宝三年筑，周仅一里，后废。前朝洪武六年议修筑以备倭，不果，乃立栅引濠为固。嘉靖三十一年始甃石为城，而缺一面。三十八年始增筑，万历六年及三十一年皆修治，周四里有奇。编户百六十八里。

翔云山，在县治后，亦曰县后山。东接雁荡，西连白石，高山大谷，杂沓若翔云，奇峰茂林，为邑屏障。左有九牛山，在县治东，亦名谢公山，以灵运所游息也。稍前曰东塔山。又有西塔山，当县治西。旧时依东、西塔山结城，嘉靖中始拓而广之。治西北曰丹霞山，绵延高秀。旧名白鹤山，又名赤岩山，唐天宝六载改今名。其西又有箫台山，三峰耸峙，相传王子晋尝游此。○西漈山，在县西五里。三面苍崖峭立，环若翠屏，唯东面轩豁如门，大海横其前。又西七里有章奥山，亦名双峰山，有东、西溪夹山而流。稍西为盘谷山，以山谷盘旋而名。东面海，俗称盐盘山。

白石山，县西三十里。一名白石岩，高千丈，周二百三十里。唐天宝中，尝改名五色山。洞壑出泉，东西流五六里合而为湖。其西十里有玉甑峰，即白石之别峰也。○左原山，在县东北三十五里。群峰环绕，中有田二千余亩，居民悉藏谷中。县东六十里曰芙蓉山，三峰削翠，下有芙蓉川。又东十里曰丹芳岭，路入雁荡西谷，凡四十九盘。又窑翻盉山，在县东五十里，高数千仞，海舟望以为准。

雁荡山，县东九十里。岩峦盘曲，凡数百里，其峰百有二，谷十，洞八，岩三十，争奇竞胜，游历难遍。志云：山跨乐清、平阳二县，在平阳西南者曰南雁荡，此为北雁荡。群峰峭拔，上耸千尺，皆包谷中，自岭外望之，都无所见。至谷中则森然干霄。有大小龙湫会诸溪涧水，悬崖数百丈，飞瀑之势，如倾万斛水从天而下也。绝顶有湖，方十余里，水常不涸，雁之春归者留宿焉，故曰雁荡。又有马鞍岭，一名石城岭。岭之东西分为东西谷，各有内谷、外谷。东内谷有峰四十八，外谷有峰五；西内谷有峰二十四，外谷如之。沈括谓天下奇秀无逾此山也。〇龙穴山，在县东二十五里。两山相对，延袤十余里。又有长山，在县东三十里，以南北延袤数里而名。

玉环山，县东南二百里海中。其上旧有古城。山西北十余里为楚门山，有峡如门，广二十步，海舰由此出入。海防说：玉环山北隔一小港，即台州府楚门所。山联络深长，周回百里。旧有民居，洪武二年倭贼来犯，因徙入内地。山当台、温二府之交，海寇去来驻泊之薮也。〇盘屿山，在县西南五十里，滨海。明初朱亮祖袭方明善于此。其下即盘石卫。

接莆岭，县北六十里，道出太平县。志云：县东九十里有佛岭，宋末乡人结寨于此，以拒元兵。〇鹗岭，在县东。嘉靖八年倭寇乐清，登鹗岭，因徙白沙巡司戍于此。

海，县南五里。又县东十里有海渡，道出太平县。志云：县境之海横亘几三百里，东起玉环山，西至象浦，皆以海为险。亦曰白沙海，以白沙岭名也。

馆头江，县西南六十里。与瓯江接，经盘石卫至县东五里白沙岭，又南入于海。又万桥江，在县东六十里。窑岙诸山之水至此入海，亦名万桥港。县东南七十里又有柽江，东北诸山溪水南汇于此，亦曰清江港。又北港，在县东百三十里。雁荡山顶九折诸溪之水，流合诸山溪，东出数十里，亦曰北港川，皆入于海。

东溪，在县治东。一名云溪。志云：东溪上流与栅溪接，分流四十余里，为县东溪。嘉靖中筑城包东溪于城内，议者尝欲徙之城外，不果。

出城南稍折而西出瓦窑河，与西溪合流为运河，经县南五里印屿山下陡门口入海。又西溪，出县治西白鹤诸山，一名金溪，流经城西，至城南瓦窑河合于东溪。○荆溪，在县西北百里。志云：由县西北出仙居，荆溪为之孔道。嘉靖三十五年倭贼由此犯仙居。

　　西河，在县治西南。亦曰运河。南至馆头江凡六十里，支流旁达，灌田二十余万亩。又象浦河，在县西六十里。南出数十里达于馆头江，隔山不与西河相接，舟楫乘潮出入，多取道于此。

　　白石湖，在县西白石山下，汇诸山溪之水，广三十余丈，长五六里，亦名合湖，引流而东合于运河。又有朴湖，在县东四十五里。诸山溪之水汇流于此，又东出陡门注于海。

　　馆头镇，县西南五十里馆头江口。元置巡司，前朝洪武二十年徙于岐头，嘉靖中复设于此。又有馆头驿，元所置横春驿也，明初改今名，南去府城四十里。○窑岙镇，在县东五十里窑岙山下。南临海，有巡司。志云：元置北监巡司，在玉环山下，明初徙于县东北蔡岙，寻徙白沙岭，嘉靖八年又徙于鹗岭，四十一年复还窑岙，并建寿宁堡于此，筑城二里有奇，为戍守处。又窑岙驿亦设焉，本元置，明初因之。海防考：窑岙北境接台州界。嘉靖三十七年宁海县境贼由梅岙入犯，次日即至窑岙，官军逐之，贼设伏麦田中，为所败。又东北有和尚岙，接台州太平县界，嘉靖中官军逐贼至此。

　　石马镇，县南五里石马山下。嘉靖三十七年倭贼由此入犯，官军御却之。又县后堡，在县城北。嘉靖三十四年补筑县城，于山腰营筑。既而寇乘高下瞰，城几陷。三十八年徙城于平地，而县后故城居民因之，翼其两旁，以附于城，谓之县后堡，周不及二里。又永康堡，在县东南竹屿山，城周二里有奇，相近有宁安堡，亦有城；皆嘉靖中筑以避倭。又石梁堡，在县东八十里，即雁荡山之石梁洞也。嘉靖中筑堡。县南又有福安堡，城周四里，嘉靖三十八年筑。〇岭店驿，在县东北九十里。元置大荆驿，其地有大荆山也。明初改今名。东至太平县四十里，北至黄岩县六十里。又西皋驿，在县城西，元曰萧台驿，明初改今名。

白沙寨，县东五里。有白沙岭，为水陆要害。或云汉遣下濑将军出白沙击东越，即此。恐误。明初自玉环山迁天富北监场盐课司于此。嘉靖三十七年贼从此犯县城，三十九年复从台州境入犯，参将张铁大破之于此。又东二里为白沙桥。志云：白沙岭隘陆走台境，水通海岛，县境之咽喉也。

章岙寨，在县西章岙山旁，近海口，贼船易登，颇称险要。障御慎固，则东卫塔头，西卫盐盘，南卫黄华，北卫长林，倭船不能犯。〇沙角寨，在县西二十五里沙角山下，滨大海，界于黄华、章岙间。嘉靖三十八年倭由此登犯。由县西十里支岙至三条岭，有道径抵县城，防御为切。

黄华水寨，在县西南盘石卫东三十里，东接大海大小门、霓岙，南枕港口，乃温州之咽喉也。水哨南会飞云，北会白岩塘，备御最切。嘉靖三十七年倭由此港入温州，直抵处州府青田县，官军击却之。又有黄华山寨，在水寨东二里。其地有黄华山，因名。嘉靖中倭尝登犯。黄华之外为下马洋。嘉靖三十二年参将汤克宽追黄华贼，战于下马海洋是也。海防考：倭犯黄华，必由邳山、大麂山及黄大岙而入。有黄华关，迫临海口，汛守最切。〇岐头寨，在县西南。海防考：县西四十里有白塔山，其地谓之塔头。有长林盐场，宋政和中置，元为司令司，明初曰盐课司。又西南即岐头也，海舟经此，必舣舟而后行，谓之转岐。由折叠岙而东北达于骊洋，即台州之松门寨。

白岩塘水寨，在县东北蒲岐所东，滨海，为蒲岐之外户。水哨北会台州府之松门、楚门，南会黄华港，嘉靖中为戍守处。又后塘寨，亦在蒲岐所东，南临大海，形势险要，嘉靖三十一年贼屡登犯。其南为李岙，西为清江渡，北为双陡门，皆寇所必窥之道。有鹤渚堡，嘉靖中置，筑小城戍守，周不及二里。○高嵩砦，在县东四十里高嵩山上，临大海，亦近蒲岐所，为所境之锁钥。嘉靖中贼每犯此，从梅婆桥而入，径至长山窥乐清近郊，亦险要也。

下堡寨，在蒲岐所南五里，南临大海，所之南藩也。其相近者又有娄呑，亦备御要地。○峡门桥，在县西南十三里。又西三里有峡门山，桥因以名。县东十五里又有陡门桥，南临海。

○平阳县，府西南百二十里。西南至福建福宁州二百九十里，西北至瑞安县五十里。晋太康四年析安固县横呑船屯置始阳县，属临海郡，寻曰横阳，太宁初属永嘉郡。宋以后因之，隋省。唐武德五年，复分置横阳县，属嘉州，贞观初废。大足初复置属温州。五代梁乾化四年吴越改今名，宋因之。元元贞初升为平阳州，明朝洪武二年，后为县。旧有城，相传晋太康中旧址，周仅一里，后废。元至正中重筑，明朝洪武七年增修，后常营治，周三里有奇。编户二百四十一里。

仙坛山，在县治东。上有平石号仙坛，本名横呑，亦曰横屿，三国吴置横呑船屯，盖以山名。上有九盘岭。又昆山，在县治西南，绝顶有巨岩，俗称古岩山。县治前又有岭门山，山分左右翼，中阙如门。○仙口山，在县东二十五里。本名阳屿，晋初因以名县。东枕大海，亦名神山，上有风门岭。又将军山，在县东南七十里。旧尝驻军于此，因名。

罗源山，县西南二十里，横阳江流其下。其南五里为凤山，临江，绵亘数里。一名前仓山，江因以名。又盖竹山，在县西南五十里。其相近者曰楼石山，高千丈，周四十三里。○玉苍山，在县西南八十里。亦名八面山。山周百余里，跨峙八乡，稍北岩岫四围，只通一门。相近又有松山，峰峦攒簇，高秀相亚。

南雁荡山，县西南百里。北自穹岭，南至施岩，四五十里皆雁荡也。

中有明王峰,峰顶有池。志云:南雁荡有十三峰、三洞、二岩,洞石类皆奇胜。其相接者曰白云山,山插云汉,行人攀藤而上,号曰藤道。又有四溪山,山有四十二峰,下有四水合流,沿山而南入于海。

大岩头山,在县东南海中。海防考:倭贼自南麂、凤凰、霓舌、蒲岐、楚门、玉环而来,俱经此山,巡哨最切。○南麂山,在县东海中。有平壤数千亩,称饶沃,环海负岛,逋逃之徒易以蓄聚,倭寇每出没于此。其北接凤凰山,山舌阔大,坐临深海,山外皆大洋,别无山岛。自明初以来倭寇皆经此栖泊,恃为巢穴,乘潮御风,直抵飞云港,此哨守要地也。

东洛山,在县东南海中。倭寇南北往来,往往泊舟取水于此,隆庆初设舟师戍守。○南龙山,在县东海中。倭自北洋而来,此为必经之道。其相近者又有铜盘山,亦倭舶内犯之道也,又洋屿在县东南江口关,水师每驻泊于此。

海,县东二十五里。郡志:县境之海,北接瑞安界榆木浦,经陡门、仙口、江口抵大舌、蒲门、俞山诸处,至福建烽火寨止,横亘三百余里。

横阳江,县西二十五里。一名始阳江,又名前仓江。县西境南北诸乡之水汇为顺溪,经罗源山下曰横源江,又东南流出县南二十五里,径江口,又东南注于海。志云:横阳江上流有四港,其一为顺溪其一为梅溪,出盖竹山,绕罗源山北而东注于前仓江;其一为平水,合涧谷诸水,经县西南八十里松山下,接泰顺县界合于前仓江;其一为燥溪,其上流为宋兰洋,亦县西南诸溪水汇流处也,经县西南七十里燥溪山下分为东西二溪,又经县南五十里,并注于江。嘉靖三十四年,倭自南麂山流入金乡,犯平阳三港,官军御之,败绩。三港,或曰即燥溪合横阳江之口。

运塘河,在城北。自县北五里鸣山下,北抵瑞安飞云渡,凡三十五里。有万金塘。又有夹屿桥河,在县南五里夹屿山下,城南诸水汇流于此,西注前仓,南注江口,各二十五里。

苏湖,县南六十里。有苏湖山,诸山溪之水汇于山下。又有南湖,在县西南九十里。

江口关,县南二十五里。下临横阳江,为往来冲要。又有江口水寨,在县南金乡卫东,南临大海,控五屿等岙,外接琵琶、长腰、陌城、洋屿等大洋,为平阳门户。嘉靖三十一年倭犯平阳前仓、径口诸处,从此港入,南至舟巴艚、炎亭,北至瑞安飞云、凤凰,皆其哨探处也。志云:江口巡司,明初置于下埠,正统五年徙于渡头,皆在县南。又仙口巡司,明初置于县东仙口山,洪武二十年,徙置于县南十里麦城山。又有龟峰巡司,在县东南九十里,亦明初置。嘉靖初废,改置龟峰堡。〇舟巴艚寨,在县东南八十里。寨东北两面皆滨海,嘉靖中倭屡由此入犯。又有舟巴艚堡及巡司戍守。志云:舟巴艚巡司,亦明初置,嘉靖中增设堡,以御倭。又县东有余洋堡,相近为宋埠、仙口二堡,县南有前仓堡,又有蔡家山、东魁等堡,皆嘉靖中置。

陌城寨,在县东南。寨东南滨海,其相连者曰陆路寨,俱戍守要地也。又汶路口寨,在县东三十里,东临海洋洋屿门,南援江口水寨,北援眉石南北二寨,地势险要。嘉靖中,倭贼由此登犯。

炎亭寨,在县南金乡卫东七里,有海口。倭贼从此径犯卫城,西即逼近县境苏湖诸处。嘉靖中置寨,并设珠炎营戍守。又西南十里为大岙海口,亦戍守处也。〇大、小渔野二寨,在卫东南,联坐海滨,倭由此犯卫城,又北则逼近县境南盐场诸处。嘉靖中,设军戍守。

大濩寨,在金乡卫东,有大濩海口。又南为小濩寨,近蒲门所,西临海,北镇山,其相接者为龟峰巡司。洪武十六年,倭贼入寇,官军击却之,为备御要地。〇程溪寨,在县南蒲门所东南,南至海,西抵镇下门水寨,蒲门之要区也。嘉靖三十四年,倭贼由此登犯。又菖蒲洋寨,在蒲门所东海滨。嘉靖中，倭贼尝犯此，与小漠寨俱拨所军戍守。

屿山寨，在县东北壮士所，东南临海口。贼从此突入，则西犯天仙，南犯双峰诸乡，北犯所城，为备御要地。又平山寨，在壮士所东北，西接盘石后所，南接屿山，北接白沙，为乐清之唇齿。嘉靖三十七年，贼从此登犯，南入石马港，径抵乐清白石山，亦备御要地也。

镇下门水寨。县东南百四十里。亦曰镇下门关。坐临大海，其东有官岙，舟师驻泊处也。出岙直冲台山外洋，倭贼犯镇下门，必取道官岙，守御最切。水哨南会烽火流江，北会江口水寨。又有上下魁海口，亦在蒲门所东南，为戍守要地。○天富场，在县东南三十里。明初，置天富南监场盐课司于此。又县东有沙塘子场，县南有蒲门子场，皆产盐，隶于天富场。

○泰顺县，府西南二百七十里。东至瑞安县二百六十里，东南至平阳县二百八十里，南至福建福安县二百五十里，西南至福建寿宁县二百二十里，北至处州府景宁县二百十里。本瑞安、平阳二县地。前朝景泰三年，析置县。嘉靖九年，以矿寇窃发，始筑城。三十八年，增修以御倭，周三里有奇。编户十八里。

天关山，县治北一里。县南里许曰地辅山，横锁白溪水口。又飞龙山，在城东。城西又有舞凤山，环夹县治。○百丈山，在县北三十五里，有百丈漈。县南二里又有第一漈，高二十余丈，悬崖直下，又连七漈以达于闽。

分水山，县南二百里，与平阳县西南之松山相接。泉发陇上，东西分流，以限闽浙，山下地名平水，达前仓江，可通舟楫。吴越尝守此，以与闽人相拒。《海防考》：分水岭隘当浙闽之交。自闽而来，必由此至平水，过牛皮岭，一路由萧家渡至县东，自县抵瑞安道二百五十里；一路由莒冈至县西，自县抵青田道二百余里，又由县东北达桐岭，可竟至府城。

此控扼之要也。

三魁山，县南六十里。有东山、西章、中龟三峰，谓之三魁。三魁巡司置于此。其相接者曰鲤鱼山。又泗溪西山，在县南九十五里，其相接者曰牙洋山。○龙斗山，在县东一百十里，下有龙斗渡，元末尝置龙斗寨于此，又东接瑞安县界。

滴水岩，县东四十里。石壁峭拔，溪流湍悍，旧时仅容仄足。弘治间，辟成大道。又莒冈，在县东七十里。其地有莒冈铺，行旅所经，旧有方邱营亦置于此。

白溪，县西四里。出天关山，绕城西而南，经县南十五里文笔峰下，西南流，达福建寿宁、宁德县境，入于海。

仙居溪，在县东十五里仙居山下。源出县西北诸山，东流经此，又经县东四十里洪口东渡，又东百丈漈及县东诸溪水俱流合焉，经龙斗山下，抵瑞安界，入于海。○泗溪，在县南，源出泗溪西山，合县南诸溪水，抵福安县界入于海。

分水关，在分水山，见上。○罗阳第一关，在县东四十里，当洪口东渡之西，道出瑞安。其地有洪溪，汇入龙潭，谓之洪口。溪流环绕，有东西二渡及东渡桥，霖雨时，湍险尤甚，水陆往来，多出于此。又桂峰东、南关，在县南七十里，其地有桂岭。又有桂峰桥，旁立两关，以路通闽括，置关于此。

三魁镇，在县南三魁山。洪武初，置洋望巡司，属平阳县。二十四年，改置三魁巡司。景泰三年，改今属。又鸦阳巡司，亦在县南。宣德八年，闽、括寇变，始设司防御，属平阳县，景泰中改今属。又池村巡司，在县北百七十里，明初置，属瑞安县，亦景泰三年改今属。

石柱寨。县北五十里。其地有石柱峰，壁立万仞，上与云齐。又北五十里有上地排隘，接景宁县界。○九峰隘，在县东南百六十里，平、泰二邑往来之咽喉也。又上下排隘，在县南百九十里，接福宁州界。又有岩坑、葛家渡隘，在县西南，接寿宁县界。

附见：

温州卫，在府治东，洪武元年建，领所三。

宁邨守御千户所，府东五十里，洪武二十年建。隶盘石卫。北渡江至卫十里，所城周三里有奇。《志》云，所东去沙沟海口一里，南至永嘉场十里，西北至乐清县五十里，西南至瑞安县七十里，为守御要地。

瑞安守御千户所，瑞安县治东。洪武二十五年建，隶温州卫。

海安守御千户所，瑞安县东北三十里。洪武二十年建，隶温州卫，西北去卫七十里，城周三里有奇。弘治十五年重筑，万历二年，为飓风所圮，九年增修，为滨海要地。

盘石卫，乐清县西南五十里。又西南至府城五十里，南至盘石岩头海口一里，西至馆头驿十里。洪武二十年建，筑城周九里。嘉靖中增修，领所三。

盘石守御后千户所，乐清县东三里。成化五年，自盘石卫城移置此，仍隶盘石卫。筑城周二里有奇，所南五里为石坞海口，东至蒲岐所三十里，北至窑岙驿五十五里。

蒲岐守御千户所，乐清县东北三十里。洪武二十年建，隶盘石卫，筑城周三里有奇，东渡江，至楚门所一十里，南至下堡海口五里。《海防考》：洪武三十四年，倭寇突犯，官军击却之。嘉靖中，为御倭要地。

平阳守御千户所，在平阳县治西。洪武二年建，隶温州卫。

金乡卫，平阳县南七十里。北至府城百八十里，西至蒲门所八十里，西南抵福宁州二百十里。洪武二十年建，筑城周七里有奇，旧领所三，今二。

沙园守御千户所，瑞安县东南二十里。洪武二十年建，隶金乡卫。南至平阳县三十里。所城周三里，弘治十四年重筑，万历十六年增修。

蒲门守御千户所。平阳县西南百二十里。洪武二十年建，隶金乡卫。城周三里有奇。南至福建流江寨二十里，西南至福宁州百里，西至泰顺县二百十里。○壮士守御千户所，在平阳县东北五十里。洪武二十年建，隶金乡卫。城周二里有奇。隆庆初，并入蒲门所。

附考：

日本，日本即故倭夷国，去中土甚远，隔大海，依倚山岛。高丽在其北，新罗、百济在其西北，琉球在其西南。有附庸之国百余。自汉武灭朝鲜，驿通汉者三十六国，皆称王，大倭王居邪马台国，即邪靡堆是已。光武建武中元二年，始来朝贡。安帝永初元年，复来贡。汉末国乱，国人立其女子卑弥呼为王。三国吴赤乌元年，卑弥呼入贡于魏。后卑弥呼死，其宗女壹与继之，后复立男王，并受中国爵命。《后汉·东夷传》：会稽海外有夷洲、亶洲，即倭夷也。孙权黄龙二年，遣将军卫温、诸葛直浮海求夷洲、亶洲，欲俘其民以益众，军行终岁，士卒疾疫死者十八九，亶洲绝远，卒不可得至，得夷洲数千人而还。沈莹《临海水土志》：夷洲在临海东，去郡二千里，历魏晋至宋、齐、梁、陈，皆来贡。隋大业四年，倭王多利思比孤入贡。《隋书》：倭国在百济、新罗东南，水陆三千里，于大海中依山岛而居，都于邪靡堆。即《魏志》所谓邪马台也。杜佑曰：倭在带方东南大海中，去辽东万二千里，大略在闽中、会稽之东，自谓泰伯之后，入唐，常来朝贡。咸亨初，恶倭名，更号日本，自以其国近日所出也。或云日本故小国，为倭所并，因冒其号云。初附新罗入贡。后新罗梗海道，始由明月洲入贡。其国尝分五道，曰东海、南海、西海、东山、山阴。宋雍熙以后，累来朝贡，熙宁以后，来者皆僧也。元至元初，遣使赵良弼招谕，且介高丽谕意，皆不应。十八年，遣唆都、范文虎等率兵十万伐之。自平户岛移军五龙山，暴风破舟，文虎等择坚好舟乘之遁归，弃师十万，为日本所歼，终元之世，使竟不至。前朝洪武二年，命赵秩谕其国王源怀，因遣使入贡，后数岁一来，而入寇不绝。十六年，与胡惟庸通谋为乱，绝之。命信国公汤和、江夏侯周德兴，经略沿海，自辽左至徐闻，筑城设卫所，戍守要害海防，凡数千里。永乐二年，遣太监郑和招谕海外诸蕃，日本首先输款，乃给勘百道，许其通贡，然仍不时入寇。十九年，大掠辽东诸处，总兵官刘江歼之于望海埚，海氛稍熄。宣德以后，不时入贡，而窥伺窃掠不已。正德四年，鄞人朱缟以逋逃充倭使，冒姓名宋素卿入贡，遂阶祸基。嘉靖二年复至，与倭使宗设争先后相仇杀，大掠宁波。宗设仍夺舟去，于是论素卿死，绝倭贡。十八年复贡。奸商亡命之徒，相与构衅，乱遂作，甚于三十一年，息于四十二年。十余年中，东南腾沸，生民之涂炭极矣。《志》云：日本之地形类琵琶，东高西下，或以其势若蜻蜓，亦曰蜻蜓国。东西数千里，南北数百里，九州居西为首，陆奥居东为尾，山城居中，乃彼国之都也。其国君以王为姓，以尊为号，后又改称皇。初居日向州，筑紫宫，后徙山城州。所统有三部、五畿、七道、三岛、六十五州、五百七十三都郡。然皆依水附屿，大者不过中国一村落而已。三部者，一曰畿内部，有山城、大河、河内、和泉、摄津五州，故曰五畿。五州分统五十三郡。一曰畿外部，有东海、西海、南海、北陆、东山、山阳、山阴七道，合统六十州，六十州又分统五百二十郡。一曰海曲部，有伊岐、对马、多艺三岛，三岛各统二郡，凡六郡。其通中国之道，旧自辽东，由六朝以后，方从南道。率自温州、宁波以入，今贡道则定于宁波。盖其国去辽甚远，而去闽、浙甚迩，风汛时，往来率不过四五日程。其在彼国西南而尤近中国者，萨摩州为最。嘉靖中，屡次入寇，多此州及肥后、长门二州人，次则大隅、筑前、筑后、博多、日向、丰前、丰后、和泉诸州之人。大率商于萨摩而附行者也。山城号令，久已不行，有山口、丰后、出云三州，专兵自恣。既而山口、出云复灭，惟丰后犹存，然亦浸弱矣。《筹海说》：山口本名周防州，南边海，其西即长门州，关渡在焉。渡此而西，为丰前、丰后、日向、筑前、筑后、大隅、萨摩，萨摩为最西。又北为肥后、肥前所谓西海九州也。自肥前而西，有大渔洲，谓之悬海，有平户岛。元世祖言：见日本地图，其太宰府西有平户岛，周围皆水，可屯军船，是也。平户之西为五岛，有五山相错，悬海而生，其中有舵可泊，乃日本西境之尽处，或谓即五龙山，元范文虎弃师处矣。自五岛而西，四望无山，直抵陈钱、壁下，此岛南去萨摩千五百里，与平户相去二百五十里，与肥前相去四百三十里。由五岛至山口，平户，其必经之所也。自五岛而北，为多艺，为伊岐。又北过海而五百里，而后至对马岛，与高丽相望，此则日本北境之尽处也。凡日本西北至高丽，必由对马岛开洋，岛之西北，有堆沙、凡山谷、撒思乃三舵，风顺不过一日程，约五百里而至高丽矣。其南至琉球也，必由萨摩州开洋，风顺不过七日。其贡使之来，必由博多开洋，历五岛而入中国，因造舟水手俱在博多故也。贡舶回则径收长门，因其抽分司官在焉也。若其入寇，则随风所之。东北风猛，则由萨摩，或由五岛，至大、小琉球，而视风之变迁，北多则犯广东，东多则犯福建。犯福建则自彭湖岛分艘，或之泉州等处，或之梅花所、长乐县等处矣。若正东风猛，则必由五岛历天堂、官渡水，而视风之变迁，东北多则至乌沙门分艘：或过韭山、海闸门而犯温州；或由舟山之南，经大猫港，入金塘、蛟门，而犯定海；或由东西殊山，入湖头渡而犯象山、奉化；或入石浦关犯昌国；或入桃渚、海门、松门诸港而犯台州矣。正东风多，则至李西岙、壁下、陈钱分艘：或由洋山之南，过渔山、两头洞、三姑山入蛏浦，而犯绍兴之临山、三山；过霍山洋、五屿、烈表、平石，而犯宁波之龙山、观海；过大小衢、徐公山，入鳖子门、赭山，而薄钱塘矣。或由洋山之北，过马迹潭西而犯青浦。或过马迹潭西北而犯太仓。或过南沙，经茶山、瞭角嘴、涉谷积入大江，越狼福山而犯瓜、仪、常、镇。若在大洋而风欻东南也，则过步洲洋、乱沙，入盐城口而犯淮安，入庙湾港而犯扬州，再越而北则犯登、莱。若在五岛开洋，而南风方猛，则趋辽阳，趋天津。大抵倭舶之来，恒在清明之后。前乎此，风候不常，届期方有东北风，多日而不变也。过五月，风自南来，倭不利于行矣。重阳后，风亦有东北者。过十月，风自西北来，亦非倭所利矣。故防倭者以三四五月为大汛，九十月为小汛焉。《志》云：山城以东，地方广邈，虽倭夷远服，贾者或不能知，大抵陆奥一州在其极东，而萨摩一州在其最西。博多，其岛名也，东南去肥前州四百五十里，贡使必出之路。又有平壶、八角诸岛，在其北面。自嘉靖以后，东南得以宁谧。万历中，关白发难于朝鲜，又久而后平云。《四夷考》：倭国以山城为主，山城之南为和泉。又南为沙界，沙界之东南为纪伊，纪伊之西为伊势。山城之西为丹渡，东为摄津，东之西为摄摩。西为但马。西之西为因幡，丹渡西为美作，东为备前，东之西为备中，西为因幡，西之西为伯耆，美作之西为备后之北境。出云之南境，备后之西为安艺。出云之西，为石见、安艺，石见之西，为山口谷国，即古之周防州也。山口之西为长门，关渡在焉。渡此而西，为丰前，其南为丰后。又南为日向，丰前之西北为筑前，西南为筑后，筑后之南为大隅，大隅西为萨摩，丰后东南为悬海，为土佐，为伊豫，为阿波，阿波相近悬海为炎路，土佐、丰后之间，为佐加关。萨摩之北为肥后，又其北为肥前，肥前西悬海为平户，平户西为五岛，北为多艺，为伊岐，极北为对马岛。诸岛皆有酋长，山城号令不行，强者则相役属焉。

福建方舆纪要序

　　福建僻处海隅，褊浅迫隘，用以争雄天下，则甲兵糗粮，不足供也。用以固守一隅，则山川间阻，不足恃也。西汉时，东越尝国于此矣。横海楼船以四道之兵至而国亡。陈天嘉中，陈宝应亦思据之矣。章昭达、余孝顷之师来袭而国亡。五代时，王氏亦尝帝制自为矣，及衅起于内，敌乘于外，而地分于邻国。元末陈友定起于闾阎，乃能削平群盗，保其境内，其才非不足以有为也，一旦杉关失，南台惊，及其身而败亡至矣。犹得谓闽为险固之地乎哉？昔人亦言，闽中形势，大类巴蜀。此非通论也。夫蜀内有鹿头、剑阁、垫江之阻，外有阴平、葭萌、瞿塘之限，北出则动关中，东顾则临荆楚。而闽曾有是乎哉？建安一郡，最称上游，亦不过北走浙中，西达江右而已。其至于中华也，必由衢、信经饶、池而后渡江，越安庆、出庐、寿而后渡淮，自淮以北，又累驿而后至大梁。谓自闽而出，遂有当于中原之要会，不能也。至于敌之来攻也，不特惠、潮迫近江、漳，藩篱易越。而南、赣山溪相错，窥伺之道甚多，由建昌而趋邵武，由广信而下崇安，敌已在肘腋间矣。仙霞南下，建瓴之势也。而处州之龙泉、庆元，与建宁之浦城、松溪，犬牙出入。往者叶宗留尝肆恶其间，而建宁以及衢、信道皆为之梗，山薮隐匿，保无有忽然阑入者乎？温州以南，由泰顺而逾分水，自平阳而越流江、福宁、侯官之郊，皆战场也。而海道之捷抵白沙浦，径进五虎门，又无论矣。噫！以福建之幅员，而可攻之隙，随在而是。备前则后至，备左则右至。山海之环绕，不足以为固，而止为敌人出没之资耳。犹可与巴蜀同日道哉？吾尝于南宋奔亡之余，而反覆三叹焉。蒙古之用兵也，纵横驰突，大异前代，临安未陷，两粤已为之破残。肇庆以西，皆置戍军，惟广、惠、潮诸州为宋守耳。使其两广尚全，云贵未扰，为宋计者，必且择坚完之所，以为经营四方之本，岂将仓皇造次，遂驻跸于偏残浅露之福州哉？广州形胜，十倍于闽。其不驻跸于广州者，惧肇庆之逼也。顾瞻四方，惟福州稍远于敌，又以北近临安，示不忘故都之意，从而建为行都。孰知敌人海道之兵，已自明州扬帆而至哉？或曰：为宋计者，广州纵可都，而福州亦必不可去。去福州，福州必遂入于敌矣。余曰：去福州而广州犹固，尚可以图福州，守福州而福州一倾，吾犹得而固广州乎？吾尝悼将亡之国，其君若臣，惊魂震魄，苟且自全，遂不思为久远之计也。使有远猷者出焉，必先择其可固之圉，以定根本，立纪纲，下一令于天下曰：有能为我复一城，守一邑者，即以官之；有能为我全一乡，保一寨者，亦即以官之；其守土之臣，而叛降于敌，有能为我诛其人而复其境者，亦即以其人之官官之。草泽中不乏贤豪也，累百年缔造之国家，非若草窃一时者之无所系于民心也。蒲寿庚之擅有泉州也，其初不过一亡命匹夫耳。《宋史》：寿庚，西域人，与其兄寿峣成以互市归于宋。

寿庚以鹰犬微功，过假之以禄位，擅市舶利者三十年，官招抚使，狼子野心，背宋而潜献地于元。宋外惧敌师之侵，内惕寿庚之叛，不得已而走漳，不得已而走潮，以入海也。当其驻跸福州之初，而已知其势之必至此也。客曰：闽固不足为中国患乎？曰：昔东晋时，有孙恩者，出没海岛，为闽浙患，恩死，其党卢循继之。循灭，余众悉遁入闽。今泉州夷户有曰泉郎者，亦曰游艇子，厥类甚繁。其居止常在船上，船之式，头尾尖高，中平阔，冲波逆浪，都无畏惧，名曰了鸟船，往往走异域，称海商，招诱凶徒，渐成暴乱。嘉靖中，倭夷蹂躏之祸，此辈所致也。然其流毒，亦于闽、浙为甚，江淮以南，侵突亦渐矣。盖孙恩、卢循之余习然也。客曰：昔人视海道为至险，王审知之据闽也，尚禀命于中国，其入贡之道，为淮南所阻，每岁自福州洋过温州洋，取台州洋过天门山，入明州象山洋，过涔江，掠冽港，直东北度大洋，抵登莱岸，风涛险恶，没溺者尝十之四五，海道不足为中国患也，殆以是欤？予曰：非也。末世智巧日生，昔之艰难者，今皆趋于便易。元伯颜建议海运，初年以四万六千有奇之粟，从海道入大都，创行海洋，沿山求岙，风信失时，逾年而始至。其后益开新道，波涛玩习，占风候雨，机变如神，自福州以及江浙之粮运，至京师者三百三十余万石，仅旬日而至耳。今运粮之道，具于《图经》；使臣往来异国之道，则载于《针经》。习于海上者，浅礁暗沙，险滩僻岙，计潮候息，锱铢不爽，涛山浪屋之中，彼已视为衽席矣。自钱塘鳖子门而北，为海门之料角嘴，为淮口之庙湾场，为登、莱之成山、沙门岛，抵登、莱，则左顾天津，而燕蓟在望，右指旅顺，而辽浑当前。子以王闽之时，而概元季之后，不亦昧哉？客曰：倭夷或能病我中华也，其以海之故哉？予曰：倭夷之志，在子女玉帛而已。然其倡乱者，非皆倭也，即所谓泉郎之徒也。犹忆少时，闽人宋氏珏过家先生，谓家先生曰：嘉靖三十七年四月某日，倭贼攻兴化府时，贼首为洪泽珍，故闽人，以海商导倭入寇。有某生者，落魄不羁，敢为大言，少与洪习，往谒之，曰：兴化不足攻也，今宜佯请抚于有司，厚索犒与，出屯岛外，积甲炼兵。漳、泉大艘旧通番市者，不下千余，皆君所习，以明春整师登舟，齐俟汛至，分百艘泊京口，百艘泊淮阴，而我以大艐直指登、莱抵天津，天下之势，隔而为三，江、淮资运，势不能达，人情汹汹，必且内变，山东豪杰，当有应者。吾不俟有攻坚击锐之劳，而天下之势且归于我矣。时贼以莆城富饶，亟欲城陷，闻生之言，谓生为莆城游说也，瞪目叱之，左右顾，欲杀之。生匍伏请命，乃得已。窜入壶公山中。事平后，颇自疑，不敢出。然闽人亦喜生之止贼攻城，而不深咎其言之祸及国家也。家先生笑而不应。予闻之，颇怪是生之狂瞀也。夫以国家封城之大，岂草窃者所能干？生乃欲急售其奇，不择人而教以天下之大计，其不见膏于斧锧也，亦幸矣哉。

读史方舆纪要卷九十五

福建一 封域 山川险要

　　《禹贡》扬州地。周为七闽地。《周礼》：七闽，荒服，掌于职方。郑注：蛮种有七，故曰七闽。贾疏：祝融之裔，分据闽地而为七。春秋已后，亦为越地，天文牛、女分野。秦并天下，平百越，置闽中郡。汉高五年，封无诸为闽越王。都冶。孝惠三年，分闽越地，封摇为东海王，即今浙江温州府地。又建元六年，封无诸孙丑为闽由王，复封余善为东越王，其实皆闽越地也。元鼎五年，闽越乱，元封初平之，属会稽南部都尉。《汉纪》：武帝平闽越，以其地险阻，数反覆，终为后世患，因迁其民于江淮间，而虚其地。后复为冶县，属会稽郡。后汉因之。三国吴始置建安郡，晋又分置晋安郡，皆属扬州。元康初，改隶江州，宋齐因之。梁普通六年，改属东扬州。时增置南安郡。陈永定初，增置闽州。领郡三。天嘉六年复旧。光大初，又置丰州。盖梁、陈时州名滋多，非古制也。隋大业中，亦属扬州部。唐属江南道。刘昫曰：初属岭南道。误。今以《六典》为据。开元中，分隶江南东道。唐末，王氏据有其地。及闽亡，入于南唐、吴越。宋为福建路。元置福建等处行中书省，寻废。《元志》：至元十五年，置行省于泉州。十八年迁福州,明年还治泉州。二十年,又徙福州。二十二年,并入江浙行省。《三山续志》:至元十五年,置行省于福州。十六年罢。二十年复置。二十二年,并入江西行省。二十三年,复置。明年,改行尚书省。二十八年,仍并入江西。二十九年,仍置行中书省。大德元年,立福建平海行中书省,徙治泉州,图琉球也。三年罢。黄氏曰:《三山续志》作于元致和间,必有所本也。至正十六年复置,寻为陈友定所据,明初平之。洪武九年,置福建等处承宣布政使司,领府八、直隶州一、属县五十七,总为里三千七百九十七,夏秋二税大约八十八万三千七百一十五石有奇。而卫所参列其中。今亦为福建布政使司,领府州如旧。

○福州府,属县九。

闽县,附郭。 侯官县,附郭。 长乐县, 福清县, 连江县, 罗源县, 古田县, 闽清县, 永福县,镇东卫,梅花、万安、定海三所附见。

○兴化府,属县二。

莆田县,附郭。 仙游县,平海卫莆禧所附见。

○直隶福宁州,属县二。

宁德县, 福安县。福宁卫,大金所附见。

○建宁府,属县八。

建安县,附郭。 瓯宁县,附郭。 建阳县, 崇安县, 浦城县, 松溪县, 政和县, 寿宁县。

○延平府,属县七。

南平县,附郭。 将乐县, 沙县, 尤溪县, 顺昌县,永安县, 大田县。

〇汀州府, 属县八。

长汀县, 附郭。 宁化县, 上杭县, 武平县, 清流县, 连城县, 归化县, 永定县。

〇邵武府, 属县四。

邵武县, 附郭。 光泽县, 泰宁县, 建宁县。

〇泉州府, 属县七。

晋江县, 附郭。 南安县, 同安县, 惠安县, 安溪县, 永春县, 德化县, 永宁卫福泉、金门、中左、高浦、崇武五所俱附见。

〇漳州府, 属县十。

龙溪县, 附郭。 漳浦县, 龙岩县, 长泰县, 南靖县, 漳平县, 平和县, 诏安县, 海澄县, 宁洋县。镇海卫六鳌、铜山、玄钟三所附见。

东、南皆据海,

东北自浙江温州府界, 西南至广东潮州府界, 大海回环, 约二千里。福、兴、泉、漳四郡, 福宁一州, 皆列峙海滨, 互为形援。

西抵粤东,

闽之西南境与广东潮州府相唇齿, 水陆二途, 皆为捷径。

北距岭峤。

闽亦称峤外地。自浙江衢州、处州而南, 江西广信、建昌、赣州而东南, 皆有崇山峻岭, 纡回结曲, 不特仙霞一道, 为北面之巨障也。

其名山，则有武夷，

武夷山，在建宁府崇安县南三十里。有黄亭山麓始于此，又四十里乃入武夷。其山绵亘百二十里，有三十六峰，三十七岩。又嶂洞泉石之属，得名者复数十计。一溪缭绕其间，分为九曲。《道书》以为第十六洞天。《汉·郊祀志》武帝祠武夷君，即此山之神也。宋刘斧曰：武夷山东南枕流水，一水北至，一水西来，凑大王峰前，合流为建溪。其山东望如楼台，南盼如城壁，西顾如庾廪，北眺如车盖。峰峦岩岫，四十余所，峭拔奇巧，高下相属，吞吐云雾，草木蒙茸，寒暑一色，岸壁红腻，棱叠可爱。朱子曰：武夷峰峦岩壑，秀拔奇伟，清溪九曲，流出中间，两岸绝壁，往往有枯楂插石罅间。又有陶器之属，颇疑前世道阻未通，川壅未决时，蛮俗所居，而汉所祀者，即其君长欤？今从溪而入，第一曲为大王峰。在山东南，一名天柱峰，亦曰仙蜕岩，方圆十里，高五千丈，一面向东瞰北溪，一面向南瞰西溪。峭壁缘崖，上哆下锐。峰之东麓有昇真洞，西有铁板嶂，石色苍黑，剜削如板，盘回数百丈。绝顶为投龙洞。《志》云：洞门甚小，缒绠百二十丈乃至水。宋嘉熙元年，投金龙玉简于此，旁有天鉴池。峰之北又有幔亭峰，一名铁佛嶂。甚奇胜，又有仙鹤等岩。第二曲有玉女峰，在溪南，亭亭姝丽，旁有马头、凌霄、虎啸等岩。第三曲有小藏峰，亦在溪南。高崎峻拔，中有小藏岩，一名仙船岩。峰背为仙机等岩。第四曲溪南有大藏峰，高崎千仞，下临深溪。《志》云：溪南又有李仙岩，一名灯窝岩，其前为御茶园，中有泉，旧于此制茶上供。元时设场官二人，掌茶园百有二所。明初有司董之，嘉靖中罢。李仙岩后又有云岩石室，可容百许人。溪北对峙者曰车钱峰，旁有昇日诸峰，参差错列。第五曲有隐屏峰在溪北，夷上锐下，凌空峭立，高广方正如屏。两麓坡陀环抱，朱子筑精舍于其处，峰之右又有接笋峰，北有玉华岩，皆奇胜。《志》云：溪南有小隐屏，与隐屏峰对。一名紫石岩，今名晚对峰，因朱子晚对亭而名。第六曲有天游峰。在隐屏之后，外高敞而内幽邃。其右为仙掌峰，穹崖壁立，高广百余仞，旁有瀑布泉。夹流下注，名仙浴池。溪之南有城高岩，山形高峙，长亘如城壁。第七曲有三仰峰。三峰耸拔相连，形若仰首，中有碧霄洞、小桃源诸胜。第八曲有鼓子峰。有石如鼓，其前为鼓楼，岩后有三层峰，尤高峻，旁又有天壶等岩。第九曲尽处曰灵峰，一名白云岩，壁立高峻，常有云气氤氲。其右为毛竹洞，甚幽邃，溪南为齐云、火焰诸峰。又有灵岩，崖壁削成，顶甚平旷，有石洞三，中一洞深广，风从中出，谓之风洞。一云灵岩之东为揽石峰，亦高耸，在第二曲虎啸峰之南，去九曲差远。山之背有丹霞嶂，石色丹赤，雄峙若城，绵亘层叠，长数万丈，高称之。其东曰水帘洞，《道书》谓之唐曜洞天。水自石壁泻下，随风飘洒，疏密不定，如垂帘然。声若金玉，流合溪水。溪源发于武夷西北二十余里之三保山。流至黄村溪，经星村市。潆回曲折，出石鼓渡合大溪，游九曲者，舟每从东溯流而入，西出将村，而境始穷。南麓则临石鼓渡，北止于黄村溪，两岸峰峦，率皆丰上敛下，奇变万状，神刓鬼刻，骇目惊心。《唐六典》江南道名山，武夷其一也。

梁山，

梁山，在漳州府漳浦县西南三十里，广东大埔县西北二百里。一名高昌山，高千仞，盘亘百里，有九十九峰。亦名梁岳。《古记》：梁岳，闽中之望也。《尔雅》：南方之美者，有梁山之犀象。或以为即此山，恐误。《胜览》：梁山秀丽而崇圆，故亦名圆山。《名山记》：山峰之得名者，凡十有二。唐开元中，钟绍京作尉是邑，增为二十有四，其中峰曰莲花峰，一名齐帝石，以齐武帝赜避兵揭阳时，曾游赏此峰也。《南齐书》：武帝仕宋为赣令，晋安王子勋之乱，举义兵，众寡不敌，避屯揭阳山中。其最高者为狮子、金刚二峰二峰之外，曰力士、曰双髻、曰长剑、曰七星、曰八柱、曰观日、曰临海、曰晋亭、曰青阁，与莲花共为十二峰。又有双凤、玉乳、锦石、月桂、寿星、紫云、金鸡、丹灶、香炉诸山之名，则后人所增益也。吴明伟又云明伟，唐诗人：梁山翠峰三十六。盖峰岭环列，各以意言之耳。山之中，纡折回旋，有田、有村、有溪。溪之名，有长源溪、锦溪、万顷溪、仙溪、盛溪、锦石溪、垂玉溪、龙潭溪，分流洒道，互相萦绕。《志》云：山东南盘石上有穴如井，水泉涌出，大旱不竭，谓之灵泉。南北两麓又各有汤泉。上有水晶坪，产水晶。元大德元年，福建平章高兴言：漳浦地产水晶，当发民采之，以资国用，因遣内监采取。明朝亦尝命镇守内官采焉。又有中峰岩、瀑布泉，并称名胜。《志》云：山之西，接盘陀岭，丛薄崎峻，盘亘可十里，郡旧志：盘陀岭即宋葵冈岭，汉时为南越蒲葵关，闽、粤通道也。汉元鼎五年，汉击南越，东越王余善以兵从至揭阳，以海风波为解，及汉破番禺，还击东越于蒲葵关，即此。宋潘存实云：梁山根蟠楚、蜀，作镇瓯、闽，西南形胜，山为最著矣。

　　大姥。

　　大姥山，在福宁州东北百里，高十余里，周四十里。旧名才山。《力牧录》云：黄帝时，容成先生尝栖此。王烈《蟠桃记》：尧时有老母居此仙去，因名大母山。汉武帝命东方朔校天下名山，又改母为姥。唐开元中，特图其形，敕有司春秋致祭。乾符四年，敕建兴国寺于山麓。旧《志》：唐咸通中，林嵩建草堂，读书其中，因名草堂山。《通志》：嵩，盖宋真宗时人。又云王闽尝封此山为西岳。《三山志》：闽封高盖山为西岳，霍童山为东岳，未尝封此山也。其山千峰林立秀拔，得名者三十六峰，《志》云：宋初僧师待图山之奇峰二十二，林陶次第其名，为新月、豸冠诸峰，后人复增摩霄、仙掌等峰，为三十六。近代好事者复增益之，为四十五峰。又岩石溪谷泉洞之属，其得名者以百计。绝顶为摩霄峰。相传太母上升时，乘九色龙马摩霄而上，因名。东西北三面皆海，秋霁远眺，可尽四五百里，虽浙水亦在目中。自摩霄而下，千岩万壑，瑰奇灵异，不可悉数。大约东北诸山，大姥为之冠矣。

　　其大川，则有建江，

　　建江，亦曰闽江，亦曰建溪。至延平府境，亦曰剑江，至福州府境，亦曰西江。往往随地立名，实同一建江也。其源出建宁府浦城县北四十里渔梁山，绕流经县城南，达县西，或曰：建溪之源，出自枫岭。今枫岭南里许有分水关，梨岭北麓之水，枫岭南麓之水，会流经此，即建溪上源也。按：水流环通，仙霞以南之水，东流则归于处郡之大溪，西流则归于广信之永丰溪，而南流大都归于建溪。渔梁岭路之极南，为众流所汇之地，从其易见者而言，遂谓建溪出于渔梁也。枫岭、梨岭，俱见浦城县。经滩涧中，引而南，凡一百八十里，曰水吉镇，为建阳县界。又五十三里曰双溪口，而崇溪之水流合焉。崇溪源出建宁府崇安县西北七十里分水岭，流经崇安城东南，又南纳武夷

九曲之水，历建阳县城东，一名锦江，亦名西港。又东南至双溪口，
而合于建溪，并流而南，八里为叶坊驿，又四十五里而达建宁府
城西，绕城南而东，松溪之水亦流合焉。松溪源出浙江庆元县西
南二十里松源山，入建宁府界，经松溪县城东北，引而南，政和县
境之水，亦流入焉，谓之东溪。至府城东，而合于建溪。旧《志》：
建溪之源凡三，一出浦城，一出崇安，一出松溪。三源而下，凡五派合
流，是为建溪。今考上游之水，自西北来者皆汇于建溪，三源、五流，亦
概言之。又南行四十里，曰太平驿，又四十五里为房村铺，又十里
曰大横驿，又三十里为黯淡滩，又五里至延平府城东南，而西溪
流合焉。西溪上源，一出邵武府光泽县西北九十里之杉关岭，谓
之杭川。南流至邵武府城北，合樵溪、紫云溪诸水，流入延平府
顺昌县境，合顺阳诸溪，至县城南，合将乐县之将溪，又东至沙溪
口，合沙县之沙溪。将溪、沙溪，即汀州府大溪之下流也。大溪发
源汀州府宁化县山中，流经县东南，又东历清流县东南境，而为九
龙滩。又东分二流。一自归化东北流，入延平府将乐县界，谓之将溪，
经县南至顺昌县城南，合于顺阳溪。一自延平府永安县东北流，经沙县
南，谓之太史溪，亦名沙溪，又东北出沙溪口，而合于顺昌诸溪。其下复
合，共引而东，谓之西溪。又东至延平府城西，绕出城东南，而合
于东溪，谓之剑江。又东南四十里曰吉溪口，又十八里曰茶阳驿，
又三十二里曰尤溪口，尤溪县之水自此北合于建江也。又十五里
曰樟湖坂，又十二里曰苍峡巡司，又二十里为黄田驿，入福州府古
田县界。又五十里而至水口，自水口已上，达于浦城，计程几六百
里。滩石嵯岈，纵横林立，舟行鳞隙中，滩高水急，略无安流，溪

船轻脆，石齿坚利，稍或不戒，沉溺及之矣。相传始于浦城，迄于水口，诸滩之有名者以三百计，然至险者亦不过数处，曰将军滩、在浦城县南十里。和尚滩、俗名阿弥陀佛滩，在建宁府北六十五里。黯淡滩、在延平府北五里。大伤滩、在延平府东南十八里。大湾滩，在水口北二十里。其最著者也。次则火烧滩、在浦城县南三里。倒乱滩、在浦城县南百十里。大小罗滩、小罗滩，在浦城南百十三里。又南十四里即大罗滩。树林滩、在大罗滩南六十五里。大米、小米滩、小米滩，在树林滩南十二里。又三里即大米滩。菱角滩、去大米滩三十余里。梨滩、在建宁府城北十五里。箭孔滩、在延平府东南六十五里。梅花滩，在箭孔滩南六十六里。亦时有摧溺之虑。而汀、邵二溪，又有九龙、在清流、永安二县界内，称最险。三门、虎口在延平府西境。诸滩之险。其水工非熟于水道，轻捷夙成者，则节节皆险耳。夫闽江本无正流，大约疏凿山峡而成，上流地高水迅，易于浅涸，居民往往积石壅水，为灌溉及水碓之利，山水骤发，辄冲激为患，滩险比下流较多，其下流水势益盛，滩益大而险。淫潦时，波涛汹涌，势若怀襄，旬日不雨，则石埒磷磷，浅狭处可褰裳涉也。水口滩险已尽，而列石江中，参差数里，水势震荡，势犹汹汹。出水口则江流浩衍，以风阻为虞矣。由水口而东五十里曰小箬驿，又东十里，曰闽清口，又四十里，曰白沙驿。自白沙而下，分为两枝：其自东而南者，二十里为竹崎所，又四十里曰芋原驿，又东南至府西十里曰洪塘浦，又东南流二十里曰南台江，又东南流五十里为马肠江。其自南而东者，经府西南六十里曰阳崎江，折而东二十里曰西峡江，复东流二十余里会马肠江。府境诸水，俱会流于此以达海。盖自西北而东南，横亘三郡之中，几千余里，为津梁之要会。自剑溪东下福州，水路萦纡，几数百里，而水势湍疾，可以朝发夕至也。陈天嘉五年，章昭达自东兴岭趣建安，东兴岭，见江西新城县。讨陈宝应，宝应据晋安、建安二郡，水陆为栅以拒之，昭达与战不利，因据上流，命军士伐木为筏，施拍其上，会大雨江涨，昭达放筏冲宝应水栅，尽坏之，宝应由此败灭。五代汉乾祐三年，南唐剑州帅查文徽，遣剑州刺史陈诲将水军下闽江袭福州，会大雨水涨，一夕行七百里，抵福州城下，史作七百里，误也。自剑州至福州四百里。败州兵，整众鸣鼓，止于江湄。盖顺流漂急，势莫能御也。

海。

海在福建，为至切之患。汉元封初，伐东越，遣横海将军韩说出句章，句章，见浙江慈溪县。浮海从东方往，遂灭闽越。三国吴建衡初，遣军自建安海道与荆州之师会于合浦，合浦，见广东廉州府。以击交阯。陈天嘉四年，章昭达自东兴度岭，东兴岭，见上。趣建安，讨陈宝应，诏余孝顷督会稽、东阳、临海、永嘉诸军，自海道会之。昭达败宝应水栅，诸军方攻其步军，孝顷自海道适至，因并力乘之，宝应败灭。隋开皇十年，泉州王国庆作乱，自以海路艰阻，不设备，杨素泛海奄至，击平之。五代汉初，吴越遣将余安自海道救李达，达，即闽叛将李仁达，时据福州，为南唐所攻。遂有福州。宋德祐二年，张世杰等共立益王昰于福州，蒙古将阿剌罕自明州海道来袭，福州旋陷。明初讨陈友定，亦命汤和由明州海道取福州，八闽悉定。洪武十九年，倭氛告警，乃命江夏侯周德兴经理闽海，置烽火、南日、浯屿三寨于海中。正统九年，以侍郎焦宏莅其事,则迁烽火、南日于内地。景泰二年,尚书薛希琏出而经略,又迁浯屿水寨于厦门,议者以为弃其藩篱矣。是时虽增置小埕、铜山二寨,沿边卫所镇戍之设,渐加密焉,而奸商酿乱,勾引外夷,自潮州界之南澳及走马溪、旧浯屿、南日、三沙一带,皆为番舶所据,浸淫至于嘉靖二十七年以后,祸乃大发。论者谓东南之倭乱,闽实兆之也。自是审斥堠,严会哨,寇去之后,犹亟亟不敢懈焉。盖列戍于海上,而哨守于海中,不易之法矣。说者曰:海中岛屿,东西错列,以百十计,但其地有可哨而不可守者,有可寄泊而不可久泊者,若其最险要而纡回,则莫如彭湖。盖其山周遭数百里,隘口不得方舟,内澳可容千艘,往时以居民恃险为不轨,乃徙而虚其地,驯至岛夷乘隙,巢穴其中,力图之而后复为内地,备不可不早也。又海中旧有三山之目,彭湖其一耳。东则海坛,西则南澳,皆并为险要。守海坛,则桐山、流江之备益固,而可以增浙江之形势。守南澳,则铜山、玄钟之卫益坚,而可以厚广东之藩篱。此三山者,诚天设之险,可或弃以资敌欤?

其重险,则有仙霞,

仙霞关,在建宁府浦城县北百二十里,北至浙江江山县百里,本江山县地。关南三十八里有枫岭,则闽、浙分疆处也。岩岭相接,纡回雄峻,南北经涂,皆出于此。今详见浙江重险。

杉关。

杉关,在邵武府光泽县西北九十里,西至江西建昌府百二十里。有杉关岭,置关其上,为江、闽往来之通道。说者曰:仙霞之途,纡回峻阻,其取之也较难。杉关之道,径直显露,其取之也较

易。闽之有仙霞、杉关，犹秦之有潼关、临晋，蜀之有剑阁、瞿塘
也。一或失守，闽不可保矣。元至正十九年，陈友谅兵陷杉关，侵
福建。二十五年，明太祖遣胡深攻陈友定，克浦城及松溪，分遣朱
亮祖自广信出铅山，王溥自建昌出杉关，会兵讨之。二十七年，胡
廷瑞收江西，进取福建，自建昌入杉关，克邵武路。盖闽中西偏之
要害矣。明正统十四年，贼邓茂七据杉关攻光泽，既而顺流南下，闽中多
为残破。

　　按福建之地，海抱东南，山连西北，重关内阻，群溪交流，虽
封壤约束，而山川秀美，福州一郡，居然都会。说者谓温、处、衢、
信信，江西广信府，闽之北藩也；建昌、南、赣，闽之右壁也；惠、
潮，闽之西门也；大海，闽之东户也。建宁一郡，北当仙霞，虞浙
江之突入；西瞰分水，虑江右之窥伺，东带松溪，防矿贼之窃发。
是诚全闽之头目，保护不可或怠者也。邵武迫近建昌、杉关之冲，
恒由不意。而汀、漳二郡与南、赣、惠、潮邻接，山溪旷邈，奸宄逋
逃，易生衅孽。且漳州南控岛屿，其民险巇，往者倭奴流突，大率
漳郡之人为之向导，不可不折其萌矣。福宁一州，屹峙东北，温州
南下，此其最冲。夫以闽之封壤，而四境之间，敌皆可乘，乃欲高
卧无患，真千古必无之事也。

读史方舆纪要卷九十六

福建二 福州府 兴北府 福宁府

〇福州府，东至海岸百九十里，南至兴化府二百八十里，西南至泉州府五百里，西至延平府四百有五里，北至福宁州五百四十五里。自府治至南京二千八百七十二里，至京师六千一百三十三里。

《禹贡》扬州之域。周为七闽地。秦置闽中郡。汉初，为闽越王国。元封初，平闽越，属会稽郡。后汉因之。《通典》：后汉置侯官都尉，属会稽郡。似未可据。三国吴属建安郡。晋太康三年，始置晋安郡。宋因之。泰始四年，改晋平国，封弟休佑为王。七年，复故。《志》又云：元嘉中，改昌国郡。误。齐、梁亦曰晋安郡。陈兼置闽州，寻废，后又置丰州。隋平陈，郡废，改州曰泉州。大业初，复曰闽州。三年，又改建安郡。唐武德六年，仍曰泉州。景云二年，改曰闽州。并置中都督府，督闽、泉、建、漳、潮五州。开元十三年，又改为福州。依旧都督府，仍置经略使。二十三年，改督福、建、汀、泉四州。天宝初，曰长乐郡。乾元初复为福州。《新唐书》：至德二载，置经略军、宁海军于城内。元和六年废军，置福建观察使，领福、泉、汀、建、漳五州。乾宁三年，升为威武节度使，以授王潮。五代时，王氏据有其地。梁贞明六年，升为大都督府。唐长兴四年，闽主王延钧升为长乐府。晋开运二年，王延政号为南都。时延政并有闽地也，南都一作东都。三年，属于南唐。明年，为吴越所取。仍曰福州、威武军，周广顺初，改曰彰武军。宋仍为福州。亦曰长乐郡、威武军。景炎初，升福安府。元为福州路。初置福建等处行中书省于泉州，寻徙福州。明洪武初，改为福州府，领县九。今因之。

府西阻重山，东带沧溟，南望交、广，北睨淮、浙，亦东南一都会也。然而延、建诸郡，控我咽喉；福宁一州，扼我项背；兴、泉诸郡，伺我肘腋。扬帆突至，则有海道之虞；逾险飙驰，实切上游之惧。封疆不可凭，山溪不足恃，国门以外，皆战场也。三山之险，诚不在近郊，而在四境矣。宋蒋之奇曰：八闽之地，长乐郡名为冠。以其地肥衍，民殷富，而滨海足以自固也。噫！是岂折冲之长策哉？

○**闽县**，附郭。在府治东南。汉置冶县，属会稽郡。后汉时废，建安初置侯官县。三国吴属建安郡。晋太康三年，析置原丰县，为晋安郡治。沈约云：省建安典船校尉置也。宋、齐时属晋安郡，梁曰东侯官县，仍为郡治。隋郡废，复改县曰原丰。开皇十二年，又改为闽县。自是州郡皆治此。五代唐长兴四年，王氏改为长乐县。清泰二年，复旧。晋天福六年，复曰长乐。吴越得之，仍曰闽县。宋因之。今编户百十八里。

侯官县，附郭。在府治西南。汉为冶县，后汉曰侯官县。晋属晋安郡。宋为郡治。齐因之。梁、陈间省入东侯官县。唐武德六年，复析置侯官县。八年，省。长安二年，复置。元和三年，又废。五年，复置。五代唐长兴四年，王氏改为闽兴县。清泰二年，复旧。宋因之。今编户百八十里。

福州城，《志》云：故冶县在府治北。沈约云：越勾践铸冶处也。张勃以为闽越王冶铸地，亦曰安民王冶，非是。汉初闽越国都冶，盖因旧址而名。武帝平闽越，徙其民于江、淮间，后有遁逃山谷者，稍复出，因立为冶县。冶，《汉志》讹为治，或谓之东冶，后汉志不载冶县。相传建安初，置侯官县。史亦未载也《三十国春秋》：孙策攻会稽太守王朗，朗战败，浮海至东冶，策追击，大败之。侯官长商升为朗起兵，策寻遣兵讨平之。是建安初已有侯官县也。侯官盖即冶地矣。孙休永安三年，黜其兄会稽王亮为侯官侯，于道自杀。是年置建安郡，县属焉。晋又析侯官地置原丰县，为晋安郡治。《通考》：闽越王无诸开国，都冶，依山置垒，据将军山、欧冶池以为胜。晋太康四年，太守严高以故城狭隘，将移于白田渡，嫌非南向，乃图以咨郭璞，璞指越王山南小阜曰，宜城于此。即今郡子城也。梁、陈间，为东侯官县。隋唐为闽县，州郡皆治此。《城邑考》：今府城，唐中和间，观察使郑镒修拓郡城东南隅，城北起小阜，南至虎节门，东起康泰门，稍西至宜兴门，东南至定安门，西南至清泰门，是曰子城。文德元年，观察使陈岩复修筑。天复元年，节度使王审知筑重阙于虎节门外，名镇闽台，又名龟门。宋祥符中，改曰还珠门，俗呼双门。又于子城外环筑罗城，设大门八、便门九、水门三。南利涉门，一名福安门。东南通津门，俗呼青楼门。东海晏门，一名清平门，俗呼鸡鸭门。东北延远门，一名通远门。北永安门，一名济川门。西北安善门。西丰乐门，一名善化门。西南清远门。初以丰乐门为子城，与清远门接，故中间又有金斗门。五代梁开平元年，审知又筑南北夹城，谓之月城。南大门一，累甓设悬门外。便门六，水门二，浚河以通潮。北大门二，便门二。一云南月城大门二，曰登庸，曰道清。北月城大门二，曰道泰，曰严胜。旧《志》云：南宁越门，即今南门，东南美化门，又东设水关，亦名水步门。北严胜门，刘宋时，有严胜者居此，好施于人而名也，即今北门。西北昇山门，至宋政和间，改为遗爱门，以元绛为郡守有德政而名也。西迎仙门，即今西门。盖有六门云。石晋开运三年，南唐将陈觉自剑州遣兵袭福州，政其西关，为李仁达所败，唐主遣王崇文等会兵进攻，克其外郭，仁达固守第二城，既而福州降将马捷引唐兵自马牧山拔寨而入，至善化门桥，州兵拒之，仁达退保善化门，外城再重皆为唐兵所据，唐兵寻复进据东武门，内外皆绝。明年，城入于吴越。东武门即海晏门也，闽主曦所改。宋开宝七年，刺史钱昱又筑东南夹城，南自合沙门，西至怡山门，东自行春门，北至汤井门。又东南有通仙门，东北有船场门，是曰外城。合沙门一名光顺门，在宁越门之南。太平兴国三年，钱氏纳土，诏尽毁其城。皇祐四年，诏渐次修治。熙宁二年，郡守程师孟据子城旧基修筑，复增拓其西南隅。八年，郡守元积中甃以重甓。绍兴初，郡守程迈始发石累子城虎节、安定、丰乐、康泰四瓮门，设敌楼其上。咸淳九年，当增筑外城。元至元中复堕废。至正二十四年，陈友定稍缮完之。明洪武四年，驸马都尉王恭因旧址修砌以石。六年增修，北跨越王山为楼，曰样楼，即今镇海楼。东西南则因外城遗址，绕九仙、乌石之麓而围之，城周十九里有奇。成化十九年，风雨摧坏，寻复营葺。嘉靖三十八年，亦尝修治。今有门七，南门即故南夹城宁越门也。北门故北夹城严胜门也。东门旧外城行春门也。西门旧北夹城迎仙门也。东南仍曰水部门。东北曰汤门，即汤井门也。西北曰井楼门，即故船场门也。又旧时子城、罗城、夹城、外城皆有濠。今城有水关四，其水源一自南台东北江岸开河口通潮北流，自水部门水关入城。一自洪塘江引流，经西禅浦，由西门水关入城，萦回曲折，流绕城中，而北门、汤门二水关，以泄城中潦水。又城东西南皆有濠，北面连山，不通水源也。

侯官故城，府西北三十里。后汉末，置侯官县。或曰在府西境梁改置东侯官县，以侯官并入焉。唐武德中，复析闽县置侯官县，盖治于此，逼临江浒。贞元五年，为洪水漂没。八年，迁入州郭。今故址名侯官市，亦曰侯官阁。五代晋开运二年，南唐陈觉擅命攻福州，自剑州缘江东下，李仁达将杨崇保帅舟师拒之，觉等败之于侯官，乘胜进攻福州西关，为仁达所败，此侯官也。

怀安废县，在府治西北。本闽县地。宋太平兴国六年，析九乡置怀安县，初治芋原江北三十里。咸平二年，移治石岊，广故驿为县治，东南去府城二十五里。元至元二十二年，迁于县西，寻复故。明洪武十二年，移入郭内。万历八年，并入侯官县。

越王山，在府城北半蟠城外，东联冶山。一名屏山，以形若屏扆也。亦曰平山。又名泉山，以山有天泉池也。闽越王都冶山前麓，故曰越王山。其东南麓，唐时有左衙、宣毅、广节诸营，故亦名将军山。西麓曰马牧山，即南唐攻福州时，自马牧山拔塞而入处也。山之南有欧冶池，相传欧冶子铸剑处。池周数里，今多湮。《闽志》：冶山在郡城东北，其别阜曰将军山，盖即越王山支陇矣。○九仙山，在府城内东南隅，今名于山。相传汉武时有何氏兄弟九人登仙于此，因改今名。一名九日山。《闽中记》：无诸九日晏集之所也。上有鳌顶峰，又有平远台，平旷可以望远。又乌石山，在府城内西南隅，与九仙山东西对峙。唐天宝八载，改曰闽山。宋熙宁间，郡守程师孟改曰道山，有薛老峰、邻霄台诸胜，三山皆在城中，故郡有三山之名。

鼓山，府东三十里，延袤数十里，郡之镇山也。山之南麓，屹峙江滨，为戍守要地。顶有巨石如鼓，因名。其最高者为大顶峰，一名屴崱峰，正东可望海中。又有小顶峰，与大顶峰相去二里，其余峰岭岩洞之属，称名胜者，不可胜纪。○东山，在府东十里，旧有东山寺。陈天嘉二年，虞寄避陈宝应之乱，居东山寺，阳称足疾，是也。山有狮子峰、榴花洞诸胜。又金鸡山，在府东三里，相传秦时以望气者言，尝凿此山。其相近者曰茶园山，山南为宝月山，皆在平原中。五代唐长兴二年，王延禀自建州袭攻其主鏻，鏻将王仁达伏兵杀其子继雄，延禀走至此被执。又府东二里曰长乐山，本名白马山，王闽时改今名。

钓台山，城南九里。崇阜屹立，俯瞰大江。旧《记》汉东越王余善于此钓得白龙，以为己瑞，因筑坛，曰钓龙台，后人呼为越王台，今亦名南台山。建江经此，曰南台江。五代周显德三年，南唐建州帅陈诲败吴越兵于福州南台江。明初汤和自明州渡海攻福州，奄至五虎门，驻师南台，福州遂下。今为廛市，山去江百余步。○平山，在府东南三十二里。《志》云：城东南三十里有凤山，鼓山之支陇也。其东为平山，宋少帝航海时，驻兵于此，铲平其顶，因名。又罗星山，在府东南五十里马江中，登之，百里内诸山皆在左右，为远近奔流之砥柱。又南五里曰大象山，其山巍峨广大，为城南之巨障。有峰曰银峰，下瞰马头江。江之南，曰白田山，即晋严高欲迁城处也。又九龙山，在府东南六十五里，九峰插天，状若龙腾，下有潭，潜通马头江。

方山，府南五十里，端方如几。城南望之，势若五虎，一名五虎山。高千仞，四面如城郭，其峰曰天柱峰，跨闽、侯二县界。元末陈友定遣兵驻守。今谷口有寨门，甚隘，其中平畴数顷，溪流屈曲，登山有石梯岭，路仅尺许，悬崖断堑，削如羊肠。行数里而达山巅，为福州岩，平坡一望，远近诸山，皆若培塿。山阴又有灵源岩，多橘柚。唐天宝中，赐号甘果山。旧《志》：方山群峰百六十，岩屿之属得名者，复十余处。其西麓小山曰仙崎，亦曰阴崎，与阳崎隔江对峙。元吴海云：建江别流，南循方山，以会于长陉台江，旧有浮桥，延祐中创石桥以济行者。然淫雨泛溢，凤冈百里，辄为巨浸。新陉、阳陉为江流回折之冲，舟济者又有隧风漂溺之患。郑君潜适寓瓜山，营二舟，一自白苗济阳陉，一自新陉济阳陉，行旅便之，谓之义渡，里人谓之郑公渡。新陉、阳陉即阴崎阳崎也。方山之西，又有瓜山，以三峦如瓜而名。又西曰古灵山，群峰奇峻，一名大帽山，又名席帽山，有石室、甘泉诸胜。○云门山，在府东南七十里，多松竹泉石之胜。

寿山，府东北六十里。产美石，莹洁柔润，盖珉也。距山十余里有五花石坑，以石有五色而名。其并峙者曰芙蓉山，秀丽若芙蓉。别麓有洞，曰灵洞，岩甚深邃，亦曰芙蓉洞。又有九峰山，在城北五十里，有岭曰长箕岭，一名长歧岭，又名桃枝岭，路出罗源、古田二县。《志》云：山峰顶九出，圆秀峭拔，与芙蓉、寿山并称三山。又东室山，在府东北三十里。《志》云：古战坂也。五代晋开运中，南唐兵与李仁达战于此。○莲花山，在府北二十里，下圆上锐，形若菡萏，郡之主山也。五代唐同光三年，闽王审知卒，葬凤池山。长兴三年，改葬莲花山。其相近为西室山，亦秀拔。又北有梧桐岭，甘蔗生焉。五代晋天福四年，闽人作乱，王昶出北关，至梧桐岭，为众所杀，即此。又西有拜郊山，相传闽越王燔柴处也。《志》云：府北十五里为昇山，一名飞山。相传越王勾践时，山从会稽飞来，今有飞来峰。其西为凤池山，又南为五峰山，旁连大鹏山，联翩高耸。稍南为罗峰山。石晋天福二年，方士言于闽主昶，有白龙夜见此，昶因作白龙寺。又城北有龙腰山，即越王山之北麓矣。

雪峰山，府西百八十里。高四十里，盘踞侯官、罗源、古田、闽清四县境。旧名象骨峰，王闽改今名。有凤凰冈、乌石岭诸胜，最高者曰双髻峰，麓有温泉，旧有雪峰寺。石晋开运二年，李仁达作乱据福州，迎雪峰寺僧卓岩明称帝，是也。《三山志》：山峰峦险拔，岩谷幽邃，四面回环，冈陇层叠，未冬或雪，盛夏无暑，水西胜处也。○旗山，在府西五十里，逶迤欹侧，亘十余里，高数百仞，与鼓山东西相望。郭璞《建州纪》：右旗、左鼓，全闽二绝。是也。山之南麓，曰太平山。《十国纪年》：王延翰葬于此。又石门山，在府西六十里，两崖壁立，中贯清溪。有石门峡，大江泛涨，数为田庐患。万历十八年，侯官令周兆圣塞之而患息。下有小阜，曰超山。山下有十四门桥，以洒水十有四道而名。

五虎山，府东百里大海中。有五虎门，与江口相接。明初，汤和由海道取福州处也。山下为官母屿，巡司置于此。相近者有浮江山，亦曰文笔山，对峙者曰王埔山，居民皆以捕鱼为业。又琅崎山，亦在府东海中，一名罗崎山，其旁又有清洋、福斗诸山。

北岭，府北三十里，路通连江县。悬崖而跻，高几千丈。宋嘉祐三年，侯官令樊纪夷高直曲，培凹续陷，岭失故险，今为往来通道。又北行十余里为汤岭，亦险峻。○常思岭，在府东南百二十里，高数百仞，袤三里许，一名相思岭，闽县东南尽处也。又东南至福清县六十五里，为接境处。又凤冈在府西南，滨建江。《志》云：江水环绕处，为村阜三十六，而凤冈最著。冈首起城南三十里，尾尽城西二十里，居民遍植荔枝，多至数百万株。

海，府东南二境皆滨海。《唐志》：闽县东五里有海堤，大和三年，县令李茸筑。先是每六月潮水咸卤，禾苗多死。堤成，潴溪水殖稻，遂成良田。又《海防考》：福州境内有闽安、镇东、定海、关下、娘妈宫、濂澳、鉴江、馆头、小埕、牛田、东营、后瀛、松下、大小祉诸处，皆海口登犯之冲，而备御之所也。

闽江，府城西南七里。自建宁、延平二府境，流经古田、闽清二县界，复东南流，至府西北八十里之白沙驿，亦曰马渎江，亦曰螺女江。雪峰山以东诸溪之水，皆流合焉。南流分二派，一派自北而东，历侯官市，至芋原驿，滨江有石岊山，亦曰石岊江。又南至府西七里，曰洪山江，亦曰洪塘江。经城南七里，曰金锁江。又南经钓台山下，曰南台江，亦曰白龙江。又东南经鼓山下，而东出汇为马头江。一派自西而南，经府西南三十里高盖山，又南至方山北，曰淘江，亦曰濑江，又名黄江，亦名黄岸江。循山西麓，又南至仙崎山，曰仙崎江，亦曰阳崎江，亦曰阳岐江。复折而东，流二十余里，曰峡江，经府东南五十余里，接马头江。又东为琅琦江，至五虎门以入于海。《志》云，马头江为闽县极南界，西北众流悉入焉。风涛汹涌，中有巨石，形如马首，随潮隐见，为行舟患。大抵闽江上流至马渎，渐广而缓，马头当众流入海处，势尤浩瀚也。余详大川建江。

西峡江，府东南六十里。受永福县印溪之水，流经此，接仙崎江。又东流十余里，东峡江亦流合焉。东峡即南台下流也，亦曰峡江，两山夹峙，上合诸水，下通潮汐，阔十余里，其深叵测。中流有石如底柱，名浮焦石，下有潭，龙潜其中，俗谓之乌龙江。又东十余里，即马头江矣。○上洞江，在马头江北岸。南岸又有下洞江。又有大定江，在南台江南岸。又泽苗江，在阳崎江西岸，源出永福县，府西北浯溪、洁溪之水皆流入焉，东注阳崎江。《志》云：府东南又有演江，源出山谷间，一名蚬源。又有浯江，在府西南，即黄岸江也。江滨有巨石横浸，亦名苏崎，为济渡处，皆流合大江。

大目溪，府西北五十里，出古田县界。其南为小目溪，出永福县界。皆西北流，注于马渎江。○桐溪，在府西北三十里，俗谓之桐口。其相近有陈塘溪，俱流通大江。又沙溪，在府西北二十里，流经芋源驿，入大江，中有沙涌成洲，因名。又黄石溪，在府西北，经白沙驿入大江。旧《志》以为崏江，盖即石崏江上流也。

蒙溪，府东北五十里，源出连江县界。又有仁溪亦出焉，西流经府北，入于洪塘江。又黄溪，出府北黄岩山，西南流，注延泽浦，亦入洪塘江。○吴山溪，在府西南三十里，源出永福县之印溪，下流入阳崎江。又义溪，在府东南七十里，出福清县界，达于西峡江。

西湖，府西南三里。晋太守严高所凿，引西北诸山溪水注之，周十余里。又有东湖，在府东北三里，亦严高所凿，引东北诸山溪水注之，周二十里。二湖与海潮汐通，引流溉田，为利甚溥。唐贞元十一年，观察使王翃又开南湖于城西南五里，广二百四十步，接西湖之水，灌于东南。

后王审知于子城外环筑罗城及南北夹城，皆取土于西湖旁，湖周至四十里。闽主鏻因筑台为水晶宫，周围十余里，又引湖水入宫，为浴马之所，障其流为清水堰。宋庆历间，东湖渐淤，西湖亦微。熙宁中，郡守曹颖叔、程师孟相继修筑。嘉祐二年，蔡襄复请浚治。淳熙中，赵汝愚复请浚西湖，上言：西湖旧接濠而通南湖，储蓄灌溉，旱运潦潴泄，民享丰年之利，自为夤缘者障塞，旱潦皆害。乞于农隙，稍寻其旧。从之。继复建阁其上，因旧名曰澄澜。明万历中亦尝疏浚，作水关以通水，中有孤山，筑亭为胜，其后日就浅隘。《志》云：昔时西湖蓄水置闸，灌民田千五百余顷，与东南两湖俱有宣泄之利。宋末，东湖渐塞，南湖遂堙，今西湖亦同池沼矣。又有石湖，在府东，陈湖，在府南，今皆湮塞。

洪塘浦，府西十里。旧《志》云：浦自石岊江东经辔渎至柳桥，以通舟楫。唐贞元中，观察使王翃所开。今浦堙。其浦口亦名万安山口，今有洪山桥。成化中，建石梁二十余门。万历以后，屡经修葺，为津梁要会。有洪塘税课局，明初置。又西禅浦，在城西南，其地有怡山，亦曰西禅山，浦经其下，即洪塘江之水，引流而东，为三十有六曲，经城西，为西南城濠，又分入西水关处也。

白虾浦，在府南。五代汉初，南唐围李仁达于福州，吴越将余安自海道赴救，至白虾浦，海岸泥淖，布竹簀而前，既登岸，奋击南唐兵，大破之。或曰白虾浦即白龙江别名也。又有直渎浦，旧从江岸开河口通潮，北流至故海晏门，为澳桥浦，又北通于东湖，今亦废。《郡志》：南台江旧自河口引而北，缭绕三十有六曲，为城南濠，分引入水步门、水关。弘治中，镇守内臣凿新港，遂失故辙云。○罾浦，在府东南，昔时近城水渚处也。州人多就浦罾鱼，故名。石晋开运三年，南唐兵围李仁达于福州，仁达求救于吴越，吴越兵至，自罾浦南潜入州城，即此。

甘蔗洲，府西北二十五里。横亘江心，居民皆种蔗为业，税课甚丰。又芹洲，在府西南泽苗江西岸，湍流迅急，壅而成洲，周回二十余里，居人隐然圆围。洲多产芹，故名。又名瀛洲，以其四面有水如瀛洲也。○投桃洲，在府东南马头江中。其形如桃，上有田数千亩。

闽安镇，府东四十里。有巡司，洪武二年置，为会城东面之险要。《海防考》：海水潮汐与马江汇于闽安镇，有两口。一东出双龟门外，绕壶江、五虎，一南出琅琦门外，绕广石、梅花、闽安，为江海之锁钥，而会城之门户也。嘉靖中，倭寇突犯闽安，参将尹凤击败之，贼由此突犯福清县，今仍为戍守处。又有闽安税课局，与巡司同置。○五虎门官母屿巡司，见上五虎山，亦洪武二年设。

五县砦，府西北五十里。有巡司，元置，明因之。《志》云：司旧属怀安县，接闽县、侯官、古田、闽清，凡五县界，因名。又竹崎巡司，在府西北六十里滨江，正统六年置。○古岭砦，在府东，有兵戍守，为滨海之备。《志》云：闽县东有塘头、塘湾、翁崎等民城，皆嘉靖中创筑，以捍倭寇。

三山驿，在府治西南。府西北二十里曰芋源驿，又西北六十余里曰白沙驿。又西北六十里至小箬驿，以小箬溪名。又四十五里，接古田县之水口驿，皆建江所经之通途也。○柔远驿，在水部门外河口，稍北为进贡厂，明初建为外国使臣馆寓之所。又大田驿，在府南百里，义溪水经其旁。又南四十五里，至福清县之横路驿，南出兴泉之道也。

万寿桥。在府南。跨南台江上，长三百余丈，石梁水门三十有九。元大德七年建，明成化后，屡经修葺，俗名大桥。郡境之桥，以十百丈计者，不可胜记。万寿桥与洪山桥尤为雄壮云。○阳崎渡，在府西南五十余里，即郑公渡也。万历四十年，按臣陆梦祖以峡江渡险，改官道出此。明年，以路不便，乃复用旧道。旧有阳崎税课局，明初置。《里道记》：今从南台二十里至吴山，有公馆。又南至鸡母屿，置一浮桥，由鸡母屿渡江，抵萧家道登岸，又有公馆。自此达大田驿。

〇**长乐县**，府东南百里。西南至福清县百里，北至连江县百二十里，隋闽县地。唐武德六年，析置新宁县，是年改曰长乐。元和三年，省入福唐县。五年复置，仍属福州。五代梁乾化元年，王氏改曰安昌。唐同光初，复旧。长兴四年，又改侯官曰闽兴，而以县为侯官县，三年，复故。宋仍属福州。今城周七里有奇，编户百十五里。

新宁旧城，县南十余里，相传县初治此，后移今治。《城邑考》：县城，明弘治三年筑。嘉靖三十二年，始增拓之。三十七年复增修，崇祯十四年复营治，城周七里有奇。

六平山，县治北一里。蜿蜒六曲，旁有四明、石台二山。又北曰石首山，巅有巨石巍然。又南山，在县南半里，稍西曰登高山。南山之南，有五峰并峙，曰五马山。又南有三峰山。〇七岩山，在县西南三十里，上有七岩，其北则诸山环峙，围绕如城，亦曰罗山。其地亦名罗城。相近者又有溪湄山，顶有湖，广五亩，冬夏不竭，谓之珠湖。《志》云：七岩山之北，最高者曰牛垄山，四面小山环抱，中有平田百余亩。

越王山，县东北三十里。山高耸，周回三十里。相传越王无疆之后居此，因名。其旁岩岭稠叠，迤北最高者，曰太常山，左接筹岩山，并为耸突。太常之阳，有岭曰风门，阴有岭曰浮崎岭，凡三十六湾，接闽县界。〇龙泉山，在县东南二十余里。中有卧牛、仙冠、品石、梯云、莲花，共五峰，并高耸。其南又有群峰连接，最著者曰福湖山。又屏山，在县东南四十里，挺秀干云。又东南十里，曰灵峰山，其麓曰龙龛山，一曰天池山，与屏山竞胜。《志》云：县东又有鹤岭，西通县治，东由云洞大路，达广石、梅花等处，为北乡一带咽喉。

御国山，府东七十里。蹲峙海滨，高出云表，俨如捍卫，夷舶入贡，每视此为准，俗呼牛角山。又有钟门山，在海中，当舟行之道，有小屿如钟。○壶井山，在县东六十里滨海。山垂有一井，状如壶。潮至则咸，潮退则淡，上有岩石耸峻，俯临沧海，名百丈岩。其旁峰峦岩屿，奇胜不一，迤东则群山错峙。又有王母礁，在壶井山南，二礁对峙海中。宋末，杨妃负福王、益王航海时，经此。

海，县东北五十里。又县东南、东北境，皆滨海。山、港、澳、屿，回环为险。《海防考》：县西北闽安镇、五虎门诸处，实为省城门户。东北广石、梅花所，突入海中，与连江县定海所相对，亦省城右臂也。自梅花至松下巡司，中历十一澳，皆东沿大海，波涛冲激，并岸水浅，寇船难近。独松下渐南，与福清接壤，广、浙商舶，往往泊此。海坛包其东南，亦有观音澳、苏澳可以暂憩，故松下之备宜豫。《新唐书》：县东十里有海堤，唐大和七年，闽邑令李茸筑，立十斗门以御潮，且为旱涝之备。于是境内遂成良田。宋时尝因旧址修筑。

马头江，县城西北半里。自闽县流入境，江面益阔，又东北与大海相接，波涛震撼，乘舟入郡，常虞风潮之阻。《志》云：由县城西北入马江，曰太平港，旧名吴航头。相传吴王濞造船处，似误。盖吴越遣兵入闽，尝泊舟于此也。明永乐中，太监郑和由此入海，改曰太平港。又梅花江，在县东北五十里，近梅花所城，亦曰梅江，亦曰梅花澳。嘉靖三十八年，倭贼犯会城，旋自洪塘江出洋，参将尹凤追败之于梅花外洋，即此。又北曰广石江，亦曰广石澳，宋末，陆秀夫、张世杰奉二王从此入闽安镇处也。相近者又有后山澳，皆与大海相吞吐。○松下江，在县东南三十里，东通大海，西通福清县，亦曰松下澳。相近者曰大祉、小祉、垅下等澳。又壶井江，在县东壶井山下，亦曰壶井澳。又东北有磁澳江，中有孤山峙海中，分东西南北四澳，可避风，海舟常泊此。《志》云：府东有洽屿澳。又东有仙岐、漳港、门口、黄岐等澳。又有漳坂澳，皆海潮洄洑处也。

大溪，县东南三十里。源出福清县境，分流至此，萦纡数里，溉田数百顷，东流入海。又祉溪，在县东南四十里海滨。《志》云：源出福清县之镜岭，流至小祉澳入海。○三溪，在县南，亦出福清县界，一名鼎溪。《志》云：县南有星溪，亦名猎溪。又有中溪、沙坂、后洋溪，县东又有龙下、大祉、宏源诸溪，东北有观音、资圣、黄弄、竹林等溪，下流分入于江海。

元祐港，县东南三十里。宋元祐中，令袁正规以县境田多洼下，因凿港以道溢水，流通漳港，以入于海，因名。其相近有卓岭港，旧亦入漳港。元大德初，浚入县东四十里陈塘港入海。《志》云：陈塘港，宋末陈文龙筑田砌塘，因名。水源自梅花山，而下会东西滨涧湖，并七十二洋之水，下流达海。又县南有沙京港，亦名普塘港。又有岭柄等港，皆引水溉田，下流入海。

严湖，在县东北。一名西湖。陈大建初，里人严光舍田凿此，周三千二百八十丈，亦名放生湖。中有小阜，曰蟹山。后渐堙。明正统十年，县民刘彦良言：本县严湖周围二十余里，南接稠庵溪，西通倒流溪，旱则引稠庵溪入湖溉田，雨则疏倒流溪以防其涨。近者湖岸坍决，溪流湮塞，不能积水防旱，雨至田或堙没。又有张塘涵、塘前涵、大塘涵、陈塘港，其利弊亦如严湖。乞敕有司疏浚，为民便。从之。未几复废。又滨涧湖，亦在县东北。唐天宝五载，沙合为陂。大历中，里人林鸥旱因舍田成湖，周千三百余丈，灌溉民田，后侵复不一。隆庆四年复旧，寻废。崇祯八年，又复为湖，其相近又有林婆湖，亦天宝五载沙合而成。周三百五十丈，与滨涧相通。○延祥湖，在县南三里，宋元时故址。明正统中，修浚深广，潮汐往来，可通舟楫。又南数里有桃枝湖，旧周五百余丈。五代时，王闽所凿，今名桃坑湖。又南有横屿湖，亦唐宋时故址，周三百余丈，今故址犹存。

松下镇，县东南三十五里。有巡司，洪武初，置于福清县海口，二十年，移置于此。司马长乐之咽喉，福清之门户。嘉靖三十七年，倭贼自松下突入海口澳，登陆攻福清之镇东卫，官军力战，乃遁去。三十九年，议筑城，未就。崇祯中始成之，周二里有奇，有门四，水关一。稍东北有旗山，滨海，置烽火于此。又小祉巡司，在县东二十五里，崇祯六年，移置于大祉澳，南去旧治数里。〇石梁蕉山巡司，在县东三十里，旧置于梅花所城内。洪武二十八年，迁于此。旁有蕉山，滨海，因名。东有磁澳，为倭寇出入之冲。嘉靖三十八年，议拓寨置城。隆庆三年，始就。周二里，有四门。又垄下城，在县东南二十余里。嘉靖四十年，居民筑此以备倭，周一里。

黄崎寨。县东北四十余里。《志》云：县有仙崎寨、广石寨、东山寨，与黄崎为把截四寨。又有大祉捍寨，近大祉澳，俱为滨海之备。〇锦桥，在县东南，跨元祐港上。宋淳熙十二年，建石梁十五间，长五十丈，又于桥西筑海为地三亩许，以固桥道，亦名石梁桥。

〇**福清县**，府东南百二十里。东北至长乐县百里，西南至兴化府百二十里。本长乐县地。唐圣历二年，析置万安县。天宝初，改曰福唐。五代梁开平二年，王氏改为永昌县。唐同光初，复曰福唐。长兴四年，王氏又改曰福清县。《志》云：石晋天福七年，避讳改福唐曰南台，盖不知闽之改为福清而遥改也。宋仍为福清县，属福州。元曰福清州。明洪武四年，复为县。今城周六里有奇，编户百二十三里。

福清故城，县东南二里。明嘉靖三十三年，始置城于此。后复增筑，旋陷于倭。万历二十一年，议改城而西北。三十年，盖徙而西，去旧址四百丈。

灵鹫山，县治北，县之主山也。亦曰鹫峰山。其巅曰玉屏峰，稍北曰金翅峰。叶向高《迁城记略》：嘉靖甲寅，以岛夷毒闽，始议筑城。时师环其疆，仓皇毕事。北傅高山，西跨冈峦，东逼陵阜。贼登阜而攻，若对垒焉，从东望西，周垣毕睹，我之虚实，较若列眉。戊午之变，贼据北山，俯而瞰城，每发辄毙，日未移晷，万室荡然。论者咸为城咎。万历癸巳，宰邑者乃更辟而城之，跨北山而台其上，移西城山之半，包冈萦涧，缩东城避阜为台，以当敌冲，而城始可恃云。○玉融山，在县治南五里，以山石融润而名。西为双旌，以两峰峭立如旌也。东为五马，以五峰腾跃如马也。其麓曰覆釜，亦以形似名。

瑞岩山，县东二十里。山多岩洞诸胜。又郭庐山，在县东南二十里，近时改曰福庐。相近者曰灵岩，并称奇胜，岩石回环，几数十里，山下有牛田场。嘉靖三十四年，倭攻镇东卫，参将戚继光大破之于此。又东数里曰东营山，周环皆海，亦嘉靖中戚继光破贼处。○龙山，在县东二十余里，一名瑞峰山，海口、镇东二城在焉。巅有石塔，可观海日。又烽火山，在镇东城西，海道有警，燔燧于此。山顶嵌岩，其状如屋，凡三十六间，名曰虎屋。其旁又有鹿角山，山有仙井，深不可测。又东为网山，去海口三里，居民网罟处也。相近者曰钟山。《志》云：镇东城东有拱辰山，三峰并起，势皆北拱，俗呼牛角山。下有石洞，风出其中，深杳难入。相接者又有龙卧山、敛石山，皆并海。

石竹山，县西二十四里。山多竹树，青葱插天，岩洞泉石，奇胜林立，无患溪出其下。《志》云：石竹山下有宋时军寨，又西有古屯军，乱时邑人屯守之所。又瓜山，在县西四十里。宋末，邑人林同与刘屯祖共起义兵，元兵至，迎战于此，败没。《志》云：山近磨石铺，连延诸山，皆称西山。○灵石山，在县西南二十五里。其山磅礴百里，峻拔千仞，层林积翠，飞泉漱玉，有三峰九叠之胜。又黄蘗山，在县西南三十里。上多蘖木，有十二峰，层岩飞瀑，周围数十里，其胜者曰龙潭、乳香岩。

白屿山，县南百里海滨。一名陈田山。绝顶有鸿休岩，岩窦天成，下瞰沧溟，浩无涯际。昔有僧鸿休者居此而名。其相连者曰双屿，以二山突起海中也。中有井，甚甘洌。旁有山，曰壁头山。又金山，在县东南百里，居民绕山麓，而前后左右皆海也。又东南十里曰万石山，岩洞玲珑，洞之广者，可容万人，其容千百人者，不可数计。又南数里，即万安所城矣。

海坛山，县东南七十里海中。周七百里，其山如坛，南北长而东西狭，上多云气，亦名东岚山。唐牧马地，后渐有寺宇。宋初置牧监，寻以驽骏罢。皇祐中，许民耕垦。淳熙中，有三千余户。其山南曰黄崎，曰紫澜，曰牧上，曰砦头，曰沆头，曰大小鳌网，有三十六派湖，环绕峰峦如画。宣和以后，大雨雹，湖皆决入于海。近坞有大小场、浒头及钱藏，皆为泊船澳。迤东高者为军山，王氏时，谪戍多居此。其间曰浚门，曰獭步，曰广州埕，曰流水，隔东江曰小墙，小墙北曰十二蓝焦，东墙北曰白兵焦。大桑、小桑，两桑间曰桑门，而两墙间为鸬鹚门。是外极东之岛，而舟不可行矣。迤南有南匿里，亦曰南匿屿，旧产盐，宋于此设巡司。其北有沙澳，亦曰苏澳。又有沙溪，行一日皆沙，而澳当海口为寨。又五里西抵钟门，亦曰钟山屿。玲珑如钟，菰蒲四围，海水盐卤，而此泉独淡。近屿石高二丈，状如媪，东南瞰石方二十丈，其中井泉与潮候应，取水者集焉，亦船舶之都会也。半潮抵磁澳，则为长乐县界。又有草屿、唐屿，皆近于南匿。南匿厄狭，且风多不宜树，一曰大姨山。当日未出时，极望有如空青微露水面，为小琉球国，海水深碧，东流不返，莎蔓如组，柁不容转，必刳木为盂，乃能旋开浮沙以济。暴风不夙避者，往往漂至于此。中国人为其所得，以藤贯其足，令之耕作，故此山昔忌夜火，恐其国望之而来也。是为东角洋，盖岐海之穷徼矣。又有支山，曰水马山，有石如舟帆，亦名石帆山。相近者曰霸前，曰金崎头，此海坛之西麓也。《海防略》：海坛山盘踞耸峙，迥出海上，故元时民户尝满四万，多以鱼为业。中有西湖，相传尝产龙驹。湖之东，群山环互，不可胜纪。外隔小琉球，三昼夜内通海口，至县仅一潮。中间以村名者，百有余处。陂湖潭澳，不一而足。其著者曰葫芦澳，多鱼。碧沙洋产人参。其百花寨、钟门三镇，街衢圜圚，景物繁多，真海表名区也。明初遣江夏侯视海防倭，寻以卫弁李夷欺妄，诏虚其地，惟以小埕水砦官兵汛守。隆庆初，始添设海坛游兵。万历中，复命增设水寨，与兴化府南日砦相形援，后复废弛。〇小练山，在县东海中，旁有大练、小练二门。五代以后，居民环集，商贾辐至，号小扬州。洪武二十年，与海坛同徙。《志》云：小练山周十里，旧多乔林，其大小练二门，相去仅十里许，无风，逾月不能渡云。

蒜岭，县西南五十里。以山形如蒜瓣而名，一云以山石间多产蒜也。登其巅，东望涨海，弥漫无际。旧有照海亭。〇螺岭，在县西北六十里，与闽县接界，色黛如螺，北瞰方山。其西有五周、七仙诸岩，又西有仙举岩，峭拔千仞，与永福县接界。《志》云：螺岭西北又有傀儡岭，在驿路旁。又石尤岭，在县北二十五里，薛田岭在县东北五十里，俱接长乐县界。

海，县东五十里。《志》云：县东南至海百五十里，南至海百二十里，而海坛、双屿诸处，为汛守要地。又县东近境之海，谓之九海，以港屿曲折也。其外为大海。

龙江，县东南十里。其上流为县城南之龙首河，汇诸溪而东南广五里，初名螺文江。宋邑人林栗改今名。下流合海口江。《志》云：海口江在县南十五里，源出旧兴化县，流为百丈溪。至县西三十里金应铺，合无患溪。东流二十里，合石塍溪。又东至水陆寺，合东溪，至河头潴，为琵琶洋，龙江入焉。又东十余里入海。县东百余里有海口寨江，近海坛山北，源出长乐县界石尤岭，分水而下，注江达海。又有南匿江，在县东南二百九十里海坛山下，流出莆田县界，东流入海。

径江，县南三十里。《志》云：江源有二，一出故兴化县界金支、大泽，合渔溪，一出黄蘗山北，过铁场边北流，并渔溪，合径港，南至绵亭，东抵乌屿门。又南至双屿头复岐为二，东出白屿，西出后屿，南流复合，由迎仙港入于海。嘉靖三十八年,倭贼自海坛山入犯,移屯上径,官军捣破之,即径江上流也。〇松林江,在县东,去海口镇五里,东流入海。

渔溪,县西南四十五里。源出黄蘗山,流合苏溪。苏溪在县西南四十里,源出莆田县界,流入境合渔溪,汇于径江。又蒜岭溪,在县西南蒜岭下,亦曰蒜溪。《志》云:县南有迎仙港,源出旧兴化县,有桃源水流合焉。至迎仙市,为子鱼潭,历县西南黄茅墩合蒜溪,又东会径江,出江口入海。〇交溪,在县西十里,源出西北六十五里之常恩岭,东南流。其别源出县西二十五里之盏窑,东流合焉。经城西,为西溪,南入龙首河。又无患溪,在县西宏路驿前,亦曰大溪。源出石竹山,流合交溪。又卢溪,源出县西北台岭,南流经卢山,因曰卢溪,亦流合交溪,皆为龙首河之上源。

海口镇,县东十里。宋里人林迁创建。有城,亦曰海口镇民城,周四里有奇。明嘉靖三十四年,倭寇来攻,以城坏,为倭所陷,寻改筑之。自是倭寇屡犯镇,以城坚得免。《志》云:镇东北倚龙山,镇南二里即瑞岩山也。元置海口务于城内,明初改为海口税课司,并置河泊所于此。又有海口场盐课司,元延祐六年建,本名司令司,明初改为运盐分司,洪武二十年,改盐课司。又牛田场盐课司,在县东南三十里,建置同海口盐课司。〇化南镇,在县东南六十里,有民城,嘉靖中筑以御倭。镇北数里曰化北镇,泽朗巡司置此。相传隋时掠琉球五千户居此,因名。又沙塘镇,在县南五十里,有民城,隆庆间筑。《志》云:县西南有径上镇,宋置径口务,元因之。洪武初,改为径口税课局。十八年,圮于水,因自水南移于水北。又有南门税课局,在城南龙首河北,元置南门务,明初改。

壁头山镇,在县南百余里壁头山下。《志》云:元置于南日里,名南日巡司。明洪武十二年,移置于此,改今名。又牛头门巡司,在县东南百里。元末置于径江口,名径江巡司。亦洪武十二年移置此,改今名。又泽朗山巡司，在县东南七十里，元置于练门，名练门巡司，亦洪武十二年移改。

松下寨，在县东北五十里，接长乐县之松下巡司。滨海捍寨也。《志》云：县境自东而南，有平北里，有平南里、沙坞、连盘、长沙、峰头，与松下为七寨，外有松关、永平、白鹤、峰头、大坵、牛头等六寨，旧皆设兵戍守。

宏路驿。县西北三十里。北去闽县之大田驿四十里，南至蒜岭驿四十里，又南六十里至兴化府。○龙首桥，在县南门外，宋天圣五年创建，长四十丈，名曰通海。元祐二年，复建梁于其南，长二十二丈，改名坦履。绍兴二十年，又续为梁，长十六丈，三桥共长八十丈，改今名。自元以来，不时修筑。又龙江桥，在县东南十五里，宋政和三年建。为梁四十有二，长百八十余丈，名螺江桥，寻改曰永平，又更今名。○无患桥，在宏路驿东南，宋熙宁七年建，明成化十九年修，长二十有九丈。又化龙桥，在县西南四十里，跨渔溪上。宋嘉祐七年建，名万安桥，后修毁不一。乾道初，更今名。明成化十九年以后，再经修治，长十五丈有奇。

○**连江县**，府东北九十五里。南至长乐县百二十里，东北至罗源县百二十里。汉冶县地。晋太康四年，以温麻船屯置温麻县，属晋安郡。宋、齐因之。隋省入闽县。唐武德六年，复分置温麻县，是年移置于连江之北，改今名。今城周四里，编户三十五里。

温麻城，在县治东。晋置温麻县，盖在今福宁州境，后废。唐改置于此，旋曰连江。旧无城，嘉靖十八年创筑，万历十四年增修。二十七年洪水冲坏，寻复修治周四里。

龙漈山，在县治北，县之主山也。冈峦如龙，漈水夹涧而下，有潭曰五峰潭。山北五里曰湖山，高秀出诸峰之上。《志》云：县西一里有玉泉山，岩洞甚胜。稍北又有凤凰、文笔诸山。城西又有白塔岭，王审知入闻，其先锋陈伯先追贼至此，马踣而死。○覆釜山，在县东南二十里，巅有巨石，状如覆釜。其相近者曰金鳌峰，江流经其下，曰鳌江。群山环峙，一谷幽邃，曰盘谷。南麓有二石相对，道出其中，曰石门。相近又有玉华洞、清阴洞诸胜。

荻芦山，县东南四十里。一名九龙山，下有荻芦峡，亦名九龙江。俗传秦始皇以东南气王，自江而南，山秀拔者皆凿之，凿此得芦根，长数丈，斫之流血，因名。宋淳祐三年，置荻芦寨于此，有水军千人，亦曰武济水军。○马鞍山，在县东北五十里，山势逶迤，达于海上，有双峦连耸，状若马鞍。又东有三德山，三峰并列，下瞰海门，旧名三台山，亦曰笔架山。《志》云：县北四十里有香炉山，其形耸秀，上有童井，虽旱不涸，《道书》以为七十一福地。

上竿塘山，县东北八十余里大海中。峰峦屈曲，有竹扈、湖尾等六澳。又有下竿塘山，突出海岸，山形峭拔，与上竿塘并峙。中有白沙、镜港等七澳。洪武初，徙其民于内地。《三山志》：上下竿塘、大小亭山、桑屿、关岭、蛤沙、北茭镇，俱在县东北海中。相近又有拱屿澳，嘉靖三十五年，倭贼犯县，官军击却之，贼夜遁，由拱屿澳出洋，是也。

海，县东二十里。《志》云：县东南至海三十五里，与长乐县接界。其与潮汐吐纳者，则官塘洋、荻芦峡、黄崎堡、鹤屿诸处也。而定海、小埕，皆为戍守要地。

连江，在县城南。一名鳌江。源出罗源县黄土溪、黄蘖潭及旧怀安县桃洲之密溪，三派合流，而东至县前，环抱如带，东流入海，亦名岱江。江滨有海，沧潭跨江有桥，宋政和间建。叠石为梁，凡十六间，长五十丈六尺，俗呼江南桥。

周溪，在县西南。又县南有竹溪，县西有利坑溪，皆流入鳌江，有灌溉之利。又财溪，在县东南，下流入海，亦有灌溉之利。○东塘湖，在县东南，隋开皇中，邑人林尧舍田为湖，周围二十里，岁久沙壅，唐咸通间，县令刘夔尝奏复之。后有县令鞠公，亦尝修治故迹。民赖灌溉之利，因立刘鞠祠于湖旁，至今春秋祀之。

北茭镇，县东北百十里。西北至罗源县八十里。本名荻芦镇。宋时水寨盖设于此，元为荻芦巡司。洪武二十年，改今名，并置城于此，与定海相为唇齿。嘉靖二十七年，倭贼流劫北茭，官军御却之，是也。又蛤沙镇，在县东北五十里，崖石峭立如壁。洪武十六年，置河泊所于此。二十年，置城于此，亦为戍守处。〇闽安镇，在县西南二十五里，与闽县接界。

小埕寨，县东百二十里海中，明初置。《筹海说》：小埕北连界于烽火，南接壤于南日。连江为福郡之门户，而小埕又连江之门户。嘉靖三十五年，倭贼自流江突至小埕水寨，遂犯会城，盖汛防要地矣。又光临里砦，在县西南，亦明初置。向设兵戍守。〇延祥水砦，在县东南，宋福州水军有延祥砦，盖置于此。

通济桥。在县治南。跨鳌江上，宋政和四年，累石为梁，凡一十六间，长五十六丈有奇。淳祐间改修，明因旧址修葺。又有安利桥，在县西南，旧名潘渡。宋绍兴十四年建桥，寻坏。乾道三年重建，累址十九，长六十五丈，名惠政桥，后改曰安利桥。宝庆三年改建，亦名潘渡桥，今圮于水。

〇罗源县，府东北百五十里。西南至连江县百二十里，西北至古田县百三十里，东北至福宁州宁德县八十里。本唐连江县地。大中初，置罗源场于此。咸通中，又割怀安地益之，置永贞监。后唐长兴四年，王闽升为永贞县。宋天禧五年，改永昌县。乾兴初，又改今名。明嘉靖三十七年，始筑城。万历七年甃以石，周三里。编户十六里。

凤山，县治北。山势耸起，两翼如张，因名。又北一里有文殊山，上有群玉峰。〇莲花山，在县南一里，岩石层叠，下临城市。又西，诸山林立，西南五里曰金钟山，相连者为铁障山。又帘山，在县东之濂澳，山形如帘，遮护居民。又东，诸山环峙，下临海滨，其峙海中者，曰金螺障，与杨梅湾相对。

仙茅山，县东北十里。两山相连，曰大茅、小茅，岩石甚胜。又北五里为洞宫山，峰峦错立，其著者曰五马峰。又东北有宝胜山，黄沙溪出焉。〇四明山，《志》云：在县西隅，一名毒火山，山有四峰。又万石山，在县西北，一名破石山。山多异石，茂林修竹，左右映带。又松崎山，在县南六里，其相近者曰鹤屿，对峙江中。

海，县东北十五里。又东南接连江，至海二十五里。滩澳浅僻，不利登涉，故县境之防御为略。《通志》：县东北至大海，盖二百里也。

罗川，在县城西。源出县西境蒋山，接金钟潭，流经四明山下，合四明溪，又南流分三派，曰中溪、曰南溪、曰后张溪，流经松崎山，达于海，亦谓之松崎江。〇黄沙溪，在县东，又有九龙、起步等溪，皆流达于松崎江。又环溪，在县治南，其东会南北二溪，萦回环绕，亦注松崎江。

霍口溪，县西四十里。源出古田县境，流入县界。又南入连江县境，注于鳌江。〇龙湫，在县西南金钟山下，又一在县南福原山，两山相去二十里，而泉脉相通。

应德镇。县南二十五里。与连江县接界，为往来通道。应德铺设于此。《志》云：县东北五十里有南湾巡司，元置于连山，后徙于此。明初废。又有四明驿，宋建炎三年，置于县西二里，元至正中废。

〇古田县，府北二百八十里。东至福宁州百五十里，西至延平府二百二十里，西南至尤溪县一百里，西北至建宁府政和县三百二十里。本侯官及尤溪县地。唐永泰二年，析置属福州。刘昫曰：开元二十九年，开山峒置。误也。宋因之。明弘治十三年，始筑县城，西北跨山，东南滨溪,周七里有奇。编户五十三里。

古田废县,县西南三十里。宋太平兴国五年,徙县于水口,就津陆之要。即今水口镇也。端拱中,复还旧治。今为水口驿,东南至府城百八十里。延津上游,此为锁钥之口。《志》云:宋迁县后,设监镇官莅此,元革。今盐运分司设焉。有浮桥横于江津,朝夕验放,亦曰水口关。自水口而上五里,有塔岭亭,西往南平,北往古田,分歧于此。

翠屏山,在县治北。以形似名,县之主山也。旧名环屏。又城东有龟山,其东麓曰金仙岭,石磴盘曲,登之可以望远。○北台山,在县西一里,高耸如台。又西为黄蘖山,上有宝峰,峰下有小湖,湖东为桃溪,以其地多桃也。旁有桃坞,又有桃洲。

五华山,在县西南。五峰连峙,峭拔千仞。一名大仙山,亦曰大佛岭。又极乐山在县西北,山后有岩,曰仙岩。又北曰凤翀峰,最高秀,相近者曰天宫岭、覆舟岭,俗名福全岭,曰石崎岭,层次相接。○鼓山,在县东百里,其西有旗山,又有马山,在旗、鼓之间。又北有杉洋山,山多竹,可为楮。

牛头岭,县东北十里。岭高而远,陟降二十余里。又有清风岭,在县西南百里,接延平府界。○摸天岭,在县东南二十五里,纡回峻绝,南滨大江。由陆路趋延津者,道出于此。石磴崎岖,最为艰险。

建江,县南二十里。自延平府流入县界,经水口驿,滩石错立,至是而尽。建江经此,始出险就平。又东入闽清、侯官县境。

大溪,在县城南。溪有二源,俱自北来,至县南合流,委蛇澄澈,其平若镜。二溪夹流县治东西,因亦名双溪。又南为嵩溪,群溪之水皆汇焉,又南会于建江,谓之水口溪,上有松溪馆,江头,往来之通道也。《志》云:水口为群溪汇合之处,亦曰困溪,有关曰困关,水流宽平,无滩石之阻,故上下舟楫,恒泊于此。○东溪,在县东。又有感溪,亦曰锦溪,甘溪亦曰蓝溪,与县西之西溪,县南之濑溪,俱汇于大溪。《志》云:县境诸溪得名者,以十数计。而东溪为之长,合流后里许,有石滩横截中流,亘东西岸,奔流触石,如鸣佩玉,旧名洪濑。宋景德间,县令李堪改为鸣玉滩,并置驿于此,绍兴七年驿废。

洗马池,县西北六十五里。池周数十亩。《闻见录》:出古田北门三十五里至西溪。又三十里至洗马池。又西北五十里,地名山头。又四十里曰上漈。又西三十里,即建宁府城东门矣。虽山溪环错,而路径稍宽,可策马而前也。又从洗马池而西三十里,地名南吉。又经地口、铁场、大坝诸处,即至延平府之吉溪。洗马池,盖当二郡之间道云。

杉洋镇,县东四十里,有巡司。南至罗源县百八十里,明洪武十二年建。《志》云:杉洋地出银坑,多矿盗。旧设捕盗馆,并郡司马分驻于此,后废,寻复置。又谷口巡司,在县西南九十里,宋大中祥符五年,置于水口镇,为水口巡司。元移于此,改曰谷口。明因之,正统间废。又西溪巡司,在县之西溪,宋置。元因之。洪武十二年废。○南镇砦,在县西百四十里,石晋天福三年,闽主曦之弟延政据建州,攻南镇军,败之。福州西鄙戍兵皆溃。胡氏曰:时闽主增置军于福州、建州之界,遣将杜汉崇监其军,以扼往来要路,故为延政所败。

水口驿。即废古田县。宋时曰嵩溪驿,元改今名。明因之,置递运所于此。又西南五十里为黄田驿,宋曰使华亭,元改今名,明因之。又二十里曰仓峡巡司,接延平府界。○石平桥,在县治东南,宋建,寻废。明宣德间,再建复圮。成化十五年重修,为石墩十有一,覆以亭五十六间。又万安桥,在县南,元建。明永乐中毁,成化十五年重建,寻构亭四十七间。

○闽清县,府西北百二十里。北至古田县百五十里,西至延平府尤溪县百七十里,南至永福县九十五里。本侯官县地。唐贞元初,析置梅溪县。五代梁乾化元年，王氏改曰闽清县，仍属福州。宋因之。县无城，今编户七里。

台山，县西南一里。山势平衍，其状如台，县之主山也。又南有钟南山，上有盘谷岩。○大湖山，在县东十里，山椒有湖，约半里许。县东北又有凤凰山，形如翔凤。

鼎峰山，县西二十里。有双岩，梅溪环流其下。其西曰柽峰，以大柽名。北通尤溪县界。又西曰白云山，山势最高，林木蓊蔚，白云吞吐。中有仙峰巨石。○大帽山，在县西南四十五里，接永福县界，一名大帽仙峰。《志》云：县南有龙都白岩，高数百丈，常有云雾环绕。又有乌石岩，在县西南，岩险峻，登其巅，众山皆见。又县西有百丈岭。《舆程记》：自岭至尤溪县百里。

建江，县北十里。自古田县界流经此，为往来之通道，梅溪之水流合焉，谓之闽清口。

梅溪，县西五里。源出永福县山中，东北流，经县西，又北入建江。江水浊而溪水独清，故县以闽清为名。又瞿昙溪，在县西南三十里，源出永福县界，流入梅溪。又演水溪，在县西二十里，源出尤溪县界，流入境，亦注于梅溪。

青窑镇。在县东。有巡司，元置。明初废。又县南滨溪有税务，亦元所置也。○昙口桥，在县西瞿昙溪口，为往来之通道。

○**永福县**，府西南百二十里。东南至兴化府百八十五里，西南至泉州府德化县二百五十里，西北至延平府尤溪县二百四十里。本侯官、尤溪二县地。唐永泰二年，析置永泰县，属福州。《新唐书》：咸通二年，析连江及闽县地置。误也。宋崇宁初，避哲宗陵名，改曰永福县。明嘉靖三年，始筑城。万历十七年，改筑城东北隅，周不及四里。编户九里。

摩笄山，在县东北，县之主山也。《志》云：由摩笄溯流而上三十余里，一起一伏，为笔架山，至极乐岩，有洞石之胜。由岩而下，冈脉连络，犹蜂腰鹤膝，行六七里，峙为圆阜，号曰仙掌平坡，迤逦自东北来，为县前孤矢山，东有展旗山，当溪之冲，襟带环抱，耸秀可爱。

陈山，县南十里。中有石龙山，山如龙形，循山之脊为路，俗呼登石龙。通福清，则溪为十八湾；通兴化，则山为十八摺。又斗湖山，与陈山并峙，上有四湖，亦名倒湖，湖旁有田。○六洞仙山，在县南二十余里，山极高秀。相近有大张山，穹窿盘礴，傍列群山。

高盖山，县西南六十里。峰峦秀耸，常有紫云覆其上，一名紫云山。拾级而上，巨石如墙，道出其中，峰峦泉石，种种奇胜，其最著者，为玉华峰、晏玉岩。王闽时，常封为西岳。《志》云：山之最高者为龙都峰，其下双崖对峙，拔起千仞，宛若洞门。有三石室，峰之顶曰白岩。其别峰曰金支山，以泉色如金也。又观猎山，在县东八十里，旧传越王常观猎于此。元末，故总管王翰避地山中，闻元亡自尽，因亦名官烈山。巅有雁湖，地高水深，与雪峰山相望。

方广岩，县东北二十里。峭拔千仞，上有石室，可容千人。县东南又有曹溪岩，上摩苍空，下临深涧，巅有微径，仄足而上，登其巅，一望无际。又白鹤仙岩，在县北二十五里，极高秀，有瀑布悬流。又玳瑁峰，在县西北七十里，即闽清县之大帽峰，音讹也。

大樟溪，县东五里。源出德化县，流入境。又东入侯官县界，为泽苗江上流。支流曰印溪，俱东行三十余里，入阳崎江，或谓之漳溪。又龙屿十八溪，在县西北，源出福清县界，流经县之龙屿，逶迤盘曲，凡十有八折，流至大樟渡，合大樟溪。○双溪，在县南三里越峰山下。有二源，一曰西溪。一曰南溪。一云出县西南山中者，曰㳷口溪。出县西北十七里瑞峰山者，曰漈溪。合流为双溪，会流而入于大樟溪。

鉴湖，在县东北，一名冲湾潭，清深莫测。《志》云：县治东有龙窟,与鉴湖隔仙掌坡,地脉潜通,形若相应。下流俱注于大樟溪。又有白叶湖,在县南,宋乾道二年,尝修浚。

潢门镇。县西四十里。有巡司,元至元中,置于县南之辜岭,后移司于此,而改辜岭为寨。明因之。《图经》:县北有牛皮隘,道出侯官。西北有大限、西塘等隘,道出闽清。西有三前隘,出尤溪县,西南有炭炉隘,道出德化。又有浮潮隘,出德化及仙游县。又县南有辜岭隘,亦出仙游县。东南有崔平隘,路通莆田县。《志》云:县西南又有嵩口隘,路通泉州府永春、德化二县。○平政浮桥,在县南,跨双溪上。宋绍圣四年建,用舟三十有六。

附见:

福州左卫,府治东南,洪武八年置右卫。二十一年,改为左卫。又福州右卫,在左卫西。洪武二十一年,增置福州中卫,在左卫东。○镇东卫,在福清县之海口镇城东。洪武二十年置,并筑卫城,周不及四里,为控扼要地。

梅花守御千户所。在长乐县东五十里。本北乡巡司,治梅江头山上。洪武十年,始筑城为备。二十年,移置巡司于蕉山,改建梅花所,增拓旧城,三面距海,南连沙冈,延袤三里有奇,有三门,设兵戍守。城外东南一隅,岁患飞沙渐积,几与城平,每春以所军挑之。嘉靖三十八年,倭贼犯境,复营葺焉。又万安守御千户所,在福清县东南百二十里,洪武二十年置,并筑所城,周三里,有门三。俱属镇东卫。○定海守御千户所,在连江县东北八十里。洪武二十年建,并筑所城,周三里有奇,有门二,隶福宁卫。

○兴化府,东至海九十里,南至海三十里,西南至泉州府百六十里,北至福州府二百八十里。自府治至布政司见上,至江南江宁府三千一百四十里,至京师六千四百里。

《禹贡》扬州地。周闽、粤地。秦属闽中郡。汉为会稽郡。吴属建安郡。晋属晋安郡，宋、齐因之。梁属南安郡。陈属闽州。隋属泉州，始置莆田县。唐亦属泉州。宋因之。太平兴国四年，分置太平军，以游洋镇地置。又改为兴化军。以仙游、莆田二县来属。太平兴国八年，始移军治莆田县。宋末，改为兴安州。元曰兴化路。明初改兴化府，领县二。今因之。

府冯峙高深，山川奇秀，北屏会城，西翼泉郡，介于两大之间，海道舟车，络绎而至，诚襟要之地矣。

○莆田县，附郭。晋晋安县地。隋开皇十年，置莆田县，属泉州。大业初，废入南安县。唐武德五年复置，属丰州，寻属泉州。宋太平兴国四年，改属兴化军。八年，移军治焉。今编户二百九里。

莆田城，即今府城。宋徙军治此，因筑子城，周仅二里有奇，土垣而覆以茅。宣和三年，加筑杀其上甃以瓦，周七里有奇。绍定初，复更筑，表里石砌，而覆以砖，称坚城焉。元至正十四年，亦尝修治。明洪武元年，复修葺。十二年，指挥程昇请辟城东北隅，跨乌石山，东下历前埭、后埭，与旧城合，延袤十一里有奇。城外濠池，左起东北隅，折而南，引延溪之水注之。右起西北隅，折而东，引木兰溪之水注之。二水交合，长千七百余丈，西北负山，凿为旱濠，长几六百丈。成化七年，又尝修葺。嘉靖三十三年，以倭警营治。四十一年，城陷。既而议城东北南三面。四十三年，复营西面。三面亦更增修。隆庆二年，复营治。万历九年，守臣陆通霄以城西北隅跨山腰之半，而遗其高者于外。元至正十九年，寇从此射走守城卒。嘉靖四十一年，倭亦乘此越城而入，于是拓出西北城垣，而包高冈于内，长八十五丈五尺。旧有门五，明改为四。东建水关以通舟，西亦有水关，拦以石盾，容水入而已。城周不及十二里。

兴化废县，在府西北八十五里。《志》云：旧城在仙游县东北之游洋镇，本为游洋洞，至险峻，盗贼出没处也。宋太平兴国四年，置太平军。明年析莆田、仙游及福州之永福、福清县地，合游洋、百丈二镇，置兴化县为军治，寻迁军于莆田县属焉。元皇庆中，又迁县于莆田西北广业里之湘溪村，谓之新县。明初因之。正统十三年，废兴化县，以其地分入莆田、仙游二县。

乌石山，在城东北隅。城西北有梅山，与乌石相连。两山之间有小西湖，本城北旧濠也。洪武初，辟城，濠塞。成化三年，郡守岳正疏之。凡三堰，中堰之内，潴水成湖。下为兼济河，东出水关。〇太平山，在城西一里，山脉自福州永福县延袤而来，峰峦峻拔，为莆田之主山。又西二里曰天马山，势若腾骧。《志》云：府西南五里有凤凰山，一名南湖山，旧时山下有湖，今涸。峰岩甚胜，麓有瑞泉。又大象山，在府西五里，上有天泉岩，山腰为石室。又有弥陀岩，下有梅花漈，亦曰智泉。

九华山，府北十里。由县之西南诸山而来，至延寿溪。九峰攒簇如莲花，故名。亦名陈岩，以昔有陈姓者隐此也。亦曰陈仙山。其东北有紫霄岩，极幽胜。〇囊山，在府北三十里，峰岩耸秀，东麓有龙潭，其西有九峰连属。又北十里有天壶山，洞壑奇邃，林木葱蔚，山下腴田可数千亩。

壶公山，府南二十里。山有八面，高耸千余仞，正对郡治，端严秀特，为郡之镇山。顶有泉，出石穴中，其盈缩应海潮，中有双蟹，名曰蟹井泉。有真净岩，登之可遍眺郡境。又有灵云、虎丘、盘陀诸岩，泉石罗列，名胜不一。〇城山，在府东南二十里，一名穀城山，与壶公对峙，为黄石市之主山。上有松隐岩，前临国清塘。又塔山，在府东南十五里，旧有石浮图，后圮。尝建烽燧于其上，亦名天马山

嵩山，府东南三十里。峭拔海滨，其南有小屿，在海中。潮退有石桥

可渡，居民千余家，唐观察使柳冕监群牧于此，有德于民，民建柳侯庙，俗因呼为侯屿。久之，讹为猴屿。○双髻山，在府东五十里，自西视之，双峰尖耸。自南视之，则五峰并立，故亦名五侯山。又名笔架山，以郡城视之，则三峰如笔架也。积石崚嶒，上摩霄汉，顶有涌泉岩，大旱不竭。又蚶山，在府东八十里大海上，山势崒嵂，环翠如嶂。旧《志》：莆田有蚶田百顷，号大蚶山。是也。其相近者为演屿。相传宋少帝舟泊大峡江浒，为元兵所逼，忽有白马神为演一屿蔽帝舟，得免，因名。《志》云：县东有琼峰，形如屏，延袤二十里许，发脉福州五虎山。

夹漈山，府西北八十里。一名东山。旁有西岩，郑樵读书处也。其相近者，有芗林山，樵从兄厚读书处。亦有泉石之胜。又南为环山，山巅累台十余层，础石俨然，名越王台。其旁有三燧峰。又百丈山，在夹漈之东，山延袤百余里，上有六岩，曰客厅、曰古仙、曰石塔、曰石纖、曰石楼、曰重玄，幽奇万状。《志》云：百丈山一名华盖峰，或曰华盖即石塔岩也。又有峰曰瑞云，出泉，西流入永福县。又有百丈岭，东接福清县界。○石梯山，在府西南四十里，盘礴峭耸，高千余仞，土宜茶，绝顶有炉峰岩，南望大海。《志》云：郡境之茶，龟山为上，石梯次之。龟山，在府西北二十里，又有浮山，在石梯之南，近海滨。

南日山，府东百里大海中，与琉球相望。旧名南匿山，近福清县海坛山。明初设寨于此，后徙于内地，山为会哨之所。又华胥山，在府东南百里，吉了巡司置此。一名极了，以莆地至此而极，复崛起为此山也。宋时谓之击蓼，与湄洲屿隔海相望，下有东西二湾，为间市辐辏之所。○湄洲屿，在府东南八十里大海中，一名鲥山，与琉球国相望。宋林光朝云：湄洲隔岸视之，约六七里，有田数十顷，可耕而食。又有大孤、小孤二屿，《宋志》云：在莆田县东七十里。《名胜志》：今遮浪村海中有巨石突起，曰大龟屿。屿东又有大石盘，是也。

海，府东南两境皆滨海，岛夷有警，府当其冲。其防维之处，吉了、平海、三江，其最冲也。文甲、嵌头、青山，其次冲也。《志》云：府东南五十里有支海，自碧头入，与北山诸溪合，江面最阔，中有盘石，突起如平地，居民集焉。有江口桥，一名龙津桥，又名尚阳桥，通道所经也。桥北即福清县境，相近有下黄竿支海，流入此。两涯宏阔，北涯旧有宁海镇，镇前有渡，元元统中创为桥。明初复修之。《胜览》云郡东薄宁海，谓宁海桥也。又有峰头澳，在府东平海卫南。嘉靖三十八年，官军击倭于峰头澳，破之，倭遁去。又追败之于野马外洋。

木兰溪，府南七里木兰山下。故有水，曰南洋。唐观察使裴次元堤海为田三百顷，即此处也。溪之源，自泉之德化、永春及仙游三邑而下，合涧谷之水三百六十有六，会流于此。又南经府南二十里将军山下，议者尝欲横堰此水以灌田，不果。宋治平初，岁旱塘竭，有长乐钱氏妪筑陂于将军滩前，开渠循县南十五里之鼓角山而南，甫成而坏。邑人林从世复相下流筑南阳陂，既成又决。熙宁八年，侯官李宏复因旧址营度，叠石筑陂，上障诸溪，下截海潮，旁为沟渠及斗门、石涵，节宣尽制，约溉田万有余顷，莆人利之。元延祐间，总管郭朵儿等复创万金斗门，引陂水灌南洋以北诸田，为利益溥。明循其制，自溪而东，萦纡曲折，有大潭三，总谓之清江潭，下流至江口入于海。○濑溪，在府西南十里，即木兰陂上流也。又上溪，在府西二里，一名北磨溪，南流注于木兰溪。

延寿溪，府北七里，其上源曰莒溪，在府西五十里。首受游洋、潆溪、九鲤湖诸水，东会荻芦、渔沧、八濑水，经延寿村，曰延寿溪，一名绶溪，以水绿如绶也。唐神龙间，有吴兴者，谓溪出杜塘，经流入海，不足溉田，即延寿陂后，塍海为田，筑长堤于杜塘，以遏大流。转入沙塘陂，分为沟浍数十处，灌北洋之田。复分二派，导流至砺浦入于海，延寿溉田可万余顷，所堤杜塘田可二千余顷。莆之饶给，以木兰、延寿二陂也。《新唐书》：延寿陂溉田四百余顷，建中间置。○八濑溪，在府西北十里。《志》云：溪浅流急曰濑，亦曰碧濑，或讹为鳖濑。东为龙潭，流合延寿溪。《志》云：府东海中有砺山，滨海之浦曰砺浦。

荻芦溪，府东北四十五里。源出仙游县游洋溪，流入境，合诸溪涧之水，分二流，一自渔沧溪合延寿溪，一自龙港会迎仙港入海，曰南荻芦溪。又有北荻芦溪，在府西北百里。又西十余里有澳溪，出澳头山，合苏溪、吉宦、凤抟等溪，东流至荻芦陂为北荻芦溪，亦分二流，左行者历万安溪、迎仙桥，会福清县界蒜溪之水以达江口，右行者过漏头以达新港，俱入于海。《志》云：苏溪亦曰洙溪。

迎仙溪，府东北五十里。《志》云：由荻芦溪合桃源、白石诸水流经此。有子鱼潭，其中子鱼最多，一名小姑潭。又东为迎仙港，一名通应港，接福清县界蒜溪、径江诸水为江口入海。《志》云：迎仙溪流通锦江，即径江矣，亦谓之三江口，以径江、迎仙及木兰溪，下流俱会此入海也。亦为滨海要地。

白湖，府东南二十里。一名玉湖，海潮自三江口、上黄竿，历宁海至此。旧有堤，俗名白水塘，后曰白湖。宋熙宁中，于湖中设浮桥。绍兴间，易以石。湖侧有灵惠井，环境斥卤，井独清冽。《海防考》：嘉靖四十五年，倭贼自白湖入犯，过涵头至海口，犯镇东卫，湖亦戍守处也。又凝翠湖，在府东南，与清江潭相襟带，湖水缭绕，长百余丈。

国清塘，府东南二十里。其水与木兰陂相灌注，澄碧千顷，壶公、榖城倒影其中，唐贞观中置，灌田甚多。《新唐书》：莆田西一里有诸泉塘，南五里有沥峿塘，西南二里有永丰塘，二十里有横塘，东北四十里有颉洋塘，与国清塘为六塘，共溉田千二百顷。宋熙宁中，木兰陂成，遂废五塘为民田，惟留国清以备大旱。又霞塘，旧《志》：在府城东北，清澈可爱，亦灌田百顷。

迎仙寨，府东北四十里。其地有迎仙桥，下即子鱼潭，洪武二十年置巡司。《志》云：宋初司置于县东施水亭。熙宁四年，徙迎仙市之北。

崇宁元年,圮于水,徙迎仙市之西。明初改建于此。有城,前临海,后负江,为商民辐辏处。又冲沁砦巡司,在府东六十里。有城,三面阻海,与岐头、三江、澳港相接。《志》云:司旧置于兴化县寻阳山下,洪武二十年徙。又嵌头寨巡司,在府东南九十里,旧置于莆禧镇。洪武二十年徙置。有城,界山海间,为登涉要地。又青山寨巡司,在府东九十里,旧置于府东三十里之南哨,亦洪武二十年徙置于此。有城,东西南三面皆阻海,夷舟多由此入,南日山峙其南,渡海不过五十里,为郡之门户。○吉了寨巡司,在府东南华胥山下,有城。洪武二十年,置于仙游县之潭边寨,后徙今处。《郡志》:司距城八十里,前控南日,右引小屿,左带湄洲,迫临大海,东有吉了水寨。又大洋巡司,在府西北八十里山谷中,蹊径丛杂,奸民啸聚。万历中,增置今司。

莆禧镇,府东南九十里。或曰即古之莆口。陈天嘉五年,陈宝应据建安、晋安二郡,章昭达等讨败之,宝应逃至莆口,昭达追擒之,即此。明洪武二十年置所,寻筑城,置仓于此。《志》云:镇旧有莆禧税课局,洪武三年,徙于县东之下渚,正统二年废。又有莆禧河泊所,亦明初置,寻移于府东南数里。成化间,移于吉了澳,寻复旧。○黄石市,在府东南二十五里,民居环聚。旧有黄石税课局,本宋之黄石务,其后徙置不一。元至正中,改建于此,明初改为税课局。又有黄石河泊所,洪武十八年置,亦在府东南,今皆废。《志》云:府东南有国清市,亦圜圚处也。

涵头镇,府东北二十里。亦曰涵头市。路通永福、尤溪诸径。洪武初,置莆田税课局于此。莆田河泊所亦置焉。《盐醾考》:元至元十六年,于涵头市设勾管司,董醾事。延祐二年,改为司令司。明洪武二年,改为福建都转运盐使司,分司分统上里等场盐课司。所辖凡二十四团,皆产盐处也。

南日砦,在府东南。《志》云:府东平海卫东有旧寨,设于海中南日山下，北可以遏南茭、湖井之冲，南可以阻湄洲、岱坠之厄，亦要区也。景泰以后，移于吉蓼之东，仍以南日为名。旧南日弃而不守，番舶北向泊以寄潮。论者以为自弃其险。然而孤悬海中，大约与泉州之浯屿情事相类云。○崎头镇，在府东八十里，初置巡司，后改为城堡。嘉靖中，倭贼陷兴化府，官军击之，倭贼走平海卫，欲掠舟泛海，乃结巢崎头城，官军击之，败绩。贼乘胜陷平海卫。戚继光等合兵击破之。《志》云：镇东至平海卫十里。

林墩。在府东南。嘉靖中，戚继光大破倭贼于此。《海防考》：平海卫墩台有小澳、石狮、砺前、新浦、三江、埕口、崎头、澄港、湖边、石城、蔡山、石井等一十二座。○莆阳驿，在府治北，元置。明因之。又有递运所在驿南，洪武十七年置，后废。

○**仙游县**，府西八十里。南至泉州府百五十里，东南至泉州府惠安县百有二里，西南至泉州府南安县百七十里，西至泉州府永春县百十里，西北至泉州府德化县百三十里。本莆田县地。唐圣历二年，析置清源县，属泉州。天宝初，改曰仙游县。宋因之。绍兴十五年，议筑城以御寇，不果。乾道中，仅营四门。明正德初，创筑土城，寻圮八年，甃以砖，既而复坏。嘉靖二年，改用石砌，七年始城。今城周六里有奇，编户十三里。

鸡鸣城，县东七里。相传越王无诸所筑，俗呼城山，又名铁山。旧《经》云：其城灵异，不假版筑，或呼为鸡子城。其相近者又有彭城，遗址并存。《寰宇记》：县东又有蜿湾城，俗呼为越王城。○兴化废县，在县北七十里，与莆田县接界处也。

二飞山，县北五里。《宋志》作大飞山，县之主山也。蜿蜒数百里，屹立为二，高可千仞，其形翼然作飞扬之状。下有钟鸣、马鞍二山，东为将军山，顶若兜鍪。稍北为瀑布山，悬崖数千尺，飞瀑泻下如练，下有龙潭。又《九域志》：大飞山有平湖洞，其地有平湖数顷，一夕风雨暴起，旦见此山耸峙，因名大飞。唐景福初，王潮自泉州遣兵攻福州平湖，洞民请以兵船助之，即此。

九座山，县西北七十里。重峦叠嶂，中巍然高峙者凡九。其居中而尤峭拔者，曰盘髻峰。又北十里曰大汾山，与福州府永福县接界。○梁山，在府西北四十里，平田中突起一峰，层峦插汉。其东南五里为泗洲台山，一名仙人台，亦高耸。《志》云，县南三十里有九峰山，亦曰九仙峰，云兴即雨。又南十五里为九龙山，山分九支，并峙者曰铜鼎山，势甚雄壮。又新峰山，在县东南四十里，其高凌天，顶平如掌。

九仙山，县东北百里。脉自永福县来，至此特起一峰，其西为高望山，连绵高耸，可以远眺，风日澄霁，海在目睫。南为双髻山，北为仙人台，皆以何氏九仙得名。山之下为何岭，俗呼寒硎，亦曰寒岩，又曰古荷城，亦曰何岩。临九鲤湖，东有石洞，可坐百人，绵亘数十里。其西曰南湖岩，峰峦耸秀，下瞰平湖。又西曰高阳山，亦名谷目山。崇林幽翳，居人剥木以识所从入之路，因讹为谷目云。又盘龙山，在九鲤湖西南，高千余仞，崒嵂不可登，上有白云洞。

石所山，县东北六十里。高数千仞，盘踞百余里，何岩居群峰之上，而此山又居其上。巅有乌头岩，石黝黑，浮海者望以为的。其下平坡十余里。顶旁为云居岩，下视空阔，沧海渺茫。岩高千仞，而有方沼潴其巅。相近又有滴水、鸣山等十余岩，《志》云：石所在何岩之东，紫帽之西。其紫帽山，石壁削成，有麦斜岩诸胜。○寻阳山，在县东北八十里，山自西北来，峙为三峰，中大雪，北仙台，西香炉，极为雄伟，左右环叠，峰岩甚众，并称奇胜。

蔡溪岩，县东北八十五里。岩前有石如双阙，曰石门，颇高广。石门之北峭壁环立，上有瀑布，悬流数百丈，瀑之尽处为龙潭，深不可测。流而为溪，是为蔡溪。石门之下有幻游洞，岩水至此，会流如奔雷，潴而为湖，湖之旁峰峦环峙。○北坑岩，在县南，岩石周环如城。元末乡人避寇于此。又石碑岭，在县南，岭路甚峻，有石立道侧，平阔如碑。县南又有马岭，皆通道所经。

九鲤湖，县东北六十里万山中。湖之前山曰飞凤，后山曰高阳。盘旋环抱，湖潴其中。《志》云：九仙诸山自永福而下，重山稠叠，几百余里。至此石峡天开，悬崖无际，数百里之水来入石窍，石穴中潴为石湖，湖水日夜从高坠下，岩石嶮巇巃嵸，水流喷激，洞心骇目。春夏之间，其观尤伟。湖上有何仙祠，相传九仙丹成，跨九鲤上升处也。湖之北为黄鸡滩，南为茶槽潭。湖水东南行，被崖而下，为瀑布，而潭，而陂，又绕山而行，数十曲而为莒溪、为寿水，其终入于海。此其大略也。中分九漈：一曰雷轰漈，在湖东。何岩之水出而西流，奇石当其中，溯洄击荡，其声如雷。一曰瀑布漈，在雷轰西，相去五十步，奇石悬流，如澡练然。一曰珠帘漈，在湖西，水从岩飞下，去地千仞，喷沫如散珠，稍卑则觇缕成帘也。一曰玉箸漈，从湖西南盘龙山顶灌下，忽岐为西，直下白云洞中，宛如玉箸，亦曰玉柱漈。一曰石门漈，去玉箸西北里许，漈中奇石参差，有二石亭亭如门，谽谺水流其中。一曰五星漈，距石门二里有五石相聚如星。一曰飞凰漈，去五星三里，即飞凤山，峙于湖前者，其高百仞。十里之外，有泉萦回，注而为漈也。一曰棋盘漈，距飞凤里许，漈中卧一巨石，宛若棋盘。一曰将军漈，距棋盘数里，漈中有两石鹄立，如武夫当关之状，自湖至此，不啻二十里，皆猿崖鸟道，登陟甚艰。《邑志》：湖之奇以九漈，一漈或五里、十里，远者二十里，皆两山夹峙，奔流界乎其中，道路迂回，奇胜不可名状。从将军漈南出，为莆田县之莒溪。○赤湖，在县南四十里枫亭市之西，昔时周环五里，土色皆赤，下为焦坑，流入枫亭溪。

游洋溪，在故兴化县西。上源有郭洋、银岩等溪，汇流而东南，有寻阳溪流合焉，入莆田县界，下流为南荻芦溪。〇三会溪，在县西十五里。有三源，皆导流诸山涧中，汇而为一，又东南汇群溪之水，流入莆田县界，下流合于木兰溪。《志》云：县西七里有神堂溪，十里有大济溪，四十里有大目溪，俱汇于三会溪。又有余溪，源出永春县，流合大目溪。

仙溪，在县城南。一名大溪，一名南溪，又名蓝溪。西北受永春、德化之水，东南流至县前，环绕如带，又东南汇诸溪水，亦合于三会溪。《志》云，县南有可溪，出县南二十里之香山。又有九溪及周溪，皆在县南十里。又东南有蒋溪，及县东十五里之昆溪、安吉等溪，下流皆会于仙溪。〇枫亭溪，在县东南四十五里。其上流为皂洋、吴坑诸水。又东有九龙溪，西有赤湖、焦溪，皆流合焉。南出双溪口，入太平港。港即溪海会流处也。《志》云：双溪港亦在县东南四十五里，一名沧溪，其南为太平港。又沙溪在县东南四十里，溪旁有沙溪市，南流合枫亭溪。

何岩水，在县东北何岩下。源有三，皆出山谷中。其下流一出濑溪下木兰陂，一出鲤湖下莒溪，一出龙津下延寿溪，并注于海。《志》云：县南七里有圣泉，亦号龙井，虽旱不涸，灌田十余顷。

白岭寨，县西四十里。有巡司。《志》云：洪武二十年，置枫亭巡司于枫亭驿，寻改置于莆田县小屿山上，曰小屿寨巡司。筑城置戍，嘉靖三年，以山寇窃发，移置于白隔岭，而小屿巡司废。又陈疃关，在县南，又南即惠安县界。《闻见录》：仙游西南数十里有大埔厄，又数十里至长岭，即晋、惠两县界，县西又有石狮隘，接永春县界。嘉靖中，倭贼常出没于此。

枫亭驿。县东南五十里。唐为凤亭馆。宋为太平驿。元至正七年，改为枫亭驿。明朝因之。东北去府城六十里，东南去泉州府惠安县五十里。

附见：

兴化卫，在府治东北。洪武元年建。○平海卫，在府东九十里。洪武二十年置，并筑卫城，周四里有奇，有门四，领莆禧所一。

守御莆禧千户所。府东九十里。亦洪武二十年建筑。城周三里有奇，有门四，三面濒海，西面为濠，西南有文甲澳，又有嵌头、青山诸港口，皆为滨海要地。《海防考》：莆禧墩台有山柄、文甲、嵌头、东湖、山西凡五座。

○福宁州，东至海六十里，南至福州府五百四十五里，西至建宁府八百五十六里，北至浙江温州府五百九十里。自州治至布政司见上，至江南江宁府三千四百十七里，至京师六千六百七十七里。

《禹贡》扬州地。周闽越地，秦闽中郡地，汉会稽郡地。三国吴属建安郡。晋属晋安郡，宋、齐因之。隋属泉州。大业初，属建安郡。唐仍属泉州。开元初，改属福州。宋因之。元至元二十三年，升为福宁州，属福州路。洪武二年，州废。成化十九年，复升为州，编户五十三里。直隶福建布政司，领县二。今因之。

州北瞰永嘉，南屏侯官，山川险峻，实为要地。《防险说》：闽、兴、泉、福、漳之地，皆滨海要冲。然莫有如福宁之尤险者，盖地势自西北而东南，至会城尽之矣。而福宁又在东南，突出海中，如吐舌然。其左为瓯、括，海居东面；其右为福、兴，海居南面，福宁独当东南北三面之冲。岛夷入寇，必先犯此，故防维最急也。

长溪废县，今州治。本温麻县地。唐武德六年，析置长溪县，属泉州，旋省入连江县，而以县治为宁远镇。长安二年，复置，寻改属福州。五代时王闽属长乐府，宋仍属福州。元升县为州，改曰福宁。明初降州为县，后又升为直隶州。《城邑考》：州城，洪武四年筑。二十年，增拓东城。永乐五年，复修治。成化十七年以后，屡经营缮。嘉靖三十四年，复拓城西。三十七年夏潦。明年，倭寇来犯，又值淫潦，城圮，寻复营筑。今城有门四，周六里有奇。

温麻废县，州南三十里。晋太康三年，析侯官县温麻船屯置温麻县，属晋安郡，盖治于此。隋开皇九年废，唐改置温麻县于今连江县境，而以废县地置长溪县。今州南有鼓楼山，古城村盖因废县为名。

龙首山，在州城北。分为五枝，又名五叶莲花山。山巅平旷，唐末黄巢犯闽，尝屯兵于此，号黄巢坪。坪西有井，广丈许，其水清沚，名曰圣水。又有东西石洞，下北城外濠而入水关。《志》云：州东门外有华峰，下有雷坛。元末州尹王伯颜与山贼王善战，不利，见执于此，死之。又城南三里有南峰，峰顶岐首有三，亦曰三台山。《郡志》：龙首山峰峦峭拔，为州主山。前挹长溪，东抱华峰，西接莲坡。水光山色，映带城郭。又有金字山，在州治东北，高耸如龙首。嘉靖三十八年，义兵歼寇于此。其东为狮山，城东北曰大沩山，以唐景福中，僧建大沩院于此而名。县东有小山，最高峻。又明宗山，在龙首山西，亦曰莲花山。

松山，州东十里。下有松山港，昔时风涛险恶，岁患溺舟，后流沙渐合，有径可行。正统九年，徙置烽火寨于山下。其对峙者曰后崎山，山全体皆石，巨细磊砢，争奇竞秀。又铁嶂山，在州东十二里，壁立千仞，其色如铁，一名昆冈。相接者曰马冠山，亦名昆田山，山势连亘数十里，高耸凌空，形如半月。《志》云：松山东南海中有断屿，名火焰山，又名屏风屿。嘉靖三十八年，倭贼突犯州境，参将黎鹏举等击之于屏风屿及镇下门、三沙海洋，皆败之。镇下门见浙江平阳县。

洪山，州南三十五里。势极高峻，望温、台如在掌间，《志》以为州南第一山也。葛洪旧尝隐此，因名。有泉一泓通海，名曰海眼。其西有数峰连接。又小洪山，在州西南五十里，以高峻亚于洪山而名，亦曰红山。

有天池，阔二三亩，四时不涸，名曰龙潭。又霞浦山，在州南四十里，中有青、黑、玄、黄四屿，日出照映，江水如霞，故名。又南十里曰罗浮山，相传此山浮海而来，泊船山下，可避北风，南风则石崖齿齿难近。嘉靖三十七年，倭贼流劫罗浮，官军御却之。防倭水寨船多集其下。相接者曰水澳，山旁又有石笋山，峰峦耸秀，上有清泉。又南曰文崎山，与武崎山并峙海中，广袤五里。○南金山，在州南六十里，一名大金山，居民环其下，广袤二十里。其南一山曰小金山，相近者曰浮瀛山，一名浮膺山，上有四澳，下临溟海，一望千里。宋元间居民蕃庶，明初俱徙入内地。

望海山，城西北七十里，去海百余里，势极高峻。上有石池，四时不涸。又柘洋东山，在州西北百二十里，东望海外数百里。诸山皆在履舄之下，悬崖耸削，积雪不消。有泉一勺，大旱不竭。元末有袁天禄者，率其昆弟保柘洋，为泰安社州，赋税讼狱皆归焉。元授以江西行省参政。明初纳款，世居此地。嘉靖末，倭贼寇其颊堡，不能下。

大姥山，州东北百里。群峰林立，得名者三十有六，为境内之望。又北数里曰草堂山，本名灵山，以林嵩筑草堂其中，改今名。岩石甚胜。余详见前名山大姥。○嵛山，在州东南海中，山高而中坳如钵盂，旧名盂，山有三十六澳，旁有艮山，有日屿。东有七星山，以七石浮立海面如七星而名。嘉靖中，官军尝败倭于此。《志》云：出州东门三里迤南而西，水天范范，浮于水面有台山、官澳山、屏风山、筋竹山、四泷山，皆在烟波浩森中，难以里计及其方隅也。又秦屿，在州南海中，为防戍要地，笔笪巡司置于此。

泗城山，州西南五十余里。危壁峭立，有巨石，黑色，名铁印山。下多屯田军营，东隔溪有小马山，又白瓠山，在州南大海中，白如瓠，山脊与宁德县接界。《志》云：州西南六十里又有竹屿，其相近者为孤山。嘉靖三十五年，倭贼自宁德县遁入福宁州界。官军追败之于此。

桐山，州西北百六十里，接浙江平阳县界，其地险扼，可以戍守。嘉靖三十九年，倭贼自州城流劫至桐山，指挥卢锜等击败之，贼还，复击败之于同坑，既又追破之于蒲岐。今设营置戍，为浙闽要隘。同坑，见浙江泰顺县。蒲岐，见浙江乐清县。〇天竺山，在桐山东南，其相近者有半岭，《舆程记》：半岭在桐山北二十五里，为往来之通道。又北十五里即分水关。

石马岭，州北百三十里，有巨石危立如马。又西北三十里即桐山。又北四十里为分水岭，接浙江泰顺县界，有关，浙闽分疆处也。又王头陀岭，在州东五十里，北连九岭，崎岖险峻。宋时王头陀砌石为路，嘉定中，县尹杨志复用石修砌。〇池家岭，在州西北四十里，中有古洞，深百余仞。又有石门，俗呼仙人洞。《志》云：州西有杨梅岭，产杨梅。宋开禧中，僧砌岭路，自岭而下，东抵九里亭，西抵十八溪。嘉定十六年，令杨志用石礐砌，悉平荦角，亦名杨公路。

海，州东南百里。《志》云：州境海环三面，其在东北者，三沙海，形势陡绝，最为险要。沙埕砦称首冲，蓁屿次之。而泥坪防卫港口，松山逼近州城，水则烽火砦，陆则左右营。又有桐山、间峡、下浒诸处，分防水陆，与连江县之定海所，州南之大金所。联络控制，并为州境之险云。

长溪，州西四十五里。源出浙江庆元县界，流入境，经福安县而东，会柘洋水达州城西，又南经古镇门入海，迤逦数百里。唐因以长溪名县。旧《志》：州西南百七十里有白水江，又有霞浦江，与砚江相接，东流入海。〇倒流溪，在州东三十里，源出东北九十里之乌岩，西南流经此，因名。冬夏不竭，溉田万顷，下流入海。

松山港，在州东南松山下。上接诸溪涧之水，至松山前，与海潮汇。前有沙洲，后有沙径，海航多泊于此。又松罗洋，《志》云：在州西北七十里，其地有九湾十八折，又七十里至福安县，今有松罗公馆。

分水关，州西北二百里分水岭上，接浙江泰顺县界，今详见泰顺县。《志》云：州东北有叠石关，与分水关俱王闽所置，以备吴越。又州北有后崎关，亦闽置，宋建炎中建，贼范汝为作乱，里人拒之于此。又有营头关，在州南霞浦山前，有小屿跨海，与大山接，中可容数百人。宋绍兴中，邑人尝守此以拒海寇。○古镇门，在州西南，长溪之水会州境及福安县诸溪涧水而入海，一名白马门。又渔洋埠，在州南三十五里，两旁皆海，中一径如蜂腰，去海甚近，而隔绝不通，因名。

大筼筜镇，州东北百里。旧为蒋洋巡司，在州东北八十里。洪武二十年移置于蓁屿堡，改今名。有城。又水澳巡司，在州东百里，旧为桐山巡司。洪武二十年，移置于此，改今名。有城。嘉靖中还置于桐山堡，为芦门巡司。又清湾巡司，在州东北五十里，本置于州南百里，曰西白巡司，洪武二十年，移置于牙里堡，改今名。亦有城。又高罗巡司，在州南五十里间峡堡；延亭巡司，在州南百里下浒堡：俱洪武二十年置，有城。《志》云：州东南又有松山巡司，亦洪武二十年置。二十六年，又置河泊所于此，嘉靖中司革。○柘洋巡司，在州西北百二十里，西南至福安县百里，有柘洋故城，元末创为保聚处。正统六年，增置巡司，以备山寇。《通志》：州境又有库溪、小澜、盐田三巡司，俱元置，明革。

烽火门水砦，州东松山下。永乐十八年，创设于三沙海面，既以倭寇入犯，拨卫军及大金所军协守。正统九年，议者以为风涛汹涌，不便栖泊，乃移于松山下，增拨官军，以备倭寇。○流江砦，在州北百里，与平阳县接界，即横阳江南岸也。《海防考》：烽火门之要有官井、流江、九澳诸处，为贼船必泊之所，备御最切，而流江与烽火门尤为犄角之势。

三沙寨，在州东北。相近又有清湾寨，与清湾巡司同置。又东北有可家、黄崎、小筼筜、大筼筜等寨，州东百余里又有南镇、水澳等寨，俱属福宁卫。○高罗砦,在州西南,与高罗巡司同置。又有下浒、延亭、车安、西白,与高罗共为五寨,俱属大金千户所。又延祥寨,《志》云:在州南,宋淳祐三年置,有水军千人。州城北又有金城砦,在金字山上,压城而峙。嘉靖中,倭登是山攻城,城几陷。万历二十九年,置寨于此。

沙埕堡,在州东北。《海防略》:沙埕征榷要冲,商民辐辏,三面俱海,贼所垂涎。而蒹屿堡地亦滨海,民殷庶,蒹屿而下,为三沙信地,襟山带海,旧设土堡于相近之高岩,以防海口。○湖平,在州东三十里。嘉靖三十五年,官军败倭贼于孤山,又追败之于胡坪,是也。今有湖平铺。

温麻驿。州西五里。又西有盐田驿,又州东有倒流溪驿、饭溪驿,州北有桐山、分水二驿,俱宋乾德初置,元废。今州治东有馆驿,旧置于西门内,正统七年改置今所。又州西南四十里有盐田公馆,州西北八十余里有杯溪公馆,俱成化中置。

○宁德县,州西南二百二十里。西南至罗源县八十里,西至古田县二百六十里,北至建宁府寿宁县二百二十里。本长溪、古田二县地。唐开成中,置感德场。五代唐长兴四年,王闽升为宁德县,属长乐府。宋属福州。元改属福宁州。明初仍属福州府。成化九年,复改隶福宁州。《城邑考》:县有土城,王闽时筑,后毁。正德初增修,嘉靖四十年倭毁,四十二年改筑,周三里有奇,编户二十三里。

白鹤山,县西一里。俗名西山,秀拔千仞,南连飞鸾诸山,北接莲花诸峰,山下悬崖峭壁,空洞幽深,容数十人。泉水清冽,是为龙湫。其西南即白鹤岭,石磴峻嶒,纡回百折,盘曲而上,海上诸山皆入延眺。岭之南,飞泉百丈,名南山漈。岭半有黯井,味甘美,四时不竭。

金瓯山,县东南十六里。若金鸥浮于水面。与酒屿、猿毛、大小金崎、橄榄诸屿,联络海中,而此特近,四际平旷。亦名覆釜山。又梅溪山,在县南二十里,东接飞鸾岭,南俯大海,鸾溪绕其下,其相属者为勒马山。又有杨溪山，俱环拱县南。又城澳山，在县南四十八里，四面环绕，如城郭然。内有南北中三澳，可容万人，然四际皆海，中无所产，人迹罕到。〇骝山，在县东北二十五里，峰峦秀拔，形如骅骝奔驰入海之势。滨海有官扈山，地势坦舒，土壤饶沃。相接者为扈崎山，山下有三江洋、三渡洋，又有官井洋，出洋即渺茫大海。嘉靖中，设官井洋水砦，为控御之所。

霍童山，县北七十里。《名山记》：山高三千四百丈，周围三百里。《道书》以为霍林第一洞天。白玉蟾云：此山周环九十九峰，诸峰俱备，名著者三十六，最胜者四十八。唐天宝中，名山曰仙游。王闽时，封此山为东岳。《列仙传》霍童作霍桐，去平地七里，巅甚平旷，有甘露池、海鳇井及石廊、石室，昔有神仙霍童居此，因以名山，亦谓之鹤林山。山后有大童、小童诸峰，奇胜错出，亦谓之四十八景，东有高盖山，山之别峰也。西有支提山，去鹤童二十里，历数十峰乃至。峰峦围绕，岩谷幽深，更为奇胜。叶氏曰：闽境之山，西则武夷，东则霍童，而霍童深广奥僻，岩峦洞壑之奇，不能以耳目尽也。

凤山，县北百二十里。卓立万仞，傍分两翼，如飞凤然。上有凤池及飞石岩诸胜。〇石堂山，在县西百二十里，上有岩，路通古田县。岭下有塘，名石塘，亦曰唐溪，汇为蛟潭。东麓有双柱、翠屏诸峰。

石壁岭，县北十里。石壁峭拔，高入云霄。上有泉，出巨石上，甚清冽。下有溪，与瑞迹溪环绕里中，谓之双溪。溪旁小山曰龟屿，与石壁相连。嘉靖三十五年，官军击倭贼于此，败绩。〇新岭，在县北百六十里。有大小二岭，上有瀑布泉，群峰围绕，并称奇胜。又北六十里有麻岭，路通寿宁、政和二县，巡司置于此。又有显圣岩、玉屏峰，皆耸秀入云，形状奇崛。

飞鸾岭，县南二十里。形如飞鸾展翼，与勒马、梅溪诸山冈脉相

接，逶迤曲折，达罗源县境。下有飞鸾渡，即飞鸾溪所经也。东麓有百丈
漈，名栖云潭岭。又东有万石岩，中容数百人。又埔岭，在县东北二十余
里。《志》云：岭下有东墙渡，通宝丰银场。○瑞峰，在县东三十里海上，
秀拔万仞，与白鹤峰对峙。其相并者，有嵩屿、黄湾峰。又五马峰，亦在
县东南，《志》云：县捍门山也。五峰列峙如马，县南诸山皆趋海，海滨
垂尽处，忽五峰突起，高出海上。

大海，在县东南。《志》云：县境之水，入海者有三派，一自酒屿，
由金崎过三江洋而入。一自三屿前过三渡洋，会蓝田之水而入。一自埔
村港经埔门，径至白匏山而入。其海潮之入于县境者有五，一自南门溪，
一自金鳌桥，一自蓝田，一自东墙渡，一自金垂云。

穹窿溪，县西五十里。上有穹窿岩，因名。源出古田县境，合周仙
湖东流至石堂山下，合于唐溪，又东为穹窿溪。又环溪在县西百二十里，
亦出古田县界，双溪夹拱，周围环绕，至穹窿岩，合流为天柱窟，又东为
淀尾，经赤鉴湖至埔门，下达于海。○外渺溪，在县北百十里，源出政和
县界，自渔沧而下，汇诸溪之水，经县西北之青岩及霍童山下之桃花洲，
及县东北十五里之合掌滩，又东至铜镜、金垂，入于海。又有油溪，在
县西北二十里，源出古田县界，有金溪流入焉，又流经罗源县境，会百丈
漈、竹林潭，至溪口村，同出三屿之左，汇于海。

飞鸾溪，在县南飞鸾岭下。源出罗源县境，流入县界，经三屿东，
与油溪同入于海。又官井洋，在县东扈崎山下，《志》云：源出浙江龙泉
县界，东流数百里至斜滩，又东过福安县北，又东流入县界，合松潭溪，
又东会于此入海。

赤鉴湖，在县西南。一名西陂。宋里人林桂筑堤凿堰以灌田，后陷
于海，寻潴为湖。上通穹窿溪，下达埔门。又周仙湖，在县西百余里，接
古田县界，相传昔有周仙者得道于此。上流之水潴而为湖，乡田赖以灌

溉。城东又有东湖，宋令李泽民以山高水迅，堤而湖之。起附马塘，历酒岫、历金瓯、延岫至蓝岫，由是旱涝有备，民号李公堤。又水南湖，在县东北之铜镜村，潴水不竭，可资灌溉。○午日潭，在县西六十里，四山高峻凌霄，中有三潭，岩头瀑布千寻，泻入潭中，而蒙密不见天日，惟正午之时，日方临照，故名。《志》云：县北百二十里有柜州水，极险恶难渡，居民强悍，以贩盐为业。

麻岭镇，在县北百二十里涵村。有东洋麻岭巡司，元时本置于县北二百余里之东洋，明因之。宣德中，移于今所。《志》云：今司治云淡门，在县东北二十余里。又有东洋镇，即元时巡司故址。嘉靖四十年倭变，东洋民乘乱肆掠，议者以东洋地僻民顽，请设行县于周墩，分主簿一员驻其地。今因之。

长崎镇，县东五十里。亦曰黄崎。又东北六十里至福宁州。《舆程记》：宁德县东四十里，地名大梨岭头，又十里至黄崎，过江而北，有路达福安县。又自镇东北行十五里过江，又十五里曰盐田，又三十里即州东门。或曰，此自县至州之径道也。

三县砦，县东三十里。宋初建寨于三岐，即此处也。元丰初，移置于蛇崎山，界福安、福宁三县界，因名。洪武二十一年，移于福宁之松山，寻废。又埔村，在县东北三十余里，洪武初，设税课局于此，寻废。

宁川驿。在县治西。又县西南五十里有飞泉驿，俱宋置，寻废。《志》云：县南有焦门峡，宋政和中，移飞泉驿于此。绍兴间，以风涛险恶而罢。今县有明坑公馆，在县北七十里。宝丰公馆在县西北二百二十里，即宋之宝丰银场也。

○福安县，州西北二百里。南至宁德县二百里，西北至建宁府寿宁县二百里，北至浙江泰顺县二百五十里。唐长溪县地。宋淳祐四年，析置福安县，治韩阳坂。元隶福宁州。明初属福州府，成化九年复改今属。

正德初,始筑砖城。嘉靖中,因倭寇城陷,寻复修筑。万历九年,城圮于水,复营治而展其东面,并筑坝于城西以遏水。二十七年,城复旧制,周五里。编户三十六里。

宸山,在县治北,县主山也。其支曰鹤山,旧在城中,嘉靖间,倭陷城,议者以城旷难守,截出之。万历九年,增拓县城,复环于城内。县治有龟湖山,平地突起,俯瞰湖光,与鹤山对峙。《志》云:县治东北有铜冠山,四时云气蒸郁,青翠不改,下有流泉。○城山,在县西南十五里。唐末乡民筑城于此,以避黄巢之乱,因名。上有灵岩,岩下有双剑水,亦曰廉溪。

昆仑山,县西北四十里。高耸万仞,上有天池,池畔多民居。《志》云:县西三十里有福源山,上有三峰,高耸如凤舞,名凤翔峰。又有狮子岩、幞头岩诸胜,下为穆洋,亦曰穆溪。○仙境山,在县北二百十里。峰峦峭拔,怪石嵯峨,岩洞宽豁,石门封固,盖神仙窟宅云。

牛岭,在县西二十余里。《志》云:山界宁德,通延、建,其高接天。又金鸡岭,在县南四十里,一名五岭,为五路之会,有隘口,为戍守处。又有大莱岭,在县东南百余里,为盗贼渊薮,有民兵屯守。

双岩岭,县东南百二十里。宋建炎间,韩世忠讨建寇范汝为,尝屯兵于此。又栖云岭,在县西十五里,当往来之道。《志》云:县东南五十里有百辟岩,相传宋少帝航海入闽,集勤王之师于此,因名。○岩湖嶂,在县北四十里,高广皆数十仞。其平如掌,容数百人,半岩有穴,亦容数十人。下有湖,名曰岩湖。又铁仙嶂,在县西北,有三峰峙秀,林木阴森,亦县之胜也。

海,在县南。《志》云:县境之海,与福宁州宁德县相接。

六印江,县南百里,中有六小屿。又有苏江,在县东南五十里,流合六印江。其下流为甘棠港。《志》云,港在县东南百六十里,一名黄崎港,与六印江相连。先有巨石,屹立波间,舟多覆溺。唐乾宁五年,王审知欲凿之,忽风雨大作,别开一港,甚便舟楫。闽人以审知德政所致,名曰甘棠港。下流出福宁州之古镇门入海。

长溪,在县西北。源出浙江庆元县界,自东北来者为东溪,自西北来者为西溪。二溪汇流为交溪,又东南流为长溪,绕流县郭,亦谓之环溪,又东南入州境达于海。远近诸溪涧水悉流合焉。《志》云:县南境有三港口,自三港口而下,为苏江、六印江、甘棠港、芭蕉洋、古镇门,皆江也。出古镇门则为海,自三港口而上,则皆溪矣。○平溪,在县西北五十里,自寿宁县流入境,合于东溪。又秦溪在县东五里,源出福宁州西北境之钟龙井,南流入长溪。又穆溪,在县西南三十里,源出政和县界,流入境,有白石溪流合焉,又东会于廉溪。《志》云,廉溪在县南五十里,上接穆溪,为三港口,汇群溪以入于海。又有大梅溪,在县东南四十余里,亦入廉溪。

白石镇,县北七十里。有巡司,成化八年置,有城。嘉靖中,移置于县南百五十里黄崎镇。《志》云:黄崎镇,唐咸通中置,后废。宋熙宁五年复置。崇宁三年,并置榷务于此。嘉熙四年废。嘉靖中,以宁德县之长崎为黄崎镇,而改黄崎为白石巡司,设有城堡,监司行部驻节于此。○渔洋巡司,在县北九十里,元置,明初因之,景泰六年废。又辜岭巡司,在县南二百余里,近宁德县之飞鸾渡,宋置,元废。

白沙务。县南二十五里。宋绍兴二年置,寻罢。《志》云:县南三港口,旧有税粮场,闽王审知置。东辖温麻港,西辖童镜港,中辖甘棠港。宋熙宁五年,行市易法,以风涛险恶,商舟艰于驻泊,乃移置于黄崎镇。又税课务,在县西南三里,洪武三年建,宣德中省。○下邳驿,在县东十里。又黄崎驿,在县西南三十里。俱宋置,今废。

附见:

福宁卫。在州治东。洪武二十年建,领所一。〇守御大金千户所,在州南八十里海滨,亦洪武二十年建。旧为巡司,寻改千户所,筑城周三里有奇。永乐以后,不时修筑。

读史方舆纪要卷九十七

福建三 建宁府 延平府

○建宁府，东至福宁州八百五十六旦，南至延平府百二十里，西南至汀州府七百三十里，西北至江西广信府五百五十里，北至浙江衢州府五百里，东北至浙江处州府四百七十六里，自府治至布政司五百二十五里，至京师五千七百五十五里。

《禹贡》扬州地。周为闽越地，秦属闽中郡。汉属会稽郡，后汉因之。三国吴永安三年，始置建安郡。《吴录》：后汉分治县地为会稽东、南二部都尉。东部，临海是也；南部，建安是也。吴孙休分南部立建安郡，治建安县。晋以后因之。隋平陈，废郡属泉州。大业中，属建安郡。武德四年，置建州。仍治建安县，以建溪为名。天宝初，曰建安郡。乾元初，复曰建州。五代时，属于王闽，石晋天福六年，王延政据建州，请于其主曦，欲以建州为威武军。曦以威武乃福州旧号，因以建州为镇安军。延政自改曰镇武军，寻称帝于此。后又属于南唐。石晋开运二年，南唐取闽地，改建州军号曰永安军，后周显德三年，南唐又改曰忠义军。宋仍曰建州。亦曰建安郡。端拱初，升为建宁军节度。绍兴三十二年，升为建宁府。以孝宗潜邸也。元曰建宁路。明初复曰建宁府，领县八。今因之。

府西带江西，东连浙右，形势四通，为全闽之藩屏，晋安之肩背。且束水襟山，号为奇峻，诚东南胜地也。宋绍兴二年，群盗范汝为据建州，韩世忠自温台路进讨，曰：建居闽岭上游，贼沿流而下，七郡皆鱼肉矣。及景炎初，蒙古窥闽，以舟师出明州逼福州，复以骑兵取处州、瑞安，即温州府。入建宁，于是东西震动，时蒙古西入邵武，东侵福州。八闽瓦解。明初征陈友定，亦命诸将首攻建宁，盖所以夺敌之心喉也。

○建安县，附郭，在府治西。本汉冶县地。《志》云：建安初，分侯官之北乡置建安县。宋白云：建安十二年孙策所置，以年号为名也。寻为建安郡治。晋、宋以后因之。隋废郡，而县仍旧。唐为建州治，自是州郡皆治此。今编户一百五十四里。

瓯宁县，附郭，在府治南。本建安县地。宋治平三年，析置瓯宁县，并析建阳、浦城地益之。熙宁三年省。元祐四年，复析建安县地之半置今县。元因之。今编户一百九十九里。

建安城，今府城也。《志》云：三国吴永安三年，郡守王蕃始筑城于溪南覆船山下。刘宋元嘉初，迁于溪北黄华山下。梁末毁，太守谢竭栅木溪西为治所。陈刺史骆文广复徙于覆船山北，而以黄华山麓为建安县治。唐大历中，州寄治县城内。建中初，刺史陆长源改筑县城为州治，周九里有奇。天祐中，刺史孟威增筑南罗成。五代晋天福五年，伪闽王延政增筑郡城，周二十里，寻入南唐，城复故址。宋绍兴十四年，为洪水所圮，寻复修筑。二十年以后，屡经营缮。元季城毁，至正十二年，红巾入寇，郡守赵节因旧址修筑。二十年，陈友谅来攻，行省参政阮德柔击败之，益加修筑。明洪武二年，拓城西南隅。十九年，复增筑城西，包黄华山于城内，有门十一。永乐中，闭西北二门。今有门九，城周十一里有奇。

东瓯城，府东南十里。《志》云：汉吴王濞世子驹发兵围东瓯，盖此城云。又府东南三里有故府城，相传汉会稽南部都尉所治也。又府东北有古长城，相传五代时王审知据闽，曾迁郡城于此，乡人呼其地为党城。

黄华山，在府治东北，郡之主山也。脉自括苍来，绵亘六七百里，止于此山。刘宋守华瑾之徙郡治山西麓，五代时，王延政尝建太和殿于山下，宋韩世忠讨范汝为，屯军山上。元至正二十年，陈友谅来寇，列营于此，守将阮德柔筑城山顶，下属旧城以御之。明初改拓郡城，山遂在城中。又马鞍山，在府东北三里。一名瑞峰，状若马鞍，郡之主山也。其相接者曰鸡笼山，去城五里。○覆船山，在府西南三里。山即三国时置郡处。其相接者有铁狮山，铁狮之右曰紫芝山，左曰云际山，其相近者又有梅仙等山，参差并峙。又昇山，亦在府南三里，本名朗山，以晋司马王朗尝游此。王延政据郡，僭筑郊坛于山上。宋改今名。又响山，在府东五里。其山空洞，枕于溪侧。

天湖山，府北十里，郡之镇山也。泉石奇胜，有三十六景。又将军旗鼓山，在府西北二十里。山有四峰，左一峰如鼓，右一峰如旗，中二峰雄峙，如将军然。○梨山，在府东南十五里。奇秀峭拔，为诸山最。又十里曰东山，一名苏口山，嵌崖邃谷，奇变层出。相接者曰盘山，以宽平如盘也。又鸡足山，在府南三十里，有三峰如鸡足。又南有三门山。王氏据闽时，置栅于此，以守疆场，因以门名。又屏风山，在府西南四十里。群峰联属，拱揖左右，中一山截然壁立空翠间，状若屏风。

凤凰山，府东北二十五里。一名茶山。石晋天福三年，王延政据建州，福州兵来攻，延政败之于茶山。宋绍兴二年，韩世忠闻贼帅范汝为入建州，水陆并进，直抵凤凰山，大破之，建州平。山上有凤凰泉，一名龙焙泉，又名御茶泉，宋以来上供茶取此水濯之。山之麓名北苑，广三十里。旧《经》云：伪闽龙启中，里人张廷晖以所居北苑地宜茶，悉献之官，其名始著。又有龙山，与凤山对峙，有泉。宋咸平间，丁谓监茶，尝于御茶亭前引二山之泉为龙凤池。又壑源山，在凤凰山南，山之茶为外焙冠，俗名捍火山，又名望州山。

天宝山，府西北五十里。峰峦连属，延袤五六十里。又西为斗峰山，高五六百丈。山形左右低而中高，高处方平如斗，因名。又吉阳山，在府西北百里，接延平府顺昌县境。其南曰高阳山。山高峻，日出则光先照，因名。又有高峰山，在府西南百余里，亦接顺昌县境，层峦叠巘，千态万状，中峰挺然特秀，高五千余丈。登其巅，俯视群山，望大海如襟带间也。山之东麓曰郭岩，相传汉时郭仙得道于此。〇洋峰山，在府北七十里，屹然特出众山中，顶甚平旷。相峙者曰鸡笼顶山，山根盘踞数里，其巅状若鸡笼。

天堂山，府东北百里。高出群山，林木蓊郁。其巅高明爽垲，登者如置身霄汉之上。又东北十里有擎天山，两峰卓立，一峰尤为圆秀，高插云霄，如天柱然。又辰山，在县东北百四十里，山高大，登其巅，可望海日初出。上有逍遥、饮坑、牛头三峰，旁有牛心、芦竹诸洞。又有蛟窟，深不测。〇铜场七峰，在府东二十五里，有七峰连属。又大雪岭，在府西北八十里，岭高寒，至冬尝有积雪。又徐将岩，在府北三十余里，有前后二岩，峭拔宽广，相传昔有徐将军者曾驻兵于此。黄巢入闽，乡民避岩中，得活者千余人。

建溪，即建江也。有二源，一曰西溪，在府城西，自浦城、崇安两派而下，会建阳诸溪之水，至城北，又分为二，复交会于城西南临江门外，稍南合于东溪。一曰东溪，在府城东，自松溪、政和而下，至城东南政和门外，绕而西，会于西溪，两溪合流谓之大溪。五代晋天福五年，闽主曦遣将潘师逵、吴行真将兵击王延政于建州,师逵军城西,行真军城南,皆阻水置营,焚城外庐舍,寻为延政所败,即此水也。南流入延平府境。溪中滩险林立,行者惮之。余详见大川建江。

安泰溪,府东百里。源出古田县。又有顺阳口溪,在府东七十里;相近又有东苌口溪;俱出古田县界,下流入于东溪。○渔溪,在县东北五十里;又县东北百里有川石潆溪;俱出政和县界,流入东溪。《志》云:府东北九十里有千源溪,源出政和县境,入古田界,流会东苌口溪。

吉阳溪,府西北五十里。源出延平府顺昌县界,流入境,经叶坊驿口入于西溪。《志》云:府城西十里有万石溪,源出西三十里之西岩。潆山,流入西溪,溪口有滩,名万石滩。乱石棋布,滩水迅急。○紫溪,在府东北百二十里,源出松溪县之皆望山;又有壶溪,在府西北百五十里,源出浦城县之渔梁岭;下流皆入于西溪。《志》云:府西北百十里水吉镇有清潭溪,亦出渔梁岭,至此为潭,有渡通浦城县。

璜溪,府西南七十里。其上流接崇安县武夷山水,下流汇诸山泽水,经房村口入大溪。溪流委曲若璜,因名。溪旁群山森峙,支流毕集。又有房村口溪,在府西南九十里,亦流入大溪。○大雪山龙潭,在府西北,上有山,壁立千仞,飞泉泻空而下,潭侧空洞,常有风雷之声。又东山林龙潭,在府西,石壁峭拔。潭据其巅,广数丈,深不测。环潭竹木葱蒨,登者扳悬而后得至。

筹岭镇,府南百二十里。宋建炎中,置筹岭寨于筹岭上。元改为巡司,明朝洪武四年,改置于岭下龙门桥头,即今司也。又营头巡司,在府西北百十里。正统四年,设于水吉镇之营头街,因名。○东游场,在县东百里。元至正中,置东游税课局,明朝因之。又府西百六十里上洋口有税课局,亦元至正中建,明朝仍旧。

黄孙寨,府西南九十里。《志》云:即今房村上里也。宋置黄孙寨。

又府东有党口寨，府南有埃竹寨，西南有赤岸寨，俱宋置。又水西寨，在府城西。宋绍兴二十年以贼寇窃发，拨泉州兵驻守，寻建为寨。又水吉镇有都巡简寨，亦宋置，并置水吉驿于此，俱元末废。《闻见录》：府东百里有忠溪口，山溪险扼，为建安、古田之交，盗贼往往出没于此。

城西驿，在府城西南通济门外。元为城西站，洪武二年，改为驿。又叶坊驿，在府西北四十五里，元叶坊站也。自崇安、浦城沿溪而下者，皆会于此；又太平水驿，在府南四十里，元为太平站；俱洪武二年改为驿。《志》云：府治西南临江门内有富沙驿，旧置于府西平政门外，曰富沙馆。宋绍兴十年，移建于城内，改为驿。祝穆曰：府城北有大伏洲，或以为即富沙。闽主曦封其弟延政为富沙王，盖以此名。又有丰乐驿，在府南六十里。亦宋置，元废为丰乐铺。

平政桥。在府西平政门外。旧有浮桥，宋乾道初，郡守陈俊卿始累石为址，架木为梁，后屡圮屡复。明洪武元年，指挥沐英重建，凡为址十有一，而梁以木，上覆屋，凡三百六十楹。后复屡有废置。建江经此，约束而出，如在山峡中。水盛时，悬流一二丈，牵挽甚艰。又七星桥，在府城南，旧亦为浮桥。元至正二十五年，僧智源改建石桥。南岸为址十有五，而梁以石，长三十二丈；溪之中，因沙洲甃石为路，长二十二丈；北岸为址五，而梁以石，长十丈。至今为民便。

○建阳县，府西北百二十里。东北至浦城县二百里，西至邵武府百六十里。本建安县地。晋太康四年，析置建阳县，属建安郡。宋、齐因之。隋复省入建安县。唐武德四年，仍置建阳县，属建州。八年省。垂拱四年，复置。宋景定元年，以县之唐石里嘉禾生，改为嘉禾县。元复旧。今编户二百十里。

大潭城，在县治西。《志》云：昔闽越王筑城于此以拒汉，下瞰溪潭，因名。今有大潭山，山势蟠屈，史称吴王以六千人屯大潭，即此也。其山亦名卧龙山，一名登高山，以邑人九日多游此也。《郡志》：县一名建平，相传汉建安十年，吴析建安之桐乡置。晋太元中，始改建阳。似误。五代时，王审知置城寨于此，西北迤山，东南瞰溪。元末，陈友定即故址作四门。明永乐十四年，西北二门为水所圮。弘治初，始甃以砖石。嘉靖以后，屡经修葺云。

闽王城，县北三十里。相传王审知所筑。其中殿基犹存，今土阜周回隐隐如城，外有水田环绕，盖城濠云。今土人呼其地曰王殿村，亦曰城村。

东山，县东十里，雄壮秀丽，中有一峰高出群山，曰妙高峰。其相接者曰横山。又县东北三十五里有砚山，上有石，端平如砚。下有芹溪九曲，环绕其下，流注于交溪。《事林广记》以为第二十八福地。又蕉源山，在县东北五十里。岌嶪峭拔，登者曲折五里。《事林广记》以为第三十一福地。又鼓角山，在县东北百里，三峰鼎峙，状如鼓角，上有龙池。○时山，在县东南二十里，高五百余丈。凡十三折，始造其巅。其阳小山排列。又庵山，在县东南七十里，接瓯宁县界。山高万仞，峻绝难登，绝顶有泉。

西山，县西北七十里。周围百里，四面壁立，山顶平旷，中有良畴数十亩，可耕可桑。其下洞水通舟，委蛇旁达。顶有石城遗址，盖昔人筑之以避兵者。宋蔡元定读书于此。其对峙者曰芦峰山，接崇安县界。朱子筑草堂读书其中，名曰云谷，晦庵在焉。其山群峦四合，外密内宽，地气高寒，飞云旋绕，林泉涧石，奇胜不穷。朱子曰：芦峰山自西北横出，以其脊为崇安、建阳南北之境，环数百里之山，未有高焉者也。其东曰赫曦台山，高万仞，四围峭削，绝顶平坦，云涛彩翠，昏旦万状。本名东坡，朱子易以今名。又百丈山，在芦峰之北，上有石磴、石梁、崖涧绝胜。又北为章山，高广亦百余仞。○九峰山，在县西北四十五里，有九峰联峙。宋蔡沉读书于此。又西北数里曰集公山，本名石壁山，宋江侧集弟子讲学于此，因名。

太平山，县西三十里。峰峦秀伟，峭拔千仞，为县主山。有寒泉林，朱子葬母于此，筑舍墓旁，曰寒泉精舍。又玉枕山，在县西南五十里。考亭在其麓，唐侍中陈逊所创。朱子筑竹林精舍于此，后更曰沧洲。其前曰翠屏山，有两峰相峙，苍翠如一，一名罗汉山。〇鹰山，在县西九十里，宋游酢读书处也。又县西有唐石山，一名大林谷，有巨石方广，相传唐时异人游此，因名。宋末，谢枋得自信州败走，入唐石山，转茶坂寓逆旅中，既而卖卜于建阳市。《志》云，唐石山与九峰山对峙。

白塔山，县西北百三十里。山巅有石，突立如浮图，夜常有光，一名天灯山。《志》云：山足跨崇安、铅山、邵武、建阳四县，高数千仞，四麓皆有半山庵，以宿游人。上有殿宇。其旁岩洞泉石，类称奇胜。又毛虚漈山，在县西百余里，秀拔冠于群山。相近有武仙山，巅有石笋峰，高千余丈。〇阑干山，在县北四十里，与武夷山相对。山半有石室，山麓古木周列，如阑干然。又大同山，在县北百里。山雄峙千余丈，周四十里，上有瀑布，悬流数十仞，接浦城县界。

苍山，县西南七十里。亦曰苍峰山，绝壁摩空，一名龟岭。又洪山，在县东南五十余里，接瓯宁县界，东临溪有洪滩。二山皆高耸，与大同、白塔、庵山为县境五高山。〇玉田峰，在县西南七十里，尖如削玉，高出云表，一名美女山，又名草山岩，有三峰竞秀。又合掌峰，在县西南百里，跨邵武及顺昌二邑界。

锦溪，在县东，一名交溪。其源有二：一自崇安县之崇溪，合武夷水，流入境；一出县西毛虚漈山，交注于东山下，南流达于建溪县。出美锦，有小西川之名，故县治南有桥名濯锦，而溪亦称锦溪也。明初吴深攻建宁，陈友定将阮法柔屯锦江逼深陈，后深出战，为敌所获，即此。

考亭溪，县西南五十里。其上源有二：一曰麻沙溪，出县西七十里沙镇；一曰苦口溪，出县西南之苍山。流数里而合，经玉枕峰后，弯环五里，溪中沙汀涌现，如龙舌然，曰龙舌洲。朱子号为沧洲。溪之北有考亭书院。相传唐末侍御黄子棱构亭以望其父墓处，或曰陈逊所建也。本名望考亭，因为考亭里。朱子晚年居此，理宗朝，诏立书院，亲书扁额赐之。溪流经此，澄泓如镜，俗名书院潭，又东南流，会交溪而入于建溪。又双溪，在县南六十里，源出县西百里溪洞中，流合考亭溪，复分出为二支，会于交溪。永乐中，右支为洪水所堙。

玉溪，县东南六十里。源出庵山，一名将溪，流达洪滩而入于交溪。《志》云：县南六十里又有玉溪，流达县南二十里长湍铺。又南有南溪，亦流合焉，并注于交溪。又有长平溪，源出毛虚漈，又武溪亦出焉，合长平溪而东，亦注于交溪。○徐墩溪，在县南二十五里，源出顺昌县接界之五峰山，流至此，可通舟楫，亦流合交溪。《志》云：县境诸溪以数十计，皆自交溪而入建溪也。

漳滩，在县南三十里锦江之中。或曰即樟槎滩也。在莲台山下，危石森列，旧不通舟。元季凿之，舟行最险。《舆程记》：自崇安县舟行七十里而至兴田驿，又五十里经天滩、挂滩、走马滩及考亭溪，又五十里经漳滩，又九十里而至建宁府，《志》云，县南数里又有郑滩，县西二十余里有潮滩，亦名小涧滩，皆群滩中之有名者。

盖竹镇，县南二十五里。石晋开运元年，南唐将查文徽击建州，王延政自建阳进屯盖竹，即此。又麻沙镇，在县西七十里，宋建阳刘氏世居于此。理学功名，为世所宗。○沙砦，在县西五十里。《志》云：宋时，以县西北唐石上中下三里，地远民悍，置寨于木坪里，以控制之。宣和初，迁于此。元废。又后山河泊所，在县西十里，洪武十六年置，正统六年省。又有后山税课局，本宋大观三年置，曰税务。明洪武三年改为税课局。正统六年革,十三年复置。

建溪驿,在县南,水驿也。宋置,政和中,迁于县西,改为东阳驿。元因之。明洪武二年,复迁于此,改今名。建阳递运所亦置于此。又东峰马驿,在县西三十里。宋置于麻沙镇,为麻沙驿,元因之。明朝洪武二年移建于此,改今名。

东津浮桥。在城东景阳门外。永乐八年,因旧址重建,用舟三十,联维以铁索。成化以后,修废不一。又朝天桥,在城南门外,旧名濯锦南桥。宋绍兴中,亦因旧址建酾水十三道,叠石为址,高五丈,而梁其上,仍构屋七十三间覆之,横跨双溪上。明永乐以后,屡圮屡复。又拱辰桥,在城北驻节门外,旧名濯锦北桥。宋绍兴间,亦因旧址重建,凡十八间,上覆以屋凡八十七楹,一名童游桥。淳祐中重修,更名淳祐。明朝洪武九年更修,改今名。永乐三年以后,废兴不一。○云衢桥,在县西南三十里,其地所谓建阳书坊也。宋建,为商旅辐辏之所,俗名建阳大桥。

○崇安县,府西北二百四十里。东至浦城县百九十里,西北至江西永丰县百三十里,西至江西铅山县百三十里。唐为建阳县地,五代时王闽置温岭镇。南唐保大九年,改为崇安场。宋淳化五年,升为县。《城邑考》:县旧有土垣,明正德初,因旧址增修。隆庆初,始筑城,周五里有奇。编户八十七里。

武夷山,县南三十里。峰峦岩壑,秀拔奇伟,清溪九曲,流出其间。明项乔曰:武夷九曲,据地不过三十里,而奇胜殆难悉记,山川之间出者也。余详名山。

白石山,县北三十里。山皆叠石,状若楼台,巅有石室,又有三井。其南五里曰桧岩山,三峰森立,苍桧弥望。又济拔山,在县北五十里,有石坛飞瀑之胜,旁为龙湫,凡九穴,水清如鉴。县东北七十里又有石龙山,接浦城县界,亦名石龙冈。○屏山,在县东南五十里,三峰森立,中一峰独耸如屏。刘子翚世家于此，学者所称屏山先生也。又仙洲山，在县东六十里，山有两峰，一尖一方，中多奇胜。其支陇为起贤山，刘屏山、朱晦庵讲学于此。《志》云：县东北六十里有寨山，五季及宋皆尝凭险立寨于此，为戍守处。又百丈山，在县东七十里，岩壑幽胜，与浦城、建阳县接界处也。又有竹湖山，在县东南七十里，下有天湖，亦接建阳县。

三髻山，县西北九十里。三峰鼎峙，状如螺髻，北跨广信，西抵邵武，嵬然为万山之宗。又白塔山，在县西百里。《志》云：山高数千仞，云磴十八，折而上，旧名龙济山，后改今名。山之东麓，复有三峰秀耸，名笔架山。其南麓入建阳，西麓跨邵武，北麓接铅山。今详见上建阳县。○岑阳山，在县东北八十里，有岑阳关，接江西上饶县界。又铜钹山，在县东北九十里，最高耸，接浦城县界。

分水岭，县西北七十里，为入闽第一山。分水关在其上，有二水发源岭下，一入江西界，一入福建界，即崇溪上源也。○赤岭，在县南。石晋开运二年，南唐攻建州，自崇安进屯赤岭，王延政遣兵拒之，列栅水南，及战，为南唐所败。或曰今县南有赤石废驿，即其地矣。

蕉岭，县西北八十里，接上饶县界。旧建寨于此，今为蕉岭关。又梅岭，在县东北六十里，岭极高峻。或云汉元鼎中东越反，发兵入梅岭，杀汉校尉，即此岭云。又檀香岭，在县北五十里。《志》云：昔汀、邵寇乱，乡人立寨于岭上以御之。岭多檀木，因名。○温岭，在县治西，一名营岭，基延数里。五代时，立温岭镇，以此名。又黎岭，在县东七十里，高耸为邑之望，岭路旧为通衢，依山险扼，行者病之。元延祐五年，县尹夹谷山寿开凿，遂为坦途。又东半里许有斗米岭，亦通道所经，悬崖瞰水，久而崩圮。明朝正统五年，开凿修砌，人以为便。又五峰，在县东八十里，曰金鹅、曰莲花、曰清湖、曰石畬、曰石廪，皆争奇竞秀。

崇溪，在县治东南。有二源：一出县东北岑阳山，承诸山溪壑之水，西南流，绕城北一里，而为东溪；一出分水岭，东南流，汇诸溪之水，经县西北十里大富桥下，支分为陈湾陂，其正流亦至城北一里会于东溪，是为西溪。陈湾陂之水，则由治西贯于中城，达于南郊，委蛇十里，支分广溉，谓之清献渠，宋赵抃所凿以溉田者也。西溪会于东溪，绕县城东而南下，是为崇溪，俗名大溪。又南经赤石渡，又南纳武夷九曲诸水，经黄亭而南入建阳县界。《志》云：县南溪中有群滩错立，其得名者以十余计，而东南七十里之天滩、崖石尤为峻急。

双溪，县西北四十五里。源亦出分水岭，流经此达于西溪。又有玉冰溪，源出县东北四十里之瑞岩，下流入于东溪。又梅溪，源出县东七十里西坑岭，分为内外白水，西流复合，又西南合于大溪。○九曲溪，在县南三十里。出县西四十里三保山，东流经大源山，合诸溪水，历武夷群岫间，萦纡九曲，出石鼓渡，合于大溪。《志》云：县境诸溪以数十计，类以崇溪为壑也。

岑陂，县东南三十里。有四源：一曰籍溪，出县东黎岭；一曰潭溪，出县东六十余里之拱辰山；一曰瞿溪，出县东北之梅岭；一曰黄石溪，出县东南柳源村。会于岑陂，至黄亭而注于大溪。又县西南十余里有高苏陂，合群溪之水，而注大溪。又有下陂，合诸溪水，由黄亭西溪而入大溪。○压衙洲，在县治东南，东、西二溪合流经此，岐而为二，至洲尾复合一，绕县治而东出云。

分水关，县西北分水岭上，接江西铅山县界，为江、闽之襟要。五代至宋皆置寨于此。嘉定间，郡守史弥坚增修，后废。开庆元年修复，并置大安驿，元废。明洪武初，复置关，设巡司戍守，亦曰大关。旧《志》云：崇安有八关之阻。八关者，曰分水，曰温林，路出江西铅山及上饶县；曰岑阳，路出江西上饶及永丰县；曰桐木，曰焦岭，曰谷口，曰寮竹，曰观音，皆接铅山及上饶县界。大约岑阳最居县境之东北，陡入永丰县界，又东达浦城之二渡关，控临山溪，最为冲要。而桐木僻在县境之西百二十里，西北入铅山县界，高山壁立，称为险厄。自桐木而东北，为蕉岭关，山蹊窄狭，登陟甚艰。其界分水、岑阳之中者，曰寮竹关，路径宽平，往来差易。其观音、谷口二关，久经堵塞，故迹渐埋。大约分水、温林、岑阳三关，商旅出入，恒为孔道。桐木、蕉岭、谷口、寮竹、观音五关，虽接连江右，而羊肠鸟道，人迹罕至，惟桐木关尚通行旅。其附近有三港、江墩、诸村落，关口旧设关楼敌台，盖江、闽多故时防御处也。近《志》：县有温岭、观音诸寨，其水自县西北三十余里四渡口达于西溪，盖即温林、观音二关矣。丘云霄曰：分水关北瞰乌石，地狭人稀，左潜斜径，自白鹤、仙麓可绕关左而出也。大安、杨庄，皆可贮水草，便应援，昔人设兵营焉。其观音关左联分水，右达温林，远瞰倒钟岭，凡三十里为山前，地可屯众。由上路坂、黄柏坂，则西与分水路会。关以内由地源，三十里至赤水湖，由松岭后发龙坑蹊，出大壇，始与温林路会，地视诸关为独僻，在此守关口，扼间道矣。又温林关，与寮竹、观音向称三关，皆外控上饶，分道通关，喉束衢、信，旧设巡司，地旷民聚，坡岭易登。关以外约二舍为山前，左连上路坂而达分水，右通榆溪而至船坑，关以内约二舍至观音关。寮竹关在县北九十里，出关十五里为榆溪，上饶属地也。入关十五里为童家坑，自此而车盆坑，而毛连坑，而坑口、上乾原、下乾原，数村相望，可以应援。自坑口东逾茅岭，出周畲詹地西五里，为上长蜒，十里为下长蜒，皆可联络。蕉岭关则西寮竹，东岑阳。三关以北，统会于榆溪，而焦岭为险。关南五里西至水碓垅，由横径至后官坑，皆深林窄径，攀援而出，至吴家畲，始通寮竹；东二十里为水历上村、下村，又五里为大浑、小浑村，皆有民居。岑阳关则东接浦城，而铜钹山障之。稍北由牛尾兜出上饶县封禁山，广谷深林，常为盗薮。关外内皆险，林深径窄，若由榆溪南入，悬崖陡削，措足殊难。关北三十里有交州巡司，诸关总道也。其地名八方厂，越丘底，过茅店，由栈道而达岑阳。岑阳稍西，由汪墩后山、黄龙岩、九曲溪溯流而北, 亦通榆溪。此间道所当防也。而桐木关东通建阳县西嘉禾里, 西通铅山黄柏坂, 南通邵武光泽县北通县西北之周村里, 四达无险。其西自桐树原至三港, 可通大竹岚、小竹岚, 入县间道也。

双溪寨, 县西北四十五里, 即双溪水口也。其南十余里为四渡寨, 旧尝设兵戍守。又县境旧有翁坑、杨原、将军、点村、刘家、棠岭、檀香岭等七寨。《志》云: 分水岭有故闽王砦。又县东二十余里有闽王战场, 盖昔时习战处。〇黄亭巡司, 在县南三十里。又县东八十里有七市巡司, 东北六十里有墟头巡司。俱元至大四年置, 至正末废。又将村巡司, 在县西南三十里, 亦元至大四年置。洪武初, 改为星村巡司。十四年废。

长平驿, 在县治南, 水驿也。元置崇安驿, 明初改今名。崇安递运所亦置此。又大安驿, 在县西北三十里, 明初自分水关改置于此。又西北二十里即分水关, 又北二十里即铅山县之车盘驿也。洪武八年, 并设大安递运所于此。又兴田驿, 在县南七十里, 明初置, 南至建阳县七十里。〇赤石驿, 在县南五十里。又县治西有武夷驿, 又西北三十里有杨家驿, 分水岭上为分水驿。《志》云: 俱宋绍兴中置, 后改废。

继贤桥。在县城南。宋建, 跨崇溪上。本名昼锦桥, 又名忠精桥, 亦曰青云桥。后圮, 屡经改置。又广福桥, 在县北一里, 东、西二溪合流处也。宋端平中建, 初名德星桥, 后曰济川桥, 一曰慈济桥, 后屡圮屡复。又月溪桥, 在县东六十里, 路出浦城, 为往来径道。

〇浦城县, 府东北二百七十里。东南至浙江龙泉县百八十里, 北至浙江江山县二百三十里, 东北至浙江遂昌县二百四十里, 西北至江西永丰县百八十里。汉冶县地。建安中, 置汉兴县, 属会稽都尉。吴永安三年, 改为吴兴县, 属建安郡。晋以后因之。隋省入建安。唐武德四年, 复置, 改曰唐兴, 属建州, 寻废。载初元年, 复置。天授二年, 改曰武宁。神龙初,复曰唐兴。天宝初,改曰浦城县。宋因之。今编户百五十八里。

汉阳城,在县北。汉元封元年,兵入东越,故粤衍侯吴阳以其邑七百人反攻粤军于汉阳,即此城也。《志》云:今县城亦汉东越王余善创筑,后废。唐为浦城县,后唐应顺初,杨吴信州将蒋延徽攻闽,败闽兵于浦城,遂围建州,即此。元至正二十三年,因旧址修筑,周七里。二十六年,明师下闽,先克浦城,守将以城大难守,减东城之半而筑之,洪武二年城废。正统十四年,以处州矿贼犯境,复筑土城为保障。成化六年议改营石城。十年,城始就。有门五。城周十里有奇。

越王山,在县治东。城环其上,山势独高,傍瞰大溪,左接金鸡岭,相传汉时东越之堠台也。东隅有越王行宫,遗址尚存。《志》云:金鸡岭道通处州龙泉县。稍东北又有横山,峰峦横亘如屏,与越王山冈脉相接。又县治北有皇华山,以宋置皇华馆而名。○吴山,在县东五里,四面奇秀,为邑之望。山下多吴姓,汉伐东越,得吴氏六千户,别屯大泽,即此处也。上有岩洞,俗名燕巢岩,有石穴瀑布,亦名石窦山,下有吴家滩。又梦笔山,在县西五里,本名孤山。梁江淹为邑令,尝游此,因名。《志》云:县城西德星门外有西岩山,五代时,王闽将章子钧屯兵于此,以拒南唐,宋真文忠公筑西山精舍于此。

渔梁山,县北四十里。旧《志》:天下十大名山,渔梁其一也。其水南流为建溪,北流为信溪,里人多堰水养鱼,故名。地甚寒,谚云:无衣无裳,莫过渔梁。宋时置渔梁驿于此。建炎三年,韩世忠追讨苗、傅二贼,自衢、信进至渔梁驿,与贼遇,贼惊曰:此韩将军也。遂溃。今通衢所经。其相近有船山,山势高平如船,前有玉女峰。又百向山,在县西北六十里,俯临大溪,其势挺拔,四面皆见。○盖仙山,在县西北九十里,一名浮盖山。《志》云:山介衢、信、处三府之间,周围三百余里。又泉山在县东北六十里,一名泉峤,顶有泉二派,一入建州,一入处州。或曰《汉书》朱买臣言，东越王居保泉山，盖谓此山云。

铜钹山，县西北百里，高峻干云，北接江西上饶县之封禁山，南通崇安县之岑阳关。中有泉，林峦环接。多事时，易于藏聚。今亦见崇安县。又石龙山，在县西北七十五里，三峰鼎峙，中一峰曰鹅儿峰，旁有池，周数丈。又有鹅子、白花等岩，亦接崇安县界。〇百丈山，在县西南百余里，尖峰嵯峨，高耸千仞。中有九井，谓之龙湫，接崇安、建阳二县界。又大同山，亦在县西南百里，见上建阳县。

枫岭，县北七十五里。岭高险，林木青葱，蹊径逼仄，为浙、闽分界处。岭旁地高敞宽平，可为屯营，有戍兵驻守。岭之北麓，俗谓之大竿岭。又梨岭，在县北六十里，危峰仄洞，飞阁悬崖，至为峻阻，亦曰梨园岭，以其地宜梨也。俗谓之五显岭，以上有五显庙也。宋杨亿云天下之水皆东，梨岭之水独北，盖水从岭下而北汇。亿言非笃论矣。又有折桂岭，在梨岭北十里，一名桂枝岭，又名泗洲岭，俱当往来通道。详附见浙江重险仙霞关。

柘岭，县东北百二十里，接浙江丽水县界。高千余仞，绝顶周回百余步。旧《记》：柘岭峻绝，势彻苍穹，狭道陡绝，不通牛马。是也。有江邨溪出焉，亦谓之柘水。谢灵运云：柘水出柘岭，以地多柘树而名。下流合于大溪。又富岭，在县东三十里，路出龙泉。〇驻岭，在县西九十里。岭极高峻，路出崇安。又县西北百里有查源洞，查溪之源也。接崇安县界，石壁悬崖。宋绍兴初，奸民据险作乱，设临江、西安二寨以御之。绍熙初，寇张海作乱，民多避入。

南浦溪，在县城南，县以此名，即建江上流也。亦谓之大溪，源出渔梁山。又柘水自柘岭流合焉，县亦兼柘浦之名，自县北折而东南，复绕出县西，又折而东南流，纡回萦抱，县境诸溪之水悉流合焉。又南合崇、建二溪，为瓯宁县之西溪。《志》云：溪经县南五里为火烧滩，列石巉岏，溪流险狭。又南五里为将军滩，两山夹峙，溪经其中，水石凭陵，舟行震荡，舟入建江，二滩其发轫之始也。又南十五里为茅洲滩。又西南为丘源、塔岭诸滩，水石巉岏，节节艰阻。余详大川建江。

临江溪，县南三十五里。其上源为查溪，东南流，至临江镇入于大溪。《志》云：临江镇即俗所称观前也，为津梁之要会。又有新溪出县西南百丈山，石陂溪出县西南七十里大湖山，洪源溪出县西梦笔山，东源溪出县南三十五里西洋山，下流皆入于大溪。

二渡关，县西北百十里。西至岑阳关三十里，又西至江西永丰县五十里，为入闽之间道。其地山岭巉岏，溪流回绕，东西二面皆为桥以渡，因曰二渡关。又太平关，在县西八十里。又西有梅溪关，西北接永丰县界，自梅溪而西出梨口隘，则西达崇安之道也。○梨关，在县北梨岭上，旧尝置关，以控险阻。《志》云：县北三十里至仙阳街，宋初置迁阳镇，并设监官于此，绍兴初废，俗曰仙阳。北至梨关三十六里，又北至仙霞关七十里。

盆亭镇，县西北九十里。山溪险仄，蹊径四通。宋元丰三年，建盆亭砦，元因之。明朝洪武三年，改置巡司，亦曰盆亭关，西去二渡关二十里。《志》云：镇旧有盆亭驿，宋元时置，两山并耸，驿居其中。其地本名细泉村，乡人随泉势作曲堰数十处，其状如盆，因曰盆亭也。元末驿废。又盆亭相近有塘峰洞，向为啸聚渊薮。○溪源巡司，在县东北六十里。地连江、浙，寇盗出没。宣德八年，御史杨禧巡视银场，请置司于此。又高泉巡司，在县东七十里，洪武二年置。《南行记》：自县境而东南，历高泉、雁塘、苏岭、交阳、登岭诸关隘，与浙江龙泉县接壤。

保安寨，县西北四十余里船山上。宋置。又西安砦，在县西六十里；又县南四十里有临江砦，亦曰临江镇；宋绍兴中，置二寨以御查源洞寇，后废。又靖安砦，在县西南七十里，旧名里洋砦，宋乾道四年置，元废。○官田砦，在县北四十五里，宋庆元二年置；又载初寨，在县东北六十里。《志》云：宋绍兴五年，上湖詹村盗起，立寨御之；俱元废。又县西南九十里有大湖废驿，渔梁山侧有渔梁驿，临江砦有临江驿，俱宋置。今改为大湖等铺。

南浦桥。 在县城南。旧名县南桥，宋隆兴初建。一名上官桥，盖是时权县事者为上官端仪也。后废置不一。明洪武九年，叠石为址，架木为梁，上覆以亭二十三间。成化以后，皆因故址修治。又万安桥，在县城东，亦跨南浦溪，初名青游桥。洪武初，建于县东北数里。成化中，始移治置金凤门外，亦垒石为址，而梁其上。后皆因旧址修葺。又三里桥，在县城北。洪武十五年建。景泰以后，因故址增修。○古湫桥，在县西南五里。元大德间建。洪武十七年以后，屡经修葺，垒石架梁，凡数十丈，跨大溪之上，有潭甚深，所谓古湫潭也。

○**松溪县**，府东百六十里。西北至浦城县百四十里，东南至政和县八十五里，东北至浙江庆元县八十里，北至浙江龙泉县百六十里。本建安县地。五代初属吴越，为处州东乡地。寻属闽，立松源镇。周广顺元年，南唐升为松源县。宋开宝末，改曰松溪县，仍属建州。明朝弘治中始营城址。嘉靖五年以坑寇猖獗，因筑砖城，周五里有奇。编户六十八里。

松源城，在县东二十五里。王闽置镇于此。南唐升为县。宋迁今治。

蹲狮山，在县治北。盘回起伏，屹立县后，为县之主山。或曰蹲师山尝有道者修真于此。又西北曰万山，即蹲狮山来脉也。山周五十余里，或曰以所产万种而名。○石壁山，在县治南。削立如壁，高数十丈，下有龙潭。

湛卢山，县南二十里。山形峭拔，常有云雾凝其上，相传越王命欧冶子铸湛卢之剑于此下，有石井，亦名剑池。东接政和县界。又七峰山，在县东南二十里。有七峰连亘，回峦叠巘，上摩青苍。相接者曰妙峰山，高挹霄汉，冠出群山。又王认山，在县东二十里，秀拔出诸山之上。宋末益王昺由浙入闽，尝过此，赏其奇胜，因名。○东山，在县东南五十里，一名吴家山。自趾至顶皆石，少树木。旧产银矿，有穿穴十余，深邃盘曲，莫究深浅，取矿者必举火以入。宋隆兴间，尝立瑞应场，设官采银，后废。其南相近有南屏山，峰峦横亘，乔木蓊郁，俨如屏障，上多奇石，一名石林山。

鸾峰山，县东北六十里。山势峻拔，衷二百余里，接龙泉、浦城二县界。上有龙井。又皆望山，在县西二十里，高出云表，登之，则环邑诸山皆在望中。又西南有南峰山，亦高秀。

松溪，在县南。亦曰松源溪，一名大溪。源出浙江庆元县松源乡，经梓亭寨迤逦而下，经城东，出关口渡。有平乐溪出县之东山，西北流三十里合松峡溪，又并流三十里至此入大溪。合流而南，抵政和县西境，接七星溪，下流至建安县，为东溪。

清泉溪，出县西北五十里筋竹山，东北流，经县北，下流合于松溪。又白石溪，源出皆望山。直源溪源出县北之花岩。渡头溪亦出筋竹山，下流皆入松溪。《志》云：县西北有新坑溪，源出庆元梓亭岩，亦流入松溪。又有云溪，源出县西狮子岩，南流六十里至政和县，入于大溪。

东关镇，县南四十五里。元设于瑞应场，名东关寨。明洪武二年改巡司。永乐中，迁于马鞍岭。嘉靖八年，迁于县东南铁岭铺。万历中，又迁于峡桥，一名乘驷桥，即今所。又县北八十里有二十四都巡司，亦元旧寨也，洪武三年改巡司。

新窑隘，县北四十里。《闻见录》：由县而北，至岩下村，又三里有小关，离关二里即新窑，入浙江庆元县界，前往庆元四十里。由新窑而西北十里为竹口关，又十里为石门隘，直通浙江龙泉县。自新窑至龙泉，计程百二十里，为从来自浙入闽之间道。竹口关而外，又有仙庄溪、源上凹等隘，皆有径达龙泉，而新窑、竹口为控御之要地。○梓亭砦，在县北七十里，界庆元、龙泉、政和、松溪四县之交。宋置寨，元改隶龙泉县，后废。

惠政桥。在县城东。宋绍兴五年建，本名平政，后屡圮屡复。淳熙十三年，复叠石为六址而梁其上，覆以亭三十二间。淳祐中，增修改今名，后复圮。明朝永乐七年以后，屡经修建。又东为永泰桥，即关口渡也，宋嘉定中创建，后圮。明朝永乐十三年以后，屡经修建。又通济桥，在县东二十五里。本名故县桥，古县渡也。宋庆元二年建，后圮。明洪武十八年，重建。永乐五年毁。正统九年，重建，长五十六丈，上覆以屋，改名通济桥。已上三桥俱跨松溪上。

○**政和县**，府东二百四十里。东南至福州府古田县三百二十里，北至浙江庆元县百五十里，东北至浙江青田县二百三十里。本福州宁德县地。五代时，王氏立关隶镇。宋咸平三年，升关隶镇为县，属建州。政和五年，改曰政和县。明朝弘治中，矿贼作乱，始筑城。嘉靖间，毁于倭。万历初，改筑今城，周二里有奇。编户五十九里。

关隶旧县，在县南。即王闽所置关隶镇。朱氏松曰：《周礼》秋官司寇有司隶，掌帅四翟之隶，闽隶与焉。宜此里之人周时尝为闽隶，犹古缙云氏今以名处州属县也。王潮不知书讹闽为关。土人又以镇在州东，私号曰东和。宋延平置县，徙东岸口，即今治也。

黄熊山，在县治北，县主山也。形如展旗，亦曰文旆山。城南又有文笔山，峰峦峭拔，与此相望。又有莲花峰，在县东，峰峦高峻，紫翠重叠，为县之胜。○洞宫山，在县东南，重叠九峰，状如莲花瓣，名九莲峰。《道书》谓为第三十七福地。中有谷洋，地平衍，产银砂，广四五里，旁有夹岫如壁。宋坑冶司旧址犹存。又西为西门岭，岭右皆奇峰石壁，曲涧长松；为翠屏峰。益折而南，曰东西二宝台峰，峰之西，山势开豁，有平田数顷。又南复有仙人坛、香山峰诸胜。又大风山，在县东南十五里，峰峦秀拔，类庐山五老峰。

筹坑山，县东北二十里。山高广，峰岩泉石，种种奇胜。其最高者曰天柱峰。又东北为池栋山，岩壁峭拔，横截溪流，形如屋栋，下有两穴，以泄东池之水。又铜盘山，在县东三十里，高数千仞，为邑境之望。〇望浙山，在县西三十里，一名浙山。拔地摩天，常有云气蒙其上。宋绍兴初，范汝为作乱，居民多避其上。元季红巾为患，避此全活者甚众。又奖山，在县西北五十里，峭拔入云。山顶凹处有田百余亩，中有岩洞之胜。又飞凤山，在县北，一名正拜山，又名黄华山。《通志》云：元至元间，建宁路管军总管黄华版，号头陀军，尝立营于山上。一云，黄华，宋时建宁左翼千夫长，啸聚于此，山因以名。又蚰坑洞，在县西三十余里，据悬崖石壁间，中宽广容百余人，邑民常避寇于此。又县东北有紫云岩，《志》云：岩介闽、浙间，高插云表，右有龙湫。相近者又有白云岩，山势如屏，绝顶平衍。正统中，矿贼作乱，居人多避寇于此。

七星溪，在县治南。源出县东铜盘山下，迤逦西流，合众溪之水，西南接松溪县界，合松溪而为建安县之东溪。〇浴龙溪，出县南三十余里之九蓬山，西北流入七星溪。又东平溪，出县西北奖山，南流出常口，受松溪水，又导流至西津会七星溪。又有胡屯溪，出县东黄岭，经池栋山下，亦会于七星溪。

苦竹溪，源出县北苦竹岭，南流为十里滩，又东入福宁州宁德县界。又双涧溪，源出县东南西门岭，曲折而东流。有下园溪，出筹坑山之筹岭，亦东流合焉，又东会诸溪入宁德县界，即外渺溪之上源也。

赤岩镇，县东南百二十里。自镇而东，至福宁州福安县二百四十里。宋置赤岩寨，在县东百里。明朝洪武二年，改置巡司，移于今所。《志》云，司地属寿宁，官属政和。又县西北有苦竹寨，宋置，介政和、松溪二县间。元废。又有东潦营，在县西南三十里，相传唐御史中丞李彦坚屯军之所。又有铁山营，在县东北六十里，唐招讨使张谨讨黄巢时尝屯军处也。

双溪馆。县南八十里双溪上。《闻见录》：由双溪馆七十里之潦洋，即古田县界。又六十里，地名古楼。又三十里，曰官洲。又三十里，即古田东门矣。由双溪馆而东南，达宁德县。由双溪馆而西，则达于府城，皆径道也。又筼竹坑，亦在县南。《闻见录》：政和在万山之中，有杨源、筼竹坑、西里、岭头诸处，皆近古田境，往往为啸聚者窃掠之处。〇新坑口，在县东八十里，路通寿宁县。《闻见录》：县东北四十里有岭腰隘，由隘而东北二十五里，曰大林原。正北二十五里，曰高林，俱达浙江庆元县之道。又县东南七十里曰杨梅巷，为达福安、宁德之道。

〇寿宁县，府东北三百五十里。东南至福宁州福安县二百里，西北至政和县百七十里，北至浙江景宁县百二十里，东至浙江泰顺县百四十里。本政和、福安二县地。明景泰六年，析置今县，治杨梅村。县无城，编户二十五里。

镇武山，在县治北，县主山也。耸秀甲于境内。《志》云：县治南有翠屏山，东有丛珠山，西有天马山。崇峰四围，俨若城郭。〇官台山，在县东。景泰初，矿贼啸聚于此，官军从间道深入，悉歼之，因置今县。

杨梅岭，在县南。岭高峻。又南有青竹岭，道出宁德县，行旅经此，登陟甚艰。

蟾溪，在县治南。出县西北大蜀山下，经县东南流，入福安县界，即长溪之别源也。〇禾溪，在县西，源出县西北牧童山下，东流会于蟾溪。

又有西溪出县西佛漈山，渔溪出县西北立茂山。又有茗溪出县南高山，源底溪出青竹岭。下流俱会于蟾溪。

南溪，在县东南。出紫翠岩，与境内之平溪、尤溪、丹溪、九岭溪合，亦入福安县界；又有铁梗溪，在县东，源出县西北东山，下会杨梅洲溪，经东溪头双港，亦入福安县界；又有上地溪，出县北百里林山下，流入杨梅洲溪；皆长溪之上源也。○纯池，在县东，有纯池隘。《闻见录》：由纯池、南溪、木洋至福安，往来通道也。

渔溪镇，在县东官台山。有巡司，《志》云，旧置于渔溪之斜滩，属福安县。景泰四年，迁置于此，仍旧名。又青草隘，在县北，与景宁县接界。

大宝坑。在县南，亦曰宝峰场。又有少阳坑、云山坑，与政和县界之少亭坑，俱产银矿处。流民从而盗采，驯至啸聚剽掠闽、浙之间。景泰初，歼其渠魁，严为之禁，然觊觎卒未能绝。

附见

福建行都司，在府城内，即元建宁路总管府故址。明洪武元年，改建为建宁卫八年改为行都指挥使分司，领卫所。

建宁左卫。亦在府城内都司东。又建宁右卫，在府城内都司西。俱洪武八年建。《志》云，旧有建阳卫，后革。○浦城守御千户所，在县治西。成化十年增置，隶建宁右卫。

○**延平府**，东至福州府四百五里，东南至泉州府五百五十里，西南至漳州府五百十里，西至汀州府五百二十里，西北至邵武府二百五十里，北至建宁府一百二十里。自府治至布政司见上，至京师五千二百九十三里。

《禹贡》扬州地，周闽粤地。秦属闽中郡。汉属会稽郡。三国吴属建安郡，晋以后。隋为泉州地。大业中，属建安郡。唐为福、

建、汀三州地。五代晋天福八年，闽王延政始置镡州。时延政自立
于建州，国号殷。开运二年，南唐得其地，以为制置镇。明年，改剑
州。宋太平兴国四年，改曰南剑。以利州路有剑州也，亦曰剑浦郡。
元曰南剑路。大德六年，改延平路，至正末为陈友定所据守。明初曰
延平府，领县七。

府带两溪之秀，两溪，建溪、樵川也。控群山之雄，噤喉水陆，
为七闽要会。杨氏时曰：崇山峻岭，为其郛郭。惊湍急流，为其沟
池。清明伟丽，为东南最。盖郡治山椒，屹然险固，而沿江东下，
实为会城上游。元末，陈友定保据于此。岂非以地当全闽之中，不
特可以自固，而纵横应援，犹有可图之会哉？谚曰：铜延平，铁邵武，
言其险要可守也。

〇南平县，附郭。汉冶县地，后汉建安初，始置南平县，属会稽南
部都尉。孙权初立，南平民乱，讨平之，即此。吴永安三年，属建安郡。晋
太康初，改为延平县。刘宋时县废。五代时，王审知置延平镇，王延翰改
为永平镇，既而王延政僭号，升镇为龙津县，兼置镡州。南唐因之，寻为
剑州治，保大六年，又改龙津县曰剑浦。宋因之，仍为南剑州治。元大德
中，复改曰南平，明朝因之。今编户九十七里。

延平城，即今郡治。后汉末，置南平县。晋改延平，后废。五代
时，王延政置龙津县，为镡州治，寻又析置延平县。南唐取镡州，改州治
延平，寻还治剑浦，而以延平县省入。《城邑考》：郡城，宋时筑，有门
十一。明朝因旧址增修，改门九。自城东建宁门至城南福州门，皆临建
溪。自福州门至城西西水门，皆临樵川。自西水门至大北门，临山涧。自
大北门至建宁门，城壁延袤，环高冈之巅，至为险峭。城周七里有奇。

龙山，府治北。城壁环其巅，一名龙骑山。又九峰山，在城南，峰

峦九叠,环绕萦回,为郡境诸山冠。真西山曰:城后枕崇阜,前挹大溪。溪南九峰森罗,雄峙天表。是也。又有虎头山,在县治西,形如虎踞。○衍仙山,在府东北十里,旧名含源山,其支峰曰石佛山。王象之云:此山神刑天划,东南略通人迹,衍仙水出焉。当城北为大河,下穿暗窦入城,流入剑潭。

天柱山,府西南五十里。屹石凌空,其形如柱。又西南为天马山,山势腾骧,形若天马。《南行记》曰:自郡而南,间道入尤溪、沙县之境,层山叠岭,参错前后,大约在山峡中行,其得名之山,难以数计也。○九龙山,在府东南百二十里,九峰蜿蜒如龙,中有狮子岩,石壁耸峭。

湖头岭,府东十里。面溪背山,前有浮梁。宋建炎中,郡守张巀设伏破贼张澈于此,今浮梁久废。又卤水岭,在府西三十里,背山枕溪,壁立万仞,路仅通步,险巇数折,宋尝置寨于此。又西四十里有梧桐岭,山多梧桐。宋嘉定七年置寨处。○考窠岭,在府北,上有十二峰,平地耸起,高十余丈,中有捷路,直走郡城。旧置寨于此,曰鹅鼻头尖砦,为屯兵候望处。

文笔峰,府南六里。高出群山,摩切霄汉。又小鹫峰,在府东八里,岪崟奇秀,状如鹫鸟。相近又有莲花峰,层峦叠嶂,簇若莲花。《志》云:府东北五里有中岩,高出众山,瀑布自岩中飞下,为近郊之胜。○苍峡,在府南百二十里。两岸青山回合,建溪经其间,转折而东南出。宋元丰三年,置寨于此。

剑溪,在城东南,即建江也。自建宁府南流至此,亦曰剑津,亦曰剑潭。相传晋雷焕之子佩剑渡延平津,剑忽跃入水,化为龙而名,亦曰龙津。又为东溪。《志》云,水自建宁来者,谓之东溪。又有西溪,源出汀州府境,经将乐、顺昌二县,与邵武溪合,东流经王台驿前,至砂溪口,与沙县溪合。又东四十里而至剑潭,东、西二溪合流,俗呼丁字水。又南而为南溪，郡人谓之三溪，以东、西、南三溪名也。又南行九十里，与尤溪水合，抵福州府，入于海。又县西有双溪口，正统中，官军自延平剿沙县贼，行二十里至双溪口，道隘贼伏发，官军皆溃，贼遂犯延平。

吉溪，府东南四十里。源出建宁府建安县界之蓼溪，南流入境入剑溪，曰吉溪口。道通古田县，为津要处。○泰平里溪，在府南七十里，源出沙县界黄泥坑，流三十余里，经府西南七十里之箕笤山下，又东北流，入于西溪。又云盖里溪，在府西南四十里，源出尤溪县临平屿，流入境；又有太平、大芹、石桥溪，在府西南三十里，源出尤溪县之丹岭；下流俱会众溪入于西溪。

黯淡滩，在府北五里东溪中。《志》云：东溪诸滩，曰汾滩，曰竹林后滩，曰高桐滩，曰凿滩，曰黯淡滩，此下直至剑津以接西溪，其中黯淡最险，舟过多覆溺。唐大顺二年，僧无示者结庵于此，募工疏凿，滩势稍平，后名庵为黯淡院。宋天圣中，郡守刘滋复开港道。元丰中，朝命黯淡院岁度僧一人，以导湮塞。又西溪诸滩，曰石柱，曰三门，曰小黄口，曰大黄口，曰张岩，曰虎口，曰樟槎口，曰苏坑口，曰星窟，曰大湍，曰小湍，曰城门，曰将军，曰黄墩头，曰慈油，此下直至剑津，接东溪、南溪之滩，则曰剑鞘，曰嵩口，曰大伤，曰小伤，曰五港，曰天柱，曰鸠道，曰同场，曰龙窟。其中大伤、天柱、龙窟，古称最险，谚云：大水大伤，小水遭殃，舟行恶之。宋绍兴间，郡守上官愔等开诸滩，命僧祖日董其役，漕司助钱百万。愔复请于朝，益以百五十万，而东溪、南溪之险稍平。《一统志》：东溪之滩五，西溪之滩十，南溪之滩七，凡二十有二，其水湍急，其石廉利，舟上下失势，辄至破溺，总名为港滩。

槃涧泉，在府治南。源出山巅，萦回石涧，泓深清洁。《郡志》云：郡居山椒，清泉自石崖奔迸而下，用巨竹引之，绵亘数里，遍及郡城。○仙洲，在城东。有山介于二水之间，俗呼仙洲。又有黄龙洲，亦在城东。

苍峡镇，在府南苍峡口。五代时，为静江军，宋置苍峡寨。明初改为巡司，并置苍峡递运所于此。又大历巡司，在府西北百里，宋淳祐中置，元因之，明初仍置。○西津镇，在府西四十里，沙县、顺昌二水合流处也。五代时，置镇于此。又城东凿滩口有东津镇，府西南十五里有罗源镇。今府西门对岸有罗源镇口。皆五代时王闽置。

黄墩关隘，府西二十五里。又府北五十里有麻州头关隘，俱宋置。又阳门寨，在府南，宋元丰三年置。府境又有卤水岭、鹅鼻头尖、湖头、桐岭诸寨，俱见上，今废。○弓兵营，在府城西西水门外，宋嘉定五年置。又有中军帐，在府城西北田坑村，为凭高望远之处。宋绍兴初，群贼叶文等从间道入寇，郡守张嚞建此为斥堠，其南有广节、威果诸营，皆宋置，元废。

房村口，府北五十里，与建宁府接界。自建宁而下者，至此为水陆会集之道。傍山临溪，据险而守，足为府境之保障。由此而南，则支径旁通，难于控御矣。口盖府北之锁钥也。今亦见建宁府黄孙寨。○南雅口，在府北六十五里，地势高耸，下临溪流，有闽越王庙。

剑浦驿。在城东，有剑浦递运所，俱洪武初置。又茶洋驿，在府东南六十里，宋淳祐中置。名金沙驿，元至正间改剑浦，明朝因之。又王台驿，在府西六十里。宋淳祐中，置王台站，以越王台名也。元因之，明初改为驿。正统中，毁于寇。景泰中复置，成化十九年重修，亦曰王台馆。正德中，群贼邓茂七等据王台馆，遂陷沙县，即此。又有西芹税课局，洪武四年置于府西南二十里之西芹铺，正统十三年毁于寇，成化三年移于王台馆。又大横驿，在府北四十里，明初置，正统间为寇所毁，景泰中修。又北四十里，为建安县之太平水驿也。○清风铺，在府东南九十里，又十里为武步铺。正统末，官军追败邓茂七余党于武步及清风铺，复截其舟二百于水口驿，通福州道，是也。《志》云：府城东有明翠浮桥，旧曰明秀，用铁絙维舟三十有八，架木其上。又城南、城西有东西两浮桥。

〇将乐县，府西二百二十里。东至顺昌县百里，西北至邵武府泰宁县百二十里。汉建安县地。三国吴永安三年，析置将乐县，属建安郡。晋、宋以后因之，隋省。唐武德五年，析邵武县置将乐县，属抚州。七年省。垂拱四年，复置属建州。元和三年省，五年又置。五代晋天福八年，王延政升为镛州。开运三年，南唐复为将乐县，仍属建州。宋太平兴国四年，改属南剑州。元属延平路，至正四年以漳寇犯境，始筑土城。十二年复因寇扰，围以木栅，既而陈友定更加修筑，东南临溪，西北据山。明朝洪武初，为汀寇所毁，旋复修筑，甃以砖石。今城周三里有奇。

五马山，县治西南。五峰森立，如马驰骤，城环其第五峰之巅。又西台山，在县治西，县之主山也。巍然高峙，其上平坦如台，亦名钟楼山，以形若巨钟也。五代置镛州，盖以山名。又县治后有钟翠山，其相连者曰含云山，即宋杨龟山读书处。〇封山，在县北五里，其山高大，群峰环拱，为邑之镇。其支陇曰龟山，状如伏龟，蜿蜒于城左，即杨龟山先生归休处也。《志》云：龟山在城北三里。

天阶山，县南十五里。石磴崔岏，高若升天。上有圣泉岩，山下有玉华、宝华、南华三洞，其中泉石罗列，奇诡万端，县称三华。而玉华之名尤著，旁又有小玉华、灵源诸洞。〇翠帘山，在县南五里，苍翠高耸，如垂帘状。其巅亦曰天湖，三面峰环，中夷而旷，有龙窟潴水，故名。稍东曰虎头岩，有石门自山下通山巅，明爽可居。县南四十里又有雪里山，接沙县界，由山麓辟径，盘折二十余里。

九仙山，县东二十余里。崇冈叠嶂，如龙翔凤翥，又如狮伏牛斗，为一邑最高处，夏无暑气，冬月常雪。旧传有九异人炼丹于此。又孔子山，在县东南二十五里。层峦矗起，屹立溪滨。〇百丈山，在府西北百八十里，一名羊角晶，又名钩刀山。其山三面，南将乐，北邵武，西泰宁，皆悬崖绝壁，古木苍藤，郁然干云，有越王较猎台榭遗址。《通志》：山接江西南丰县界。

藤岭，县西二里。岭高峻，起伏萦回，旁多藤蔓，故名。又湛岭，在县西十八里。下有蛟湖，亦名蛟湖岭。岭道仅里许，极险峻，俯临大溪。又三崎岭，在县南二十里，陡峻三崎，顶有泉一泓。又亭岭，在县南三里，其顶崔嵬，难于行路，岭半旧有亭，为行人憩息之所。〇五岐岭，在县东十五里。峻绝难跻，分为五岐。又铁场岭，在县南四十里，道险峻，凡五六里。《志》云，县北七十里有张源岭，岭路盘曲，凡十余里。又县东北百里有太灵峰，峰峦峭拔，树木阴翳，人迹罕到。又有凌霄峰，在县西南六十里，登峰顶可望建宁、归化、顺昌、泰宁四邑。

大溪，县城南。其正源自汀州府清流县流入境，别源自邵武府建宁、泰宁二县界入县境，至县城西南金溪潭合流，萦纡回绕，经县前折而东，至顺昌县会邵武溪，又东入南平县界，所谓西溪也。

龙池溪，在县北。源出泰宁县，流经张源岭，下流合诸溪涧水入大溪。又安福口溪，亦出泰宁及邵武县界，至县境合流，又南入于大溪。《志》云：县南又有竹洲溪、莫溪，俱自泰宁县界流入境；又有长溪，自汀州府宁化县来；下流俱入大溪。〇池湖溪，在县南，源出汀州府归化县界，经铁岭下，汇诸溪涧水入大溪。

将溪，县西南五十里。其地有石牌场，溪源出焉，东北流有滩曰将溪滩，有洲曰桥洲，桥洲之西，又有鳌洲，东北流，入于大溪。其相近者曰望江溪，亦出石牌场，流入大溪。又水口溪，在县南三十里，源出沙县之黄源岭，流入境，与诸溪合；又有汉村溪，出沙县及顺昌县界，至县南，合流为曹溪；又有小莫溪，亦出沙县界；俱北流入大溪。〇桃源溪，在县南十里，亦曰桃源小溪，源出桃源潊。自潊而下，汇而为潭，亦曰西湖，一名野水，引流为溪，入于大溪。又濑口溪，在县东南三十五里，源出顺昌县界，有濑口滩；又黄坑口溪，亦自顺昌县界流入境；下流俱入于大溪。

万安砦，县北六十里。宋元丰元年置寨，并置营于此。元因之，明朝洪武二十三年，改为巡司。又有万安税课局，洪武六年置。○黄土寨，在县南，宋庆元二年，以其地接清流县界，民顽俗悍，特置寨备之。元废。洪武元年复置。十三年，以与清流明溪寨密迩，遂省。《志》云：县东四十余里有濑口关，宋绍定三年，汀寇丘文直等尝据此以拒王师，招捕使陈韡夺其关，贼遂降。关旋废。今为高滩隘。又东三十里曰交溪，又四十里而达于顺昌县。

高平苑，县南六十里。《寰宇记》：县西乡有乐野宫，东越王时宫也。高平苑，亦东越王校猎之所。大夫将军校猎，谓之大校。军士校猎，谓之子校。故将乐有大校、子校二村。后汉时，此邑为建安县之校乡，则其义也。相传越王乘象辂曲盖，大夫将军自执平盖，今有平盖村。载鸟以鸣钲铙，故有鸣铙山。自乐野至于游台之上，相去九十余里，风俗至今好尚游猎，职此故矣。

三华驿。在县西。元置三华站，明初改为驿。又白莲马驿，在县西南六十里。宋为将安馆，元至治初，改为站，明初改为驿。《舆程记》：自驿陆行二十里，而达汀州府归化县界之铁岭隘。水行六十五里，至归化县之明溪驿。

○沙县，府西南百二十里。东北至顺昌县百六十里，南至漳州府龙岩县三百五里，西至永安县百六十里。晋延平县地。太元四年，置戍于此，谓之沙戍。义熙中，升为沙村县，属建安郡，宋、齐因之。隋废。唐武德四年，复置沙县，隶建州，寻省入建安。永徽六年，复置。大历十二年，改属汀州。南唐改属剑州。宋属南剑州，元属延平路。今编户百十四里。

沙县故城，县东十里。对古铜场即沙源地，唐初置县治此。中和四年，以旧地褊窄，徙凤林冈，即今治也。光启初，群盗王潮自南安引兵北还，至沙县，泉州人张延鲁等以其刺史贪暴，请潮留为州将，潮因引兵围泉州，寻陷之。县旧无城，弘治四年，始筑砖城，北倚山，南临溪，周十里有奇。

凤冈山，县治北，县镇山也。县治西南又有凤凰山，山形如凤，多梧桐。其侧有虎丘山，形如虎踞。又越王山，在县东南十里，相传越王尝屯兵于此。山侧有寨，俗呼越王寨。山之下有漈峡。其南曰武仙山，山高峻，顶夷旷，可容千人。山拱揖县治，俗呼报衙山，一名天马山。○淘金山，在县西六里。上多奇石，顶平旷，可容千人相传邑未城时，尝屯军于此，故又名屯军山。居民尝避寇于山上。下有泉，自山巅飞流，清澈如鉴。上有洞天岩，石壁峭绝，倚险架阁，其旁泉石殊胜。山之东曰獬豸山。

七朵山，在县城东南，太史溪滨。石壁峭立，竹木森耸，如屏障然。宋李忠定名其峰曰朝阳、妙高、真隐、桂花、凝翠东峰、凝翠西峰。其最西一峰曰碧云峰，俗亦谓之七峰山。○岩山，在县东十里。顶有寨，昔人避兵处。其右稍平，曰平山。又东曰聚峰山，群峰环绕，奇秀可爱。上有二平石，平广容数百人。又横山，在县东南四十里。山势横截，接尤溪县界。又县东四十里有金凤山，磅礴，入南平县界。又有天台山，在县东北四十里，又东北接顺昌、南平之界。

陈山，县西南二十里。山本尖耸，正统中草寇邓茂七等啸聚于此，屡犯建宁、延平。官军进击之，分兵伏后坪、后洋及沙湾之南，贼来战，败死。其党复推邓伯孙聚后洋，官军进讨，平之。《志》云：邓茂七寨于此，名陈山营，贼平，官兵夷平山。后洋，在漳州府宁洋县界。又西南数里有吕峰山，盘踞数十里，高出云汉，山顶旧有泉七泓，俗呼吕七塘潭。

相近者曰虎头山，高入云际，势如展旗，下视沙城，如在履舄。又有铁壁山，苍黑如铁，奇峭如壁。《志》云：县西南六十里有龙会山，与莘口漈相对，众山环抱，如龙盘然，因名。又西南数里为莲峰顶山，卓起一峰，中分九派，溪流分注，绝顶有石，最平旷。又西有庄山，亦高峻，顶平衍为村落，旁有真人峰。

将军山，县北五十里。山势高峻。宋绍定三年，山寇啸聚其中，招捕使陈韡讨破之，因名。〇幼山，在县西北百二十里。《寰宇记》：山有孤峰，上耸约三十里，盘亘约三百里，岩洞泉石，种种奇胜。山之脊曰黄竹崎，山下有龙峡，其旁峙者曰龙山。又有马笠山，如人骑而笠，亦高出群山之上。《志》云：县北六十里有鸡㩡山，俗呼马圽头，险绝可守，通将乐之隘也。

桐冈岭，在县东南十五里。上多梧桐，蜿蜒起伏，长数十里，一名黄泥，亦曰倒油，亦曰章坑岭。又筼筜岭，在县东北四十里。上有羊角崎，二峰玉立云表，俯视环邑诸山，如翠涛白浪。又三溪岭，在县北六十里。岭峻而远，路通将乐，下有潭，最深。〇龙泉峰，在县东南十七里。脉自尤溪县界，分三陇蜿蜒而来，至此崛起三峰。又莲花三峰，在县东北二十余里，三峰叠耸，如莲花之峙。

豪峰岩，县西五十里。岩石峭拔，其上平广，可容千余人。又罗岩，在县东三十余里。岩石陡绝，有罗岭通尤溪县界。又蕉皮岩，在县东南四十里。下有蕉皮洞，深广可一里，清泉怪石，树木荫翳，四时如春。〇雨林洞，在县西南三十里，一名金盒洞，深广容千人。又七仙洞，在县东数里，洞有三，皆宽广，其一尤深，杳不可测。

太史溪，在县治南，七峰山之北，旧名大溪，亦谓之沙溪。宋李忠定以太史谪官居此，因名。《志》云：溪源出汀州府宁化县，历新岭入县界，回旋合溪傍小水，流七十里，抵大洲汇茂溪，衍迤澄旷，平流十里，所谓太史溪也。自茂溪宛折而南、而东，八十里出沙溪口合西溪。又东四十里而至建宁府城，为往来通道。《图经》：太史溪中有洲，当县治南，一名大洲，亦曰长洲，一名蚪洲，以形若潜蚪出水也，旧长数百丈，溪水至此中分，有居民千余家，后洲渐落，犹长二三十丈，今不过崔苇之场耳。土人亦谓之金沙墩。溪之上流，险巇如龙门，至大洲稍平缓。《通志》：大溪发源汀之宁化、连城及漳之龙岩县界，至县境会为吉溪，引而东，亦谓之东溪，有梅溪及阳乡等十溪，皆流合焉。经县治东朝阳峰下，会北乡溪为一，绕而南，有洛溪及箕笃等十溪，俱流合焉。北乡溪盖即茂溪矣。

茂溪，在县城东。出将乐县界，绕北乡寨，亦谓之北乡溪，又南流至此，入于太史溪，一名半溪，一名东溪。水盛时，可行小舟。《志》云：将乐县界又有涌溪，顺昌县界又有庇口溪、黄沙溪，又南为赤溪，又西北幼山下有幼溪，又北为杰溪，皆流合茂溪而入大溪。又有黄沙溪，在县西南，源出汀州府归化县，流入吉溪。○洛溪，在县东南，源出尤溪县。又有洛阳溪，亦出焉。西北流，合诸小溪水，流入大溪。县东北又有渔溪及箕笃溪，俱出南平县界，下流入于大溪。

百丈漈，县东北三十里。悬流百丈，有玉溪水，出漈北玉山下，流经此，南入大溪。相近又有梅花漈，瀑流飞注岩石间，高数十丈，激沫如梅花。县西七十里又有莘口银河漈，亦飞流百丈，如银河下注，下有石桥，跨两山间。《志》云：县境以漈名者十余计，下流皆入大溪。○蕉峡滩，在县西南三十八里大溪中，最险，暴雨流浊，舟不可行。又黄石滩，在县西三十余里，一名黄龙滩。水底隐一巨石，横亘中流，轰涛掣浪，舟行者恒有覆溺之患。又大矶滩，在县东八里，又东为小矶滩，一名大姨、小姨滩。夹石激流，舟行艰险。县东十六里为雷霆雳滩，水流冲激，澎湃如雷。又有雷溅滩，在县东三十五里，俗呼螺纹滩，滩港纡回，若螺旋然。中流复有巨石横亘，舟行难于折旋。又牛穴滩，在县东五十余里，滩下石壁夹峙,潭汇其中,名渔溪潭。又东四里为佛子滩,一名囝仔滩,中流有巨石,状如蟾蜍,每遇暴涨,洄洑为害,因绘佛像于石上,篙师以为水侯。谚曰:水浸佛肩,不敢行船,水浸佛足,舟行宜速。又东至金沙滩而出沙溪口。《志》云:大溪上流之滩十有四,蕉峡、黄石为险;下流之滩三十,霹雳、雷溅、佛子为险也。

北乡寨,县北五十里。宋元丰二年建寨,元因之,明朝洪武八年,改为巡司。○洛阳口寨,在县东南二十里。宋元丰三年置寨、设巡司,又于寨前置洛阳口镇。元废。又崇安镇,在县东三里。《志》云:县东门外对岸有山洲,一名仙洲,一名崇安洲。溪旁三面皆阻水,唐崇安镇置于此。

七峰驿。在县南郭内,又县东四十里有同爵驿,俱宋置,元因之。明初废。又钱监,在县北三里,亦宋置铸钱处。又县西有青云寨,正统中,乱贼邓茂七等旅拒处也。贼平寨废。○翔凤桥,在县治南。宋绍圣四年,初建浮桥,名平津。后徙废不一。明朝洪武二十九年重建,正统十三年,寇毁。景泰初,复建浮桥。正德三年,累石中流,凡十有三,构木为梁,甃以砖,复覆以屋,称为弘丽。又登瀛桥,在县治东,一山介二水间,所谓山洲也。宋李忠定更名仙洲。建浮桥,名曰登瀛。绍兴二十九年,郡守胡舜举累石覆亭,邑人呼吴公桥,后再经修废。永乐十六年,设舟以济,俗仍呼东门桥。

○尤溪县,府东南百五十里。东至福州府闽清县百七十里,西南至泉州府德化县三百二十五里,西北至漳州府龙岩县三百六十五里。晋延平县地。宋、齐时,为沙村县地。唐初为山峒地。开元二十八年开,置尤溪县,隶福州。五代晋开运二年,南唐取其地为制置镇,明年,改隶剑州。明弘治四年筑城,阻溪堑濠,周八里。嘉靖二年,议者以城大难守,六年改筑新城,周不及二里。编户百有九里。

伏狮山，县治北，状如伏狮，为县镇山。又双髻山，在县北二十五里，两峰并峙，峭拔千仞，如剑倚天外，一名双峰山。《图经》：自双峰南陇，委蛇起伏行三十里，为贵人峰。峰回突耸，即伏狮山也。《志》云：双髻山北二十余里有莲花峰，上有天湖，水色绀碧，深不可量。○屏帏山，在县治西，自贵人峰旁出，环抱城西，如屏帏然。又仙山，在县西十里，山势峻绝，凌双峰之巅。有石穴吞吐云气，深不可测。

应仙山，县东北三十里。山秀丽，登绝顶俯视群峰，旧名鸡心山。又九仙山，《志》云，在县西南四十里，一名蓬莱山，巍然秀拔，人迹罕到。又西南二十里曰金楼山，翠耸云中，状如楼阁。又鸬鹚山，在县南六十五里，其山三面壁立千仞。鸬鹚滩环其下，即尤溪水所经也。一径盘旋至山巅，如羊肠然。寇乱，乡人多避居于此。○仙灵山，在县南九十里。岩石奇胜，得名者凡数处。又龙门山，在县南七十里。高千余丈，顶有石穴，泉极清澈。

分枝岭，县西南百七十里，与泉州府德化县接界。岭居二县间，上有大树，南北两枝分二县境。有关在其上，俗亦呼为大关岭。又马军岭，在县西南百余里。昔人尝屯兵御寇于此，因名。相近有铁山，岭产铁矿。《志》云：县城西南有小王岭，旧通泉、漳二府，岭道艰阻。邑人朱绂别开坦道，岭遂废。又白沙岭，在县西南六十里。岭高峻，多白沙。又县西九十里有新岭，宋熙宁中，尝开新道于此。又枣岭在县西十里。萦回可五里，顶有瀑布悬流。○丹溪岭，在县北六十里。一名桃木岭，界南平县，萦回可十五里，自趾至巅凡三叠，皆数百丈，回视数十里，川原隐隐，沟塍棋布，有丹溪绕流其下。又戴公岭，在县西北六十里。岭道纡回，凡三十二折。其相近曰茶峰岭，岭下有百级岭。

赖岩，县西三十五里。其上怪石万数，钜者如屋，绵亘可三里，宛然一洞府也。洞口缘梯而上，石室联属，皆有窦如户。其中流泉石牖，可以聚居。宋绍熙初建。寇叶亮犯县，乡民匿其间，保全者千余人。又铜盘岩，在县西十余里。悬崖峻峭，竹树荫翳，鸟道萦纡，流泉溅沫如雨。岩下有潭，广可四五丈，乡人资以灌溉。县西南百二十里又有流溪岩，高百余丈，无草木，其崖石皆铁矿，凿之可冶。〇凌霄洞，在县西五十里。山崖壁立，惟一窦可跻。宋绍兴三十年，寇乱，乡人赖以免难。

尤溪，在城东。有二源，一出泉州府德化县界，一出漳州府龙岩县界，会于县之西南而北流。县境诸山涧水支分缕注，有汤泉等二十溪，次第流汇焉。自城东益转而北，亦曰湖头溪，至县北七十里尤口涵，会于建溪。五代晋天福中，闽主曦与建州王延政相攻，遣兵屯尤口，将袭建州，为建州兵所败，即今尤溪口矣。溪中诸滩，上流凡二十六，下流凡三十，栉比以达于尤溪。

青印溪，在县城南。溪中有青石如印，因名。源出县西九十里沙县接界之杉岭，迤逦而东，有山坑、王卫等凡十有一溪，次第流合焉。经县前入湖头溪，有潭，其水澄碧，深不可测，潭面东西阔十数丈，其上两崖相逼，俗以为虎可跳而过，名虎跳潭。

高才坂镇。县西百三十里。元置高才坂巡司，明因之。《志》云：县后崇岭上有牢城关，宋建炎二年，范汝为率其党入寇，邑人以此岭北接高源岭，南抵小村岭，沿山一带，易为寇径，因设关置寨以守之。既而贼党自沙县来犯，果欲从此突入，为土兵所败，小村岭近城东。

〇顺昌县，府西百二十里。西至将乐县百里，东北至建宁府二百十里，西北至邵武府百八十里。本建安县地，唐贞观三年，析置将水场。嗣圣四年，于将水口置毚科镇。景福二年，改为永顺场，寻升为顺昌县，属建州。南唐保大三年，改属剑州，宋以后因之。明朝正德初，始筑城，周四里有奇。编户五十八里。

龙山，县南三里。势若游龙，上有龙头岩，登山巅，可尽一邑之胜。

其西南有大明山，孤峙峭立，日出则光先照，因名。其相属者曰金龙山，顶甚平旷。○凤山，在县西二十里。五峰叠翠，高数百仞。县西北二十三里有景灵山，与凤山对峙。山高耸，常有云雾蒙其上，左有耳殊岩，下有黄家洞。宋建炎间兵乱，邑人黄氏族数百指避其中。又高峰山，在县西南二十五里。其峰拔出群岭，下有交溪，溪源出西南四十里沙县界交槎岭，流与县西之瞿村小溪合，因名。下流入于顺阳溪。又西五里有宝山，亦峭拔。

超华山，县西北六十里。周围甚广，接邵武府界，顶有泉流，分五涧：东出者曰横溪，北出者曰李坑溪，南出者曰石桥涧，俱入顺阳溪；西北出者二，入邵武溪，山之幽旷处有田园居民数十家。中有岭，曰宝岭。又梅仙山，在县北七十里，接瓯宁县界。山巅平旷，广袤数里，相传山以梅福名。县北三十里，又有华阳山，三峰并列，山半有石门，高广数丈，中峰顶又有岩，曰仙水。○七台山，在县西七十八里。高峰峭壁，几至千丈，其相望者曰钵盂山。又幹山，在县西五十里，周二十里，巅有石洞，容数百人，中有泉，清澈可鉴。又寨山，在县南六十里，昔人尝立寨于此，因名。

徘徊岭，县南十里。高五十丈，险峻鸟道，至岭头，路乃平坦，寻小溪而入，徘徊掩映，谓之洄村，四面皆绝壁，有石井，深不可测。一名亨龙岭，或云洄村，亦名回源洞。宋韩世忠讨贼帅范汝为于建州，汝为窜死于此。洄村溪之水，亦流入于顺阳溪。

顺阳溪，在县西北六十里顺阳乡。县以此名。源出建宁府建阳县界，东南流，至白芒畲，始通小舟。县西有沙溪，自邵武县流入；西北有密溪，自瓯宁县流入；俱合于顺阳溪。又有竹步等八溪，亦自瓯宁等境流汇焉。经县前与大溪合流而东，会于沙县之沙溪。

西南溪，在县治西。即将乐县之大溪也。东流至此，有西溪流合

焉。《志》云：西溪出邵武光泽县，萦流至县治西，亦谓之罐砧溪，合顺
阳溪而会于大溪。西溪中有三滩，皆险峻。大溪中有五滩，三滩在上流，
会西溪而东注，又有二滩会于沙溪。《志》云：自县治东至沙溪口，凡
六十里。○石溪，在县南二十里。相近又有棋溪，皆出沙县界之桃源洞。
《志》云：县西南诸溪皆流汇于大溪。

仁寿镇，县西北百二十里。宋为仁寿寨，元因之。明洪武初，改置
巡司。又洪武九年，置仁寿税课局于此。十四年，并置河泊所。○石湖
寨，在县西北三十里石湖岭。相近地势宽衰，可容千余家。南唐保大中，
别将张彦成领兵置寨于此，故址犹存。

上洋口隘，县东三十里，又东二十里曰下洋，又东三十里即王台驿
也。《闻见录》：自上洋口而北出大历口吉阳里，即建宁府瓯宁县界。○
源坑隘，在县南三十里，山溪盘结，至为险隘，南通沙县，西南达汀州之
归化县。

双峰驿。在县治西。宋置顺兴驿，明朝洪武初改今名。又富屯驿，
在县西北六十里，洪武初建。《闻见录》：县西北四十里有万全桥，又西
北二十里至富屯驿，又七十里至拿口驿，又西北八十里，即邵武府。自万
全桥而北百四十里，达瓯宁之仁寿乡，又北接建阳县界。《通志》：万全
桥一名仁济桥，元至顺中建，后圮，近时重建。○龙溪桥，在县南。其地
左负山，右临涧，路转山坳，始与桥直。宋绍定二年，寇至，官军据桥为
险，与寇战，寇败走。桥久废，今仍架木以通往来。

○永安县，府西南二百里。西至汀州府清流县百四十里，南至漳州
府宁洋县百十里。本沙县及尤溪县地。景泰三年，析沙县新岭以南、尤
溪宝山以西地置县。弘治四年，筑城，周五里。编户六十五里。

金星山，在县城西。西北临溪，有石壁，巉岩如削。下为潭，燕水所
汇也。《志》云：治东一里有东山，又有三台山，三峰并立。○大秀山，在

县东北四十里，巍然秀拔于群山之上。又龙会山，在县东五十里，山极高峻，其巅群峰簇聚，如龙会然。

栟榈山，县北二十里，多产栟榈木。峰峦岩岫，高下相属，其最著者为天柱、射垛诸峰，狮子、观音等岩，降仙、步云诸台，野云洞、铜盘洞及天池诸胜。李忠定目为小武夷。○斗山，在县东南三十里，一名天斗山。山高峻，自顶凹下，广可五里，状若斗然。山阴有风穴、云洞，磴路崄绝巇，人迹罕至，绝顶有峰，曰合掌。

贡川山，在县东北四十里。上有桃源洞、一线天诸胜。山峡斗绝，仅容趾陟，其巅田庐井井，故有桃源之目。正统间，邓茂七等作乱，败官军于沙县，据贡川为寨守之。茂七败死，其党邓伯孙复啸聚于此，官军自沙县进破其贡川、挂口、陈山诸寨，伯孙被擒，是也。陈山，见沙县。○石罗山，在县东万山中，突起七峰，次第排列，四面有洞，口狭而中广。《名胜志》云：山在斗山东南。

黄田岭，县南六十里，接漳州府龙岩县界。县东百里又有铁山岭，产铁矿。又有新岭，在县东北八十里，即沙县分界处也。○黄杨岩，在县北六十里。与汀州府归化县接界，上多小黄杨，因名。岩后亦名万寿岩，又名鳞峰岩。四壁如削，周围可十里，卓出群山之上。上有三洞相联，幽深不测。正统九年寇乱，居人避此，寇不能攻。又北二里有翠云岩，亦名侍郎岩，峰峦甚胜。宋张驾、杨时、陈罐读书处也。亦接归化县界。又百丈岩，在县北五十里，高约百丈，周围三里，四面削壁，中有一径陡绝。其巅常冒云气，与栟榈山隔溪相望。溪仅通舟，亦名桃源洞。又县东北二十七里有官砦岩，岩石峻绝，相传旧为官寨。《志》云：县西有曹岩洞，空旷可容千人。

燕溪，在县城西。二水分流，中隔一冈，宛如燕尾，因名。源有三：一西出汀州府宁化县境，过清流县，下九龙潭而东，谓之龙溪；一西南出连城县境，由吉山而东北流，又东至赖口，与龙溪合流，至城西南一里，谓之吉溪；一南出漳州府宁洋县境，由扫溪口而北，历张坡、车坂至县治西，合于吉溪，是为燕水。东北流，会梅溪以下数溪入沙县界，即沙溪上源矣。《志》云：梅溪亦曰大梅溪，出县东，自塔下而西，东北会于燕溪。

九龙潭，在县西，即龙溪之滩也。曰长龙，曰安龙，曰伤龙，曰马龙，曰三悟龙，曰五白龙，曰兴龙，曰暮龙，曰下长龙，乃溪水最险处。未至长龙，有铁石矶。从清流县来者，必舣舟于此，厚缚竹叶，遮蔽船头，别募土人持篙前立。遇龙处，水之高低常数丈，舟从高坠下，钻入浪中，跃起，即有巨石当头，相去才尺许，土人以篙轻挂，即转前滩，水既悬奔，又转折于乱石之间。两山夹峙，险隘阴翳，一瞬迟误，便为齑粉，天下之险，无逾于此矣。内六龙属清流县。下此又历十一滩至沙县界。正统中，群贼结寨于此，曰九龙山贼。官军以计夺其寨，又败贼于县西高阳里。《志》云：县西南五十里有安沙，旧传聚沙成岸，水涨不崩，故曰安，或云出九龙至此始安也。县名永安以此。高忠宪公云：从延平至安沙一路，小舟仅可载两人。至九龙十八滩，每过一滩，舟皆猿挂而上，尽九龙，则陆行至汀州。

安砂镇，县西九十里。旧为浮流镇巡司，宋元祐五年，建为浮流寨。明朝改巡司，景泰三年，以浮流镇为县治，徙巡司于此，改今名。《邑城记》：县治旧为沙县之浮流口，当尤溪、将乐、清流，盗贼出没之冲。唐李肃御汀贼于此，力战而死处也。正统末，遭邓茂七之乱，始议置县。弘治中城始就，阻溪负山，不事濠堑，称完固云。又湖口巡司，在县南六十里，接连城、龙岩二县界，正统五年置。

黄杨砦，在县北黄杨岩下。旧名岩前砦，宋嘉定十七年，以其地险远，置寨守御。绍定四年，增兵戍守。元至元中，设巡司。明朝洪武初，改为黄杨砦巡司,十四年废。又龙口砦巡司,在县北。宋庆元四年,置寨,设军屯戍。元废。又大陶寨,亦在县北境,元至元中置,后废。旧皆在沙县境,后改今属。○莲花寨,在县东五里。山形如莲花,周围壁削,一小径可登,仅容侧足。宋、元之季,乡人多避寇于此。明朝正统十三年,沙、尤寇发,乡民多赖以全济。

蜂口隘。县南四十里,又南二十里曰林田隘,为路出宁洋县之要隘。由此而前,东、西、南三路俱可达宁洋,凡六十里而近。

○大田县,府西南四百里。东至尤溪县百七十里,东南至泉州府德化县二百里。本尤溪县地。明嘉靖十四年,议以地界延、漳、泉三府之交,深阻尝为盗薮,乃割尤溪之十四都,益以永安、漳平、德化诸县地置县。明年,筑城,周不及四里。编户四十里。

双髻山,在县城北。高耸圆秀,双峰并峙,为县主山。又北有五台山,五峰突起天表,其两峰尤为杰出,自下望之,缥缈入云,亦有双髻之称。麓有溁,曰龙源。悬流百仞,其下潴为龙潭。○大仙山,在县南,亦有双峰插天,如仙人角髻,立于云外,县之镇山也。《闻见录》大田东南二十里有仙峰山,接泉州府德化县界,即此山矣。又雪山,在县东南百里,高千仞,延袤十余里,雪常凝其上,南接灵峰山,亦高胜。

银瓶山,县东三十里。瓶亦作屏。旧于此闸办银课。其山兼产银、铁。明初亦置银冶鼓铸,渐逋聚为盗。景泰后罢冶,惟铁冶尚存,奸民擅其利。相近有太素山,逶迤层累,冬多积雪,一望皓然。又东南有白鹤山,层峦叠嶂,高矗千仞,昂然如鹤立云霄。《志》云:县东有东屏山,苍峭壁立,方正如屏。山背有岭,接尤溪县界,后溁溪逶迤十五里,泉石甚佳,曰山后岭。○大富山,在县西六十里,接漳平县界。上有泉,一乡之田俱籍其灌溉。又大宝、小宝二山,在县西北五十里,接永安县界,产铁矿最佳。

南台山，县南二百余里。一名台阁山，山势高耸，上平如掌，有池不涸。相近有莲花崎山，安仁巡司置于此。又有天湖崎山，其巅有湖。又南为石笋崎山，顶有三五峰，卓立如笋也。旧俱属德化县，后改今属。

灵惠岩，县东北九十里。岩壁峭拔，有洞可环坐千人。其泉曰圣泉，随饮随溢。旧名师姑岩，一名佛窟岩。山之阴即沙县界。又东岩亦在县东北，悬崖阻峭，惟一径可登。邓茂七之乱，乡人结寨于此以拒守。又郎官岩，在县东，正统间，官兵剿寇驻师于此。《志》云：尤溪令李文充所驻，因名。县东北又有陈平岭，岭旧在永安县界，西去永安八十里。元末陈友定开此岭，路通尤溪，因名。又燋岭，在县东南兴原，商旅往来处也。又南有柿槾岭，产铁矿。〇龙门洞，在县东南。旧《志》：在尤溪县南六十里，峻绝万仞，四面无路，仅羊肠可通。一名滴水洞，中容二三百人。

县前溪，在县治南。源出德化县界，环绕北出，县境诸溪涧水悉流入焉。东北入尤溪县境，亦谓之大溪，即尤溪之上源也。〇东溪，在县东北七十里。其初发处为觞溪，流经英果砦而西南出，会渡头溪；又渡头溪，源出县西北永安县境，东南流；二溪皆合小溪诸流以达大溪。

英果砦。县东七十里。宋元丰三年，置寨设巡司。元至元二十年，徙而西北，在县陈平岭相近。明朝洪武四年，复还旧址。本属尤溪，后改今属。又安仁巡司，在县南。正统中建，本属德化县，后改今属。〇石牌隘，在县东南四十里，路通德化。又县南四十里有大绩隘，亦南出德化之径道。又桃源隘，在县西南百里，接漳州府漳平县界。《志》云：旧有长安隘，在德化县西北二百里，路出漳平，今亦属县界。

附见

延平卫。在府治东。洪武元年置。〇将乐守御千户所，在县治南。洪武四年置。又永安守御千户所，在县治东。景泰三年置。